U0017417

唐代中層文官

賴瑞和◎著

給

我生命中最重要的三個女生

HPC、Gloria和維維安

自 序

　　十多年前，我讀恩師杜希德（Denis Twitchett, 1925-2006）教授的大作《唐代正史的修撰》（*The Writing of Official History under the T'ang*），深受書中一段話的啓示：

> 我們讀傳統的傳記時應當留意，那些看起來好像是無血無肉的蒼白履歷，只有連串的官名，但是，對一個「內行」讀者來說……這仕歷中的每一段，都有它的意義和內涵。唐代一個官員的履歷，即使被簡化到僅剩連串的官銜，沒有任何背景資料，也能讓跟他接近的同時代人讀得「很有意義」（"meaningfully"），就像我們今人讀報章上同個專業的某名人訃文，或閱讀求職者的履歷表，讀到那連串職稱，也能從字裡行間，輕易解讀〔那人從前的專業經歷和就業狀況〕一樣。[1]

　　記得當時第一次讀到這段發人深省的文字時，我不禁心中一動。如果我們今天讀兩《唐書》或墓誌中唐人的官歷，能夠讀到像我們今天讀

---

[1] Denis C. Twitchett, *The Writing of Official History under the T'ang* (Cambridge: Cambridge University Press, 1992), p. 83.

同個專業(比如大學的歷史學界)其他同行者的履歷表那樣「內行」的地步,完全能夠單單從他的學歷、經歷、連串職稱和任職機構名稱,去正確解讀這位同行過去的專業表現和未來的發展潛能,那該有多好!

這意味著,唐人的每一個官銜都是有意義的,長串的官銜更是有意思。但問題是,我們該如何去解讀?這裡且讓我透露個人的經驗:過去我總是「逃避」唐代官銜,如今我卻經常「刻意」去細讀,而且都能讀得津津有味。

在研究所念隋唐五代史期間,我對唐人官銜是不耐煩的,在史傳和碑刻中碰到時,往往略過不讀,不求甚解,草草了事。即使有時為了理解某一官銜(比如右拾遺)的含義,查了《唐六典》等職官書,知道這是一種「諫官」,官品為從八品上,但我那時對這個官還是「沒有感覺」,不知道一個唐代士人當上右拾遺,究竟有甚麼意義。

但一個唐代士人肯定知道此官的深層意義,對此官完全有一種「本能般的理解」(instinctive understanding),馬上可以聯想到和這種官有關連的幾個重要細節。如果他的朋友從一個校書郎升上拾遺官,他一定「很有感覺」,一定會向他熱烈祝賀。因為,校書郎和拾遺雖然同樣是清貴的官,但拾遺又比校書郎更上一層樓。他的工作地點也改變了。他不再在長安的皇城(政府衙門集中地)上班,而是轉到皇城以北的宮城去,侍候在那裡居住的皇帝,在必要時向皇帝提供施政的建議。從今以後,他經常有機會見到皇帝。這是許多唐代官員一生都無法享受到的天大福份!大詩人杜甫任拾遺時,便因自己能夠如此近距離接近皇帝而沾沾自喜,在他一首詩〈紫宸殿退朝口號〉中毫無保留地寫道:「晝漏稀聞高閣報,天顏有喜近臣知。」[2]

---

2 《杜詩詳注》,〔清〕仇兆鰲注(北京:中華書局,1979年校點本),卷6,頁437。

　　像這一些如此具體，如此微妙的任官細節，唐代官場上的士人應當都耳熟能詳，熟悉得不得了。然而，現代學者卻無法從《唐六典》、《通典》和兩《唐書》職官志得到這樣豐富有趣的知識。這些職官書只告訴我們，某某官的官品和簡略的職掌。以拾遺來說，《唐六典》只說它的官品是「從八品上」，職務則和左補闕一樣，「掌供奉諷諫，扈從乘輿」云云。如此而已。其他職官書也簡略若此，對現代讀者的幫助並不大。

　　這就是為甚麼現代學者在考釋唐代詩文、史傳或碑刻時，碰到那些唐代官名，往往顯得「不知所措」：不是照抄職官書的簡短描寫了事，沒有深入一點的解讀，就是言不及義，胡亂揣測。比如，有人說，初唐詩人王績早年有遠大的「政治抱負」，「自小就對仕途期望甚高」，但皇帝卻只給了他祕書省正字這種小官，因此申論：「這樣位低職微的官職當然會使王績大失所望，所以他索性閉門轟飲，不樂在朝。」實際上，我們現在知道，正字是唐代士人起家的美職之一。王績應當很高興才對，當不至因此而「閉門轟飲」。又如，有人把韓愈一開始做官出任董晉幕府和張建封幕府的推官，說成是「兩入軍幕，沉為下僚，微不足道」。這是不當的解讀。事實上，唐代推官是相當不錯的基層幕府官，俸料錢甚至高過校書郎等士人起家的美職。韓愈任董晉的推官，他對董晉更有一種知遇之恩。怎能說成是「沉為下僚，微不足道」呢[3]？

　　近年來，頗有不少學者為唐代的詩人們作年譜，寫評傳。這類著作屬於傳記類，本來應當對這些唐詩人所任的各種官職及其意義，有深一層的發揮才對。然而，這類著作在唐官銜上往往著墨不多，幾乎都是照抄舊典舊志了事。當然，我們不能責怪這些學者。或許應當說，唐史學者過去在唐代職官研究上沒有注意這些課題，留下一大片空白所致。

3　關於正字和推官的地位，見拙書《唐代基層文官》（台北：聯經出版公司，2004），第二章和第五章。

　　因此，我這些年來的研究工作，主要便在於釐清唐士人任官的一些規律，特別是他們的常任官模式（詳見〈導言〉），以及他們常任的那三十多種官職在唐代整個官僚架構中的意義和地位，旁及其他相關的問題，以彌補傳統典志的不足，填補目前唐史研究領域的一些空白。

　　掌握了唐代士人任官的規律，我們在閱讀兩《唐書》列傳和近世出土墓誌時，應當可以對他們的官歷有更深刻的領悟。實際上，史傳和碑銘最中心的部分，往往便是那一連串的官銜。現代學者如果對這連串官銜「沒有感覺」，或像我從前那樣略過不讀，那豈不是平白「糟蹋」了這些史料嗎？

　　我當初深受杜公那一番話的啓發，展開研究，完成了本書和它的姊妹篇《唐代基層文官》。這兩本書可說是我個人追尋唐代士人常任官模式的一個記錄。這種追尋不免會遇到挫折，但更多時候會獲得「發現的驚喜」，讓我在一堆看似亂無章法的文字史料和石頭資料中見到一種「新秩序」。我希望本書能把我的「驚喜」和我所見到的「新秩序」傳達給讀者。

　　我發現，掌握了這常任官的模式，可以解決史傳和碑刻中許多唐代官名的問題。主要的原因是，唐代的職事官雖然高達四百多個，但唐代士人常任的官，來來去去卻不過是那麼幾十種，很容易「掌控」。兩《唐書》列傳部分經常出現的，也就是這些官。至於不屬於這些常任官的，可以歸類分爲武官武職、伎術官、非士職等等。這些官是一般士人不會去出任，無能力去接任，或「不屑」於去擔任的。這就構成了一種新秩序，不致於讓人眼花潦亂，無所適從。

　　這樣一來，我在閱讀某一唐人的官歷時，便可以讀得津津有味，「很有意義」。比如說，我可以知道這個唐人的官歷是否符合一般士人的常任官模式，是否像張說、白居易那樣，做官高達二十多任，是否爲「成功」的官員等等。如果不是，那麼他的仕途又是如何偏離了理想的模式：

他出任的或許都不是士人任官的美職，或他只是在幾個不重要的州縣，當過幾任平平凡凡的州縣官罷了，從來不曾到京城長安任京官。

受材料所限，本書每一章所論的課題都有些不同，往往須視材料而定。比如，敦煌吐魯番文書的應用便如此。此類文書中保存了許多唐前期錄事參軍和他下屬錄事的勾檢署名，生動展現唐代地方勾檢制度的實際運作。因此本書第五章論司錄、錄事參軍，便充分引用了不少這類文書，而且特別立了一節詳細專論吐魯番文書中所見的唐前期錄事參軍。然而，敦煌吐魯番文書中卻很少見到縣令的出現（即使有，也難於證明或說明甚麼），所以本書論縣令一章，就沒有使用這一類文書了。敦煌吐魯番文書雖然說可以讓我們見到地方行政的一些運作細節，但本書和前一書《唐代基層文官》論述方式是偏重某一特定職官。如果這些出土文書沒有和某一特定職官（如縣令、縣尉等）掛上鉤，我就無法使用了。這點要請大家明察。

在本書完成的時刻，我首先要感謝的，當然便是恩師杜公。可惜他在2006年2月過世了，再也見不到這本書了。2005年初，拙書《唐代基層文官》剛出版，我曾經寄了一本給遠在英國劍橋的他。當時他健康不佳，但很快就回了一封電郵，對我那本小書美言了幾句，並且希望我將來寫完中文本的「三部曲」之後，能夠寫個英文版：「如果你能寫個英文版……你會幫西方漢學一個忙。」（"You would do western sinology a favour if … you write an English version."）[4] 可是，他辭世後，我寫英文本的意願好像越來越低了，因為「知音人」已經不在了。

在本書寫作和修訂期間，我常常想起另一位恩師王秋桂老師的教

---

4 杜公的這封電郵全文，在他去世後，我把它貼在我的部落格，希望保存他的一點遺墨，或許可供有心人編印杜公書信集之用：http://www. wretch.cc/blog/sflai53&article_id=11485584。關於我所認識的杜公，見拙文〈追憶杜希德教授〉，《漢學研究通訊》，第26卷第4期（2007年11月），頁24-34。

誨。記得幾年前王老師對我說：不要理會別人怎樣看你的研究。只要你自己覺得有價值、有意義，就要勇往直前，把研究做完，把書寫完。這番話對我有很大的鼓舞，特別是在我寫書寫得信心有點動搖的時候，或在我沮喪的時候。

《唐代基層文官》出版後，我也在2005年秋天，從馬來西亞柔佛新山市我出生的故鄉，轉到台灣新竹國立清華大學歷史研究所任教。當時，《唐代中層文官》已有一個初稿，但還有待修訂，有些章節也有待補充。清大圖書館的藏書極爲豐富，使本書的修訂和補充進行得非常順利。在此我想感謝清大圖書館各館員親切的服務，尤其是負責館際合作的館員，經常爲我向台灣其他圖書館（特別是中研院史語所傅斯年圖書館）借書，或影印論文。

本書的姊妹篇《唐代基層文官》由聯經出版後，曾經獲得國科會的出版經費補助，謹此致謝。聯經總編輯林載爵先生一向關注我這個龐大的唐代職官研究計畫，並一再給予支持，是我研究和寫作上的一大精神支柱。聯經學術叢書的主編沙淑芬小姐，這些年給我各種及時的協助，也是我深爲感激的。

這些年來，更得到不少師長、同事和朋友的鼓勵、提示，或各種大大小小的幫助。這裡要感謝中國大陸傅璇琮、鄧小南、杜文玉、張國剛、榮新江、朱玉麒諸教授，日本佐竹靖彥教授，清大歷史所前所長黃敏枝和新所長李貞德、張元、張永堂、徐光台、傅大爲、黃一農、雷祥麟、琅元、鐘月岑、盧慧紋和馬雅貞諸同仁，以及王汎森、陳珏、陸揚、朱振宏諸兄。

清大中文系的施逢雨老師和我算是同個師門。我們不但同樣出身於台大外文系，而且他的博士論文指導教授蒲立本（Edwin G. Pulleyblank）和我的恩師杜公當年在劍橋大學的關係，就介於亦師亦友之間。我們分別受教於歐美漢學界兩位最資深的唐史專家。蒲立本教授在轉向歷史語

言學之前，曾經在1955年出版過一本唐史專著《安祿山叛亂的背景》（*The Background of the Rebellion of An Lu-shan*），至今依然無人可以取代。施老師對我這個唐代職官研究課題很感興趣，常給我美言和鼓勵，並希望我早日完成整個大計畫。施老師甚至要他中文系的碩、博士生，來修我開在歷史所的課，更讓我深為感動。

最後要感謝我的家人。我的妻子為我持家、燒飯，很是辛勞。兩年前，剛到清大，我幫她申請到一張清大圖書館的眷屬借書證，好讓她可以常去借書，然後待在家中「高高的窗口」前，陪伴著「長空的寂寥」讀書。長女韻棠和幼女韻琳，這些年來經常都只見到爸爸關在書房，坐在窗前，面向窗外寫書。她們看到的常只是爸爸的「背影」。這本書終於寫完了。我應當會有一段閒散的日子，可以陪陪妻子和女兒看看電影，喝喝下午茶。

2007年10月17日於台灣新竹

清華大學歷史研究所

電郵：sflai1953@gmail.com

目 次

表　目

導 言

仕人作官職，人中第一好。
行即食天廚，坐時請月料。
得祿四季領，家口尋常飽。
職田佃人送，牛馬足踏草。
每日勤判案，曹司無鬧鬧。
差科能均平，欲似車上道。
依數向前行，運轉處處到。
既能強了官，百姓省煩惱。
一得清白狀，二得三上考。
選日通好名，得官入京兆。

王梵志〈仕人作官職〉[1]

　　王梵志這首詩的確實創作年代不詳，但他應當是隋末唐初人[2]。此
詩最大的特色是透過一個旁觀者的角度，來靜觀唐代士人做官的幾個面
貌(詩中的「仕」，在敦煌文獻中常和「士」字通用)。這個旁觀者，可

1　《王梵志詩校注》，項楚校注(上海：上海古籍出版社，1991)卷5，頁662。
2　唐長孺，〈讀王梵志詩偶見〉，《中國文化與中國哲學》，深圳大學國學
　研究所主編(北京：東方出版社，1986)，頁515-521。

能是王梵志詩中經常出現的村正、鄉長一類的佐史。這種佐史並非「官」，而是「吏」。他們在縣衙或州衙中輔助州縣官做事，身分低下，甚至很可能連俸祿都沒有[3]。所以，他們見到朝廷派到州縣的官(比如縣尉或州列曹參軍)，不免羨慕起這些外來者得到那麼多優厚的待遇：出外當州縣官，除了有「天廚」(即官廚)的伙食[4]，還有「月料」(即每月的俸料錢)、「祿」米，以及「職田」收入[5]，以致「家口」可以「尋常飽」，「牛馬」也有足夠的糧食。這幾個細節(特別是祿米和職田)也證實，這首詩寫的是一個有品秩的官員(只有品官才可能有這樣的待遇)，而非像某些學者所說，此詩在描述地方小吏。

這些州縣官，在外任期間，若能「勤判案」，居官幹練(「強了官」)，老百姓「省煩惱」，則他們可以得到「清白狀」、「三上考」的優良考績，將來更可以上京赴選，選上好官，甚至出任眾人稱羨的京官。

王梵志這首詩，可說把唐代士人做官的種種好處和仕宦的前景都一一勾畫出來了：士人做官，真是「人中第一好」。如果能像王梵志在另一首詩〈本是達官兒〉中所說，「官高漸入朝，供奉親天子」[6]，那就更美妙了。

3　例如，《王梵志詩校注》卷2，頁129有一首詩〈當鄉何物貴〉，便寫一個鄉長，「職任無祿料，專仰筆頭鑽」。意思是，鄉長沒有祿米和料錢，於是他便專在「筆頭」上營鑽。筆頭指一種賄賂或向鄉民的「索取」。這便是他任鄉長的「報酬」。

4　關於唐代官吏的廚食，最詳細的論述見李錦繡，《唐代財政史稿》(北京：中國社會科學文獻出版社，2007年修訂版)，第三冊，頁42-61。

5　唐代官員的收入主要有3項：俸料、祿米和職田。見拙書《唐代基層文官》(台北：聯經出版公司，2004)，頁378-392以及那裡引用的其他研究論著。又見李錦繡，《唐代財政史稿》，第三冊，頁3-104；清木場東，《帝賜の構造：唐代財政史研究支出編》(福岡：中國書店，1997)，頁147-322論祿和俸料各章節。

6　《王梵志詩校注》卷2，頁190。

但何謂「士人」？他們通常出任怎樣的官？他們任官的常見模式和遷官規律又是怎樣的？他們甚麼時候外放任州縣官（或唐後期的幕府官），在甚麼情況下又可以「入朝」？這些正是本書想嘗試解答的一些問題。

一、本書的研究範圍

筆者在前一本書《唐代基層文官》中探討了八種基層文官：計京官兩種（校書郎和正字），縣官一種（縣尉），州官兩種（參軍和判司），以及幕府官三種（巡官、推官和掌書記）。該書最主要的目的，是要釐清唐代士人剛踏入仕途時，最常擔任或最有代表性的是哪些官職，以及這些官職在唐代整個官僚體系中佔怎樣的位置，旁及一些相關的課題，諸如：士人一般在甚麼年齡出任這些官職？這些官職最主要的職務是甚麼？它們的仕途前景如何？同時，筆者也考察了這些基層文官的俸料錢、任期、守選、宦遊和辦公時間、休假等工作福利和細節。

本書《唐代中層文官》是我前一本書《唐代基層文官》的姊妹篇，擬探討唐代士人在任過以上所列的幾種基層文官後，又會升任哪些中層官職。據筆者的研究，唐代士人在仕進中途最常擔任的美官職大約有下面十種：若為京官，則多是監察御史、殿中侍御史、侍御史等御史臺官，或拾遺和補闕等諫官，或員外郎和郎中等郎官。若為地方官，則多是縣令和司錄、錄事參軍。若為幕府官，則多是判官。故本書擬分章討論的便是這幾種「中層文官」和他們共同的一些相關課題。

既有基層和中層文官，當然便有高層。如果將來研究計畫能夠繼續順利展開，筆者還準備撰寫《唐代高層文官》一書，以便使這三本書成為首尾相連的系統著作，成了細論唐代士人任官的「三部曲」。

那麼，唐代士人最常任的高層官職又是甚麼？據筆者在眾多唐代士

人官歷中爬梳，最常見者或最有代表性的有以下幾種：若為京官，則是御史中丞、御史大夫、中書舍人、給事中、侍郎、尚書等臺省官，或秘書監、太常卿等寺監官。若為地方官，則是刺史、別駕。若為幕府官，則是節度使、觀察使、鹽鐵使等使職。

如果整個研究計畫可以完成，則我們便可以對唐代士人從基層到高層（從他年輕到他老年）最常擔任或最有代表性的那些官職，有個通盤的處理。在此筆者要強調的是，筆者這三書並無意研究所有基層、中層和高層文官，那恐怕範圍太大了，因為這些文官的總數高達約三百多種（武官則一百多種；兩者合計約四百多種，以兩《唐書》職官志所載計算）。因此，筆者只準備「選擇性」地研究士人「最常擔任」或「最有代表性」的數十種典型官職，以便從中清理出唐代士人任官的一些大規律和他們的「常任官模式」。

二、「非士職」：唐代士人不做何官？

筆者之所以選擇研究數十種唐代士人常任的、最典型的官職，最主要的目的是要釐清和彰顯唐代士人的「常任官模式」（recurrent official career pattern）。沒錯，唐代的大大小小文武官職，從中央到地方到幕府，當然不只筆者研究範圍中的數十種，而正如前面所說，高達四百多種。然而，我們如果細心爬梳，會很「驚訝」地發現，這四百多種文武職事官當中，竟有許多是唐代士人從來不會去擔任，沒有能力去就任，或「不屑」於去出任的。

最明顯的是武職事官和幕府武職。《舊唐書》卷四二〈職官志〉說：「職事者……近代以來，又分為文武二職，分曹置員，各理所掌。」[7] 接

7　《舊唐書》（北京：中華書局，1975年點校本），卷42，頁1804。

著，它詳列了各種職事官銜，並把它們分爲文武兩大類別，讓我們可以清楚知道何者爲文，何者爲武，避免了定義和解釋的問題。例如，其「正第五品下階」的部分載：

> 太子中舍人、尚食尚藥奉御、太子親勳翊郎將、內常侍、中都督上都護府司馬、中州別駕、下府折衝都尉、已上職事官、郎將、折衝爲武，餘並爲文也。〔小字注爲原文所有〕[8]

按照《舊唐書》這種定義計算，唐代的武職事官，數量約爲一百多種，遠遠少於文職事官的三百多種，主要有各軍各衛率府的大將軍、將軍、郎將、典軍；各折衝府的都尉和果毅；各級鎮將、戍主、司戈、長上、執戟等等。唐的幕府武職，在新舊《唐書》的職官志中並未詳載，也沒有官品，但最重要的有各種兵馬使、各類押衙、各級虞候等等[9]。這些都是一般唐代士人不會去出任的。

唐初有幾位重要的將領，如李靖、李勣、唐儉和劉仁軌等人，本質上應屬武將，雖然他們都曾經出任過一些文職。例如，李靖曾任刑部尚書、兵部尚書等文職[10]；李勣曾任太子詹事[11]；唐儉曾任天策府長史[12]。但我們應當把他們這樣的經歷，視爲是武人出任文職，而非文士充任武職。

然而，唐前期有幾位精彩的人物，的確又是文武兼備，既能考中明

8　《舊唐書》卷42，頁1795。
9　嚴耕望曾經研究過這些幕府武職，見他的〈唐代方鎮使府僚佐考〉，收在《唐史研究叢稿》（香港：新亞研究所，1969）。
10　《舊唐書》卷67，頁2479。
11　《舊唐書》卷67，頁2486。
12　《舊唐書》卷58，頁2306。

經進士，又能帶兵作戰，似乎顯示唐代士人也能出任武職[13]。例如裴行儉和婁師德，兩人都是明經出身，後來卻能帶兵作戰，分別討伐突厥、吐蕃[14]。然而，這兩人的經歷應當屬於少數的特例，不是唐代一般士人的典型仕歷。

更重要的一點是，唐代士人即使出任武將，他所擔任的也是高層的指揮將領一類的，如行軍總管，而不是中低層的武官。這就好比近代美國、西歐甚至台灣的國防部長，照例由文官出任一樣。例如，調露元年（679）裴行儉任定襄道行政大總管，討伐突厥阿史德溫傅之叛[15]。聖曆二年（699），婁師德任天兵軍大總管，率軍和突厥作戰[16]；魏元忠任大總管對抗突厥和吐蕃的入侵[17]，也都屬此類高層將領。就我們在史料和墓誌中所見，唐代士人一般不會去出任諸如鎮將、戍主、中郎將等低層和中層的武職事官，也不會到幕府去任兵馬使、虞候和押衙等武幕佐[18]。

唐代有少數幾個士人，選擇從文轉武，但這些也應屬特例，非常例。例如，開元年間的樊庭觀，「明經擢第，既而歎曰：大丈夫當立功絕域，安能坐事散儒」。於是他選擇從戎：「釋褐授昭武校尉、左玉鈐衛長上，次授□州交水府別將，次授越州浦陽府右果毅都尉，次應舉及第授河南

13　關於唐代文和武的分別，見高明士，〈唐朝的文和武〉，《臺大文史哲學報》，第48期（1998年6月），頁3-22；關於唐代士人對軍人的態度，見David L. McMullen, "The Cult of Ch'i T'ai-kung and T'ang Attitudes to the Military," *T'ang Studies* 7（1989）: 59-103.

14　見《舊唐書》卷84，頁2801-2806裴行儉傳和《舊唐書》卷93，頁2975-2976婁師德傳。

15　《舊唐書》卷84，頁2803。

16　《舊唐書》卷93，頁2976。

17　《舊唐書》卷92，頁2952。

18　關於唐代武官的選任，見劉琴麗，《唐代武官選任制度初探》（北京：社會科學文獻出版社，2006）。

府懷音府右果毅都尉，次授轘轅府折沖都尉，以憂去職」[19]，任的都是中低層武官。但像他這一類的例子，應當屬於特殊個別案例[20]，不能視爲唐代士人任官的常態。

除了武職事官和幕府武職外，唐代士人一般不會去出任的文職事官，主要有下列三大類別：

(一)極高層的一、二品高官如太師、太傅、司空、太子少保、太子少傅等。這些僅授給極少數對唐皇室有重大貢獻的高官，或用以酬失勢的功臣武將，非一般士人所能得到。

(二)殿中省和內侍省的各種官員，他們服待皇帝和皇室成員衣食住行等日常生活，通常由皇親貴族以及宦官負責[21]。士人通常不會出任這種官。

(三)各種伎術官，包括醫官、天文官、樂官、各種監牧官、各種署令、內謁者監、侍御醫、占卜算命官。這些官需要專門技藝。唐代士人如果不是沒有專業本事，無法勝任這種伎術官，就是「不屑」爲之[22]。

剔除了這幾大類官職之後，唐代士人所能出任、樂於出任的官就不多了。總的來說，他們最想做的官，或可以統稱爲「清官」。這種官和「濁官」相對，是個複雜觀念，下面還將說明。

唐代士人任官，有「士職」和「非士職」的觀念。也就是說，他們

19　周紹良、趙超編，《唐代墓誌彙編》(上海：上海古籍出版社，1992)，開元196，頁1293-1294。

20　劉琴麗，《唐代武官選任制度初探》，頁196-197，最先舉出樊庭觀這個案例，以及另兩個案例，可以參看。

21　黃正建，〈唐六尚長官考〉，《魏晉南北朝隋唐史資料》，第21輯(2004)，頁223-245。又見嚴耀中，〈唐代中後期內侍省官員身分質疑〉，《史林》，2004年第5期，頁77-81。嚴認爲唐中後期的宦官未必「全是閹人」。

22　樓勁、李華，〈唐仕途結構述要〉，《蘭州大學學報》，1997年第2期，頁117-127，對伎術官的「方伎之途」略有探討。

會認為，有些官是士人不應當去做的，有些官才是士人應當去出任的。
最能表現唐人這種做官觀念的，是初唐詩人王績的好友呂才（600?-665）
為王績文集所寫的〈王無功文集序〉中的一大段話：

> 貞觀中，〔王績〕以家貧赴選。時太樂有府史焦革，家善醞酒，
> 冠絕當時。君苦求為太樂丞，選司以非士職，不授。君再三請
> 曰：「此中有深意，且士庶清濁，天下所知。不聞莊周羞居漆
> 園，老聃恥於柱下也。」卒授之。數月而焦革死。革妻袁氏，
> 猶時時送酒。歲余，袁氏又死。君歎曰：「天乃不令吾飽美酒。」
> 遂掛冠歸。由是，太樂丞為清流。[23]

應當留意的是，「太樂丞」並非「不入流」的所謂「流外」官。它實際
上是個標準的「流內」文官，即正規九品三十階內的官。它的官品還不
算最低，為從八品下[24]。然而，當時的人卻認為它不是士人應當去做的
官，「非士職」。選司起初也不肯授此官給王績。

王績是個標準的士人，讀書人。他的祖上幾代都是做官的。他的哥
哥王通，號「文中子」，更是隋唐之際的大儒。王績「八歲讀《春秋左
氏》，日誦十紙」。十五歲從家鄉山西河津來到長安，謁見越公楊素，
被眾人目為「神仙童子」[25]。但像他這樣一個家世如此良好的士人，卻
因為太愛喝酒，看上太樂署正好有個「冠絕當時」的釀酒高手，於是竟
不恥下求太樂丞這個「濁」官。

23　〈王無功文集序〉，《王績詩文集校注》，金榮華校注（台北：新文豐，1998），
　　頁12。《新唐書》（北京：中華書局，1975年點校本），卷196〈王績傳〉，
　　頁5595，也說：「自是太樂丞為清職。」
24　《唐六典》，陳仲夫校點（北京：中華書局，1992），卷14，頁402。
25　〈王無功文集序〉，頁2-3。

　　爲甚麼太樂丞「非士職」？因爲這是一種樂官，一種伎術官，一種「濁官」。唐代太樂署是太常寺底下的幾個官署之一。它的長官叫太樂令，專「掌教樂人調合鐘律，以供邦國之祭祀、饗燕」。太樂令的副官即太樂丞。王績所求的這個官位，用現代話來說，大約便是「宮廷樂團副教練」。唐代士人對樂工、醫者和占卜者等伎術官是輕視的，認爲有損士人身分。[26]

　　不過，正因爲王績擔任過此官，「由是，太樂丞爲清流」，是王績的經歷把這個「非士職」變爲一個「士職」清流官。有趣的是，大約八十四年後，在開元九年（721），另一個詩人王維剛釋褐時，出任的竟然也是太樂丞[27]。

　　到王維時代，太樂丞雖然已成「清流」，可以授予士人了，但它到底還是伎術官。這官職在一般士人眼中，恐怕依然不算清高，非士人所喜。王維願意出任，或許因爲他精通音樂，不介意任此官，正如王績愛喝酒，不但不介意，反而非求此官不可[28]。

　　順此一提，王績和王維在他們後來的仕途中，並非經常在擔任這種濁官。他們一生也就只做過這麼一次「濁官」。他們兩人仕歷中的其他官職，倒都是「清流」的。

26　詳見筆者〈唐代待詔考釋〉，《中國文化研究所學報》（香港中文大學），新第12期（2003），頁96-99中的討論。又見王穎樓，《隋唐官制》（成都：四川大學出版社，1995），頁322。

27　筆者有一文〈論王維的〈相思〉及相關問題〉，發表在《學術論文集》第7輯《馬來亞大學中文系創系四十週年記念考號》（吉隆坡馬來亞大學中文系出版，2005年8月），頁121-149，對王維的家庭和初入仕當太樂丞的這段經歷，有比較深入的討論。

28　就筆者所見，現代爲王績和王維兩詩人寫年譜和評傳的學者，都沒有論及二王年輕時曾任太樂丞這個濁官的意義。

　　封演(天寶末年進士，活躍於755-800之間[29])在《封氏聞見記》中，對士人任太樂丞等濁官，也有一段記載，可以佐證上引呂才的說法。兩者可以相互補充，值得細考：

> 舊良醞署丞、門下典儀、太樂署丞，皆流外之任。國初，東皐子王績始為良醞丞。太宗朝，李義府始為典儀[30]。中宗時，余從叔〔封〕希顏始為太樂丞[31]。三官從此並為清流所處。[32]

封演此書爲唐人傳世最好的史料之一[33]。他本人出身官宦世家，在大曆七年(772)權知過邢州刺史，德宗朝又在河北魏博的田承嗣幕府做過中

29　趙貞信在〈封氏聞見記校注序〉，《封氏聞見記校注》(原1933年哈佛燕京社引得特刊之七；北京：中華書局，2005年新排印本)，頁4-6，總結前人岑仲勉和余嘉錫的研究，對封演的生平和官歷有詳細的探討，可參看。趙貞信這個2005年新排印本，增添了先前版本所無的一些資料，是《封氏聞見記》目前最好的本子。

30　這句話在《封氏聞見記》中原作「李義甫始為典儀府」，把李義府名字中的「府」字錯為「甫」。「典儀」後又多一「府」字，文意不通，顯然是衍文。故筆者把這句改為「李義府始為典儀」，依陶敏的校勘，見其〈封氏聞見記校注標點校勘拾遺〉，附於趙貞信的《封氏聞見記校注》之後，頁111-112。封演這段引文中兩次出現的「大樂」署丞，也依陶敏的建議，校改為「太樂」，因為唐代並無「大樂丞」這官名，雖然唐代文獻中，「大」和「太」字常通用。

31　在《新唐書》卷129〈崔沔傳〉，頁4476，曾經提到睿宗朝有一位「太樂丞封希顏」，應當就是封演自己所說的這位「從叔」。封希顏後來在先天元年(712)任右補闕。見《唐會要》(上海：上海古籍出版社，1991年點校本)，卷75，頁1609；《舊唐書》卷48，頁3064。據《新唐書》卷71下〈宰相世系表〉，頁2342，封希顏官至中書舍人和吏部侍郎高官。

32　《封氏聞見記校注》卷3，頁23。

33　岑仲勉，〈跋《封氏聞見記》(校證本)〉，《岑仲勉史學論文集》(北京：中華書局，1990)，頁652-680，對封演的家世和生平，以及他此書的著成年代及其史料價值等細節，有詳細的討論。

高層的幕府官，應當熟悉唐代官場的實際運作和掌故。他這段話極有價值，在於它清楚告訴我們，唐代除了太樂丞由原本的「非士職」轉爲「清流」外，還有至少另兩種官也經歷過這麼一個「由濁轉清」的過程，那就是良醞署丞和門下典儀。它們之所以能夠從「濁官」變爲「清流」，是因爲曾經有士人擔任過。

封演之特別提起這三種官，也正因爲它們都經歷過一個「由濁轉清」的過程，是三個特殊的案例。但並非所有「非士職」都如此「幸運」，因爲曾經有士人擔任過而得以轉爲「清流」。應當說，唐代有許許多多的「非士職」，由於始終沒有士人擔任過，以致從來並沒有像太樂丞等少數幾個官那樣，可以從濁轉清。這應當包括幾乎所有唐代的伎術官。

封演這段話還有幾點需要解釋。第一，良醞署丞是光祿寺一個管醸酒的官，正九品下。但王績其實從未任過良醞署丞。封演這裡應當是誤記，或許是因爲王績太愛喝酒引起的誤會。他在門下省待詔時，官署「例日給良醞三升」。他的弟弟問他：「待詔何樂邪？」答曰：「待詔祿俸殊爲蕭瑟，但良醞三升，差可戀爾！」[34]，可知他是好酒的。王績後來請求選司授他非士職的「太樂丞」，也正是因爲他看上太樂署有位醸酒的高手，但他本人倒是從未做過「良醞署丞」。封演可能因爲王績太過迷戀「良醞」，而誤記他當過「良醞署丞」。

第二，李義府任「門下典儀」，也有個特別的原因。他是在貞觀八年，「對策擢第，補門下省典儀」[35]。這是門下省一個從九品下的小官，掌管「唱警、唱奏之事」，主持某些儀式。據《唐六典》：「初，用人皆輕。至貞觀初，李義府爲之，是後常用士人。」[36] 或許是朝廷後來重

34　呂才，〈王無功文集序〉，《王績詩文集校注》，頁11。《新唐書》卷196
　　〈王績傳〉，頁5595，把呂才的這段描寫刪減，頗失原味。

35　《舊唐書》卷82，頁2765。

36　《唐六典》卷8，頁248-249。

視門下典儀這個官，才改用士人出任。

從封演的這段記載，我們可以推論：唐代的太樂丞、門下典儀和太樂丞，原本都是士人不願出任的濁官，但後來因爲有王績、李義府和封希顏等士人出任，才變成了「清流」。不過，雖說是由「濁官轉清流」了，唐代士人恐怕還是不喜任這種伎術官。例如，上引《唐六典》說，李義府任過門下典儀，「是後常用士人」，但我們在兩《唐書》和墓誌材料中，就找不到佐證，並沒有發現有很多其他士人當過門下典儀，僅有寥寥數例，如酷吏姚紹之曾任門下典儀[37]；李鎭注《史記一百三十卷》，在「開元十七年上，授門下典儀」[38]。太樂丞和良醞署丞的情況也是如此。唐史上做過太樂丞和良醞署丞的士人寥寥可數。

應當注意的是，良醞署丞、門下典儀和太樂署丞，都是九品三十階內的流內官。這三種官的流內屬性，在《唐六典》等職官書中都有清楚記載，不構成問題。封演說這三官是「流外之任」，也並沒有錯。然而，有些學者不明就理，把封演所說的「流外之任」誤解爲「流外官」。「流外之任」和「流外官」有微妙的差別，容易引起誤會，下面且略作解說。

我們知道，唐代有所謂「流內」和「流外」官的分別。流內即九品三十階內的正規官員；流外則不是。流外官一般爲令史一類的下層官吏，通常非士人，但他們任滿流外官若干年以後，可以參加銓選，轉變成流內官[39]。然而，即便如此，流外轉流內還是有許多限制。由於流外

37　《舊唐書》卷186下，頁4851。

38　《新唐書》卷59，頁1526。

39　關於流外官和流外官轉流內官的研究，見郭鋒，〈唐代流外官試探〉，《敦煌學輯刊》，1986年第2期；張廣達，〈論唐代的吏〉，《北京大學學報》，1989年第2期；王永興，〈通典載唐開元二十五年官品令流外官制校釋——唐流外官制研究之一〉以及〈關於唐代流外官的兩點意見——唐流外官制研究之二〉，載《陳門問學叢稿》（南昌：江西人民出版社，1993）；任士英，〈唐代流外官研究〉上、下篇分別刊於史念海主編《唐史論叢》第5輯

不是士人，又出身低下，他們轉入流內時，就只能擔任某些「濁官」，
某些士人原本「不屑」就任的流內伎術官，比如良醞署丞、門下典儀和
太樂署丞等等。

　　流外轉流內，不能任校書郎、正字、赤縣主簿、縣尉等等清流官，
以免「汙染」了這些清流。唐代屢次有禁令，比如初唐神功元年（697）
的一道詔令，便規定「從流外和視品官出身者」，不得任某些清流士職：

> 八寺丞，九寺主簿，諸監丞、簿，城門符寶郎，通事舍人，大
> 理寺司直、評事，左右衛、千牛衛、金吾衛、左右率府、羽林
> 衛長史，太子通事舍人，親王掾屬、判司、參軍，京兆、河南、
> 太原判司，赤縣簿、尉，御史臺主簿，校書、正字，詹事府主
> 簿，協律郎，奉禮、太祝等，出身入仕，既有殊途，望秩常班，
> 須從甄異。其有從流外及視品官出身者，不得任前官。[40]

可知流外官出身低，即使轉流內，也不能出任那些比較「清高」的士職，
而只能充當某些伎術官，比如封演所說的「良醞署丞、門下典儀、太樂
署丞」之類。封演說這三種官是「流外之任」，是一種「省略」的說法。
他的意思應當是：這些是「流外官轉入流內時所任之官」，並不是說這
三種官是「流外官」。「流外之任」和「流外官」，有一微妙差別。

　　《封氏聞見記》中還有一條很有意義的記載，緊接在上引那條之

（續）

　　（西安：三秦出版社，1990）和第6輯（西安：陝西人民出版社，1995）；任士
　　英，〈唐代流外官的管理制度〉，《中國史研究》，1995年第1期；葉煒，
　　〈試論隋與唐前期中央文官機構文書胥吏的組織系統〉，《唐研究》，第5
　　卷（1999）。林煌達，〈唐代錄事〉，《中正歷史學刊》，第2期（1999），亦
　　論及流外官。

40　《唐會要》卷75，頁1610。

後。兩者可以合起來細讀，更可以看出「流外之任」、「流外之職」的
真義：

> 開元中，河東薛據自恃才名，於吏部參選，請授萬年縣錄事。
> 吏曹不敢注，以諮執政，將許之矣。諸流外共見宰相訴云：「醞
> 署丞等三官，皆流外之職，已被士人奪郤。惟有赤縣錄事是某
> 等清要，今又被進士欲奪，則某等一色之人無措手足矣。」於
> 是遂罷。

薛據是開元九年（721）的進士，又在天寶六載（747）考中制舉的風雅古調
科，的確是個「才名」俱佳的才子[41]。他在「吏部參選」，應當是在他
考中進士不久後的事。但奇怪的是，他竟請授「萬年縣錄事」，而「吏
曹不敢注」，因為萬年縣錄事，正如下文所透露的，不是士人應當去做
的官，而是流外轉流內官時的「流外之職」，是那些流外們的「清要」。
薛據這個舉動是不尋常的，可能因為他「自恃才名」高，行事放蕩不拘
小節，異於一般的士人。但他這樣做也等於是「侵入」了流外的「地盤」，
以致引起流外們的不滿，群起向宰相投訴。他們重提過去「醞署丞等三
官」被士人「奪去」的舊恨，又訴說他們「無措手足」云云。此事「於
是遂罷」。

---

41 見孟二冬，《登科記考補正》（北京：燕山出版社，2003），卷7，頁258；
卷九，頁360。孟二冬此書為徐松的《登科記考》補充了許多材料，特別是
近世出土的墓誌，總結了過去一個世紀以來的研究，現已成為《登科記考》
的最佳現代版本，故本書不再引用較早的《登科記考》版本。薛據在兩《唐
書》中無傳，但在《唐才子傳》卷2中有小傳。他的哥哥薛播曾官至中書舍
人和禮部侍郎等高官。《舊唐書》卷146〈薛播傳〉，頁3956說，薛家在「開
元、天寶二十年間」，有「七人並舉進士，連中科名，衣冠榮之」，是個
顯赫的士人家族。

　　從王績和薛據等人「反常」的這些舉動，我們得以推論，唐代士人不能隨意去擔任那些所謂的「非士職」，甚至連去「請授」也不能獲准。選司會禁止授這些官給士人，如薛據的個案。這些官也只有在特殊的情況下，才會授給士人，如王績等人的例子。

　　綜上所論，唐代士人做官非常講究官的「清濁」。中古「清官」的含意，和明清所謂的「清官」（「清廉之官」，不貪汙之官）截然不同。在隋唐和之前的中古時代，「清官」另有所指，是個很重要的概念[42]。下面討論封演的唐代士人「升官圖」時還將論及。這裡先簡單交代幾點。

　　很廣義的說，清官是那些比較「高尚」的官職，那些須「用腦」、「用心」，而不是「用手」的職務。所以，唐代的武官、內侍官、伎術官等等都不是清官，而是「濁官」、「非士職」，不是士人應當去做的。唐代的「清濁」官，在某種意義下，猶如現代的「白領」和「藍領」工

42　關於南北朝清官，中日學者研究極多。最精深的論述見閻步克，《察舉制度變遷史稿》（瀋陽：遼寧大學出版社，1991），特別是頁152-158與頁208-209，以及閻步克，《品位與職位：秦漢魏晉南北朝官階制度研究》（北京：中華書局，2002），頁547-559論「南北『清濁』觀念之異同」一節。其他論著有周一良，〈《南齊書‧丘靈鞠傳》試釋兼論南朝文武官位及清濁〉，原載《清華學報》，4卷2期（1948），後收入《周一良集》（瀋陽：遼寧教育出版社，1998）第一卷，頁119-148；宮崎市定，《九品官人法の研究》（京都：同朋社，1977），頁208-217以及頁320-322論清官的定義；上田早苗，〈貴族官僚制度的形成──清官的由來及其特徵〉，《中國中世史研究》，1970，宋金文、馬雷中譯本，收在《日本中青年學者論中國史：六朝隋唐史》，劉俊文主編（上海：上海古籍出版社，1995），頁1-26；越智重明，〈南朝の清官と濁官〉，《史淵》，98（1967），頁15-46；中村圭爾，〈清官と濁官〉，《六朝貴族制研究》（東京：風間書房，1987），頁331-358。至於唐代清官，見毛漢光，〈科舉前後（公元600年±300）清要官形態之比較研究〉，《中央研究院國際漢學會議論文集：歷史考古組》（台北：中央研究院，1981）上冊，頁379-403；金瀅坤，〈中晚唐五代的科舉與清望官的關係〉，《中國史研究》，2003年第1期，頁81-87。我一位研究生施淳益，正撰寫碩士論文「唐代的清官」，擬對唐代清官做系統研究。

作。正如唐代士人不願做「濁官」，現代讀書人大都也不願從事「藍領」的工作。

陳寅恪先生對唐代士人在婚姻和做官上的抉擇，有很精深的觀察：

> 唐代社會承南北朝之舊俗，通以二事評量人品之高下。此二事，一曰婚。二曰宦。凡婚而不娶名家女，與仕而不由清望官，俱為社會所不齒。[43]

這種南北朝「舊俗」所形成的社會風氣和「士風」，導致唐代(甚至後世宋元明清各代)的士人，做官都只想做「清官」類的「士職」，不願屈就於伎術官等屬於「濁官」類的「非士職」。

因此，如果我們把唐代士人不會去出任的那些武官、內侍官和「濁官」等等「非士職」剔除之後，他們在整個仕途上經常擔任的官職種類，其實便相當有限，有一定的數量，有一定的規律，也有一定的模式可尋。

三、唐代官場上的四個「模範」

那麼，這個常任官模式是怎樣的？唐代士人可以出任、經常出任的官職又是哪些呢？我們不妨以唐代官場上的四個「模範」官員的一生仕歷來回答這些問題：他們是唐前期的張說、張九齡，以及唐後期的李巽和李德裕。

之所以選擇這四位官員為「模範」，主要是因為他們不但在兩《唐書》中有傳，而且還有墓誌傳世，或今人為他們所作的評傳或年譜，仕歷相當清楚。相比之下，兩《唐書》對許多官員的官歷記載，經常是不

43　《元白詩箋證稿》(上海：上海古籍出版社，1980)，頁112。

完整的，往往有所省略。如果單單以兩《唐書》列傳中所載的官歷來做研究或統計，那是嚴重不足的。要解決這個唐人官歷經常被兩《唐書》省略的問題，我們必須再仔細比對各傳主的墓誌或神道碑（若有），或翻檢今人所作的年譜或評傳，才能得到比較完整的資料，才不致失誤。但唐代官員當中，死後有墓誌、神道碑傳世的並不多；有近人爲他們作年譜或評傳的則更少了，仍有待唐史學界的努力[44]。

其次，張說等四人都可說是官場經歷十分豐富的官員，從年輕時就開始做官，一直到年老，任官十多到二十多任，官歷首尾相連，可說相當完整，讓我們可以有更豐富的材料建立起唐代士人的常任官模式。換句話說，這四人的官歷，正因爲是如此豐富而完整，所以正好可以作爲唐代士人任官所能達致的一種理想境界，一種模式，一種衡量的標準。換一個比喻，這四人好比是唐代官場上的四個「模範生」，可以讓我們見到，「模範」官員當年是如何踏上仕途；他們通常擔任的低層、中層和高層官又會是哪一些。如此一來，我們在史傳和碑刻中見到其他官員的仕歷時，便可以拿來跟我們的「模範生」作比較，從而得到一些比較深入、比較具體的觀察和結論。

至於怎樣的官歷才算「豐富」呢？白居易晚年在他自撰的〈醉吟先生墓誌銘〉中，回憶起他生平的官歷時，不無得意地說：「始自校書郎，終於少傅致仕。前後歷官二十任，食祿四十年。」[45]白居易爲他的朋友

---

44 筆者在《唐代基層文官》，頁407說過：「目前，只有一些唐代大詩人和名人（如陸贄、劉晏和楊炎）的官歷和年代，因爲有年譜和評傳之作，才比較清晰完整。但唐史上還有許許多多人物，即使重要如宰相裴度和賈耽，他們的傳記資料至今都還未經現代學者的整理，既無年譜也無評傳。筆者建議，唐史學界未來或可『投資』於一項大工程：編一本翔實可靠的《唐史人物行年表》，結合兩《唐書》和墓誌材料，細考唐史上大大小小人物的生平官歷和行年，以年表方式呈現，當可收簡便和一覽無遺之效。」

45 《白居易集箋校》，朱金城箋校（上海：上海古籍出版社，1988），卷71，

張仲方(766-837)所寫的墓誌〈唐故銀青光祿大夫祕書監曲江縣開國伯贈禮部尚書范陽張公墓誌銘并序〉，亦不無欣慰地形容張仲方「入仕四十載，歷官二十五，享年七十二」。[46]

據此可知，歷官二十任左右是唐代士人任官的理想，可視爲他們仕途是否騰達的一個「標準」。相比之下，唐代有不少官員做官往往不到十任。在地方州縣，更有不少地方官一生只做過三、五任官，在宦海中浮沉，官歷並不完整（見本書第四章論〈縣令〉）。因此，我們觀察那些「模範」官員，細心比對他們那些十多二十任左右的完整仕歷，應當可以對唐代士人的常任官模式，得出更爲中肯的結論。

在這個視角下，讓我們來觀察張說、張九齡、李巽和李德裕一生的做官經歷。

（一）張說

張說(667-731)[47]是初唐的一位「大手筆」，也是玄宗朝的宰相。兩《唐書》本傳對他的官歷有所省略。幸好他有文集傳世，又有人爲他寫過兩篇石刻文字：張九齡爲他撰作〈故開府儀同三司行尚書左丞相燕國公贈太師張公墓誌銘并序〉[48]；孫逖也爲他寫過〈唐故幽州都督河北節

（續）

頁3815。

46 《白居易集箋校》卷70，頁3777。

47 張說的生卒年傳統上說是667-730，但美國一位精研唐代文學的學者Paul W. Kroll有一文 "On the Date of Chang Yüeh's Death," *Chinese Literature: Essays, Articles, Reviews* 2（1979）: 264-265 特別指出張說死於開元十八年十二月戊申（二十八日），實際上於西元731年2月9日，而非730年。

48 收在《曲江集》，劉斯翰校注（廣州：廣東人民出版社，1986），頁629-630；亦收在《全唐文》（北京：中華書局，1983年影印清嘉慶十九年（1814）內府原刻本），卷292，頁2965-2966。張說的墓誌已在1999年在洛陽出土，詳見李獻奇，〈唐張說墓誌考釋〉，《文物》，2000年第10期，頁91-96；梁驤，〈唐《張說墓誌》考略〉，《中國書畫》，2005年第12期，頁43-45；梁繼，

度使燕國文貞張公遺愛頌〉[49]。近人陳祖言則對他的生平仕歷做過詳細研究，著有《張說年譜》。這些都可補正兩《唐書》的不足。

綜合這些材料，我們知道張說是在二十四歲那年，在洛陽雒陽城南門，由武則天親自試策，高中第一名，從此登上仕途。張九齡為他寫的〈墓誌銘〉這樣總結他一生的仕歷：「起家太子校書，迄於左丞相，官政四十有一，而人臣之位極矣！」這裡的「官政四十有一」是指四十一年[50]，非四十一任。張說一生任官其實是二十五任。這個任官次數，跟上引張仲方的二十五任相同，比白居易的二十任則稍多一些。

那麼，張說的二十五官是哪些呢？且按筆者的「三部曲」，依基層、中層和高層三個層次來敘說。

張說基層官歷依秩是：(1)太子校書；(2)武攸宜討契丹總管府記室（約相當於唐後期的幕府掌書記）。

他的中層官歷依秩是：(3)右補闕；(4)右史內供奉，兼知考功貢舉事（即出任「考功員外郎」的職務）；(5)魏元忠并州行軍大總管府判官；(6)兵部員外郎；(7)兵部郎中。

他的高層官歷依秩是：(8)鳳閣舍人（即中書舍人）；(9)工部侍郎；(10)黃門侍郎；(11)中書侍郎（兼雍州長史）；(12)中書侍郎同中書門下平章事（宰相並監修國史）；(13)兵部侍郎，依舊平章事（加弘文館學士）；(14)尚書左丞，分司東都；(15)中書令；(16)相州刺史（充河北道按察使）；(17)岳州刺史；(18)荊州大都督府長史[51]；(19)幽州都督（河

（續）————————————

〈唐梁升卿書《張說墓誌》考略〉，《鞍山師範學院學報》，2007年第5期，頁66-69。梁驥和梁繼似為同一人，兩文內容幾乎相同，可能是一稿兩投。

49　《全唐文》卷312，頁3172。

50　按張說在載初元年（690）初仕，到開元十八年（730）去世，正好任官四十一年。見陳祖言，《張說年譜》（香港：中文大學出版社，1984），頁9。

51　唐代有幾個重要的大都督府，如荊州、揚州等大都督府，其大都督例由皇

北節度使，帶「右羽林將軍」和「攝御史大夫」兩虛銜）；（20）天兵軍節度大使；（21）兵部尚書同中書門下三品；（22）朔方軍節度使；（23）中書令（兼集賢院學士，知院事）；（24）尚書右丞相兼中書令（兼集賢院學士，知院事）；（25）尚書左丞相。[52]

（二）張九齡

至於張九齡（678-740），這位曾經當過宰相的嶺南才子，他一生又做過多少任官呢？據兩《唐書》和近人所撰的年譜[53]，他是在二十五歲進士及第，在景龍元年（707）三十歲中材堪經邦科，接著便以祕書省校書郎起家，在五十六歲那年當上宰相，但晚年不幸被貶官為荊州大都督

（續）————————————————————————

　　室的親王「遙領」，但他們只是掛名，並無實任。在這些大都督府真正主其事者，是大都督屬下的副手「長史」。所以，張說這時出任「荊州大都督府長史」，他其實等於是荊州大都督府的總管。唐代史料中常見的「揚州大都督府長史」等類似官職，也應如此看待。換句話說，這些大都督的長史，地位等同於刺史、都督那一級別，遠遠高於一般都督府的長史。兩者不可相提並論。

52　張說在開元十三年（725）到開元十八年十二月（731）去世前的這段官歷頗複雜，涉及連串的停職與復職，但來來去去不出右丞相、中書令、集賢院學士和左丞相這四個官職。為免累贅，這裡便略加簡化為這四種，不因復職而重複計算任官次數。詳細的考證見陳祖言，《張說年譜》，頁63-87。要言之，開元十三年十月玄宗在泰山封禪之後，張說便因功升為「尚書右丞相兼中書令」，並續任他先前的集賢院學士。開元十四年四月，因為遭到宇文融、崔隱甫等人惡意「奏彈」他夜引術士等事，張說被「停兼中書令」，但仍然為尚書右丞相兼集賢院學士。到開元十五年二月，因奏彈案惡化，張說被令致仕，罷去右丞相和集賢院學士。開元十五年六月，「詔令在家修史」。開元十六年二月，復兼集賢院學士。開元十七年三月，他終於「復為右丞相，依舊為集賢院學士，知院事」。開元十七年八月，他遷為「左丞相」。同年十二月，他去世。他任左丞相只有大約四個月。

53　主要有兩種：楊承祖的經典作《張九齡年譜》（台北：國立臺灣大學文學院，1964）以及顧建國的近作《張九齡年譜》（北京：中國社會科學出版社，2005）。又見顧建國，《張九齡研究》（北京：中華書局，2007）。

長史，在任上去世。綜觀張九齡一生，他前後入仕三十四載，歷官一十四，享年六十四。

同樣的，我們可以把張九齡的一生官歷分爲三個層次來描述。

他的基層官歷是：(1)校書郎。

他的中層官歷依秩是：(2)左拾遺；(3)左補闕；(4)禮部員外郎；(5)司勳員外郎。

他的高層官歷依秩是：(6)中書舍人內供奉；(7)太常少卿；(8)洪州都督(兼洪州刺史)；(9)桂州刺史(兼嶺南道按察使)；(10)秘書少監；(11)工部侍郎(兼集賢院學士、兼知制誥)；(12)中書侍郎、同中書門下平章事(宰相)；(13)中書令(兼集賢學士知院事，修國史)；(14)尚書右丞相；(15)(貶)荊州大都督府長史(長史仍算高層官，且荊州還是個具有戰略地位的大都督府)。

以上是唐前期的兩個案例。到了唐後期，士人的常任官模式依然是可以「預測」的，是有跡有尋的。其中最大的不同點在於唐後期的士人在仕途上多了一個選擇：他可以到各種方鎮使府去任使職或幕佐。讓我們以李巽和李德裕來作代表。

(三)李巽

李巽(747-809)是德、順、憲三朝最重要的官員之一，曾官至掌管全國財經大權的鹽鐵使，但今人對他一無研究，既沒有爲他寫過年譜也沒有爲他寫過評傳。他在新舊《唐書》的本傳也太過簡略，省略了他幾乎所有早年官歷。幸好，中唐名士權德輿爲他寫過一篇墓誌，曰〈唐故銀青光祿大夫守吏部尚書兼御史大夫充諸道鹽鐵轉運等使上柱國趙郡開國公贈尚書右僕射李公墓誌銘并序〉，清楚透露李巽一生最完整的仕歷：

> 始以明經筮仕為華州參軍，試言超絕，補鄠縣尉。登朝為監察
> 御史、殿中侍御史。由美原縣令課最為刑部員外郎，由萬年縣
> 令課最為戶部、左司二郎中。由常州刺史理刑第一徵為給事
> 中。以御史中丞領潭州刺史、湖南觀察使，就加右散騎常侍。
> 以右散騎常侍領洪州刺史、江西觀察使，就加御史大夫。由二
> 府報政入為兵部侍郎，在塗加度支、鹽鐵副使，至止踰月，代
> 今司徒岐公〔杜佑〕為使。明年遷兵部尚書，閒一歲轉吏部尚
> 書。[54]

據此，李巽的學歷是明經出身，後來又考中高難度的書判拔萃(即
墓誌中所謂「試言超絕」)，可說是唐代士人精英當中的精英。

他的基層官歷依秩是：(1)華州參軍；(2)鄠縣尉。

他的中層官歷依秩是：(3)監察御史；(4)殿中侍御史；(5)美原縣
令；(6)刑部員外郎；(7)萬年縣令；(8)戶部郎中；(9)左司郎中。

他的高層官歷依秩是：(10)常州刺史；(11)給事中；(12)潭州刺史
(帶兼衛御史中丞)；(13)湖南觀察使(帶檢校官右散騎常侍)；(14)洪州
刺史(帶檢校官右散騎常侍)；(15)江西觀察使(帶兼衛御史大夫)；(16)
兵部侍郎；(17)度支、鹽鐵副使[55]；(18)鹽鐵使；(19)兵部尚書；(20)
吏部尚書。他死後獲得贈官「尚書右僕射」(見墓誌標題)[56]。

(四)李德裕

54　《全唐文》卷505，頁5134。

55　唐代的度支、鹽鐵使，關係複雜。見何汝泉，〈唐代度支、鹽鐵二使關係
　　試析〉，《中國唐史學會論文集》(1993年)(西安：三秦出版社，1993)，
　　頁156-169。這裡李巽是一人兼管兩使職，所以只以一任官計算。

56　本書第四章論〈縣令〉，對李巽的官歷還有更詳細的討論，特別是他中年
　　任縣令的一段經歷。

　　李德裕(787-850)是晚唐一大才子，但卻也是個悲劇人物。和上引張說、張九齡、李巽三個科舉出身者最不相同的是，李德裕頗「輕視」進士功名，所以他從未參加科舉，而選擇以「蔭任」的方式入仕[57]。他和張說、張九齡一樣，起家就是釋褐美職的校書郎。在他事業的高峰，他曾經當過好幾個重要方鎮的節度使以及武宗的宰相，親自指揮過幾場重大的戰役，平定了澤潞節度劉稹之叛和會昌年間的回紇之亂。但這樣一個大功臣，最後卻在宣宗上台後，被貶官到「鳥飛猶是半年程」[58]的崖州(今海南島)去充當一個司戶參軍的小官，最後死在那兒。

　　李德裕在二十七歲入仕，到六十三歲去世，前後食祿三十七年，歷官二十四任(包括三次貶官)。和上引張說等三人一樣，他的仕歷可以分為三個層次。

　　他的基層官歷依秩是：(1)校書郎；(2)掌書記。

　　他的中層官歷依秩是：(3)監察御史(充翰林學士)；(4)司勳員外郎(仍充翰林學士)；(5)屯田員外郎(仍充翰林學士)；(6)考功郎中(仍充翰林學士、並知制誥)。

　　他的高層官歷依秩是：(7)中書舍人(仍充翰林學士)；(8)御史中丞；(9)潤州刺史(兼浙西觀察使)；(10)義成節度使；(11)西川節度使；(12)兵部尚書(後改中書侍郎)同中書門下平章事(初任宰相)；(13)山南西道節度使；(14)兵部尚書；(15)鎮海軍節度兼浙西觀察使(第二次出任)；(16)太子賓客分司東都(未赴任)；(17)(貶)袁州長史(長史仍可算

57　陳寅恪曾論及李德裕「痛惡進士科」的意義，見〈論李栖筠自趙徙衛事〉，《金明館叢稿二編》(北京：三聯書店，2001年版)，頁6。又見高橋徹，〈李德裕試論──その進士觀を中心に〉，《柳田節子先生古稀記念：中國の傳統社會と家族》(東京：汲古書院，1993)，頁3-19。
58　典出李德裕詩〈登崖州城作〉：「獨上高樓望帝京，鳥飛猶是半年程。青山似欲留人住，百匝千遭遶郡城。」見《李德裕文集校箋》，傅璇琮、周建國校箋(石家莊：河北教育出版社，2001)卷4，頁500。

高層）；(18)滁州刺史；(19)太子賓客分司東都[59]；(20)浙西觀察使（第三次出任）；(21)淮南節度使；(22)門下侍郎同平章事（第二次任宰相）；(23)江陵尹（兼荊南節度使）；(24)東都留守；(25)太子少保分司東都；(26)(貶)潮州司馬（降為中層官）；(27)(貶)崖州同戶參軍（降為基層官）。

四、唐代士人的任官規律

以上不厭其煩地把這我們四位「模範」官員的一生仕歷逐一列出，最主要的目的在於釐清當中的一些「規律」，諸如他們在基層、中層和高層最常出任的官職是甚麼？哪些官職又是他們一般不會去擔任的？哪些是他們在失意或失勢時被委派的閒散官職？他們在官職升遷、轉換方面又有哪些「規律」可以注意？

先說幾個大的規律。

第一，他們任官都是「按部就班」的，都從最基層做起，一步一步往上攀，沒有「捷徑」可抄。才高如張說，在洛陽武則天親自主持的殿試上高中第一。武則天還下令把他的考試答卷抄存在尚書省，「頒示朝集和蕃客等，以光大國得賢之美」[60]。但張說還是很守規則地從最低層

---

59 中晚唐以太子少保、太子賓客等官分司東都洛陽者，大抵是「政爭中暫時屈居下風」，或「年老力衰，不願從事劇務……實同退休」者。見王吉林，〈晚唐洛陽的分司生涯〉，《晚唐的社會與文化》，淡江大學中文系（台北：臺灣學生書局，1989），頁239-249，特別是頁244。又見勾利軍，〈唐代東都分司官任職原因分析〉，《河南師範大學學報》，2003年第5期，頁110-113；勾利軍，〈唐前期東都職官的稱謂變化與東都機構的發展脈絡〉，《河南師範大學學報》，2004年第6期，頁85-87。勾利軍這一系列東都分司官的研究，現已收在她的專書《唐代東都分司官研究》（上海：上海古籍出版社，2007）。

60 《大唐新語》，許德楠、李鼎霞點校（北京：中華書局，1984），卷8，頁127。

的九品校書郎幹起，再慢慢升為宰相等高官。

實際上，就筆者所見，唐代士人一般不可能「超資越秩」升官。當然，也有人破壞了按部就班的官場規則，如李林甫、楊國忠、王叔文等人，但這些人都屬例外，後來也都成了「逆臣」，沒有好的下場。

第二，像張說等四個唐代士人，他們都曾經在朝中京官和地方官之間遷轉，不能一生都在任京官，必須經常在京城和地方之間往來奔波，甚至常年在外宦遊。這是士人任官的常態。唐史學界常有「內外官輕重」的爭論，其實應當放在唐代士人做官照例必有一段時間任外官這個脈絡下看，才有意義，否則容易陷入表層皮相之爭[61]。就筆者所知，唐史上一生都在京城任京官的士人非常稀少，比如于休烈，可說都是特殊案例（但「非士人」在京中出任伎術官，例如掌管天文臺的官員，反倒可能長年任京官，無須外放任地方官）。[62]

至於張說等四人在仕途各階段常任之官，也全都有規律可尋。這規

---

61 關於唐內外官輕重的論著頗多。主要有劉詩平，〈唐代前後期內外官地位的變化〉，《唐研究》，第2卷（1996）；劉海峰，〈唐代俸料錢與內外官輕重的變化〉，《廈門大學學報》，1985年第2期；李燕捷，〈唐代祿制與內外官之輕重〉，《河北學刊》，1994年第5期。最近的一篇是夏炎，〈從刺史的地位看唐代內外官的輕重〉，《唐史論叢》，第9輯，杜文玉編（西安：三秦出版社，2007），頁87-104。

62 例如唐後期有一個波斯人李素，年輕時便進入司天臺任天文官，一直到年老當上司天臺的長官司天監，前後任官約五十年，未曾離京。他的兒子李景亮繼承他的專業，也在司天臺任官數十年，最後也當上司天監，未曾離京。關於李素父子很不平凡的一生，見榮新江，〈一個入仕唐朝的波斯景教家族〉，《中古中國與外來文明》（北京：三聯書店，2001），頁238-257；以及拙作〈唐代的翰林待詔和司天臺——關於《李素墓誌》和《卑失氏墓誌》的再考察〉，《唐研究》，第9卷（2003），頁315-342。值得注意的是，司天監雖然是從三品的高官，但卻屬於伎術官，是士人眼中的「濁官」，「非士職」。然而擔任此官須有專門的天文律算知識，恐怕也非一般士人所能勝任。

律是可以「預測」的，絕非「隨機」的。

當他們還在基層階段，年約三十歲上下，他們不是任校書郎（張說、張九齡、李德裕），就是在州縣任參軍和縣尉（李巽），或者在幕府任掌書記（李德裕）。其中以出任校書郎最為常見。

當他們進身中層階段，年約三四十歲時，他們便在朝中任監察御史（李巽、李德裕）；拾遺或補闕（張說、張九齡）；員外郎或郎中（張說、張九齡、李巽、李德裕），或在地方上任縣令（李巽）。其中以出任員外郎或郎中（合稱「郎官」）最為常見。

當他們攀升到高層階段，年約四五十歲時，他們通常會出任中書舍人（張說、張九齡、李德裕）；侍郎（張說、張九齡、李巽、李德裕）；都督、刺史或節度使等使職（張說、張九齡、李巽、李德裕）。其中以出任侍郎和地方長官（都督、刺史或節度使）最為常見。

以此看來，張說等四人一生的仕歷，透露了唐代士人任官一條很重要的規律，那就是：唐代的文職事官雖然多達三百多種，但士人經常所任之官，其實來來去去也就只不過是以上所說的那數十種。兩《唐書》列傳以及近世出土的大批唐代墓誌，裡面包含了唐代前後期許許多多其他士人的官歷，也都可以證實這條規律。

另一種很好的輔助證據是《全唐詩》。唐代能寫詩者，大都屬士人階層。他們經常互相寄贈酬謝，不免都會以各人的官銜來相稱呼，比如杜審言的〈送高郎中北使〉[63]；杜甫的〈奉答岑參補闕見贈〉[64]；以及杜牧的〈東都送鄭處誨校書歸上都〉[65]（「校書」即「校書郎」省稱）等等。唐詩中的詩題經常暗含這一類的官名，很有制度史上的意義，隱

63　《全唐詩》（北京：中華書局，1979年繁體排印本），卷62，頁735。
64　《杜詩詳注》，〔清〕仇兆鰲注（北京：中華書局，1979年校點本）卷六，頁452。
65　《樊川文集》，陳允吉校點（上海：上海古籍出版社，1978），卷3，頁42。

藏著不少可供研究發掘的唐代官制素材，可惜至今似無人研究[66]。但我們若細數《全唐詩》中所出現的唐代官名，其實也不多，經常所見就是校書郎、正字、參軍、縣尉(少府)、縣令(明府)、御史、拾遺、補闕、員外郎、郎中等數十種而已，非常有「規律」，反映唐代這些寫詩的士人，生平所任之官也正是寥寥這一些少數。

因此，我們可以這樣結論，正如前文所說，唐代三百多種文職事官中，有許多是士人從來不會去出任，沒有能力出充任，或「不屑」於去擔任的，特別是那些伎術官職，如醫官、天文官、內侍官、監牧官等等。

但這條任官規律過去一直為人忽略。就筆者所知，似乎沒有其他唐史學者曾經如此明白論證指出。故筆者特標出如上。

封演在《封氏聞見記》中有一段很有名的話，曾經描述過唐代士人「升官」的理想模式，同樣可以印證筆者上面所說的「規律」。若以張說等四人的官歷考之，幾乎全都吻合(只有地方長官和幕府官部分不合，因為封演沒有列舉這兩類官)：

> 宦途之士，自進士而歷清貴，有八儁者：一曰進士出身制策不入，二曰校書、正字不入，三曰畿尉、〔京尉〕[67]不入；四曰監察御史、殿中〔侍御史〕[68]不入，五曰拾遺、補闕不入，六

---

66 筆者將來準備撰寫一論文〈唐詩中所見的唐代官名〉來專門處理這課題。

67 此處有缺文。此處據池田溫，《律令官制の形成》(東京：岩波書店，1970)，頁299，補作「京尉」。礪波護，〈唐代の縣尉〉，黃正建中譯本，收在《日本學者研究中國史論著選譯》，劉俊文主編，第四冊(北京：中華書局，1992)，頁576，則補作「縣丞」。

68 此處《唐語林》引作「殿中丞」，見《唐語林校證》，周勛初校證(上海：上海古籍出版社，1987)，卷8，頁717。但「殿中丞」和前面的「監察御史」毫無關係，恐誤。池田溫，《律令官制の形成》和礪波護，〈唐代の縣尉〉，都將之改為「殿中侍御史」，甚是。封演所說的「八儁」，都是相對或相

日員外郎、郎中不入,七曰中書舍人、給事中不入,八曰中書
侍郎、中書令不入。言此八者尤加儁捷,直登宰相,不要歷餘
官也。[69]

封演這段話有一個令人困惑的用詞是「不入」兩字,頗爲費解。筆者從
未見過有引用此條材料者解釋此兩字的含意。筆者也曾經請教過北京大
學中文系好幾位專治文字、聲韻和訓詁的專家,皆不得其解。此詞亦未
收在《漢語大詞典》等大型詞典。有人望文生義,把「不入」解釋爲「不
算」,即校書郎算「八儁」之一,但正字「不算」;員外郎算「八儁」
之一,但郎中「不算」,依此類推。然而,這樣的理解卻不符合我們從
其他史料所見到的唐代官制。

例如,秘書省的校書郎爲正九品上,正字爲正九品下,有一階之差,
但筆者在《唐代基層文官》第二章〈正字〉中曾舉李商隱、張仲方等人
的例證,論及唐代士人並不在意這一階之差:兩者同是美官。最強有力
的證據是《通典》所說,正字「其官資輕重與校書郎同」[70]。這樣,我
們又怎能把封演所說的這句話,理解爲校書郎「算」八儁,正字「不算」
呢?

再如,封演接著所列舉的幾組官職,除第三組有闕文不明外,其他
如第四組的殿中侍御史,其官品和職望甚至高過監察御史(見本書第一
章);第五組的補闕,官品爲從七品上,也高過從八品上的拾遺(見本書
第二章);第六組的郎中,其官品和職望也同樣高於員外郎(見本書第三
章);第八組的中書令,其地位之高,更遠非中書侍郎可比。這樣,我

(續)

近的,如校書郎和正字,拾遺和補闕、員外郎和郎中等等。

69 《封氏聞見記校注》卷3,頁18-19。

70 《通典》,王文錦等點校(北京:中華書局,1989),卷26,頁736。

們又怎能說拾遺、監察御史、員外郎和中書侍郎算八儁,但官階地位更高的補闕、殿中侍御史、郎中和中書令卻反而又「不算」呢?這是有違常識的理解。至於中書舍人和給事中,倒都是平等的官員,官階相同(同為正五品上),只是一在中書省,一在門下省任官,恐怕也很難理解為前者算,後者不算。

顯然,封演所說的「不入」,不能理解為「不算」。否則將引起許多問題。

礪波護等日本學者引用封演此段文字時,也都像中國學者一樣,沒有解釋何謂「不入」,但把封演所說的「不入」部分,理解為「其次」,比如礪波護的下列做法,就把封演這段話拆解分成A和B兩個部分。A部分的官算八儁,B部分的官則只算是「其次」的:

(A為八儁 B為其次)

A 1.進士 2.校書(秘書省正九品上)3.畿尉(正九品下)4.監察御史(正八品上)5.拾遺(從八品上)6.員外郎(從六品上)7.中書舍人(正五品上)8.中書侍郎(正四品上)

B 1.制策 2.正字(秘書省正九品下)3.畿丞(正八品下)4.殿中侍御史(從七品上)5.補闕(從七品上)6.郎中(從五品上)7.給事中(正五品上)8.中書令(正三品)[71]

不過,這種理解也同樣違背唐代的官制。補闕、殿中侍御史、郎中和中書令,都比拾遺、監察御史、員外郎和中書侍郎來得尊貴。怎麼反而說他們不是「八儁」,而只是「其次」的呢?至於中書舍人和給事中,為相同等級的官,也難以說何者為「八儁」,何者為「其次」。

---

71 礪波護,〈唐代的縣尉〉,頁576。

　　筆者認為，封演此處的「不入」兩字，可能是衍文。從它出現多達八次，而且都出現在幾組關鍵官名之後，筆者推測它有可能是後代傳抄者或讀者，在那幾個關鍵官名後面所作的某種「抄寫記號」、「圈點」或「句讀」，但後來卻被人誤認成「不入」兩字。我們如果把「不入」兩字全部刪去，文意亦通，反而更清楚。封演的意思應當是：校書郎和正字、員外郎和郎中、拾遺和補闕等官，都屬「八儁」。他們都是性質相同或相近的官，而且大都屬於唐代所謂的「清望官」或「清官」，都是唐代士人夢寐以求的好官。這樣的理解比較符合唐代官制。

　　唐代的「清官」是個非常複雜的概念，涉及清望、清要、清資、清選、清流、清緊等等觀念，這裡無法深論，只能以「清」的概念來略為解說封演的「八儁」升官圖。《舊唐書・職官志》有一段話，給「清望官」和「清官」做了很清楚的說明：

> 職事官資，則清濁區分，以次補授。又以三品已上官，及門下中書侍郎、尚書左右丞、諸司侍郎、太常少卿、太子少詹事、左右庶子、祕書少監、國子司業為清望官。太子左右諭德、左右衛左右千牛衛中郎將、太子左右率府左右內率府率及副、太子左右衛率府中郎將、已上四品。諫議大夫、御史中丞、給事中、中書舍人、太子中允、中舍人、左右贊善大夫、洗馬、國子博士、尚書諸司郎中、祕書丞、著作郎、太常丞、左右衛郎將、左右衛率府郎將、已上五品。起居郎、起居舍人、太子司議郎、尚書諸司員外郎、太子舍人、侍御史、祕書郎、著作佐郎、太學博士、詹事丞、太子文學、國子助教、已上六品。左右補闕、殿中侍御史、太常博士、四門博士、詹事司直、太學助教、已

上七品。左右拾遺、監察御史、四門助教已上八品。為清官。[72]

據此，封演所說的一系列「八儁」官職當中，中書侍郎、中書令屬於等級比較高的「清望官」；監察御史、殿中侍御史、拾遺、補闕、員外郎、郎中、中書舍人、給事中則屬「清官」。這些都是唐代士人心目中的清高官職。只有校書郎、正字和畿尉不在這「清官」或「清望官」的名單上。

然而，《通典》卻清楚告訴我們校書郎和正字的職望：

〔校書郎〕掌讎校典籍，為文士起家之良選。其弘文、崇文館，著作、司經局，並有校書之官，皆為美職，而祕書省為最。……〔正字〕掌刊正文字，其官資輕重與校書郎同。[73]

筆者在《唐代基層文官》第一章專論〈校書郎〉，第二章專論〈正字〉，引用更多其他史料，力證唐代的校書郎和正字為士人入仕的釋褐美職，應當也可以說是「清官」。這兩種官之所以不列在《舊唐書·職官志》的「清官」名單上，很可能是因為他們的官品比較低，皆為九品官。

至於畿尉(京城附近畿縣如藍田縣和盩厔縣的縣尉)，那更是唐代士人任過校書郎以後才能擔任的下一個美差事。畿尉之為美職，筆者在《唐代基層文官》第三章〈縣尉〉中有許多論證，此不贅論。且引唐人小說《定命錄》中的一則記載為例：

員外郎樊系……自校書郎調選。吏部侍郎達奚珣深器之，一注

72　《舊唐書》卷42，頁1804-1805。
73　《通典》卷26，頁736。

> 金城縣尉。系不受。達奚公云：「校書得金城縣尉不作，更作
> 何官？」系曰：「不敢嫌畿尉，但此官不是系官。」[74]

按金城縣即興平縣，因金城公主當年遠嫁吐蕃在此縣停留，故「改曰金城」[75]，屬京兆府，是個名符其實的畿縣。樊系做過校書郎後選上金城縣尉這個畿尉美官，竟不願就，難怪主持銓選的史部侍郎達奚珣要責怪他：「校書得金城縣尉不作，更作何官？」此事反映畿尉的職望，甚至高過校書郎。但樊系太迷信了，他有一次做夢，「夢官合帶『陽』字」，所以他不願出任地名中沒有「陽」字的金城縣尉。在小說中，他後來果然獲授涇陽尉，正好有個「陽」字，總算圓了他的美夢。這也是個畿縣尉[76]。

封演的「八儁說」之所以如此值得重視，是因為這是唐代極少數敘寫唐代士人升官規律的文字之一，彌足珍貴。它為我們提供了一個唐人本身的觀點。更重要的是，它清楚透露唐代士人心目中的「清官」、「清望官」和「美職」有哪些。我們研究唐代士人的常任官模式，這些正是我們最應當「優先」注意的官職。這也是筆者在《唐代基層文官》等三書中，選擇以封演所說的一系列「八儁」官職，作為唐代士人常任官模式之「主幹」的原因。

以封演的「八儁說」來比對上引張說、張九齡、李巽和李德裕四人的官歷，我們還可以發現兩個有趣的現象。

第一，除了畿尉外，封演完全沒有提到其他州縣官，比如州的錄事參軍、州的上佐和州刺史。難道這些官職在唐代士人的仕途上不重要

74　《太平廣記》（北京：中華書局，1960年校點本），卷277，頁2200。

75　《新唐書》卷37，頁962。

76　涇陽屬京兆府，也是個畿縣。見《新唐書》卷37，頁962。

嗎?以張說、張九齡和李德裕三人來說,他們都當過宰相,任官模式大
抵也符合封演的「八儁說」,但有一個重要的例外:他們三人都曾經在
仕宦中途,離開京城朝廷,在外頭擔任過多年的刺史(或都督、節度使、
觀察使)。這種出為地方牧守的經歷,其實才是唐代一個宰相典型的官
歷。

　　第二,封演的「八儁說」也完全不包含唐後期的使職和幕府官。例
如,李德裕年輕時擔任過張弘靖河東幕府的掌書記;中年以後,首度出
任浙西觀察使更長達八年。這些都是他任宰相之前的重要準備。難道這
些幕府官和使職不重要嗎?為何封演不提?

　　實際上,不只封演不提州刺史、上佐、幕府官和使職,白居易在一
篇敘述唐代士人任官規律的策文中,也同樣不提這些官職。白居易的這
篇策文叫〈大官乏人〉,是一個中唐詩人眼中所見到的唐代士人升官圖,
是他自稱於「元和初,予罷校書郎,與元微之將應制舉。退居於上都華
陽觀,閉戶累月,揣摩當代之事」[77]寫成的,很有見證式文字的意味,
更可以跟上引封演的「八儁」升官圖相對照:

> 臣伏見國家公卿將相之具選於丞郎給舍,丞郎給舍之材選於御
> 史遺補郎官。御史遺補郎官之器選於祕著校正畿赤簿尉。雖未
> 盡是,十常六七焉。[78]

這裡用了連串簡稱。「丞」指尚書左右丞。「郎」指侍郎,即尚書六部
二十四司中的一系列侍郎。「給舍」指給事中和中書舍人等。「御史」
指御史臺的御史。「遺補」指左右拾遺和左右補闕。「郎官」指尚書省

77　《白居易集箋校》卷63,頁3436。
78　《白居易集箋校》卷63,頁3490。

二十四司的郎中和員外郎，如度支郎中、祠部員外郎等。「祕著校正畿赤簿尉」簡略得最厲害，即「祕書省、著作局校書郎、正字，畿赤縣主簿和縣尉」。

換句話說，白居易所列舉的，都是唐代士人所任最重要的一些官職，也是他們最理想的一幅升官圖。基層時任校書郎、正字，畿赤縣主簿和縣尉，在中層時便有機會被選為御史、拾遺、補闕、員外郎和郎中。這些人在高層時便很可能被選為給事中、中書舍人、侍郎和丞相。這種升官模式當然不是放之每個士人皆準，但正如白居易所說，「雖未盡是，十常六七焉」。

我們細心比較白居易的這幅升官圖和封演的「八儁」說，可以發現兩者有不少相同點。

第一，兩人所列舉的官職，絕大部分是相同的：校書郎、正字、畿尉（白居易多添了赤尉和赤畿縣的主簿）、御史、拾遺、補闕、員外郎、郎中、給事中、中書舍人等等。唐代的文職事官雖然多達三百多種，但這十來種官顯然才是唐代最重要的官職，才是士人心目中的好官、清官或美職。我們要瞭解唐代官制的運作，首先應當留意這十多種官職，而不是「漫無目標」去「追逐」那三百多種文職事官，結果迷失在整座中古大森林裡。這也正是為甚麼筆者的《唐代基層文官》等三書，要特別把重點放在封演和白居易所提到的這些官職，外加幾種「精選」的州官、幕府官和使職。

第二，在地方官的部分，兩人都「不約而同」地只提到縣一級的官員（縣尉和主簿），完全不提州官、使職和幕府官。為甚麼？

據筆者推測，很可能在唐代士人心目中，地方官只有赤畿縣的主簿和縣尉才值得重視，其餘的皆不足觀。不過，封演和白居易兩人都未提都督和刺史，則有些令人不解。因為唐代高層士人當中，任都督、刺史者比比皆是。兩人的觀點，或許反映了唐代士人普遍重京官輕外官的現

象。兩人或認爲，像州官當中的錄事參軍、縣令、都督、刺史等，不若京官當中的員外郎、郎中、中書舍人、侍郎等那麼重要或清要，所以在「精省」的原則下，他們便把這些外官略而不提了。

封、白兩人爲甚麼也完全不提使職和幕府官？筆者認爲，這很可能反映了他們那個時代的一種「偏見」，認爲這些不是「正統」的、「正規」的官職，所以都不提了。使職和幕府官不屬於正統的「職事官」，皆不「載于甲令」[79]。唐人普遍以另一種眼光來看待這兩種官職，特別是中下層的幕府官[80]。

實際上，在封演晚年，甚至可能就在他撰寫《封氏聞見記》的期間，他本人便在河北魏博藩鎮擔任一個中高層的幕職。《封氏聞見記》卷一的開頭，有封演自己的一段官銜題署：「朝散大夫檢校尚書吏部郎中兼御史中丞」。可惜他這裡沒有提自己的幕職是甚麼。但這是中高層幕府官很常見的一種題銜（見本書第六章論〈判官〉）。「朝散大夫」是個從五品下的文散官。五品表示封演這時有資格衣緋了。「檢校尚書吏部郎中」是一種檢校郎官。一般持有此銜者會是個幕府判官或判官以上的中高層幕職。「兼御史中丞」是個檢校憲銜，也是相當高層的官銜，因爲御史中丞是御史臺的第二號人物[81]。

---

79 「載于甲令」是陸贄的名言。他在〈又論進瓜果人擬官狀〉文中，對德宗說了一句很有名的話：「謹按命秩之載于甲令者，有職事官焉，有散官焉，有勳官焉，有爵號焉。」見《陸贄集》，王素點校（北京：中華書局，2006），卷14，頁450。換句話說，幕府官（以及相關的使職）從來不曾「載于甲令」，所以它們的地位是不「正統」的。這恐怕也是兩《唐書》職官志沒有詳載使職和幕府官的一大原因。

80 石雲濤，《唐代幕府制度研究》，頁496-505，討論過唐人的這種心態。又見渡邊孝一系列論幕職官的論文（詳本書參考書目），以及松浦典弘，〈唐代後半期の人事における幕職官の位置〉，《古代文化》，第50卷第11期（1998），頁32-43。

81 關於檢校郎官和兼銜，見筆者的〈論唐代的檢校官制〉，《漢學研究》，

　　有意思的是，封演自己出任如此重要的幕職，但他在描寫唐代士人的升官圖時，卻居然完全不提幕府官。這點或許正好反映了唐代士人對幕府官的一種「曖昧」心態。雖然幕職待遇很不錯，也很受到幕主的重金禮聘等厚遇[82]，但唐代士人卻總覺得幕職不如正式的職事官。最大的原因恐怕在於，幕府官是幕主私人聘僱的（即所謂的「辟署」）[83]，而職事官（京官和州縣地方官）卻是朝廷正式委任的。從士人的立場看，入幕只是為幕主個人服務，好比是幕主的「私人助理」而已，格局似乎小了些，雖然幕府官有許多將來可以升遷為京官或其他職事官，仕途前景也很不錯。然而，如果出任正式的職事官卻是為天子服務，那則是為整個國家、朝廷做事，是傳統士人「學而優則仕」的「正途」，似乎更「清高」一些。

　　白居易自稱「始自校書郎，終於少傅致仕。前後歷官二十任，食祿四十年」。在此值得一提的是，白居易這「二十任」官，全是非常「正經」的文職事官。他和許多唐後期士人最不相同的一點是：他從來沒有做過任何使職，也從來沒有當過任何幕府官。在方鎮使府盛行的中晚唐，像他這樣「清高」的仕歷倒是非常少見的[84]。

五、唐代士人的常任官模式

（續）
第24卷第1期（2006年6月），頁175-208，以及拙文〈論唐代的檢校郎官〉，《唐史論叢》，第10輯，杜文玉主編（西安：三秦出版社，2008）。

82　石雲濤，《唐代幕府制度研究》，頁378-390；拙書《唐代基層文官》，頁295-317。

83　關於方鎮使府（包括鹽鐵轉運等使府）由府主自行聘用自己幕佐班底的辟署制，見拙書《唐代基層文官》第五章第二節「幕佐的辟署和禮聘」，頁295-307。

84　據筆者所知，所有替白居易修年譜、寫評傳的現代學者，都未注意到他官歷上的這個特色：他從來未曾入幕。

　　看過了張說、張九齡、李巽和李德裕四人的一生仕歷，也見過了封演和白居易所提供的兩幅升官圖，我們不妨以用封、白兩人的升官圖作為主幹，以張說等四人的仕歷作為參照，建構起唐代士人「理想」的常任官模式。

　　所謂「理想」，意即唐代士人在最理想的狀況下會如何走完他的一生的仕途。比如說，按照「理想」，他會以京城中的校書郎或正字起家，然後出為畿縣的縣尉，再回京城朝中任監察御史、郎官、再步上中書舍人、侍郎等高官的行列。在這意義下，封演的「八儁」說實際上是一幅理想圖，白居易的也是。然而理想永遠是一種比較高的標準。唐代士人當中，能夠真正達到這種任官「理想」的，恐怕占少數；大部分士人永遠達不到這個高標準。

　　但這種高標準的理想升官圖，自有其「功用」，那就是它可以作為一個「標尺」，用來衡量唐代士人仕宦的「成績」，看看他在仕途上達到哪一個程度、水平。例如，詩人杜牧到五十歲左右，還只做到中書舍人便去世了。這是不錯的高官，然而杜牧沒有攀升到更高一層的侍郎，所以他晚年有一些郁悶不樂，也就很可以理解了。再如上引那位「入仕四十載，歷官二十五」的張仲方，雖然他做了二十五任官，但他的最高官歷只不過是個秘書監。這是個閒散職位。他從來沒有當過侍郎、尚書等高官，所以張仲方可說並非最「成功」的官員。

　　封、白兩人的升官圖，是他們在官場上長期所見所聞，再歸納出來的一種「理想圖」。然而，正如前文所論，他們都略去了所有州官、使職和幕府官，以致使他們所定的「理想圖」，成了一套相當「狹窄」的標準，是「片面」的，是「割取」式的。也就是說，他們在唐代的京官、地方官、使職和幕府官當中，只「割取」了他們想要的某些「版塊」：京官和少數縣官。其他的一律不取。

　　就這標準來說，即使像張說、張九齡、李巽和李德裕這四位唐代最

有成就的官員，也無法符合，因為他們在中層所任的州官如縣令，以及他們在高層所任的都督、刺史、觀察使和鹽鐵使等官職，都是封、白兩人略而不提的。

所以，在建構唐代士人的理想常任官模式時，我們不宜完全照搬封、白二人的升官圖，而應稍為「放寬」標準，採取一種「全面」（holistic）的視角。既然唐代士人不可能一生只任京官，必須常在仕宦中途普遍出任外官，那我們就應當把一些重要的州官如錄事參軍、縣令、刺史和都督都納入。同時，我們也應當把唐後期的使職和幕府官一併考慮在內，不要因為使職和幕府官不「載于甲令」而將之排除。這樣建構起來的理想常任官模式應當會更具有代表性。

因此，綜上所論，筆者擬建構的唐代士人常任官模式如下，分基層、中層和高層三種，而且採「全面」視角，跨越唐官僚體系的三大版塊：京官、州縣官、方鎮使府官。唐代士人在這三個階層中常任的官職都有一定的規律可尋，且數目並不太多，只有大約三十多種。這些官職也正好是筆者在《唐代基層文官》、《唐代中層文官》及《唐代高層文官》三書中要深入研究的對象。

在基層的階段，唐代士人當中仕宦條件最好的一批「精英」，他們通常一開始出來做官，往往便是到京師各藏書機構（秘書省、集賢院等）去擔任校書郎或正字（如唐前期的張說、張九齡；後期的李德裕、白居易等人）。唐代士人也屢稱這些官為釋褐官中的「美職」。接著，這些精英便可能到最重要的京畿縣（如長安、萬年、河南、咸陽、盩厔）去當縣尉，或者到名聲比較好的大幕府（如汴州、淮南等）去出任巡官、推官或掌書記。

出身條件普通的士人，沒有辦法選上校書郎或正字等美職，則往往會到京城某些官署（如十六衛）或地方州府去出任參軍或列曹參軍，或者到京畿縣之外的其他比較不重要的中下縣去當縣尉（或主簿、縣丞等），

或者遠赴一些比較次要的幕府去任低層幕佐(巡官、推官、掌書記、參謀、支使等)。這些普遍的士人,如果要繼續在仕途上攀升到中層的職位,則他們必須設法回到朝中擔任監察御史等朝官,才有前途可言。否則,他們若繼續留在地方上任低層的州縣官,很可能未來一生便在幾任州縣官當中浮沉,成為平庸的官僚,如我們在墓誌中常見。

在中層的階段,士人中的精英會繼續留在朝中(或從地方、幕府回朝)任監察御史、殿中侍御史、侍御史,或出任拾遺或補闕。過後,他們可能出為重要州縣的縣令或錄事參軍,或留在朝中任郎官。這時,如果他們任幕職,一般會是在重要的方鎮使府任判官。

至於「平庸」的士人,在中年時很可能繼續在那些不重要的州縣任州縣官(縣令、縣丞、主簿、各曹參軍等),無法回朝任御史或郎官。中晚唐方鎮使府盛行後,他們也可能在一些小幕府任幕佐。

到了高層的階段,可說盡屬精英士人的天下。那些「平庸」士人之輩,大約只能繼續在中、低層的州縣官之間浮沉,無法回朝攀升到高職文官。過去數十年來,唐史學界對唐代高層文官的研究,遠遠多於中層和低層。我們對這批高層文官的認識,也相對比較清楚。我們知道,他們這時一般年齡都在大約五十歲以上,擔任的都屬高官或長官職位:比如在京師御史臺任首長御史大夫或次官御史中丞;在中書省任中書舍人;在門下省任給事中;在尚書省任六部侍郎、尚書;在太常寺、秘書省等官署任卿、監或少卿、少監。極少數傑出者則可升為同平章事(即宰相)。在地方上,他們不是任一州的長官刺史(或管轄數州的都督),就是任一州的「上佐」(別駕、長史、司馬)。到了方鎮使府,他們則出任府主使職(節度使、觀察使、經略使、鹽鐵使等等)。

六、本研究課題的「代表性」

筆者擬議的唐代士人常任官模式，有多少「代表性」？

可以肯定的是，比封演的「八儁」說和白居易的說法能涵蓋更多唐代士人階層的做官經歷，因為我們已經把他們常任的州官、使職和幕府官納入模式中了，並未刻意排除。

幾年前，筆者的《唐代基層文官》剛出版時，學界有人「質疑」筆者所選定討論的那八種基層文官，即京官兩種(校書郎、正字)；縣官一種(縣尉)；州官兩大類(參軍和判司)；以及幕府官三種(巡官、推官和掌書記)，究竟有何「代表性」可言？這種「質疑」大概是這樣產生的：唐代文職事官多達三百多種。即使基層的也大約有一百多種。那拙書僅論及其中「寥寥」的八種，怎麼可能有「代表性」？

不過，這樣的「質疑」恐怕只是一種誤解，是只知其一，不知其二的結果。沒錯，唐代文職事官大約有三百多種(基層則約有一百多種)，但正如前面所論，唐代士人任官有一大重要的「規律」：他們有「清官」、「濁官」的觀念。他們經常擔任的官職，數量極少，來來去去不外乎那數十種(在基層階段則為拙書《唐代基層文官》中所討論的那八種)。正如前文所說，唐代那三百多種文職事官中，有許多是士人永遠不會去出任，或無法勝任的「濁官」，例如內侍官、醫官、天文官等伎術官。

唐代有一類文官叫「學官」，如國子助教、四門助教、國子博士、四門博士、州助教、博士、國子祭酒等等。他們專在國子監等中央學府或州縣府學中任教職。這些倒是廣義清官的一類，是士人願意就任的「士職」。筆者曾經考慮是否要把這些學官列在常任官模式並加以深入研究，但斟酌再三，最後還是決定不這樣做。原因有二。

第一，雖然唐代有不少士人做過這些學官，但他們畢竟是特殊的一種類型，大抵是屬於少數的「儒學」型官員(例見兩《唐書》的儒學傳部分)，如陸德明任國子助教，歐陽詹任四門助教。但絕大部分士人還是不會去出任學官。總的來說，學官遠遠不如校書郎、縣尉、錄事參軍、

縣令、監察御史、郎官等普遍。第二,高明士和任育才兩位前輩已經對「學官」做過一系列極詳細且深入的研究[85]。筆者也就無須贅論了。

唐代另有幾種文官,諸如某些禮官(太常博士、太祝等等)、東宮太子官(太子左右庶子、太子中允等等),以及親王府官(王府傅、友等等),其性質和學官有些相似。雖然這些也是士人可能出任之官,但僅限於少數士人,並非大部分士人常任之官。東宮官更有許多是用以處閒散的職位。所以筆者也不把這幾種官包含在唐代士人的常任官模式中。

在上一節,我們見過了張說、張九齡、李巽和李德裕四人一生所任的全部官職。他們這些官職絕大部分都是筆者的研究對象,應當說很有「代表性」,只是少數幾種不在筆者的論述範圍內。原因且說明如下。

以張說來說,除了他的第(4)任官「右史內供奉」外,其他二十四任官都屬筆者《唐代基層文官》等三書的研究對象。至於為何不論及「右史」(「起居郎」的別稱)[86]呢?因為此官不算是唐代士人常任的中層官,

---

85 詳見高明士教授一系列相關的論文:〈隋唐的學官──以國子監為例〉,《國立臺灣大學歷史學系學報》,第15期(1990年12月);〈唐代的官學行政〉,《大陸雜誌》,第37卷11、12期合刊(1968年12月);〈唐代學制之淵源及其演變〉,《國立臺灣大學歷史學系學報》,第4期(1977年5月);〈新舊唐書百官(職官)志所載官制異同的檢討:以學制為中心〉,《國立臺灣大學歷史學系學報》,第七期(1980);〈唐代教育法制與禮律的關係〉,《唐研究》,第4卷(北京:北京大學出版社,1998)。另見高明士最近的專書《中國中古的教育與學禮》(台北:臺灣大學出版中心,2005)。此外,任育才也有一文論學官,〈唐代國子監官與地方官間之遷轉與影響〉,《中華民國史專題第五屆討論會・國史上中央與地方之關係》(台北:國史館,2000),頁319-340。承蒙任教授贈予此論文的抽印本,謹此致謝。另參閱嚴耀中,〈論唐前期的軍府學官〉,《中國史研究》,1994年第1期。

86 《舊唐書》卷148〈李吉甫傳〉,頁3995:「〔元和〕八年十月,上御延英殿,問時政記何事。時吉甫監修國史,先對曰:「是宰相記天子事以授史官之實錄也。古者左史記言,今起居舍人是;右史記事,今起居郎是。」「內供奉」則表示某一種官員的「亞類」,類似「監察御史裏行」中的「裏行」等級。關於「內供奉」,更詳細的討論見本書第一章第八節「內供奉

遠不及其他中層官如縣令、郎官、錄事參軍那樣典型，只有少數士人才會出任，所以捨棄不論，但筆者將來可能會以單篇論文的方式來處理這些比較次要的官職。

張九齡所任過的這十五種官，也都正是筆者的《唐代基層文官》等三書擬深入研究的對象，沒有例外，因為這些全都是唐代士人最常擔任的、最典型的官職。

總括李巽一生，從基層到高層，他前後當官恰好二十任。這二十任官，分屬十二種類：參軍、縣尉、監察御史、殿中侍御史、縣令、員外郎、郎中、刺史、觀察使、侍郎、度支鹽鐵正副使、尚書。這十二種官，不正是筆者在《唐代基層文官》等三書中已論及或將來擬研究的嗎？

李德裕的官歷，除了太子賓客和太子少保之外，其他所有他任過的官職都是筆者在《唐代基層文官》等三書中討論過或將來擬討論的，包含他的三個貶官，也包括他的翰林學士和知制誥等館職和差遣職（見本書第三章論郎官部分）。筆者之所以不探討太子賓客和太子少保，是因為這兩者都非士人常任之官，而且正如它們在李德裕的仕歷上一樣，都屬閒散官，經常只是用以處置失去大權的高官罷了。

實際上，筆者所擬的唐代士人常任官模式，不但可以包含張說等四人一生所任過的絕大部分官職，而且也可以涵蓋兩《唐書》和墓誌中所見其他士人的絕大部分官歷。這樣是否有足夠的「代表性」呢？希望以上的解說可以消除學界的「疑慮」。

綜上所論，筆者所擬的唐代士人常任官模式，目的並非要照顧到他們所任的每一種官，而是希望通過這個模式，來達到三個主要目的：（一）觀察唐代士人任官的一些規律和特色；（二）以之作為一個「標尺」，來衡量唐代士人在仕途上的高低成就；（三）深入研究其中最有代表性的那

（續）————————————————

　　和裏行」。

三十多種基層、中層和高層官職,並發掘這些官職的運作細節。

最後,仿照白居易的口氣,或許我們可以這樣總結說:這個唐代士人常任官的模式,「雖未盡是,十常八九焉」。

七、唐代「士人」的定義和特色

本書常用的「士人」一詞,採最寬廣的含義,即「士農工商」的「士」,泛指一般的讀書人,不管他有沒有入仕。唐代文獻中常見「士人」一詞,一般也都泛指讀書人或儒生。

「士人」不同於「士族」和「士大夫」。「士族」一般指士人中的「世家大族」或「名門望族」,是一個比「士人」狹窄許多的群體。唐史學界對士族的研究很多,此不贅述[87]。「士大夫」則通常指名望地位都比較高的官員群,讓人聯想到唐代「大夫」級的官員,如職事官中的「諫議大夫」,散官中的「朝散大夫」等等。在唐代,一個低層小官如縣尉和參軍,可能由一個剛考中進士或明經的士人來出任,但我們恐怕不宜稱他為「士大夫」。這也是一個比「士人」狹窄許多的概念[88]。本

---

87 此類論著太多,不俱引。主要有毛漢光在《中國中古社會史論》(台北:聯經出版公司,1978)和《中國中古政治史論》(台北:聯經出版公司,1980)兩書中所收的一系列論文;又見宋德熹,〈唐代後半期門閥與官宦之關係〉,《晚唐的社會與文化》,淡江大學中文系編(台北:臺灣學生書局,1991),頁113-161;唐長孺,《魏晉南北朝隋唐史三論》(武漢:武漢大學出版社,1992);田廷柱,《隋唐士族》(西安:三秦出版社,1990);郭鋒,《唐代士族個案研究:以吳郡、清河、范陽、敦煌張氏為中心》(廈門:廈門大學出版社,1999);David Johnson, "The Last Years of a Great Clan: The Li Family of Chao Chün in Late T'ang and Early Sung," *Harvard Journal of Asiatic Studies* 37.1 (1977): 5-102. 最近一本研究中古士族個案的佳作是王力平,《中古杜氏家族的變遷》(北京:商務印書館,2006)。

88 黃正建有一文,頗能釐清「士大夫」在唐代的含意。見他的〈唐代「士大

書所說的「士人」，適用範圍很廣，可以指已入仕和未入仕的讀書人：他可以是一個品階很高的官員，如張說、張九齡等人，也可以是一個參加科舉未考中的失意書生，如岑參在〈送嚴維下第還江東〉中所寫的那個嚴維[89]。

唐代的士人有特定的服飾規定。據《新唐書‧車服志》：

> 太宗時……士人以棠苧襴衫為上服，貴女功之始也。……中書令馬周上議：「《禮》無服衫之文，三代之制有深衣。請加襴、袖、褾、襈，為士人上服。開骻者名曰缺骻衫，庶人服之。……」太尉長孫無忌又議：「服袍者下加襴，緋、紫、綠皆視其品，庶人以白。」[90]

如果唐代士人都按照這種規定穿衣，則他們走在路上，馬上就與眾不同，和「庶人」等都有了差別，很容易讓人從衣著上辨認出誰是士人，誰不是士人。

唐代男子的基本服飾，是頭戴黑色幞頭，夏天穿圓領長衫，冬天穿圓領長袍，繫腰帶，衫袍內穿長褲。士人的服飾和其他人最不相同的是，他們的長袍長衫在近膝處加一橫「襴」（即上引馬周和長孫無忌所說的

（續）————夫」的特色及其變化——以兩《唐書》用詞為中心〉，《中國史研究》，2005年第3期，頁119-124。

89　《岑嘉州詩箋注》，廖立箋注（北京：中華書局，2004），卷4，頁699。嚴維後來到四十餘歲才及第授官，最後也僅官至右補闕，仕運不佳。關於唐宋未入仕的士人生活和他們的命運，見黃云鶴，《唐宋下層士人研究》（石家莊：河北人民出版社，2006）。

90　《新唐書》卷24，頁527。孫機，〈兩唐書輿（車）服志校釋稿〉，《中國古輿服論叢》（增訂本；北京：文物出版社，2001），頁452-454，對這段引文有詳細的校釋，可參看。

「加襴」），所以士人的衫袍又叫「襴衫」和「襴袍」[91]。據長孫無忌的說法，「襴」又分幾種顏色，「緋、紫、綠皆視其品」，可以分出不同官品的士人。唐代士人的這種服飾，受西域胡服的影響，在近世出土的唐代墓室壁畫和線刻畫中常可見到。[92]

唐代士人在婚姻上有一套禮法。柳宗元在貞元十五年(799)喪妻[93]，在元和初因王叔文事件被貶到永州，但貶官五年後，他在那偏遠的南方依然無法再娶。他寫信給他的朋友許孟容訴苦說：

荒隅中少士人女子，無與為婚。[94]

士人有一定的婚姻禮法，一般得娶士人女子才行。柳宗元喪妻後雖未再娶，但曾有幾個婦人和他一同生活過，並生育子女，只是她們都非「士人女子」，因此都不能正娶為妻[95]。

士人亦不能「以妾為妻」，否則會遭到士人的蚩笑，如宗正卿李齊運晚年的例子：

晚以妾為妻，具冕服行禮，士人蚩之。[96]

91 黃正建，《唐代衣食住行研究》(北京：首都師範大學出版社，1998)，頁62-63；吳玉貴，《中國風俗通史：隋唐五代卷》(上海：上海文藝出版社，2001)，頁135。

92 例如，在閻立本〈凌煙閣功臣圖〉的石刻線刻畫拓片上，初唐功臣李勣便穿著這樣的襴袍。見金維諾，〈《步輦圖》與《凌煙閣功臣圖》〉，《文物》，1962年第10期，頁13-16；孫機，《中國古輿服論叢》，頁453，圖23-7。

93 孫昌武，《柳宗元評傳》(南京：南京大學出版社，1998)，頁50。

94 〈寄許京兆孟容書〉，《柳宗元集》卷30，頁781。

95 孫昌武，《柳宗元評傳》，頁50，頁122。

96 《新唐書》卷167，頁5111。

魯國公孔戣出任嶺南節度使時，有記載說他：

> 有異政。南中士人死于流竄者，子女悉為嫁娶之。[97]

從這件事大概可以推測：士人有一定的交遊圈子。孔戣在廣州做官，地處偏荒，可以交往的士人可能不多，應當沒有長安、洛陽兩京等地那麼眾多。他所接近的，便包括那些被貶官或因罪「流竄」到南方去的士人。據《新唐書·孔戣傳》，「士之斥南不能北歸與有罪之後百餘族」[98]，他們在南方死後遺下的子女，婚姻問題也就由孔戣來幫忙解決。以柳宗元的案例來推論，這些士人子女的嫁娶對象，應當也是士人。

士人皆恥於營商做買賣，然而在必要時，在生死存亡的關頭，他可能別無選擇，比如在黃巢之亂時，士人有為生活所迫，不得不跑去「賣餅」的：

> 於時畿民柵山谷自保，不得耕，米斗錢三十千，屑樹皮以食，有執柵民鬻賊以為糧，人獲數十萬錢。士人或賣餅自業，舉奔河中。[99]

97　《唐語林校證》卷3，頁291。關於孔戣在嶺南的治績，見曾一民，〈唐魯國孔公戣治廣州之政績〉，《隋唐史論集》，黃約瑟、劉健明編（香港：香港大學亞洲研究中心，1993），頁93-105。又見馬強，〈唐宋士大夫與西南、嶺南地區的移風易俗〉，《西南師範大學學報》，2006年第2期，頁39-44。

98　《新唐書》卷163，頁5009。

99　《新唐書》卷225下，頁6460。「餅」在現代一般指「糕餅」一類的點心副食。但在唐代，「餅」的含意和現代不同，常是主食。士人戰亂時跑去賣「餅」，更可證「餅」是唐代北方的主食之一。這種作為主食的「餅」，通常指蒸餅（即饅頭）或「胡餅」（類似今天新疆地區的大餅「饢」）。關於唐代的「餅」，見黃永年，〈說餅——唐代長安飲食探索〉，《唐代史事考釋》（台北：聯經出版公司，1998），頁491-495；王賽時，《唐代飲食》

士人「賣餅自業」很不尋常，所以史書才會在此提上一筆。

　　以上從服飾、婚姻和生活上幾個細節來觀察唐代士人，或可讓我們對這批人有更具體的概念。要言之，正如禮部員外郎沈既濟在他那篇著名的〈選舉雜議〉中所說：「凡士人之家，皆不耕而食，不織而衣。」[100]士人最主要的理想和專業，便是做官。但陸贄在〈論朝官闕員及刺史等改轉倫序狀〉中，對士人追求仕途，卻有這麼一段話：

> 天下士人，皆求宦名，獲登朝班，千百無一。其於修身勵行，
> 聚學樹官，非數十年間，勢不能致。[101]

這是唐人很深刻的一個觀察。唐代的士人都想做官，但真正能「獲登朝班」者，卻「千百無一」。陸贄在此指的是那些在京城朝廷中任京官者，也就是那些比較成功，能夠攀升到仕途高層者。但絕大多數唐代士人，正如我們在唐代墓誌中隨處可見（本書以後也會經常提到），其實相當「平凡」，一生通常也就只不過是在幾個州縣充當寥寥幾任州縣小官罷了。陸贄這裡所用的「天下士人」一詞，其含意正和本書用「士人」此詞的意思相同。

八、基層、中層和高層文官的定義

　　筆者所用的「文官」、「基層」、「中層」和「高層」等詞，都是現代的一種「概念工具」（conceptual device），主要是爲了分析和敘事上

（續）————
　　（濟南：齊魯書社，2003），頁1-8。
100 收在《通典》卷18，頁449。
101 《陸贄集》卷21，頁703。

的便利，也為了方便讀者理解唐代官僚體系的高低層次。唐代文獻中沒有這些用詞。這裡且略為解說這幾個現代用詞的含意。

本書所說的「文官」，不但包括唐正統官制「職散勳爵」中士人最常任的一些文職事官(計有京官三種：御史、遺補和郎官；地方官兩種：縣令和錄事參軍)，也包含士人最常任的幕職一種：判官。幕職不屬於唐正統的「職事官」，所以它也沒有官品。它是唐中葉以後因時勢需要而產生的一種特殊編制。過去的職官研究，常局限在某種單一類型，如京官、地方官或幕府官，讓人無從窺探唐代士人一生仕歷的全貌。但由於唐代士人常任官通常都包括這三大類，所以本書打破這種界線，把這三大類放在一塊來探討。

唐人表示官員的高低等級，主要的辦法是九品官制，從最低的九品到最高的一品。九品中再細分為正、從、上、下，共三十階。「從九品下」即表示最低的第三十階；「從九品上」表示第二十九階，依此類推。現代讀者只要一查《唐六典》、《通典》和兩《唐書》職官志等典志，都可以輕易找出每個職事官和散官的官品。

但唐人以官品來分官員的等級，是一種「形式主義」的辦法，因為它有時沒有考慮到某些官職的輕重。比如，唐代的監察御史只不過是個正八品上的官員。如果嚴格按照官品，這似乎只是一個「低層小官」。但我們知道，在唐代，能夠當上監察御史的，都是一些考中進士、明經，或者出身非常良好，仕宦條件非常優秀的士人。他們通常得在京城任過校書郎這種「美職」，或在外地當過一兩任地方官，才能回到朝中任監察御史。這是一種很清要的官，也是皇帝的「耳目」，絕對不能以低層或基層小官視之。所以筆者認為應當把監察御史放在「中層文官」這個層次來討論，才比較恰當。

同樣的，拾遺的官品為從八品上，補闕為從七品上，依官品看也算是低層小官。但這兩種官和監察御史有些相似，都是仕宦條件優越的士

人，在充當過一兩任基層官後才能出任的。拾遺和補闕更是皇帝身邊的
「近侍」，是唐代極少數能夠親身和皇帝接觸，能夠親眼見到「天顏」
的士人。大詩人杜甫做過拾遺官。他就因為「天顏有喜近臣知」而感到
無上的光榮[102]。筆者認為，不宜純以官品來決定一個官的高低，而應當
以該官職本身的輕重、劇要為準，所以本書也把拾遺和補闕視為「中層
文官」[103]。

再以郎官為例。唐代的郎官指員外郎和郎中。員外郎的官品是從六
品上，歸類為「中層」應當無問題。然而，郎中的官品卻是從五品上。
唐史學界一般認為五品官為高層官員。如果採「形式主義」的辦法，把
員外郎放在「中層」，再「硬生生」把郎中放到「高層」去討論，那會
是一種很奇怪的做法。

第一，員外郎和郎中是兩種性質十分相近的官。唐人也屢屢統稱之
為「郎官」，甚至有「郎官出宰京畿」這樣的說法，顯然把他們當成「一
個群體」來看待，不宜分開討論。第二，更重要的是，唐人並不認為郎
中是甚麼高官，因為有不少郎中，往往任滿後即遷官為縣令（見本書第
四章）。縣令並非高官。甚至最好的京兆、河南等重要大府屬下各縣的
縣令，也只不過是正六品上；畿縣令則為從六品上。如果一個官員做過
郎中之後，再遷為京兆縣令（官階：從五品上轉為正六品上），或美原等
畿縣縣令（官階：從五品上變為從六品上），如上引李巽的案例，那肯定
不是貶官，而是很正常的遷轉。由此看來，唐代的郎中和縣令應當都定
位為「中層文官」比較恰當。

因此，本書擬強調的是，唐代官職的高低輕重，絕對不能單單只看

---

102 見杜詩〈紫宸殿退朝口號〉：「晝漏稀聞高閣報，天顏有喜近臣知」。《杜
　　詩詳注》卷6，頁437。

103 本書第一章和第二章，對監察御史、拾遺和補闕這幾種官的官品問題，還
　　有更進一步的討論。

官品，還必須考慮其他因素。

　　至於沒有官品的判官，又是以甚麼標準定位為中層呢？標準有二。第一，唐代士人都是在任過基層幕職如巡官、推官和掌書記以後，才能攀升到判官的。在石刻題名的排位上，判官通常也排在掌書記之上。第二，判官沒有官品，但他經常會帶有一種檢校官以秩品階[104]。他的檢校官常常是「檢校某某員外郎」或「檢校某某郎中」之類的。換言之，判官在方鎮使府系統中的地位，差不多就等同於郎官在京城文職事官體系中的位置。故本書把判官定位為中層，不亦宜乎？

　　簡言之，筆者把唐代官員分為基層、中層和高層，主要是根據官職的輕重、閒劇，而不完全根據官品(但高層官員倒都是正五品或以上)。這種定位也考慮這些官員的升遷途逕。他們通常從基層的校書郎、縣尉等小官做起，轉入中層的御史、拾遺、補闕、郎官、縣令、錄事參軍和判官，再轉進高層的中書舍人等等。

　　但這樣的定位恐怕只能是「大致」的。基層、中層和高層的分界線有時的確可能是模糊的。如此分類主要為了實際上的需要。筆者選擇研究這三十多種官職，必須以三本書的篇幅才能處理，所以分為基層、中層和高層三本。否則，如果寫成厚厚的一本書，可以不分基層、中層和高層三書，單單題為《唐代文官研究》上中下冊，亦無不可。不過，分三個層次，在敘事上和理解上會層次分明一些。但如果仍無法做到十足的「精確」，請讀者不要「刻舟求劍」才好。

---

104 關於檢校官和相關的「試」銜和「兼」銜，見筆者的〈論唐代的檢校官制〉；張東光，〈唐代的檢校官〉，《晉陽學刊》，2006年第2期，頁74-78。又見朱溢，〈論晚唐五代的試官〉，《國學研究》，第19卷(2007)，頁57-85，但此文相當簡略，許多涉及試銜的重要課題都未論及，例如文武官所帶試銜的不同等。筆者有一個兩年期的國科會計畫正在研究「試」與「兼」銜。

九、研究文獻回顧

本書接下來的各章前，會對某一種特定的職官（比如御史、郎官等）的研究文獻，作學術史的回顧。這裡只對一般性質的唐代官制論著，作一點簡短的評介。

唐代官制與職官的研究，大約始於宋代洪邁的《容齋隨筆》。此書對唐代的職官制度，有不少精簡的評語。洪邁離唐不遠，宋制又承唐制，他有些評語頗有啓發性。隨後，清儒王鳴盛的《十七史商榷》、錢大昕的《二十二史考異》、《潛研堂文集》、《十駕齋養新錄》，以及趙翼的《廿二史劄記》等書，對唐制做了更多的探索。但這些論著大抵是「筆記式」的，是清儒讀史閱碑所留下的讀書筆記，或考釋名物，或辨析異同，或校正史籍，偶爾有吉光片羽，但大都不成體系。

比較有系統的研究，見於趙鉞、勞格的《唐尚書省郎官石柱題名考》[105]。這是研究唐代郎官的第一本著作，且留待本書第三章論郎官時，再作更多的評述。這一類著作還有徐松的《登科記考》[106]、趙鉞、勞格的《唐御史臺精舍題名考》[107]、沈炳震的《唐書宰相世系表訂僞》[108]，以

---

105 此書今有徐敏霞和王桂珍的點校本（北京：中華書局，1992），可取代所有舊木刻版。

106 《登科記考》嚴格說來不是職官書，但它收的卻是唐代考中科舉的士人名字、年代和科舉資料，也就成了研究唐代職官的要籍。

107 原收在《昭代叢書》，有上海市上海書店1994影印本。

108 此書有《續修四庫全書》本（上海：古籍出版社，1995-）。但沈炳震此書已過時，由兩種重要的近人論著取代：周一良，《新唐書宰相世系表引得》（哈佛燕京學社引得18；北平：哈佛燕京學社，1934）；趙超，《新唐書宰相世系表集校》（北京：中華書局，1998）。

及吳廷燮的《唐方鎮年表》[109]。

《唐尚書省郎官石柱題名考》試圖以西安的〈尚書省郎官石柱〉上所刻的一系列郎官名字，重建有唐曾經擔任過郎官的所有官員的名字，附以他們的生平傳記資料。此書好比是一本《唐代郎官人名錄》，至今仍然有它的用處。比如說，我們若想知道朱巨川做過哪些郎官，他有哪些傳記資料（有沒有墓誌或神道碑傳世）？這都可以在此書找到若干答案，雖然有時資料不完整，目前還未有人爲它補入近世出土的墓誌。

《唐方鎮年表》則試圖以兩《唐書》本紀和列傳中的資料，把唐史上各節度使、觀察使、經略使等使的任期和任職地點，按地方列表，而且附有資料來源，很方便現代學者追查。此書至今也很有用處。比如說，我們若想知道大曆十四年魏博的節度使是誰，或張弘靖曾經擔任過哪些地方的節度使，任期多長，在甚麼時候，都可以輕易在本書找到答案。

趙鉞、勞格和吳廷燮這種編製「人名錄」或「年表」的研究方法，對現代學者有過深遠的影響，至近年才開始消退。嚴耕望先生在1940年代末和1950年代初研究唐代官制，他的《唐僕尚丞郎表》四大冊[110]，便是沿繼勞格等清人傳統的成名作，把唐史上擔任過僕射、尚書、左右丞和侍郎的官員，都一一按時代先後，編製成年表，非常方便後人的查檢。比如說，我們若想知道開元八年的工部侍郎是誰，或崔日用擔任過何種「僕尚丞郎」官職，在甚麼時候，只要一查嚴耕望這本大作，答案便揭曉了，也可以查到這些官員的傳記資料或其傳記的出處。

中國大陸的學者，也編製過好幾種這一類年表式的職官書。最主要

---

109 此書有北京中華書局1980年的標點本。

110 此書由台北中央研究院歷史語言研究所在1955年初版，為中央研究院歷史語言研究所專刊之三十六，近年多次重印。北京中華書局亦曾在1986年影印出版一個大陸版。

的有郁賢皓的《唐刺史考全編》[111]；戴偉華的《唐方鎮文職僚佐考》[112]（可補吳廷燮《唐方鎮年表》的不足）；以及近年郁賢皓和胡可先合著的《唐九卿考》[113]。

在從前沒有電腦的時代，編製這類年表式職官書是個非常浩大的工程，可能耗費一個學者一生的大半精力。我們今天應當對這些前輩學者的努力，特別是他們在考訂史料上所下的深厚功夫，致以崇高的敬意和感謝。

然而，在今天的電腦數位時代，這種年表式職官書的編修，便變成了一件相對「容易」的事，而且也似乎變得沒有那麼必要了。筆者在撰寫《唐代基層文官》第一章〈校書郎〉時，應用當時最新的電腦數位技術，在幾個小時內，便找到四百多個唐史上擔任過校書郎的士人名字和他們的一些生平資料。若在從前，單是這樣的工作便可能花費好幾年的時間，而且恐怕還會有人為的疏略、遺漏。

北京大學歷史系榮新江教授，為他的「第一個博士生」蒙費的大作《唐代前期北衙禁軍制度研究》寫序。序中有幾句話，頗發人深省：

> 如今，隨著古籍文獻的數字化，傳統的制度史研究面臨著挑戰，我以為用舊的方法做復原式的研究，雖仍然是史學研究的必不可少的內容，但已經不太「好玩」了，我們過去耗費不知多少精力輯錄的職官、衙署名稱，現在可以在幾分鐘內解決。

---

111 《唐刺史考全編》全六冊（合肥：安徽大學出版社，2000），取代先前的《唐刺史考》（香港：中華書局；南京：江蘇古籍出版社，1987）。

112 《唐方鎮文職僚佐考》（天津：天津古籍出版社，1994；修訂版，桂林：廣西師範大學出版社，2007）。此書在海外不易購得，幸蒙作者戴偉華教授當年寄贈初版一冊，特此致謝。

113 《唐九卿考》（北京：中國社會科學出版社，2003），為《唐研究基金會叢書》之一種。

> 因此，利用相關的理論和研究方法，對於史料進行透徹的分
> 析，把制度史和其他相關的歷史問題結合起來進行研究，必然
> 成為今後制度史研究的方向。[114]

筆者對榮教授的觀點，深有同感。古籍的數字化，可以讓我們執行從前難以研究的項目。今後我們應當利用這種新科技，從事更艱難、更有「創意」的研究課題。

和本書研究範圍最有關連的一本現代著作，當數孫國棟先生的《唐代中央重要文官遷轉途逕研究》。此書是孫先生在1973年完成，但在1979年才由香港龍門書店出版。這是古籍數位化之前的一部力作。孫先生完全以「手工作業」的方式，在兩《唐書》列傳中鉤沉，編製了大量的圖表，梳理了唐代中央重要文官遷轉的途逕。但孫先生受當時手工作業的限制，僅使用了兩《唐書》列傳部分的材料，作為統計的依據。這在當時已經是一項非常傑出的、尖端的研究，其結論到今天也大致可以屹立不倒，仍有很大的參考價值。

但如果今天有學者想要重做孫先生的研究（筆者也認為孫先生的研究題目很大，很有意義，值得重做），他應當會充分利用目前數位化的古籍和碑刻資料，把採證範圍不單單限於孫先生所用的兩《唐書》列傳，而是擴大到所有可以利用的材料，包括《全唐文》和近世出土的所有墓誌和神道碑，所有唐人的文集、筆記，甚至《通典》、《唐會要》、《冊府元龜》和《全唐詩》等書。這樣得出來的統計數字，應當更為精確，或許在某些細節處，也可以修正孫先生的一些說法。

正如書名所示，孫先生研究的是唐代中央重要文官的遷轉。但前文

---

114 榮新江〈序〉，收在蒙曼，《唐代前期北衙禁軍制度研究》（北京：中央民族大學出版社，2005），頁4。

說過，唐代士人做官，不可能單單只出任中央的京官。在他一生的仕歷上，他也必須出任外官，甚至幕府官或使職，幾乎沒有例外。因此孫先生單單研究中央重要文官，想是一種「不得已」的切割，或許為了研究上的方便。但這樣一來，也就跟上引封演的「八儁」說和白居易的「大官乏人」說一樣，無法全面展現唐代士人的「升官圖」，或他的常任官模式，只反映了局部的面貌。

筆者的研究取向，和孫先生最大的不同點有二。一是筆者不但涉及京官，也論及州縣官、幕府官和使職。二是筆者不做任何統計，純以唐代士人的官歷個案來舉例論述。筆者這樣做，純粹是個人興趣和喜好使然，因為筆者對數目字非常「遲鈍」，生性不喜統計也。但筆者覺得，將來如果有人願意以統計方式來研究唐代士人的常任官模式，追查他們在京官、州縣官、幕府官和使職上的遷轉過程，那應當也是很有意義的一項研究，或許可以「證實」或「修正」筆者的研究結論，並且「填補」孫先生未研究的空白部分。

王壽南先生有一長文〈唐代文官任用制度之研究〉[115]，探討了唐代官制中的「基本概念」如流內、流外、散官、職事官、勳官、爵號等；「文官任用形態」如拜、遷、轉、擢、進、除、改、左遷、授、左授、貶等；「文官任用程序」如君主之寵任、流外入流、輸財授官、藩鎮奏授、徵召、薦舉、制舉、敕授、旨授、銓選、流外銓、科目選等；以及唐代「任官之限制」，如出身的限制、經歷的限制、籍貫的限制、年齡的限制、親族的迴避、工商的限制、伎術官的限制等等。全文長達一百多頁，相當於一本小書，內容異常豐富，釐清了唐代官場運作的好些細

---

115 此文收在王壽南，《唐代政治史論集》（台北：商務印書館，1977），頁1-132。《唐代政治史論集》此書有2004年的增訂版，添加1977年初版所無的多篇論文，且開本增大，並重新排版。

節。王壽南另有專篇論文論唐代的御史臺和縣令,詳見本書第一章和第四章前的學術史回顧。

張國剛的《唐代官制》[116],分章論及唐代整個政府架構,包括宰相制度、中書省、門下省、尚書省、御史臺、九寺、五監、東宮、地方組織,以及官員管理制度等等。這是一本文筆清晰、有組識的論著,提供許多簡明有用的背景知識,有時也包含了作者的一些研究心得,如論唐代職事官之階官化的部分。近年來,學界出版了不少《中國歷代官制》和《中國文官制度》之類的書,其隋唐部分往往僅有一章寥寥數十頁的討論,受篇幅所限,過於簡略,且多抄襲《唐六典》、《通典》或《文獻通考》之舊文,乏善可陳,皆不如張國剛此書之生動。此書也是同類著作中最好的一本[117]。

坊間也有不少《中國政治制度史》一類的著作,但大都為抄襲舊典舊志之作,且過於簡化。以筆者所見,此類著作當中,最好的一種當數曾謇(曾資生)的《中國政治制度史》,其第四冊專論隋唐五代[118]。此書和同類著作最不相同的是,它不只是光引用制度條文,還經常引述史書列傳部分的實際案例,來說明制度條文的運作,比較生動活潑。但此書出版超過六十年,現在看來不免有些過時:書中許多內容已被過去十多年來的最新研究成果取代。[119]

---

116 張國剛,《唐代官制》(西安:三秦出版社,1987)。

117 同類著作有王穎樓,《隋唐官制》(成都:四川大學出版社,1995)。

118 此書最早在1943年由重慶南方印書館出版,後來在臺灣有多個翻印本。近年有1992年上海市上海書店的影印本,收在《民國叢書》第四編。

119 關於隋唐政治制度史的研究,更詳細的綜述見甘懷真,〈政治制度史研究的省思──以六朝隋唐為例〉,《中華民國史專題論文集・第四屆討論會》(台北:國史館,1998),第一冊。

第一章

監察御史、殿中侍御史和侍御史

> 元稹為御史，以直立其身。
>
> 其心如肺石，動必達窮民。
>
> 東川八十家，冤憤一言伸。
>
> 白居易〈贈樊著作〉¹

　　白居易這首詩是他在大約三十多歲時寫的，是一首「諷諭」詩，寫幾個正直的人所行的正義事。當中包括著名的諫議大夫陽城（「其手如屈軼，舉必指佞臣」），以及白居易的好友元稹。在元和四年(809)，元稹任監察御史不久，就被派往劍南東川去調查當地已故節度使嚴礪等人違法加稅和吞沒八十餘家人產業事。調查結束後，元稹寫了一篇很有名的狀文〈彈奏劍南東川節度使狀〉，揭發整個事件的始末，流傳至今[2]。白居易此詩這一部分寫的正是這件事。他讚揚元稹任監察御史時「其心如肺石，動必達窮民」。詩中所說的「東川八十家」，便是被嚴礪等貪

1　《白居易集》卷1，頁11；《全唐詩》卷424，頁4660。

2　此狀收在《元稹集》卷37，頁419-425。此事在國內唐史學界似無人研究，倒是西人Charles A. Peterson根據元稹此狀和其他史料，寫成一篇詳細的研究論文 "Corruption Unmasked: Yuan Chen's Investigations in Szechwan," *Asia Major* 18（1973）: 34-78.

官侵佔家產的那八十多戶人家。他們最後總算在元稹的努力下,「冤憤一言伸」。這「一言」指的便是元稹一人。

但這首詩卻不是送給元稹的,而是如標題所說,「贈樊著作」。這位姓樊的著作郎,當時在著作局從事撰述,所以白居易寫這首詩,告訴他陽城、元稹等人所行的正義事,希望他也能以著作郎的身分做點事:

> 君為著作郎,職廢志空存。
>
> 雖有良史才,直筆無所申。
>
> 何不自著書,實錄彼善人,
>
> 編為一家言,以備史闕文?

我們感興趣的是,元稹所任的監察御史是一種怎樣的官?為甚麼他竟有權力去彈劾嚴礪等高官所做的非法事?原來,唐代的監察御史品位雖不高,只是個八品官,權力卻不小,可以像元稹那樣,去檢舉其他官員(包括品階比他更高的高官)所犯的違法事。這些御史好比是皇帝的「耳目」,幫助皇朝監管其他官員。照現代的說法,他們等於是「管官的官」,就像現代的憲兵為「管兵的兵」一樣。他們所屬的機構就叫御史臺,是唐代政府組織中很重要的部分。

要言之,唐代的御史臺是個監察組織,負責監督百官和各種大小政務,同時又擁有部分的司法權。它有五個最重要的職位。其中御史大夫為長官,御史中丞為副官。這兩者都屬高層文官,暫且留待筆者下一本書《唐代高層文官》才來討論。這裡要論述的是御史臺三個相關的職位:監察御史、殿中侍御史和侍御史(從低到高的排位)。

這三種中層御史有等級之分,職務有時重疊:侍御史負責「糾舉百僚、推鞫獄訟」;殿中侍御史負責「掌殿庭供奉之儀式」;監察御史則

負責「分察百僚，巡按郡縣、糾視刑獄，肅整朝儀」[3]。御史的升遷一般按照這個秩序，從監察御史開始，但也有人從殿中侍御史起家，甚至有人一入御史臺即當上侍御史。

學界過去對御史臺有過不少研究。最全面的是胡滄澤的專書《唐代御史制度研究》[4]。此書論唐代御史制度的變化、職能及作用，以及御史臺和皇帝、宰相與宦官的關係，都有不少開創性的貢獻，可惜書中對中晚唐史料中的大批「攝御史」和「兼御史」等課題，著墨不多。

王壽南的〈唐代御史制度〉[5]有一節特別論及唐代御史臺有所謂的「外臺」，即那些在節度、觀察等使府中掛名任御史者(可包含上述五種御史)。此類外臺御史又稱「使府御史」。除此之外，歷來論御史臺的主要論著，還有孫國棟、池田溫、任育才、何汝泉、曾賢熙、胡留元、馮卓慧、王素和胡寶華等家[6]。

---

3 《唐六典》卷13，頁380-382。

4 胡滄澤，《唐代御史制度研究》(台北：文津出版社，1993)。胡滄澤近年又發表〈唐代監察體制的變革〉，《福建師範大學學報》，2001年第3期，以及〈漢唐監察制度的變革〉，《唐史論叢》，第9輯，杜文玉編(西安：三秦出版社，2007)，頁57-65。

5 此文收在許倬雲等著，《中國歷史論文集》(台北：商務印書館，1986)，頁163-206。又收在《勞貞一先生八秩榮慶論文集》(台北：商務印書館，1984)。

6 孫國棟，《唐代中央重要文官遷轉途徑研究》(香港：龍門書店，1979)，頁127-142，對御史臺重要文官的遷轉途徑有深入的分析；池田溫，〈論韓琬《御史臺記》〉，《唐研究論文集》(北京：中國社會科學出版社，1999)，頁336-364；任育才，〈唐代監察制度之研究〉，《唐史研究論集》(台北：鼎文出版社，1975)；何汝泉，〈唐代前期的地方監察制度〉，《中國史研究》，1989年第2期；曾賢熙，〈唐代御史職權行使的限制與地方監察業務關係初探〉，《研究與動態》(大葉大學通識教育中心出版)，第13期(2006)，頁39-60；曾賢熙，〈唐代御史與相關使職探討〉，《宋旭軒教授八十榮壽論文集》(台北：宋旭軒論文集編委會，2000)；胡留元、馮卓慧，〈唐《御史臺精舍碑》初探〉，《人文雜誌》，1983年第2期；王素，〈唐代的御史

　　由於前人在御史的職務、職權等方面已有極詳細的論述，故本章不擬討論這些項目，而擬詳人所略，把論述重點放在下列幾個課題上：御史的官品和清要地位；御史的選任；「攝」御史和「兼」御史的問題；真御史、使府御史和外臺御史；外臺御史和監院御史；侍御史內供奉和監察御史裏行等等。這些都是前人比較忽略的。

一、御史的起源、變革和組織

　　關於御史臺的起源、變革和組織，《唐六典》卷十三和《通典》卷二四等政書已有詳細記載。近人胡滄澤、王壽南等人的研究亦已涉及，且多有釐清。這裡無需重複討論，以免累贅，僅扼要交代，並添補一兩個前人所未言的細節。

　　先秦的御史是一種傳命、記事的職位，到秦漢才有監督糾察之任。《通典》說：

> 至秦漢，為糾察之任。所居之署，漢謂之御史府，亦謂之御史大夫寺，亦謂之憲臺。……後漢以來，謂之御史臺，亦謂之蘭臺寺……梁及後魏、北齊或謂之南臺。……後周曰司憲，屬秋官府。隋及大唐皆曰御史臺。[7]

值得留意的是，後漢的蘭臺也是藏書之所，御史中丞掌蘭臺秘籍圖書，

（續）——————————————

　　臺獄〉，《魏晉南北朝隋唐史資料》，第11輯(1991)。胡寶華，《唐代監
　　察制度研究》(北京：商務印書館，2005)，收集了作者較早前發表在期刊
　　上的論文，同時此書也論及唐代的諫官制度。其他論文見胡戟等編《二十
　　世紀唐研究》(北京：中國社會科學出版社，2002)，頁93-95的學術史回顧。

7　《通典》卷24，頁658。

所以後世有「蘭臺校書」的說法。白居易的名詩〈常樂里閒居偶題〉中有兩句「蘭臺七八人，出處與之俱」[8]，用的便是這個典故。他的「蘭臺」指的是藏書的秘書省，非御史臺。同時，也正因為這個歷史淵源，唐代的御史臺就建在秘書省之南[9]。杜甫詩〈夏日楊長寧宅送崔侍御常正字入京〉中有一句「烏臺俯麟閣」[10]，指是便是這樣的建築布局：「烏臺」為御史臺的別稱，「俯」覽著隔鄰的「麟閣」（秘書省），同時暗喻在這兩個官署任職的崔侍御和常正字。

　　唐代御史臺的變革，主要是名稱上的改變，而且都集中在唐初。唐代文獻中常常可以見到這些御史臺的別稱，且列如表1，方便省覽：

表1 唐代御史臺的名稱演變

年　代	名　稱　演　變
武德元年(618)	御史臺
高宗龍朔二年四月(662)	憲臺
高宗咸亨元年十月(670)	御史臺
武后光宅元年九月(684)	左肅政臺、右肅政臺
中宗神龍元年二月(705)	左御史臺、右御史臺
睿宗延和元年二月(712)	御史臺（廢右臺）
玄宗先天二年九月(713)	左御史臺、右御史臺
玄宗先天二年十月(713)	御史臺（廢右臺）

資料來源：《唐六典》卷13，頁378；《唐會要》卷60，頁1225。

　　至於御史臺的組織結構分為三院：臺院、殿院和察院[11]。《新唐書‧百官志》等政書對此都有描寫，最詳細的敘述見於趙璘的《因話錄》：

8　《白居易集》卷5，頁91。

9　徐松，《唐兩京城坊考》卷1，頁15-16。

10　《杜詩詳註》卷21，頁1892。

11　王壽南，〈唐代御史制度〉，頁168有一張很清楚的御史臺組織圖。

御史臺三院,一曰臺院,其僚曰侍御史,眾呼為「端公」。見
宰相及臺長,則曰「某姓侍御」。知雜事,謂之「雜端」。見
臺長,則曰「知雜侍御」[12]。雖他官高秩兼之,其侍御號不改。
見宰相,則曰「知雜某姓某官」。臺院非知雜者,乃俗號「散
端」。二曰殿院,其僚曰殿中侍御史,眾呼為「侍御」。見宰
相及臺長雜端,則曰「某姓殿中」。最新入,知右巡;已次,
知左巡,號「兩巡使」。所主繁劇。及遷向上,則又入推,益
為煩勞。惟其中間,則入清閒。故臺中諺曰:「免巡未推,只
得自如。」言其閒適也。廳有壁畫小山水甚工,云是吳道玄真
跡。三曰察院,其僚曰監察御史,眾呼亦曰「侍御」。見宰相
及臺長雜端,則曰「某姓監察」。[13]

趙璘這段記載不但清楚告訴我們御史臺的組織結構,還透露唐人給各類
御史的稱呼和別號,很有助於我們理解唐代文獻,特別是唐詩中常見的
所謂「侍御」的真正含意。

二、御史的官品和清要地位

若單單以官品來看,本章所論三種御史的職位似乎都不高。監察御
史只有正八品上(和協律郎一樣),殿中侍御史從七品上(和中下縣的縣
令一樣),侍御史從六品下(還不如畿縣縣令的從六品上)。但唐人任官
絕不能單看官品。這三種御史官品雖不高,卻都是很清貴的職位,而且

12　筆者有一論文詳考唐代的「知雜御史」,此不贅論。詳見〈論唐代的侍御
　　史知雜〉,《中華文史論叢》,總第82輯(2006年第2輯),頁83-95。

13　《因話錄》卷5,頁101-102。底下還有一大段詳細描寫,不俱引。

在整個唐代官署組織中，算是中層的官職。換言之，本章所論的三種御
史，都不是士人釋褐之官，而是他們在擔任過其他職位之後，在仕進的
中途，才能遷轉的官職。

　　據筆者檢索所得，史料中「釋褐爲監察御史」之例，僅有兩個：（一）
「薛季昶，絳州龍門人也。則天初，上封事，解褐拜監察御史。」[14]（二）
王凝，「太原府君諱凝，字叔恬，文中子亞弟也。貞觀初，君子道亨，
我先君門人，布在廊廟，將播厥師訓，施於王道，遂求其書於仲父。仲
父以編未就，不之出。故六經之義，代莫得聞。仲父釋褐爲監察御史。」
[15]但這兩個都是初唐政局不定時的例子，且僅有兩個，可視爲例外。

　　御史之所以清貴，最主要的原因在於他們都是「皇帝的耳目」，專
替皇室監督中外百官的行爲和整個國家幾乎所有大大小小的事務。換句
話說，這些都是很接近權力核心的職位。御史的清貴地位，可以用唐初
一個生動的例子來說明：

> 龍朔三年〔663〕五月，雍州司戶參軍韋絢，除殿中侍御史，
> 或以爲非遷。中書侍郎上官儀聞而笑曰：「此田舍翁議論。殿
> 中侍御史赤墀下供奉，接武夔龍，蹈羽鵷鷺，奈何以雍州判佐
> 相比？」以爲清議。[16]

雍州即後來的長安京兆府，「判佐」即「判司」[17]（即「諸曹參軍」，州
官系統中的一種行政官）。司戶參軍爲正七品下。單就官品而言，殿中

14　《舊唐書》卷185上，頁4804；又見《新唐書》卷120，頁4313。

15　王福畤，〈王氏家書雜錄〉，《全唐文》卷161，頁1646。

16　《唐會要》卷60，頁1240。此事又見於《新唐書》卷105〈上官儀傳〉，頁
　　4035。

17　關於判司和參軍，詳見筆者的《唐代基層文官》第四章。

侍御史爲從七品上，反而不如此判司，難怪韋絢從司戶參軍升爲殿中侍御史，他竟「或疑非遷」。上官儀責罵他亂作「野人語」，又給他開竅：御史侍奉皇帝，不可拿判司來相比。此例極生動，可證唐代官職之高低和清貴，不可單看官品。

更深一層探究，唐人任官不只有「清」的觀念，還有「要」的說法。《舊唐書·李素立傳》有一段記載，涉及本章所論的御史，頗能點出其中的奧妙：

> 素立尋丁憂，高祖令所司奪情授以七品清要官，所司擬雍州司戶參軍，高祖曰：「此官要而不清。」又擬祕書郎，高祖曰：「此官清而不要。」遂擢授侍御史，高祖曰：「此官清而復要。」18

從這段記載和其他史料，我們知道，唐代的所謂「清官」，其實有很嚴格的定義，而且不是今人所理解的「清廉官」之意。只有某些中央臺省官才能稱爲「清」官。《舊唐書·職官志》說：「職事官資，則清濁區分，以次補授。」接著，它把清官分爲兩種：第一種是「清望官」，指「三品已上官〔御史大夫從三品，應包含在此〕，及門下中書侍郎、尚書左右丞、諸司侍郎、太常少卿、太子少詹事、左右庶子、祕書少監、國子司業」。另一種就叫「清官」，比「清望官」略低一級，當中包括諫議大夫、給事中、各郎中、員外郎等一系列官，以及御史中丞、侍御史、殿中侍御史和監察御史。19

18　《舊唐書》卷185上，頁4786。

19　《舊唐書》卷42，頁1804。「清望官」和「清官」的分別，也見於《唐六典》卷2，頁33。本書〈導言〉也論及清官。

　　至於某官是否「要」，則要看該官職務的劇閒而定。祕書郎屬於祕書省官，負責管理皇室的圖書典籍，不算劇要，所以高祖說它「清而不要」。侍御史既屬御史臺，又是皇帝耳目，當然「清而復要」。雍州即後來的長安京兆府。它的司戶參軍管理戶籍、賦稅等，固然重要，但非臺省官，所以高祖認為它「要而不清」。

三、御史的選任

　　既然唐代的御史為「清而復要」的職位，我們便不難理解，何以他們都不是由吏部銓選，而是由皇帝親自敕授。唐代的吏部銓選，負責選拔六品或六品以下的官員，六品以上則由皇帝除授。本章所論的三種御史，官品都在六品以下，原本應當由吏部注擬，但由於他們都屬「清官」，又是「常參官」或「供奉官」[20]，更是皇帝的耳目，職位崇高，所以在唐代大部分時候都由皇帝委任[21]。屬於這一類由皇帝親自授官的六品以下官職，都是重要的職位，當中包括尚書省各司的員外郎（從六品上）、補闕（從七品上）、拾遺（從八品上）和太常博士（從七品上）等官[22]。

　　御史由皇帝敕授，但挑選御史的工作，卻不一定由皇帝來做，而可以由御史臺長官或其他官員推薦給皇帝，再以皇帝的名義下敕除授。

　　御史臺長官（御史大夫或御史中丞）選任御史的例子很多，甚至有所

20　關於常參官和供奉官的定義，見《唐六典》卷2，頁33。監察御史為常參官，殿中侍御史和侍御史則都屬供奉官。

21　唐代御史從甚麼時候開始由皇帝敕授，歷來有三種說法：永徽後、武則天朝和開元四年（716）。詳見胡滄澤，《唐代御史制度研究》，頁128。即使如此，胡滄澤也指出，唐初不乏皇帝親自任命御史的例子，如柳楚賢和馬周等人（頁128-129）。

22　關於唐代的吏部銓選和皇帝除授的種種規定，最詳細的論述見王勛成，《唐代銓選與文學》（北京：中華書局，2001），第六章。

謂「自辟」的說法。《舊唐書‧獨孤朗傳》說：

> 寶曆元年〔825〕十一月，拜御史中丞。……憲府故事，三院
> 御史由大夫、中丞自辟，請命于朝。時崔冕、鄭居中不由憲長
> 而除，皆丞相之僚舊也，敕命雖行，朗拒而不納，冕竟改太常
> 博士，居中分司東臺。

這是安史之亂七十年後唐後半期的一段記載。文中說「憲府故事，三院
御史由大夫、中丞自辟，請命于朝」，顯示這種由御史臺長官「自辟」
御史，然後才「請命于朝」的做法，已經施行有年，成了「憲府故事」，
且制度化了。

唐代長官的「自辟」制度，一般用於節度使、觀察使自辟僚佐的場
合，即所謂的「幕府辟署」制度。這些節度、觀察使府都是「自辟」幕
僚，然後才「請命于朝」的[23]。御史臺長官「自辟」御史的做法，過去
學界似未有人討論，值得關注，並且可以深化唐代「辟署」制度的研究。

御史臺長官可以自辟御史，唐中晚期史料中案例很多（唐前期倒未
見），且舉兩個。一是張仲方，在貞元年間高郢「拜御史大夫，表為御
史」[24]。據《舊唐書》，張仲方所任的御史為侍御史[25]。其次是元和九
年，「裴度為中丞，奏〔崔〕從為侍御史知雜」事[26]。崔從後來代替裴
度任御史中丞。史書上說他「選辟御史，必先質重貞退者」[27]，可證御

23　關於唐代幕府的辟署制度，見石雲濤，《唐代幕府制度研究》，第六章；
　　拙書《唐代基層文官》，第五章。
24　《新唐書》卷126，頁4430。
25　《舊唐書》卷171，頁4443。
26　《舊唐書》卷177，頁4578。
27　《舊唐書》卷177，頁4578。

史中丞可以自行「選辟御史」。

至於自辟御史的運作過程，可以從宰相韋貫之的兒子韋澳有名的「呈身御史」故事中看出。此事見於《舊唐書》卷一五八：

> 澳字子斐，大和六年擢進士第，又以弘詞登科。性貞退寡慾，登第後十年不仕。伯兄溫，與御史中丞高元裕友善。溫請用澳為御史，謂澳曰：「高二十九持憲綱，欲與汝相面，汝必得御史。」澳不答。溫曰：「高君端士，汝不可輕。」澳曰：「然恐無呈身御史。」竟不詣元裕之門。[28]

《新唐書》卷169，爲我們提供不同的敘述觀點，可參看：

> 〔韋貫之〕子澳，字子斐，第進士，復擢宏辭。方靜寡欲，十年不肯調。御史中丞高元裕與其兄溫善，欲薦用之，諷澳謁己。溫歸以告，澳不答，溫曰：「元裕端士，若輕之邪？」澳曰：「然恐無呈身御史。」[29]

換言之，御史臺長官自辟御史，是一種「薦用」，和上引張仲方例中的「表」及崔從例中的「奏」字用詞類似。這都是由長官上「表」上「奏」推薦某某人爲御史，「請命於朝」，然後才由皇帝下敕除授。有趣的是，韋澳非常「貞退寡慾」，竟連見見他的推薦人一面都不肯，不肯做「呈身御史」[30]，所以他最終沒有被任命。按高元裕任御史中丞在文宗開成

28　《舊唐書》卷158，頁4175-4176。

29　《新唐書》卷169，頁5155。

30　「呈身御史」在宋代甚至成了一個典故。如《宋史》卷322〈吳中復傳〉，頁10441：「中復進士及第，知峨眉縣。邊夷民事淫祠太盛，中復悉廢之。

四年(839),可知晚唐的御史臺,仍有自辟御史的做法。

除了由御史臺長官自辟或推薦,御史也可以由其他長官如州長史等薦引,如《唐會要》所載:

> 長安二年〔702〕,則天令雍州長史薛季昶擇寮吏堪為御史者。季昶以問錄事參軍盧齊卿,舉長安縣尉盧懷慎、李休光、萬年縣尉李乂、崔湜、咸陽縣丞倪若水、盩厔縣尉田崇璧、新豐縣尉崔日用。後皆至大官。[31]

雍州即京兆府,它的長史薛季昶所擇選的幾個御史人選,全是該州屬下幾個縣(長安、萬年、咸陽、盩厔和新豐)的縣尉或縣丞。由此看來,唐代長官推薦下屬出任御史,是很尋常的事。(長史在一州的地位,僅次於刺史和別駕。錄事參軍的地位,又在長史之下,但他常是一州的主要行政官員)[32]。

在中晚唐的史料中,我們經常可見到某某人在幕府任基層僚佐之後,即「入朝為監察御史」、「入為殿中侍御史」或甚至「入為侍御史」的事。這樣的案例多達一百個以上,不勝舉,這裡且就三種御史各舉五

(續)————————————

廉於居官,代還,不載一物。通判潭州,御史中丞孫抃薦為監察御史,初不相識也。或問之,抃曰:『昔人恥為呈身御史。今豈有識面臺官耶?』」又如《宋史》卷344〈李周傳〉,頁10935:「司馬光將薦為御史,欲使來見,周曰:『司馬公之賢,吾固願見,但聞薦而往,所謂「呈身御史」也。』卒不往。」亦可知北宋仍有唐代御史臺長官薦御史的遺風。

31 《唐會要》卷75,頁1608。

32 嚴耕望,〈唐代府州上佐和錄事參軍〉,《清華學報》,新8卷第1-2期合刊(1970),頁284-305;此文的最後修訂本收在嚴耕望,《嚴耕望史學論文選集》(台北:聯經出版公司,1991),頁521-548。又見本書第五章論〈司錄、錄事參軍〉。

例，以見其概：

（一）入朝為監察御史

（一）「段平仲字秉庸，武威人。隋人部尚書段達六代孫也。登
　　　進士第，杜佑、李復相繼鎮淮南，皆表平仲為掌書記。復
　　　移鎮華州、滑州，仍為從事。入朝為監察御史。」[33]

（二）「薛存誠字資明，河東人。父勝能文，嘗作〈拔河賦〉，
　　　詞致瀏亮，為時所稱。存誠進士擢第，累辟使府，入朝為
　　　監察御史，知館驛。」[34]

（三）「〔盧〕簡辭弟弘正、簡求。弘正字子強，元和末登進士
　　　第，累辟使府掌書記。入朝為監察御史、侍御史。」[35]

（四）「李程字表臣，隴西人。……貞元十二年進士擢第，又登
　　　宏辭科，累辟使府。二十年，入朝為監察御史。」[36]

（五）「王璠字魯玉。父礎，進士，文辭知名。元和五年，擢進
　　　士第，登宏辭科。風儀修飾，操履甚堅，累辟諸侯府。元
　　　和中，入朝為監察御史。」[37]

（二）入為殿中侍御史

（一）皇甫鎛：「鎛弟鏞，端士也。亦進士擢第，累歷宣歙、鳳
　　　翔使府從事，入為殿中侍御史。」[38]

33　《舊唐書》卷153，頁4088。
34　《舊唐書》卷153，頁4089。
35　《舊唐書》卷163，頁4270。
36　《舊唐書》卷167，頁4372。
37　《舊唐書》卷169，頁4405。
38　《舊唐書》卷135，頁3743。

（二）崔戎：「戎舉兩經登科，授太子校書，調判入等，授藍田
主簿，為藩鎮名公交辟。裴度領太原，署為參謀。……入
為殿中侍御史。」[39]

（三）柳玭：「玭應兩經舉，釋褐秘書正字。又書判拔萃，高湜
辟為度支推官。踰年，拜右補闕。湜出鎮澤潞，奏為節度
副使。入為殿中侍御史。」[40]

（四）楊損：「損字子默，以蔭受官，為藍田尉。三遷京兆府司
錄參軍，入為殿中侍御史。」[41]

（五）韓伏：「字相之，性清簡。元和初第進士。自山南東道使
府入為殿中侍御史。」[42]

（三）入為侍御史

（一）孔戣：「字君嚴。登進士第，鄭滑節度使盧群辟為從事。
群卒，命戣權掌留務，監軍使以氣凌之，戣無所屈降。入
為侍御史。」[43]

（二）竇常：「大曆十四年登進士第，居廣陵之柳楊。結廬種樹，
不求苟進，以講學著書為事，凡二十年不出。貞元十四年，
鎮州節度使王武俊聞其賢，遣人致聘，辟為掌書記，不就。
其年，杜佑鎮淮南，奏授校書郎，為節度參謀。元和六年，
自湖南判官入為侍御史。」[44]

---

39 《舊唐書》卷162，頁4251。
40 《舊唐書》卷165，頁4308。
41 《舊唐書》卷176，頁4560。
42 《新唐書》卷118，頁4274。
43 《舊唐書》卷154，頁4097。
44 《舊唐書》卷155，頁4122。

（三）楊收：「裴休作相，以收深於禮學，用為太常博士。時收
　　弟嚴亦自揚州從事入為監察。尋丁母喪，歸蘇州。既除，
　　崔珙罷相，鎮淮南，以收為觀察支使。入為侍御史。」[45]
（四）唐持：「字德守，元和十五年擢進士第，累辟諸侯府。入
　　朝為侍御史。」[46]
（五）曹確：「開成二年登進士第，歷聘藩府。入朝為侍御史。」
　　[47]

　　以上這十五人的資歷和經歷都非常相似，幾乎都是進士出身，都曾
經在幕府待過一段時候，然後再「入朝為監察御史」、「入為殿中侍御
史」或「入為侍御史」。史書彷彿在用同一個公式來撰寫他們的官歷。
　　史書上入朝為監察御史的案例最多，約六十多例。入朝為殿中侍御
史或侍御史的人數則不相上下，都有二十多例。這顯示，幕府僚佐入朝，
未必一定得從最低層的監察御史幹起，而可以從較高一階的殿中侍御史
或更高一階的侍御史開始。
　　至於他們是如何「入朝」的呢？可惜史書上大都沒有交代，但從其
他人的經歷看來，他們應當都是由皇帝徵召，或由長官推薦為御史的。
　　比如，韓愈〈殿中侍御史李君墓誌銘〉所記的李虛中官歷：

　　宰相武公元衡之出劍南，奏奪為觀察推官，授監察御史。未幾，
　　御史臺疏言行能高，不宜用外府，即詔為真御史。[48]

45　《舊唐書》卷177，頁4599。
46　《舊唐書》卷190下，頁5063。
47　《舊唐書》卷177，頁4607。
48　《韓昌黎文集校注》卷6，頁440。

李虛中任觀察推官時，已有一個監察御史銜，但那是幕府僚佐例常所帶無實職的所謂「憲銜」（因爲幕職本身無品秩，所以照例帶有憲銜或京銜，或兩者，以秩品位）[49]。後來，御史臺因爲他「言行能高，不宜用外府，即詔爲真御史」，他這才真正擔任御史。「詔」即以皇帝名義徵召回朝服務。

再如李石的弟弟李福的經歷：

> 石弟福，字能之，大和七年登進士第，累辟使府。石爲宰相，自薦弟於延英，言福才堪理人，授監察御史。[50]

據此，中晚唐許多幕府僚佐入朝爲御史，若不是由長官推薦，便是由皇帝徵召敕授。

唐代敕授御史的正式官文書，有一些還保存在唐人文集和《全唐文》中。其中以白居易代皇帝撰寫的〈張徹宋申錫可並監察御史制〉，最有意義，因爲它進一步透露御史選任的一些細節，讓我們可以見到「封奏」的程序：

> 敕：舊制，副丞相缺，中執憲得出入。御史缺，則於內外史中考覈其實，封奏其名以補之。今御史中丞僧孺奏：某官張徹、某官宋申錫，皆方直強毅，可中御史。章下丞相府，丞相亦曰可。朕其從之。並可監察御史。[51]

---

49 關於這點，見筆者《唐代基層文官》第五章「幕佐的官銜」一節。

50 《舊唐書》卷172，頁4487。

51 《白居易集》卷48，頁1008。

由此看來，唐代若有「御史缺」，可以由御史中丞「封奏其名以補之」。這樣的「封奏」可以說是一種「推薦」，也可以說是一種「自辟」，完全符合上文所考，然後「章下丞相府，丞相亦曰可」，最後才由皇帝宣佈「朕其從之」。

綜上所論，監察御史、殿中侍御史和侍御史都是一種清官。他們不是由吏部銓選，而通常是由長官推薦，或御史臺長官自辟，再由皇帝敕授。同時，這三級御史在唐代的文官體系中都屬中層職位，常是士人遷轉之第二、第三任以上官，而非初任釋褐之官。

四、「攝」御史和「兼」御史

上文所論的各級御史，都屬唐代京城御史臺中有實職的真正御史。除此之外，唐代史料中經常還可以見到另一大類御史：他們沒有實職，只是掛名為御史，主要分布在京城以外各節度、觀察等幕府中。他們的實職是在各幕府中擔任判官、掌書記、推官或巡官等幕職。因此，唐史料有時統稱他們為「使府御史」或「外臺御史」。他們的御史官銜之前，通常冠以「攝」或「兼」字。這些攝官和兼官有甚麼意義？「攝」和「兼」又有甚麼區別？歷來關於御史的研究似未深入探討此課題。本節擬詳考。

這一類攝、兼御史最常見於石刻題名結銜中。比如，在著名的〈諸葛武侯祠堂碑〉中即可找到下面數例：

(一)觀察判官朝散大夫檢校尚書戶部郎中兼侍御史驍騎尉張
　　正臺
(二)支度判官檢校尚書禮部員外郎兼侍御史上護軍賜緋魚袋
　　崔備

(三)節度掌書記試大理評事兼監察御史史山□[52]

亦常見於祭文開頭的署銜中,如權德輿〈祭外舅相國安平公文〉:

> 維貞元三年歲次丁卯十二月朔,子婿試大理評事攝監察御史權
> 某,謹以清酌庶羞之奠,敬祭於外舅故相右庶子安平公之靈。
> [53]

以及李翱的〈祭劉巡官文〉:

> 維元和七年歲次壬辰九月景辰朔十五日庚午。觀察判官攝監察
> 御史李翱等,謹以清酌庶羞之奠,致祭於劉君之靈。[54]

以上五人都在幕府任判官或掌書記,不可能行使御史職務,所以他們所帶的「兼侍御史」、「兼監察御史」或「攝監察御史」銜,都是一種所謂的「憲官」或加官,無實職。除憲官外,他們有些甚至還帶有另一個臺省官,如第一例的「尚書戶部郎中」,第二例的「尚書禮部員外郎」和第三例中的「大理評事」。這些也是沒有實職的加官。

　　至於這一類加官前面的「檢校」、「兼」、「攝」和「試」等字眼,其使用頗有規律可尋。郎中和員外郎等郎官,一般冠以「檢校」(不用「兼」或「試」),大理評事和協律郎等則冠以「試」(不用「檢校」或「兼」),御史則冠以「兼」或「攝」。史書上沒有「試某某御史」或

52　《八瓊室金石補正》卷68,頁470。

53　《全唐文》卷508,頁5168。

54　《全唐文》卷640,頁6469。

「檢校某某御史」的用例（但又有「檢校御史中丞」和「檢校御史大夫」的用例，詳見下文）。由此看來，「檢校」、「試」、「兼」和「攝」，都是一種標籤。它們的意義約略相等，即標示某一種加官，只是不同類型或等級的加官用不同的標籤。「兼」並非現代人所理解的「兼任」之意；「攝」也不是「代理」之意。

更令人混亂的是，史料有時為了書寫簡便，可能會省略「攝」或「兼」字，以致這一類無實職的御史，極易和京城中的真御史相混淆。閱讀中晚唐史料，更需留意這兩者的分別，否則很容易便把某人的官歷弄錯。這類例子太多了，不勝舉。這裡且舉兩個，以見其概：

第一例出自《舊唐書・韋皋傳》：

> 韋皋字城武，京兆人。大曆初，以建陵挽郎調補華州參軍，累授使府監察御史。宰相張鎰出為鳳翔隴右節度使，奏皋為營田判官，得殿中侍御史，權知隴州行營留後事。[55]

韋皋「累授使府監察御史」，即表示他是在使府任職時，得到監察御史這個憲官，非實職。他後來在鳳翔隴右節度使府任「營田判官」，又「得殿中侍御史」。這個「殿中侍御史」也非實職，因為他當時以「營田判官」的身分「權知隴州行營留後事」，不可能行使殿中侍御史的職務。他的「監察御史」和「殿中侍御史」原本應當都帶有「兼」或「攝」的標籤，只是《舊唐書》在敘述時把它省略了。後世讀者不察，很可能會誤以為韋皋曾經回到京城御史臺任監察御史和殿中侍御史。

第二例見於《舊唐書・張建封傳》：

55　《舊唐書》卷140，頁3821。

建封素與馬燧友善，大曆十年，燧為河陽三城鎮遏使，辟為判
官，奏授監察御史，賜緋魚袋。李靈曜反於梁、宋間，與田悅
掎角，同為叛逆，燧與李忠臣同討平之，軍務多咨於建封。及
燧為河東節度使，復奏建封為判官，特拜侍御史。建中初，燧
薦之於朝，楊炎將用為度支郎中，盧杞惡之，出為岳州刺史。
56

張建封在河陽三城鎮遏使府任判官時，他的府主爲他「奏授監察御史」，
是幕府辟署幕僚並授以憲官的典型做法，中晚唐史料中俯拾皆是。張建
封並沒有回朝任監察御史。接著，馬燧爲「河東節度使，復奏建封爲判
官，特拜侍御史」[57]，也是幕職獲授憲官的常見例子。他這個「侍御史」
亦非實職，原都應當和前文的「監察御史」一樣，帶有「兼」或「攝」
的標籤，但《舊唐書》把它略去了。一直到建中初，馬燧才薦他「於朝」。

　　但也有一些史料（特別是墓誌）提到這些憲官時，仍保留「兼」、「攝」
等標籤。例如，豆盧詵所撰〈嶺南節度判官宗公神道碑〉，便說這位宗
公「諱義仲」，曾經獲「授大理少卿兼監察御史，仍充節度判官，懋賞
也。」[58]再如顏真卿所撰〈京兆尹御史中丞梓遂杭三州刺史劍南東川節
度使杜公神道碑銘〉，敘及杜濟早年的仕歷時說：「皇甫侁採訪江西，
奏公爲推官，授大理司直攝殿中侍御史，賜緋魚袋，尋正除殿中。」[59]杜
濟先掛名「攝殿中侍御史」，後來才「正除殿中」。

　　杜確的〈岑嘉州集序〉，提及盛唐詩人岑參的官歷時，也很精確地

56　《舊唐書》卷140，頁3829。

57　關於幕府僚佐獲授這類憲官及臺省官的詳細討論，見筆者的《唐代基層文
　　官》第五章〈巡官、推官和掌書記〉中「幕佐的官銜」一節。

58　《全唐文》卷439，頁4481。

59　《全唐文》卷344，頁3489。

保存了「兼」字：「天寶三載，進士高第，解褐右內率府兵曹參軍，轉右威衛錄事參軍。又遷大理評事兼監察御史，充安西節度判官。入為右補闕，頻上封章，指述權倖，改為起居郎，尋出虢州長史，又改太子中允兼殿中侍御史，充關西節度判官。」[60] 據劉開揚的《岑參年譜》，岑參從未在京城御史臺擔任過監察御史或殿中侍御史[61]。他這個「兼監察御史」和「兼殿中侍御史」都是他在幕府任判官時所掛的憲官，非實職。

在唐史料中，「攝」在某些場合有「代理」之意，特別是用於地方牧守如刺史、節度使、觀察使等自行委派州縣官的場合。唐代的州縣官原本應當由朝廷委任，但唐中葉以後，不少地方的州縣官常直接由地方長官自行辟任，就像方鎮使府自辟幕佐一樣，形成中晚唐地方行政的一大「亂象」。凡是此類由地方長官自辟的州縣官，都可稱為「攝」官[62]。例如關播，「出為河南府兵曹，攝職數縣，皆有政能。陳少遊領浙東、淮南，又辟為判官，歷檢校金部員外，攝滁州刺史。」又如李翱〈故檢校工部員外郎任君〔佶〕墓誌銘〉：「京兆尹崔光遠表試左清道率府兵曹參軍，敕攝富平縣尉知縣事。」[63] 再如韓愈〈河南府王屋縣尉畢君墓誌銘〉：「徐州節度張建封……聞君篤行能官，請相見，署諸從事，攝符離令四年。」[64] 這些「攝」字都有「代理」之意。

然而，唐史料中的「攝監察御史」、「攝殿中侍御史」和「攝侍御史」等，卻都沒有「代理」的意思，僅是一種加官的標籤。

同樣的，在某些情況，唐史料中的「兼」有「兼任」之意。例如，

---

60 《全唐文》卷459，頁4692。此序又收在《岑嘉州詩箋注》，頁1-2。

61 此年譜收在劉開揚，《岑參詩集編年箋註》，頁1-32。

62 拙文〈論唐代的州縣「攝」官〉，《唐代論叢》，第9輯，杜文玉編（西安：三秦出版社，2007），頁66-86，專論唐中葉以後的這種州縣攝官。

63 《全唐文》卷635，頁6453。

64 《韓昌黎文集校注》卷6，頁379-380。王壽南，〈唐代文官任用制度之研究〉，《唐代政治史論集》，頁27-30，也舉了許多此類例子。

《舊唐書・代宗紀》：「以四鎮行營節度使馬璘兼邠州刺史。癸丑，以山南西道節度使、梁州刺史張獻誠兼充劍南東川節度觀察使。」[65] 再如《舊唐書・路隨傳》：「拜檢校尚書右僕射、同中書門下平章事，兼潤州刺史、鎮海軍節度、浙江西道觀察等使。」[66] 但中晚唐史料中很常見的「兼監察御史」、「兼殿中侍御史」和「兼侍御史」等銜，卻都沒有「兼任」的意思，僅是加官的標籤。

《舊唐書・德宗紀》特別提到安史亂後這類「兼官」的起源：「自兵興已來，方鎮重任必兼臺省長官，以至外府僚佐，亦帶臺省銜。」[67] 據此，我們或可把這些「兼監察御史」等官的「兼」字，視爲「兼帶某某臺省官」之意，但無實職。

我們以全文檢索的方式在兩《唐書》和《全唐文》中搜尋，可以發現唐代掛名爲攝、兼御史的官員，人數不少，詳見表2。

從表2看來，唐代的這一類御史，可以是「攝」，也可以是「兼」，但兼御史的人數遠遠多於攝御史，尤其是在御史中丞和御史大夫這個高層次。

「攝御史」和「兼御史」有甚麼區別呢？

在州縣「攝」官的場合，「攝」通常表示那些由地方長官自行委任，但還未上奏朝廷的州縣官。這就是《通典》所說：

> 其未奏報者稱攝。[68]

65　《舊唐書》卷11，頁282。
66　《舊唐書》卷159，頁4193。
67　《舊唐書》卷12，頁324。
68　《通典》卷32，頁890。

表2 攝、兼御史在唐史料中的出現次數

	兩 唐 書	全 唐 文
攝監察御史	13	30
攝殿中侍御史	2	7
攝侍御史	0	7
攝御史中丞	19	32
攝御史大夫	23	17
兼監察御史	32	53
兼殿中侍御史	27	42
兼侍御史	62	147
兼御史中丞	241	252
兼御史大夫	347	303

材料來源：根據中央研究院《漢籍電子文獻》進行
全文檢索的結果。

一旦某某州縣攝官經上奏後，獲得朝廷所授予的京官銜，他就不再被稱爲「攝」官。例如，現藏台北故宮博物院的〈朱巨川告身〉，其開頭部分記錄了朱巨川所獲授的官銜：

睦州錄事參軍朱巨川
右可試大理評事兼豪州鍾離縣令[69]

我們從其他史料知道，朱巨川出任「豪州鍾離縣令」，並非朝廷委任，而是當時豪州刺史獨孤及自行辟任的。此事在上奏朝批准之前，朱巨川

---

69 詳見台北故宮博物院網站上的〈朱巨川告身〉彩色照片，網址：
http://www.npm.gov.tw/exh92/treasure/chinese/selection-main-1.htm 此告身影印件，也收在《故宮法書全集》（台北：故宮博物院，1974），第2卷，頁23-33，以及《故宮書畫菁華特輯》（台北：故宮博物院，1996），頁24-25。

應當如《通典》所說，帶有「攝」的官稱，但現在，獨孤及上奏朝廷，並且為他奏得「試大理評事」這個京銜後，他的告身上已不再用「攝」的稱號了。

筆者認為，「攝御史」和「兼御史」的分別很可能和州縣攝官的情況相似。方鎮使府所辟的幕佐，如果帶有御史臺官，則他們在幕府上報朝廷之前，稱為「攝某某御史」。上報之後，則稱為「兼某某御史」。

上文引用過杜確為岑參詩集所寫的序文〈岑嘉州集序〉，裡頭稱岑參為「兼監察御史」，但岑參的詩人朋友杜甫在至德二載(757)所寫的〈為補遺薦岑參狀〉中卻又有另一說法。此狀一開頭即說：「宣議郎、試大理評事、攝監察御史、賜緋魚袋岑參……」[70]。這又如何解釋呢？

杜確[71]和杜甫(712-770)都是唐人，但提到他們同時代人岑參(719-770)的官銜時，一個說是「兼監察御史」，一個說是「攝監察御史」，似乎矛盾。岑參在〈優缽羅花歌并序〉的序中自敘：「天寶景申歲〔756〕，參忝大理評事，攝監察御史，領伊西北庭支度副使。」[72]這裡他自稱是「攝監察御史」，似乎當以「攝」為正。但筆者認為，這或許牽涉到岑參不同時期的官銜，所以「攝」和「兼」都有可能。在杜甫推薦他時，他還是個未上報的「攝監察御史」，但杜確為他的集子寫序時，岑參恐怕早已是個上報朝廷的「兼監察御史」了。[73]

因此，唐代這些在方鎮使府掛御史銜的，有時稱「攝某某御史」，有時也可能稱「兼某某御史」，其差別可能在於是否曾經奏報朝廷。《通

70　《杜詩詳注》卷25，頁2196。

71　杜確為代宗時人，大曆二年(767)進士，貞元十五年(799)任河中尹、河中觀察使。關於他的生平，劉開揚在《岑參詩集編年箋註》，頁895有一段考證。

72　《岑嘉州詩箋注》卷2，頁409。

73　杜確這篇序文沒有日期，但序中提到岑參中年以後的一些官銜，寫作年代明顯晚於杜甫。

典》有一段話，頗具啓發性：

> 自至德以來，諸道使府參佐，多以省郎及御史爲之，謂之外臺，
> 則皆檢校、裏行及內供奉，或兼或攝。諸使官亦然。[74]

這一類御史是可以「或兼或攝」的。

最後一點，攝和兼御史的地位，看來都不如真正的御史。因此，一個在使府掛名爲「兼殿中侍御史」的僚佐，他入朝任真御史時，可能還得從最低層的監察御史做起，似乎降了一級。這種例子在史料中頗不少，這裡且舉三個。

第一見於《舊唐書·崔玄暐傳》：「曾孫郢，開成三年，自商州防禦判官兼殿中侍御史，入爲監察御史。」[75] 看來「兼殿中侍御史」的地位，不如朝中真正的監察御史。

第二例是盧簡求的官歷：

> 簡求字子臧，長慶元年登進士第，釋褐江西王仲舒從事。又從元稹爲浙東、江夏二府掌書記。裴度鎮襄陽，保釐洛都，皆辟爲賓佐，奏殿中侍御史。入朝，拜監察。[76]

盧簡求登進士第後，一直在方鎮幕府做事。裴度鎮襄陽時，辟他爲賓佐，「奏殿中侍御史」。這個「殿中侍御史」應當是個憲銜，正式官銜前應當有個「兼」字標籤，但史書上慣常地把「兼」字省略了。接著，盧簡

---

74 《通典》卷24，頁673。

75 《舊唐書》卷91，頁2935。

76 《舊唐書》卷163，頁4271-4272。

求才「入朝」，但卻從「監察」御史做起，可知在幕府掛職爲「兼殿中侍御史」者，其地位不如京城御史臺的監察御史。

第三例是晚唐宰相李德裕的仕歷：

> 〔元和〕十一年，張弘靖罷相，鎮太原，辟爲掌書記。由大理
> 評事得殿中侍御史。十四年府罷，從弘靖入朝，真拜監察御史。
> 77

李德裕在張弘靖幕府所得的「殿中侍御史」，也是一種憲官(史書依慣例略去「兼」字)，非實職。他後來隨張弘靖入朝，才拜爲真御史，但得從最基層的監察御史開始。單就官階來說，監察御史比他原先的「殿中侍御史」低一級。然而李德裕入朝明顯是升官，不是降級。

五、真御史、使府御史和外臺御史

正因爲唐代有不少方鎮使府僚佐紛紛掛名爲御史，所以唐人還發展出一個新概念：真御史，以便和這些無實職的所謂「使府御史」及「外臺御史」區分開來。

「真御史」此詞散見於唐人文集，特別是在韓愈的文集中。例如，他在〈殿中侍御史李君墓誌銘〉中寫李虛中的官歷：

> 未幾，御史臺疏言行能高，不宜用外府，即詔爲真御史。半歲，
> 分部東都臺，遷殿中侍御史。78

77　《舊唐書》卷174，頁4509。參見傅璇琮，《李德裕年譜》，頁124-125。

78　《韓昌黎文集校注》卷6，頁440。關於東都的御史臺，見勾利軍，〈唐代

同樣的，他在〈虞部員外郎張府君墓誌銘〉也用了此詞：

> 明年，故相趙宗儒鎮荊南，以〔張〕孝權為判官，拜監察御史。
> 經二年，拜真御史。[79]

這位張孝權起初在趙宗儒荊南幕府任判官，「拜監察御史」，是一種掛名的憲官，無實職，所以兩年後他才「拜真御史」。若不了解唐代御史有「真」和「虛」（即無實職）之分，恐怕難以明白韓愈這些墓誌所言的含意。

杜牧的〈唐故處州刺史李君墓誌銘并序〉，敘寫李景業的官歷時，也提到中晚唐這種很常見的現象：

> 後尚書馮公宿自兵部侍郎節鎮東川，以監察裏行為觀察判官。
> 不一歲，御史府取為真御史，分察鹽池左藏吏盜隱官錢千萬。
> [80]

換句話說，李景業在馮宿的東川幕府任觀察判官時，先掛名「監察御史裏行」，屬於「虛」職。不到一年，御史臺才召他回朝任「真御史」。蕭鄴的〈大唐故吏部尚書贈尚書右僕射渤海高公神道碑〉，寫這位高元裕的仕歷時說：

> 弱冠博學工文，擢進士上第，調補祕書省正字，佐山南西道荊

　　東都御史臺研究〉，《華南師範大學學報》，2006年第2期，頁87-92。
79　《韓昌黎文集校注》卷6，頁452。
80　《樊川文集》卷8，頁131。

南二鎮為掌書記，轉試協律郎、大理評事、攝監察御史，入拜真御史。[81]

高元裕從「攝監察御史，入拜真御史」，不但讓我們看到這種虛職使府御史，如何得以升為「真御史」，同時也可以證明「攝監察御史」中的「攝」，並無「代理」之意，僅是加官的標籤。

在中晚唐各方鎮使府掛名為各級御史的，可統稱為「使府御史」。此詞見於《舊唐書‧劉蕡傳》。他是晚唐一大才子，可惜在考制策時，得罪宦官，以致一生無法在朝中任官，只能在幕府浮沉，「位終使府御史」：

令狐楚在興元，牛僧孺鎮襄陽，辟為從事，待如師友。位終使府御史。[82]

晚唐大詩人李商隱很同情這位才子，曾為他寫過很感人的〈哭劉蕡〉、〈哭劉司戶〉等名詩。

此外，史料中還可見到諸如「江西府監察御史」和「范陽府監察御史」的說法。例如，韓愈〈唐故相權公墓碑〉：「貞元八年以前江西府監察御史徵拜〔太常〕博士，朝士以得人相慶。」[83]這位「權公」即晚唐知名宰相權德輿。我們知道，權德輿年輕時從未在京城御史臺擔任過「真御史」[84]。他這個「江西府監察御史」，是指他在江西觀察使李兼的幕府任判官時所獲得的一個憲銜。否則，江西府是個方鎮，何來御史？

81　《全唐文》卷764，頁7941-7942。

82　《舊唐書》卷190下，頁5077。

83　《韓昌黎文集校注》卷7，頁471。

84　《韓昌黎文集校注》卷7，頁469-474。

若非如此理解，韓愈這句話便不容易明白。他似乎喜歡這樣的寫法。他在另一篇著名的墓誌〈故幽州節度判官贈給事中清河張君墓誌銘〉中，也有同樣的妙筆：

> 張君名徹，字某，以進士累官至范陽府監察御史。長慶元年，今牛宰相為御史中丞，奏君名跡中御史選，詔即以為御史。其府惜不敢留，遣之，而密奏：「幽州將父子繼續，不廷選且久，今新收，臣又始至孤怯，須強佐乃濟。」發半道，有詔以君還之，仍遷殿中侍御史，加賜朱衣銀魚。至數日，軍亂，怨其府從事，盡殺之，而囚其帥；且相約：張御史長者，毋侮辱轢蹙我事，毋庸殺，置之帥所。[85]

筆者認為，韓愈這段記載很可以用來說明唐代所謂「使府御史」的運作制度，而且還提供了幾個生動的細節。若不明白個中奧妙，這一整段話便不容易理解。這裡且試為解讀。

范陽府即范陽節度使府，又稱幽州。張徹原先只是在那裡掛虛職的監察御史，情況就和上引權德輿的「江西府監察御史」一樣。長慶元年（821），京城御史臺的長官御史中丞牛僧儒上奏皇帝，認為張徹的名跡適合徵選為真御史，所以皇帝便下詔命他為御史（韓文的這個細節，也透露唐代御史是如何選任的）。當時，范陽府剛換了一個效忠朝廷的節度使張弘靖。他對張徹的離去，感到可惜，但不敢挽留他，只好發遣他上京，但張弘靖又向皇帝密奏，說幽州從前一向子承父職，是個叛逆的方鎮，很久不聽朝命了，現在才剛剛收歸朝廷（因為前節度使劉總剛去世），而他自己又剛上任，勢單力薄，正需要像張徹那樣能幹的僚佐輔

助才行。所以張徹走到半路，皇帝又下詔命令他回去幽州任職，而且「仍遷殿中侍御史，加賜朱衣銀魚」。

我們不禁要問：張徹爲甚麼還沒有走到京城，還沒有在京師御史臺當上真御史，而是半途折返幽州，就「仍遷殿中侍御史」呢？馬其昶的《韓昌黎文集校注》和童第德的《韓愈文選》等書，對這點沒有作任何解讀。其實，說穿了，張徹這個「殿中侍御史」只不過是使府御史罷了，非真御史。說「遷」，那是因爲他原先已經「累官至范陽府監察御史」，所以現在便順理成章「遷殿中侍御史」，而且皇帝爲了寵他，還特地給他「加賜朱衣銀魚」章服。

我們知道，使府御史也是可以有升遷的，且自有一套升遷體系，在兩《唐書》列傳和墓誌中屢見不鮮[86]。例如，《舊唐書‧馬炫傳》：「至德中，李光弼鎮太原，辟爲掌書記、試大理評事、監察御史，歷侍御史，常參謀議，光弼甚重之，奏授比部、刑部郎中。」[87] 這是說馬炫在太原李光弼幕府任掌書記時，帶有「試大理評事」京銜，又從監察御史，「歷侍御史」，都屬使府御史，非真御史。他後來才回到朝中任「比部、刑部郎中」。

再如柳宗元〈故連州員外司馬凌君權厝志〉所記的凌準官歷：「泚涇之亂，以謀畫佐元戎，常有大功，累加大理評事、御史，賜緋魚袋。換節度判官，轉殿中侍御史。府喪罷職。後遷侍御史，爲浙東廉使判官。」[88] 這裡是說凌準在各幕府任官，其憲銜從最初的「御史」（當爲監察御史）「轉殿中侍御史」，「後遷侍御史」，但這些全都是使府御史。凌準從來沒有當過真御史。

86　更多的細節，見筆者《唐代基層文官》第五章「幕佐的官銜」一節。

87　《舊唐書》卷134，頁3702。

88　《柳宗元集》卷10，頁264。

這篇韓文還有一個很值得注意的細節,即張徹從來沒有在京城中擔任過真御史,僅掛名爲使府御史,但范陽幽州的那些叛軍們,仍很尊敬地稱呼他爲「張御史」,可知使府御史雖然沒有行使御史的實職,但他的御史官銜仍然還有一些作用,比如可以當作稱謂來使用。張徹此例並非孤證。比如,李翱的〈故東川節度使盧公傳〉便說:

> 會鄭滑節度使李復表請為判官,得監察御史。薛盈珍為監軍使,累侵軍政。坦每據理以拒之。盈珍嘗言曰:「盧侍御所言皆公,我故不違也。」[89]

盧坦當時在鄭滑節度使李復的使府任判官,得監察御史憲銜,非真御史,但監軍薛盈珍卻尊稱他爲「盧侍御」(「侍御」是監察御史和殿中侍御史的另一尊稱,唐詩中常見),可知使府御史的官銜亦非純粹「虛銜」而有其作用。在《資治通鑑》,胡三省注「使府御史」時說:「使府,節度使幕府也。御史,幕僚所帶寄祿官,亦謂之憲官。」[90] 他這裡把唐代的「使府御史」,比成宋初所謂的「寄祿官」,很有啓發性,很有助於我們了解使府御史的真正性質:這種官銜是唐代幕府僚佐用以計算俸祿和官階的依據[91]。

中晚唐史料還經常可以見到像「判官監察御史」、「推官殿中侍御史」、「判官殿中侍御史」等等稱謂。這些也都可以說是「使府御史」的變調。例如,《舊唐書·周智光傳》說:「判官監察御史邵賁、都虞

89　《全唐文》卷640,頁6462。

90　《資治通鑑》卷243,頁7858。

91　關於宋初的寄祿官制,見梅原郁,《宋初的寄祿官及其周圍》,原載《東方學報》(京都)第48冊(1975),中譯本見《日本學者研究中國史論著選譯》,第五冊(北京:中華書局,1993),頁392-450。

候蔣羅漢並伏誅，餘黨各以親疏准法定罪。」[92] 又如呂溫〈代李侍郎賀德政表〉所云：「臣嘗使推官殿中侍御史崔太素奉使淮南。……」[93] 再如《舊唐書·李涵傳》：「德宗即位，以涵和易，無剸割之才，除太子少傅，充山陵副使。涵判官殿中侍御史呂渭上言：『涵父名少康，今官名犯諱，恐乖禮典。』」[94] 這些都指在使府中掛虛職的御史，非「真御史」。

六、外臺御史和監院御史

除了上節討論的「使府御史」外，唐代還有一個相關的稱號叫「外臺御史」。這最早見於《通典》：

> 自至德以來，諸道使府參佐，多以省郎及御史為之，謂之外臺，則皆檢校、裏行及內供奉，或兼或攝。諸使官亦然。[95]

此應即《新唐書·百官志》所本，但文字略有不同，可參看：

> 至德後，諸道使府參佐，皆以御史為之，謂之外臺；復有檢校、裏行、內供奉，或兼或攝，諸使下官亦如之。[96]

據此，《通典》和《新唐書》所說的「外臺御史」，和上節所論的「使

92　《舊唐書》卷114，頁3370。
93　《全唐文》卷626，頁6316。
94　《舊唐書》卷126，頁3562。
95　《通典》卷24，頁673。
96　《新唐書》卷48，頁1237。

府御史」，如果不是完全相同，也是非常相似：他們都沒有行使御史的實權和職務，只是掛「檢校、裏行、內供奉，或兼或攝」等官銜而已。

但唐代還有一種有權行使御史職務的外臺御史叫「監院御史」，常為人忽略。《冊府元龜》載：

〔開成〕四年〔839〕四月，御史中丞高元裕奏：「伏以天下三司監院官帶御史者，從前謂之外臺，得以察訪所在風俗，按舉不法。元和四年〔809〕，御史中丞李夷簡亦曾奏，知監院官多是臺中寮屬，伏請委以各訪察本道使司及州縣有違格敕不公等事，罕能遵行。歲月既久，事須振起。伏請自今以後，三司知監院官帶御史者，并屬臺司，凡有紀綱公事，得以指使。」從之。[97]

唐代的三司有三個含義。一是指審理罪案的三司，即《新唐書‧刑法志》所說：「當時大獄，以尚書刑部、御史臺、大理寺雜按，謂之『三司』。」[98] 三司的第二個含義出現在唐後半葉，指主管稅收和鹽務等事的「三司」，即史書上很常見的度支、鹽鐵和戶部「三司」。此外，正如宋代趙彥衛《雲麓漫鈔》所說，「皇太子監國，則詹事、左右庶子，亦號三司使」[99]。高元裕所說的「三司監院官」，指的便是度支、鹽鐵和戶部「三司」在江淮等地鹽場所設的「監院」官員。

此事在《新唐書‧高元裕傳》中有進一步的敘述：

97　《冊府元龜：校訂本》，〔宋〕王欽若等編，周勛初等校訂（南京：鳳凰出版社，2006），卷516，頁5861。《全唐文》卷694，頁7121亦收高元裕此奏。

98　《新唐書》卷56，頁1414。

99　《雲麓漫鈔》卷7，頁120。

> 故事，三司監院官帶御史者，號「外臺」，得察風俗，舉不法。
> 元和中，李夷簡因請按察本道州縣。後益不職。元裕請監院御
> 史隸本臺，得專督察。詔可。[100]

據以上兩條材料，這「三司監院官」外臺御史，「多是臺中寮屬」，明
顯的和上文所論「使府御史」不同。依故事，他們可以執行御史職務，
「察風俗，舉不法」。但在元和中，他們的督察職務「罕能遵行」。所
以到了開成四年，高元裕擔任御史中丞時便上奏，目的正是要把這些「三
司知監院官帶御史者，并屬臺司，凡有紀綱公事，得以指使」，也就是
《新唐書》所說「請監院御史隸本臺，得專督察」，而皇帝也「詔可」。

　　實際上，在高元裕上奏之前兩年，朝廷就特別下敕，鹽鐵、戶部、
度支三(司)使下的監院官，「皆郎官、御史爲之」。據《舊唐書・文宗
紀》：

　　〔開成二年〕甲寅，敕鹽鐵、戶部、度支三使下監院官，皆郎
　　官、御史為之。[101]

依此看來，這些「監院官」是由當時已任郎官(指郎中和員外郎，都屬
清貴官)和真御史者來出任，並非一般掛御史虛職的使府御史，所以高
元裕才能奏請「監院御史隸本臺，得專督察」。

　　大和四年(830)，御史中丞魏謨上奏，更提到這些有實權的「監院
御史」和掛虛職的「外臺御史」的分別：

---

100 《新唐書》卷177，頁5286。
101 《舊唐書》卷17下，頁571。

八月，刑部侍郎、御史中丞魏謨奏：「諸道州府百姓詣臺訴事，多差御史推劾，臣恐煩勞州縣，先請差度支、戶部、鹽鐵院官帶憲銜者推劾。又各得三司使申稱，院官人數不多，例專掌院務，課績不辦。今諸道觀察使幕中判官，少不下五六人，請於其中帶憲銜者委令推劾。如累推有勞，能雪冤滯，御史臺闕官，便令奏用。」從之。[102]

可知度支、戶部、鹽鐵院官帶憲銜者有權「推劾」，但他們的「人數不多，例專院務」，無法執行額外的「推劾」任務，但「諸道觀察使幕中判官，少不下五六人」，所以魏謨奏請「於其中帶憲銜者委令推劾」。如果這些使府御史判官「累推有勞，能雪冤滯」，將來「御史臺闕官，便令奏用」，當作一種獎勵。

從魏謨此奏看來，諸道觀察使幕中判官「帶憲銜者」，其實原本並沒有「推劾」的權力，但為了應付「諸道州府百姓詣臺訴事」，所以他才要奏請他們來幫忙「推劾」。換言之，幕府判官中「帶憲銜者」審案並非常例，因此要由魏謨這個御史中丞長官來奏請皇帝批准。

綜上所考，所謂「外臺御史」分兩種：一種是度支、戶部、鹽鐵三司監院官帶憲銜者，有「推劾」實權，也稱「監院御史」。另一種是觀察使幕中判官帶憲銜者，沒有「推劾」實權，和「使府御史」相同或相似。

---

102 《舊唐書》卷18下〈宣宗紀〉，頁627。此奏也收在《唐會要》卷62，頁1275和《全唐文》卷766，頁7962。按觀察使府的判官，一般只有一二人，不會如魏謨此奏中所說的「少不下五六人」。因此，他所謂的「觀察使幕中判官」，其「判官」當為廣義的判官，即泛指所有「僚佐」。關於廣義和狹義判官的區別，見嚴耕望，〈唐代方鎮使府之文職僚佐〉，《新亞學報》，第7卷第2期(1966)，頁57。更詳細的討論見本書第六章〈判官〉。

最後，我們不妨考察「外臺」的意義。所謂「外臺」，並非單單和京城的御史臺相對。唐人的「外臺」用法，常有「州郡」或「京外」的含義，和整個「京城」或「朝中」相對。例如，玄宗的〈遣使宣撫河南北道詔〉：「頃秋夏之間，水潦方降，閭閻損壞，稼穡漂淪，嘗恐一物之違，況乃數州之弊。故發中使，巡于外臺。」[103] 楊炯〈杜袁州墓誌銘〉：「起家左翊衛，選授貝州司倉參軍事。出自中禁，在於外臺。」[104] 崔融〈爲朝集使于思言等請封中岳表〉：「臣等忝職外臺，受委方玉，宣太平之風化，聽古老之謳謠。」[105] 竇參任山南道節度副使時，寫了一篇〈重遊惠山寺記〉：「元和二年五月三日，重遊此寺。獨覽舊題，二十年矣。當時三人，皆登諫列。朱遐景方詣行車。王晦伯尋卒郎署。余自西掖累遷外臺，復此躊躇，吁嗟存歿。」[106] 這些例證中的「外臺」，都指州郡或京外官，和整個京城與朝中相對。「外臺御史」的「外臺」應當也作如是觀，泛指那些在京城以外的州郡執行任務的御史。

七、內供奉和裏行

唐代官職當中，有所謂「員外官」者，即法定正官名額以外的增置。例如，中宗神龍年間大置員外官二千多人，是唐史上有名的一件事。《舊唐書‧中宗紀》神龍二年三月條下：「是月，大置員外官，自京諸司及諸州佐凡二千餘人，超授閹官七品已上及員外者千餘人。」[107] 中唐宰

103 《冊府元龜：校訂本》卷162，頁1800。此詔誌期開元十四年九月。又見《全唐文》卷29，頁333。
104 《全唐文》卷195，頁1979。
105 《全唐文》卷217，頁2195。
106 《全唐文》卷612，頁6185。
107 《舊唐書》卷7，頁142。

相元載，權傾當時，他的父親便曾經擔任過員外官：「元載，鳳翔岐山人也，家本寒微。父景昇，任員外官，不理產業，常居岐州。」[108]

員外官又稱為「員外置」。京官的員外置常作為酬官獎勵之用，如《舊唐書・隱逸傳》中有一位王友貞，罷歸田里，高潔不仕。中宗特地下詔任他為「太子中舍人員外置」，無實職，可「在家修道」，但有「全祿」：

> 朕方崇獎廉退，懲抑澆浮，雖思廊廟之賢，豈違山林之願，宜加優秩，仍遂雅懷。可太子中舍人員外置，給全祿以畢其身，任其在家修道。仍令所在州縣存問，四時送祿至其住所。[109]

再如《舊唐書・迴紇傳》所載，「以迴紇王子新除左羽林軍大將軍員外置骨啜特勤為銀青光祿大夫、鴻臚卿員外置」[110]，也屬這種酬官案例。唐代著名道士葉法善，亦曾任「鴻臚卿員外置」：「故道士鴻臚卿員外置越國公葉法善，天真精密，妙理玄暢……」[111]《新唐書》說他「先天中，拜鴻臚卿員外置，封越國公，舍景龍觀，追贈其父歙州刺史，寵映當世」[112]，可知鴻臚卿等京官員外置常用作酬官。

但正好相反，州縣外官的員外置則多作貶官之用。如來瑱，「帝積怒，遂下詔削除官爵，貶播川尉，員外置。及鄠，賜死，籍其家。」[113]又如楊護任殿中侍御史，職居左巡時，因處事不當，「上以為蔽匿，貶

108　《舊唐書》卷118，頁3409。
109　《舊唐書》卷192，頁5119。
110　《舊唐書》卷195，頁5201。
111　《舊唐書》卷191，頁5108。
112　《新唐書》卷204，頁5805。
113　《新唐書》卷144，頁4701。

連州桂陽縣丞員外置。」[114]

除此之外，唐代還有「員外置同正員」（簡稱「同正」）的官職，如晚唐財臣楊炎被貶爲「崖州司馬同正」[115]，京兆尹楊虞卿在大和九年被貶爲「虔州司馬同正」[116]，宰相李德裕被貶爲「潮州司馬員外置同正員」[117]，都是顯例。「員外」和「同正」的主要分別在於職田和俸祿。《通典》對員外和正員的起源以及兩者的分別，有一段清楚的解說：

> 員外官，其初但云員外。至永徽六年，以蔣孝璋爲尚藥奉御，員外特置，仍同正員。自是員外官復有同正員者，其加同正員者，唯不給職田耳，其祿俸賜與正官同。單言員外者，則俸祿減正官之半。[118]

據此，員外的俸祿爲正員的一半，同正的俸祿和正員一樣，但沒有職田。同正明顯又比員外優勝一籌。

順此應當一提，唐代尚書省二十六司中有一系列的員外郎職位，如職方員外郎、司勳員外郎等等（史料中有時會把這些員外郎省略爲「員外」，如職方員外、司勳員外等）。這些員外郎在隋代原本也是一種員外官，是隋代侍郎的員外官，但到了唐代，它早已成爲固定的官職，變成郎中的副官，和郎中並稱爲「郎官」，爲唐人任官的美職，失去了原本具有的「員外」含意[119]。「員外郎」和「員外官」僅一字之差，極容

---

114 《舊唐書》卷118，頁3415。

115 《舊唐書》卷118，頁3425；《新唐書》卷145，頁4726。

116 《舊唐書》卷17下，頁559。

117 《舊唐書》卷18，頁618。

118 《通典》卷19，頁472。

119 關於這些「郎官」，見本書第三章〈郎中和員外郎〉第一節「郎官的起源和員額」。

易混淆,應當小心分辨。

以上不厭其詳地細考了唐代的「員外」制度,並非「離題」,而是為了更清楚、更週全地解說唐代御史臺的三種員外官:侍御史內供奉、殿中侍御史內供奉以及監察御史裏行[120]。他們都是正規官員定額以外的員外置,但比較特別的是,他們不稱「員外」,而是都帶有特定的「後綴詞」:「內供奉」或「裏行」。

關於「內供奉」此詞的含意,元代大學者胡三省在注《資治通鑑》似乎已不甚明瞭,只含糊說是「宦官謂之內供奉;又有朝士供奉禁中者」[121]。近人趙冬梅的〈唐五代供奉官考〉已力證其非,謂胡注「望文生義,有失深察」[122]。按唐代宦官可以稱為「供奉」或「宣徽院供奉」,但的確找不到有稱宦官為「內供奉」的案例。[123]

尤有甚者,近人校點兩《唐書》等古籍,似乎也不明「內供奉」的意義,往往把「內供奉」這種「後綴詞」和它所屬的官職以頓號分開標斷,似乎以為「內供奉」是一個完整的官名。例如,陳允吉點校《樊川文集》中杜牧〈自撰墓誌銘〉,便是這樣斷句的:

> 以弟病去官,授宣州團練判官、殿中侍御史、內供奉,遷左補

---

120 唐史學界過去對這種「內供奉」和「裏行」官幾乎一無研究。筆者在本章寫完之後,始見到張東光,〈唐代的內供奉官〉,《社會科學輯刊》,2005年第1期,頁105-111;以及張東光,〈唐代御史臺的裏行官〉,《遼寧大學學報》,2005年第2期,頁86-90,亦可參看。

121 《資治通鑑》卷215,頁6868。

122 趙冬梅,〈唐五代供奉官考〉,《中國史研究》2001年第1期,頁62。

123 按「內供奉」和「供奉官」又是不同的兩回事。「供奉官」主要是指中書、門下兩省官,有時也指御史臺官,中晚唐更可以指宦官(如「宣徽院供奉官」)。本章不擬涉及供奉官的複雜問題,詳見趙冬梅,〈唐五代供奉官考〉。

閣、史館修撰，轉膳部、比部員外郎，皆兼史職。[124]

這種標點法讓讀者以為，「內供奉」是獨立的一個官職，和前面的「殿中侍御史」無關。實際上，「內供奉」應當和「殿中侍御史」連讀才有意義，因為「殿中侍御史內供奉」正是殿中侍御史的一種員外官。

這種標點法在中華書局校點本《舊唐書》中屢見不鮮，如〈李泌傳〉：「至貞元五年，以前東都防禦判官、殿中侍御史、內供奉韋綏為左補闕。」[125] 又〈張弘靖傳〉：「東都留守杜亞辟為從事，奏改監察御史裏行，轉殿中侍御史、內供奉。」[126]

不過，中華書局校點本《新唐書》倒無這方面的問題，標點一般都正確，如〈杜牧傳〉：「復為宣州團練判官，拜殿中侍御史內供奉。」[127] 又如〈姚南仲傳〉：「浙西觀察使韓滉表為推官，擢殿中侍御史內供奉。」[128] 但《新唐書》偶爾也有斷句失誤的時候，如〈宰相世系表二下〉：「申，侍御史、內供奉。」[129] 又如〈王琚傳〉：「翌日，授詹事府司直、內供奉，兼崇文學士。」[130] 這些標點失誤應當都是因為不了解「內供奉」的含意才造成的。

作為一個「後綴詞」，「內供奉」的使用範圍頗廣，不僅僅限於侍御史和殿中侍御史而已。據筆者檢索所得，此詞可以跟好幾種京官連

---

124 《樊川文集》卷10，頁160-161。

125 《舊唐書》卷130，頁3622。

126 《舊唐書》卷129，頁3610。

127 《新唐書》卷166，頁5093。看來中華書局本新舊《唐書》是由兩批不同學者標點的。

128 《新唐書》卷162，頁4990。

129 《新唐書》卷72下，頁2760。

130 《新唐書》卷121，頁4333。「詹事府司直內供奉」和「侍御史內供奉」一樣，也是一種員外置官。

用，包括拾遺、補闕、中書舍人、詹事府司直、通事舍人、給事中和諫議大夫等等。例如，唐初著名史官吳兢，即曾經「拜右拾遺內供奉」[131]。中唐的韋渠牟，曾「擢右補闕內供奉」[132]。玄宗時的齊嶠，「開元中爲駕部員外郎、集賢院直學士，遷中書舍人內供奉、河南尹」[133]。高宗時崔行功，「累轉吏部郎中，以善占奏，常兼通事舍人內供奉」[134]。玄宗朝王琚，「授詹事府司直內供奉兼崇文學士。……踰月，又拜太子舍人，尋又兼諫議大夫內供奉」[135]。玄宗朝齊澣，曾任「朝議郎守給事中內供奉」[136]。這些都是「內供奉」等級的官員，也就是員外官。

我們或許可以借用動植物的分類法，把「內供奉」視爲是某某官的一種「亞類」，正如「監察御史裏行」是「監察御史」的一個「亞類」。從這個觀點看，「亞類」表示略低一等，地位不如它的「主類」。例如，初唐詩人和宰相張九齡年輕時便曾經擔任過左拾遺內供奉[137]。他後來「遷中書舍人內供奉，封曲江男，進中書舍人」[138]，便說明了「中書舍人內供奉」的地位，不如正員的「中書舍人」。但據《唐六典》，拾遺和補闕內供奉，其「資望」和「俸祿」等，又和「正官同」[139]。由此看

---

131 《舊唐書》卷102，頁3182。

132 《舊唐書》卷135，頁3782；《新唐書》卷167，頁5110。

133 《新唐書》卷199，頁5663。

134 《新唐書》卷201，頁5734。

135 《舊唐書》卷106，頁3250。

136 《全唐文》卷250，頁2531。

137 《舊唐書》卷45，頁1176。張九齡〈上封事書〉，《曲江集》，頁586，有「五月二十日宣義郎左拾遺內供奉臣張九齡謹再拜」等語，清楚顯示他這時的官銜是「左拾遺內供奉」。楊承祖，《張九齡年譜》，頁20，雖然也引此文，但卻說張九齡在這一年任「左拾遺」，似乎以爲「左拾遺內供奉」和「左拾遺」是相同的一種官。

138 《新唐書》卷126，頁4427。

139 《唐六典》卷9，頁247。又見本書第二章〈拾遺和補闕〉中「拾遺補闕內供奉」一節的討論。

來，內供奉亦有多種型態，不可一概而論。有些與「正官同」，有些又在正官之下。

《通典》中有好幾條記載，不但可證侍御史內供奉和殿中侍御史內供奉，其地位和待遇都在侍御史和殿中侍御史之下，更可讓我們明白這幾類官員之間的區別。《通典》卷二四〈御史臺〉條下載：

> 內供奉、裏行者各如正員之半。太宗朝，始有裏行之名。高宗時，方置內供奉及裏行官，皆非正官也。開元初，又置御史裏使及侍御史裏使、殿中裏使、監察裏使等官，並無定員，義與裏行同。穆思泰、元光謙、呂太一、翟章並為裏使，尋省。[140]

唐代御史臺的員額，侍御史有四人，殿中侍御史有六人，監察御史有十人[141]。《通典》說「內供奉、裏行者各如正員之半」，意即侍御史內供奉有兩人，殿中侍御史內供奉有三人，監察御史裏行(監察御史沒有帶「內供奉」的稱號)有五人。這跟《通典》其他地方的記載相符[142]。《通典》這裡把「內供奉、裏行」和「正員」對舉，可知「內供奉、裏行」非「正員」，亦即下文所說「非正官也」。所以我們可以把內供奉和裏行視為一種員外置官，一種「亞類」。至於「御史裏使及侍御史裏使、殿中裏使、監察裏使」等名目，則僅見於《通典》此處，可能因為這些都是開元初置，「尋省」，所以在史料中沒有留下更多記載。

---

140 《通典》卷24，頁661。

141 《唐六典》卷13，頁379-381；《舊唐書》卷44，頁1862-1863。

142 《通典》卷24，頁672-674。《唐六典》、《通典》和《舊唐書》三書記御史人數都相同，只有《新唐書》有些不同。其卷48〈百官志〉，頁1237-1239說「侍御史六人」、「殿中侍御史九人」、「監察御史十五人」，顯然是把內供奉和裏行的人數算在內。頁1239有「內供奉三人」等語，可證《新唐書》的確是如此計算御史人數的。

《通典》卷二四〈侍御史〉條下又載：

> 〔侍御史〕內供奉二員。侍御史內供奉與殿中御史內供奉、監
> 察御史裏行，其制並同，皆無職田、庶僕。臺例：占闕者得職
> 田、庶僕；無闕可占，則歲兩時請地子於太倉，每月受俸及庶
> 僕於太府。[143]

這裡清楚說明了內供奉和裏行「其制並同，皆無職田、庶僕」。換言之，
內供奉和裏行所享有的工作酬勞和待遇，都不如正員。

《通典》卷二四〈監察侍御史〉條下又載：

> 凡諸內供奉及裏行，其員數各居正官之半，唯俸祿有差，職事
> 與正同。[144]

這裡說「內供奉及裏行，其員數各居正官之半」，呼應了上引「內供奉、
裏行者各如正員之半」，亦可證「正官」和「正員」之意義相同，可交
換使用。然而，這裡說「唯俸祿有差，職事與正同」，則進一步補充說
明了內供奉和裏行的「俸祿」和正員有差別，但他們的「職事」卻和「正
〔員〕同」。

　　綜上所考，內供奉和裏行其實都在執行和正員一樣的「職事」，但
他「俸祿」有差，且無職田和庶僕。唐代文學研究者當中，有人把監察
御史裏行（如柳宗元的「監察御史裏行」），說成是「見習的意思」[145]，

---

143 《通典》卷24，頁672。
144 《通典》卷24，頁676。
145 孫昌武，《柳宗元傳論》，頁119。劉光裕、楊慧文，《柳宗元新傳》（上
　　海：上海人民出版社，1989），頁36，沿襲孫說。

或謂之「御史見習官」[146]。這種說法不但毫無文獻上的根據，且和上引《通典》的種種記載相背，恐怕只是望文生義而已。

深一層考掘，我們可以在墓誌材料和兩《唐書》列傳中，找到不少案例，足以證明內供奉和裏行的官職，其排位在正員之下。例如，權德興〈唐故劍南東川節度副大使……盧公神道碑銘并序〉所記盧坦的官歷：

> 公始為同州韓城、宣州宣城、鞏縣、河南四縣尉、監察御史裏行、殿中侍御史內供奉，真為殿中侍御史、戶部員外郎。[147]

盧坦從「殿中侍御史內供奉，真爲殿中侍御史」，可知內供奉的官位在正員之下。再如李畬早年的官歷：

> 初歷氾水主簿……。黜陟使路敬潛薦其清白，擢右臺監察御史裏行。臺廢，授監察御史，累轉國子司業。[148]

李畬從監察御史裏行「授監察御史」，亦可證裏行排位在正員之下。再如杜牧〈自撰墓誌銘〉：

> 轉監察御史裏行、御史〔此兩字疑行〕，淮南節度掌書記。拜真監察，分司東都，以弟病去官。[149]

---

146 《唐代文學史》下冊，頁168。此章論柳宗元，由許可執筆。

147 《全唐文》卷497，頁5068。李翱〈故東川節度使盧公傳〉，《全唐文》卷640，頁6462，把盧坦的某些御史官銜簡化，省略了「裏行」和「內供奉」等後綴詞。此據權德輿所寫墓誌。

148 《新唐書》卷197，頁5620。

149 《樊川文集》卷10，頁160。

杜牧以較低層的監察御史裏行,在淮南節度使府任掌書記。他後來入朝,即升爲地位較高的監察御史,分司東都。

解琬《御史臺記》中有一段小考證,引侍御史賈言忠的著作,以生動的比喻爲唐代的幾種御史作了解讀:

> 唐賈言忠撰《監察本草》云:服之心憂,多驚悸,生白髮。時義云:裏行及試員外者,爲合口椒,最有毒。監察爲開口椒,毒微歇。殿中爲蘿蔔,亦曰生薑,雖辛辣而不爲患。侍御史爲脆梨,漸入佳味。遷員外郎爲甘子,可久服。或謂合口椒少毒而脆梨毒者,此由觸之則發,亦無常性。唯拜員外郎,號爲摘去毒,歡悵相半,喜遷之,惜其權也。[150]

這是一段難得的記載。賈言忠撰《監察本草》,把唐代出任這幾種御史比擬成服用的「本草」,又以本草的不同「毒」性或「甜」度去暗喻這幾種官的輕重難易。在這種比喻下,「裏行及試員外者,爲合口椒」,「最有毒」,可知最不易爲。監察御史是「開口椒」,「毒微歇」,看來比監察御史裏行又好當得多。殿中侍御史爲「蘿蔔,亦曰生薑,雖辛辣而不爲患」,表示更上一層樓。侍御史爲「脆梨,漸入佳味」,應當即三院御史中最堪稱美職者。這是從毒到甜的做官歷程。這幾個比喻都非常生動有趣,可看出唐人對這幾種御史的看法。

---

150 《太平廣記》卷255,頁1983-1984。解琬的《御史臺記》和他所引用的賈言忠《監察本草》,今都已失傳,僅見於《太平廣記》所引。關於解琬和他的《御史臺記》,見池田溫,〈論韓琬《御史臺記》〉,《唐研究論文集》,頁336-364。賈言忠於乾封三年(668)高宗征遼時,曾任侍御史,「充支度遼東軍糧使」,見《唐會要》卷95,頁2024,可證他熟悉御史臺的掌故。他後來遷「吏部員外郎」,見《舊唐書》卷190上,頁4999〈杜易簡傳〉。

《唐語林》卷八有一條相關材料，亦提到監察御史裏行為「合口椒」，監察為「開口椒」等比喻：

> 高宗朝，王本立、余衍始為御史裏行，則天更置內供奉及員外試御史，有臺使、裏使，皆未正名也。其裏行員外試者，俗名為「合口椒」，言最有毒；監察為「開口椒」，言稍毒散；殿中為「蘿蔔」，亦謂「生薑」，言雖辛辣而不能為患；侍御史謂之「掐毒」，言如蜂薑去其芒刺也。御史多以清苦介直獲進，居常敝服羸馬，至于殿庭。[151]

這段文字極可能源自上引賈言忠的《監察本草》，不過曾遭割裂和改寫，以致晦澀難懂，原頗不易解，但如果參照賈言忠原文，文意當很清楚。

在唐史料中，方鎮文職僚佐不少除了掛各種正員御史銜之外，他們也經常掛侍御史內供奉、殿中侍御史內供奉，以及監察御史裏行等員外銜[152]。但在使府中任殿中侍御史內供奉者，其地位可能還不如在京城御史臺任正員監察御史者，因為他入朝反而需從最基層的監察御史做起，如崔元翰〈右補闕翰林學士梁君墓誌〉，敘古文家梁肅的官歷時說：

> 其後淮南節度使吏部尚書京兆杜公表為殿中侍御史內供奉，管書記之任，非其所好。貞元五年以監察御史徵還臺，於是備諫諍而侍於大君。[153]

151 《唐語林校證》卷8，頁692-693。
152 這類例子太多，在戴偉華，《唐方鎮文職僚佐考》中隨處可見。
153 《全唐文》卷523，頁5322。

這是使府中殿中侍御史內供奉遷爲京城監察御史的一個好例子，可知兩者之地位，有輕重之別。

內供奉及裏行御史和正規御史地位的不同，也反映在朝會的班位安排上，正如《唐會要》所載：

〔貞元〕二十年十月，御史中丞武元衡奏：「準貞元二年班序敕，使下三院御史，有本官是常參官兼者，即入本官班。如內供奉、裏行，即入御史班。緣使下御史，近例並不在內供奉班內。請自今以後，諸使下御史內供奉者，入閤日，并依宣政殿前班位，次員外郎之後，在正臺監察御史之上，使爲常式。」從之。[154]

最後，順此一提，那些侍奉皇上的法師和道士，亦可能獲賜「內供奉」的官銜。例如，裴休撰〈唐故左街僧錄內供奉三教談論引駕大德安國寺上座賜紫方袍大達法師元祕塔碑銘并序〉，內文提到「德宗皇帝聞其名徵之，一見大悅。常出入禁中，與儒道議論。賜紫方袍，歲時錫施，異於他等。」[155] 據此可以想見大達法師所受的禮遇。他的內供奉官銜可能便在這種「歲時錫施」下授予。道士的例子見於韋紹〈青城山投龍璧記〉所載：「令檢校內供奉精勤道士東明觀主王仙卿，就此青城丈人靈山，修齋□醮，并奉龍璧。」[156]

---

154 《唐會要》卷25，頁565-566。
155 《全唐文》卷743，頁7694。此塔碑銘由書法家柳公權所書，今有多種拓本的影印本傳世。
156 《全唐文》所附《唐文續拾》卷3，頁11204。

八、幕府軍將武職掛御史銜

　　兩《唐書》中關於唐代軍將的材料不多。即使有，也只涉及高層將領，如李勣、郭子儀和李光弼等人，很少提到中、低層軍將。但石刻墓誌中卻有大量軍將(特別是低層軍官)的史料。從職官研究的角度看，這些唐代墓誌最珍貴的一點是它們保存了這些武官們的整套官銜，包括它們的散官、職事官、勳官和其他種種加銜，讓我們看到唐代官制的實際運作細節，也讓我們更能具體了解到實際的情況，往往要比《唐六典》和《通典》等政書上的平板描寫複雜多了。

　　比如，元和四年(809)在成都府(今四川成都)所立的〈諸葛武侯祠堂碑〉，便是個很好的案例。這個祠堂碑是由當時駐在當地的劍南西川節度使府一大批文武幕僚聯合設立，很有紀念意義和歷史價值，至今仍然存在[157]。碑的正面所刻的碑文，由當時節度使府的掌書記裴度撰寫，敘說了武侯祠堂的歷史和立碑的緣起。碑陰上則刻了節度使府中許多幕僚的名字和結銜，或許這意味著他們當年曾經聯合出資建立此碑。領銜者是節度使武元衡，其次是監軍使、行軍司馬、營田副使，以及一批文職僚佐如判官、掌書記、支使、推官和巡官等。最後才是一批武官。這當中，和本章最有關連的是，這批武官許多竟帶有御史銜，且列舉如下(少數幾個無御史銜者從略)：

　　(一)左廂都押衙兼右隨身兵馬使奉天定難功臣檢校國子祭酒

---

157 這方石碑今天仍然保存在四川成都的武侯祠。筆者在1990年夏曾去參觀過，基本完好，並建有碑亭保護。碑由裴度撰文(他當時任掌書記，後來官至宰相)，書法家柳公綽書寫，名匠魯建刻字，因此在今天被旅遊業者美稱為「三絕碑」。網路上有許多最新資料和照片。

兼御史大夫李文悅

(二)右廂都押衙兼左隨身兵馬使檢校大理少卿兼侍御史賜紫
金魚袋渾鉅

(三)押衙兼左衛營兵馬使銀青光祿大夫檢校太子賓客兼侍御
史羅士朋

(四)押衙銀青光祿大夫檢校太子賓客兼監察御史上柱國史綱

(五)左廂兵馬使開府儀同三司使持節邛州諸軍事行刺史兼御
史大夫充鎮南軍使郇國公韋良金

(六)蕃落營兵馬使朝請大夫使持節都督雟州諸軍事守刺史兼御史大
夫充本州經略使清溪關南都知兵馬使臨淮郡王陳孝陽

(七)中軍兵馬使兼西山中北路兵馬使特進使持節都督茂州諸
軍事行刺史兼侍御史上柱國隴西郡開國公李廣誠

(八)左廂馬步都虞候儒林郎試太僕寺丞攝監察御史雲騎尉韋端

(九)右廂馬步都虞候銀青光祿大夫檢校少府少監兼殿中侍御
史上柱國李鍠

(十)征馬使銀青光祿大夫試太子詹事兼侍御史上柱國賜紫金
魚袋趙東義[158]

以上押衙、兵馬使、馬步都虞候和征馬使等都屬軍將,其地位和職
掌,嚴耕望等人已有專文研究[159],此不贅述。值得注意的是,這些軍將

---

158 《八瓊室金石補正》卷68,頁470。

159 嚴耕望,〈唐代方鎮使府軍將考〉,《慶祝李濟先生七十歲論文集》(台北:
清華學報社,1965),亦收在氏著《唐史研究叢稿》。又見張國剛,〈唐代
藩鎮軍將職級考略〉,《唐代政治制度研究論集》,頁157-174。王永興,
〈關於唐代後期方鎮官制新史料考釋〉,《陳門問學叢稿》,頁394-411,
主要以《房山石經題記彙編》中所收的幽州盧龍地區武官官名,考唐代方
鎮的武職制度。

的整套官銜，顯示唐代官制的實際運作，遠比《唐六典》和《通典》等政書上的明文規定複雜許多。其中有兩點最值得關注。

第一，這些武官不但沒有一人帶武散官，他們許多反而都帶有文散官階，如最高一階從一品的「開府儀同三司」(第五例)、從三品的「銀青光祿大夫」(第三、四、九、十例)、從五品上的「朝請大夫」(第六例)和正九品上的「儒林郎」(第八例)。為甚麼武官竟都帶文散官階，反而不帶武散官？這是《唐六典》、《通典》和兩《唐書》職官志等書從來沒有解說的，也是歷來研究唐代散官制度者從未曾論及的課題。[160]

第二，這些武官所帶的加銜，常常不只一個，往往可以有兩個，如第二例中「檢校大理少卿兼侍御史」、第四例的「檢校太子賓客兼監察御史」和第十例的「試太子詹事兼侍御史」。大理少卿、太子賓客和太子詹事，原本都是京城朝中正式的職事官，但在中晚唐往往也成了方鎮文武僚佐所兼帶的所謂「朝銜」，只是沒有實權和實職。這類朝銜，較高層的如大理少卿、郎中和員外郎，一般都冠以「檢校」[161]，以示和真正的京官有所區別。至於太子詹事、協律郎、校書郎等較低層的官職，一般冠以「試」字(此「試」字並非「試用」之意)。監察御史、殿中侍御史和侍御史，一般則冠以「兼」或「攝」。這些武官所帶的御史銜，也可以再次證實上文所論：兼、攝御史並無「兼任」或「代理」之意，僅是一種加官的「標籤」，同時武官實際上也不可能行使真正的御史職務。

---

160 這課題涉及面太廣，本書不擬討論。筆者希望將來能另撰一本《唐朝官制》詳論此點。關於唐代文散官的研究，最詳細的論著是黃清連，〈唐代散官試論〉，《中央研究院歷史語言研究所集刊》，第58本第1分(1987)。另見黃正建，〈唐代散官初論〉，《中華文史論叢》，1989年第2期。

161 關於唐代的檢校官制，見拙文〈論唐代的檢校官制〉，《漢學研究》，第24卷第1期(2006年6月)，頁175-208。

深一層考掘，我們可以發現，近年出土的一些唐代武官墓誌，常透露這些武人是怎樣得到這些御史加銜的。此類例證不少，不勝舉，這裡且舉三個。

第一個見於〈故幽州盧龍節度都押衙銀青光祿大夫檢校太子賓客使持節檀州諸軍事檀州刺史兼殿中侍御史充威武軍團練等使汝南周府君墓誌銘〉。墓主周元長(774-837)在長慶(821-824)就在幽州盧龍節度使府出任押衙，得過「兼監察御史」加銜。寶曆(825-826)歲，他參加一場戰役，「獲兇帥四人以獻」。於是，「上嘉之，賜錦綵、金器、衣服，詔所司轉殿中侍御史」。到了大和九年〔835〕，他的上司「錄其勳勞，章表上請，恩除銀青光祿大夫、檢校太子賓客、使持節檀州諸軍事檀州刺史、兼殿中侍御史、充威武軍團練等使」[162]。由此看來，他是以軍功由其上司「章表上請」，而得到殿中侍御史等官銜。

第二個例證見於〈唐故襄州節度押衙充左廂馬步都虞候銀青光祿大夫檢校太子賓客兼殿中侍御史上柱國扶風魯公墓誌銘并序〉。墓主魯美(794-857)，字里仁。和第一例的周元長一樣，魯美這整套官銜相當典型，可說很有代表性：身為武官而帶文散官階「銀青光祿大夫」，更帶兩個加銜「檢校太子賓客兼殿中侍御史」。和第一例不同的是，魯美還持有最高一轉的勳官「上柱國」。他為甚麼得到「兼殿中侍御史」的加銜呢？墓誌內文透露詳情：

> 大中戊辰〔848〕歲，統兵防邊，黨項充斥，機謀籌畫，保全城壘，為郡帥甄獎，錄功上聞，授殿中侍御史兼本城教練使。[163]

---

162 《唐代墓誌彙編續集》，開成014，頁933。
163 《唐代墓誌彙編續集》，大中060，頁1012。

可知他這個「兼殿中侍御史」加銜是他在五十五歲那年，因爲軍功，由他上司爲他向皇帝「錄功上聞」而得到的。

　　第三個案例見於〈唐故盧龍節度衙前兵馬使兼知船坊事銀青光祿大夫檢校太子賓客兼監察御史上柱國隴西董府君墓誌銘并序〉。墓主董唐之（804-858），字慶長，檀州人，負責管理幽州地區（今北京一帶）的漕運和船隻。他的整套官銜和上引魯美的一樣，也很有代表性：同樣帶文散官「銀青光祿大夫」，而且同樣有兩個加銜，其中「檢校太子賓客」是武官最常帶的朝銜之一。至於他的「兼監察御史」是如何獲得的呢？墓誌中有答案：

> ……有徇公滅私之旨勳，下議史效，敦獎迺功。泊大中七年〔853〕，表受〔授〕兼監察御史，疇其茂功也。[164]

　　換言之，董唐之是以工作表現出色獲授監察御史。從以上這三例看來，唐代的御史銜可以用以獎軍功，也可以用以酬事功，但都經由上司上奏皇帝取得。這跟幕府替文職僚佐奏授朝憲銜的過程一樣。我們知道，唐代有勳官制度，但獎軍功看來卻未必用勳官，而可以用御史這種職事官銜。這也表示，唐代的某些職事官不僅已經「階官化」，可以用以秩階作爲階官用[165]，而且還「勳官化」了，可以當勳官來使用，授予武人。

---

164 《唐代墓誌彙編續集》，大中071，頁1022。
165 關於唐代職事官的階官化，見張國剛，〈唐代階官與職事官的階官化〉，《唐代政治制度研究論集》，頁207-232。筆者在〈唐代的翰林待詔和司天臺〉，《唐研究》，第9卷（2003），引用翰林待詔的許多例子，有進一步的補充和討論。

九、結論

　　唐代御史臺有五個職位：御史大夫（長官）、御史中丞（副官），以及本章所論的三個中層職位：侍御史、殿中侍御史、監察御史。這些中層御史有等級之分，職務有時重疊：侍御史負責「糾舉百僚、推鞫獄訟」；殿中侍御史負責「掌殿庭供奉之儀式」；監察御史則負責「分察百僚，巡按郡縣、糾視刑獄，肅整朝儀」。但他們有一個基本的共同點：他們都是皇帝的「耳目」，協助皇朝監管其他的官員（不是監管百姓），所以他們可以說是「管官的官」。例如元稹任監察御史時，便到東川去糾舉節度使嚴礪等高官所做的違法事。

　　監察御史、殿中侍御史和侍御史都是一種極清貴的官職，官品雖然不高，職望卻很高。他們不是由吏部銓選，而通常是由長官推薦，或御史臺長官自辟，再由皇帝敕授。同時，這三級御史在唐代的文官體系中都屬中層職位，常是士人遷轉之第二、第三任以上官，而非初任釋褐之官。

　　唐代又有所謂「內供奉」和「裏行」等級的御史，包含「侍御史內供奉」、「殿中侍御史內供奉」和「監察御史裏行」三種。他們並非「見習」的御史，如某些學者所說，而是正規編制外的一種員外官，一種「亞類」，俸祿和地位略遜於正規御史。

　　唐代還有中葉以後，在方鎮使府中任文職幕佐的，常可能帶有各種御史官銜。高層幕職如節度使，可能帶「兼御史大夫」、「兼御史中丞」等高層御史銜。中低層幕府官則可能帶中層的御史銜，如「兼侍御史」、「兼殿中侍御史」、「兼監察御史」，甚至還有帶「兼侍御史內供奉」、「兼殿中侍御史內供奉」或「兼監察御史裏行」者。但這些全都是沒有實職的「虛銜」。幕府中的軍將武職也常帶有這一類的御史臺虛銜。

　　掛這種御史臺虛銜的文職幕佐，稱爲「使府御史」，有時也叫「外臺御史」。但唐代的外臺御史又分兩種：一種是度支、戶部、鹽鐵三司監院官帶憲銜者，有「推劾」實權，也稱爲「監院御史」。另一種是沒有「推劾」實權的「使府御史」。

　　這些使府御史可能在他們仕宦的中途，回到京城的御史臺出任「真御史」，真正執行御史的職權。中晚唐的史料和墓誌，隨處可見各種各樣的御史名目，有「使府御史」，也有「真御史」，須小心解讀。

第二章

拾遺和補闕

> 麻鞋見天子，衣袖露兩肘。
> 朝廷愍生還，親故傷老醜。
> 涕淚授拾遺，流離主恩厚。
> 柴門雖得去，未忍即開口。
>
> 　　　　杜甫〈述懷〉[1]
>
> 宮衣亦有名，端午被恩榮。
> 細葛含風軟，香羅疊雪輕。
> 自天題處溼，當暑著來清。
> 意內稱長短，終身荷聖情。
>
> 　　　　杜甫〈端午日賜衣〉[2]

　　杜甫這兩首詩作於他四十六、七歲任左拾遺的時候。至德二載(757)他在鳳翔「麻鞋見天子，衣袖露兩肘」，這是大家都很熟悉的事。但許多人可能沒有注意到，他「麻鞋見天子」後大有收穫，得到一個很不錯的官位：「涕淚授拾遺」。杜甫一生官運不佳，只做過三任官：右衛率

---

[1] 《杜詩詳注》卷5，頁358。
[2] 《杜詩詳注》卷6，頁479。

府兵曹參軍、左拾遺和華州司功參軍（他在劍南嚴武幕所得的「檢校工部員外郎」只是虛銜）。他任拾遺時，可說是他一生最得意的一段日子，得以和皇帝有非常近距離的接觸，就像他在〈兩當縣吳十侍御江上宅〉中所回憶的「余時忝諍臣，丹陛實咫尺」[3]。他這時期寫過好幾首詩記宮中事，比如這首〈端午日賜衣〉。一個官場失意的中年詩人，在端午節得到皇帝賜衣，難怪他竟會有「終身荷聖情」的感觸。皇帝之所以賜衣給他，則完全因爲他是拾遺，是皇帝的「近臣」。細讀杜甫這些詩作，可以發現他常以「近臣」爲傲。底下還要細論。爲何拾遺會有此殊榮？這是一種怎樣的官？值得杜甫如此引以爲傲？

　　拾遺和補闕（以下省稱「遺、補」）是唐代兩種職務相同的官職，都屬諫諍之官和皇帝侍臣。主要分別在官品：拾遺從八品上，補闕從七品上。這兩種官都屬京官，分隸於中書省和門下省。在中書省的稱爲右拾遺和右補闕，在門下省的則稱爲左拾遺和左補闕。兩官的品秩都不高，但卻都屬於尊貴的「供奉官」，需參加早朝，和一般七、八品的官很不一樣。

　　現代學者對此兩官鮮少研究。據筆者翻查《二十世紀唐研究》等書目，僅有少數零星的論述，散見於一些論唐代中央決策和諫議制度的論著中，例如謝元魯、傅紹良和胡寶華的近作[4]。本章擬全面探討此兩官的各個面貌。

3　《杜詩詳注》卷8，頁671。

4　謝元魯，《唐代中央政權決策研究》（台北：文津出版社，1992）；傅紹良，《唐代諫議制度與文人》（北京：中國社會科學出版社，2003）。胡寶華，《唐代監察制度研究》（北京：商務印書館，2005），第六章爲〈唐代諫官制度的歷史考察〉，但主要爲通論性質，並未特別專論拾遺和補闕這兩種諫官。本書書稿完成後，筆者始見到趙建建的〈唐代拾遺的使職工作〉，《首都師範大學學報》，2006年增刊，頁12-17，以及他的〈唐代拾遺之選任〉，原刊《甘肅社科縱橫》，2006年10月貼在國學網。

一、拾遺補闕的基本輪廓

《唐六典》、《通典》和兩《唐書》職官志，對遺、補的敘述都相當簡略，只有一兩段描寫。其中以《舊唐書・職官志》的寫法最精要，涉及此兩官的起源、官品、員額和職掌：

> 左補闕二員，從七品上。左拾遺二員。從八品上。古無此官名。
> 天后垂拱元年〔685〕二月二十九日敕：「記言書事，每切於
> 旁求；補闕拾遺，未弘於注選。瞻言共理，必藉眾才，寄以登
> 賢，期之進善。宜置左右補闕各二員，從七品上，左右拾遺各
> 二員，從八品上，掌供奉諷諫，行立次左右史之下。仍附于令。」
> 天授二年二月，加置三員，通前五員。大曆四年，補闕拾遺，
> 各置內供奉兩員。七年五月十一日敕，補闕拾遺，宜各置兩員
> 也。補闕、拾遺之職，掌供奉諷諫，扈從乘輿。凡發令舉事，
> 有不便於時，不合于道，大則廷議，小則上封。若賢良之遺滯
> 於下，忠孝之不聞于上，則條其事狀而薦言之。[5]

可知這兩官都是唐代所創，「古無此官名」，初設於武則天剛登基的那年，主要職務是「供奉諷諫，扈從乘輿」。員額則有幾次變更。又有拾遺補闕「內供奉」的設置。這是一種員外官，下面將有一節專論。

這些政書和職官書處理唐代職官的方式，大抵皆如此，僅止於靜態的、平板的描寫。如果我們要獲得更生動的事例和實證，則必須在唐代詩文、詔令奏疏、正史列傳和出土墓誌中考掘。

5　《舊唐書》卷43，頁1845。

二、皇帝的「侍臣」和「近臣」

《舊唐書‧溫造傳》中有一段生動的故事，頗能說明唐代遺、補的身分地位：

> 造性剛褊，人或激觸，不顧貴勢，以氣凌藉。嘗遇左補闕李虞於街，怒其不避，捕祇承人決脊十下，左拾遺舒元褒等上疏論之曰：「國朝故事，供奉官街中，除宰相外，無所迴避。溫造蔑朝廷典禮，凌陛下侍臣，恣行胸臆，曾無畏忌。凡事有小而關分理者，不可失也。分理一失，亂由之生。遺、補官秩雖卑，陛下侍臣也；中丞雖高，法吏也。侍臣見凌，是不廣敬；法吏壞法，何以持繩？……」[6]

據此，遺、補都是皇帝的「侍臣」，官秩雖卑，在街上遇到御史中丞，不須迴避。御史中丞的官品雖然高於遺、補，卻僅是「法吏」。

我們在本書第一章論御史時見過，御史有「皇帝耳目」之稱。但遺、補看來又比御史更接近皇帝。在各種御史當中，僅有「殿中侍御史赤墀下供奉」[7]，其他幾種御史未必能親近皇帝。然而，據上引《舊唐書‧職官志》的說法，遺、補不但「掌供奉諷諫」，並且還「扈從乘輿」，確實是皇帝的「近臣」。遺、補所屬的門下省和中書省，亦都在「宮城」的範圍內（御史臺位於在「皇城」，屬政府衙門集中地，已出宮城範圍）。

唐詩中頗有一些描寫遺、補生活的詩句，也都寫到他們和皇帝的親

6　《舊唐書》卷165，頁4316。
7　《唐會要》卷60，頁1240。又見於《新唐書》卷105〈上官儀傳〉，頁4035。

近。例如，李中的《獻拾遺》：

> 官資清貴近丹墀，性格孤高世所稀。
> 金殿日開親鳳辰，古屏時展看漁磯。[8]

盛唐大詩人杜甫，在安史之亂後得了個左拾遺的官，在大明宮中服侍皇上，留下好幾首寫他這時宮中生活的詩作，如〈臘日〉、〈奉和賈至舍人早朝大明宮〉、〈宣政殿退朝晚出左掖〉、〈紫宸殿退朝口號〉、〈春宿左省〉等等，不但很能反映一個拾遺官在唐宮中的生活，也刻畫了拾遺和皇帝的「近臣」關係。

比如，在〈臘日〉這首詩中，他便寫到皇帝在臘日隨往例召見近臣，賜食並贈送「口脂面藥」，一種唐代的防凍藥。杜甫這時雖然只是小小的八品拾遺官，也在召見和賜食之列。於是他寫下：

> 臘日常年暖尚遙，今年臘日凍全消。
> ……
> 口脂面藥隨恩澤，翠管銀罌下九霄。[9]

他以一種感皇恩的心情，捧著「翠管銀罌」裝著的「口脂面藥」，走下九霄龍庭，好不得意。

杜甫在另兩首詩中，更自稱爲「侍臣」和「近臣」。在〈宣政殿退朝晚出左掖〉中，他寫早朝過後步行回門下省的情景：

8　《全唐詩》卷748，頁8526。
9　《杜詩詳注》卷5，頁426。

> 侍臣緩步歸青瑣，退食從容出每遲。[10]

在〈紫宸殿退朝口號〉中，他更把他這個拾遺官和皇帝的關係，寫得十分具體生動，爲我們留下十分珍貴的記錄：

> 晝漏稀聞高閣報，天顏有喜近臣知。[11]

杜甫這幾首詩中所寫的細節，可證他這時候的左拾遺身分，和一般的官員不同：八品官而需上早朝，又有皇帝臘日賜食和賜「口脂面藥」等恩澤，他自己亦以「近臣」自居。這些在在可以印證上引「遺、補官秩雖卑，陛下侍臣也」的說法。

杜甫離開左拾遺官位後，甚至還很懷念當年宮中的生活。他一直以曾經擔任過左拾遺爲傲。比如，他在前往華州任司功參軍時所寫的詩〈至德二載，甫自京金光門出，間道歸鳳翔，乾元初，從左拾遺移華州掾，與親故別，因出此門，有悲往事〉，便提到他當初以「近侍歸京邑」，如今卻「駐馬望千門」[12]，停下馬來回望千門萬戶的宮殿，無限依依的樣子。杜甫稍後在〈至日遣興奉寄北省舊閣老兩院故人〉詩中，也回憶起當年任拾遺的風光日子：「憶昨逍遙供奉班，去年今日侍龍顏」。[13]

和杜甫同時代的盛唐詩人岑參，則曾經出任過補闕。他在離職後，在一首懷念舊同僚的詩〈佐郡思舊遊〉中，即追憶當年「趨紫殿」、「侍丹墀」的生活片斷：

---

10 《杜詩詳注》卷6，頁435。
11 《杜詩詳注》卷6，頁437。
12 《杜詩詳注》卷6，頁481。有些詩評家以爲「京邑」指華州，不確，應指長安。此從陳怡焮，《杜甫評傳》上冊，頁446的解讀。
13 《杜詩詳注》卷6，頁498。

> 幸得趨紫殿，卻憶侍丹墀。
> 史筆眾推直，諫書人莫窺。[14]

此外，他在寫給杜甫的一首詩〈寄左省杜拾遺〉中，也提到在宮中「趨丹陛」的事：

> 聯步趨丹陛，分曹限紫微。
> 曉隨天仗入，暮惹御香歸。
> 白髮悲花落，青雲羨鳥飛。
> 聖朝無闕事，自覺諫書稀。[15]

中唐的詩人元稹亦曾任拾遺，所以他在〈元和五年予官不了罰俸西歸〉詩中，即追憶當年在皇帝面前服侍的情景：

> 拾遺天子前，密奏升平議。
> 召見不須臾，憸庸已猜忌。[16]

皇帝的「召見不須臾」，還引起「憸庸」無能之輩的「猜忌」。

這幾首詩作，寫的都是這幾個大詩人當年在宮廷任遺、補的經驗，對於遺、補之為皇帝「侍臣」、「近臣」，可說為我們提供了最佳的實例說明。唐詩中此類詩作還有不少，但限於篇幅，這裡就不一一引用了。

14　《岑參詩集編年箋註》，頁439。
15　《岑參詩集編年箋註》，頁413-414。
16　《元稹集編年箋注：詩歌卷》，頁211。

三、官品問題

今人可能會問：既然拾遺爲皇帝「侍臣」，爲何他們官品卻只有從八品上那麼「卑」？（補闕爲從七品上，比較高些，似乎沒有爭論）。近人馮至在《杜甫傳》中即曾經探討過這個問題。他說：

〔拾遺〕是一個相當重要的職務，卻由一個「從八品上」的官員充當，好像是一種諷刺，這說明皇帝並不需要甚麼真正的諫臣，這只不過是他身邊的點綴。[17]

馮至爲五四知名詩人，他這本《杜甫傳》文筆清麗，考證精當，影響深遠，至今仍然是最好的杜甫傳記之一，近年也一再重版。可惜他上引這段話，卻有失公允，亦無根據，反映了唐代文學研究者對唐代官制常有的誤解[18]，應當加以澄清。

實際上，白居易當年初除拾遺，即寫了一篇很有名的文章〈初授拾遺獻書〉，早已爲拾遺官秩之卑提供了一個解說：

臣謹按《六典》：左右拾遺掌供奉、諷諫，凡發令舉事，有不便於時、不合於道者，小則上封，大則庭諍。其選甚重，其秩

---

17 《杜甫傳》，頁53。

18 筆者有一文〈唐代文學研究與唐代官制——以基層文官爲例〉，《第一屆馬來西亞傳統漢學研究會論文集》（馬來西亞新山市：南方學院出版社，2005），頁123-139，即探討唐代文學界對唐代官制常有的誤解和誤讀。一般而言，唐代文學研究者常以官品來衡量唐官，也常有貶低八、九品文官的傾向。但唐代官職的輕重，絕不能單看官品，這已是唐史常識。

甚卑。所以然者，抑有由也。大凡人之情，位高則惜其位，身貴則愛其身。惜位則偷合而不言，愛身則苟容而不諫，此必然之理也。故拾遺之置，所以卑其秩者，使位未足惜，身未足愛也。所以重其選者，使上不忍負恩，下不忍負心也。夫位不足惜，恩不忍負，然後能有闕必規，有違必諫；朝廷得失無不察，天下利病無不言。此國朝置拾遺之本意也。[19]

居易此文，雖然不免有恭維皇帝之意，但不失爲「允當」解釋，可用以回應馮至以及其他現代學者的揣測。

實際上，唐代皇帝的近臣、諫官是個多元化的群體，當中又可區分高低層官員，不能一概而論。遺、補固然是較爲低層的諫官，但在唐代整個文官體系中，又不算基層官員，應當可說是中層。遺、補之上還有諫議大夫和給事中。這兩官的品秩就比較高，故筆者擬在《唐代高層文官》一書中才來討論。

陸贄在一篇奏疏〈論朝官闕員及刺史等改轉倫序狀〉中，提到唐代官員的等級問題：

> 近代建官漸多，列級逾密。今縣邑有七等之異；州府有九等之差；同謂省郎，即有前中後行、郎中、員外五等之殊；並稱諫官，則有諫議大夫、補闕、拾遺三等之別；洎諸臺寺，率類於斯，悉有常資，各須循守。[20]

---

19 《白居易集》卷58，頁1228。此文也爲《舊唐書・白居易傳》引用，見卷166，頁4341。

20 《陸贄集》卷21，頁707-708。

陸贄這裡指出諫官有「諫議大夫、補闕、拾遺三等之別」，很有啟發性，讓我們更瞭解諫官這一群體的高低等級問題。唐代諫官雖有「三等之別」，但他們其實又可以打破等級限制，一起共同商議一些要事，例如《舊唐書・嚴礪傳》所載：

> 嚴礪，震之宗人也。性輕躁，多姦謀，以便佞在軍，歷職至山南東道節度都虞候、興州刺史、兼監察御史。貞元十五年，嚴震卒，以礪權留府事，兼遺表薦礪才堪委任。七月，超授興元尹，兼御史大夫，山南西道節度、支度營田、觀察使。詔下，諫官御史以為除拜不當。是日，諫議、給事、補闕、拾遺並歸門下省共議：礪資歷甚淺，人望素輕，遽領節旄，恐非允當。21

又如《舊唐書・宋申錫傳》：

> 翌日，開延英，召宰臣及議事官，帝自詢問。左常侍崔玄亮、給事中李固言、諫議大夫王質、補闕盧鈞、舒元褒、羅泰、蔣係、裴休、竇宗直、韋溫、拾遺李群、韋端符、丁居晦、袁都等一十四人，皆伏玉階下奏以申錫獄付外，請不於禁中訊鞫。文宗曰：「吾已謀於公卿大僚，卿等且出。」玄亮固言，援引今古，辭理懇切。玄亮泣涕久之，文宗意稍解，貶申錫為右庶子，漳王為巢縣公。再貶申錫為開州司馬。22

21　《舊唐書》卷117，頁3407。
22　《舊唐書》卷167，頁4371。

此兩例不但讓我們見到遺、補如何在宮廷中執行白居易所說的「庭諍」職務，也反映了遺、補在整個諫官體系中的地位：其秩雖卑，卻可與給事中、諫議大夫等「共議」、於「玉階下」合諫。遺、補的地位，應當放在這寬廣的架構下來理解，不能單單只看官品。

四、作為初任官

補闕為從七品上，史料中沒有作為初任官的案例。至於拾遺，一般上也並非釋褐官，而是第二任甚至第三任官。例如初唐詩人陳子昂，初任正字，再任右衛冑曹參軍，第三任才是右拾遺。又如杜甫，初任右衛率府兵曹參軍，第二任才是左拾遺。但唐代史料中，的確又可以找到拾遺作為初任官的案例，約有七個，舉例如下：

(一) 蕭祐：「蘭陵人。少孤貧，耿介苦學，事親以孝聞。自處士徵拜左拾遺。」[23]

(二) 張鎬：「天寶末，楊國忠以聲名自高，搜天下奇傑。聞鎬名，召見薦之，自褐衣拜左拾遺。」[24]

(三) 柏耆：「將軍良器之子。素負志略，學縱橫家流。會王承宗以常山叛，朝廷厭兵，欲以恩澤撫之。耆於蔡州行營以畫干裴度，請以朝旨奉使鎮州，乃自處士授左拾遺。既見承宗，以大義陳說，承宗泣下，請質二男，獻兩郡，由是知名。」[25]

23　《舊唐書》卷168，頁4380。
24　《舊唐書》卷111，頁3326。又見《新唐書》卷169，頁5160。
25　《舊唐書》卷154，頁4109。

(四)李渤:「元和初,戶部侍郎鹽鐵轉運使李巽、諫議大夫韋況更薦之,以山人徵為左拾遺。渤託疾不赴,遂家東都。」26

(五)張宿:「本寒人,自名諸生。憲宗為廣陵王時,因張茂宗薦尉,得出入邸中,誕譎敢言。及監撫,自布衣授左拾遺,交通權幸,四方賂遺滿門。」27

(六)崔龜從:「字玄告,清河人。祖璜,父諴,官微。龜從,元和十二年擢進士第,又登賢良方正制科及書判拔萃二科,釋褐拜右拾遺。」28

(七)竇群:「白衣召見。上謂公曰:『〔韋〕夏卿知卿。卿有何蘊蓄,得以盡言。』公從容對曰:『臣無蘊蓄,第讀書俟時。夫蘊蓄者,跡在近班,進有所不納,諫有所不聽,臣即蘊蓄。如臣處於草茅,但仰元化而已,實無蘊蓄。』上甚奇其對,便宣令付中書,即除諫官,釋褐授右拾遺。」29

但細考這七人釋褐為拾遺,都有特殊原因,因此這七例可算是例外,並非常例。其中得到大官推薦的有四人:蕭祐、張鎬、李渤和竇群。這是非科第出身者入仕的主要門徑。

---

26 《舊唐書》卷171,頁4437。

27 《新唐書》卷175,頁5250。又見《舊唐書》卷154,頁4107。

28 《舊唐書》卷176,頁4572。

29 褚藏言,〈竇群傳〉,《全唐文》卷761,頁7910。柳宗元曾代韋夏卿寫過〈為韋侍郎賀布衣竇群除右拾遺表〉,《柳宗元集》卷38,頁982,不但證實竇群的確以布衣釋褐拾遺,還上表皇帝祝賀。柳文中更說竇群「擢於布衣,久無其比」,極盡恭維。

　　以上第三例的柏耆，是以其「縱橫」術，自「干」謁裴度[30]而獲授左拾遺。不過柏耆獲授左拾遺，顯然並沒有在京城門下省任此職，而是出使到河北鎮州去勸說王承宗。這是拾遺用作階官出使的例子，詳見下面一節「以拾遺補闕作爲階官」。據《新唐書》，柏耆從鎮州功成回京後，朝廷才「真擢耆左拾遺，由是聲震一時。遷起居舍人。」[31]

　　至於張宿，則因結交廣陵王(即後來的憲宗)而得官。崔龜從「擢進士第，又登賢良方正制科及書判拔萃二科」，這樣連斬三關的功名極少見，所以才「釋褐拜右拾遺」。

　　關於蕭祐釋褐拾遺，《唐國史補》還有一段文字說明其因緣：

> 李實爲司農卿，督責官租。蕭祐居喪，輸不及期，實怒，召至，
> 租車亦至，故得不罪。會有賜與，當爲謝狀，嘗秉筆者有故，
> 實乃急曰：「召衣齊衰者。」祐至，立爲草狀，實大喜，延英
> 面薦德宗。聞居喪禮，屈指以待。及釋服，明日以處士拜拾遺。
> 祐雖工文章，善書畫，好鼓琴，其拔擢乃偶然耳。[32]

蕭祐後來官至考功郎中、桂州刺史、御史中丞、桂管防禦觀察使等大官。其《舊唐書》本傳說他「博雅好古，尤喜圖畫。前代鍾、王遺法，蕭、張筆勢，編序真僞，爲二十卷，元和末進御，優詔嘉之。……名人高士，多與之遊」。[33] 可知他的文章、書畫和各種條件都很不錯，但《唐國史

30　一說以策干韓愈(韓愈當時在裴度淮西蔡州行營任行軍司馬)，見李翱，〈韓公行狀〉，《全唐文》卷639，頁6460；皇甫湜，〈韓愈神道碑〉，《全唐文》卷687，頁7038。

31　《新唐書》卷175，頁5252。

32　《唐國史補》卷中，頁35-36。又見《太平廣記》卷202和《唐語林校證》卷6，頁550-551，文字略有不同。

33　《舊唐書》卷168，頁4380。

補》的記載仍以爲「其拔擢乃偶然耳」，即非常例。

　　以上七例雖非常規，但也反映了唐代授官的某些彈性。授官可以由高官舉薦，不一定經由吏部銓選。有特殊才華者甚至可以一釋褐就當上拾遺這種中層文官，這種清貴的「近臣」。

五、初除官年齡

　　由於遺、補一般不作釋褐官，任此兩官者皆先以他官起家。任遺、補者的年齡，應大約在三、四十歲之間。以唐代詩人考之，初除拾遺時陳子昂爲三十六歲[34]，張九齡爲三十五歲[35]，王維三十五歲[36]，元稹最年輕，才二十八歲[37]，白居易則三十七歲[38]。補闕的官階比拾遺高，因此唐人初任補闕的年齡一般又比較大些，如張說爲三十四歲[39]，張九齡四十一歲[40]，王維四十二歲[41]，岑參亦四十二歲[42]，杜牧三十六歲[43]。至於

34　徐文茂，〈陳子昂年譜〉，《陳子昂論考》（上海：上海古籍出版社，2002），頁95。

35　楊承祖，《張九齡年譜》，頁16。

36　陳鐵民，〈王維年譜〉，《王維集校注》，頁1339。但王勛成，〈王維進士及第之年及生年新考〉，《華中師範大學學報》，2001年第1期，重新考定王維生於武后延載元年(694)。若依此說，則王維初任拾遺的年紀更大，約四十二歲。

37　卞孝萱，《元稹年譜》，頁91。

38　朱金城，《白居易年譜》，頁41。但白居易是以拾遺出任翰林學士。詳見本文「以拾遺補闕作為階官」一節。

39　陳祖言，《張說年譜》，頁14。

40　楊承祖，《張九齡年譜》，頁29。

41　陳鐵民，〈王維年譜〉，《王維集校注》，頁1349。但若依王勛成新考，則王維初任補闕的年紀更大，約四十九歲。

42　劉開揚，〈岑參年譜〉，《岑參詩集編年校註》，頁17。岑參的生年傳統上定為開元四年(716)。但最近王勛成重新考定為開元七年(719)，見其〈岑參入仕年月和生平考〉，《文學遺產》，2003年第4期。若依此說，則岑參

韋莊到六十五歲始任補闕，可算例外，因爲他在五十九才考中進士。[44]

杜甫年輕時官運不佳，直到四十四歲才得到他生平的第一個小官右衛率府兵曹參軍；到四十六歲才得左拾遺[45]，可說仕途很不得意。所以他在鳳翔行在「麻鞋見天子」，「涕淚授拾遺」後，寫了一首詩〈徒步歸行〉，就這樣形容他自己：

青袍朝士最困者，白頭拾遺徒步歸。[46]

不無自傷的意味，因爲到四十六歲臨老才來當「白頭拾遺」，畢竟有些遲了。

六、文詞之美和任官條件

《唐六典》、《通典》和兩《舊唐》職官志都沒有提到遺、補任官的條件。不過，我們在列傳等材料中爬梳，可以發現哪一些人最有可能出任遺、補，以及哪一些人不適合出任遺、補。

最有可能出任遺、補者，是那些「文詞優美」者。且看賈至〈授韋啓左拾遺制〉：

敕：劍門縣令韋啟，雅有文詞，仍兼政術。諫官近密，必擇正

<hr>

(續)
初除補闕的年齡爲三十九歲。

43 繆鉞，《杜牧年譜》，頁42。不過，杜牧當時又任「史館修撰」，他看來是以補闕爲階官，出任「史館修撰」。詳見本文「以拾遺補闕作爲階官」一節。

44 夏承燾，〈韋莊年譜〉，收在劉金城校注《韋莊詞校注》，頁58-61。

45 陳怡嫩，《杜甫評傳》上冊，頁193及357。

46 《杜詩詳注》卷5，頁385。

人。忠讜之言，期於無隱。可左拾遺。[47]

這裡雖然列了好幾個任官條件：文詞、政術等等，但劍門縣令韋啓之所以被任命為左拾遺，最重要的恐怕還是他「雅有文詞」。兩《唐書》列傳中，也常提到「文詞之美」為任遺、補者所具備的條件。此類案例甚多，不勝枚舉，且舉下面數例，以見其概：

(一)許景先：「常州義興人，後徙家洛陽。少舉進士，授夏陽尉。神龍初，東都起聖善寺報慈閣。景先詣闕獻〈大像閣賦〉，詞甚美麗，擢拜左拾遺。」[48]

(二)李邕：「少知名。長安初，內史李嶠及監察御史張廷珪，並薦邕詞高行直，堪為諫諍之官，由是召拜左拾遺。」[49]

(三)陸希聲：「博學善屬文，通易、春秋、老子，論著甚多。商州刺史鄭愚表為屬。後去，隱義興。久之，召為右拾遺。」[50]

(四)楊綰：「綰少孤，家素貧，事母謹甚。性沈靖，獨處一室，左右圖史，凝塵滿席，澹如也。不好立名，有所論著，未始示人。第進士，補太子正字。舉詞藻宏麗科，玄宗已試，又加詩、賦各一篇，綰為冠，由是擢右拾遺。制舉加詩、賦，繇綰始。」[51]

(五)盧邁：「兩經及第，歷太子正字、藍田尉。以書判拔萃，

---

47 《全唐文》卷366，頁3722。
48 《舊唐書》卷190中，頁5031。
49 《舊唐書》卷190中，頁5039。
50 《新唐書》卷116，頁4238。
51 《新唐書》卷142，頁4664。

授河南主簿，充集賢校理。朝臣薦其文行，遷右補闕」[52]

（六）崔湜：「少以文詞稱。第進士，擢累左補闕。」[53]

（七）韋渠牟：「有口辯，雖於三家未究解，然答問鋒生，帝聽之意動。遷祕書郎，進詩七百言，未浹旬，擢右補闕內供奉。」[54]

從以上這些案例看來，清直品行固然是任遺、補者所應具備，但文詞似更重要。這跟遺、補的職務有關。他們經常須為文上疏諫諍。文詞不佳者恐怕亦無法勝任[55]。陳子昂任拾遺時，寫過不少文章，其《舊唐書》本傳便特別提到他任此官時，「數上疏陳事，詞皆典美」。[56]

這就是為甚麼唐代三十五位主要詩人當中，有好幾位曾經出任過拾遺：陳子昂、張九齡、王維、杜甫、元稹、白居易；也有好幾位充當過補闕：張說、張九齡、王維、岑參、杜牧和韋莊。

至於其他詩文名家，出任過此兩官的就更多了。以《全唐詩》考之，曾任拾遺的人計有：盧藏用、趙冬曦、張紘、辛替否、許景先、盧從愿、包融、孫處玄、李邕、孫逖、綦毋潛、徐浩、敬括、崔峒、獨孤及、郎士元、耿湋、竇叔向、竇群、歸登、朱放、趙宗儒、蕭祐、李正辭、張薦、令狐楚、王涯、呂溫、李紳、費冠卿、蔣防、李虞、楊嗣復、沈傳

---

52 《舊唐書》卷136，頁3753。

53 《新唐書》卷99，頁3921。

54 《新唐書》卷167，頁5110。又見權德輿，〈右諫議大夫韋君集序〉，《全唐文》卷490，頁5000。

55 傅紹良，〈唐代諫官任職資格中的文學因素〉，《人文雜誌》，2003年第6期，引用制誥的例子，以證唐代諫官的任職資格中，「文學占有相當大的比重」。又見傅紹良，〈唐代詩人的拾遺、補闕經歷與詩歌創作〉，《陝西師範大學學報》，2005年第4期，頁56-61。

56 《舊唐書》卷190中，頁5024。

師、柳公權、韋處厚、陸龜蒙、魏乂、南卓、柳珪、翁承贊、和路德延
等人。

在《全唐詩》作者群中，曾出任過補闕的主要人物計有：崔湜、喬
知之、魏知古、尹懋、吳兢、張景源、崔沔、袁暉、薛業、盧象、崔興
宗、李華、蕭昕、皇甫冉、李紓、陳京、韋渠牟、權德輿、崔邠、鄭澣、
令狐絢、盧嗣業、朝衡、和吳融等人。

七、何人不可任遺補？

至於哪一些人不可任遺、補？史料中所見有三種：（一）品行不佳
者；（二）宰相之子；（三）宰相舊僚。

品行不佳以致不可任遺、補，最有名的例子當數晚唐令狐滈。此事
散見於《唐會要》、兩《唐書》和《資治通鑑》等史書，但以《新唐書》
所記最切要：

> 〔令狐〕滈乃以長安尉為集賢校理。稍遷右拾遺、史館脩撰。
> 詔下，左拾遺劉蛻、起居郎張雲交疏指其惡，且言：「〔令狐〕
> 絢用李琢為安南都護，首亂南方，贓虐流著，使天下兵戈調斂
> 不給。琢本進賂于滈，滈為人子，陷絢於惡，顧可為諫臣乎？」
> 57

此事還有下文。令狐滈最後改授太子詹事，劉蛻因此事被貶為華陰令，

57　《新唐書》卷166，頁5103。劉蛻的上疏〈論令狐滈不宜為左拾遺疏〉今仍
　　傳世，收在《全唐文》卷789，頁8252。張雲甚至上疏兩次，見其〈論令狐
　　滈不宜為左拾遺疏〉和〈復論令狐滈疏〉，《全唐文》卷806，頁8476-8477。

張雲也被貶爲興元少尹。《舊唐書‧懿宗本紀》咸通四年十一月條下載：

> 時絢在淮南，上表論訴，乃貶雲興元少尹，蛻華陰令，滈改詹
> 事司直。[58]

從這個事例，也可見拾遺此官的清貴。它的官品只是從八品上，而令狐滈改授的詹事司直卻是正七品上。若單看官品，拾遺似乎不如詹事司直，但從這個事件看來，詹事司直的官品雖高於拾遺，它卻是一個掌糾劾宮寮及率府之兵的官職，在唐人心目中顯然不如拾遺。

劉蛻從左拾遺被貶爲華陰令，也頗出人意表之外。華陰屬華州，在西嶽華山附近，是個望縣[59]。它的縣令官品應爲從六品上，和上縣縣令一樣（唐史書中沒有望縣縣令官品的材料）[60]。單從官品上，這遠比拾遺的從八品上高得多，但劉蛻卻是被貶官，亦可知唐代一個望縣的縣令，還不如京城小小的八品官左拾遺。

除此之外，品行不佳不可任諫官的，還有晚唐的杜濛：

> 杜濛授左拾遺，〔裴〕庭裕先父任左補闕，以濛家行不修，薄
> 妻孥，爲眾所聞，不可處諫臣之列。丞相魏謨盛怒。頃，濛上
> 事，先君見魏於政事堂，曰：「必要任濛，乞先移他官。」丞
> 相重違，即改授濛太常博士。[61]

---

58 《舊唐書》卷19上，頁655。

59 《新唐書》卷37〈地理志〉，頁964。

60 詳見拙書《唐代基層文官》第三章〈縣尉〉論「唐縣的等級和縣尉的官品
　　與人數」一節。

61 裴庭裕，《東觀奏記》上卷，頁94。

此條不見於正史列傳，但裴庭裕敍其「先君」事，當為耳目所聞第一手材料。晚唐詩人杜牧所寫的〈杜濛除太常博士制〉，更提到杜濛任拾遺時，「不能韜晦，或處眾矜己，或遇事褊衷」等行為，可作佐證：

> 敕。守左拾遺杜濛。爾五廟祖嘗佐太宗，同安生人，共為天下
> 者也。爾能自以文學策名清時，升為諫臣，豈曰虛授。如聞同
> 列牆進，而不爾容；爾亦拜章自陳，極辭貢憤。乃令徵辨，盡
> 知其由。僉曰爾以齒少有才。不能韜晦，或處眾矜己，或遇事
> 褊衷。言於慎微，則亦乖矣；仕於清貫，斯豈廢乎。考眾惡必
> 察之言，懲怨不在大之說，官移禮寺，跡去掖垣，屈既伸眉，
> 事亦存體，酌此二者，頗得中道。況乎職業至重，蘊蓄可施，
> 無使眾多，復有窺測。可太常博士。[62]

至於宰相之子不可任遺、補者，可舉杜佑和他兒子杜從郁為例。《唐會要》載：

> 元和元年九月，以拾遺杜從郁為祕書丞。郁，司徒佑之子。初，
> 自太子司議郎為左補闕，右拾遺崔群、韋貫之、左拾遺獨孤郁
> 等上疏，以為宰相之子，不合為諫諍之官。于是降左拾遺。群
> 等又奏云：「拾遺與補闕，雖資品不同，而皆是諫官。父為宰
> 相，而子為諫官，若政有得失，不可使子論父。」于是改授。[63]

看來唐代任官亦有今人常說的「利益衝突」、「角色衝突」等意識，有

62　杜牧，《樊川文集》卷17，頁252。
63　《唐會要》卷56，頁1140。

非常理性的一面。秘書丞的官品爲從五品上，比補闕的從七品上和拾遺的從八品上都高許多。杜從郁因爲是宰相之子，不合任此兩官而改授秘書丞，但這卻是一個閒差事，不如遺、補的清要。

宰相舊僚不可任遺、補，則有鄭言和杜蔚等人的例子。《東觀奏記》有一條記載：

> 以左拾遺鄭言爲太常博士，鄭朗自御史大夫命相。朗先爲浙西
> 觀察使，言實居幕中。朗建議：「以諫官論時政得失，動關宰
> 輔，鄭言必括囊形跡，請移爲博士。」至大中十一年，崔慎由
> 自戶部侍郎秉政，復以左拾遺杜蔚爲太常博士。蔚亦慎由舊僚
> 也，踵爲故事。[64]

太常博士爲從七品上，比拾遺的從八品上略高，但鄭言和杜蔚從拾遺改官太常博士，實際上不表示升官，而是在宰相舊僚不可任拾遺的「故事」下不得已的做法。

八、「官」和「職」以及拾遺補闕作爲階官

唐代官員經常以「某某官」去充任「某某職」。例如，詩人白居易曾經以左拾遺這個「官」，去「充翰林學士」這個「職」[65]。唐代文學研究者經常誤解，以爲白居易是「兼任」這兩種官職(即同時執行兩種

---

64 《東觀奏記》中卷，頁115。
65 此「職」爲差遣「職」之意，和唐代官制所謂「職、散、勳、爵」中的「職」
　　(即「職事官」)不同。「職」指差遣「職」，是白居易等唐人已有的用法，
　　非筆者所創。至於「職、散、勳、爵」中的「職」，白居易稱之爲「官」(即
　　職事「官」之意)。

職務)。但傅璇琮有一文已力證其非[66]。白居易應當只負責翰林學士的職務。他的「左拾遺」只是他的「階官」,因爲翰林學士並非一種「官」,而是一種「職」。出任此職者照例需要帶一個「本官」作爲他的「階官」,以秩品位,寄俸祿。白居易在〈初授拾遺獻書〉中說:「臣伏奉前月二十八日恩制,除授臣左拾遺,依前充翰林院學士者。」[67]「依前」兩字也就點明他一直都在翰林院服務(他之前是以盩厔尉充任翰林學士)。

白居易後來在任翰林學士期間,又從左拾遺升爲「京兆府戶曹參軍」。他這個「京兆府戶曹參軍」也僅是他的本官,當作階官使用。他從來沒有真正去執行京兆戶曹的職務[68]。這就是爲甚麼韋執誼在〈翰林院故事〉文末詳列歷任翰林學士的名單和他們的「本官」時,說白居易任翰林學士是以「盩厔尉、授集賢校理充,拾遺又充,京兆府戶曹又充」[69]。韋執誼這個「充」字有很精確的意思,即以某某「官」去「充」翰林學士此「職」[70]。李肇〈翰林志〉也說:「凡學士無定員,皆以他官充,下自校書郎,上及諸曹尚書,皆爲之。」[71]

唐代對「官」和「職」有嚴格的畫分。最能說明此點的,便是白居

---

66 傅璇琮,〈從白居易研究中的一個誤點談起〉,《文學評論》,2002年第2期,頁130-137。此文又收在傅璇琮的論文集,《唐宋文史論叢及其他》(鄭州:大象出版社,2004)。

67 《白居易集》卷58,頁1228。

68 筆者在拙書《唐代基層文官》第四章〈參軍和判司〉中,曾經詳細討論白居易以京兆戶曹參軍充任翰林學士的種種含意,包括此種階官用以計算俸祿的功能。

69 韋執誼,〈翰林院故事〉,收在《翰學三書》,傅璇琮、施純德編(瀋陽:遼寧教育出版社,2003),卷4,頁19。《全唐文》所收的韋執誼〈翰林院故事〉,文末沒有這份翰林學士名單。

70 現代有些學者喜以「遷入官」、「遷出官」(或「始入官」和「出院官」)來形容翰林學士所帶的這些階官,筆者認爲不妥,不夠精確,容易誤導讀者。

71 《翰學三書》卷1,頁4。

易在〈有唐善人墓碑銘并序〉中列舉墓主人李建一連串官銜時的一段話：

> 公「官」歷校書郎，左拾遺，詹府司直，殿中侍御史，比部、
> 兵部、吏部員外郎，兵部、吏部郎中，京兆少尹，澧州刺史，
> 太常少卿，禮部、刑部侍郎，工部尚書。「職」歷容州招討判
> 官，翰林學士，鄜州防禦副使，轉運判官，知制誥，吏部選事。
> 「階」中大夫。「勳」上柱國。「爵」隴西縣開國男。[72]

這些都是李建一生中所有的官銜。這段話有具體實例，清楚告訴我們，
「官」是有品秩的正式編制官位，如校書郎、員外郎和郎中等。「職」
是中晚唐方鎮使府幕職，翰林院、集賢院學士、史館修撰等沒有品秩的
館職，或「知制誥」、「知吏部選事」等職。「階」是散官階。「勳」
是勳官。「爵」即爵號封邑。唐人任官，可能同時擁有這五種官稱，外
加賜章服（如賜緋魚袋等）。大官死後更可能還有「贈官」一項（如贈禮
部尚書等）。這些在墓誌中都很常見到[73]。

　　但「官」有時僅是階官，並非實職。白居易撰〈有唐善人墓碑銘并
序〉，便沒有明確把李建有實職的官和無實職的「本官」或「階官」區
分開來，而全部都列在「官」項下。然而，詩人元稹為李建（元、白和
李建三人為好朋友）所寫的另一墓誌〈李公墓誌銘〉，往往便很清楚告
訴我們李建的「官」和「職」是如何對應的，例如：

72　《白居易集》卷41，頁903。
73　岑仲勉在其著名的唐史教科書《隋唐史》第53節〈職官概論〉和第54節〈散
　　官、爵、勳及賜〉中，完全沒有提到唐代「官」（即「職事官」）和「職」（即
　　「差遣職」）的重要分別。但筆者認為，讀唐史者若不明其中奧妙，勢無法
　　弄清許許多多唐人的官歷。

始以進士第二人試校秘(「秘」字疑衍)書郎、判容州招討事，復
調為本官。[74]

這裡的意思是，李建中「進士第二人」後，即以「試校書郎」這個「官」，
去出任「容州招討〔判官〕」此「職」。幕職所帶的此種京「官」，常
冠以一個「試」字，但此「試」字常被唐人省略[75]。李建後來又「復調
本官」，即回到京城去出任真正的校書郎(唐史料常稱之爲「真除」)。
所以，白居易說李建「公官歷校書郎」，實際上背後有兩層意思：李建
先掛名在幕府任無實職的「試」校書郎，後來又回去京城任有實職的校
書郎。如果要求十足的精確，白居易或許應當這樣寫：「公『官』歷試
校書郎、校書郎、左拾遺……」。但如此顯然太累贅了，爲白所不取。

　　同理，唐史上有不少人，曾經掛著拾遺和補闕的「官」，去出任其
他「職」。他們所掛的拾遺和補闕官位，都是當作階官來使用。這可以
說是唐代職事官階官化的開始[76]，也是宋代官制異常複雜和紊亂的一個
根源。[77]

　　以拾遺和補闕此兩個「官」去充任的「職」，最常見的計有：一、
史館修撰；二、翰林學士；三、集賢院或宏文館等文館直學士或學士；
四、甌使、判官或其他臨時差遣職。

74　《元稹集》卷54，頁585。
75　詳見拙書《唐代基層文官》第一章〈校書郎〉、第二章〈正字〉和第五章
　　〈巡官、推官和判官〉中的關於「試」銜的討論。
76　張國剛，〈唐代階官與職事官的階官化〉，《唐代政治制度研究論集》，
　　頁207-232；拙文〈唐代的翰林待詔和司天臺〉，《唐研究》，第9卷(2003)。
77　孫國棟，〈宋代官制紊亂在唐制的根源〉，《唐宋史論叢》。

（一）以遺、補充史館修撰

唐代的史官有幾個等級，但都屬於「職」，沒有官品，所以照例要帶一個本官秩階。最低一級爲「直史館」，爲比較年輕的史官，通常帶縣尉官，如宇文籍，「以咸陽尉直史館，與韓愈同修《順宗實錄》」[78]。又如蔣係，「大和初授昭應尉，直史館」[79]。再如崔元受，「登進士第，高陵尉，直史館」[80]。

比「直史館」高一級的是「史館修撰」（最高層則爲「監修國史」，例由宰相或其他高官出任，但此最高職反倒常是不做事的虛職）。《舊唐書·職官志》清楚解說：「貞觀已後，多以宰相監修國史，遂成故事也。……天寶已後，他官兼領史職者，謂之史館修撰，初入爲直館也。」[81]《新唐書·百官志》也說：「貞觀三年，置史館於門下省，以他官兼領，或卑位有才者亦以直館稱。」[82] 元和六年，有宰相奏稱：「登朝官領史職者爲脩撰，以官高一人判館事；未登朝官皆爲直館。」[83]「登朝官」指那些需參加朝會的高官和監察御史等「常參官」，拾遺和補闕皆屬常參官。縣尉不參朝會，屬「非登朝官」。

史館修撰最常帶的階官便是拾遺和補闕。幾乎所有知名的唐代史官，都曾經以拾遺或補闕爲階官，充任過史館修撰。此類例證太多，不勝舉，且舉數例如下：

---

78 《舊唐書》卷160，頁4209。
79 《舊唐書》卷149，頁4028。
80 《舊唐書》卷163，頁4263。
81 《舊唐書》卷43，頁1853。
82 《新唐書》卷47，頁1214。
83 《新唐書》卷47，頁1214。關於唐代的史館和史官，見張榮芳，《唐代的史館和史官》；Denis Twitchett, *The Writing of Official History under the T'ang*, pp. 13-20.

(一)柳芳:「自永寧尉、直史館,轉拾遺、補闕、員外郎,皆
　　　居史任……」[84]

(二)沈既濟:「建中初,〔楊〕炎為宰相,薦既濟才堪史任,
　　　召拜左拾遺、史館修撰。」[85]

(三)沈傳師:「擢進士,登制科乙第,授太子校書郎、鄠縣尉,
　　　直史館,轉左拾遺、左補闕,並兼史職。」[86]

(四)蔣乂:「貞元九年,轉右拾遺,充史館脩撰。」[87]

(五)蔣係:「大和初授昭應尉,直史館。二年,拜右拾遺、史
　　　館修撰,典實有父風,與同職沈傳師、鄭澣、陳夷行、李
　　　漢等受詔撰《憲宗實錄》。」[88]

(六)蔣偕:「有史才,以父任歷官左拾遺、史館修撰,轉補闕。
　　　咸通中,與同職盧耽、牛叢等受詔修《文宗實錄》。」[89]

　　以上這些都是正史列傳中的材料,或許還不足以看出這些人的真正
職務:到底是任諫官,還是史官?讓我們再引正史以外的兩個實例,以
考其真。一是晚唐的裴庭裕,為我們留下一部十分有史料價值的《東觀
奏記》。此書便是他以右補闕任史館修撰時期所寫的。他的序文寫得很
沉痛感人:

　　聖文睿德光武宏孝皇帝自壽邸即位,二年,監修國史、丞相、

84　《舊唐書》卷149,頁4030。
85　《舊唐書》卷149,頁4034。沈傳師是沈既濟的兒子。
86　《舊唐書》卷149,頁4037。
87　《舊唐書》卷149,頁4026。
88　《舊唐書》卷149,頁4028。蔣係是蔣乂的兒子。
89　《舊唐書》卷149,頁4029。蔣偕也是蔣乂的兒子。

> 晉國公杜讓能以宣宗、懿宗、僖宗三朝實錄未修，歲月漸遠，
> 慮聖績湮墜，乃奏上，選中朝鴻儒碩學之士十五人，分修三聖
> 實錄。以吏部侍郎柳玭、右補闕裴庭裕、左拾遺孫泰、駕部員
> 外郎李允、太常博士鄭光庭專修《宣宗實錄》。庭裕奉詔之日，
> 惕不敢息，思摭實無隱，以成一朝之書。踰歲，條例竟未立。……
> 伏自宣宗皇帝宮車晏駕，垂四十載，中原大亂，日曆與起居注，
> 不存一字，致儒學之士閣筆未就。非曠職官，無憑起凡例也。
> 庭裕自為兒時，已多記憶，謹采宣宗朝耳目聞睹，撰成三卷，
> 非編年之史，未敢聞於縣官，且奏記於監國史晉國公，藏之於
> 閣，以備討論。[90]

據此可知裴庭裕當時雖掛著右補闕的官位，他真正的職務卻是修史。右
補闕僅是他的階官。第二例出自白居易的〈授沈傳師左拾遺、史館修撰
制〉：

> 京兆府鄠縣尉沈傳師：庶職之重者，其史氏歟？歷代以來，甚
> 難其選。非雄文博學，輔之以通識者，則無以稱命。今茲命爾，
> 其有旨哉！昔談之書，遷能修之；彪之史，固能終之。惟爾先
> 父嘗譔《建中實錄》，文質詳略，頗得其中。爾宜繼前志，率
> 前修，無忝爾父之官之職。可左拾遺、史館修撰。[91]

這是當年沈傳師獲授左拾遺、史館修撰的任命書，今存於白居易的文

90　《東觀奏記‧序》，頁83。
91　《白居易集》卷54，頁1139。關於此文的真偽，見岑仲勉，〈《白氏長慶
　　集》偽文〉，《岑仲勉史學論文集》，頁232-233。筆者認為，此文或為白
　　居易所作「擬制」，或為他人所寫，後混入白集，不宜稱之「偽文」。

集。文中全是修史的典故：司馬談、司馬遷父子和班彪、班固父子相繼
修史的故事，又提到沈傳師的父親沈既濟撰《建中實錄》的事（這可證
沈既濟當年所任亦是史官，非諫官）。同時，敕文又敦促沈傳師，「爾
宜繼前志，率前修，無忝爾父之官之職」。沈傳師這回從京兆府鄠縣尉
（他之前即以此官任「直史館」）升任爲左拾遺。不但是他階官升級了，
而且他的「職」也升了：從直史館升爲史館修撰。但他的工作依然是修
史，不是去當諫官。敕文最後說「無忝爾父之官之職」，也再次提醒我
們，唐代有「官」和「職」之分。

（二）以遺、補充翰林學士

以遺、補充翰林學士，我們上頭已見過白居易的案例。傅璇琮先生
亦已細考白居易任翰林學士期間，並未執行拾遺的職務。此官只是他的
「本官」或「階官」。除白居易外，唐人以遺、補充翰林學士者極爲常
見[92]。

現代學者對翰林學士的研究亦已詳備[93]，這裡無需重複贅述，只想

92　詳見毛蕾，《唐代翰林學士》，頁184-197的翰林學士表。
93　關於唐代的翰林學士，近人的單篇論文頗多，專書則僅有毛蕾，《唐代翰
　　林學士》；過去中、日、韓、英、法學者對翰林院的論述，詳見胡戟等編
　　《二十世紀唐研究》，頁95的學術史回顧。特出論文有劉健明，《論唐代
　　的翰林院》，《食貨》（台北）第15卷第7-8期合刊（1986）；辛德勇，《大明
　　宮西夾城與翰林院學士院諸問題》，《陝西師大學學報》，1987年第4期
　　（後收入氏著《隋唐兩京叢考》）；袁剛，《唐代的翰林學士》，《文史》，
　　第33輯（1990）；趙雨樂，《唐代翰林學士院與南北司之爭》，《唐都學刊》，
　　2001年第1期。近年傅璇琮開始發表一系列論翰林學士的論文，先後有：〈李
　　白任翰林學士辨〉，《文學評論》，2000年第2期；《唐玄肅兩朝翰林學士
　　考論》，《文學遺產》，2000年第4期；《唐代宗朝翰林學者考論》，《中
　　華文史論叢》，第67輯（2001）；《唐德宗朝翰林學士考論》（和施純德合寫），
　　《燕京學報》，新第10期（2001）；《唐永貞年間翰林學士論考》，《中國
　　文化研究》（北京）2001年秋之卷；《翰林供奉》，《文史知識》，2001年

指出翰林學士在官制上的兩點最重要特色：第一、翰林學士是一種「職」，照例都帶有「本官」作階官。這種本官可以是低至九品的正字和校書郎，也可以是工部尚書等高官，但大多數是郎官（即員外郎或郎中）。

其次，這種「本官」也有升遷。例如，白居易在出任翰林學士期間，即從盩厔尉升左拾遺，再升爲京兆府戶曹參軍。這跟方鎮使府幕職所帶京銜或憲銜亦有升遷一樣[94]。我們須細心分辨此種「本官」的升遷，否則極易把許多任過翰林學士者的官歷弄錯了。

（三）以遺、補充集賢或其他文館職

以遺、補充集賢院、弘文館等文館學士的案例不多，遠遠少於翰林學士者。主要計有下面數例：

（一）王仲丘：「開元中歷左補闕內供奉、集賢脩撰、起居舍人。」[95]

（二）韋述：「轉右補闕，中書令張說專集賢院事，引述為直學士，遷起居舍人。」[96]

（三）田佐時：「時黜陟使裴伯言薦潞州處士田佐時，詔除右拾遺、集賢院直學士。〔張〕鎰以為禮輕，恐士不勸，復詔州縣吏以絹百匹、粟百石就家致聘，佐時卒不至。」[97]

（續）────────────

　　第10期。傅璇琮的這些論文，現已收在他的文集《唐宋文史論叢及其他》中。

94　詳見拙書《唐代基層文官》第五章〈巡官、推官和掌書記〉中「幕佐的官銜」一節。

95　《新唐書》卷200，頁5700。

96　《舊唐書》卷102，頁3182。

97　《新唐書》卷152，頁4830。

(四)孫季良：「河南偃師人也，一名翌。開元中，為左拾遺、
　　集賢院直學士。撰《正聲詩集》三卷，行於代。」[98]

(五)王鐸：「字昭範，宰相播昆弟子也。會昌初，擢進士第，
　　累遷右補闕、集賢殿直學士。」[99]

(六)韋弘景：「元和三年，拜左拾遺，充集賢殿學士，轉左補
　　闕，尋召入翰林為學士。」[100]

(七)庾敬休：「遷右拾遺、集賢學士。歷右補闕，稱職，轉起
　　居舍人，俄遷禮部員外郎。入為翰林學士，遷禮部郎中，
　　罷職歸官。」[101]

(八)劉餗：「右補闕、集賢殿學士、修國史。著《史例》三卷、
　　《傳記》三卷、《樂府古題解》一卷。」[102]

(九)陸展：「遷左拾遺，兼集賢學士。」[103]

(十)張琪：「〔裴〕光庭又引壽安丞李融、拾遺張琪、著作佐
　　郎司馬利賓等，令直弘文館，撰續《春秋傳》。」[104]

(十一)韋少遊：「左補闕直宏文館韋少遊，修詞懿文，終溫且
　　惠。……」[105]

細讀以上十一例，可考以下幾個細節。

第一，集賢院館職的等級及其與拾遺補闕等階官的對應關係。集賢

98　《舊唐書》卷189下，頁4975。

99　《新唐書》卷185，頁5406。

100　《舊唐書》卷157，頁4152-4153。

101　《舊唐書》卷187下，頁4913。

102　《舊唐書》卷102，頁3174。

103　《舊唐書》卷179，頁4668。

104　《舊唐書》卷84，頁2807。

105　賈至，〈授韋少遊祠部員外郎等制〉，《全唐文》卷366，頁3725。

院和史館一樣，有幾種等級的職位。最低爲集賢校理（約相等於秘書省的校書郎和正字），任此職者多帶縣尉官[106]，沒有帶遺、補的案例。其次是集賢修撰，任此職有帶補闕內供奉官者，如上引第一例王仲丘；也有帶郎官者，如孫逖，「入爲考功員外郎、集賢修撰」[107]，可知修撰實際上高校理一個等級。第三等是直學士，例帶拾遺或補闕官，如上引第二到第五例。第四等是學士。據《唐六典》等書的規定，「五品以上爲學士，六品以下爲直學士」[108]。但上引第六到第九例卻有拾遺或補闕任「學士」的記載。按拾遺爲從八品上，補闕從七品上。如照《唐六典》等書規定，韋景弘和庾敬休等人似不應任「學士」而應任「直學士」。這有兩個可能：一是唐代任官，可能並非處處遵照《唐六典》等政書上的規定辦事；二是韋景弘和庾敬休等人實際上還是任「直學士」，但史家書寫時省略了一個「直」字，就像中晚唐的「試校書郎」、「試大理評事」等官稱中的「試」字經常被省略一樣。

第二，遺、補都有可能「直弘文館」從事修撰等職務，如上引第十和十一例。但唐代直弘文館者，大部分都以縣尉充任[109]。以遺、補充當的僅能找到此兩例。

第三，有人出任過集賢學士後始出任翰林學士，如上引第六例韋弘景和第七例庾敬休。集賢院主要是藏書和修書之所，其學士地位看來不如「以備顧問」的翰林學士。

---

106 詳見拙書《唐代基層文官》第三章〈縣尉〉中「以縣尉作階官充館職」一節。

107 《舊唐書》卷190中，頁5044。

108 《唐六典》卷9，頁279。

109 詳見《唐代基層文官》第三章〈縣尉〉中「以縣尉作階官充館職」一節。

（四）以遺、補充匭使或其他差遣職

遺、補除了可以作為階官，充任史館、翰林、集賢和弘文等館職外，還可能出任其他使職，例如知匭使。《舊唐書·職官志》載：

> 天后垂拱元年〔685〕，置匭以達冤滯。其制，一房四面，各以方色，東曰延恩，西曰申冤，南曰招諫，北曰通玄，所以申天下之冤滯，達萬人之情狀。蓋古善旌、誹謗木之意也。天寶九年，改匭為獻納。乾元元年，復名曰匭。垂拱已來，常以諫議大夫及補闕、拾遺一人充使，受納訴狀。每日暮進內，而晨出之也。[110]

這是武則天一上台所新設的「申冤」和投書制度。然而，正史列傳中找不到遺、補充知匭使的記載。中晚唐倒有幾位諫議大夫充知匭使的實例，如裴佶和李中敏等人[111]。除此之外，唐代的匭使院還有一「理匭使」的職位，有別於「知匭使」，常以御史中丞、侍御史充任[112]。安史亂後的建中二年（781）六月仍有一道敕：「御史中丞依前充理匭使，擇諫議大夫一人充知匭使。」[113]

初唐詩人陳子昂代他朋友喬知之所寫的〈為喬補闕論突厥表〉，出人意表的提到補闕出外任「監軍」的事：

---

110 《舊唐書》卷43，頁1853。又見《通典》卷21，頁555。《唐會要》卷55，頁1122-1126有更多關於匭使的材料。

111 《唐會要》卷55，頁1124-1125。

112 《唐六典》卷9，頁282。

113 《唐會要》卷55，頁1124。

> 臣某言。臣以寡蒙，叨幸近侍。陛下不以臣不肖，特敕臣攝侍御史，監護燕然西軍。臣自違闕庭，歷涉秋夏，徒居邊徼，無尺寸之功。臣誠暗劣，孤負聖明。然臣久在邊隅，夙夜勤灼，莫不以蕃事為念……[114]

陳子昂在〈燕然軍人畫像銘并序〉也提到此事：

> 金微州〔在今蒙古人民共和國〕都督僕固始桀驁惑亂其人，天子命左豹韜衛將軍劉敬周發河西騎士，自居延海入以討之。特敕左補闕喬知之攝侍御史護其軍事。夏五月，師舍於同城。方絕大漠，以臨瀚海。[115]

可證喬知之的確以「左補闕攝侍御史」的身分，在西北大漠居延海充當監軍。不過，這是唐史上唯一以補闕充監軍的案例，可視為特殊情況（唐後期都以宦官監軍）。其時為垂拱二年（686），武則天剛登基不久，拾遺和補闕都是她剛創設的新官位。

但唐史上不乏遺、補奉使在外的案例。盛唐詩人王維的〈送李補闕充河西支度營田判官序〉寫道：

> 將軍幕府，請命介于本朝；天子瑣闈，輟諫官以從事。補闕李公，家世龍門。詞場虎步，五經在笥。一言蔽《詩》。廣屯田之蓄，度長府之羨，以贍邊人，以弱敵國。[116]

---

114 《全唐文》卷209，頁2118。
115 《全唐文》卷214，頁2168。
116 《王維集校注》卷9，頁845。

可知這位李補闕如何充河西支度營田判官。孫逖有詩〈送李補闕攝御史充河西節度判官〉[117]，所指「李補闕」當爲同一人。

以上是比較固定的使職。唐史上還有一種臨時性質的差遣職，亦常以遺、補充任。例如，孫逖有詩〈春初送呂補闕往西嶽勒碑得雲字〉，寫補闕呂向往西嶽華山刻碑事：

> 刻石記天文，朝推谷子雲。
> 篋中緘聖札，巖下揖神君。
> 語別梅初艷，爲期草欲薰。
> 往來春不盡，離思莫氛氳。[118]

徐安貞亦有詩〈送呂向補闕西岳勒碑〉佐證此事：

> 聖作〈西山頌〉，君其出使年。
> 勒碑懸日月，驅傳接雲煙。
> 寒盡函關路，春歸洛水邊。
> 別離能幾許，朝暮玉墀前。[119]

《新唐書·呂向傳》更清楚告訴我們呂向如何以左補闕充「鐫勒使」：

> 天子數校獵渭川，向又獻詩規諷，進左補闕。帝自爲文，勒石西嶽，詔向爲鐫勒使。[120]

---

117 《全唐詩》卷118，頁1191。
118 《全唐詩》卷118，頁1190。
119 《全唐詩》卷124，頁1227。
120 《新唐書》卷202，頁5758。

　　獨孤及的〈唐故左補闕安定皇甫公集序〉，則說他筆下的這位皇甫冉：

　　　　大曆二年遷左拾遺，轉右補闕，奉使江表，因省家至丹陽。[121]

　　除此之外，拾遺有外出往江南一帶搜訪圖書者。例如，戴叔倫有詩〈送崔拾遺峒江淮訪圖書〉：

　　　　九門思諫議，萬里採風謠。
　　　　關外逢秋月，天涯過晚潮。
　　　　雁來雲杳杳，木落浦蕭蕭。
　　　　空怨他鄉別，迴舟暮寂寥。[122]

李端有詩〈送耿拾遺湋使江南括圖書〉：

　　　　驅傳草連天，回風滿樹蟬。
　　　　將過夫子宅，前問孝廉船。
　　　　漢使收三篋，周詩採百篇。
　　　　別來將有淚，不是怨流年。[123]

寫的都是拾遺在外訪書事。唐代外出訪書的，還有校書郎、正字、司議等京官。[124]

---

121 《全唐文》卷388，頁3940。
122 《全唐詩》卷273，頁3090。
123 《全唐詩》卷285，頁3256。
124 見拙書《唐代基層文官》第一章〈校書郎〉和第二章〈正字〉。

　　唐末更有以拾遺往南方「使冊閩王」事，見於翁承贊的詩〈天祐元年〔904〕以右拾遺使冊閩王而作〉：

> 蓬萊宮闕曉光勻，紅案舁麻降紫宸。
> 鶯奏八音諧律呂，鳳銜五色顯絲綸。
> 蕭何相印鈞衡重，韓信齋壇雨露新。
> 得侍丹墀官異寵，此身何幸沐恩頻。[125]

最後兩句「得侍丹墀官異寵，此身何幸沐恩頻」，很能表現一個拾遺官奉使出發前的得意之情。翁承贊是乾寧三年(896)進士，閩人，約於光化三年(900)任拾遺[126]。朝廷以他為冊禮使往冊王審知為閩王，顯然因為他是閩人(他在後梁開平四年，又再次為閩王冊禮副使)。《全唐詩》收他的詩一卷，其中有好幾首正寫他回鄉冊閩王事，詩裡行間不無意氣風發之處，諸如〈甲子歲〔此即天祐元年904〕銜命到家至榕城冊封，次日閩王降旌旗於新豐市堤餞別〉、〈蒙閩王改賜鄉里〉、〈文明殿受冊封閩王〉、〈御命歸鄉蒙賜錦衣〉等等[127]。

　　以上是幾個以遺、補暫充差遣職的案例。上引柏耆以拾遺出使鎮州勸服王承宗事，也屬此類。他們當中，有些人可能出使後又回京。例如柏耆，回朝後即「真擢……左拾遺，由是聲震一時。遷起居舍人」[128]。再如呂向，回京任起居舍人，再遷中書舍人，最後官至工部侍郎[129]。但總的來說，以遺、補出外充使的案例，不論是固定使職或臨時性質，都

---

125 《全唐詩》卷703，頁8090。
126 孟二冬，《登科記考補正》(北京：燕山出版社，2003)，卷24，頁896。
127 俱見《全唐詩》卷703。
128 《新唐書》卷175，頁5252。
129 《新唐書》卷202，頁5758-5759。

不多見，僅有上引寥寥幾例。最重要也最常見的，還是以遺、補充史館修撰，其次是充集賢和翰林等館職。

九、拾遺補闕「內供奉」

本書第一章論御史，提到「監察御史裏行」、「殿中侍御史內供奉」等官稱。「裏行」和「內供奉」這些「後綴詞」所標示的，都是一種員外官，一種「亞類」，其地位略低於正員的監察御史和殿中侍御史。

同理，唐代的拾遺和補闕也有「內供奉」這個亞類。他們都是正式員額之外的員外官，但據《唐六典》卷九左補闕條下，他們的「資望」和「俸祿」卻與「正官同」：

> 又置內供奉，無員數，才職相當，不待闕而授，其資望亦與正官同，俸祿等亦全給。右補闕亦同。[130]

《唐六典》卷九在「左拾遺」條下也有幾乎相同的敘述：

> 亦置內供奉，無員數，資望、俸祿並如正官。右拾遺亦同也。[131]

我們在第一章見過，殿中侍御史內供俸和侍御史內供俸的地位和俸祿，都不如殿中侍御史和侍御史正官（監察御史裏行也不如監察御史），但拾遺補闕內供奉的資望和俸祿卻與「正官同」。這是我們讀史時應當留意

---

130 《唐六典》卷9，頁247。
131 《唐六典》卷9，頁247。

的。可惜，現存史料只有《唐六典》這一條，無從深考。

此外，應當指出的是，《舊唐書·職官志》在談到遺、補時有一句話頗易令人誤解（整段引文見本章第一節開頭）：

> 大曆四年〔769〕，補闕拾遺，各置內供奉兩員。

初看之下，這好像是說拾遺補闕內供奉是在大曆四年才設立的。事實上不然。我們在唐前期史料中可以找到不少人任拾遺補闕內供奉的案例。例如，唐初著名史官吳兢，即曾經「拜右拾遺內供奉」：

> 吳兢，汴州浚儀人也。勵志勤學，博通經史。宋州人魏元忠、亳州人朱敬則深器重之，及居相輔，薦兢有史才，堪居近侍，因令直史館，修國史。累月，拜右拾遺內供奉。神龍中，遷右補闕，與韋承慶、崔融、劉子玄撰則天實錄成，轉起居郎。[132]

再如張九齡，在〈上封事書〉一開頭便告訴我們他當年出任的是「左拾遺內供奉」：「五月二十日，宣義郎左拾遺內供奉臣張九齡謹再拜，死罪死罪！上書開元神武皇帝陛下……」[133]。他後來在〈開大庾嶺路記序〉中，又清楚提到他這個官銜：

> 茲乎開元四載冬十有一月，俾使臣左拾遺內供奉張九齡，飲冰

---

132 《舊唐書》卷102，頁3182。

133 《曲江集》，頁586。又收在《全唐文》卷288，頁2924。楊承祖，《張九齡年譜》，頁20，引《通典》、《冊府元龜》和《唐會要》等書，說此封事於開元三年所上。

矢懷，執藝是度，緣磴道，披灌叢，相其山谷之宜……[134]

張九齡自稱其官銜，這應當是最可信的了。不少近人論著把張九齡這個早年官銜省略為「左拾遺」，頗失其真，或許也因為不理解「內供奉」的含意而將之刪去。

至於補闕內供奉，在大曆四年之前的案例，可舉以下三個：

(一) 鄭欽說，「後魏濮陽太守敬叔八世孫。開元初，繇新津丞請試五經，擢第，授鞏縣尉、集賢院校理。歷右補闕內供奉。通曆術，博物。」[135]

(二) 蘇頲〈授韓休起居郎制〉：「敕。朝議郎左補闕內供奉判尚書主爵員外郎韓休，理識清暢，襟靈夷雅，探學精微，屬詞婉麗，甲科對策，嘗副求賢，左史記言，用觀書法。可行起居郎。散官如故。」[136]

(三) 蘇頲〈陳情表〉：「謹附起居使朝議郎右補闕內供奉臣李鄴奉表以聞……」[137]

《舊唐書・職官志》那句易生誤會的話，在《唐會要》也出現過[138]，可能源自〈舊唐書・代宗紀〉大曆四年條下所載：

---

134 《曲江集》，頁608；又收在《全唐文》卷291，頁2950。
135 《新唐書》卷125，頁5704。
136 《全唐文》卷250，頁2531。
137 《全唐文》卷255，頁2585。
138 《唐會要》卷56，頁1132。《唐六典》和《通典》的敘述沒有這方面的問題。

> 十二月乙未，敕左右補闕、拾遺、內供奉員左右〔「員左右」三
> 字疑衍〕各置兩員，餘罷之。[139]

據此，可知大曆四年的這項規定，是一個「減省官員」的行動，也就是
把「左右補闕、拾遺、內供奉」，從原本的不只兩員，重新規定為「各
置兩員，餘罷之」。但〈職官志〉刪去「餘罷之」三字，整個意思便不
同了。

十、結論

　　拾遺和補闕是兩種唐代所創的官，「古無此官名」，初設於武則天
剛登基的那年，主要職務是「供奉諷諫，扈從乘輿」。換句話說，這是
兩種皇帝的「近臣」，是唐代極少數能夠經常親睹皇帝天顏的官員。大
詩人杜甫曾經在唐宮中做過拾遺官。他就因為「天顏有喜近臣知」，而
感到無上的光榮。

　　拾遺官品為從八品上，補闕為從七品上，看起來彷彿是低品基層
官，但這兩種官卻因為是皇帝的諫臣而清貴無比。這兩官一般也不是士
人釋褐之官，而常常是他們第二、三任官，任官年齡約在三、四十歲之
間，所以我們認為應當把他們視為中層文官才比較恰當，不能單看官品。

　　因為是諫臣，又須時時為文上疏，拾遺和補闕常由品行清高，「文
詞優美」的文士出任，任官條件似又比其他官員(比如監察御史、縣令
等)來得嚴苛。文詞不佳者恐怕亦無法勝任此兩官。因此唐代大詩人當
中，擔任過拾遺的就有陳子昂、張九齡、王維、杜甫、元稹、白居易；
出任過補闕的則有張說、張九齡、王維、岑參、杜牧和韋莊。

---

139 《舊唐書》卷11，頁294。

　　唐代中葉以後，不少職事官經常拿來當成階官使用，即所謂「職事官的階官化」。拾遺和補闕也不例外。所以，在中晚唐的史料和碑刻，我們可以見到不少官員，掛著拾遺、補闕的官銜，卻不任拾遺、補闕的實職，而是去充當史館修撰、翰林學士、集賢院和弘文館學士，甚至充匭使或出使在外等等。我們須留意史料中的這種現象，否則很容易誤讀許多中晚唐士人的官歷。

　　跟侍御史和殿中侍御史一樣，拾遺和補闕也有「內供奉」這種「亞類」。這是一種員外編制官，但據《唐六典》，拾遺補闕內供奉的「資望」和「俸祿」，卻和「正官同」。然而，殿中侍御史內供俸和侍御史內供俸的地位和俸祿，都不如殿中侍御史和侍御史正官（監察御史裏行也不如監察御史）。

第三章
員外郎和郎中

有意嫌兵部，專心取考功。

誰知腳踥蹀，幾落省牆東。

張敬忠戲詠[1]

　　張敬忠這首戲詠詩，生動地區分了唐代尚書六部的官員，確實有高低等級之別。自唐初以來，吏部、兵部排在前頭，美稱「前行」，最爲劇要，地位最高。戶部、刑部爲「中行」，地位居中。禮部、工部在「後行」，地位最下。先天中，侍御史王上客（《全唐詩》作「王主敬」）[2]自以爲「才望清雅」，可以入尚書省任員外郎，屬意「前行」的吏部考功

1　張敬忠這首詩及其背景本事，最早見於唐代著名史官韋述所撰《兩京新記》中的一段記載。《兩京新記》今已無全本傳世，但這段記載曾經爲《太平廣記》卷250，頁1937引用。《兩京新記》現有辛德勇的輯校本《兩京新記輯校》（西安：三秦出版社，2006）。王上客此事見此輯校本卷1，頁9-10。此事又見於《大唐新語》卷13，頁191；《唐語林校證》卷5，頁446；《南部新書》丁卷，頁44以及《唐詩紀事》卷13。張敬忠這首戲詠詩也收在《全唐詩》卷869，頁9852，題作〈詠王主敬〉，當係後人所題，且有異文。

2　《全唐詩》卷869，頁9852。但據《唐尚書省郎官石柱題名考》，徐敏霞和王桂珍點校（北京：中華書局，1992），頁922的考證，應作「王上客」爲是。他除了任膳部員外郎，亦曾任主客員外郎，都屬比較低下的員外郎。

員外。不料,他得到的卻是「膳部員外郎」,屬「後行」的禮部,他因此「微有悵惋」。吏部郎中張敬忠於是寫了這首打油詩。膳部位於尙書省最東北隅,所以詩中有「幾落省墻東」之句,極盡嘲諷。

唐代的員外郎和郎中合稱爲「郎官」,是中央政府中一批很重要的中層文官。張敬忠這首詩揭示,我們今天研究這批郎官,最切要的一點應當是先釐清他們所屬的二十六司的高低地位。否則,我們不但不能欣賞張敬忠此詩的微妙處,更無法弄清唐代詩文和史料中許許多多郎官的地位,如墜五里霧中,無法看得真切。

關於唐代的郎官,傳統上最重要的一本書是清代勞格和趙鉞所編撰的《唐尙書省郎官石柱題名考》[3]。此書以唐代郎官石柱上的題名,試圖重建吏部、戶部和禮部郎官的名單(兵部、刑部和工部的石柱已殘缺)。這樣的官員名錄,雖屬後來重構,卻也很有參考價值。勞格和趙鉞更詳考了這數千名郎官的生平和他們的墓誌等傳記材料。這本清代著作今天仍然可以當成是唐代大半數郎官的「傳記索引」或「傳記辭典」來使用。不過,它最大的缺點是,沒有理會二十六司郎官的等級地位,彷彿郎官全屬一類,地位全都相同。

今人孫國棟的《唐代中央重要文官遷轉途徑研究》有專章詳考唐代

3　此書有今人徐敏霞和王桂珍的點校本(見註2),校訂詳盡,最便使用。岑仲勉另有增補訂正,見其《郎官石柱題名新考訂:外三種》(北京:中華書局,2004年《岑仲勉著作集》)和〈郎官石柱題名新著錄〉,收在他的《金石論叢》(上海:上海古籍出版社,1981)。近人亦有補正,例如胡可先,〈《郎官石柱題名考》補正(左司郎中、員外郎部分)〉,《文教資料》,1997年第3期,頁80-100;吳浩,〈《唐尙書省郎官石柱題名考》增補〉,《國學研究》,卷12(2003),頁155-184。最近比較重要的一篇論著是路遠,〈《唐尙書省郎官石柱》之初刻與改刻〉,《唐研究》第12卷(2006),頁397-415,釐清了此碑長期被人誤解的幾個問題。

郎官的遷轉途徑，大致為我們釐清了這些郎官的等級地位[4]。除此之外，近人對郎官的研究不多[5]。本章要做的是，更深入細考郎官的輕重地位、職掌等細節，並申論前人沒有涉及的其他相關課題，諸如郎官和刺史、翰林學士、史館修撰的關係，以及郎官知制誥，檢校郎官等事。由於員外郎和郎中都屬郎官，性質相近，史料中常兩者並提，難以分割，所以這裡一併討論。

一、郎官的起源和員額

唐代的郎官源自漢代的尚書郎，有一段長達數百年的演進史。《通典》卷二十二有一節「歷代郎官」對此有詳細的論述，這裡不必贅論[6]。簡言之，從漢代開始，這就是一種很受尊重的美官，可從以下《通典》的一段生動描寫見其概：

> 八座〔指六部尚書、左右僕射和尚書令八人〕受成事，決於郎，下筆為詔策，出言為詔命。……其入直，官供青縑白綾被……給帳帷、茵褥、通中枕。太官供食物，湯官供餅餌及五熟果實之屬，五日一美食，下天子一等。給尚書郎伯史一人，女侍史二人，

4　《唐代中央重要文官遷轉途徑研究》，頁52-68及所附遷轉圖表。

5　例如，熊野岳，〈唐代の分司官について：分司郎官の分析を中心に〉，《史朋》，35號（2003），頁29-51；渡邊孝，〈唐後半期の財務三司下における「判案郎官」について〉，《史境》，51號（2005），頁43-64；史云貴、于海平，〈外朝化與平民化：中國古代郎官考述〉，《史學月刊》，2004年第1期，頁24-31；宋德熹，〈唐代前期吏部考功員外郎的身分背景〉，《興大歷史學報》，第17輯（2006年6月），頁41-66；王東洋，〈六朝隋唐時期考功郎隸屬及其職掌之變化〉，《史學集刊》，2007年第3期，頁77-81。

6　《通典》卷22，頁603-608。

皆選端正妖麗，執香爐，護衣服。奏事明光殿，因得侍省中，
省中皆以胡粉塗壁，畫古賢烈士。以丹朱漆地，故謂之丹墀。
尚書郎口含雞舌香，以其奏事答對，欲使氣息芬芳也。[7]

足見漢代尚書郎所得禮遇之隆重，當中又以「尚書郎口含雞舌香，以其
奏事答對，欲使氣息芬芳也」，最爲可圈可點。

唐代郎官一方面續承這種悠久的傳統，一方面又有所改變。其中一
個比較重大的演化，是多了「員外郎」這種官。顧名思義，「員外」本
爲正式員額以外的官員，比如唐代即有司馬員外、鴻臚卿員外等官[8]。
「員外郎」始創於隋開皇六年。據《通典》，當時是在「二十四司又各
置員外郎一人，以司其曹之籍帳，侍郎闕，則釐其曹事」，原本是隋代
侍郎的一種員外官[9]。然而，此官後來固定下來，成爲一個「專稱」。
唐朝沿用此制，直到後代。「員外郎」成了郎官的一種，幾乎失去了它
原本的「員外」含意，變成「郎中」的副官，常和郎中並提。

從漢代以降，郎官一直是中央政府中員額最多的一種官，多達二十
到三十多員，負責各曹事務，可說是朝廷骨幹。唐朝也不例外。這就是
《通典》所說：「今尚書省有左右司郎中各一人，員外郎各一人，分管
尚書六曹事。其諸曹諸司郎中總三十人，員外郎總三十一人，通謂之郎
官，尤重其選。」[10] 以此計算，唐代郎官名額多達六十五個（包含左右
司）。相比之下，唐代的監察御史只有大約十個名額，補闕四個，拾遺

7　《通典》卷22，頁604。
8　關於員外官，詳見本書第一章第八節「內供奉和裏行」的討論。
9　《通典》卷22，頁607。舊版《通典》說這是「開皇三年」的事，但王文錦
　　等人的新校點中華版《通典》，已據《隋書・百官志》下和《唐六典》卷1，
　　校改爲「開皇六年」。
10　《通典》卷22，頁607-608。

四個，都不如郎中或員外郎的員額來得多。

郎官名額之多，也意味著唐代有不少人曾經擔任過各種名目的郎官。兩《唐書》列傳、唐代墓誌等史料以及唐代詩文中，郎中或員外郎的官名隨處可見，很可能是唐代史料中出現頻率最高的兩種官名。

由於郎官屬五、六品的中層文官，這也意味著，唐代的高層官員，除了極少數例外，幾乎都曾經在他們壯年時（約四十到五十歲之間）出任過郎官，由此才爬升到高層。唐代士人如果沒有充當過郎官，那通常也意味著他們的仕途不夠坦順，或一生都只浮沉在下層文官階層當中。

以唐代主要詩人或文士的官歷考之，官運不錯或仕至高官者都曾經做過郎官，共有至少十四人：張說、張九齡、王維、岑參、韋應物、李益、韓愈、張籍、劉禹錫、柳宗元（他三十三歲就當上禮部員外郎可說非常傑出，可惜後來因王叔文案長年被貶失意）、白居易、元稹、李德裕、杜牧。反而有幾個大詩人的官命都不好：李白只做過翰林待詔[11]，杜甫的「工部員外郎」和李商隱的「水部員外郎」都屬於「檢校郎官」，無實職（詳見後面「檢校郎官」一節）。元結的「水部員外郎」也只是個檢校銜。至於王績、初唐四傑、陳子昂、孟浩然、王昌齡、孟郊、王建、賈島、李賀、溫庭筠等人，做官只達縣尉、縣丞、拾遺等，或在外幕府任幕職，都沒能在朝中任郎官。高適的官運不錯，五十歲才從縣尉起家，後來長年在外任節度使和刺史，六十五歲臨死前才回到朝中，沒有任過郎官而直升爲刑部侍郎轉左散騎常侍，倒是個比較特殊的案例。[12]

---

11 關於李白翰林待詔的真正意義，詳見筆者〈唐代待詔考釋〉，《中國文化研究所學報》（香港中文大學），新第12期（2003）。

12 以上各人的官歷，據各家年譜或傳記。周勛初，《高適年譜》，頁121論及高適晚年因劍南兵敗被召回朝的意義。

二、二十六司的不同地位

　　唐代中央政府行使「三省制」，這是大家熟知的。三省即中書省、門下省和尚書省。中書和門下省可說是秘書性質的機構，負責草擬、審核各種制誥和官文書，組織簡單，官員不多。相比之下，尚書省則是個非常龐大的機構，分為六部：吏部、戶部、禮部、兵部、刑部、工部，管理全國種種政務，上至國防外交等大事，下至橋樑河津等小事，幾乎無所不包。《唐六典》在說明中書省和門下省的組織時，都只用了一卷的篇幅即完事，但卻用了整整六卷來詳述尚書省的六部，每部各占一卷，可知尚書省組織之龐雜，遠非中書和門下省可比[13]。

　　尚書省的六部，每部之下又各有四司，共二十四司，加上統領這二十四司的左司和右司，計有二十六司。有些史料和今人論著說唐尚書六部之下有二十四司，那是沒有把左司和右司計算在內。尚書省六部二十六司的組織，請見表3。

　　在《唐六典》和《通典》等政書，六部的秩序是：吏、戶、禮、兵、刑、工。這是《周禮》六官的秩序，但卻是一種不符實況的「仿古制」，和唐代六部的輕重地位不同。據嚴耕望、孫國棟等人的研究，按唐人的「前後行」觀念和輕重地位排列，六部的秩序應當是：吏、兵、戶、

13　其實，三省制還不是唐代中央政府的全部。三省之外，尚有秘書省、殿中省、御史臺、九寺（太常寺、光祿寺等）、諸監（國子監、將作監等）以及十六衛率府等軍事組織，詳見《唐六典》和《通典》等職官書。尚書六部和九寺諸監的職務，表面上看起來似有重疊之處，但據嚴耕望的研究，「尚書六部為上級機構，主政務；寺監為下級機構，掌事務。」詳見其長文〈論唐代尚書省的職權與地位〉，原刊《中央研究院歷史語言研究所集刊》第24本，後收入氏著《唐史研究叢稿》，最後修訂本收在《嚴耕望史學論文選集》，頁431-507。

表3　尚書省六部二十六司組織表

左司			右司		
吏部	戶部	禮部	兵部	刑部	工部
吏部司	戶部司	禮部司	兵部司	刑部司	工部司
司封司	度支司	祠部司	職方司	都官司	屯田司
司勳司	金部司	膳部司	駕部司	比部司	虞部司
考功司	倉部司	主客司	庫部司	司門司	水部司

刑、禮、工。

　　在尚書省「部」的層次，六部長官稱爲尙書（如吏部尙書等），副長官爲侍郎（如吏部侍郎等）。他們的升官大略依前後行秩序，即由工而禮，而刑，而戶，而兵，而吏[14]。

　　在「司」的層次，二十六司的長官爲郎中（如職方郎中），副長官即員外郎（如職方員外郎）。他們的輕重地位和遷升秩序，卻往往不依上述六部前後行秩序，而另有一套規律。例如，開元以後，由於禮部掌貢舉，地位提升，所以禮部司的地位，有超越戶部司和刑部司的現象。兵部駕部司的地位，也往往落在禮部祠部司之後。孫國棟研究了二十六司郎中和員外郎的升遷途徑後，得出的結論是，這二十六司可以分爲下列四個等級，打散了六部的界線[15]：

第一級：吏部司。
第二級：兵部司、考功司、左司、右司。
第三級：司封司、司勳司、禮部司、祠部司、職方司、庫部司、戶部司、
　　　　度支司、刑部司、都官司、工部司。

14　嚴耕望，《唐僕尙丞郎表》，第1冊，頁19；孫國棟，《唐代中央重要文官遷轉途徑研究》，頁117。
15　孫國棟，前引書，頁65。

第四級：駕部司、金部司、倉部司、比部司、司門司、膳部司、主客司、
　　　　屯田司、虞部司、水部司。

　　孫國棟說：「這四級郎中、員外郎遷轉情形，大多是四級遷三級或
二級；三級遷二級或一級；二級遷一級。」由此我們對二十六司員外郎
的輕重地位，應當有個大致的概念[16]。

　　唐人對尚書省二十六司的地位，也早有約定俗成的評價。例如，韋
述的《兩京新記》，便對這些省司有一段精要的評論：

> 尚書郎自兩漢已後妙選其人，唐武德、貞觀已來尤重其職。吏、
> 兵部為前行，最為要劇，自後行改入，皆為美選。考功員外專
> 掌試貢舉人，員外郎之最望者。司門、都門〔當為「都官」之誤〕、
> 屯田、虞、水〔指「虞部」和「水部」〕、膳部、主客皆在後行，
> 閒簡無事。時人語曰：「司門水部，入省不數。」[17]

韋述是唐初有名的史官，景龍二年(708)進士。他書中所記皆中宗復位
至開元年間的事，為珍貴的第一手材料。原書雖已不傳(僅存第三卷)[18]，
但散見於《太平廣記》等書的片斷，仍然有很高的史料價值，至今仍為
史家所重視[19]。以上這段對二十六司的評估，應當是實錄，反映當時人

16　不過，孫國棟的研究，僅限於兩《唐書》的列傳，沒有使用近世出土的約
　　七千件墓誌和神道碑，也沒有運用《全唐文》中的許多材料，所以他得出
　　的這個「四級」分法，恐怕還有商榷餘地。這裡僅列作參考。此外，孫氏
　　的研究，沒有仔細區別那些真正在臺省供職的郎官和那些僅在方鎮幕府掛
　　名的檢校郎官(見下)，這也影響到他的研究結果。

17　《兩京新記輯校》卷1，頁9。

18　岑仲勉，〈《兩京新記》卷三殘卷復原〉，《岑仲勉史學論文集》，頁709-752。

19　詳見妹尾達彥，〈韋述的《兩京新記》與八世紀前葉的長安〉，《唐研究》，

們的普遍看法。

其中提到「考功員外專掌試貢舉人，員外郎之最望者」，反映了開元二十四年之前，考功員外郎仍掌貢舉，地位崇高的實況(貢舉事後來由禮部侍郎接替)。在本章開頭所引那首戲吟詩中，王上客最想當的就是這個考功員外郎。至於「屯田、虞、水、膳部、主客，皆在後行，閒簡無事」，亦可為孫國棟所考提供佐證。至於當時人說「司門水部，入省不數」，更是時人對這些「閒簡無事」省司的一個生動說法。

司門等司在唐人眼中評價不高，在韓琬的《御史臺記》也有所反映：

> 唐司門員外郎張文成好為俳諧詩賦，行於代。時大將軍黑齒常之，將出征。或人勉之曰：「公官卑，何不從行。」文成曰：「寧可且將朱脣飲酒，誰能逐你黑齒常之。」[20]

張文成當了司門員外郎，當時還有人以為他「官卑」，勸他從黑齒常之出征「從行」，博取更好的官位。

除此之外，戶部的倉部司和兵部的駕部司可能亦為士人所不喜，甚至成了一種傳統，一種「故事」。《舊唐書‧畢諴傳》說：

> 諴入為戶部員外郎，分司東都，歷駕部員外郎、倉部郎中。故事，勢門子弟，鄙倉、駕二曹，居之者不悅。唯諴受命，恬然

(續)——————

　　第9卷(2003)，頁9-52。北京大學中國古代史研究中心有個「《兩京新記》讀書班」，由榮新江教授主持，其成員的讀書心得報告見〈隋唐長安史地叢考〉，《唐研究》，第9卷(2003)，頁235-260。今人多把韋述的《兩京新記》當作地理書來運用。不過，從上引這段文字，可知韋述不只記錄長安的建築和地理，他也留意長安官府和官場事。

20　《御史臺記》今已不傳，此依《太平廣記》卷250，頁1940所引。

恭遜，口無異言，執政多之。[21]

此為大和年間事。若依六部秩序，兵部屬於「前行」，戶部也屬「中行」，排位都不差，它們的駕部司和倉部司卻據說為「勢門子第」所不喜。不過，上引此條是唯一的例子，證據似嫌單薄，或許這只是「勢門子弟」在擁有多重選擇時一種「勢利眼」的看法罷了。唐代任倉、駕兩曹郎官的人不少。他們當中有不少人後來也都仕至高官。總的來說，能夠當上郎官（即使在倉、駕兩曹），應當都很不錯，至少遠勝拾遺、補闕或監察御史等官。

例如，水部員外郎一般居末。上引韋述的《兩京雜記》，甚至說水部和司門為「入省不數」。然而，這恐怕也不能看得太死，要放在適當的情境下來看。比如，中唐詩人張籍當年出任水部員外郎時，他的朋友朱慶餘便給他寫了一首賀詩〈賀張水部員外拜命〉：

> 省中官最美，無似水曹郎。
> 前代佳名遜，當時重姓張。
> 白鬚吟麗句，紅葉吐朝陽。
> 徒有歸山意，君恩未可忘。[22]

竟說「省中官最美，無似水曹郎」，把水部抬得很高，和韋述的記載相

21　《舊唐書》卷177，頁4609。《新唐書》卷183，頁5379：「故事，要家勢人，以倉、駕二曹為辱，誠沛然如處美官，無異言。」關於分司東都的郎官，見勾利軍，〈略論唐代的東都尚書省〉，《河南大學學報》，2007年第4期，頁124-129；勾利軍，〈唐代東都分司官任職原因分析〉，《河南師範大學學報》，2003年第5期，頁110-113。

22　《全唐詩》卷515，頁5893。

背。當然，我們應當明白，朱慶餘這時是在寫詩祝賀友人得官，不免有
所吹噓，不能把他的話當真。但張籍得水部爲一喜事，卻也是事實。同
理，白居易也曾寫詩賀張籍，詩曰〈喜張十八博士除水部員外郎〉：

> 老何歿後吟聲絕，雖有郎官不愛詩。
> 無復篇章傳道路，空留風月在曹司。
> 長嗟博士官猶屈，亦恐騷人道漸衰。
> 今日聞君除水部，喜於身得省郎時。[23]

最後兩句充滿喜氣，可知張籍除水部員外郎，白居易很爲他高興，是件
可喜可賀的事，不宜因水部居二十六司之末而貶低它。

　　總的來說，二十六司以吏部司、吏部考功司(開元二十四年之前仍
掌貢舉時)、左司和右司等司爲最望，而以司門、膳部、主客、屯田、
虞部和水部等司殿後。但在唐代，能夠當上水部等司的郎官，都算是個
不小的成就，值得慶賀一番。

三、郎官的地位和官品

　　二十六司雖有輕重之分，郎官的地位也會因所屬的省司不同而有高
低之別，但總的來說，郎官還是一個備受尊敬的群體。大略而言，他們
的地位普遍高於本書所論的其他中層京官如監察御史、殿中侍御史、侍
御史、拾遺和補闕，也高於外官如縣令、錄事參軍和判官等，可說處於
中級文官當中的最上層，再往上遷便進入高層如侍郎和尚書了。

　　作爲一個群體，各司郎官的官品和月俸錢都一律。員外郎都是從六

23　《白居易集》卷19，頁420。

品上，郎中則從五品上。員外郎月俸都是四萬文，郎中五萬文(以會昌年間為例)[24]。這樣的官品不算高。按唐制，六品及以下的官員須經吏部銓選，五品及以上由皇帝親自任命，稱為「制授」。員外郎屬六品，但卻和五品的郎中一樣，其選任不經由吏部，而由皇帝制授[25]。這就表示員外郎和郎中都是比較清貴的官員。我們在前面兩章見過，監察御史、拾遺及補闕等六品以下官員，亦都由皇帝制授，也顯示他們地位之清要。

我們在第一章見過，唐代的所謂「清官」和「清望官」，都有很嚴格的定義和分別。按照這個定義，各司員外郎和郎中跟御史中丞、諫議大夫、給事中、中書舍人等高官一樣，不屬「清望官」，但卻都屬「清官」(「清望官」指三品以上少數高官)[26]。

除了這個嚴格定義的「清官」之外，唐人常以「清資」和「清選」等語來形容郎官。這在授官敕書中最為常見。李虞仲〈授張勝之比部員外郎制〉：「擢用為郎，是稱清選，勉爾從政，以休輿議。」[27]白居易〈張元夫可禮部員外郎制〉：「官有秩清而選妙者，其儀曹員外郎之謂乎？」[28]元稹〈授元宗簡權知京兆少尹，劉約行尚書司門員外郎制〉：「中臺諸郎，清而無雜。」[29]這些都是郎官備受重視的例證。

唐代最能彰顯郎官清要地位的，當數下面兩個具體事例：

> 林甫善音律，初為千牛直長，其舅楚國公姜皎深愛之。開元初，遷太子中允。時源乾曜為侍中，乾曜姪孫光乘，姜皎妹婿，乾

---

24 《新唐書》卷55，頁1403。

25 王勛成，《唐代銓選與文學》，頁194-195。

26 《舊唐書》卷42，頁1804-1805。

27 《全唐文》卷693，頁7116。

28 《白居易集》卷49，頁1029。

29 《元稹集》卷46，頁498。

> 曜與之親。乾曜之男潔白其父曰：「李林甫求為司門郎中。」
> 乾曜曰：「郎官須有素行才望高者，哥奴豈是郎官耶？」[30]

> 鹽鐵判官姚勗知河陰院，嘗雪冤獄，鹽鐵使崔琪奏加酬獎，乃
> 令權知職方員外郎。制出，令勗上省，〔韋〕溫執奏曰：「國
> 朝已來，郎官最為清選，不可以賞能吏。」上令中使宣諭，言
> 勗能官，且放入省。溫堅執不奉詔，乃改勗檢校禮部郎中。[31]

李林甫在開元初所「遷太子中允」，已經是個正五品的官位，但卻不屬嚴格定義的「清官」，所以他反而要求從五品的司門郎中。乾曜以「郎官須有素行才望高者」拒絕了他的請託。

　　同樣的，文宗時的韋溫，也以「郎官最為清選，不可以賞能吏」為由，反對鹽鐵判官姚勗授職方員外郎。姚勗雖有才能，仍不得任郎官。文宗最後不得已「改勗檢校禮部郎中」。此官乍看似乎比先前的「職方員外郎」還要高，但卻是個授給外地判官的「檢校」官，非入朝實職，詳見本章底下「檢校郎官」一節。

四、員外郎和郎中的別稱

　　在唐代史料中，員外郎和郎中有好幾種別名，須仔細分辨，可免誤讀。因為這些別稱涉及許多原始材料的正確解讀，關係切要，所以特於本章前頭詳加說明。

　　最常見的別稱是員外郎和郎中一起並稱為「郎官」，如玄宗的〈飭

30　《舊唐書》卷106，頁3235。
31　《舊唐書》卷168，頁4379。

尚書諸司詔〉所說：

> 尚書禮閣，國之政本。郎官之選，實藉良才。如聞諸司郎中、
> 員外郎，怠於理煩，業唯養望。凡厥案牘，每多停擁。容縱典
> 吏，仍有貨賕。欲使四方，何以取則，事資先令，義貴能改。
> 宜令當司官長懇勤示諭，并委左右丞勾當。其有與奪不當，及
> 稽滯稍多者，各以狀聞。[32]

開頭說「郎官之選」，接著便提到「諸司郎中、員外郎」，可知郎官指
這兩種官員。

「郎官」本身又有幾個別稱。最常見的是「尚書郎」，仿漢代用例。
在唐人當中，柳宗元似乎最愛用此稱謂，在他的文集中可以找到多達三
十多個用例，其中十多個見於他的〈先君石表陰先友記〉，如：

> 薛丹，同郡人。至尚書郎。
> 呂牧，東平人。由尚書郎刺澤州，卒。
> 于申，河南人。至尚書郎。[33]

考柳宗元在〈上江陵嚴司空獻所著文啟〉中說：「伏念往歲司空由
尚書郎出貳太原」[34]，指嚴綬貞元中自刑部員外郎出為太原少尹事，以
「尚書郎」代指員外郎。他在〈送婁圖南秀才遊淮將入道序〉說「僕自
尚書郎謫來零陵」[35]，則指他以禮部員外郎被貶永州司馬事，亦以「尚

32　《全唐文》卷26，頁300。
33　《柳宗元集》卷12，頁306-307。
34　《柳宗元集》卷36，頁924。
35　《柳宗元集》卷25，頁655。

書郎」代指員外郎。

值得注意的是，柳宗元似乎特愛以「尚書郎」代員外郎。他在〈先君石表陰先友記〉曾經提到幾個郎中，如趙需（「至兵部郎中，卒」）和柳冕（「自吏部郎中出為刺史」），反而沒有用「尚書郎」的別稱。

但尚書郎亦可指郎中。例如，白居易〈前長安縣令許季同除刑部郎中，前萬年縣令杜羔除戶部郎中制〉中說：

> 尚書郎缺，方選才良；憲部人曹，俾膺並命。季同，可刑部郎中；羔，可戶部郎中。[36]

即以「尚書郎」代指郎中。「憲部」指刑部，「人曹」指戶部。

元稹在〈鄭涵授尚書考功郎中，馮宿刑部郎中制〉中說：

> 敕：二帝三王之所以仁聲無窮，績用明而刑罰當也。尚書郎專是兩者，疇將若予。[37]

亦以「尚書郎」指郎中。要之，唐人文集中屢見「尚書郎」此詞，可指員外郎，亦可指郎中。

和郎官、尚書郎相似的稱謂還有「南宮郎」。《舊唐書‧李峘傳》說：

> 李峘，太宗第三子吳王恪之孫。……峘志行修立，天寶中為南宮郎，歷典諸曹十餘年。居父喪，哀毀得禮，服闋，以郡王子

36　《白居易集》卷55，頁1149。
37　《元稹集》卷46，頁449。

　　例封趙國公。楊國忠秉政，郎官不附己者悉出於外，峘自考功
　　郎中出爲睢陽太守。

從此段引文看，「南宮郎」即後文所提到的「郎官」。李峘以「考功郎
中」出爲睢陽太守，可知「南宮郎」可以是郎中的代稱。《舊唐書‧韋
執誼傳》說：「俄丁母憂，服闋，起爲南宮郎。」[38]《新唐書》此處作
「以母喪解。終喪，爲吏部郎中」[39]，可證「南宮郎」指郎中[40]。

　　但「南宮郎」也可以指員外郎，如白居易〈奉天縣令崔郜可倉部員
外郎判度支案制〉：

　　敕：奉天縣令崔郜：大凡南宮郎，無非慎選者也。況官之屬，
　　有堆案盈几之文，有月計歲會之課，故員外郎不可逾時缺，不
　　待滿歲遷……[41]

這裡「南宮郎」指員外郎。賈至〈授韋少遊祠部員外郎等制〉說：「南
宮郎位，是登題柱之才」[42]，亦指員外郎。

　　「南宮郎」也常見於唐詩。白居易「一年巴郡守，半年南宮郎」[43]，
劉禹錫「昔忝南宮郎，往來東觀頻」[44]，權德輿「忽驚西江侶，共作南

38　《舊唐書》卷135，頁3732。
39　《新唐書》卷168，頁5123。
40　孫國棟，《唐代中央重要文官遷轉途徑研究》，頁58，不慎把「南宮郎」
　　當成唐代正式官名來處理，似不知「南宮郎」乃郎官的別稱。
41　《白居易集》卷51，頁1077。
42　《全唐文》卷366，頁3725。
43　《白居易集》卷8，頁162。
44　《全唐詩》卷354，頁3967。

宮郎」[45] 等，都是顯例。

尚書省在中書門下之南，向有「南省」之稱。「南宮」即「南省」的別稱。《舊唐書·武宗紀》會昌元年二年條下：

> 中書奏：「南宮六曹皆有職分，各責官業，即事不因循。近者戶部度支，多是諸軍奏請，本司郎吏，束手閑居。今後請袛令本行分判，委中書門下簡擇公幹才器相當者轉授。」從之。[46]

可證「南宮」即「南省」尚書省。唐代史料中亦有「南省郎」的用例，但不多見，在兩《唐書》中僅有一例，見於《新唐書·劉禹錫傳》，敘劉禹錫從朗州司馬被召還之事：

> 久之，召還。宰相欲任南省郎，而禹錫作〈玄都觀看花君子〉詩，語譏忿，當路者不喜，出為播州刺史。[47]

此「南省郎」即「南宮郎」或郎官的別稱。至於郎官的其他通稱如「郎吏」(仿秦漢的「郎吏」稱呼)[48]、「臺郎」、「省郎」、「曹郎」等等，

45　《全唐詩》卷322，頁3624。

46　《舊唐書》卷18上，頁586。

47　《新唐書》卷168，頁5129。劉禹錫後改貶連州刺史。〈玄都觀看花君子〉即《劉禹錫集》卷24，頁308的〈元和十年自朗州承召至京戲贈看花諸君子〉一詩：「紫陌紅塵拂面來，無人不道看花回。玄都觀裏桃千樹，盡是劉郎去後栽。」

48　關於秦漢的郎吏，詳見嚴耕望，〈秦漢郎吏制度考〉，收在《嚴耕望史學論文選集》。唐代的「郎吏」一般指郎官，但有時也用以指下層的「吏役」，見凍國棟，〈唐代之郎吏〉，收在陳國燦和劉健明編《《全唐文》職官叢考》，頁446-447。

學者多已習見熟知，此不贅述。

比較少爲人所知的是，員外郎又可稱爲「外郎」，相對於郎中的另一別稱「正郎」。杜牧在著名的〈上宰相求杭州啓〉中說：

> 今天下以江淮爲國命，杭州戶十萬，稅錢五十萬，刺史之重，可以殺生，而有厚祿，朝廷多用名曹正郎有名望而老於爲政者而爲之。某今官爲外郎，是官位未至也。[49]

這裡是說杭州是個劇要州，朝廷多用「名曹正郎」(即地位較高的二十六司郎中)出任其刺史，杜牧自知自己爲「外郎」(當時他任司勳員外郎)，「是官位未至也」，暫時還不夠資格任杭州刺史，但他爲了養家，貪求刺史俸錢多，還是硬著頭皮寫這封信給宰相求杭州。這裡他以「正郎」對「外郎」，清楚顯示「正郎」指郎中，「外郎」指員外郎。

「外郎」的別稱，在唐史料中頗常見。例如，權德輿的〈唐故尚書工部員外郎贈禮部尚書王公改葬墓誌銘并序〉，提到這位王端有三個兒子：

> 長曰綽，被服縕褐，修無生法。次曰紓，以文章繼公，用雋造履清近。諫垣載筆，在帝左右。綱紀都曹，典司庫兵，歷外郎正郎，直誠厚行，爲士君子儀矩。[50]

---

49 《樊川文集》卷16，頁249。杜牧喜用「名曹」兩字，指「有名望的省司」，如他在〈上周相公啓〉中說：「不意相公拔自汙泥，昇於霄漢，卻收斥錮，令廁班行，仍授名曹，帖以重職。」(《樊川文集》卷十六，頁236)。他在〈上宰相求杭州啓〉中又說：「自去年八月，特蒙獎擢，授以名曹郎官，史氏重職。」

50 《全唐文》卷507，頁5151。

這裡說王紓曾經「歷外郎、正郎」，這也就是權德輿在〈故尚書工部員外郎贈禮部尚書王公神道碑銘并序〉中所說：「次曰紓，以文行篤實，歷右補闕、起居郎、右司員外郎、庫部郎中」[51]，可證「外郎」指員外郎，「正郎」指郎中。

劉禹錫的〈武陵北亭記〉：

> 郡北有短亭，縣舊也。亭孤其名，地藏其勝。前此二千石全然見之，建言而莫踐，去之日率遺恨焉。七年冬，詔書以竹使符授尚書水曹外郎竇公常曰：「命爾為武陵守。」[52]

亦以「外郎」指員外郎。「水曹」即水部司。

唐詩中常見「外郎」這別稱。劉禹錫的詩〈武陵書懷五十韻并引〉說：「永貞元年，余始以尚書外郎出補連山守，道貶為是郡司馬」[53]，指他在王叔文黨倒台後，以屯田員外郎被貶官事。李商隱的名詩〈韓碑〉中有一句云「儀曹外郎載筆隨」[54]，指禮部員外郎李宗閔以掌書記身分隨裴度征討淮西事。「儀曹」為禮部別名[55]。

至於「正郎」的意義，最明確的一條材料，見於杜確為詩人岑參所

51　《全唐文》卷500，頁5096。

52　《劉禹錫集》卷9，頁114。

53　《劉禹錫集》卷22，頁277。

54　《李商隱詩歌集解》，頁828。

55　馬同勛，〈外郎小考〉，收在陳國燦和劉健明編著《〈全唐文〉職官叢考》（武漢：武漢大學出版社，1997），頁381說，外郎乃「諸郡佐吏諸從事之通稱」，恐誤，未深考。按唐代方鎮使府較高層的從事如判官等，常帶有檢校員外郎之京銜。這種檢校員外郎不同於京城真正的員外郎，但也可稱為「外郎」。詳見本章「檢校郎官」一節。馬同勛可能因而誤以為外郎乃從事之通稱。

寫的〈岑嘉州集序〉：

> 聖上潛龍藩邸，總戎陝服，參佐僚史皆一時之選，由是委公以
> 書奏之任。入為祠部、考功二員外郎。轉虞部、庫部二正郎。
> 又出為嘉州刺史。[56]

這裡以「二員外郎」和「二正郎」對舉，可證「正郎」指郎中。考岑參
的官歷，他在出任嘉州刺史之前，的確曾任虞部和庫部郎中。[57]

元稹在〈上門下裴相公書〉寫道：

> 向使元和中一年為拾遺，二年為補闕，不三四年為員外，又三
> 四年為正郎……[58]

亦以「員外」和「正郎」對舉。白居易〈衢州刺史鄭群可庫部郎中，齊
州刺史張士階可祠部郎中，同制〉說：「今之正郎，班望頗重，中外要
職，多由是選」[59]。「正郎」指鄭群和張士階新授之郎中。

員外郎除了「南宮郎」和「外郎」等別稱外，還有一別名為「散郎」，
典出漢代「外郎」即「散郎」，但不常見。《舊唐書·元稹傳》有一段
記載：

> 荊南監軍崔潭峻甚禮接稹，不以掾吏遇之，常徵其詩什諷誦
> 之。長慶初，潭峻歸朝，出稹《連昌宮辭》等百餘篇奏御，穆

56　《岑參詩集編年校註》，頁893。
57　詳見劉開揚，〈岑參年譜〉，《岑參詩集編年校註》，頁26-27。
58　《元稹集》卷31，頁363-364。
59　《白居易集》卷51，頁1073。

宗大悅，問積安在，對曰：「今為南宮散郎。」即日轉祠部郎中、知制誥。[60]

元稹當時任膳部員外郎。此「散郎」指員外郎。《資治通鑑》記此事，胡三省註「郎中謂之正郎，員外郎謂之散郎」[61]，可作佐證。韓愈《順宗實錄》寫韋執誼：

執誼嘗為翰林學士，父死罷官，此時雖為散郎，以恩時時召入問外事。[62]

此處的「散郎」，當指韋執誼任職方員外郎事[63]。

宋代洪邁《容齋四筆》有一文論唐代的「官稱別名」，考出不少別名，但洪邁沒有提及「外郎」、「散郎」和「正郎」等別稱，也未及「尚書省」、「南宮郎」和「南省郎」等別號[64]，故細考如上，備讀史者參照。

60　《舊唐書》卷166，頁4333。《新唐書》卷174，頁5228略同。

61　《資治通鑑》卷241，頁7780。

62　《韓昌黎文集校注》附《順宗實錄》卷5，頁721。

63　兩《唐書》對韋執誼的早年官歷，敘述頗簡略，似有遺漏，亦未提到他「父死罷官」事。他曾經任職方員外郎，《太平廣記》卷153，頁1100所引《感定錄》說得最清楚：「執誼前為職方員外，所司呈諸州圖，每至嶺南州圖，必速令將去，未嘗省之。」《新唐書》卷168〈韋執誼傳〉，頁5124的寫法則沒有那麼明確：「始未顯時，不喜人言嶺南州縣。既為郎，嘗詣職方觀圖，至嶺南輒瞑目，命左右徹去。」但此處所謂「郎」，看來即職方員外郎。《順宗實錄》卷5，頁723亦記此事：「為郎官時，嘗與同舍郎詣職方觀圖，每至嶺南圖，執誼皆命去之，閉目不視。」

64　《容齋隨筆》附《容齋四筆》卷15，頁795-796。

五、郎官的職掌

郎官的職掌，在《唐六典》、《通典》和新舊《唐書》的職官志中都有描述。《唐六典》成書於開元年間，只敘及開元年間事。《通典》編成於貞元十七年(801)，對郎官的職掌不但有歷史回顧，也引用不少唐初到中唐的事例佐證，敘述最爲豐富、具體、生動。新舊《唐書》則採取比較簡略的寫法，幾乎沒有引用任何事例，僅有制度條文，行文相當枯澀，遠不如《通典》之詳備。這裡且根據《通典》，把郎官的職掌列於表4。

表4　二十六司郎官職掌

左右司	職　掌
左右司郎中各一人 左右司員外郎各一人	左司掌吏、戶、禮部十二司之事。右司掌兵、刑、工部十二司之事，舉正稽違，省署符目。
吏　部	
吏部郎中二人	掌選補流外官，謂之小銓，並掌文官名簿、朝集、祿賜、假使并文官告身，分判曹事。
吏部員外郎二人	一員判廢置，一員判南曹。
司封郎中一人 司封員外郎一人	掌封爵、皇之枝族及諸親、內外命婦告身及道士、女冠等。
司勳郎中一人 司勳員外郎一人	掌校定勳績、論官掌勳、官告身等事。
考功郎中一人 考功員外郎一人	掌考察內外百官及功臣家傳、碑、頌、誄、諡等事。(考功員外郎原掌貢舉，開元二十四年移貢舉於禮部侍郎)。
戶　部	
戶部郎中二人 戶部員外郎二人	掌戶口、籍帳、賦役、孝義、優復、蠲免、婚姻、繼嗣、百官、眾庶、園宅、口分、永

	業等。
度支郎中一人 度支員外郎一人	掌支使國用。
金部郎中一人 金部員外郎一人	掌庫藏金寶貨物,權衡度量等事。
倉部郎中一人 倉部員外郎一人	掌諸倉廪之事。
禮　部	
禮部郎中一人 禮部員外郎一人	掌禮樂、學校、儀式、制度、衣冠、符印、表疏、冊命、祥瑞、鋪設、喪葬,贈賻及宮人等。
祠部郎中一人 祠部員外郎一人	掌祠祀、天文、漏刻、國忌、廟諱、卜祝、醫藥等及僧尼簿籍。
膳部郎中一人 膳部員外郎一人	掌飲膳,藏冰及食料。
主客郎中一人 主客員外郎一	掌二王後及諸藩朝聘。
兵　部	
兵部郎中一人 兵部員外郎二人	掌與兵部侍郎同(即掌署武職、武勳官、三及兵士以上簿書,朝集、祿賜、假告、使差、發配,親士帳內考覈,及給武職告身)。
職方郎中一人 職方員外郎一人	掌地圖、城隍、鎮戍、烽候,防人路程遠近,歸化首渠。
駕部郎中一人 駕部員外郎一人	掌輿輦、車乘、郵驛、廄牧,司牛馬驢騾,闌遺雜畜。
庫部郎中一人 庫部員外郎一人	掌軍器、儀仗、鹵簿法式及乘輿等。
刑　部	
刑部郎中二人 刑部員外郎二人	掌刑法、獄訟之事。
都官郎中一人 都官員外郎一人	掌簿斂、配役、官奴婢簿籍、良賤及部曲、客女、俘囚之事。

比部郎中一人 比部員外郎一人	掌內外諸司公廨及公私債負、徒役公程、贓物帳及勾用度物。
司門郎中一人 司門員外郎一人	掌門籍、關橋及道路、過所闌遺物事。
工　部	
工部郎中一人 工部員外郎一人	所掌與工部侍郎同（即掌興造、工匠、諸公廨屋宇、五行並紙筆墨等事）。
屯田郎中一人 屯田員外郎一人	掌屯田、官田、諸司公廨、官人職分、賜田及官園宅等事。
虞部郎中一人 虞部員外郎一人	掌京城街巷種植、山澤、苑囿、草木、薪炭供須、田獵等事。
水部郎中一人 水部員外郎一人	掌川瀆、津濟、船艫、浮橋、渠堰、漁捕、運漕、水碾磑等事。

資料來源：《通典》卷22。

　　從上表可知，二十六司的職掌有輕重、閒劇之別。其中以左右司、吏部司、兵部司的職務最為劇要。這幾個司的地位，在二十六司當中也最高（見本章第二節的討論），在唐人心目中排在前頭。比較次要的是禮部司、工部司、司封、司勳、考功（但開元二十四年之前因掌貢舉又極劇要）等司，而較不重要的當數膳部、主客、屯田、虞部和水部等司。至於戶部司和度支司，在唐中葉以後已被度支、鹽鐵轉運等使所取代，淪為閒司。

　　這二十六司在唐人心目中的排位，恐怕跟它們所負責的職務大有關係。上引唐代「勢門子第」不喜駕部司和倉部司，最大的原因恐怕是這兩司所管的乃「輿輦、車乘、郵驛、廄牧，司牛馬驢騾，闌遺雜畜」以及「倉廩」等瑣事，遠遠不及吏部司掌文官銓選那樣「高雅」而劇要。其他如金部、比部、都官和司門等司的地位，也都可以放在這個「職掌」角度下來看待和衡量。

　　唐人升官大抵也依據這些司的閒劇輕重，一般得從閒司幹起。例

如，韓愈便從都官員外郎做起，後轉比部郎中、史館修撰，其都官、比部都屬閒司，跟著他才升爲考功郎中知制誥。劉禹錫的第一任郎官，也僅是屯田員外郎。白居易最初任郎官，當的就是比較殿後的司門員外郎，後轉主客郎中知制誥。元稹初除郎官，任的是膳部員外郎，後轉祠部郎中知制誥。杜牧最先掛郎官，掛的也正是膳部、比部員外郎等較不劇要司的郎官兼史職。他後來才升爲司勳員外、吏部員外和考功郎中，完全符合從閒司逐步升爲要司、從員外郎遷轉爲郎中的升官原則。

從這個角度看，柳宗元三十三歲就當上郎官，而且是地位比較清高的禮部員外郎，可說非常幸運，因爲禮部員外郎又比上引幾個詩人初任的屯田、都官、司門、比部、祠部、膳部員外郎來得好。才高如李德裕，他三十四歲任翰林學士時，所帶的本官也只不過是屯田員外郎，後來才升爲考功郎中[65]。

嚴耕望有一篇著名的論文〈論尚書省的職權與輕重〉，探討唐代尚書省和九寺諸監的關係。他得出的最重要結論之一是：「尚書六部爲上級機構，主政務；寺監爲下級機構，掌事務。」[66] 除此之外，他的研究也發現：

> 凡事屬中央性質者，小部分蓋亦最重要的部分，由六部自己執行，如吏部兵部之銓選與禮部之貢舉是也；大部分則下寺監等事務機構執行之，尚書亦只處於頒令節制之地位，如財計、兵政、刑獄、繕作是最顯者。[67]

65　以上各人的郎官仕歷，據各家年譜或評傳。

66　《嚴耕望史學論文選集》，頁432。

67　《嚴耕望史學論文選集》，頁476-477。

不過嚴耕望論尚書省職權，主要是在左右丞、六部尚書和侍郎的層次來
論述。如果我們更深入到二十六司郎官的層次來看這問題，那我們還可
以補充若干細節，或可進一步佐證或修訂嚴耕望的結論。

　　第一，屯田和水部等為「閒曹」的說法，並不始於安史亂後，而是
從唐初即有。例如，上引韋述《兩京新記》就說：

> 司門、都門〔當為「都官」之誤〕、屯田、虞、水〔當指「虞部」和
> 「水部」〕、膳部、主客皆在後行，閒簡無事。時人語曰：「司
> 門水部，入省不數。」[68]

司門水部等司之所以「入省不數」，當和這些司的職掌「閒簡」大有關
係，而且，正如嚴耕望所考，他們只「主政務」，實際的「事務」已由
大理寺、少府監和將作監等寺監去執行，所以閒簡有因。

　　《唐會要》卷五十七至五十九記載了〈尚書省諸司〉活動的事例，
頗可看出二十六司的閒劇程度。其中以左右司、吏部司、考功司、兵部
司等曹的材料最多，而以金部、倉部、駕部、庫部、司門、祠部、膳部、
主客、虞部、屯田等司的最少，往往僅得一兩條。這可說側面反映了這
些曹司閒散的實況。

　　不過，在安史之亂期間或稍後，由於戰亂，大部分尚書省司倒是都
處於閒散狀態。這見於于邵所寫〈為趙侍郎陳情表〉：

> 臣……始自給事，驟遷侍郎，贊貳冬官，典司邦教。屬師旅之
> 後，庶政從權，會府舊章，多所曠廢，惟禮部、兵部、度支，
> 職務尚存，頗同往昔，餘曹空閒，案牘全稀。一飯而歸，竟日

68　《兩京新記輯校》卷1，頁9。

無事。[69]

嚴耕望指出此表上於大曆二年安史之亂後不久，連吏部也散置，只有「禮部、兵部、度支，職務尚存」，但這可視為戰亂後的暫時現象。可注意的是「一飯而歸，竟日無事」一句。唐代的京城官署，一般只在上午辦公半天，中午大家在官署食堂一起聚餐會食過後便可以回家[70]。「一飯而歸，竟日無事」，指的便是這件事。

此外，《唐會要》還有一條材料，提到尚書省郎官閒簡到「間日視事」的事：

> 貞元二年〔786〕正月，宰相崔造奏請尚書省六職，令宰臣分判。乃以宰臣齊映判兵部承旨及雜事，李勉判刑部，劉滋判吏部、禮部，崔造判戶部、工部。至三月三日，敕：「尚書郎除休暇，宜每日視事。」自至德〔756-757〕以來，諸司或以事簡，或以餐錢不充，有間日視事者。尚書省皆以間日。先是，宰相張延賞欲事歸省司，恐致稽擁，准故事，令每日視事。無何，延賞薨，復間日矣。[71]

學者常引此條，但多從「自至德以來」一句開始引用，略去開頭一大段，頗失其真，以致讀者會以為這僅指「至德以來」戰亂期間的事，其實不

69　《全唐文》卷450，頁4332。題中「趙侍郎」，在《全唐文》中作「趙侍御」，嚴耕望已指出應為「趙侍郎」之誤。此據《文苑英華》卷601改正。

70　見拙書《唐代基層文官》第六章〈文官俸錢及其他〉第五節〈辦公時間和休假〉。筆者後來在發表的論文〈論唐代官員的辦公時間〉，《中國史研究》，2005年第4期，頁73-77，又有所補充。

71　《唐會要》卷57，頁1157。

然。在貞元二年三月三日，皇帝便下令「尙書郞除休暇，宜每日視事。」
可見尙書省二十六司的那些「尙書郞」(指郞中和員外郞，詳見上「員
外郞和郞中的別稱」一節)，從至德以來便「間日視事」，隔天才上班
一次，一直到貞元二年都如此，前後時間竟長達約三十年，並非只限於
安史戰亂期間。到了貞元二年，宰相張延賞爲了挽回尙書省逐漸失去的
職權，才奏請皇帝下令這些尙書郞「每日視事」。然而，一年多之後張
延賞死了(他死於貞元三年七月)[72]，尙書郞又恢復「間日視事」。由此
看來，中晚唐的郞官恐怕長時間都在「間日視事」，並非只限於戰亂期，
不可謂不清閒。白居易在〈祭崔相公文〉中說：

> 公長夏司，愚貳秋曹。玉德彌溫。松心不凋。南宮多暇，屢接
> 遊遨。[73]

白在祭文中提到他和崔相公在大和初在尙書省任職的實況，說是「南宮
多暇」，當是最好的佐證。

其次，從各方面的材料看，吏部司無疑是二十六司當中最活躍的一
個，而且此司確實在執行文官的銓選「事務」，並非像許多其他司只管
「政務」。近年來，唐代銓選的研究頗有成績，特別是王勛成教授的大
作《唐代銓選與文學》，釐清了過去唐代銓選程序中許多含糊不清的謎
團，很有助於我們理解吏部司的運作。這裡且試作補充一二。

譬如，杜牧在〈上宰相求湖州第二啓〉中，有一句話說：「今自司
勳擢爲廢置。」[74]他另有一詩，詩題曰：〈新轉南曹，未敍朝散，初秋

---

72 見《舊唐書》卷12〈德宗紀〉，頁357；《舊唐書》卷129〈張延賞傳〉，
頁3610。
73 《白居易集》卷70，頁1477。
74 《樊川文集》卷16，頁248。

暑退，出守吳興，書此篇以自見志〉[75]。兩者都不易理解，須放在吏部員外郎判「廢置」和「南曹」的制度下來讀，才能讀通。

原來，杜牧的〈上宰相求湖州第二啓〉寫於大中四年(850)他四十八歲時，這一年他從司勳員外郎擢升爲吏部員外郎，這是最清望的郎官之一。「今自司勳擢爲廢置」一句，不單告訴我們他升爲吏部員外郎，而且更進一步透露他在吏部管的是「廢置」事。按吏部員外郎有二人，一判廢置，一判南曹。

可惜的是，繆鉞的《杜牧年譜》似乎沒有留意到杜牧「今自司勳擢爲廢置」這句話的含意，沒有加以引用，只引了他的〈新轉南曹〉詩，便說「杜牧蓋以吏部員外郎判南曹」，遺漏了他先前判廢置的事蹟，可謂失考。

事實上，綜合這兩條材料看，杜牧當年初任吏部員外郎，應當是先判廢置，再「轉」南曹的。所以他才會說「今自司勳擢廢置」，表明他從司勳轉到吏部司時，是先判廢置的。至於〈新轉南曹〉詩中的「新轉」兩字，也很有意義，正好揭示他是從廢置「新轉」到南曹去的，否則「新轉」兩字就無從解釋了。

以上這個解讀，完全符合吏部員外郎二人所謂「兩廳」輪轉的制度。《唐會要》卷58「吏部員外郎」條下說：

> 判廢置一員，判南曹一員。……故事，兩轉廳。至建中元年，侍郎邵說奏，各挾闕替。南曹郎王銅已後，遂不轉廳。貞元十一年閏八月一日，侍郎杜黃裳奏：「當司郎官，判南曹、廢置，請准舊例轉廳。」敕旨依奏。[76]

75　《樊川文集》卷3，頁52。
76　《唐會要》卷58，頁1180-1181；又見《通典》卷22，頁632。

所謂「廳」，約略等於今人所說的「辦公室」（日文仍有「防衛廳」、「廳長」等說法）。《唐國史補》有一段話，頗可解說吏部司分廳的制度：

> 郎官故事：吏部郎中二廳，先小銓，次格式；員外郎二廳，先南曹，次廢置。[77]

據王勛成的研究，轉廳的原則是：「以久任員外郎判南曹，新補員外郎判廢置，若南曹有缺，則曾任廢置的員外郎補。」[78] 有了這些背景知識去讀上引杜牧兩條材料，問題應當都可迎刃而解了。杜牧正是先判廢置，後「轉」南曹的。他的〈上宰相求湖州第二啓〉正寫在〈新轉南曹〉詩之前。

但甚麼是「廢置」和「南曹」？這是唐代銓選的兩個專門部門，都由尚書省的吏部員外郎主判，也是選人在銓選過程中最先碰到的兩道關卡。《唐會要》說：

> 其銓綜也，南曹綜覈之，廢置與奪之，銓曹注擬之，尚書僕射兼書之，門下詳覆之，覆成而後過官。[79]

這是銓選的整個過程。換言之，銓選並非只是「吏部侍郎掌選事」那麼簡單。選人得通過重重關卡才能授官。王勛成書中對整個程序有極詳細的考釋[80]，這裡不必贅述。簡單地說，南曹負責審核選人參選所呈上的

---

77 《唐國史補》卷下，頁51。
78 《唐代銓選與文學》，頁144。
79 《唐會要》卷74，頁1579。
80 見《唐代銓選與文學》，第五章。

所有文書，而「廢置是專門複查被南曹駁放的選人是否合理正確以判定其留放的機構」[81]。換言之，南曹初審文書，廢置複查南曹的決定是否正確。

至於兵部司掌武選，其運作程序應當類似吏部司，應當也是個實掌「事務」的部門，可惜這方面的材料太少，這裡無法深考。禮部掌貢舉，當然也屬「事務」，但貢舉例由禮部侍郎主持，不是由禮部郎中或員外郎負責，已超越本章所論的郎官範圍，屬於較高層次，且留待筆者下一本書《唐代高層文官》論侍郎和尚書時再來論述。

要之，尚書省最重要的職權，正如嚴耕望所考，最後僅剩「小部分蓋亦最重要的部分，由六部自己執行，如吏部兵部之銓選與禮部之貢舉是也；大部分則下寺監等事務機構執行之」。然而，在尚書省二十六司的層次，則只剩吏部郎中掌銓選格式和流外銓，吏部員外郎判南曹和廢置，以及兵部司掌武選的某些工作而已。

六、郎官和刺史

郎官的地位和官品問題，在他們出入為刺史時最能看出其微妙之處。外地上州刺史為從三品，中州正四品上，下州正四品下，都比員外郎的從六品上和郎中的從五品上來得高。但唐人任官不能單看官品，這裡又是一個好例子，因為外州刺史不乏入朝為員外郎或郎中的實例。若單從官品看，他們入朝等於是降級。但唐代刺史入為郎官卻不是貶或左遷，反而是升遷或正常的遷轉。

實際上，唐代的「貶」幾乎永遠是「單向」的。「貶」幾乎都指從朝中出為外地州縣官，特別是偏遠小州的刺史、司馬或縣尉等。從州縣

81　《唐代銓選與文學》，頁143-145。

官或幕府職位入爲朝中官,即使朝中官位品階低於原先職位,都不會稱
爲「貶」或被視爲「貶」。相反的,唐人一般都以入任京官爲一種榮耀,
即使京官的品階和月俸低於先前的外官。

據孫國棟的研究,唐代有十一位刺史入爲員外郎,三十四位刺史入
爲郎中,而從員外郎出爲刺史者則多達五十位,從郎中出爲刺史的也高
達四十五位[82]。這是孫氏單就兩《唐書》資料所得的研究結果。劉詩平
後來擴大研究範圍,除了兩《唐書》之外,還利用石刻和其他材料,得
出的統計是:唐前期有二十八位郎中出爲刺史,五位刺史入爲郎中;唐
後期則有九十四位郎中出爲刺史,五十五位刺史入爲郎中。員外郎方
面,唐前期有十五位出爲刺史,無刺史入爲員外郎;唐後期則有六十七
位員外郎出爲刺史,十二位刺史入爲員外郎。[83]

從這些數字看來,郎官出爲刺史的案例,遠多於刺史入爲郎官。

從這些數字可以進一步作三點申論:第一,兩京周圍或富饒上州的
刺史,地位一般上高於郎官,常用以酬獎郎官。第二,偏遠小州刺史地
位則頗低下,常作郎官外貶之用。第三,刺史地位雖高,仍可與郎官互
有遷轉,不因它們品階不同而有所限制,且刺史入爲郎官,品階雖降,
仍被視爲榮耀之事。

關於第一點,永泰二年有一道詔書,頗能透露個中消息:

> 夏四月辛亥,詔尚書省郎中授中州刺史,員外郎授下州刺史,
> 爲定制。[84]

---

82 詳見孫國棟,前引書,頁54-60的圖表。

83 劉詩平,〈唐代前後期內外官地位的變化〉,《唐研究》,第2卷(1996),
　　頁335。

84 《舊唐書》卷11,頁283。唐代的州有兩種分級法。一是分爲八級:府、輔、
　　雄、望、緊、上、中、下。這是《元和郡縣圖志》以及《新唐書・地理志》

這說明郎中才能出任中州刺史，員外郎只能出為下州刺史。至於上州刺史需怎樣的資格，詔書未說。上引杜牧〈上宰相求杭州啟〉說杭州多由「名曹正郎」出任，他當時任司勳員外郎，「官位未至也」，可證此詔書所說，中晚唐郎官出為刺史，有一套「定制」。一般而言，郎中所得的州，應當比員外郎所得者較好。杭州是個「上州」。[85]

　　至於第二點，郎官被貶為次要的遠州刺史，例證很多，且舉以下數例：

（一）元和十一年「辛未，貶吏部侍郎韋顗為陝州刺史，刑部郎中李正辭為金州刺史，度支郎中薛公幹為房州刺史，屯田郎中李宣為忠州刺史，考功郎中韋處厚為開州刺史，禮部員外郎崔韶為果州刺史，並為補闕張宿所搆，言與〔韋〕貫之朋黨故也。」[86]

（二）長慶元年六月，「以考功員外郎、史館修撰李翱為朗州刺史，坐與李景儉相善故也。」[87]

（三）寶曆元年二月，「癸未，貶戶部侍郎李紳為端州司馬。丙戌，貶翰林學士、駕部郎中、知制誥龐嚴為信州刺史，翰林學士、司封員外郎、知制誥蔣防為汀州刺史，皆紳之引

（續）

　　所採用的劃分法，主要以政治和軍事考量劃分。這方面最詳細的論述見翁俊雄，〈唐代的州縣等級制度〉，《北京師範學院學報》，1991年第1期。另一種是以戶口多寡分為上、中、下三級：凡戶滿四萬以上為上州；戶二萬以上為中州；戶不滿二萬者為下州。見《唐六典》卷30，頁745-746。永泰二年此詔所說的，是指戶口劃分法下的中、下州，和《元和郡縣圖志》等書所定的中、下州不同。

85　《新唐書》卷41，頁1059。
86　《舊唐書》卷15，頁457。
87　《舊唐書》卷16，頁478。

用者。」[88]

以上各州，多爲中下小州，當中又有等級之分。罪名較重者，被貶的州
就越荒遠。諸郎官出爲刺史，品階好像都升了，但卻清楚是「貶」官。

關於第三點，郎官和刺史互相遷轉，若以唐代幾個知名詩人如劉禹
錫、白居易和杜牧的官歷來考察，最爲生動有趣。他們曾經從刺史任上
回到京師任員外郎或郎中，或從郎官出爲刺史。他們的經歷爲我們探討
郎官和刺史之間的遷轉提供了絕佳的材料，讓我們可以更清楚看到當時
的動態實況和細節。

劉禹錫因王叔文案，從屯田員外郎外貶爲連州刺史（途中再貶爲朗
州司馬）。連州雖屬下州，刺史的品階仍爲從四品上，比劉禹錫任屯田
員外郎的品階從六品上高出許多，但這種品階之高是沒有意義的，特別
是對一個外貶的官員。劉禹錫的心情鬱悶不樂。他途中在江陵（今湖北
江陵）遇到韓愈。韓愈給他寫了一首詩〈永貞行〉，裡面便提到他和柳
宗元等人從郎官外貶的事：

> 郎官清要爲世稱，荒郡迫野嗟可矜。[89]

這裡韓愈形容這幾個「爲世稱」的郎官外放到別州，恍若到了「荒郡迫
野」，可憐兮兮，意象很生動。

劉禹錫在朗州近十年，後又任夔州及和州刺史。大和二年（828）他
重回長安任主客郎中，寫了一封信〈謝裴相公啓〉，感謝宰相裴度薦拔
他回到朝中。信中說他「通籍郎位，分曹樂都」，又說「姻族相賀，壺

---

88 《舊唐書》卷17上，頁507。
89 《韓昌黎詩繫年集釋》，頁332。

觴盈門」[90]，非常興奮。此外，他也寫了一首詩〈再遊玄都觀絕句并引〉，展現他從刺史重入為郎官的喜樂：

> 余貞元二十一年為屯田員外郎時，時此觀未有花木。是歲，出牧連州，尋貶朗州司馬。居十年，召至京師，人人皆言有道士手植仙桃，滿觀如紅霞，遂有前篇以志一時之事〔指〈元和十年自朗州承召至京戲贈看花諸君子〉一詩〕。旋又出牧，于今十有四年，復為主客郎中。重遊玄都，蕩然無復一樹，唯兔葵燕麥動搖於春風耳。因再題二十八字，以俟後遊。時大和二年三月。
>
> 百畝庭中半是苔，桃花淨盡菜花開。
> 種桃道士歸何處，前度劉郎今又來。[91]

「前度劉郎今又來」一句，寫活了他重返京師任郎官的得意心情，雖然此時他的官階從六品上，還低於他前任官(和州刺史)的品階。

同樣的，白居易也曾經從刺史入為郎官。他的經驗更為生動有趣。起先，他是從江州司馬量移為忠州(今四川忠縣)刺史。唐代的刺史由於多由高官出任，章服照例是緋色。即使品卑，原不合衣緋者，也有所謂「借緋」之事。《通典》說：

> 〔開元〕八年二月敕，都督刺史品卑者，借緋及魚袋，永為常式。[92]

---

90 《劉禹錫集》卷18，頁222。
91 《劉禹錫集》卷24，頁308。
92 《通典》卷63，頁1770。此條又見於《唐會要》卷31，頁667。

《唐會要》說：「舊制，凡授都督、刺史，皆未及五品者，並聽著緋、佩魚，離任則停之。」[93]《新唐書・循吏傳》也說：「初，刺史準京官得佩魚，品卑者假緋、魚。」[94] 唐代的章服視散官品階而定。這裡的「五品」指散官從五品下的「朝散大夫」階。

牛僧孺的兒子牛叢，當年和宣宗皇帝有過一段精彩對話，初讀頗不易理解，需放在這種「品卑刺史借緋」的習俗下看，始能通解：

> 叢字表齡，第進士，繇藩帥幕府任補闕，數言事。會宰相請廣諫員，宣宗曰：「諫臣惟能舉職為可，奚用眾耶？今張符、趙璘、牛叢使朕聞所未聞，三人足矣。」以司勳員外郎為睦州刺史，帝勞曰：「卿非得怨宰相乎？」對曰：「陛下比詔不由刺史縣令不任近臣，宰相以是擢臣，非嫌也。」即賜金紫，謝曰：「臣今衣刺史所假緋，即賜紫，為越等。」乃賜銀緋。[95]

牛叢以司勳員外郎出為睦州刺史，他的散官階未達五品，不可衣緋。但他出任刺史，又可按當時「品卑刺史借緋」的規定借穿緋衣。宣宗見到他著緋，又見他對答很得體，為了賞賜，於是「即賜金紫」，也就是比緋衣高一級的紫衣和金魚袋，原為散官三品的章服。牛叢因此得提醒宣宗，「臣今衣刺史所假緋，即賜紫，為越等。」換句話說，牛叢的散官階原只可衣綠，如今衣緋，是因為他當了刺史，以官卑借穿緋衣而已。如果宣宗此時賜他金紫，便是「越等」，所以宣宗最後「乃賜銀緋」[96]。

93　《唐會要》卷31，頁666。

94　《新唐書》卷197，頁5616。

95　《新唐書》卷174，頁5234。此事原出《東觀奏記》中卷，頁109，又見於《唐語林校證》卷一，頁84，文字略有不同。

96　宋人洪邁對牛叢此事有一評語，說「然則唐制借服色得於君前服之，國朝

「銀」指銀魚袋，和緋衣配搭使用。

這種「借緋」習俗在白居易詩中頗有反映。他稱之爲「刺史緋」，如他在〈初著刺史緋答友人見贈〉一詩的詩題所說[97]。他在前往忠州任刺史途中，寫了一首詩〈行次夏口，先寄李大夫〉，裡面就有以下兩句：

> 假著緋袍君莫笑，恩深始得向忠州。[98]

寫的正是當時的「借緋」習俗。可知他和牛叢一樣，散官階未達五品，原不可著緋。他任江州司馬時仍著五品以下的「青衫」，其名詩〈琵琶行〉中的名句「江州司馬青衫濕」可作佐證[99]。但他前去任忠州刺史，卻以當時刺史品卑可以借緋的習俗，「假著緋袍」。爲此，他請他的好朋友李大夫（鄂州刺史、鄂岳觀察使李程）「君莫笑」，十分生動有趣。

白居易任忠州刺史，可「假著緋袍」，品階表面上看起來頗高，但他其實並不快樂。忠州是個窮州小地方，位於長江岸邊。他在〈初到忠州，贈李六〉（李六即李程）說：

> 好在天涯李使君，江頭相見日黃昏。
> 吏人生梗都如鹿，市井疏蕪只抵村。
> 一隻蘭船當驛路，百層石磴上州門。
> 更無平地堪行處，虛受朱輪五馬恩。[100]

之制，到闕則不許。」見其《容齋隨筆》所附《容齋三筆》卷5，頁471。宋代不但有「借緋」，而且還有「借紫」之習，詳見《雞肋編》，（宋）莊綽撰，蕭魯陽點校（北京：中華書局，1983）卷上，頁19-20。

97 《白居易集》卷17，頁372。
98 《白居易集》卷17，頁373。
99 參陳寅恪，《元白詩箋證稿》，頁58-60對「江州司馬青衫濕」的考證。
100 《白居易集》卷18，頁378。

他當刺史，「悉以畬田粟給祿食，以黃絹支給充俸」，生活頗困苦。他在〈南賓郡齋即事，寄楊萬州〉中說：

> 山上巴子城，山下巴江水。
> 中有窮獨人，強名為刺史。
> 時時竊自哂，刺史豈如是？
> 倉粟餧家人，黃縑裹妻子。[101]

此外，他這時仍屬外貶量移期間，正像他在〈重贈李大夫〉中所說，「流落多年應是命，量移遠郡未成官」[102]，心情自然不暢快。

但不到兩年後，白居易有機會從忠州刺史入為司門員外郎，他的心情便大為不同，十分興奮。他寫了一首詩〈初除尚書郎脫刺史緋〉記此事，非常具有時代意義和精神：

> 親賓相賀問何如？服色恩光盡反初。
> 頭白喜拋黃草峽，眼明驚拆紫泥書。
> 便留朱紱還鈴閣，卻著青袍侍玉除。
> 無奈嬌癡三歲女，繞腰啼哭覓銀魚。[103]

這首詩可說把一個刺史入為郎官的喜躍心情，寫得入木三分，而且還把這種「遷官」的曲折細節，寫得十分活潑，值得細考細讀。

總的來說，白居易得以回到朝中任員外郎，心情是愉快的。「親賓

---

101 《白居易集》卷11，頁211。
102 《白居易集》卷17，頁374。
103 《白居易集》卷18，頁394。

相賀問何如？」和「頭白喜拋黃草峽」兩句，當爲最佳寫照。「黃草峽」指忠州附近的一個峽灣。然而，從刺史入爲郎官，也意味著官品的降低。他原本可以借穿「刺史緋」，現在入爲郎官，被打回原形，得「脫」下「刺史緋」，穿回青衫，「卻著青袍侍玉除」，似乎又有一點點的「失落」。整首詩有一大部分便在寫這種官品和服色的轉變，以及隨之而來的心情變化。

最可圈可點的是最後兩句，「無奈嬌癡三歲女，繞腰啼哭覓銀魚」。這是說，他現在不任刺史了，腰邊不再掛著「銀魚」袋。他的三歲女兒「繞腰」找不到銀魚可玩，竟然「啼哭」起來。結尾這兩句借用一個三歲女兒的「嬌癡」動作，寫出沒有「刺史緋」可穿，又沒有銀魚袋可配帶的「無奈」心情，十分別致[104]。「無奈」兩字也很耐人尋味。

白居易從忠州刺史入爲司門員外郎，有些許的「失落」，主要表現在他官品降低了，再也沒有「刺史緋」可穿這點上，但整個來說，他還是以能入爲尚書省郎官而高興的。這首詩忠實反映了中唐一個刺史入爲郎官既喜躍而又有點失落的複雜情緒，可說是十分難得又十分「寫實」的史料。

晚唐詩人杜牧的經歷，又和劉禹錫、白居易有些不同。

杜牧在三十八歲時，曾經任膳部、比部員外郎，皆兼史職。會昌二年(842)他四十歲時，出任黃州刺史，後來又接任池州和睦州刺史，前後共約七年。此即他在〈上吏部高尚書狀〉中所說：「三守僻左，七換星霜」[105]。不過黃州、池州和睦州都是小州，戶口都不滿二萬，算是唐

---

104 不過，白居易這種「無奈」心情是暫時的，因為他不久便升為文散官從五品下的朝散大夫，可以名正言順著緋了。他在升散官後寫了幾首詩記其事，其中一首〈酬元郎中同制加朝散大夫書懷見贈〉說：「五品足為婚嫁主，緋袍著了好歸田。」見《白居易集》卷19，頁409。

105 《樊川文集》卷16，頁238。

州三級分類中的下州。他這段時期的刺史官階雖比員外郎高，月俸也比員外郎多，但他並不得意，心情鬱悶。此時李德裕秉政，杜牧沒有機會回朝[106]。

李德裕去世後，大中二年杜牧的故舊周墀升任宰相，薦拔他為司勳員外郎。他在答謝周墀的信〈上周相公啟〉中有幾句話，頗能透露他從刺史重入朝為員外郎的得意心情：

> 伏以睦州治所，在萬山之中，終日昏氛，侵染衰病。自量忝官已過，不敢率然請告，唯念滿歲，得保生還。不意相公拔自汙泥，升於霄漢，卻收斥錮，令廁班行，仍授名曹，帖以重職，當受震駭，神魂飛揚，撫已自驚，喜過成泣。[107]

這裡杜牧以他在睦州的「終日昏氛，侵染衰病」，和他入為員外郎，「升於霄漢」，「仍授名曹，帖以重職」對舉，充分展現他任刺史和郎官的不同心境。

杜牧這時還寫了一首詩〈除官歸京，睦州雨霽〉，抒寫他即將從刺史回京入為郎官的愉快心情。詩中有兩句尤其能凸顯他這種情緒：

> 豈意籠飛鳥，還為錦帳郎。[108]

「錦帳郎」指郎官，典出蔡質《漢官儀》：「尚書郎入直臺中，官供新青縑白綾被，或錦被，晝夜更宿，帷帳畫，通中枕，臥旃蓐，冬夏隨時

---

106 詳見繆鉞，《杜牧傳》，頁62-107。
107 《樊川文集》卷16，頁236。
108 《樊川文集》卷3，頁51。

改易。」[109]

　　然而，杜牧入朝任郎官不到約一年，他又自願求外放為刺史。大中三年他就寫信給宰相，要求任杭州刺史。但杭州是個「戶十萬，稅錢五十萬」的大州，當時宰相也已不是周墀。新任宰相沒有答應杜牧的請求。像杭州如此要州的刺史須為「名曹正郎」。杜牧的員外郎也不夠資格。

　　於是，杜牧在第二年又上書宰相，而且連上三啓，改求湖州刺史，情詞殷切，最後總算如願以償。

　　在這四封求外放為刺史的信中，杜牧反覆提及的理由是，他在京師無產業，而且要照顧「病弟孀妹」，生活困頓。刺史的俸錢比員外郎多，可以解決他的問題。他在〈上宰相求杭州啓〉中有幾句很有名的話，可見一斑：「是作刺史，則一家骨肉，四處皆泰；為京官，則一家骨肉，四處皆困。」[110]

　　杜牧求得湖州，又寫了一首詩〈新轉南曹，未敘朝散，初秋暑退，出守吳興，書此篇以自見志〉，敘他的得意心情。此詩和前引白居易的〈初著刺史緋答友人見贈〉等詩作有異曲同功之妙，值得細讀：

　　　捧詔汀洲去，全家羽翼飛。
　　　喜拋新錦帳，榮借舊朱衣。[111]

「新錦帳」指他這時剛遷轉的吏部員外郎判「南曹」新職，但他現在要把這「新錦帳」拋去了，改穿借來的「舊朱衣」，有一種「新」不如「舊」的意趣。「朱衣」即上文討論過的「刺史緋」，一種紅色的官服。「舊」

109 見《後漢書》卷41〈鍾意離傳〉，頁1411。
110 《樊川文集》卷16，頁249。
111 《樊川文集》卷3，頁52。

字用得很生動，和「新錦帳」的「新」字也對得極佳，而且非常寫實，說明這是別人穿過的，借來的。正如詩題所點明，杜牧這時還「未敘朝散」，也就是還沒有達到可以正式穿緋衣的五品朝散大夫散官階，但他即將出任刺史，照規定又可以借穿「刺史緋」。這樣的「舊朱衣」是他去「榮借」回來的，由此可以想見他此時的心情該是如何歡快，如何感到光榮！

杜牧在湖州(吳興)任刺史一年，又回到朝中任考功郎中知制誥。這是他第二次從刺史入為郎官。但他這時卻跟從前大不相同了，生活變得富裕起來，能夠「盡吳興俸錢」，在長安城南有名的風景區樊川，「創治其墅」[112]。湖州是個大州，戶口達七萬多，遠比杜牧之前任刺史的黃州、池州和睦州來得劇要。

但杜牧並不是唐代唯一要求外放任刺史的郎官。《舊唐書‧鄭綮傳》中還有至少一例：

> 鄭綮者，以進士登第，歷監察、殿中，倉、戶二員外，金、刑、右司三郎中。家貧求郡，出為廬州刺史。[113]

這位鄭綮也和杜牧一樣，「家貧求郡」，可知唐代刺史所能享受到的經濟利益遠多於郎官。廬州戶有四萬多，屬上州[114]。

綜上所論，特別就劉禹錫、白居易和杜牧這三位詩人的官歷來考察，我們可以得出幾點結論。第一，刺史和郎官之間的遷轉不能單以官品來衡量，需考慮到其他因素。第二，郎官外貶，常到一些偏荒小州(如

---

112 這見杜牧的外甥裴延翰為我們透露的訊息，詳見他為《樊川文集》所寫的序，頁1。

113 《舊唐書》卷179，頁4662。

114 《新唐書》卷41，頁1053-1054。

連州和朗州)任刺史，品階雖比郎官爲高，甚至可能像白居易那樣「假著緋袍」（他當時正屬外貶量移期間），但這樣的刺史不如郎官。第三，唐人一般還是以能入朝任郎官爲榮，雖然官階和月俸可能不如先前的刺史。這也是唐人普遍重京官、輕外官的表現，即使到中晚唐依然如此。第四，唐代也有人寧捨郎官求外放爲刺史，如杜牧、鄭綮等人，但他們所求的州都是戶口眾多的大州，所得之官階和俸錢都較高，可說屬於特別案例。

七、郎官知制誥

唐代絕大部分的郎官是分掌尚書省的二十六職務，但有些郎官卻只是「掛名」爲郎官，而以郎官爲「本官」去充任其他職位，例如出任翰林學士、史館修撰、集賢學士，或到御史臺去「知雜事」（詳見本書第一章），甚至還有郎官外出充使等等。在這些充職當中，又以郎官「知制誥」最常見、最突出，形成一種制度，特別是在安史亂後的唐後期。所以本節專論郎官知制誥事[115]。郎官充翰林學士和史館修撰等職，將在下面一節討論。至於郎官充集賢學士，案例比較少見，且無特別意義，本章從略。

知制誥即負責爲皇帝撰寫各種制誥如詔令、任官敕書、賜書等等。唐代有好幾位知名詩人，便曾經以郎官身分知制誥。最有名的是白居易、元稹和杜牧三人。在他們傳世的文集中，至今仍保存了不少他們當年替皇帝所寫的制誥，其中又以任命敕書居多，爲極珍貴的第一手原始

---

115 關於唐代的知制誥制度，過去曾有兩篇短論發表：張東光，〈唐宋的知制誥〉，《文史知識》，1993年第1期；方本新，〈簡論唐代的知制誥〉，《蕪湖師專學報》，1993年第3期，但至今還沒有專題論文。

史料，常為本書引用。古文家韓愈曾經以考功郎中知制誥，又曾任專司制誥的中書舍人，但可惜他傳世的文集中卻沒收任何當年他所寫的制誥[116]。

撰寫制誥原本是中書省中書舍人的職務。《新唐書·百官志》中書舍人條下說：

> 開元初，以它官掌詔敕策命，謂之「兼知制誥」。……先是，
> 知制誥率用前行正郎，宣宗時，選尚書郎為之。[117]

這是宋人撰《新唐書·百官志》的粗略說法，有幾點頗可商榷。

第一，「以它官掌詔敕策命」，並不始於開元初。例如，崔融在長安初年即「召為春官郎中，知制誥事」。他在長安四年，又「除司禮少卿，仍知制誥。」[118] 又如盧藏用，「神龍中，累轉起居舍人，兼知制誥，俄遷中書舍人。」[119] 不過這些開元之前的案例不多，而且長安、神龍甚接近開元初，《新唐書·百官志》說「始於開元初」，當是大略的說法。

第二，唐代史料(包括新舊《唐書》、《通典》、《唐會要》、《全

---

116 現傳世的韓愈文集為他的女婿李漢所編。李漢在〈昌黎先生集傳序〉中說：「長慶四年冬，先生歿。門人隴西李漢辱知最厚且親，遂收拾遺文，無所失墜。」這個「無所失墜」的說法顯然大可商榷。後代學者似乎未提過韓集中何以未收他當年所寫制誥的問題。不過，唐代的確有人認為制誥乃「王言」，「焚之」，不應留存私室。例如，《唐國史補》卷中，頁32載：「高貞公郎，為中書舍人九年，家無制草。或問曰：『前輩皆有制集，公獨焚之，何也？』答曰：『王言不可存于私室。』」

117 《新唐書》卷47，頁1211。

118 《舊唐書》卷94〈崔融傳〉，頁2996及3000。

119 《舊唐書》卷94，頁3001。

唐文》和筆記等)固然有「兼知制誥」這種說法，但很少見，總共不到
二十例，如《舊唐書‧權德輿傳》：「十年，遷起居舍人，歲中，兼知
制誥。」[120] 又如《新唐書‧武儒衡傳》：「十二年，權知諫議大夫事，
尋兼知制誥。」[121] 最常見的反而是「知制誥」（無「兼」字），在中晚
唐史料尤其如此，多達三百多例。《新唐書》「兼知制誥」這說法容易
令現代讀者誤解，以為這是「兼任」的職務。事實上，唐代以他官(特
別是郎官)知制誥是一種「專任」的工作。郎中或員外郎知制誥即專門
負責撰寫制誥，不再擔任省司事(詳見下)。

　　第三，關於「先是，知制誥率用前行正郎，宣宗時，選尚書郎為之」
一句，我們在前面「郎官的別稱」一節中見過，「正郎」指郎中；「尚
書郎」則為通稱，可指郎中或員外郎。這整句話的意思是，宣宗之前「率
用」(「率」當作「大體」解)「前行正郎」(「前行」當指吏部和兵部)
知制誥，少有員外郎者。到了宣宗朝才開始「選尚書郎」為之。這裡「尚
書郎」當指所有郎官，不再分前中後行，也不分郎中或員外郎。

　　然而，我們在中唐史料可以發現，在宣宗朝之前，就有員外郎知制
誥，案例甚多，且舉五例如下：

　　　(一)憲宗元和五年八月，「起居舍人裴度為司封員外郎、知制
　　　　　誥。」[122]
　　　(二)憲宗元和七年六月，「乙丑，以兵部員外郎王涯知制誥。」
　　　　　[123]
　　　(三)憲宗元和九年十一月，「以職方員外郎、知制誥令狐楚為

---

120 《舊唐書》卷148，頁4003。
121 《舊唐書》卷158，頁4162。
122 《舊唐書》卷14，頁432。
123 《舊唐書》卷15，頁443。

翰林學士。」[124]

(四)穆宗長慶元年三月，「左補闕李紳為司勳員外郎，並依前
知制誥、翰林學士。」[125]

(五)柳璟，「開成初，換庫部員外郎、知制誥，尋以本官充翰
林學士。」[126]

這五例都是宣宗朝之前以員外郎知制誥的例子，可知員外郎知制誥不始
於宣宗。因此，《新唐書》說「先是，知制誥率用前行正郎」，即使「率
用」僅表示一種粗略說法，恐怕也難以成立。應當一提的是，這些全是
比較尊貴的「前行」員外郎，而且大都為當時有文采的名士。

　　不過，《新唐書》的這個說法，可能源自宣宗朝的一道敕文，並加
以簡化：

　　　大中六年六月敕：「大和中敕旨，條流制誥改轉事，頗為得中，
　　　實重官業。自後因循不守，有紊典章，遂便遷轉頻繁，近日卻
　　　成壅滯。自今以後，宜舉大和四年舊敕，便永遵行。仍每選知
　　　制誥，於尚書六行郎中官，精擇有文學行實、公論顯著者，以
　　　備擢用，不得偏取前行正郎。餘準大和四年七月十三日敕處
　　　分。」[127]

這敕文所提到的大和四年敕，今仍收在《唐會要》：

124 《舊唐書》卷15，頁451。
125 《舊唐書》卷16，頁487-488。
126 《舊唐書》卷149，頁4033。
127 《唐會要》卷55，頁1112-1113。

大和四年七月,中書門下奏:「伏以制誥之選,參用高卑,遷
轉之時,合係勞逸。頃者,緣無定制,其間多有不均。准長慶
二年七月二十七日敕,始令自員外以上及卑官知者,同以授職
滿一年後,各從本秩遞與轉官。如至前項正郎,即以周歲為限,
皆計在職日月以為等差,不論本官年考……。其有本官已是前
行郎中,年月已深,方被獎用,即授官數月合正除,比類舊制,
卻成僥倖,將垂永久,須有商量。自今以後,從前行郎中知者,
並不許計本官日月,但約知制誥滿一周年即與正授〔即授中書舍
人〕。其從諫議大夫知者,亦宜準此。即遲速有殊,比類可遵,
并請依長慶二年七月二十七日敕處分。」敕旨依奏。[128]

此敕文中所引用的長慶二年敕,也同樣保存在《唐會要》中:

長慶二年七月敕:「自今已後,員外郎知制誥,敕復授本官,
通計二周年,然後各依本行轉,郎中亦依二周年與正除。如是
中行後行郎中,仍更轉前行一周年,即與正除。如更是卑官知
誥,合轉員外者,亦以二周年為限。諫議大夫知者,同前行郎
中,給事中并翰林學士別宣,並不在此限。」[129]

這三道敕文,內容十分豐富,可據以推知以下幾個細節。

第一,知制誥的人選,「參用高卑」官,有「員外以上及卑官知者」
(見大和四年敕),亦有「前行中行後行郎中」、「諫議大夫」和「給事
中并翰林學士」知者(見長慶二年敕)。

---

128 《唐會要》卷55,頁1111-1112。
129 《唐會要》卷55,頁1111。

　　第二，正因爲知制誥者有如此「高卑」不等的官員，以上長慶二年和大和四年敕文的最主要內容，便是規定這些高卑官員知制誥的遷轉年限，以便定出一個公平、合理的辦法，解決「無定制」、「不均」的現象。其中，前行郎中、諫議大夫、給事中及翰林學士知制誥者，因爲他們的地位較高，知制誥只需一年便可「正除」或「正授」，即正式被委任爲中書舍人。「中行後行郎中，仍更轉前行一周年，即與正除」。員外郎知制誥一般「通計二年」始能正除爲中書舍人。比員外郎更卑者，「合轉員外者，亦以二周年爲限」。

　　第三，到了宣宗朝大中六年，可能當時的風氣是「偏取前行正郎」，所以敕文特別規定「仍每選知制誥，於尚書六行郎中官，精擇有文學行實、公論顯著者，以備擢用，不得偏取前行正郎」，其餘的（遷轉等事）仍依大和四年敕。

　　《新唐書·百官志》的宋代編修者，可能沒有參照長慶二年及大和四年敕，僅僅見到大中六年敕，於是便把此敕中「不得偏取前行正郎」等語，理解爲「先是，知制誥率用前行正郎，宣宗時，選尚書郎爲之」，不免有些曲解敕文的原意。事實上，「不得偏取前行正郎」僅表示當時的風氣可能比較「偏向取」前行正郎，但還是有選用一些中行後行正郎以及員外郎等官知制誥。宋代修史者將之理解爲「率用前行正郎」，措詞過於強烈，顯然和原意有些不同，易生誤解。

　　我們在正史列傳和《全唐文》中各任命敕、墓誌、祭文、行狀等材料中考掘，可以發現，唐代的知制誥人選，的確如上引大和四年敕所說，「參用高卑」，可以高至尚書省六部的侍郎或中書省侍郎，也可以是較低層的起居舍人。

　　首先，以侍郎高官知制誥者，可舉以下各案例：

　　（一）玄宗〈命張說等與兩省侍臣講讀制〉：「銀青光祿大夫行

中書侍郎兼知制誥上柱國成安縣開國男蘇頲」。[130]

(二)憲宗〈授王涯中書侍郎平章事制〉：「通議大夫尚書工部
侍郎知制誥翰林學士上柱國清源縣開國男食邑三百戶賜
紫金魚袋王涯」。[131]

(三)穆宗〈授杜元穎平章事制〉：「朝散大夫守尚書戶部侍郎
知制誥翰林學士上柱國建安縣開國男食邑三百戶賜紫金
魚袋杜元穎」。[132]

(四)文宗〈授韋處厚中書侍郎同平章事制〉：「正議大夫行尚
書兵部侍郎知制誥充翰林學士上柱國賜紫金魚袋韋處
厚」。[133]

(五)懿宗〈授杜審權平章事制〉：「翰林學士承旨通議大夫守
尚書兵部侍郎知制誥上柱國賜紫金魚袋杜審權。」[134]

(六)昭宗〈授崔遠崔遠平章事制〉：「翰林學士承旨銀青光祿
大夫行尚書兵部侍郎知制誥上柱國博陵縣開國男食邑三
百戶崔遠。」[135]

以上從玄宗朝到唐末昭宗，都有侍郎知制誥的例子，不過人數不多，且
都兼任翰林學士承旨或翰林學士，亦可歸屬為翰林學士知制誥的例子。

其次，以諫議大夫知制誥也偶爾可見，例如：

---

130 《全唐文》卷20，頁236。
131 《全唐文》卷58，頁627。
132 《全唐文》卷64，頁683。
133 《全唐文》卷69，頁726。
134 《全唐文》卷83，頁865。
135 《全唐文》卷90，頁941。

（一）常袞〈授郗昂知制誥制〉：「可守諫議大夫知制誥，散官
　　如故。」[136]

（二）李翶〈兵部侍郎贈工部尚書武公〔儒衡〕墓誌銘〉：「歷
　　侍御史司封員外郎戶部郎中，遷諫議大夫，三月以本官知
　　制誥，歲滿轉中書舍人。」[137]

（三）李翶〈祭福建獨孤中丞文〉：「維大和元年歲次丁未九月
　　庚申朔二十日己卯，朝散大夫守右諫議大夫知制誥李翶，
　　謹以清酌庶羞之奠，敬祭於亡友……」[138]

此外，以起居舍人知制誥者，亦可見一二：

（一）李紓〈故中書舍人吳郡朱府君〔巨川〕神道碑〉：「由是
　　擢起居舍人知制誥。換司勳員外郎，掌誥如初。拜中書舍
　　人。」[139]

（二）權德輿〈司徒兼侍中上柱國北平郡王贈太傅馬公行狀〉：
　　「貞元十一年十月十六日，宣德郎守起居舍人知制誥雲騎
　　尉權德輿謹上尚書考功。」[140]

　　不過，唐代知制誥人選，還是絕大多數以郎官居多。而且，在宣宗
之前，確有「偏取前行正郎」的跡象，如下引各例：

---

136 《全唐文》卷410，頁4209。
137 《全唐文》卷639，頁6453。
138 《全唐文》卷640，頁6466。
139 《全唐文》卷395，頁4020。
140 《全唐文》卷507，頁5164。

（一）文宗〈授舒元輿、李訓守尚書同平章事制〉：「守兵部郎
中知制誥充翰林學士賜緋魚袋李訓，軒纓鼎族，河岳開
賢……。」[141]

（二）孫逖〈授達奚珣中書舍人制〉：「敕：朝議大夫守職方郎
中兼試知制誥達奚珣，文學素優，忠勤克著。……」[142]

（三）孫逖〈授李元成中書舍人制〉：「敕：朝議郎守尚書考功
郎中仍試知制誥兼知史官事李元成，中和有裕，直道自
然，文章為致用之資……。」[143]

（四）獨孤及〈唐故祕書監贈禮部尚書姚公墓誌銘〉：「由是遷
公殿中侍御史、禮部員外郎、禮部郎中知制誥、中書舍人、
太常少卿。天寶十四年，奉詔宣慰江東淮南。」[144]

（五）常袞〈授庾準、楊炎知制誥制〉：「準可行尚書職方郎中
知制誥，散官勳如故。炎可守尚書禮部郎中知制誥，賜如
故。」[145]

（六）權德輿〈祭呂給事文〉：「維貞元九年歲次癸酉正月庚辰朔二十
一日庚子，……中書舍人奚陟、尚書駕部郎中知制誥張式、左
補闕權德輿，謹以清酌庶羞之奠，敬祭……」[146]

（七）權德輿〈祭唐舍人文〉：「維元和元年歲次景戌正月景寅
朔十九日甲申，戶部侍郎權德輿，謹以清酌時羞之奠，敬

---

141 《全唐文》卷69，頁734。
142 《全唐文》卷308，頁3127。
143 《全唐文》卷308，頁3127。李元成於「天寶元年考功郎中知制誥修國史，
　　二年中書舍人，五年祕書少監。」見獨孤及為他所寫的墓誌〈唐故朝散大
　　夫中書舍人祕書少監頓邱李公墓誌〉，《全唐文》卷391，頁3980。
144 《全唐文》卷391，頁3982。
145 《全唐文》卷410，頁4209。
146 《全唐文》卷508，頁5171。

祭於故禮部郎中知制誥唐君之靈。」[147]

（八）裴度〈劉府君〔太真〕神道碑銘并序〉：「遷駕部郎中知
制誥。……建中四年夏正授中書舍人。」[148]

（九）韓愈〈唐故江南西道觀察使……太原王公（仲舒）神道碑
銘〉：「元和初，收拾俊賢，徵拜吏部員外郎；未幾為職
方郎中、知制誥。」[149]

以上八例，知制誥的各郎中全都是「前行」的，屬吏部或兵部。這大抵
是宣宗朝之前的風氣，史料中還有不少案例可證。不過，即使如此，宣
宗朝之前還是有一些中行和後行郎中知制誥，但案例不多。以兩《唐書》
考之，有如下數例：

（一）《舊唐書·錢徽傳》：「元和初入朝，三遷祠部員外郎，
召充翰林學士。六年，轉祠部郎中、知制誥。」[150]

（二）《舊唐書·王起傳》：「元和十四年，以比部郎中知制誥。
穆宗即位，拜中書舍人。」[151]

（三）《舊唐書·段文昌傳》：「……李逢吉乃用文昌為學士，
轉祠部郎中，賜緋，依前充職。十四年，加知制誥。十五
年，穆宗即位，正拜中書舍人，」[152]

（四）《舊唐書·元稹傳》：「穆宗大悅，問稹安在，對曰：『今

---

147 《全唐文》卷509，頁5178。
148 《全唐文》卷538，頁5467。
149 《韓昌黎文集校注》卷7，頁499。
150 《舊唐書》卷168，頁4383。
151 《舊唐書》卷164，頁4278。
152 《舊唐書》卷167，頁4368。

為南宮散郎。』即日轉祠部郎中、知制誥。」[153]

（五）《舊唐書‧穆宗紀》：元和十五年十二月，「丙申，以司
門員外郎白居易為主客郎中、知制誥。」[154]

以上五例，以祠部郎中知制誥最多（錢徽、元稹和段文昌）。祠部司屬禮
部，為後行。白居易的主客郎中也屬禮部後行。王起的比部郎中屬刑部，
為中行。

不過，此五例除了錢徽知制誥在元和六年外，其餘四人以中行和後
行郎中知制誥幾乎是在同個時候，即元和十四、十五年間。此四人也多
為朋友。他們亦多以文辭秀美見稱，特別是元稹和白居易兩人[155]。元稹
「變詔書體，務純厚明切」，更是「盛傳一時」[156]。由此看來，唐代知
制誥人選當是以文學為重。大中六年敕中所說，「精擇有文學行實、公
論顯著者，以備擢用」，正是以「文學」為主要考量。

宣宗朝之前，以員外郎知制誥也不乏其例。前面已引了五個例子。
這裡不妨再引五例：

（一）《舊唐書‧李紓傳》：「大曆初，吏部侍郎李季卿薦為左
補闕，累遷司封員外郎、知制誥，改中書舍人。」[157]

（二）《舊唐書‧柳璟傳》：「開成初，換庫部員外郎、知制誥，

---

153 《舊唐書》卷166，頁4333。

154 《舊唐書》卷16，頁484。又見朱金城，《白居易年譜》，頁110。

155 關於白居易所寫的制誥文體，詳見周雲喬，〈白居易の制誥の新體と舊體に
ついて〉，《中國文學報》，48冊(1994)，頁35-62；下定雅弘，〈白居
易の中書制誥：その舊體と新體の分類について〉，《帝塚山學院大學研
究論集：文學部28集》(1993)，頁33-59。

156 《新唐書》卷174，頁5228。

157 《舊唐書》卷137，頁3763。

尋以本官充翰林學士。」[158]

(三)《舊唐書‧沈傳師傳》：「遷司門員外郎、知制誥，召充
翰林學士。」[159]

(四)《舊唐書‧鄭絪傳》：「無幾，擢為翰林，轉司勳員外郎、
知制誥。德宗朝，在內職十三年，小心兢謙，上遇之頗厚。」[160]

(五)《舊唐書‧韋溫傳》：「鄭注誅，轉考功員外郎。尋知制
誥，召入翰林為學士。」[161]

宣宗朝之前以員外郎知制誥，也未必需前行，可以是中行者，如例三沈
傳師以司門員外郎知制誥。司門司屬刑部，為中行。不過，宣宗朝之前
的史料，不見有後行員外郎知制誥的案例。

　　然而，宣宗以後至到唐末，以郎官知制誥似有逐漸「官卑」的跡象，
不但有後行郎中，甚至還有後行員外郎知制誥的事，例如：

(一)《唐語林校證》：「相國劉公瞻……自是以水部員外知制
誥，相次入翰林，以至拜相。」[162]

(二)《舊唐書‧昭宗紀》乾寧元年十月條下：「宣制之日，水
部郎中、知制誥劉崇魯出班而泣。」[163]

---

158 《舊唐書》卷149，頁4033。
159 《舊唐書》卷149，頁4037。
160 《舊唐書》卷159，頁4181。
161 《舊唐書》卷168，頁4378-4379。
162 《唐語林校證》卷3，頁287。劉瞻任員外郎在晚唐咸通年間，見其《舊唐
　　書》本傳，卷177，頁4605。
163 《舊唐書》卷20上，頁752。《新唐書》卷90〈劉崇魯傳〉，頁3769也說他
　　「景福中，以水部郎中知制誥。」但《舊唐書》卷179〈劉崇魯傳〉，頁4666，

（三）《舊唐書‧昭宗紀》光化三年八月條下：「丁卯，以朝請
　　大夫、虞部郎中、知制誥、上柱國、賜紫金魚袋顏蕘為中
　　書舍人。」[164]
（四）《舊唐書‧哀帝紀》天祐二年十二月條下：「……膳部員
　　外知制誥杜曉……」[165]

唐尚書省的虞部和水部司一向殿後，名望較低，但唐末卻有此兩司郎中
或員外郎知制誥的案例，其他時期未見。五代以後行郎官知制誥的例子
更為常見，如徐鉉以「尚書主客員外郎知制誥」[166]，徐鍇在保大丙辰以
「屯田郎中知制誥」[167]等皆是。

　　綜上所論，唐代知制誥的人選，可以是侍郎、諫議大夫、起居郎等，
但從唐後半期開始，最常見者還是郎中或員外郎。以郎官知制誥成了中
晚唐的一種定制，也是郎官除了擔任史館修撰、翰林學士等職以外最常
任的職位。宣宗朝之前知制誥者多為名望較高的前行郎中，但也有較少
數的中行及後行郎中，以及前行和中行員外郎知制誥的案例。宣宗以
後，甚至還有名望較低的後行（如虞部和水部）郎中和員外郎知制誥的例
子，直到五代和宋初。

　　最後，我們要問一個從前無人觸及的問題：郎官知制誥，是否意味
著他們不再擔任尚書省司的職務，而專掌制誥？他們又是在甚麼官署執
行草詔任務？

（續）

　　則說他在「景福初，以水部員外郎知制誥」。《新唐書》卷71上〈宰相世
　　系表〉，頁2274，也說劉崇魯為「水部員外郎、知制誥」。《資治通鑑》
　　卷259，頁8456作「水部郎中知制誥劉崇魯」，可依。

164 《舊唐書》卷20上，頁768。
165 《舊唐書》卷20下，頁802。
166 徐鉉，〈宣州涇縣文宣王新廟記〉後題署，《全唐文》卷882，頁9219。
167 徐鍇，〈曲臺奏議集序〉後題署，《全唐文》卷888，頁9279。

　　由於史料殘缺,這問題難以有明確的答案。不過,從某些跡象看來,郎官知制誥的確很可能便不再擔任他原本省司的職務,而專掌制誥。例證有二。第一,唐代以他官充任某職,一般不是今人所理解的「兼任」性質,除了極少數的例外(比如以宰相監修國史)。以他官充某職,通常意味著一種「借調」。例如,以某官充翰林學士,則此官即專司翰林院職務,在翰林院輪值,罷職出院後才回到其「本官」。以郎官知制誥,應當也作如是觀。

　　第二,白居易有一首詩〈初除主客郎中知制誥,與王十一、李七、元九三舍人中書同宿,話舊感懷〉,爲我們提供了若干具體生動的細節:

　　　閑宵靜話喜還悲,聚散窮通不自知。
　　　已分雲泥行異路,忽驚雞鶴宿同枝。
　　　紫垣曹署榮華地,白髮郎官老醜時。
　　　莫怪不如君氣味,此中來校十年遲。[168]

王十一即王起,李七爲李宗閔,元九即元稹。詩題中的「中書同宿」一語,清楚透露他們是「一同」在中書省「宿直」的。換言之,白居易以主客郎中知制誥,他便在中書省輪班宿直。這裡應當就是他知制誥的工作地點。他不再在尙書南省服務。

　　中書省又稱西省或西掖。白居易這時期還寫過另三首詩:〈西省對花,憶忠州東坡新花樹,因寄題東樓〉、〈中書連直,寒食不歸,因懷元九〉及〈中書夜直,夢忠州〉[169]。這三首詩都寫於白居易任中書舍人

168　《白居易集》卷19,頁403。
169　《白居易集》卷19,頁404及405。

之前，即長慶元年十月之前[170]。詩題中都提到他在中書省賞花或宿直之事，可證他以主客郎中知制誥便得在中書省寓直，亦可證唐代郎官知制誥即不再尚書南省工作，而轉到中書省去「夜直」，甚至「連直」。

唐代京城官員一般只辦公半天，每天早上太陽升起時上班，中午會食後回家，遠比今人悠閒，但各官署每天要有一人值下午和晚班，有事便由這個宿直官負責。此即《唐六典》所說：

> 凡尚書省官，每日一人宿直，都司執直簿一轉以為次。……凡內外百僚日出而視事，既午而退，有事則直官省之；其務繁，不在此例。[171]

白居易在中書省「夜直」或「連直」，便屬於這種尚書省官的「宿直」，也稱「寓直」或「當直」，唐詩中極常見，如張說〈宿直溫泉宮羽林獻詩〉[172]，李嘉佑〈和張舍人中書宿直〉[173]，宋之問〈冬夜寓直麟閣〉[174]，蘇頲〈秋夜寓直中書呈黃門舅〉[175]，以及李逢吉〈和嚴揆省中宿齋遇令狐員外當直之作〉[176]等等皆是。

更可留意的是，元稹此時是以祠部郎中知制誥，跟白居易一樣，還

---

170 此三詩寫於白居易任中書舍人之前，見朱金城，《白居易年譜》，頁118。詩題中的「忠州」，指白居易回長安之前任刺史的「忠州」。

171 《唐六典》卷1，頁12-13。州縣官員的辦公時間又和京城官員有些不同，一般分朝晚兩衙，無宿直事。關於唐代官員辦公時間的詳細討論，見筆者專書《唐代基層文官》第六章〈文官俸錢及其他〉中「辦公時間和假期」一節。

172 《全唐詩》卷88，頁968。

173 《全唐詩》卷206，頁2151。

174 《全唐詩》卷52，頁634。

175 《全唐詩》卷74，頁811。

176 《全唐詩》卷473，頁5365。

未任中書舍人，但他也「同宿中書」，看來唐代郎官知制誥都不在尚書省工作，而轉到中書省輪直，和中書舍人相同。白居易在詩題中直呼王起、李宗閔爲「舍人」當然沒有錯，因爲他們此時已任中書舍人[177]，但元稹仍爲郎中知制誥，亦得稱「舍人」，可證知制誥不但和中書舍人在同一地點宿直，而且他的地位也和真正的中書舍人幾乎相同，可稱爲「舍人」[178]。

　　白居易這幾首詩，幫助我們釐清了唐代知制誥的工作場所等若干細節。這些詩又寫於他本人以郎中知制誥當年，可說是一種極可珍的「詩史」，不遜子美。

八、郎官和翰林學士

　　郎官除了以本官知制誥之外，可能還有其他的充職，其中最常見的有兩種：一是充翰林學士，一是充史館修撰。唐代郎官出任翰林學士者，也遠遠多於充史館修撰者。本節細考郎官和翰林學士的關係，下一節論郎官和史館修撰。

　　唐代的翰林學士，從玄宗到懿宗朝，共有一百六十九人。毛蕾總結前人研究，曾經統計過這一百多人初入翰林院時的官位，發現員外郎的人數最多，高達四十一人，其次是中書舍人（二十二人）、左右補闕（十六人）、左右拾遺（十四人）、郎中（十四人）和起居郎（十人）。其他官員如監察御史等都在十人以下，更有低至一人者，如正字、太常博士和縣

---

177 朱金城，《白居易年譜》，頁117。
178 朱金城，《白居易年譜》，頁117：「唐人知制誥亦得稱為舍人」。岑仲勉，〈依唐代官制說明張曲江集附錄誥命的錯誤〉，《金石論叢》，頁475：「簡單地說，知制誥就是中書舍人的變名。」又見雷紹鋒，〈「知制誥」者可稱舍人〉，收在陳國燦和劉健明編《〈全唐文〉職官叢考》，頁249-251。

令等[179]。

據此，可知在翰林學士當中，帶有郎官身分（即所謂「本官」）的人占最多數。如果把員外郎和郎中當成郎官這一個群體來計算，則其人數高達五十五人（四十一人加十四人）。可以說，唐代的翰林學士最常以員外郎來充任；以郎中充翰林學士者也不少。

毛蕾這個統計並沒有錯，不過郎官和翰林學士的關係，則遠比這個統計複雜得多了。這是因為以郎官充翰林學士，所涉及的制度層面變化多端，可以產生幾種情況，有幾層意義，須仔細分辨，才不至於把中晚唐許許多多唐人的官歷弄錯了。

第一種情況最直截了當，即入院時便以郎中或員外郎的「本官」去充任翰林學士，出院時改任別官。例如，文宗時的高少逸，開成四年閏正月以左司郎中充翰林侍講學士，其年八月一日，遷諫議大夫，「開成五年正月二十七日，賜紫，守本官出院」。換句話說，高少逸是以左司郎中入翰林院，又以諫議大夫的本官出院[180]。

第二種情況比較複雜。某官入院時可能是左補闕，還不是郎官。入院後他可能有兩次或以上的升遷，第一次升為員外郎，第二次升為郎中。出院時他依例回到「本官」，任郎中。這種情況就是毛蕾的統計沒有包含的，因為這一類的統計只觀察翰林學士入院前的所謂「入院官」，

179 毛蕾，《唐代翰林學士》（北京：社會科學文獻出版社，2000），頁46。
180 丁居晦，〈重修承旨學士壁記〉，原收在宋代洪邁編《翰苑群書》。此書校訂本收在今人傅璇琮和施純德編《翰學三書》（瀋陽：遼寧教育出版社，2003），卷6，頁39。此書海外不易得，承傅璇琮先生寄贈一冊，謹此致謝。《全唐文》卷757，頁7858-7859所收的丁居晦〈重修承旨學士壁記〉，僅存壁記前的小序，刪去其後所附的翰林學士名單、任期及升遷，頗失其真。關於丁居晦此記，見岑仲勉，〈翰林學士壁記注補〉，《中央研究院歷史語言研究所集刊》，第15本（1948）；又收入氏著，《郎官石柱題名新考訂：外三種》，頁196-392。

沒有理會他在入院後的升遷。實際上，某官若入院後才升為員外郎，那麼他應當也算是以郎官充任翰林學士。

我們在本書第二章中見過，唐代有所謂「官」與「職」的分別。翰林學士是一種「職」，沒有品秩，所以照例要帶一個「本官」。在翰林學士的任期內，他的遷轉是以這個「本官」的升遷來表示的，比如《舊唐書·庾敬休傳》所說：

> 轉起居舍人，俄遷禮部員外郎。入為翰林學士，遷禮部郎中，罷職歸官。

這是說庾敬休以禮部員外郎的「本官」，「入為翰林學士」。他在任翰林學士期間，他的「本官」遷為「禮部郎中」。過後，他「罷職歸官」，即罷去翰林學士的「職」，回去任「禮部郎中」的「官」。

由此可知，翰林學士入院期間，其本官是會有所升遷的。如果他在翰林院的任期比較長，則他的本官升遷甚至可能不止一次，可以多達三、四次。

但研究翰林學士的學者，一般都沒有理會翰林學士這種在院內任期中的本官升遷。他們往往單純地以所謂「入院官」和「出院官」來做統計，遺漏了翰林學士在院中任期內的遷轉。這一類研究，若純以「入院官」和「出院官」來作統計，容易誤導讀者。我們若不了解翰林學士這種「本官」的升遷，極易把中晚唐許多翰林學士的官歷弄錯了，可能連帶也把許許多多郎官的仕歷混淆了。下面試舉兩個例子，以說明其中奧妙。

《舊唐書·錢徽傳》說：

> 徽，貞元初進士擢第，從事戎幕。元和初入朝，三遷祠部員外

郎，召充翰林學士。六年，轉祠部郎中、知制誥。八年，改司
封郎中、賜緋魚袋，內職如故。九年，拜中書舍人。十一年，
王師討淮西，詔朝臣議兵，徽上疏言用兵累歲，供饋力殫，宜
罷淮西之征，憲宗不悅，罷徽學士之職，守本官。[181]

讀史者若不明白翰林學士在任期內有所謂本官遷轉，很可能會以為錢徽
在元和六年轉到尚書省任祠部郎中知制誥，八年轉司封郎中，九年又回
到中書省任中書舍人。這樣便會把他的官歷弄錯了。

實際上，錢徽是在元和三年(808)入翰林院，直到元和十一年(816)
才出院，任期長達八年，在翰林學士當中算是少見的。正因為他的任期
比較長，他在院中有過幾次升遷。唐代丁居晦的〈重修承旨學士壁記〉，
詳細記錄了翰林學士的任期及遷轉等資料，寫成廳壁記，刻在翰林院的
牆上，當是最可靠的第一手材料。關於錢徽，丁居晦的〈壁記〉說：

元和三年八月二十六日，自祠部員外郎充。六年四月二十五
日，加本司郎中。八年五月九日，轉司封郎中、知制誥，十一
月，賜緋。十年〔舊傳云「九年」〕七月二十三日，遷中書舍人。
十一年，出守本官。[182]

丁居晦此壁記詳細保存了錢徽的任期和諸官的遷轉年月日，和《舊唐
書‧錢徽傳》合起來讀，最有疏通之助。據此，可知錢徽在翰林學士任
期內，其本官從入院初的祠部員外郎升為祠部郎中、知制誥，又轉司封
郎中，再升中書舍人，但他那些年依然「內職如故」，即依然留在翰林

---

181 《舊唐書》卷168，頁4383。
182 《翰學三書》卷6，頁33-34。

院充「內職」(「內職」常是翰林學士的代稱),並沒有到尚書祠部司或司封司去任官,也沒有到中書省去行使中書舍人的職掌。他一直留在翰林院充職,直到元和十一年因為反對「淮西之征」,才被憲宗皇帝解除他的學士職,出「守本官」。這時,他的「本官」已轉為中書舍人了。

像錢徽這種官歷,在中晚唐頗常見,特別是在翰林學士當中。例如,晚唐宰相李德裕年輕時任翰林學士時,也曾經帶有員外郎和郎中的本官。賈餗的〈贊皇公李德裕德政碑〉這樣記載李德裕的這段官歷:

> 元和十五年以本官召充翰林學士。時穆宗皇帝初嗣位,對見之日,即賜金紫。遷屯田員外郎、考功郎中知制誥,其侍從如故。又遷中書舍人,專承密命,論思參贊,沃心近膝,言隱而道行者蓋多矣。會邦憲任缺,帝難其人,乃拜御史中丞。直己端誠,道無吐茹,百職以治,朝綱以肅。明年以御史大夫兼統浙西六郡。[183]

單看這段記載,我們不易斷定李德裕的屯田員外郎、考功郎中及中書舍人等官,是在他翰林學士任內得到的,還是他出院後才授予的。不過,丁居晦的〈重修承旨學士壁記〉清楚告訴我們:

> 李德裕 元和十五年〔820〕閏正月十三日,自監察御史充。二月一日,賜紫。二十日,加屯田員外郎。長慶元年〔821〕三月二十三日,改考功郎中、知制誥。二年〔822〕正月二十九日,加承旨。二月四日,遷中書舍人。十九日,改御史中丞,

---

183 《全唐文》卷731,頁7542-7543。

出院。[184]

據此，可知李德裕從來沒有真正擔任過屯田員外郎、考功郎中和中書舍人。他這三個官都是「加官」銜，都是他在翰林學士任期內所得到的，用以表示他「本官」的升遷，並以這些官來計算他的月俸等福利。白居易任翰林學士期間，從拾遺升爲京兆府戶曹參軍時，寫過一首詩〈初除戶曹喜而言志〉，詩中有兩句說他現在升官後「俸錢四五萬，月可奉晨昏」，可證這種加官的最主要功用，在於寄俸祿[185]。這也正是宋代「寄祿官」的淵源。

值得注意的是，這種加官可以相當快速。李德裕幾乎是一年遷一官。他入院時還是御史臺最低層的監察御史，但僅僅兩年後，他出院時，已升爲御史中丞，御史臺的第二號高官了。這一年，他才不過三十六歲。他那麼年輕即獲「賜金紫」，也是少見的。

從上引錢徽和李德裕的例子，可知唐代以郎官充翰林學士有兩層意思：一是以郎中或員外郎身分入爲學士，一是在學士任期內升爲員外郎或郎中。換言之，郎官有兩種。翰林學士在任期內所得到的郎官加銜，應當和那些在尚書省二十六司真正執行省司職務的郎官有所分別。在我們作統計或研究郎官的遷轉途徑時，這兩種不同性質的郎官也應當加以區分開來，否則勢必影響到研究結果[186]。

---

184 《翰學三書》卷6，頁35。

185 關於白居易任翰林學士時升爲京兆戶曹此事在唐代官制上的意義，見拙著《唐代基層文官》第四章〈參軍和判司〉中的討論。

186 例如，孫國棟在《唐代中央重要文官遷轉途徑研究》中所做的遷官統計，便沒有嚴格區分這兩種郎官。他把翰林學士任期內所授的郎官加銜也計算在內。

九、郎官和史館修撰

　　唐代文學史上，有兩位名人曾經以郎官身分充任史館修撰。一是古文家韓愈，另一是詩人杜牧。他們的這段官歷，為我們考察郎官和史館修撰的關係，提供了極佳實例，可以釐清一些過去含糊不清的細節。

　　韓愈修史的官歷，在他《舊唐書》的本傳中是這樣記載的：

> 愈自以才高，累被擯黜，作《進學解》以自喻曰……執政覽其
> 文而憐之，以其有史才，改比部郎中、史館修撰。踰歲，轉考
> 功郎中、知制誥，拜中書舍人。[187]

我們把這段記載拿來和李翱所寫的〈韓公行狀〉對照：

> 公由是復為國子博士，改比部郎中、史館修撰。轉考功郎中，
> 修撰如故。數月以考功知制誥。……[188]

可以發現《舊唐書》的寫法有些地方交代不清。實際上，韓愈在元和八年(813)春，曾經從國子博士改官為比部郎中、史館修撰。隔了一年多，在元和九年(814)十月，他升為考功郎中，但依然充史館修撰。過了幾個月，他才以「考功知制誥」。《舊唐書》說他「踰歲，轉考功郎中、知制誥……」，略去他以考功郎中充史館修撰的那段經歷，頗失其真。

　　我們在第二章見過，唐代的史官都是一種「職」，沒有品位，所以

---

187 《舊唐書》卷160，頁4196-4198。《新唐書》176，頁5256-5257略同。
188 《全唐文》卷639，頁6460。

照例都帶有一個「本官」。較低層的史官如「直史館」，一般帶縣尉等官。「史館修撰」是比較高一層的史官，一般帶拾遺和補闕(詳見本書第二章)，但不少也帶有員外郎或郎中的本官。韓愈正是先以比部郎中出任史館修撰。他在任史官期間又升爲考功郎中，數月後才離開史館，出爲知制誥。

換言之，唐代的史官和翰林學士一樣，經常帶有郎官的本官。韓愈事實上並沒有真正去出任比部郎中和考功郎中。這兩官只是他的本官或階官。他一直在史館任職約一年多。其《舊唐書》本傳清楚說明他是因爲「有史才」，才被授以比部郎中、史館修撰的。白居易的文集中有一篇〈韓愈比部郎中史館修撰制〉，頗爲有趣：

> 太學博士韓愈：學術精博，文力雄健；立詞措意，有班、馬之風；求之一時，甚不易得。加以性方道直，介然有守：不交勢利，自致名望，可使執簡，列爲史官；記事書法，必無所苟，仍遷郎位，用示褒升。可依前件。[189]

按韓愈授史館修撰在元和八年三月，其時白居易已因母喪離開翰林院，退居老家渭村，似不可能作此任命書。岑仲勉疑其「僞文」[190]。筆者認爲，此文即使不是白居易所寫，應當也是唐代文獻，不宜逕稱之「僞」。它或爲白居易的「擬制」，或他人所作，混入白集。重要的是，它反映當時人對韓愈以比部郎中充史館修撰這件事的理解。文中提到「班、馬」(班固和司馬遷)這兩位大史家，又有「文力雄健」、「列位史官」等語，可證韓愈「仍遷郎位」，乃「用示褒升」而已。他真正的工作是在史館

---

189 《白居易集》卷55，頁1162。

190 岑仲勉，〈《白氏長慶集》僞文〉，《岑仲勉史學論文集》，頁227-228。

修史,不是去尚書省任郎官。

韓愈修史最具體的實證,便是他修撰《順宗實錄》這件事。唐代所有皇帝的實錄如今都早已失傳,除了《順宗實錄》之外,現收在韓愈的文集中。他修完此實錄後進呈皇帝,寫了一篇〈進《順宗皇帝實錄》表狀〉,十分詳細交代了編修的前後始末:

> ……去八年十一月,臣在史職,監修李吉甫授臣以前史官韋處厚所撰《先帝實錄》三卷,云未周悉,令臣重修。臣與修撰左拾遺沈傳師、直館京兆府咸陽縣尉宇文籍等共加採訪,并尋檢詔敕,修成《順宗皇帝實錄》五卷:削去常事,著其繫於政者,比之舊錄,十益六七,忠良姦佞,莫不備書,茍關於時,無所不錄。吉甫慎重其事,欲更研討,比及身沒,尚未加功。臣於吉甫宅取得舊本,自冬及夏,刊正方畢。文字鄙陋,實懼塵玷,謹隨表獻上。臣愈誠惶誠恐頓首頓首。……[191]

此「八年」即韓愈以比部郎中充史館修撰的元和八年。「臣在史職」一語,清楚說明他此時的史官工作,可惜今人毫不注意,猶有學者以為韓愈當時在尚書省任比部郎中,說他「掌勾會內外賦斂、經費、俸祿、公廨」等事。

李吉甫當時是以宰相身分「監修」,反而不真正參與修史,只是提供意見「研討」。真正修史的是韓愈、沈傳師和宇文籍三人。沈傳師當時是以左拾遺任「修撰」,宇文籍則以京兆府咸陽縣尉任「直館」,地低較低。這完全符合上文所考的史官等級制度。他們三人「自冬及夏」

---

191 《韓昌黎文集校注》卷8,頁599。

（當指元和八年冬到九年夏）修撰《順宗實錄》始成[192]。李翱的〈韓公行狀〉說韓愈（在元和九年十月）升考功郎中，仍充史職。這次擢升，很可能便是為了酬獎他完成了《順宗實錄》的修訂。過了幾個月，他才以考功郎中知制誥。

韓愈此時應當是在史館任職，並不執行郎官職務，還有另兩個很好的例證。一是他和柳宗元的書信往來，討論到史官的責任問題。另一是元稹寫信給他，請他以「史館韓郎中」的身分，把盛唐時代堅不事安祿

---

192 韓愈等人修《順宗實錄》和進呈的時間，在學界有分歧意見。《韓昌黎文集校注》的校注者馬其昶認為李吉甫「以九年十月卒，則進《實錄》在十年夏也。」閻琦，《韓昌黎文學傳論》，頁139，持相同意見。這涉及韓愈〈進《順宗皇帝實錄》表狀〉中「自冬及夏」一詞的解釋。在表狀中，此詞出現在他寫李吉甫「比及身沒，尚未加功」一句之後，所以馬其昶等人便以為「自冬及夏」指李吉甫於元和九年十月去世後的「冬及夏」，即元和十年夏始完成並進呈《順宗實錄》。然而，這解釋卻和韓愈的官歷不符，因為他從元和九年十二月即以考功郎中知制誥，已離開了史館，看來不可能再修史並進呈此書。筆者認為，韓愈把「自冬及夏」放在李吉甫「身沒」之後來敘述，的確容易令人誤讀，但應當看成是一個倒述句，其意指他初任史館修撰的元和八年冬到九年夏，如此才符合他的官歷。陳克明，《韓愈年譜及詩文繫年》（成都：巴蜀書社，1999），頁418，也認為韓愈在元和九年夏完成《順宗實錄》的修撰。

《順宗實錄》有非常複雜的史學史問題，這裡無法細論，詳見劉健明，〈論今本《順宗實錄‧陸贄傳》及《舊唐書‧陸贄傳》的史源〉，《第二屆國際唐代學術會議論文集》（台北：文津出版社，1993），頁1325-1350，特別是頁1325-1329中對整個問題所作的詳細學術史回顧；又見胡戟等編，《二十世紀唐研究》（北京：中國社會科學出版社，2002），頁710-711。其他主要論著有陳寅恪，〈順宗實錄與續玄怪錄〉，《陳寅恪集‧金明館叢稿二編》（北京：三聯書店，2001年新版），頁81-88；E. G. Pulleyblank, "The Shun-tsung Shih-lu," *Bulletin of the School of Oriental and African Studies* 19 (1957): 336-344; Denis Twitchett, *The Writing of Official History under the T'ang* (Cambridge: Cambridge University Press, 1992), pp. 145-151. 《順宗實錄》有一英譯本，見*The Veritable Record of the T'ang Emperor Shun-tsung,* trans. Bernard S. Solomon (Cambridge, Mass.: Harvard University Press, 1955).

山的甄濟事跡，記入國史。這些書信，今天仍然保存在韓、柳、元三人的文集中，可說爲我們考察韓愈的史官身分，提供了絕佳的第一手材料。

元和八年，韓愈剛任史館修撰不久，有一位「劉秀才」，或名軻，字希仁，寫了一封信給韓愈，可惜這封信現已不存，但從韓愈的回信看，此信的主要內容是恭賀韓愈得以出任史職，可以有一番大作爲。同年六月九日，韓愈給這位劉秀才回了一封信，也就是現收在他文集中的〈與劉秀才論史書〉。在此信中，韓愈檢討了孔子、左丘明、司馬遷、班固、陳壽、王隱、崔浩和范曄等一系列大史家的悲慘下場，並提出一個很「奇特」的論點，認爲史官不好當：

> 夫爲史者，不有人禍，則有天刑，豈可不畏懼及輕爲之哉！[193]

同時，韓愈謙虛認爲自己其實沒有才能，不足以任史官，只是宰相可憐他「老窮」，向皇帝推薦他任史官罷了：

> 僕年志已就衰退，不可自敦率。宰相知其無他才能，不足用，哀其老窮，齟齬無所合，不欲令四海內有戚戚者，猥言之上，苟加一職榮之耳。

最後，在信的結尾，他竟這樣勉勵這位劉秀才：

> 今館中非無人，將必有作者勤而纂之。後生可畏，安知不在足下？亦宜勉之！愈再拜。

---

193 《韓昌黎文集校注》，外集上卷，頁667。

此「館」當即指韓愈當時供職的「史館」。他寫這封信,用的完全是史官的語氣。不過,他說史官「不有人禍,則有天刑」,又說他自己「不足用」,應當全都看作是他對這位劉秀才所說的一番客套話,不宜當真,否則極容易引起誤會。

不巧,柳宗元見到韓愈這封〈與劉秀才論史書〉,便顯然誤會了韓愈的意思,把他那些客氣話當真,而寫了一封信給韓愈,即收在他文集中的〈與韓愈論史官書〉。柳宗元認為韓愈不該說史官「不有人禍,則有天刑」那樣的話,並舉了許多例證反駁其非。韓愈回了一封信給柳宗元,可惜不傳,但柳宗元又寫了一封回信〈與史官韓愈致《段秀實太尉逸事》書〉,[194] 並附上他寫的〈段太尉行狀〉,說「太史遷死,韓愈復以史道在職,宜不苟過日時」,又說段秀實事,「宜使勿墜」,也就是希望韓愈以史館修撰的身分,把段太尉事採進國史。

幾乎是在同個時期,元稹也給韓愈寫了封信〈與史官韓郎中書〉[195],細說玄宗朝甄濟有節行,寧死不事安祿山事。因為甄濟事一直不見於記載於國史,甄濟的兒子甄逢「每冤其父之名不在於史,將欲抱所冤詣京師,告訴於司史氏」。甄逢和元稹為好友,所以元稹便把甄濟事告訴韓愈:

> 謹備所聞,蓋欲執事者編此義烈,以永永於來世耳。[196]

---

194 《柳宗元集》卷31,頁811-812。

195 原信應無標題。此信在《元稹集》中作〈與史館韓侍郎書〉,當為後人編元稹集時所題,恐有傳寫刻印之誤,因為韓愈此時的本官為比部郎中,還未升為侍郎。《唐文粹》卷82以及《文苑英華》卷690,都作「與史官韓郎中書」,正確可依,這裡據以改正。

196 《元稹集》卷29,頁349。

也就是希望韓愈以史館修撰身分,將甄濟事寫入史。韓愈收到信後,給元稹回信〈答元侍御書〉,完全同意元稹所說:

> 謹詳足下所論載,校之史法,若濟者固當得附書。今逢又能行身幸於方州大臣,以標白其先人事,載之天下耳目,徹之天子,追爵其父第四品,赫然驚人,逢與其父俱當得書矣。[197]

韓愈這封回信完全是一派史官的口氣:甄濟的事,「校之史法」,「固當得附書」於史,他兒子甄逢因為四處為其父的名聲奔走努力,「赫然驚人」,也和他父親一樣,「俱當得書矣」[198]。

從以上這些如此具體的事例看來,韓愈任比部郎中、史館修撰時,無疑是在執行史官的職務,而不是執掌比部郎中的職責。他當時寫信說話的口氣,十足是個史官,可證他此時所帶的「比部郎中」並無實職,只是他的「本官」罷了。

唐代主要文士當中,還有一人和韓愈的經歷相似,也是以郎官的身分充任史館修撰。他就是晚唐知名的詩人杜牧。今人常常忽略杜牧的史館修撰官歷。例如,《樊川文集》的校點者陳允吉,在此書的〈前言〉中便寫道:

> 文宗大和二年,杜牧進士擢第,授弘文館校書郎,曾經多年在

---

197 《韓昌黎文集校注》卷3,頁220。原信應無標題;〈與元侍御書〉當為後人所題。元稹當時是以監察御史身分外貶江陵士曹,所以題中稱他為「元侍御」。唐代監察御史和殿中侍御史都可通稱為「侍御」,見趙璘,《因話錄》卷5,頁102。

198 《新唐書》卷194〈卓行〉傳,頁5567-5568所述的甄濟和甄逢事蹟,即根據元稹和韓愈這兩封信,補寫了《舊唐書》卷187下〈甄濟傳〉所無的若干細節。

外地府署中擔任幕僚，即所謂「十年為幕府吏，每促束於簿書
宴游間」，以後歷任監察御史、膳部、比部及司勳員外郎，先
後出任黃州、池州、睦州、湖州刺史，官終中書舍人。[199]

這段簡介最大的失誤是忽略了杜牧曾經以「膳部、比部及司勳員外郎」
出任過史館修撰。他的這些郎官銜其實反而只是他的本官，並不比史館
修撰重要。現代學者一般上對郎官出任史館修撰等職的制度缺欠理解，
常以為郎官銜比較重要，而略去史官銜不書。實際上，這些史館充職才
是唐人官歷中比較重要的部分，才是他真正在執行的職務。郎官銜僅是
秩階的本官，無實任。

唐人對這種「以官充職」的制度當然習以為常，深有瞭解，跟今人
很不一樣。例如，杜牧的外甥裴延翰在他為《樊川文集》所寫的〈序〉，
提到杜牧的官歷時便這樣說：

　　……始入仕入朝，三直太史筆，比四出守……[200]

裴延翰特別提及他舅舅曾經「三直太史筆，比四出守」，可證這是杜牧
生平事蹟中最重要的兩件事。他「比四出守」很容易理解，即上引陳允
吉所說「出任黃州、池州、睦州、湖州刺史」。但我們不禁要問：杜牧
甚麼時候「三直太史筆」？為甚麼今人介紹杜牧時，都沒說他「三直太
史筆」，反而他的外甥卻特地標榜他官歷中的這件事？為甚麼「職」（史
職）比「官」（郎官）還重？顯然，今人的理解不深，和唐人有別。

　　杜牧為自己所寫的〈自撰墓誌銘〉，自書官歷，當最可信。且看他

怎樣描寫他「三直太史筆、比四出守」:

> 以弟病去官,授宣州團練判官、殿中侍御史內供奉。遷左補闕、
> 史館修撰。轉膳部、比部員外郎,皆兼史職。出守黃、池、睦
> 三州,遷司勳員外郎、史館修撰。轉吏部員外,以弟病乞守湖
> 州。[201]

這是最清楚不過的陳述了。他三次任史官,第一次是在他從宣州回到朝
中,以左補闕的身分任史館修撰。第二次是「轉膳部、比部員外郎,皆
兼史職」。第三次是他從睦州回到朝中,「遷司勳員外郎、史館修撰」。

　　杜牧任史官前後有四年之久。他在〈除官歸京睦州雨霽〉這首詩中,
有「網今開傅燮,書舊識黃香」兩句,下有注:「曾在史館四年」[202],
可證他那些年雖然帶著郎官銜,卻一直都在史館任職。

　　杜牧在〈上宰相求杭州啓〉中,也提到他的史館職:

> 自去年八月,特蒙獎擢,授以名曹郎官,史氏重職。[203]

這是指杜牧在大中二年(848)從睦州入朝,授以司勳員外郎、史館修撰
的事[204]。就在這次入朝的第二年正月,他奉皇帝詔書,撰寫〈唐故江西
觀察使武陽公韋公〔丹〕遺愛碑〉。碑文一開頭即述及撰碑緣起:

---

201 《樊川文集》卷10,頁160-161。
202 《樊川文集》卷3,頁51。此注可能是文集編者裴延翰所作。杜牧在開成三
　　年到五年任史館修撰約三年。八年之後,在大中三年又回去任史館修撰約
　　一年,共約四年。
203 《樊川文集》卷16,頁248。
204 繆鉞,《杜牧年譜》,頁69-70。

皇帝召丞相延英便殿講議政事，及於循吏，且稱元和中興之
盛，言理人者誰居第一？丞相〔周〕墀言：「臣嘗守土江西，
目睹觀察使韋丹有大功德被於八州，歿四十年，稚老歌思，如
丹尚存。」丞相〔白〕敏中、丞相〔馬〕植皆曰：「臣知丹之
為理，所至人愛，所去人思。江西之政，熟於聽聞。」乃命首
臣紀于眾上丹之功狀，聯大中三年正月二十日詔書，授史臣尚
書司勳員外郎杜牧，曰：「汝為丹序而銘之，以美大其事。」[205]

杜牧在碑文中自稱「史臣」（也很可能在當時被他人稱爲「史臣」），可
知他此時的真正工作，乃在史館供職，所以皇帝才會命令他「爲丹序而
銘之」[206]。這也側面反映了當時史官的工作，不只是修史，也可以爲名
臣立碑。當然，爲名臣撰碑也可以視爲是修史的一部分準備工作。

　　唐史上像韓愈和杜牧這類以郎中或員外郎本官去充任史館修撰的
例子太多了，可說不勝枚舉，且舉兩例，以彰其妙。這兩例是韓愈的兩
個女婿李漢和蔣係。他們跟他們的岳父一樣，都曾以郎官充史館修撰。
李漢最完整的官銜，見於他編韓愈文集後所寫的〈昌黎先生集序〉，自
署「朝議郎行尚書屯田員外郎史館修撰上柱國賜緋魚袋李漢編」[207]，顯
示他當時正以屯田員外郎充史館修撰。至於蔣係的官歷，《舊唐書》是
這樣敘寫的：

　　係，大和初授昭應尉，直史館。二年，拜右拾遺、史館修撰，
　　典實有父風，與同職沈傳師、鄭澣、陳夷行、李漢等受詔撰《憲

---

205 《樊川文集》卷7，頁111。
206 《資治通鑑》卷248，頁8037敘此事時，便云「乙亥，詔史館脩撰杜牧撰丹
　　遺愛碑以紀之」，反而沒有提到他的司勳員外郎官銜。
207 《韓昌黎文集校注·昌黎先生集序》，頁1。

宗實錄》。四年，書成奏御，轉尚書工部員外，遷本司郎中，
仍兼史職。[208]

這可說是唐後期史官一段很典型的官歷：剛起家出道時，先以縣尉任史
館的低層史官「直史館」，然後升爲「右拾遺、史館修撰」。在充任史
館修撰期間，又有所升遷，獲得員外郎和郎中的本官銜，但「仍兼史職」。
韓愈所修的《順宗實錄》，在大和五年曾經有過「重加刊正」之議，但
當時的中書侍郎、監修國史路隨上奏說：「緣此書成於韓愈，今史官李
漢、蔣係，皆愈之子婿，若遣參校，或致私嫌。」[209]可知李漢、蔣係
這兩位韓愈「子婿」當時都在任史官，並非執掌郎官職責。今本《舊唐
書・憲宗紀》末尾，仍保存了蔣係以「史臣蔣係曰」所寫的一段評語[210]，
不但可證他的職務是修史，亦可證今本《舊唐書》沿襲唐代史館史臣所
修的本朝國史舊文[211]。唐代史料中所有這些以郎官充史館修撰的案例，
都應當如此解讀，才不致誤。

　　不過，話說回頭，這種以郎官充史官的制度，也揭示這類官員都具
有「雙重」身分：即是郎官，又是史官。他的郎官銜當然也是他完整全
套官銜的一部分。在社交場合，在官場上，他可能自稱或被人稱爲郎官，
也可能自稱或被人稱爲史官，或兩者兼用。例如，李商隱寫過兩首詩送
給杜牧，一是〈贈司勳杜十三員外〉，詩中說「杜牧司勳字牧之，清秋
一首杜秋詩」；另一是〈杜司勳〉，詩中說「刻意傷春復傷別，人間唯

---

208 《舊唐書》卷149，頁4028-4029。
209 《唐會要》卷64，頁1313。
210 《舊唐書》卷15，頁472。
211 《舊唐書》卷14，頁410〈順宗紀〉的末尾，也有一段「史臣韓愈曰」的評
　　語。關於《舊唐書》的史料來源，最詳細的論述見Denis Twitchett, *The Writing
　　of Official History under the T'ang*, pp. 198-249.

有杜司勳」[212]。兩詩都僅稱杜牧為「司勳」員外郎的官位，沒有提到他的史職。

但唐詩中也常有「官」與「職」並提的。例如，劉禹錫有詩〈送分司陳郎中祗召直史館重修三聖實錄〉：

> 蟬鳴官樹引行車，言自成周赴玉除。
> 遠取南朝貴公子，重修東觀帝王書。
> 常時載筆窺金匱，暇日登樓到石渠。
> 若問舊人劉子政，如今頭白在商於。[213]

這位陳郎中，名不詳，但他明確是以郎中身分被召去史館修《三聖實錄》。三聖指順、憲、穆三宗。詩中借用了好幾個漢代修書、藏書的典故：東觀、金匱和石渠。「遠取南朝貴公子，重修東觀帝王書」兩句，最能反映唐代以郎官修史的風氣。這位「南朝貴公子」指陳郎中，用的是南朝最後一朝陳朝皇帝姓陳的典故。但如今，他卻在「重修東觀帝王書」，也就是在唐代的史館修皇帝實錄。

唐末五代的徐鉉，亦有詩〈送史館高員外使嶺南〉：

> 東觀時閒暇，還修喻蜀書。
> 雙旌馳縣道，百越從軺車。
> 桂蠹晨餐罷，貪泉訪古初。
> 春江多好景。莫使醉吟疏。[214]

---

212 《李商隱詩歌集解》，頁875，878。
213 《劉禹錫詩注編年箋注》，頁711。
214 《全唐詩》卷751，頁8551-8552。

詩題中的這位「史館高員外」，便是以員外郎身分充史館修撰。和上引李商隱贈杜牧兩詩不同的是，徐鉉這裡把高外員的「官」與「職」並提。我們須瞭解唐代這種以官充職的制度，否則不易明白為甚麼史館會有員外郎在供職，為甚麼會有「史館高員外」這種看似「奇怪」的稱謂。詩中同樣提到「東觀」等修書典故，可證這位高員外一直是在修史，不是任郎官。現在他要「出使嶺外」了，所以詩中又有「百越」等南方意象。

綜上所論，像「杜司勳」、「陳郎中」和「高員外」這樣在史館任職的雙重身分郎官，不同於真正供職於尚書省二十六司的郎官。我們應當分清楚他們的「官」與「職」，才不致混淆了他們真正的職務。

十、檢校郎官

唐代史料和碑刻題名中，常可見到某某官員「檢校」某某員外郎和郎中事。例如，《舊唐書・杜甫傳》這樣記載他的一段官歷：

> 上元二年〔761〕冬，黃門侍郎、鄭國公嚴武鎮成都，奏為節
> 度參謀、檢校尚書工部員外郎，賜緋魚袋。武與甫世舊，待遇
> 甚隆。[215]

杜甫這時在嚴武的成都幕府任節度參謀，卻帶有一個「檢校尚書工部員外郎」的官銜。這便是後人尊稱他為「杜工部」的由來，但這種「檢校郎官」又是一種怎樣的郎官呢？和上文所論那些在尚書省二十六司任職的真正郎官又有甚麼不同？意義何在？

這種檢校郎官應當放在唐代整個檢校官制下來看，才能徹底理解。

---

215 《舊唐書》卷190下，頁5054。

關於檢校官制，筆者已有一專文發表，此不贅論[216]。至於檢校郎官，筆者也將有專論刊布[217]，這裡也不擬深論，只想簡單交代幾點。

唐代的幕府官沒有品秩，所以任幕職者照例帶有一個京官銜，有的甚至還帶有另一個「憲銜」，即御史銜，以秩品階。基層幕職如巡官和推官一般帶的京官銜是「試校書郎」、「試大理評事」、「試太常寺奉禮郎」等等，都冠以「試」字，以示和京城真正的校書郎和大理評事等京官有別。他們可能也帶有憲銜如「兼監察御史」和「殿中侍御史內供奉」等。例如韓愈，他在汴州佐董晉幕府任推官時，全銜便是「汴宋亳穎等州觀察推官將仕郎試祕書省校書郎韓愈」[218]。「將仕郎」是他的散官階，文散官的最低一階。

中層幕府官如判官所帶的京官銜，不冠以「試」，而稱為「檢校」，最常見的便是「檢校某某員外郎」或「檢校某某郎中」。例如裴冑，「淮南節度陳少遊奏檢校主客員外、兼侍御史、觀察判官。」[219] 再如柳渾，「大曆初，魏少遊鎮江西，奏署判官，累授檢校司封郎中。」[220] 這種「檢校郎官」可說是中層幕府官所帶的最典型京官銜，但因為他們沒有真正執行郎官的職務，而是在外頭的方鎮使府充當幕職，所以官名前冠以「檢校」，以示區別。

簡言之，方鎮使府的幕佐帶「試」銜，表示他還處於低層；帶「檢校某某員外郎」或「檢校某某郎中」，表示他已進入中層（如果帶「檢

---

216 詳見拙作〈論唐代的檢校官制〉，《漢學研究》，第24卷第1期（2006年6月），頁175-208。

217 見拙作〈論唐代的檢校郎官〉，將發表在《唐史論叢》，第十輯，杜文玉主編（西安：三秦出版社，2008）。

218 此銜為韓愈〈贈太傅董公行狀〉結尾的自署，見《韓昌黎文集校注》卷8，頁584。

219 《舊唐書》卷122，頁3508。

220 《舊唐書》卷125，頁3553。

校某某尚書」等銜，則表示他已爬升到幕職高層如節度使、觀察使矣）。

　　從這個幕府官制的角度看，杜甫任嚴武的節度參謀，竟帶有一個「檢校工部員外郎」的京官銜，可證他已進入中層，官運其實相當不壞。更可注意的是，他的幕主嚴武還特別為他向皇帝上奏，「賜緋魚袋」。這是許多杜甫傳記沒有討論的一個官制細節。在唐代，穿緋服佩銀魚袋，是五品散官朝散大夫或以上官階才能有的榮耀（參看上文白居易「刺史緋」和杜牧的例子）。唐代官員若官階未到，還不夠資格衣緋，則由皇帝特賜緋魚袋，也是一種無上的榮譽。杜甫此時獲「賜緋魚袋」，從此可以穿緋紅官服，算是進入中層官員之列。這表示他的官運比上不足，比下有餘，至少比起高適到了五十歲還在充當一個小小的縣尉強多了。

十一、結論

　　唐代尚書省二十六司中有一系列的員外郎和郎中，合稱「郎官」，是中央政府中很清要的一批中層文官，也是員額最多的一類官員，多達約六十五個（包括左右司）。這意味著唐代有不少人曾經擔任過各種名目的郎官。也意味著，唐代的高層官員，除了極少數例外，幾乎都曾經在他們壯年時（約四十到五十歲之間）出任過郎官，由此才爬升到高層。唐代士人如果沒有充當過郎官，那通常也表示他們的仕途不夠坦順，或一生只浮沉在下層文官當中。

　　唐二十六司各司的員外郎和郎中，官品和俸料錢都相同：員外郎都是從六品上，月俸四萬文；郎中則從五品上，月俸五萬文。但他們卻有等級之分，有所謂「前行」、「中行」、「後行」的說法。大體而言，吏部和兵部各司為前行，最為要劇，但司門、都官、屯田、虞部、水部、膳部、主客等司皆在後行，閒簡無事，比較不受人重視。然而，唐代士人任郎官，一般也得從水部、屯田等司的郎官做起，再逐步攀升到前行

各司的郎官。這種等級的差別和各司職務的閒劇很有關連。

雖然如此,郎官還是一個備受尊敬的群體。他們的地位普遍高於本書所論的其他中層京官如監察御史、殿中侍御史、侍御史、拾遺和補闕,也高於外官如縣令、錄事參軍和判官等,可說處於中級文官當中的最上層,再往上遷便進入高層如侍郎和尚書了。

唐代郎官有種種別稱。最常見的有「尚書郎」、「南宮郎」、「南省郎」(因為尚書省在中書門下之南)。員外郎又有別稱「外郎」,和郎中的別稱「正郎」相對。

唐代刺史的官品高於郎官,但唐代士人有不少寧願當郎官,也不願任刺史。這說明幾點。第一,刺史和郎官之間的遷轉不能單以官品來衡量,需考慮到其他因素。第二,郎官若外貶,常到一些偏荒小州(如連州和朗州)任刺史,品階雖比郎官為高,但這樣的刺史不如郎官。第三,唐人一般還是以能入朝任郎官為榮,雖然官階和月俸可能不如先前的刺史。這也是唐人普遍重京官、輕外官的表現,即使到中晚唐依然如此。第四,唐代也有人寧捨郎官求外放為刺史,如杜牧、鄭綮等人,但他們所求的州都是戶口眾多的大州,所得之官階和俸錢都比較高,可說屬於特別案例。

和拾遺、補闕等京職事官一樣,唐代的員外郎和郎中也可以當成「階官」來使用。所以,有人掛著郎官的名目,卻不執行郎官的職務,而是去出任其他差遣職,如知制誥、翰林學士和史館修撰等等。中晚唐方鎮使府盛行,也常有士人掛著「檢校郎官」的名義,在幕府、鹽鐵使府等處充當判官一類的幕府官。

第四章

縣　令

　　先生受屈未曾語，忽來此告良有以。

　　嗟我身為赤縣令，操權不用欲何俟？

　　立召賊曹呼伍伯，盡取鼠輩尸諸市。

　　　　　　　　　韓愈〈寄盧仝〉[1]

　　柴門沒脛畫不掃，黃昏繞樹棲寒鴉。

　　唯有河南韓縣令，時時醉飽過貧家。

　　　　　　　　　盧仝〈苦雪寄退之〉[2]

　　韓愈這首〈寄盧仝〉，是他在元和六年(811)在洛陽任河南縣令時
寫的。當時，詩人盧仝也住在洛陽，過著窮日子，「破屋數間而已矣」，
「辛勤奉養十餘人，上有慈親下妻子」，又遭受他鄰居惡徒的欺負，忍
了許久，受不了，才告到他的朋友韓愈那兒。這便是韓愈詩中所說「先
生受屈未曾語，忽來此告良有以」。於是，韓愈便動用他「赤縣令」的
權威，「立召賊曹呼伍伯，盡取鼠輩尸諸市」，解決了盧仝的困境。唐
詩很少寫到如此俚俗的生活瑣事。韓愈某些詩作，卻常常如此貼近生

1　《韓昌黎詩繫年集釋》卷7，頁782。

2　《全唐詩》卷340，頁3809。

活，真讓人感覺一新。盧全這時也有詩〈苦雪寄退之〉，稱韓愈為「韓縣令」，在他寂寞的日子裡還時時來探望他這個「貧家」。

但甚麼是「赤縣令」，竟有如此權望？原來，在唐代長安、洛陽等京縣做縣令的，就稱為「赤縣令」，是等級最高的一種縣令，遠非那些偏遠中小縣的縣令可比。本章下面將有一節細說唐代縣令的等級差別及其意義。

唐代縣一級的官員共有四種，從低到高的排位是：縣尉、主簿、縣丞和縣令。這些是朝廷派駐各縣的官員，屬九品三十階的流內官。縣尉之下還有司佐、典獄、問事一類的小吏，但他們不屬流內官，沒有品位，通常由當地人出任，屬胥吏一類，協助縣級流內官處理衙內的日常事務。然而，這些地方胥吏可能會以「地頭蛇」的姿勢，「欺負」那些中央派來的縣官。韓愈的古文名篇〈藍田縣丞廳壁記〉，寫的便是他的朋友藍田縣丞崔斯立被當地縣小吏「欺生」的故事。[3]

筆者在《唐代基層文官》的第三章中有整整一章的篇幅專論最基層的縣尉，此不贅。縣主簿則至今為止僅有一篇簡短的論文研究[4]。這是一種負責文書收發、勾稽的縣官，地位不高，通常在八、九品左右（視所屬的縣等級而定，見下面表六）。一般來說，主簿和縣尉一樣，屬基層文官，不在本書的範圍內，所以這裡也不擬討論。

至於縣丞，在中下縣任縣丞者只有九品，此官甚至可以用作釋褐官，有人一開始做官就出任縣丞，可說屬於低層，但長安等京縣的縣丞則有高至七品的，也需遷轉數次才能出任，這些又屬中層文官。但限於篇幅，而且考慮到縣丞和縣令有不少共同點，所以本書也不擬另立一章

---

3 《韓昌黎文集校注》卷2，頁89-91。關於唐代的胥吏，見張廣達，〈論唐代的吏〉，《北京大學學報》，1989年第2期。

4 張玉興，〈唐代縣主簿初探〉，《史學月刊》，2005年第3期，頁40-46。

專論縣丞，只準備專論縣令，以縣令作爲縣一級中層文官的一個代表。

簡單地說，縣丞就是縣令的副官，是一縣的第二號人物，就像韓愈在他那篇著名的古文〈藍田縣丞廳壁記〉中所說的：「丞之職所以貳令，於一邑無所不當問。」[5]

縣令倒是頗典型的中層文官：他們一般得先任過縣尉、主簿、縣丞或其他低層文官後始能昇任縣令。在京縣如長安縣任縣令者，官品達到正五品上，有不少人甚至還曾經任過清貴的郎官才來任京縣令，幾乎可以說接近高層文官了。

但正如本書經常強調的，唐人任官絕對不能單看官品。比如本書第一章所論的監察御史僅有八品，但絕對不能算是基層文官，而應當是中級官員。這裡把縣令劃分爲中層文官，也只是「權宜之計」，爲了方便論述而已，主要是從地位、升遷等方面看，並非單純以官品爲準。但這裡要強調的是，縣令其實是一個非常多元化的群體，大致可分三大類：有高尚的赤畿縣令，也有中間層次的望、緊、上縣之縣令，更有低下的中下縣之縣令。三者須仔細分辨，不能「一視同仁」。

至今爲止，學界對縣令的研究不多，主要論文只有五篇[6]。還有不少課題是過去的研究者所未涉及的，諸如唐縣的等級和縣官地位的關係、縣令的三大類型、唐後期地方長官自署的「攝」縣令等等。這些都

5　《韓昌黎文集校注》卷二，頁89。

6　王壽南，〈論唐代的縣令〉，《國立政治大學學報》，第25期(1972)，頁177-194；張榮芳，〈唐代京兆府領京畿縣令之分析〉，載黃約瑟、劉健明編《隋唐史論集》(香港：香港大學亞洲研究中心，1993)，頁118-160；黃修明，〈論唐代縣政官員〉，《大陸雜誌》，卷101第3期(2000)，頁97-108；黃修明，〈唐代縣令考論〉，《四川師範學院學報》，1997年第4期，頁13-20；劉后濱，〈論唐代縣令的選授〉，《中國歷史博物館館刊》，1997年第2期，頁51-58。英文論著有P. A. Herbert, "Perceptions of Provincial Officialdom in Early T'ang China," *Asia Major*, 3rd Series, 2.1 (1989): 25-57.

是本章擬深入討論的。

一、唐縣的等級和縣官的地位

唐代縣級官員的地位是和他所管的縣屬甚麼等級息息相關的。筆者認為，這是考察唐代縣官最切要的一點，應予相當的重視，否則許多縣官的面貌和制度層面的細節都無法看清。過去研究的一大弊病，就是沒有釐清唐縣等級和縣官的地位，以致得出種種不切的、以偏蓋全的結論。

實際上，每當我們在兩《唐書》、墓誌或其他史料中遇見一個縣尉、主簿、縣丞和縣令時，我們首先要做的，便是查考他所屬的縣是甚麼等級，否則無從了解這個縣官在整個唐代縣官系統中的位置，無從深究他的官歷和仕歷如何。

比如說，以官品而言，一個京縣的縣令（正五品上，見後面表六），地位當然高過一個下縣的縣令（從七品下）。但更值得注意的是，一個京縣最低層的縣尉（從八品下），都還勝過一個下縣的縣丞（正九品下），雖然縣丞的排位原本應當在縣尉之上。同理，一個京縣的主簿（從八品上），其官品也高過一個下縣的縣丞（正九品上），雖然縣丞排位一般也在主簿之上。決定的因素都在他們所管之縣的等級：京縣都屬重要的縣，其縣官地位都比較高；下縣往往是偏荒小縣，縣官地位比較低。

除了官品的考量，我們還需注意，京畿縣位於兩京或其周邊的戰略要地，受到朝廷的重視，其縣令的選授往往另有一套辦法，地位也比較高。同理，唐代望、緊和上縣，一般都還算地位比較高，人口比較多，或位於戰略要道之縣，其縣令的地位一般也相當不錯，僅次於京畿縣令。至於唐代的中、下縣，數目其實最多，佔了全國縣數約一千五百個的一半以上。它們通常位於邊區或尚未開發的地域，人口稀少，交通不便，其縣令的地位和素質也都比較差。仕宦條件良好的士人都不願到這

些中下縣去就任。

　　所以，要了解唐代一個縣官的真正地位，我們須先理解唐代的縣是如何分成大約十個等級的，以及唐縣分級的意義。這方面最出色的研究，當數翁俊雄的論文〈唐代的州縣等級制度〉[7]。筆者在《唐代基層文官》論縣尉一章也有一節討論了這個課題。這裡再補充幾點。

　　唐代的縣廢置無常，其總數難以準確統計，但一般來說，唐縣大約有一千五百個，分布於全國各地。這一千多個縣分成幾個等級？學界過去對這問題沒有深究，且眾說紛云。不少學者和許多唐史教科書或中國通史之類的著作，都說唐縣只分為三等：上、中、下[8]，沒有再深考，以致引起不少誤解。

　　實際上，在唐人所撰的地理名著《元和郡縣圖志》（《新唐書・地理志》亦同），我們可以見到它精確地把唐縣分為十個等級（並非只有上、中、下三等）：即赤（或「京」）、次赤（或「次京」）、畿、次畿、望、緊、上、中、中下、下。例如，長安「萬年縣」下，有小字注「赤」縣；在關內道「美原縣」下，有小字注「畿」縣；在河南道「長社縣」，有小字注「望」縣等等[9]。下面表五列出大約一千五百多個唐縣的等級、分級標準和地理分布。

　　從表5可見，唐代最重要的赤、次赤、畿和次畿縣的數目並不多，只有大約一百個左右。望縣和緊縣也不多，只有大約二百個左右。上縣有大約四百個。最多的反而是最不重要的三種縣（中縣、中下縣以及下

7　翁俊雄，〈唐代的州縣等級制度〉，《北京師範學院學報》，1991年第1期，頁9-18。一項深入的州縣等級個案研究，見李方，〈試論唐西州高昌縣的等級〉，《西域研究》，2006年第3期，頁30-40。

8　例如，一位美國漢學家在一份提供給唐代文史學者使用的「基本數據」材料中，也如此說。詳見Paul W. Kroll, "Basic Data on Reign-Dates and Local Government," *T'ang Studies* 5 (1987): 102-103.

9　《元和郡縣圖志》卷1，頁3；卷2，頁33；卷8，頁208。

表5 唐縣的等級、分級標準和地理分布

	唐前期數目	唐後期數目	分級標準	地理分布
赤縣	6	6	京都所治為赤縣	長安、洛陽、太原
次赤縣	1	14	見注一	見注一
畿縣	82	69	京之旁邑為畿縣	長安、洛陽、太原周圍地區
次畿縣	0	34	見注二	見注二
望縣	85	148	以戶口多少、資地美惡為差	主要集中在關內、河南、河北、河東、山南、淮南、江南、劍南等道。但黔中、嶺南等邊遠地區則沒有望、緊縣。
緊縣	111	111	以戶口多少、資地美惡為差	
上縣	446	410	以戶口多少、資地美惡為差	
中縣	296	276	以戶口多少、資地美惡為差	
中下及下縣	554	539	以戶口多少、資地美惡為差	
總計	1581	1607		

材料出處：唐代前後期各級縣的數目以及地理分布根據翁俊雄〈唐代州縣等級制度〉一文。分級標準依《通典》卷十五，頁919-920。

注一：後期因新增五府（鳳翔府、成都府、河中府、江陵府和興元府）而多了一些次赤縣；另有六個皇陵所在縣（醴泉、雲陽、奉天、富平、三原、緱氏）也升為次赤。

注二：唐前期無次畿，後期因新增五府而出現一些新的次畿縣。

縣），共有大約八百個，佔了唐代全國總縣數大約一千五百個的一半以上。

　　唐代這一千五百多個縣，數目相當龐大。如果要好好治理，恐怕要花費唐室不少的人力和財力。光是委派一千五百多個縣令就是個大問

題。但唐朝廷並非對全國所有縣都「一視同仁」，而是有選擇性的處理地方行政：它最重視的是京畿縣，其次是望緊上縣，最後才是中下縣。中下縣數目最多，佔總數一半以上，但它們往往是偏荒地區人口不多的小縣，常無法吸引士人前去服務。我們在史料中所見，唐朝廷對這些中下縣常是鞭長莫及，無可奈何，所以它真正關心的，並非全部一千五百多個縣，而只是那七百多個京畿縣和望緊上縣罷了。

然而，這個十等分級法可能太過精細了，以致唐人常把它簡化為七等。例如《通典》：「大唐縣有赤、畿、望、緊、上、中、下七等之差。」[10] 陸贄在〈論朝官闕員及刺史等改轉倫序狀〉說：「今縣邑有七等之異。」[11] 歐陽詹在〈同州韓城縣西尉廳壁記〉則說：「第一曰赤，次赤曰畿，次畿曰望，次望曰緊，次緊曰上，次上曰中，次中曰下。」[12] 仔細觀察，我們可以發現《通典》和歐陽詹的七等說，跟唐縣十等說其實並無矛盾之處，因為這只是把「赤」和「次赤」合併簡稱為「赤」，把「畿」和「次畿」合併簡稱為「畿」，又把「中下」和「下」合併簡稱為「下」罷了。

在今天，從實際運用史料的層面上來說，唐縣十等還是最精確的分類法，因為《元和郡縣圖志》和《新唐書‧地理志》都清楚列出那一千五百多個唐縣屬於十等中的哪一個等級。我們因此可以很方便查找出某一唐縣的最精確等級[13]。

不過，《通典》和歐陽詹的唐縣七等說，其實也有它的「實用價值」，

10　《通典》卷33，頁919-920。

11　《全唐文》卷475，頁4855。

12　《全唐文》卷597，頁6039。

13　今人吳松弟的近作《兩唐書地理志匯釋》（合肥：安徽教育出版社，2002），把兩《唐書》的地理志做了一次重大的整理，有補釋，有集釋，且詳考各唐縣的今地名。此書後半部分為《新唐書‧地理志》的匯釋，更對唐縣的等級有清楚的說明，也包含了近人的一些研究成果，對學界很有貢獻。

表6 唐代六個等級縣的縣官人數和官品

	縣 令	縣 丞	主 簿	縣 尉	縣官總數
赤縣	一人 正五品上	二人 從七品上	二人 從八品上	六人 從八品下	11人
畿縣	一人 正六品上	一人 正八品下	一人 正九品上	二人 正九品下	5人
上縣	一人 從六品上	一人 從八品下	一人 正九品下	二人 從九品上	5人
中縣	一人 正七品上	一人 從八品下	一人 從九品上	一人 從九品下	4人
中下縣	一人 從七品上	一人 正九品上	一人 從九品上	一人 從九品下	4人
下縣	一人 從七品下	一人 正九品下	一人 從九品上	一人 從九品下	4人

材料出處：《唐六典》卷三十、《舊唐書》卷四四〈職官志〉和《新唐書》卷四九下〈百官志〉。除《舊唐書》把赤縣縣丞列為「從七品」（脫「上」字？）又把畿縣縣令列為「正六品下」外，三書所列的縣官人數和官品都相同。又據《通典》卷三三，頁922，縣尉「上縣二員，萬戶以上增一員；中縣一員，四千戶以上增一員」。

不可偏廢。它主要讓我們知道，唐代某些等級的縣，比如赤縣和次赤縣，中下縣和下縣，是可以合併起來計算或看待的。在我們不需要太過精細的區分時，這七等分法便很方便、適用。本章在許多地方也用了這七等分法，因為十等分法有時會顯得非常累贅、瑣碎、不便。

　　然而，《唐六典》、《舊唐書》和《新唐書》的職官志，在列舉縣令、縣丞、主簿和縣尉的官品以及人數時，卻又把唐縣只分為六個等級：京縣、畿縣、上縣、中縣、中下縣、下縣。這裡且把這些縣官的官品和人數資料列在表6。

　　這六等分法可說是唐縣十等分法的更進一步簡化，並無矛盾，也非遺漏。筆者認為，唐縣最精確的分級依然是十等，但各種史料可能因為

分類或配額需要不同而採取了簡化的分法。如《通典》、陸贄和歐陽詹似乎都嫌十等分法累贅而將之簡化爲七等。《唐六典》和兩《唐書》職官部分則再簡化爲六等，很可能因爲縣官原本就不必生硬地（也沒有辦法刻意地），爲了配合十個等級的唐縣，而分成十種等級的官品和人數來處理。分成六種已綽綽有餘了。例如，從表六看，中縣和中下縣的縣官，不論是縣令、縣丞、主簿和縣尉，置官人數完全相同，官品則只有縣丞一欄有一階的差別。所以，如果《唐六典》等書要進一步把中縣和中下縣簡化合併爲一種，單只分爲五種，其實也未嘗不可。

　　《唐六典》等職官書把縣官分成六等，沒有提望縣和緊縣，對現代學者來說，所產生的最大的問題是：望縣和緊縣縣官的設置人數及其官品該如何處理？這問題其實不如想像中的大。按唐縣十等說，望縣和緊縣排在京縣和畿縣之後，上縣之前。黃修明教授認爲：「我們可以把望縣、緊縣設員置官的狀況和上縣等同看待。」[14]筆者非常贊同這個辦法。實際上，即使等同畿縣看待也差別不大，因爲按照表六，畿縣和上縣的縣官，不論縣令、縣丞、主簿和縣尉，其設員人數都完全相同，只有主簿和縣尉兩欄的官員，官品差了微小的一階而已。

　　因此，筆者推測，《唐六典》當初並非有意遺漏望縣和緊縣官員。它或許曾經有意把望縣、緊縣的官員另分兩類，但發現這些官員在官品和員額方面，其實幾乎和畿縣及上縣官員沒有甚麼分別，實在沒有必要再添兩類，所以求其簡便，僅列畿縣和上縣兩種，把望、緊縣隱含在內。又或許當初有注文說明此點，只是後世《唐六典》傳抄有所脫落，以致此處陰晦不顯。兩《唐書》職官志此處皆依據《唐六典》。

　　至於目前一般教科書上所說唐縣只分上、中、下三等，這其實又是另一種分類法，是按照戶數來劃分的。據《通典》：「至開元十八年敕，

14　黃修明，〈論唐代縣政官員〉，頁98。

太平時久，戶口日殷，宜以四萬戶以上爲上州，二萬五千戶爲中州，不
滿二萬戶爲下州。六千戶以上爲上縣，三千戶以上爲中縣，不滿二千戶
戶爲下縣。」[15] 這恐怕是許多教科書上誤以爲唐代州縣僅分爲上、中、
下三等的由來，但這些教科書往往未再深考，忽略了唐縣還有另一種十
等分級法(唐代的州則還可再細分爲八等：府、輔、雄、望、緊、上、
中、下)[16]。

唐縣以戶數僅分爲上、中、下三等，其實也可以看作是十等分級法
的一種簡化。換句話說，就統計戶數的目的來說，唐縣分上、中、下三
等就可以了，不必再細分爲京縣、畿縣、望縣、緊縣等等那麼累贅。《唐
會要》中有一句話，最能表現這種簡化分法的實際運作和精神：

> 其赤、畿、望、緊等縣，不限戶數，並爲上縣。[17]

依此看來，像太原、晉陽等赤縣，像藍田、美原等畿縣，像華陰、下邽
等望縣，或者像上洛、彭原等緊縣[18]，不管它們的戶數是否在六千戶以
上，在統計戶數的三等縣分類法下，它們都算是「上縣」。

但我們應當留意的是，這種戶數分類上的「上縣」，其含意是和十
等唐縣中的「上縣」完全不同的。以太原、晉陽縣來說，它們本質上(在
州縣等級上)還是屬於赤縣，只不過在統計戶數時，它們被劃化成「上
縣」而已。

所以，十等分法中的「上、中、下」縣，極易和戶口分法的「上、
中、下」縣混淆。但兩者並不同等，須細心分辨。不過，唐代的文獻提

15　《通典》卷33，頁909。
16　詳見翁俊雄，〈唐代州縣的等級制度〉，頁9。
17　《唐會要》卷70，頁1457。
18　這些縣的等級據《新唐書・地理志》。

到上、中、下縣時，除非明確提到戶數，否則一般上指的是十等（或簡化的七等）分法，而非戶口的三等分法，例如玄宗的〈安養百姓及諸改革制〉：

> 比來中、下縣令，或非精選，吏曹因循，徒務填闕天下。大率小縣稍多……。若無優獎，豈致循良。既在得人，寧拘格限。宜令選人內取中外清資，是明經、進士、應制、明法並資蔭出身、有幹局書判者，各於當色內量減一兩選注擬。赴任之日，仍令引見，朕當察審去就。其老弱者，更不得輒注。考滿之後，準畿官等例三選聽集。[19]

制文開頭提到「中、下縣令」，結尾說他們「考滿之後，準畿官等例三選聽集」，明顯地把中、下縣的縣令拿來和畿縣的官員對比，可證這裡用的是唐縣十等（或簡化七等）的分法。若以唐縣三等說去解讀以上這段引文，「準畿官等例」等語將不知所云，無法讀通。

在戶數三等分法下，「上縣」的地位當然最高，「中縣」次之，表面上看起來似乎也還不錯，「下縣」最低下。但在十等分法下，唐人往往認為所謂的「上、中、下」縣，其實都算不上甚麼好縣（特別是「中、下」縣更差），因為這三種縣等於是殿後的三種等級，排在赤縣、畿縣、望縣和緊縣之後。

十等縣中的「上縣」和三等縣中的「上縣」，名稱相同，地位卻十分懸殊，相去甚遠，不可混淆，但也最容易混淆。最簡便的記憶法是：十等縣中的上縣，地位排在赤縣、畿縣、望縣和緊縣之後，但三等縣中的上縣，是一種戶數統計的分類，卻排名第一，也包含了赤縣、畿縣、

19　《全唐文》卷25，頁284。

望縣和緊縣等縣，不管這些縣的戶數多少（即上引《唐會要》所說的「不限戶數」），一律統稱「上縣」。

至於十等縣中的中、下縣，則更是等而下之的殿後兩種縣，好比偏荒小鎮和外島，最沒有辦法吸引人前去任官。例如，在上引玄宗〈安養百姓及諸改革制〉，重點就是「中、下縣令」不得其人，沒有好的人材願意到這些中、下縣去當縣令，所以玄宗想要給他們「優獎」，希望在好的人選如「明經、進士、應制、明法並資蔭出身、有幹局書判者」當中挑選縣令，給他們一些優惠，如「量減一兩選注擬」。

「一兩選」涉及唐代的守選制度。以進士來說，照常規，進士及第後一般須守選三年才能任官[20]。現在他們可以「量減一兩選注擬」，也就是減少守選的年歲一兩年，提早一兩年任官。而且，任滿中、下縣令後，他們還可以獲得優待，可以「準畿官等例三選聽集」，也就是按照畿縣官員守選三年的規定到吏部去參加「冬集」（吏部的銓選例在孟冬十月開始，故稱「冬集」或簡稱「集」），選下一任官。

由此看來，中、下縣令任滿後原本需要守選的年歲不止三年，現在他們可以用「畿官等例三選聽集」，等於是一種獎勵，用以酬謝他們到中、下縣去任縣令，正如現代政府須以種種誘人的優惠辦法，始能吸引到資歷良好的醫生和老師到外島和偏荒小鎮去服務一樣。

在武宗的〈加尊號後郊天赦文〉中有一段話，也很能說明唐代的中、下縣多是「遠處縣邑」，是如何不吸引人，甚至連縣丞、主簿和縣尉等低層縣官都需要「獎勵」和「優惠」：

> 其遠處縣邑，多是中、下縣。其縣丞、簿、尉等，例是入流令

20　王勛成，《唐代的銓選與文學》，頁51-55。王勛成此書是第一本深入探討唐代守選的現代著作，很有啟發意義。

史。苟求自利，豈知官業？其中、下縣丞、中縣簿〔當脫一「尉」字〕等，自今已後，有衣冠士流，經業出身，經五選如願授者，每年便許吏部投牒，依當選人例，下文書磨勘注擬。[21] 如到任清白幹能，刺史申本道觀察使。每年至終，使司都為一狀申中書門下。得替已後，許使上縣簿、尉選數赴選，與第二任好官。[22]

這段話和上引玄宗〈安養百姓及諸改革制〉清楚透露，唐代仕宦條件好的一些士人，如「明經、進士、應制、明法並資蔭出身、有幹局書判者」等，或如「衣冠士流，經業出身」者，可能有比較多的選擇，多不願前往這些偏遠的中、下縣任縣令、縣丞、主簿和縣尉等縣官。朝廷不得不提供各種優惠辦法來吸引他們前去。

這種「減選」的獎勵辦法，常用於所謂的「比遠州縣官」（當中不少為中、下縣），如《唐會要》卷七十四所載：

元和八年十二月，吏部奏：「比遠州縣官，請量減選：四選、五選、六選，請減一選；七選、八選，請減兩選；十選、十一選、十二選，各請減三選。伏以比遠處都七十五州，選人試後，懼不及限者，即狀請注擬。雖有此例，每年不過一百餘人。其比遠州縣，皆是開元、天寶中仁風樂土。今者或以俸錢減少，或以地在遠方，凡是平流，從前不注。至若勸課耕種，歸懷逃亡，其所擇才，急於近地。有司若不注授，所在唯聞假攝，編甿益困，田土益荒。請減前件選。」敕旨：「宜依。」[23]

---

21 「磨勘」是唐代銓選的一個專用名詞，指審查選人的證件，看看是否符合銓選條件。詳見王勛成，《唐代銓選與文學》，頁152-161。

22 《全唐文》卷78，頁819。

23 《唐會要》卷74，頁1589。

但減選所收的成效如何,卻很可疑。比遠州縣官恐怕還是少有人願意出任。例如,到了開成五年(840)十一月,嶺南節度使盧鈞有一篇奏文,還提到嶺南州縣官,因「道途遙遠,瘴癘交侵」和「俸入單微」等原因,如何不吸引人:

> 嶺南節度使盧均〔當作「鈞」〕奏:「當道伏以海嶠,擇吏與江淮不同,若非諳熟土風,即難搜求民瘼。且嶺中往日之弊是南選,今日之弊是北選。臣當管二十五州,唯韶、廣兩州官寮,每年吏部選授,道途遙遠,瘴癘交侵,選人若家事任持,身名真實,孰不自負,無由肯來。更以俸入單微,每歲號為比遠。若非下司貧弱令史,即是遠處無能之流,比及到官,皆有積債,十中無一肯識廉恥[24]。臣到任四年,備知情狀。其潮州官吏,伏望特循往例,不令吏部注擬,且委本道求才。若攝官廉慎有聞,依前許觀察使奏正。事堪經久,法可施行。」敕旨依奏。[25]

據此可知嶺南許多州縣官(當包括縣令),「若非下司貧弱令史,即是遠處無能之流」,而且「比及到官,皆有積債,十中無一肯識廉恥」。這些流外入流的「令史」[26] 和「無能之流」,為了到嶺南做官,籌借旅費

---

24 此句在上海古籍出版社校點本作「十中無一,肯識廉恥」。筆者認為如此標點易生誤會。讀者可能會誤以為「十中無一」是指前文所說「積債」者「十中無一」,故刪去逗號,改為「十中無一肯識廉恥」,文意當更清楚。

25 《唐會要》卷75,頁1624。

26 令史為小吏一類的胥吏。他們可以通過一些資歷轉變為流內官,稱為「入流」。關於這方面的研究,見郭鋒,〈唐代流外官試探〉,《敦煌學輯刊》,1986年第2期;張廣達,〈論唐代的吏〉,《北京大學學報》,1989年第2期;王永興,〈通典載唐開元二十五年官品令流外官制校釋——唐流外官制研究之一〉以及〈關於唐代流外官的兩點意見——唐流外官制研究之

和安家費，以致「皆有積債」，到任後當然要大括民脂以償還欠債，不知廉恥。所以節度使盧鈞乾脆奏請朝廷「且委本道求才」，由他來包辦當地的州縣官的選擇和委任。

在元和十二年，比盧鈞更早出任嶺南節度使的孔戣，寫過一篇奏文〈奏加嶺南州縣官課料錢狀〉，也提到嶺南的特殊情況：

> 伏以前件州縣，或星布海壖，或雲絕荒外。首領強點，人戶傷
> 殘。撫御緝綏，尤藉材幹。刺史縣令，皆非正員，使司相承，
> 一例差攝。貞廉者懇不願去，貪求者苟務徇私。臣自到州，深
> 知其弊。必若責之以理，莫若加給料錢。[27]

其中說到嶺南等州「雲絕荒外」，「貞廉者懇不願去，貪求者苟務徇私」，更可佐證盧鈞的說法。

《唐會要》還有一道敕，涉及另一個偏荒地區黔州的情況，時代則為唐前期開元四年(716)七月：

> 其年七月敕：「如聞黔州管內州縣官員多闕，吏部補人，多不
> 肯去。成官已後，或假解，或從征，考滿得資，更別銓選。自

(續)───────────────
　　二)，載《陳門問學叢稿》(南昌：江西人民出版社，1993)；任士英，〈唐
　　代流外官研究〉上、下篇分別刊於史念海主編《唐史論叢》第5輯(西安：
　　三秦出版社，1990)和第6輯(西安：陝西人民出版社，1995)；任士英，〈唐
　　代流外官的管理制度〉，《中國史研究》，1995年第1期；葉煒，〈試論隋
　　與唐前期中央文官機構文書胥吏的組織系統〉，《唐研究》，第5卷(1999)。
　　林煌達，〈唐代錄事〉，《中正歷史學刊》，第2期(1999)，亦論及流外官。
27　《全唐文》卷693，頁7110。關於孔戣治理嶺南和廣州的事跡，見曾一民，
　　〈唐魯國孔公戣治廣州之政績〉，《隋唐史論集》，黃約瑟、劉健明編(香
　　港：香港大學亞洲研究中心，1993)，頁93-105。

> 餘管蠻獠州，大率亦皆如此。宜令所司，於諸色選人內，即召
> 補，並馳驛發遣。至州，令都府勘到日申所司。如有遲違，牒
> 管內都督決六十，追毀告身，更不須與官。」[28]

由此看來，不論是唐前期或唐後期，偏遠州縣官都不受人歡迎。我們或
可這樣總結：唐朝把縣分爲赤縣、畿縣、望縣、緊縣、上縣、中縣和下
縣等不同等級，這意味著唐代的縣令(以及其他縣官)，其實也可以大致
分成這幾個等級，享有不同的地位。最高一級的是赤縣令，其次是畿縣
令。中間一層則是望、緊和上縣令。地位最下的是中、下縣的縣令。

唐代把州縣分爲十等的確實時間，看來是在高宗總章二年(669)，
由裴行儉創始。《舊唐書‧裴行儉傳》有一段話，最可留意：

> 總章〔668-669〕中，遷司列少常伯。咸亨〔670-673〕初，官
> 名復舊，改為吏部侍郎，與李敬玄為貳，同時典選十餘年，甚
> 有能名，時人稱為裴、李。行儉始設長名姓歷榜，引銓注等法，
> 又定州縣升降、官資高下，以為故事。[29]

據此，唐代「定州縣升降」，把州縣分等，是裴行儉任吏部侍郎主持銓
選時所定的，以後便引爲「故事」。裴行儉典選的年代，據祝尚書的考
證，應當是總章二年(669)而非學界過去所認知的咸亨元年(670)[30]。《通
典》卷十五〈選舉三〉也有一段話證實此事：

---

28 《唐會要》卷75，頁1611。

29 《舊唐書》卷84，頁2802。《新唐書》卷108，頁4086略同：「行儉始設長
    名榜、銓注等法，又定州縣升降、資擬高下為故事。」

30 祝尚書，〈裴行儉掌典選之年考〉，《中華文史論叢》，1984年第1輯，頁
    132。

自高宗麟德以後，承平既久，人康俗阜，求進者眾，選人漸多。
總章二年，裴行儉為司列少常伯，始設「長名姓歷牓」，引銓
注之法；又定州縣官資高下升降〔此句疑有顛倒，或應據《舊唐書・
裴行儉傳》，改為「州縣升降、官資高下」〕，以為故事。其後莫能革
焉。[31]

裴行儉甚至撰有《選譜》十卷[32]，內容應當就是他「典選」十多年的種
種措施和改革，以及他的典選「心得」等等，當中應當也有他定州縣等
級、官資高下之事，可惜此書早已不傳，否則當是我們研究唐代科舉和
銓選的重要材料之一。

《新唐書・選舉志》對此銓注法有更進一步的發揮：

> 初，銓法簡而任重。高宗總章二年，司列少常伯裴行儉始設長
> 名牓，引銓注法，復定州縣升降為八等[33]，其三京、五府、都
> 護、都督府，悉有差次，量官資授之。[34]

最值得注意的是，這樣「定州縣升降」，是為了分出「官資高下」，

31　《通典》卷十五，頁361。此事亦見於《資治通鑑》卷201，頁6362。

32　張說寫的〈贈太尉裴公神道碑〉，《全唐文》卷228，頁2304，最早提到裴
　　行儉「又撰《選譜》十卷」。兩《唐書》裴行儉傳也都說他有《選譜》十
　　卷。《唐會要》卷74，頁1596說他「又定州縣升降，官資高下，以為故事，
　　仍撰《譜》十卷」（此處顯然脫一「選」字）。《新唐書》卷58〈藝文志〉，
　　頁1477，仍然著錄「裴行儉《選譜》十卷」，可知此書曾收藏在唐皇室藏
　　書樓。《宋史・藝文志》已不列裴行儉此書。它可能亡於宋代或唐宋之際。

33　唐代的州分八等，縣分十等。《新唐書・選舉志》在此大抵是採取了一種
　　「撮合」的寫法。

34　《新唐書》卷四五，頁1175。《資治通鑑》卷201，頁6362也有類似記載。

是「銓注」的辦法之一。官資的高下和州縣的等級，關係太密切了。這一點，在《通典》的一段記載中最爲清楚：

> 初州縣混同，無等級之差，凡所拜授，或自大而遷小，或始近而後遠，無有定制。其後選人既多，敍用不給，遂累增郡縣等級之差，郡自輔至下凡八等，縣自赤至下凡八等。[35]

《通典》此處說「縣自赤至下凡八等」，看起來似乎又跟它在卷三十五所說「大唐縣有赤、畿、望、緊、上、中、下七等之差」[36]，互相矛盾。然而正如前面所論，唐縣正式分級應當是十等，但必要時也可以簡化成七等，八等，甚至六等。這些簡化說法容有出入，可以不必過於拘泥。最值得留意的是，州縣的等級和州縣官的「官資高下」有著非常密切的關係[37]。由此看來，在考察唐代的州縣官地位(即「官資」)時，我們必須留意其所屬州縣的等級，否則將如霧裡看花，永遠看不真切，結果把大唐天下的所有州縣官「一視同仁」，看成同個等級(州的分級和州官的等級也跟縣官的同一道理，詳見下一章論州府〈錄事參軍〉的部分)。

自從裴行儉定出「州縣升降、官資高下」的辦法後，我們可以開始見到唐代一些「州縣升降」的實際例子。最常見者爲皇陵所在縣如雲陽、三原等縣的升格[38]。再如《唐會要》的這段記載：

---

35 《通典》卷15，頁362。

36 《通典》卷35，頁919-920。

37 據筆者所見，過去論州縣官的唐史論著，都沒有把州縣官的官資地位和州縣的等級聯繫起來深論，只有王勛成那本專論銓選的力作《唐代銓選與文學》，頁106-111，對此有簡短但精闢的討論。

38 《唐會要》卷70，頁1450-1460。

開元十七年〔729〕十一月十日，上〔指玄宗〕朝于橋陵。陵在奉
先縣。至壖垣西闕，下馬悲泣。步至神午門，號擗再拜，悲感
左右。禮畢還。下詔曰：「黃長軒臺，漢尊陵邑，名教之地，
因心為則。宜進奉先縣職望，班員一同赤縣，所管萬三百戶，
以供陵寢，即為永例。」[39]

　　玄宗這一年前去謁拜他父親睿宗的橋陵，是他一生中第一次也是最後一
次謁陵，意義重大，所以特把橋陵所在地的奉先縣，等同於赤縣[40]，
而且詔示「宜進奉先縣職望，班員一同赤縣」，即此縣的官員地位、設
置人數等，和長安等赤縣相同。依此可知一個縣的等級上升，會影響到
該縣官員的「職望」和「班員」。這也正是《舊唐書・地理志》「奉先」
條下所說「〔開元〕十七年，制官員同赤縣」的意義[41]。

　　具體來說，奉先、昭應、醴泉等皇陵所在縣的縣令，他們的月俸都
比一般畿縣縣令的來得高。例如，他們在大曆十二年的俸制下，每月的
俸料錢是四十五貫，便比畿縣令的四十貫高一些[42]。

二、縣令的三大類型

　　綜合以上所考，唐代的縣令是個非常複雜的多元群體。不同等級縣
的縣令，其「職望」、地位相去甚遠。過去的研究都很含糊地把所有縣

39　《唐會要》卷20，頁464-465。
40　此事也見於《舊唐書》卷八〈玄宗紀〉，頁194：「制奉先縣同赤縣」；《舊
唐書》卷25〈禮儀志〉，頁973：「進奉先縣同赤縣」；《元和郡縣圖志》
卷1，頁9，則列奉先為「次赤」縣。
41　《舊唐書》卷38，頁1398。
42　《唐會要》卷91，頁1967。

令「一視同仁」，沒有考慮到縣的分級，也沒有給不同等級的縣令分類型，以致研究結論常有以偏蓋全的弊病。例如，有論者說唐代不重視縣令的選授。實際上，正如下面準備詳考的，唐朝廷對京畿地區的縣令選授是重視的。這些地區的縣令，也是士人眼中的美職，是他們競求的對象。如果說唐代不重視縣令的選授，那也只能說是偏遠地區的中下縣，因為無法吸引到仕宦條件良好的士人前去就任縣官（不僅僅是縣令），以致中央也莫可奈何，比較忽視這些中下縣。

因此，筆者在此擬將唐代的縣令分成三大類型：（一）赤畿縣令（有些也稱「京畿縣令」）；（二）望緊上縣縣令；以及（三）中下縣縣令。這主要是依據《通典》和歐陽詹等人的唐縣七等說所得出的一個分類，再簡化為三大類型。底下將探討這三大類型縣令的一些共同特色，諸如他們的地位、升遷和仕宦前景等等。我們暫且先來看看這三大類型縣令的一些基本輪廓。

赤畿縣令一般都是出身良好，擁有進士、明經或同等條件的士人。而且，他們任過赤、畿縣令之後，往往因本身具有優越的「仕宦優勢」，得以遷轉到中央朝廷任郎中、諫議大夫等高官，繼續在仕途上攀升。他們的縣令任期一般都很短，通常在四年左右，不會長期任此官。換句話說，赤畿縣令常常是唐代高官在中年或近中年時擔任過的一個中層職位。他們的傳記常見於兩《唐書》，有時也見於後世或近世出土的墓誌或神道碑。這些縣令可統稱為「上等縣令」。

至於望、緊和上縣令，他們屬於唐代縣令的中間階層。他們有的以進士、明經等科名，有的則通過其他管道任官。一般而言，他們有的可以在任過州縣官後，回到朝廷繼續任高官，然而也有不少卻屬於「平庸」的一群。許多人一生就在僅僅幾任州縣官（每任約四年）當中浮沈、終老，也無法遷轉到中央任官。正因為如此，他們在名字往往不顯，在兩《唐書》中常沒有傳，生平事跡僅見於後世出土的墓誌（這些「平庸」

的縣令通常還不夠資格立神道碑）。這些縣令可統稱爲「中等縣令」。

最後是中、下縣的縣令，我們對他們所知最少，因爲他們的生平事跡，不單不見於兩《唐書》，甚至往往在墓誌中也找不到，非常少見。上引盧鈞奏文形容嶺南州縣官「若非下司貧弱令史，即是遠處無能之流」。這當然是帶有偏見的一段描寫，但綜合各種材料推論，這批中下縣令恐怕的確有許多本身的仕宦條件並不佳，有不少爲當地令史從流外入流充任，地位相當低下。這些縣令可統稱爲「下等縣令」。

總結來說，唐代縣令和縣尉等縣官一樣，是一個非常複雜的多元群體。有高尚的赤、畿縣縣令，也有低下的中、下縣縣令。在唐代，一個人在甚麼等級的縣任縣令，會影響到他的地位（甚至他將來的仕途）。但一個人的仕宦條件（他的科名、官歷和資歷等），也將決定他可以在怎樣等級的縣任縣令：條件最好的任赤畿縣令（仕宦前景最光明），條件次之的任望緊上縣（仕宦前景還不算太壞，將來要視個人努力而定），條件最差的任中下縣令（仕宦前景最暗淡）。下面各節將繼續探討這些相關課題。

三、赤畿縣令的選任

有學者認爲，「唐代縣令的選任並不愼重」[43]。這說法固然有若干根據，如陳子昂和張九齡等人都曾經上書力陳刺史、縣令選授的重要，請朝廷愼重其事。言下之意，似乎朝廷並不看重刺史、縣令的選任。太宗朝的馬周更說：「今朝廷獨重內官，縣令刺史頗輕其選。」[44]

但這些說法不能只看表面字義，應當放在適當的脈絡下來看。馬周

43　王壽南，〈唐代的縣令〉，頁190。

44　《新唐書》卷98，頁3900。

關注的是內官重，外官輕的問題，所以不免把縣令刺史誇張成「頗輕其選」。此外，我們也應當考慮到唐縣實際上分爲赤、畿、緊、望等好幾個等級。唐皇朝對不同等級縣令的選授，其態度和方式都有所差別，涉及的因素也很多，似不宜一律稱之爲選任「不愼重」。一般而言，朝廷最重視的是京畿縣令，其次是望、緊和上縣縣令，而比較忽略中下縣的縣令。

然而，從另一個角度看，正如我們在前面所論，偏遠中下縣的縣令經常無法吸引人赴任，朝廷不得不擬定一些獎勵辦法，但最後可能依然成效不彰。這恐怕便不是朝廷選任愼重與否的問題，而應當說是偏遠中下縣本身條件不佳，無法吸引到好縣令前去服務。

相反的，唐代的赤畿縣令，因爲享有比較高尙的地位，卻成了士人競求的對象，和中下縣令之卑微，形成非常強烈的對比。

嚴格說來，赤畿縣令還可以依地區所在再細分成不同等級。例如，長安、萬年、洛陽、河南、太原和晉陽等六縣，都是所謂的「赤縣」，但這六個赤縣令，卻明顯有些細微的分別。大體而言，長安、萬年、洛陽和河南縣，位於東西兩京，處於權力中心。此四縣的縣令常由仕宦條件最優越的士人出任，史料中也經常可以見到他們的事跡。至於北都太原和晉陽的兩個赤縣，其縣令品官雖然和長安、萬年等縣令一樣，爲正五品上，但「職望」、地位顯然略遜。而且，太原和晉陽晚至玄宗開元年間才升格爲赤縣[45]。這兩個赤縣的縣令，在史料中也難得見到他們活動的事跡。

同理，長安周圍的畿縣，如藍田、好畤、高陵等，其縣令的官品是和洛陽周圍的畿縣如偃師、伊闕和登封等，或太原周圍的畿縣如壽陽、樂平、陽曲等一樣，都是正六品上，但這三個地區畿縣的縣令，身份地

45　玄宗〈并州置北都制〉，《全唐文》卷22，頁259。

位卻有些不相同，以長安區的畿縣令最爲尊貴。據張榮芳說，他們是「天下縣令之首揆」，「是唐代仕宦者亟須爭取的資歷之一」[46]。

　　張榮芳的論文〈唐代京兆府領京畿縣令之析〉，詳細研究了長安京兆府屬下所有赤、畿縣令，得出的結論是：這些縣令處身於「天子腳下……備受重視，陞遷較易，任者常以之爲跳板，既擁地方官之資歷，亦不致脫離中央之關係，誠可謂兼具地方官與中央官之雙重性格」。相比之下，洛陽和太原區的赤、畿縣令，恐怕就只能說是地方官，並不兼具中央官的雙重性格。

　　不過，筆者在此不擬過於強調京畿縣令因臨近京師與否而產生的一些地域性微妙分別，而比較關注的是京畿縣令作爲一個群體，他們共同的一些特色，特別是：（一）他們都擁有良好的仕宦條件；（二）京畿縣令比其他等級縣令地位高尚，爲士人競求的對象；（三）京畿縣令一般的未來仕途前景都比較光明，常可轉入朝中繼續任高官，甚至官至宰相，或最後轉任刺史、節度使等外官，成爲一方要員。

　　讓我們先看看唐朝廷對不同地區、不同等級縣令的不同態度。

　　張九齡的〈上封事書〉，透露了唐開元時代朝廷重視「京輔近處雄望之州」刺史縣令的選授，而忽略了一些其他州縣：

> 是以親人之任，宜得其賢，用才之道，宜重其選。而今刺史、縣令，除京輔近處、雄望之州，刺史猶擇其人，縣令或備員而已。其餘江、淮、隴、蜀、三河諸處，除大府之外，稍稍非才。[47]

46　張榮芳，〈唐代京兆府領京畿縣令之分析〉，頁128。
47　張九齡，《曲江集》，劉斯翰校注（廣州：廣東人民出版社，1986），頁586-587。又收在《全唐文》卷288，頁2925，無異文。

依此可證唐朝對「京輔近處、雄望之州」和「江、淮、隴、蜀、三河諸處」的「大府」還算重視。除此之外,其他州縣的官員則「稍稍非才」。

引文中「而今刺、史縣令,除京輔近處、雄望之州,刺史猶擇其人,縣令或備員而已」一句,最爲關鍵。但這句話的意思有些模糊,可作兩種解讀。第一種解讀是:唐代「京輔近處雄望之州」,刺史和縣令還算「重其選」。除此之外,其餘州縣(當指邊區偏遠州縣)則「刺史猶擇其人,縣令或備員而已」。第二種解讀是:在「京輔近處雄望之州」,「刺史猶擇其人」,而「縣令或備員而已」。不過,筆者認爲第一種解讀比較符合上下文意,也比較符合當時的情況。

我們從其他史料可以知道,唐代「京輔近處雄望之州」,不但刺史的選任慎重其事,而且縣令的選授一般上也還是相當重視的,尤其是「京輔近處」(詳見下)。至於其餘「江、淮、隴、蜀、三河諸處」,則「除大府」(當指揚州、涼州、成都等大府)之外,其他州縣刺史縣令的選任則「稍稍非才」。

然而,「而今刺、史縣令,除京輔近處、雄望之州,刺史猶擇其人,縣令或備員而已」這一句,在《通典》被引作「而今刺史、縣令,除京輔近處之州刺史猶擇其人,縣令或備員而已」[48]。文句有些差異,意義有些不同。這好像說唐代「京輔近處之州」,「刺史猶擇其人」,但這些「京輔近處之州」的縣令,則只是「或備員而已」。這很容易引起誤解,須再詳考。

實際上,《通典》的版本有脫文,脫漏了最重要的「雄望」兩字。此句應當校改爲:「除京輔近處〔、雄望〕之州,刺史猶擇其人,縣令或備員而已」。如此文意便跟《曲江集》和《全唐文》的引文相同。

這句話當中最關鍵的一個字眼便是「除」字。張九齡的意思是,「除」

---

48 《通典》卷17,頁412。

了「京輔近處、雄望之州」之外，其他州縣的「刺史猶擇其人，縣令或備員而已」。唐代對「京輔近處、雄望之州」的刺史縣令的選任，還是重視的。考之唐代在這些京畿雄望之州，一般上的確重視刺史等州官(詳見本書第五章論錄事參軍部分)和縣令等縣官的委任(詳見下文)。除此之外，其他州縣(當指偏遠邊區州縣)則「刺史猶擇其人，縣令或備員而已」。

易言之，唐代即使在偏遠邊區的州縣，也還算重視刺史的選任(「刺史猶擇其人」)，但忽視了縣令(「縣令或備員而已」)。以張九齡的老家嶺南來說，我們知道，朝廷還經常謹選刺史或都督到嶺南五個大州：廣州、桂州、容州、邕州和交州，但嶺南許多縣的縣官，卻是經常缺員，或充作貶官之用，或以當地「土豪」充任，甚至可以「世襲」。[49]

此外，我們也必須考慮到，張九齡在上封事這種場合說這句話，大抵也是一種比較「籠統」的說法，不必處處以「精確」求之。以嶺南道為例，唐朝廷在這地區若說「刺史猶擇其人」，恐怕也只限於幾個大州，如上面提到的廣州、交州、桂州等戰略要地。嶺南有不少小州如柳州、端州、雷州、驩州等，實際上也是貶官之所，蠻荒之地，經常沒有派駐刺史[50]，恐怕也不能全都說是「刺史猶擇其人」。但縣令則連廣州、交州等重要大州屬下的縣，亦「備員而已」。正如劉統所說，嶺南好些州縣，實際上「有名無實」，和設在少數民族地區的羈縻州縣，「沒有甚麼區別」。[51]

唐朝廷這種重視京畿遠甚於其餘州縣的態度及其背後的指導思想，在中唐宰相陸贄一篇有名的奏疏中有極生動的反映、解說和發揚：

49　劉統，《唐代羈縻府州研究》，頁70-78。又見廖幼華，《歷史地理學的應用：嶺南地區早期發展之探討》(台北：文津出版社，2004)。

50　詳見郁賢皓，《唐刺史考全編》嶺南道部分所列的各州刺史年表。

51　劉統，《唐代羈縻府州研究》，頁78。

> 立國之權，在審輕重，本大而末小，所以能固。故治天下者，
> 若身使臂，臂使指，小大適稱而不悖。王畿者，四方之本也；
> 京邑者，王畿之本也。其勢當京邑如身，王畿如臂，而四方如
> 指，此天子大權也。是以前世轉天下租稅，徙郡縣豪桀，以實
> 京師。太宗列置府兵八百所[52]，而關中五百，舉天下不敵關中，
> 則居重馭輕之意也。[53]

陸贄在此把京邑比成「身」，把王畿比成「臂」，而把其餘地方（「四方」）比成不過是手臂之末的「指」，可謂妙喻，也說出了整個「中原本位」的心態。唐皇朝之重視京畿縣令的選授甚於他縣，正是這種「本大而末小」、「強幹弱枝」思想的一大體現。

　　陸贄還寫過一篇〈優恤畿內百姓並除十縣令詔〉，是他以「朕」的名義，代皇帝所寫的一篇任命詔書。這篇文書可說是唐代「強幹弱枝」思想的最好表現，充分反映中央極重視京畿縣令的選拔，一下子就委任了十位士人出任京畿縣令，當中不乏聲名響亮者，如竇申、鄭珣瑜（後來官至宰相）、賈全和韋武等人：

> 昨者詳延群彥，親訪嘉猷。尚書司勳員外郎竇申等十人，咸以
> 器能，理道精心，究烝黎之疾苦，知教化之宗源，輟於周行，
> 往涖通邑。申可長安縣令，鄭珣瑜可檢校吏部員外郎兼奉先縣
> 令，韋武可檢校禮部員外郎兼昭應縣令，賈全可咸陽縣令兼監
> 察御史，霍琮〔當作崔琮〕可華原縣令兼監察御史，王倉可檢

52　此數字涉及唐代府兵置府的數目，但學界對此數字有質疑，詳見谷霽光，
　　《府兵制度考釋》（上海：上海人民出版社，1962），頁142；張沛，《唐折
　　衝府匯考》（西安：三秦出版社，2003），頁12。

53　《新唐書》卷157，頁4912-4913。

校禮部員外郎兼昭應縣令，李曾可蓋屋縣令兼監察御史，荀曾
可三原縣令兼侍御史，李縄可富平縣令兼殿中侍御史，其有散
官封賜者，並如故。應畿內縣令俸料，宜準常參官例，均融加
給。[54]

據《冊府元龜》卷七○一的一段類似記載，這是德宗貞元二年(786)的
事。上引《全唐文》所載的名單中只有九人，遺漏了一人。據《冊府元
龜》，此人當是「韋貞伯藍田縣令兼監察御史」[55]。但《冊府元龜》名
單上也只有九人，遺漏了另一人。據《全唐文》，此人當是「荀曾可三
原縣令兼侍御史」。因此，這兩張名單可互為校補。

　　此事還有下文。這十位縣令實際上只出宰一年左右，就遷轉其他高
官。《太平御覽》引《唐書》曰：

貞元初，德宗以奉先縣令鄭珣瑜為饒州刺史，昭應縣令韋武為
遂州刺史，華原縣令崔琮為汝州刺史，藍田縣令韋貞伯為舒州
刺史，蓋屋令李曾為郢州刺史，錄善政也，各賜馬一疋，并綵
物衣服以遣之。[56]

據《新唐書・鄭珣瑜傳》，這是貞元三年的事：「貞元初，詔擇十省郎
治畿、赤，珣瑜檢校本官兼奉先令。明年，進饒州刺史。」[57] 這五人任
京畿縣令，頗有「善政」，因而獲得皇帝賞賜馬匹和「綵物衣服」，轉

54　《陸贄集》卷4，頁112-113；又見《全唐文》卷463，頁4727。
55　《冊府元龜：校訂本》卷701，頁8097。
56　《太平御覽》卷255，頁1327。此事不見於今本兩《唐書》，可能引自某一
　　失傳的《國史》或實錄。又見於《冊府元龜：校訂本》卷701。
57　《新唐書》卷165，頁5064。

任刺史，可說十分光彩。

　　至於其他五人，竇申後來轉任京兆少尹；賈全、王倉、李曾和李緄的後來仕歷則不詳。

　　陸贄代寫的這篇任命詔書還有幾點深具意義，值得再細考。

　　第一，以詔書形式來任命縣令，頗為特別，可算是殊榮。唐代授官的形式有四種：三品以上官員為冊授，五品以上為制授，六品以下的朝參官、供奉官（如尚書省各司員外郎、侍御史、殿中侍御史、監察御史、補闕、拾遺、太常博士等清要官）為敕授，六品以下的一般京官和地方官則為旨授。冊授、制授和敕授都是由皇帝下詔書，由中書門下承詔而授。旨授則是由吏部銓選而授，不經由皇帝[58]。唐代的縣令一般都在六品或以下（包括畿縣令），原本都要經過吏部的銓選，由吏部旨授。

　　以上十位赤畿縣令，有的是京縣令（如長安令竇申），位居五品，還屬制授的範圍，但大部分為畿令，六品官，按照規定，原應由吏部「旨授」，不需由皇帝下詔敕授。但德宗這次委任十個縣令，是個特殊案例。這十人是他「親自選擇」的，所以都破例由德宗下詔授官，可謂殊榮。

　　第二，德宗這次「親自選擇」十縣令，是個殊例，因而還抵觸了先前的一道敕令而不自覺，以致還有京兆尹鮑防上奏請示的事：

　　　貞元二年二月，京兆尹鮑防奏狀：「准廣德二年敕，中書門下
　　　及兩省官五品已上，尚書省四品以上、諸司正員三品已上官、
　　　諸王、駙馬等周親已上親及女婿、外甥等，自今已後，不得任

---

58 關於唐代的冊授、制授、敕授和旨授，學界的理解有些混亂，說法也頗不一致。以筆者所見，最清楚的論述是王勛成，《唐代銓選與文學》，頁191-197，且引以為據。關於制敕和各種授官文書，見中村裕一的三大論著：《唐代官文書研究》（京都：中文出版社，1991）；《唐代公文書研究》（東京：汲古書院，1996）；《隋唐王言の研究》（東京：汲古書院，2003）。

京兆府判司及畿縣令、兩京縣丞、簿、尉等者。今咸陽縣令賈
全,是臣親外甥,恐須停罷。」詔曰:「功勞近臣,至親子弟,
既處繁劇,或招過犯,寬容則撓法,恥責則虧恩,不令守官,
誠為至當。賈全等十人,昨緣畿內凋殘,親自選擇,事非常制,
不合避嫌。」[59]

德宗以此「事非常制,不合避嫌」作答覆,同時告訴我們,這十位京畿
縣令,是因「畿內凋殘」,他「親自選擇」的,可證「畿內」地區的縣
令,在皇帝眼中是何等重要。

　　第三,這十人都有加官,加了檢校官或御史臺官。唐代的檢校官盛
行於安史亂後,是一種中層或高層的加官(低層則為墓誌中常見的「試」
銜)。中層者最常見的是「檢校某司郎中或某司員外郎」之類,授給那
些在方鎮使府的中層僚佐如判官等幕職。高層最常見的則是「檢校某部
尚書」之類,授給方鎮使府的高層人員如節度使等。這些檢校官都無實
職,僅作為一種加官或階官使用[60]。所以,上述十位縣令當中,鄭珣瑜
獲得「檢校吏部員外郎」,韋武和王倉獲得「檢校禮部員外郎」,都是
一種額外的榮譽。

　　沒有獲得檢校官的其他縣令,則都授給御史臺官,前面冠以「兼」
字。御史臺官作為加官使用,前面照例都加「兼」字。這種「兼」銜的
作用,和檢校官相似,是一種榮譽加銜,無實職,獲官者並不須到京城
御史臺執行御史職務。因此,賈全和李曾等人獲得「兼監察御史」、「兼
殿中侍御史」或「兼侍御史」,都是德宗特別加給他們的榮銜,一般縣

59　《唐會要》卷69,頁1441-1442。

60　關於檢校官制,學界過去沒有任何一篇專題論文。筆者最近有一長文專論
　　此制:〈論唐代的檢校官制〉,《漢學研究》,24卷1期(2006),頁175-208。

令不會獲授此銜,顯示德宗這次委任十縣令,是如何慎重其事。

第四,十縣令的俸料和一般縣令不同,「宜準常參官例均融加給」。唐代的常參官是一種特殊等級的官員,按《舊唐書·職官志》,「謂五品以上職事官、八品已上供奉官、員外郎、監察御史、太常博士」[61]。他們須定時參與朝會。縣令不屬常參官,也無須上朝。但現在,德宗特別在俸料方面,給予他們常參官那樣的待遇。

最後,還可一提的是,德宗在委任這十位京畿縣令的差不多同個時候,也特別表揚了另一位畿縣令,見其〈襃涇陽令韋滌詔〉:

> 滌有禦災之術,有字物之方,人不流亡,事皆辦集,惟是一邑之內,獨無愁怨之聲。古之循良,何以邁此?可檢校工部員外郎兼本官,賜緋魚袋,並賜衣一襲,絹一百匹,馬一匹。凡百君子,各宜自勉。[62]

韋滌是個好縣令,因而獲得一個檢校郎官(「檢校工部員外郎」),以及「賜衣一襲,絹一百匹,馬一匹」。這些都是一般縣令得不到的賞賜和榮耀。涇陽是個畿縣,縣令為六品,還沒有到五品官衣緋的階段,所以德宗特別給韋滌「賜緋」。他後來做過饒州刺史[63]和戶部員外郎[64]。

61　《舊唐書》卷43,頁1819。

62　《全唐文》卷51,頁560。在《陸贄集》卷4和《全唐文》卷463,也有一段文字與襃涇陽令詔書相同,就是在〈優恤畿內百姓并除十縣令詔〉最後部分,緊接在前引德宗委任十縣令的詔書之後,頗為奇異。實際上,這應當是兩篇不同的詔書,應當分開,但在《陸贄集》卷4中可能因時間和事件有緊密關係而不慎聯接在一起。《全唐文》卷463收陸贄文時又相沿其誤。

63　《元和姓纂》卷2,頁141。

64　《新唐書》卷74上〈宰相世系表〉,頁3084。又見《唐尚書省郎官石柱題名考》卷12,頁657。

　　以上委十位京畿縣令和襃溼陽令事，當然都屬特例，並非常例，但也反映了唐皇室還是比較重視京畿縣令的選授，在「畿內彫殘」的時刻，可以採取不尋常的應變措施。

四、郎官出宰京畿

　　唐代京畿縣令地位之高，其中一個最重要的指標，就是這批縣令當中，有許多在出宰京畿之前，曾經在朝中充當過郎官。本書第三章所論的〈郎中和員外郎〉，便是郎官中的兩種，雙雙名列封演所說唐人升官圖最優的「八儁」當中，其清貴可想而知。以郎官出為京畿縣令，更可證京畿縣令地位之高，實不在郎官之下。

　　以長安、萬年兩京令為例，就有高達四十七人曾以郎官身分出任，其中二十六人為郎中，二十一人為員外郎。郎官是京令遷入官當中佔最大比例者。在畿令方面，也有二人之前曾任郎中，九人曾任員外郎。[65]

　　這裡擬以八位「郎官縣令」為例，細考他們的出身、仕宦條件和資歷，以及他們任過縣令之後的仕途，來觀察京畿縣令這個群體的一些共同特色。這八人當中，有曾任京縣令、或皇陵所在縣的次赤縣令，以及畿縣令者。時代方面則分唐前期與唐後期，酌舉數例。

（一）裴行儉（619-682）

　　裴行儉是唐初高宗朝一位文武兼備的精采人物。他曾經當過定襄等道的行軍大總管，率兵大破突厥，又曾經當過吏部侍郎，主持過唐初的銓選，更以他精湛的草隸，以「百匹絹素」為高宗親手寫《文選》一部，得到無數的賞賜。但令人驚訝的是，像他這麼一位精采且重要的唐初人

65　張榮芳，〈唐代京兆府領京畿縣令之分析〉，頁121-123。

物，現代學者卻對他一無研究，沒有任何評傳或年譜，甚至連一篇簡略
但可靠的小傳或單篇專題論文都付之闕如。因此，這裡論裴行儉的早年
官歷和他任長安令的前後事跡，或可爲將來他的傳記研究鋪路。

裴行儉的傳記資料見於兩《唐書》本傳，但好些地方（特別是敘及
他的官歷部分）都太簡單、含糊，且有省略。這是兩《唐書》的通病，
不足爲怪，但也不足採信。幸運的是，唐初大手筆之一的張說，曾經爲
他寫過〈贈太尉裴公神道碑〉，提供了不少可以補兩《唐書》的細節。
我們不妨比較和分析三者的記載。

《舊唐書‧裴行儉傳》說：

> 行儉幼以門蔭補弘文生。貞觀中，舉明經，拜左屯衛倉曹參軍。
> 時蘇定方爲大將軍，甚奇之，盡以用兵奇術授行儉。顯慶二年
> 〔657〕，六遷長安令。[66]

《新唐書‧裴行儉傳》則說：

> 行儉幼引蔭補弘文生。貞觀中，舉明經，調左屯衛倉曹參軍。
> 時蘇定方爲大將軍，謂曰：「吾用兵，世無可教者，今子也賢。」
> 乃盡畀以術。遷長安令。[67]

《新唐書》的記載可說最爲草率，好像裴行儉以明經釋褐爲「左屯衛倉
曹參軍」後，就立刻「遷長安令」。這是《新唐書》的敘事特色，常因
爲省略而生誤，也是北宋修《新唐書》時宋祁等人強調所謂「事簡文省」

---

66 《舊唐書》卷84，頁2801。
67 《新唐書》卷108，頁4085-4086。

的一大後果。好在《舊唐書》說「六遷長安令」，我們才明確知道裴行
儉是在遷轉六次才當上這個京縣的縣令。這是他的第六任官。但他的第
二到第五官是甚麼呢？兩《唐書》都沒說。幸好，我們若查張說的〈贈
太尉裴公神道碑〉，就可以輕易解開這個「謎」：

> 明經補左屯衛倉曹，詔舉轉雍州司士，遷金部、戶部二員外，
> 歷都官郎中、長安令。[68]

這樣的敘述可說把裴行儉早年的科名和官歷都交代得再清楚不過了。據
此，我們知道裴行儉不但考中明經，他竟還曾經參加過「詔舉」，也就
是皇帝的制科考試，考中後才「轉雍州司士」。唐代考中明經已相當不
錯，再中詔舉，可說錦上添花，前途無量。果然，裴行儉從此平步青雲，
仕途無比順暢。他先任雍州司士。雍州即後來的京兆府，為京城長安的
州級衙門。司士是雍州屬下的一個參軍職，一種負責「津梁舟車舍宅」
等事務的州級基層行政官[69]。接著，他連續做了三任郎官：金部、戶部
二員外郎和都官郎中，才出掌長安縣令，可知長安京縣令的地位，頗為
崇高劇要，不在清貴的郎官之下，也遠非其他地方的中下等級縣令可比。

　　值得注意的是，裴行儉的這六個官，都設在京城長安。他最早的「左
屯衛倉曹」，任職地點即京師十六衛之一的左屯衛。雍州司士的辦公地
點在京兆府廨，位於長安城內的光德坊[70]。郎官的辦公地點在長安城北
部皇城的尚書省二十四司。甚至他的長安令公署長安縣廨，也在長安

68　《全唐文》卷228，頁2305。
69　這種各司各曹的參軍又稱為「判司」。拙著《唐代基層文官》有一章專論
　　〈參軍和判司〉（第四章）。
70　楊鴻年，《隋唐兩京坊里譜》，頁111。

城，位於長壽坊[71]。所以，裴行儉早年任六種官，都不曾離開長安城。雍州司士和長安令，嚴格說來應當算是外官地方官系統，但對裴行儉來說，卻也等同京官。長安令地位之所以崇高，原因之一，正如張榮芳所說，正是因爲它位在「天子腳下」。

裴行儉是在那一年任長安令？張說的〈贈太尉裴公神道碑〉沒說，但《舊唐書・裴行儉傳》倒提供了一個精確的年份：「顯慶二年」，即西元657年。以裴行儉生於619年計算，這一年他正好三十九歲[72]，臨近中年。三十九歲，任過五種其他官才能出爲長安令，這其實是京畿縣令非常凸出的一個特點。我們從其他人的官歷可以知道，這正是任京畿縣令的「標準年齡」：他們任此官時一般在四十歲到五十歲之間。下面還將論及。

長安令是裴行儉的第六任官，這點也深具意義。唐代基層的縣尉（甚至高貴的京畿縣尉），都可以授給年輕人，甚至可以做爲他們的第一任或第二任官[73]，但縣令一般卻不會如此輕授。這是一種親民之官，須有相當的人生閱歷和官場經驗始能勝任。在長安這種京縣任縣令，資歷和經驗的要求恐怕又更高，更不會輕授給資歷淺的年輕人，而是授給像裴行儉這樣任過五種官（其中三種更是郎官），官場經驗非常豐富的中年人士。以裴行儉的年齡和仕宦經歷來說，他正好可以滿足一個京畿縣令的任官條件。

裴行儉任長安令以後，便因先前涉及議論高宗廢皇后王氏，改立武則天事，而被「左遷西州都督府長史」。據張說的〈贈太尉裴公神道碑〉，這是「明慶中」的事。明慶即顯慶（656-660），因避中宗諱改。裴行儉

---

71 楊鴻年，《隋唐兩京坊里譜》，頁146。
72 本書和拙著《唐代基層文官》一樣，書中所提的唐人歲數，都是按照唐人算法的所謂「虛歲」，比西曆算法多一年。
73 詳見拙書《唐代基層文官》第三章〈縣尉〉，特別是頁178-185。

於顯慶二年始任長安令,到顯慶中(按顯慶只有五年)即「左遷西州都督府長史」,看來他只擔任長安令一兩年。這只是他仕途上的一個中間點,頗可印證縣令實非高官或基層官,而應當是中層文官。

除了這次「左遷」,裴行儉後來的官歷是顯赫的。他先後任過安西都護和吏部侍郎,「典選十餘年,甚有能名」[74],更有幾次出任行軍大總管,在西域東征西討,大破突厥,立下不少汗馬功勞。儀鳳四年(679)他六十一歲,也就是他任長安縣令的大約二十年後,他在西域大敗突厥十姓可汗阿史那匐延都支,並將之生擒而還。高宗賜宴慰勞,對他說:「卿文武兼資,今故授卿二職。」當天就授他禮部尚書,兼檢校右大將軍「二職」。這個禮部尚書又比他先前的吏部侍郎高一等,是唐代官員一般所能達到的最高官位了[75],也是裴行儉的最後一個官位。如果要說有甚麼「缺憾」的話,或許只能說裴行儉只差沒有當過宰相。

裴行儉從最低層的八品左屯衛倉曹參軍起家,一路攀昇到最高的三品禮部尚書,這樣的官歷是輝煌的,也是成功的。一個唐代士人,如果有本事像裴行儉那樣在事業中途出任長安縣令,那他應當也可以像裴行儉一樣,有潛能繼續官至侍郎或尚書等高位。

(二)裴耀卿(681-743)

裴耀卿是唐代知名的漕運專家,年方八歲即「擢第」,和唐代另一漕運專家劉晏一樣,有「神童」之稱號[76]。不過,正如裴行儉的例子那樣,兩《唐書》對裴耀卿的早年官歷也頗有省略,交代不清,特別是遺

74　《舊唐書》卷84,頁2802。

75　尚書之上當然還有僕射、侍中等高官,但這些不是一般唐代官員所能達致的。唐人任官能做到六部的某部尚書就算非常不錯了。

76　何汝泉,〈唐代轉運使的設置與裴耀卿〉,《西南師範大學學報》,1986年第1期,頁72-79。

漏了他在任赤縣長安令之前，就曾經做過三任郎官的記錄，尤失其真。
好在孫逖寫的〈唐齊州刺史裴公德政頌〉和王維寫的〈裴僕射齊州遺愛
碑〉，對他的官歷記載頗詳，讓我們可以詳考他任長安令之前和之後的
仕歷。裴耀卿的神道碑由許孟容撰寫，叫〈唐故侍中尚書右僕射贈司空
文獻公裴公神道碑銘并序〉，今仍傳世，可惜此文頗多闕字，敘及他郎
官和縣令的部分都殘闕，無法運用。[77]

孫逖的〈唐齊州刺史裴公德政頌〉，如此記載裴耀卿的科名和早年
官歷：

> 八歲神童擢第，則已殊於公路矣。弁髦之後，尤邃於文。長安
> 〔701-704〕中，則天首命有司考試調集之士，而第其詞之高
> 下。公以甲科授祕書省正字，異其對也。睿宗之在藩邸，精選
> 寮屬，公為典籤，兼掌文翰，愛其才也。其文藝有如此者。頃
> 之，遷國子主簿，試詹事府丞，歷河南府士曹參軍，拜考功員
> 外郎，除右司、兵部二郎中。自長安令臨此郡〔齊州〕……[78]

據此，裴耀卿是以祕書省正字起家。這是唐人釋褐的美職之一，比裴行
儉釋褐的「左屯衛倉曹參軍」更為清貴[79]。接著，他任睿宗在藩邸時的
王府典籤，「轉國子主簿，檢校詹事府丞」[80]及河南府士曹參軍。然後，

77　《全唐文》卷479，頁4898-4900。

78　《全唐文》卷312，頁3172。

79　詳見拙書《唐代基層文官》第二章〈正字〉中的討論。張說在〈兵部尚書
　　代國公贈少保郭公行狀〉中說：「時輩皆以校書、正字為榮。」見《全唐
　　文》卷233，頁2353。

80　「轉國子主簿，檢校詹事府丞」是王維在〈裴僕射齊州遺愛碑〉中的說法，
　　見《王維集校注》卷9，頁761；又見《全唐文》卷326，頁3305。這是指裴
　　耀卿以國子主簿的官位去出任詹事府丞。唐人以某某官去充任另一官位，

他開始任郎官，先是頗爲清要的考功員外郎（見本書第三章），再升爲左司郎中和兵部郎中，接著才出爲長安令。這就是一個從科舉出身，仕宦條件非常良好的一個士人，按部就班成爲一個京縣縣令的過程，可知像長安令這種京縣令，實不輕授：任官者本身得有優秀的仕宦條件和真材實學才行。

依此看來，長安令是裴耀卿的第八任官，比裴行儉「六遷長安令」多了二官。不過，裴耀卿和裴行儉一樣，都是任過三個郎官之後才來出掌長安令：一次是員外郎，兩次爲郎中。漢代有所謂「郎官出宰百里，郡守入作三公」的傳統。唐代這種郎官出宰京畿縣的例子，在唐史上亦相當常見，下面還將見到。

前面說過，京畿縣令的「標準年齡」一般在四十歲到五十歲之間。不過，裴耀卿任長安令的年齡，卻比這種「標準年齡」還少。據《舊唐書・裴耀卿傳》，他是在「開元初，累遷長安令」。若以開元元年（713）計算，他這時才不過三十三歲。然而，裴耀卿的確可說是個特殊的案例，正因爲他是個「神童」，八歲就中舉，所以他早年做好幾任官的年齡，都比別人的標準年齡小。例如，他最先釋褐正字時，才不過大約二十二歲，也是個非常年輕的正字。他任三次郎官的年齡都不詳，但都在任長安令的大約三十三歲之前。這在郎官當中也是特別年輕的。

裴耀卿任長安縣令兩年，有非常良好的表現。其《舊唐書》本傳說：

> 長安舊有配戶和市之法，百姓苦之。耀卿到官，一切令出儲蓄之家，預給其直，遂無姦僦之弊，公私甚以爲便。在職二年，

（續）————————————————
頗習見，不足爲奇。這裡的「檢校」爲唐前期的用法，有實職，即代理之意，和唐後期無實職的檢校官不同。

寬猛得中，及去官，縣人甚思詠之。[81]

看來他是個好縣令。接著，在開元十三年他四十四歲時，開始出任刺史：先是在齊州，然後在宣州和冀州。這是唐朝在河北和江南道三個重要的大州。裴耀卿在三州「皆有善政，入爲戶部侍郎」。侍郎又比員外郎和郎中等郎官高一等，可以算是高層文官了。

他在開元二十年升爲禮部尚書，二十一年遷京兆尹，同一年又爲「黃門侍郎，前中書侍郎張九齡起復舊官，並同中書門下平章事」，也就是和張九齡同爲宰相。這一年他五十三歲，也可說是一個年輕的宰相。不過，裴耀卿這時只是名義上掛宰相銜，他實際的工作是負責漕運，「充江淮、河南轉運都使；以鄭州刺史崔希逸、河南少尹蕭炅爲副。凡三年，運七百萬石，省陸運之傭四十萬貫」[82]。隔一年，他再升爲侍中（門下省的首長），繼續任宰相，一直到開元二十四年(736)他才離宰相任，改爲尚書左丞相。到天寶元年(742)他去世的前一年，他「改爲尚書右僕射，尋轉左僕射」。

裴耀卿做過唐代三省中的幾乎每一種高層文官：先是侍郎、後任尚書、黃門侍郎、宰相、侍中、丞相和僕射，也就是嚴耕望的名著《唐僕尚丞郎表》中所涵蓋的那幾種官。這樣的官歷是唐人夢寐以求的，也比裴行儉的更爲精采、出色，但裴耀卿也和裴行儉一樣，在事業的中途，在臨近中年時，曾經和許多唐人一樣，按部就班，做過一個中層文官，一個京縣長安縣的縣令。每個唐人的官運當然不盡相同，但正如裴耀卿此例所證，京縣令是有可能「登宰相」的。

81　《舊唐書》卷98，頁3080。

82　《舊唐書》卷49〈食貨志〉，頁2116。

(三)李巽(747-809)[83]

和裴耀卿、劉晏等人一樣，李巽是唐代有名的漕運專家，不過是在安史亂後的順宗朝。

李巽的出身非常良好。他先考中明經，以華州參軍起家。然後，他又考中高難度的書判拔萃，授鄠縣尉。鄠縣是長安附近的一個畿縣。京畿縣尉也和京畿縣令一樣，地位都比較高超，不輕授[84]。李巽得此畿縣尉，很可能因為他考中書判拔萃。接著，《舊唐書‧李巽傳》說他「周歷臺省，由左司郎中出為常州刺史」[85]。《新唐書》則說他「以明經補華州參軍事，舉拔萃，授鄠尉。進累左司郎中、常州刺史，召拜給事中，出為湖南觀察使」[86]。這是兩《唐書》典型的、慣常的省略筆法，但這樣大筆一揮，就刪去了李巽的六個早年官職(監察御史、殿中侍御史、美原縣令、刑部員外郎、萬年縣令、戶部郎中)，頗失其真，也極易引人誤會。

但中晚唐的知名文士權德輿，曾經為李巽寫過墓誌銘，曰〈唐故銀青光祿大夫守吏部尚書兼御史大夫充諸道鹽鐵轉運等使上柱國趙郡開國公贈尚書右僕射李公墓誌銘并序〉，清楚告訴我們李巽最完整的官歷：

83　《舊唐書》卷123，頁3522說李巽「元和四年〔809〕四月卒，時年七十一」。若據此，則李巽的生卒年應當是739-809。然而，權德輿所寫的李巽墓誌銘，一開頭就說：「惟元和四年夏五月丁卯，冢宰趙郡公巽寢疾薨於永崇里，享年六十三。」見《全唐文》卷505，頁5134。據此，則他的生卒年應當是747-809。《新唐書》卷149，頁4806也說他死於「元和四年……年六十三」。此從墓誌和《新唐書》。

84　拙書《唐代基層文官》第三章〈縣尉〉有一節專論京畿縣尉的崇高地位，見頁162-177。

85　《舊唐書》卷123，頁3521。

86　《新唐書》卷149，頁4805。

始以明經筮仕為華州參軍，試言超絕，補鄠縣尉。登朝為監察御史、殿中侍御史。由美原縣令課最為刑部員外郎，由萬年縣令課最為戶部、左司二郎中。由常州刺史理刑第一徵為給事中。以御史中丞領潭州刺史、湖南觀察使，就加右散騎常侍。以右散騎常侍領洪州刺史、江西觀察使，就加御史大夫。由二府報政入為兵部侍郎，在塗加度支、鹽鐵副使，至止踰月，代今司徒岐公〔杜佑〕為使。明年遷兵部尚書，閒一歲轉吏部尚書。[87]

依此，李巽做過兩任縣令，第一次在長安以北約八十公里的美原縣(今陝西富平)，這是個畿縣。第二次就在京師長安的萬年縣，這是長安的兩個京縣之一(另一個即長安縣)。他先以殿中侍御史出為美原令，這是他的第五任官。他治績良好，「課最」為一個郎官(刑部員外郎)，再以郎官出為萬年縣令，這是他的第七任官，又「課最」再回朝任郎官，這次是比員外郎高一等的郎中(戶部郎中)，是個升遷。

李巽這樣在郎官和縣令之間遷轉，和上引裴行儉和裴耀卿的早年官歷非常相似，可證唐代京畿縣令的地位，實際上和郎官不相上下，可相互遷轉，都是「美職」。但他們都是在任過好幾種基層或中層文官之後才能當上京畿縣令，不可能一釋褐即任此種官。京畿縣令需要更高的仕宦條件。它甚至不可能是士人第二三任時的官，一般會是他們的第五任官左右。

李巽任萬年縣令的年代不詳，但萬年縣令的地位，更在另一京縣長安縣令之上。歐陽詹的〈同州韓城縣西尉廳壁記〉便說：「赤縣僅二十，

87　《全唐文》卷505，頁5134。

萬年爲之最。」[88] 只提萬年縣，不及長安縣，初看之下似乎偏萬年。不過，歐陽此說很能反映了一個歷史事實，即萬年縣的確比長安縣高尚且重要。長安以朱雀門大街爲界。街以東屬萬年縣，街以西屬長安縣。然而，街東萬年縣一向是大官要人的住宅區，街西長安縣則多平民和西域商賈，以致萬年縣的聲望和地位，高於長安縣，雖然兩者同是京縣[89]。《元和郡縣圖志》和《新唐書·地理志》等書，在列舉京兆府屬縣時，便先列萬年，後列長安[90]。李巽得以在六個京縣當中「爲之最」的萬年縣任縣令，的確是一種殊榮。

唐史上頗有不少人以員外郎或郎中出爲萬年縣令，當中不乏名人。例如，唐前期的李晉客、徐昕、韋拯，以及唐後期的薛播、韋覃、崔漢衡、韋武、房啓、鄭畋等人，都曾以郎官出爲萬年令。[91]

然而，李巽的這兩任縣令，也只是他一生頗爲輝煌官歷當中的兩個。權德輿爲他所寫的墓誌，形容他「自解巾褐，至捐館舍，凡歷官十六」。在唐代，有許多平凡的官員，特別是州縣官，一生中往往只能歷官三、四任(詳見下)。能夠歷官十任以上者，都算是非常傑出有成的官員了。李巽任過萬年令後，除了遷左司郎中外，還做過常州刺史、給事

88　《全唐文》卷597，頁6039。唐代的赤縣只有六個。歐陽詹這裡說「赤縣僅二十」，應當是把唐後期的十四個次赤縣也算在內。

89　關於街東萬年縣和街西長安縣的對比，詳見妹尾達彥，〈唐代長安の街西〉，《史流》，25(1984)，頁1-31；及其〈唐長安城の官人居住地〉，《東洋史研究》，55卷2期(1996)，頁35-74；王仲殊，〈試論唐長安城與日本平城京及平安京何故皆以東半城（左京）為更繁榮〉，《考古》，2002年第11期，頁69-84；Heng Chye Kiang（王才強），*Cities of Aristocrats and Bureaucrats: The Development of Medieval Chinese Cityscapes*, pp. 26-27; Victor Cunrui Xiong（熊存瑞），*Sui-Tang Chang'an: A Study in the Urban History of Medieval China*, pp. 122-123.

90　《元和郡縣圖志》卷1，頁3-4；《新唐書》卷37，頁962。

91　張榮芳，〈唐代京兆府領京畿縣令之分析〉，頁133-143。

中、湖南觀察使、江西觀察使、兵部侍郎、度支鹽鐵使、兵部尚書和最後的吏部尚書。雖然他沒有官至宰相，但他卻是唐後期德、順、憲三朝統治階層當中最重要的成員之一[92]，尤其是他晚年任度支鹽鐵使時所主管的國家鹽稅和漕運，更是唐後期皇朝的命脈所在。美原縣令和萬年縣令，是他步步通往高階當中的兩個關鍵中間點。由此可知縣令雖是中層文官，卻也不宜輕視，尤其是京畿縣令，常是高官們在中年或臨中年時很好的磨練。

（四）韓愈（768-825）

古文大家韓愈，曾任過一個京縣河南縣的縣令。他在貞元八年（792）二十五歲時就考中進士，可說非常年輕。他的出身和資歷都非常好，歷任過汴州董晉幕府推官、國子監四門博士、監察御史等官後才來任河南縣令，而且他跟上引裴行儉、裴耀卿和李巽等人一樣，在出宰畿縣之前就曾經擔任過郎官：都官員外郎。在韓愈的官歷上，這是一次例常的升遷。正如張榮芳所考，唐代京畿縣令有不少是從郎官遷轉而來的。

事實上，這是韓愈第二次任縣令。第一次是他在貞元末年任陽山縣令。但這兩任縣令的意義，對韓愈來說是完全不同的，可謂天壤之別。我們也可趁此機會，比較一下兩種等級縣令的不同，兩種極端：一個是東都地位崇高的京縣縣令，一個是不毛之地卑微的中下縣縣令。河南縣令是韓愈仕途上的一次升官，陽山縣令則是他得罪朝廷後的貶官。兩者同是縣令，地位和意義卻大不相同，大可佐證前面所論，縣令是個複雜

---

92 李巽在唐高層領導中的地位，可從李吉甫所寫的〈睿聖文武皇帝冊文〉中看出。在此文中，李吉甫以李巽為五千多個文武官的代表：「維元和三年歲次壬子正月癸未朔十一日癸巳，攝太尉銀青光祿大夫守兵部尚書兼御史大夫上柱國趙郡開國公臣李巽及文武官五千七百九十四人等言……」可證李巽地位之高。見《全唐文》卷512，頁5198。

的多元群體：有崇高的京畿縣令，也有卑微的中下縣令，不能也不應一概而論，端看一個人是在甚麼等級的縣任縣令。

　　唐代的陽山是嶺南道連州屬下的一個中下縣[93]（今廣東陽山），傳統上是個罪貶官員的地方，今天依然還是一個交通非常不便的少數民族地區。韓愈在〈送區冊序〉中描寫他剛到陽山時的情景，形容陽山是「天下之窮處也」：

> 陽山，天下之窮處也。陸有邱陵之險，虎豹之虞。……縣郭無居民，官無丞、尉。夾江荒茅篁竹之間，小吏十餘家，皆鳥言夷面。始至，言語不通，畫地為字，然後可告以出租賦，奉期約。[94]

韓愈就在這樣一個「言語不通」，必須「畫地為字」始能和當地人溝通的破落中下縣任縣令。他把自己的狼狽處境描寫得真是入木三分。「縣郭無居民」，這是說縣中人口殘破稀少，連縣城內都「無居民」。他們恐怕都住到城外的郊區或山區。「官無丞、尉」，這是說縣裡並沒有縣丞、縣尉等整套應當有的縣官班子（應當也沒有縣主簿），只有韓愈一個中央派來的官員（雖然只是個被貶的官），可知像陽山這樣的偏荒小縣，是如何難以吸引士人前去赴任。韓愈在此須獨當一面，幸好他還有「小吏十餘家」幫忙。但這些小吏卻是「鳥言夷面」，意思是說他們說話像鳥叫，樣貌像夷蠻。這是韓愈以「中原心態」看待南方所得到的「結果」，是一種北人南宦的典型心態，也充分凸顯了他在陽山這一窮縣是如何格格不入，如何不得意，好比到了夷蠻之地，雖然陽山還是個所謂的「正

93　《新唐書》卷43上，頁1107。
94　《韓昌黎文集校注》卷4，頁266。

縣」，是唐代所設的正式州縣之一，並非設在夷蠻之地的「羈縻州縣」[95]。

這情況正好和韓愈任河南縣令的處境成為鮮明的對比。他在河南時，過的顯然是一種非常「文明」的士大夫生活，和陽山的「夷蠻」不可同日而語。可惜韓愈沒有留下任何像〈送區冊序〉那樣見證式的文字，透露他在河南任縣令時的心情或得意事，只有在本章開首所引的〈寄盧全〉這首詩，告訴我們他任河南縣令時，曾經以他縣令的權威，幫助過盧全免受其鄰居惡徒的欺負[96]。

不過，我們知道河南是東都洛陽的兩個京縣之一，位於洛水之南。這裡「有洛漕新潭，大足元年〔701〕開，以置租船」[97]，是唐代漕運和水運的要津。韓愈在這樣一個重要京縣任一縣的長官，其崇高地位可想而知。韓愈在這裡和士人朋友(如李賀、石洪、李礎等人)有不少宴飲與唱和，寫過〈送湖南李正字序〉、〈送石處士序〉、〈送鄭十校理序〉等知名文篇，記錄他廣泛多采的交遊，生活想是「文明」而愉快的。他甚至在這裡主持過河南府的府試，「親自依府試題目〈精衛銜石填海〉

---

95 關於唐代正式州縣及羈縻州縣的分別，最有洞見的一篇論文是知名歷史地理學家譚其驤所寫的〈唐代羈縻州述論〉，收在他的《長水集續編》(北京：人民出版社，1995)。譚其驤的學生劉統，在他的《唐代羈縻州研究》(西安：西北大學出版社，1995)，繼續發揮他老師的觀點，對唐代羈縻州縣提出不少獨到見解，特別是他指出，唐有許多所謂的正州正縣，尤其是那些設在嶺南等偏遠邊區者，其實都沒有設置過行政機構或官員，和羈縻州縣沒有甚麼分別，「有名無實」(頁70-78)。依此看來，陽山雖為正縣，恐怕也非常類似羈縻州縣。關於羈縻州，又見朱振宏，〈唐代羈縻府州研究〉，《中正歷史學刊》，第3輯(2000)，頁201-244；郭聲波，〈唐宋集群羈縻州之典型——雅屬羈縻州〉，《中國史研究》，2001年第3期，頁85-96。

96 《韓昌黎詩繫年集釋》卷7，頁782-790。

97 《新唐書》卷38〈地理志〉，頁982。

作了一首詩，並設宴招待了全體將赴京考試的秀才們」[98]。

河南縣令是韓愈的第九任官。這一年他約爲四十三歲[99]。正如上面所考，這可說是任京畿縣令的標準仕歷和標準年齡。從此以後，韓愈的仕途便相當坦順，除了五十二歲那年因寫了那篇著名的〈論佛骨表〉，激怒憲宗而被貶官潮州刺史之外。

因爲，韓愈任過河南縣令後，便回到朝中任職方員外郎。就官品而言，職方員外郎跟所有員外郎一樣，爲從六品上，似乎比起他之前任河南縣令的正五品上，以及任縣令之前的都官郎中的從五品上還來得低，乍看之下似乎是降階。但唐人任官不能單看官品，這正好又是個好例子，因爲對韓愈來說，回到長安朝中任職方員外郎實在又比任河南縣令，或在東都任都官郎中來得好。這絕對可以說是一次升遷。

韓愈回朝任職方員外郎的第二年，便轉任國子博士。這是唐代學官中極清貴的一個官位。從此韓愈便逐漸成了高層文官。在第二年，他四十六歲時，當上比部郎中、史館修撰、考功郎中知制誥、中書舍人，最後進入比郎官更高一層的侍郎行列：先是刑部侍郎，轉兵部侍郎，有一段時間任京兆尹兼御史大夫，最後在吏部侍郎的任上去世，達到他官業的最高峰。

韓愈雖然最後並沒有攀昇到比侍郎更高一層的尚書或宰相，但以他這樣的官歷，在眾多唐代士人當中亦可說是相當輝煌，相當成功，相當值得引以爲傲的了。他第一次任縣令（陽山縣令），是個低谷，因爲陽山只是個中下縣。第二次任縣令（河南縣令），則正好是他仕途中的一個上揚點，因爲河南是個赤縣：赤縣令的仕宦前景絕對是光明的。韓愈此例再次提醒我們，考察唐代縣令的地位高下和官之好壞，必須留意他到底

---

98 閻琦、周敏，《韓昌黎文學傳論》，頁132。

99 羅聯添，〈韓愈年表〉，《韓愈研究》，頁444-449。

是在甚麼等級的縣任縣令。並非所有縣令都一樣。

(五)張文瓘(605-677)

　　張文瓘的傳記資料，現僅有他在兩《唐書》中的本傳。他的墓誌銘或神道碑都沒有傳世或尚未發現。所以我們對他所知比較少，特別是他早年的經歷。兩《唐書》在敘述他考中明經以後的一段官歷，照例採取了省略的筆法，如《舊唐書》這一段所記：

> 貞觀初，舉明經，補并州參軍。時英國公李勣為長史，深禮之。累遷水部員外郎。時兄文琮為戶部侍郎，舊制兄弟不許並居臺閣，遂出為雲陽令。龍朔年〔661-663〕，累授東西臺舍人、參知政事。尋遷東臺侍郎、同東西臺三品，兼知左史事。[100]

張文瓘以明經起家後所補的「并州參軍」，是相當典型的一種士人釋褐官職[101]。接著他應當還任過好幾種官，才能「累遷水部員外郎」，絕不可能從并州參軍直升水部員外郎。此「累遷」兩字，往往便是兩《唐書》在省略一個人的官歷時所用的標準套語。一般而言，唐人須遷轉五次左右才能當上員外郎。因此，張文瓘的「雲陽令」，應當是他的大約第六任官，和前述幾個案例非常類似，很符合一般京畿縣令的仕歷模式。

　　史書上未記張文瓘任雲陽令的年月，但從他在「龍朔年」約五十六歲才開始「累授東西臺舍人、參知政事」這點來推算，他任雲陽縣令時應當在四十歲到五十歲之間。這也正是唐代京畿縣令的一般平均年齡。

　　「東臺侍郎、同東西臺三品」是武則天時代所用的稱號，即後來的

---

100 《舊唐書》卷85，頁2814-2815。
101 詳見拙著《唐代基層文官》第四章〈參軍和判司〉。

「同中書門下三品」，也就是指宰相職位。張文瓘任宰相是在乾封二年（667）他六十三歲的時候。他後來還官至黃門侍郎、大理卿和侍中等高官，仕途可說非常暢達。

張文瓘從水部員外郎出爲雲陽縣令，再繼續登上宰相位，這樣的官歷可說再次展現了唐人任官「按部就班」的特色。一個人的出身、能力或仕宦條件再好，在他出掌宰相等高官之前，都得經歷過縣令、郎官等中層職位。

雲陽位於長安西北大約四十公里，是個戰略要地，治所在今陝西涇陽縣[102]。在張文瓘任縣令的高宗時代，它仍然是個畿縣，但它在元和二年（807）升爲赤縣，因爲德宗的崇陵就建在此縣，「以崇陵故也」[103]。它正位於陸贄所說需要「強幹」的「京畿」地區。張文瓘中年能夠在此縣任縣令，他本身的能力和他優越的仕宦條件，必然是個重要因素。

像雲陽這樣一個重要的畿縣，自然也是培養高層文官的一個溫床。相反的，一個破落的中下小縣，恐怕就沒有辦法吸引到像張文瓘這樣的宰相之材前去服務。所以，唐縣的等級不但可以決定一個縣令的地位，也可以反映一個縣令未來的仕宦前景。我們在前面見過，京縣可以培育出宰相，如裴耀卿，但畿縣也同樣可以孕育出宰相，如張文瓘。京畿自成一個等級，都屬第一等好縣。士人若要出爲縣令，京畿肯定是他們的首選。

（六）崔器（?-760）

和張文瓘一樣，崔器的傳記僅見於他的兩《唐書》本傳。他的墓誌

---

102 《兩唐書地理志匯釋・新唐書地理志》，頁36。
103 《唐會要》卷70，頁1459。《兩唐書地理志匯釋・新唐書地理志》，頁8僅列雲陽爲赤縣，未說明它升爲赤縣的年代或原因。《元和郡縣圖志》卷1，頁10則列雲陽爲次赤縣。

銘或神道碑至今還沒有被發現。不過,《舊唐書》敘述他的早年官歷還算詳細,雖然可能還是有所省略:

> 器有吏才,性介而少通,舉明經,歷官清謹。天寶六載〔747〕,為萬年尉,踰月拜監察御史。中丞宋渾為東畿採訪使,引器為判官;渾坐贓流貶嶺南,器亦隨貶。十三年〔754〕,量移京兆府司錄,轉都官員外郎,出為奉先令。[104]

這裡用了「歷官清謹」一詞,看來崔器以明經出身後,充任過其他「清謹」之官,才於天寶六年「為萬年尉」。萬年是長安的兩個京縣之一,其縣尉也和縣令一樣,地位頗崇高,一般都不輕授[105]。崔器以明經出身,不太可能一釋褐即任萬年尉。不過,即使從他任萬年尉算起,他也歷經了好幾任官(監察御史、判官、京兆府司錄),才當上郎官(都官員外郎),然後才能出為奉先令。這至少是他的第六任官,也很符合一般京畿縣令的仕歷模式。

由於史料不全,我們不知道崔器的出生年,不知道他享年若干,也無法推算出他任奉先令的確實年齡,但唐人任過五個官職後,一般應當在四十歲左右。就年齡而言,他應當可算是個典型的京畿縣令。

和其他京畿縣令一樣,崔器的奉先令也只是他一連串官職中間的一個。他後來任過御史中丞、戶部侍郎,在安史亂後的肅宗朝,以酷刑對付那些投降於安祿山的「陷賊官」,所以他在《新唐書》中被列入卷二〇九〈酷吏傳〉。他最後官至吏部侍郎、御史大夫,總共歷官在十任以上,算是有成的高官。

---

104 《舊唐書》卷115,頁3373。
105 詳見拙書《唐代基層文官》,頁178-184。

奉先即今陝西蒲城縣，位於長安東北大約一百二十公里，原本是畿縣蒲城，因爲縣內有睿宗的橋陵，在開元四年改爲奉先，升爲次赤縣，又在開元十七年玄宗親身謁陵後升格爲赤縣[106]。然而，這些後來因皇陵所在地而升格的赤縣，到底還是和長安、洛陽等真正的京縣有些不同，所以這裡仍把它當作畿縣看待[107]。

（七）韋夏卿（743-806）

韋夏卿生平中有三件事值得注意。第一，他是順宗朝二王八司馬事件中的要角韋執誼（曾任宰相）的從祖兄。第二，貞元末，徐州節度使張建封去世時，韋夏卿曾經被任命爲繼代的節度使，但因爲徐州軍人擁立張建封之子張愔而造成他無法就任。第三，他後來做過吏部侍郎、京兆尹、太子賓客、東都留守和太子少保，都是清要高官。

他去世時，《舊唐書·憲宗紀》有一段記載：「元和元年〔806〕春正月……丁丑，太子少保韋夏卿卒。」[108] 這是他卒年的唯一史料。《新唐書·憲宗紀》太單略，完全不提韋夏卿去世事。他的兩《唐書》本傳也僅說他死時「年六十四」，未記卒年。至於他的墓誌或神道碑，則都沒有傳世。

韋夏卿出身良好，生在當時一個著名的「郎官家」，因爲他的「父子兄弟」都曾經做過郎官。他的《舊唐書》本傳說：

---

106 《唐會要》卷70，頁1459-1460。又見《兩唐書地理志匯釋·新唐書地理志》，頁16。《元和郡縣圖志》卷一，頁9，列奉先為「次赤」。

107 張榮芳，〈唐代京兆府領京畿縣令之分析〉，頁144-160的畿縣令表，也把奉先、奉天、雲陽、三原等縣視為畿縣，雖然它們後來都因縣內有皇陵或其他因素而升為赤縣或次赤縣。

108 《舊唐書》卷14，頁414。

> 大曆中與弟正卿俱應制舉，同時策入高等，授高陵主簿。累遷
> 刑部員外郎。時久旱蝗，詔於郎官中選赤畿令，改奉天縣令。
> 以課最第一，轉長安令，改吏部員外郎，轉本司郎中，拜給事
> 中。出為常州刺史。[109]

可知京畿所有縣官（不僅僅是縣令，還包括縣尉、主簿和縣丞）的仕宦條
件一般都非常好。韋夏卿就是考中「制舉」，而且還「策入高等」，才
能當上高陵（這也是個畿縣）的主簿。他累遷至刑部員外郎之後，才來任
奉天縣令。

奉天原為畿縣，後因德宗避難奉天，才在興元元年（784）升格為赤
縣[110]。韋夏卿任奉天縣令的年代不詳，但大約在興元年間前後。最可留
意的是，他出為奉天縣令前已經是個郎官：「累遷刑部員外郎」。從「累
遷」兩字，可知他之前已經充任過好幾種其他官。奉天縣令應當是他的
大約第五、六任官。這時他大約在四十到四十五歲之間，又是個典型的
京畿縣令。韋夏卿在奉天的治績出色，「課最第一」，便轉到「天子腳
下」的長安縣來當縣令，然後一路官至最高的太子少保。

《舊唐書・韋夏卿傳》說「時久旱蝗，詔於郎官中選赤畿令」這一
句，須再細考，免生誤解。就表面上看來，好像唐皇朝之所以在「郎官
中選赤畿令」，是因為「時久旱蝗」。換句話說，在「郎官中選赤畿令」
似乎不是常例，而是特殊狀況（如蝗害時）才偶一為之。但事實上不然。
唐朝在「郎官中選赤畿令」，肯定是一種慣常的辦法。本節引唐前期裴
行儉、裴耀卿、張文瓘、崔器，以及唐後期李巽、韓愈、馮伉等人案例，
他們都是以郎官出宰京畿，都在沿襲古代「郎官出宰赤畿」的久遠傳統，

---

109 《舊唐書》卷165，頁4297。
110 《唐會要》卷70，頁1460。

並非因為蝗害。韋夏卿只是正巧遇上蝗害。這時朝廷當然更需要挑選像他這樣傑出的郎官人材來治理畿縣。

（八）馮伉（744-809）

馮伉的經歷和其他京畿縣令又有些不同，可以讓我們見到京畿縣令的另一種面貌。他的墓誌銘或神道碑沒有傳世。本傳則見於兩《唐書》，但《新唐書》所記有所刪減，下面引自《舊唐書》：

> 馮伉，本魏州元城人。父玠，後家于京兆。少有經學。大曆〔766-779〕初，登五經秀才科，授祕書郎。建中四年〔783〕，又登博學三史科。三遷尚書膳部員外郎，充睦王已下侍讀。澤潞節度使李抱真卒〔794〕，為弔贈使，抱真男遺伉帛數百匹，不納。又專送至京，伉因表奏，固請不受。屬醴泉缺縣令，宰臣進人名，帝意不可，謂宰臣曰：「前使澤潞不受財帛者，此人必有清政，可以授之。」遂改醴泉令。縣中百姓多猾，為著《諭蒙》十四篇，大略指明忠孝仁義，勸學務農，每鄉給一卷，俾其傳習。在縣七年，韋渠牟薦為給事中，充皇太子及諸王侍讀。召見於別殿，賜金紫。著《三傳異同》三卷。順宗即位，拜尚書兵部侍郎。改國子祭酒，為同州刺史。入拜左散騎常侍，復領太學。元和四年〔809〕卒，年六十六，贈禮部尚書。子藥，進士擢第，又登制科，仕至尚書郎。[111]

依此，馮伉主要是個學者、經學家、學官。《舊唐書》便把他列入〈儒學傳〉。他大約二十多歲就第一次登科，非常年輕、傑出，考中五經秀

---

111 《舊唐書》卷189下，頁4978。

才科,「授祕書郎」。這是祕書省一個中層職位,一般不輕授給初釋褐者。所以這個「祕書郎」,也有可能是常見的釋褐官「校書郎」傳抄之誤[112]。

四十歲時,馮伉又再次登科(「博學三史科」),然後三遷至「尚書膳部員外郎,充睦王已下侍讀」。貞元十年(794)澤潞節度使李抱真去世,他充任朝廷的弔贈使,但沒有接受李氏家屬所送的財帛,很有清廉之風,大受德宗賞識,因而欽定他爲醴泉縣令。他由一個郎官(膳部員外郎)出爲醴泉縣令,而且這還是皇帝親自的委任,可知醴泉縣令地位之高,不在郎官之下。這一年他五十一歲,已做過好幾任官,官場經驗豐富,充分具備京畿縣令所需的仕宦條件。

醴泉縣即今陝西醴泉縣,爲唐太宗昭陵的所在地,所以後來升爲次赤縣。從德宗這次親自挑選馮伉爲醴泉令看來,唐皇朝對這些皇陵所在縣相當重視。馮伉在醴泉七年,「勸學務農」,表現非常傑出。他也因爲在醴泉的治績良好,被德宗寵信的「韋渠牟薦爲給事中,充皇太子及諸王侍讀」[113]。他後來升爲兵部侍郎、國子祭酒等高官。醴泉縣令是他通往這些高層文官的門徑之一。

五、唐前期的望緊上縣令

據《通典》,唐代赤畿縣以外,其他縣如望、緊、上、中和下縣是以「戶口多少,資地美惡爲差」。因此,在望緊上三種縣當中,望縣是最符合「戶口多」、「資地美」兩條件者,其次是緊縣,最後是上縣。

---

112 唐代史料中的「校書郎」常錯爲「祕書郎」,詳見孫國棟,〈從夢遊錄看唐代文人遷官的最優途徑〉,《唐宋史論叢》。(香港:商務印書館,2000年增訂版)。

113 此事又見《舊唐書》卷135〈韋渠牟傳〉,頁3728-3729。

總的來說，這三種縣是僅次於京縣和畿縣者。它們縣令的「職望」也僅次於京畿令，所以這裡把他們放在一起來考察。本章把他們歸類為唐代三大類型縣令當中的第二大類，也就是「中等縣令」。

這些中等縣令，和第一大類「上等縣令」最明顯的不同在於他們的仕宦模式。

正如我們在上一節所見，任上等縣令者後來幾乎都成了高官。他們只是在中年或事業中途時出任一個短時期的縣令，過後便遷轉回朝或出任其他高層職位。他們一般不會以縣令終老；縣令也不會是他們最終的官位，除了中年病逝者之外。

但中等縣令大抵屬於「中等」之材。他們當中，有時雖然可以在任過縣令後，遷轉回朝任高官，或出任刺史等高官，但這些人畢竟佔少數。整體來說，中等縣令的表現不如上等縣令。唐代史料中最常見的中等縣令，經常只是在幾種州縣官當中浮沈，任過僅幾任（通常不足五任）的州縣官（如縣尉、參軍或主簿），最後又以望縣、緊縣、或上縣的縣令終老，從來不曾回朝任官。我們不妨來觀察幾個實際案例。

（1）敬守德（673-740，享年六十八。唐前期，以望縣令終老）

敬守德在兩《唐書》中都沒有傳。他的墓誌在近世出土，曰〈唐故朝請大夫行晉州洪洞縣令敬公墓誌銘〉[114]。據此墓誌，他出生在一個官宦之家。他的曾祖父在隋朝任河間郡丞，祖父任冀州棗強縣令，父親任

---

114 《唐代墓誌彙編》，開元507，頁1503-1504。《唐代墓誌彙編》，開元098，頁1221-1222也收了同樣一篇墓誌，但把敬守德的卒年誤為「開元八年」（應作「開元二十八年」），以致重複收錄。此墓誌拓本收在《北京圖書館藏中國歷代石刻拓本彙編》，第24冊，頁105以及《隋唐五代墓誌彙編》，洛陽卷第10冊，頁179；錄文又見《全唐文新編》，第22冊，頁15162以及《全唐文補遺》，第4輯，頁436。

茂州石泉縣令。這些全都是地方官。這也是唐代官員很典型的一種家庭背景：他們一般都生長在這樣一個父親和祖上幾代都做官（文官或武官）的家庭，即使是一個「平凡」的縣令也往往如此。高官更不必說了。

敬守德的出身非常良好。他的墓誌說他「弱冠以進士」，然後他又參加制舉（「應撫字舉及第」），才得到他的第一個官位「寧州羅川縣尉」。按唐人中進士須守選約三年才能做官，但考中制舉者卻馬上可以授官[115]。或許這是敬守德考中進士又參加制舉的一大原因。

羅川於天寶元年改為真寧（即今甘肅省正寧縣西南羅川鎮）[116]，是個緊縣[117]。敬守德以進士身分僅能任一個緊縣的縣尉，一個小小的九品官，看起來似乎有些「委屈」。但其實這很符合唐代官制。唐人即使貴為進士，也必須從這種地方小官做起，一般沒有捷徑。實際上，唐代進士出身者，以釋褐緊縣尉最為常見。《唐會要》有一條材料可證實此點：

> 會昌二年〔842〕四月敕文：「准大和元年〔827〕十二月十八日敕，進士初合格，並令授諸州府參軍及緊縣尉。……」[118]

接著，敬守德的墓誌記載了他後來的科名、官歷和暮年：

> 開元初，獻書直諫，敕授幽州新平縣〔望縣〕主簿[119]。應強幹

---

115 王勛成，《唐代銓選與文學》，頁46-72。
116 《兩唐書地理志匯釋・舊唐書地理志》，頁50-51。
117 《兩唐書地理志匯釋・新唐書地理志》，頁25。
118 《唐會要》卷75，頁1620。
119 《唐代墓誌彙編》，開元098，頁1221所收的另一重複墓誌，此處作「敕授幽州新平縣主簿」。按幽州並沒有新平縣。但長安附近的「豳州」卻有個新平縣。此處的這個「幽」字當是「豳」字之誤。此豳州在開元十三年改為邠州。據《新唐書》卷37〈地理志〉，頁967，正是因為「以字類『幽』

有聞科第二等，同清白第三等，授河南府陽翟〔畿縣〕縣尉，
授絳州萬泉〔上縣〕縣令，加朝散大夫轉晉州洪洞〔望縣〕縣令，
加朝請大夫。秩滿後，歸閑養疾，至開元二十八年歲次庚辰正
月子朔十二日己亥，終於河南之從善里，時年六十有八。[120]

敬守德生於673年，到開元（713-741）初他大約四十歲時，才做到豳州「新
平縣主簿」。新平是個望縣。他從一個緊縣的縣尉升爲一個望縣的主簿，
算是個不錯的升遷。然而，在他以後的二十多年，他卻只做過三個官：
陽翟縣尉、萬泉縣令和他最後的洪洞縣令，全是縣官，仕途並不是太得
意。

敬守德的一生中還有另三件事很值得細探和討論。

第一，他是進士，又考中幾次制科（即他墓誌所說的「四登甲科」），
但他卻只是在幾任縣官當中浮沈，從來沒有回到中央朝廷任高官。過
去，唐史學界總以爲進士出身者，其仕途必定美好。但敬守德的案例卻
顯示，進士（甚至還加上制科）並非官運亨通的保證。個人的才華、努力
和際遇，恐怕才是比較重要的決定因素。敬守德可說是個「不成功的進
士官員」，他自然在兩《唐書》中無傳，生平僅見於他自己的墓誌。像
他這一類的案例，在墓誌中還有一些。

第二，他一生只做過五任官。這是唐代「平凡」的州縣官最典型的
一個特色：他們通常任官不超過五任，最多爲三到五任。我們在兩《唐
書》經常見到那些有傳的官員，做官常是一個接著一個，非常「緊湊」，
中間似乎沒有甚麼「空檔」。比如上引萬年縣令李異「凡歷官十六」。
白居易在自撰〈醉吟先生墓誌銘〉中，也很得意地說，他回憶起他生

（續）

　　改」也。按「豳」和「邠」兩字讀音相同，在現代中文都念作「賓」。

120 《唐代墓誌彙編》，開元507，頁1503-1504。

平的官歷：「始自校書郎，終於少傅致仕。前後歷官二十任，食祿四十年。」[121]白居易爲他的朋友張仲方所寫的墓誌，更以十分抒情的筆調，形容他這位朋友「入仕四十載，歷官二十五，享年七十二」[122]。但這些全都屬於「成功官僚」。至於平凡的官僚，則像敬守德那樣，一生做官往往不超過五個。

這意味著，敬守德這一生許多時候，其實並沒有在做官，而是在「等待做官」，即所謂「守選」。按唐人任官，每任一般爲四年。任滿一官，特別是六品以下的州縣官，即需「守選」等待若干年，才能到京城吏部「聽集」、「赴選」，選下一任官。敬守德一生只做了五任官，這表示他只有大約二十年時間在做官，其他時間都在守選，等候當官。以他「弱冠」舉進士，又享年六十八歲來說，他做了約二十年的官，但他恐怕也有大約二十年是沒有官做的。他的墓誌上說他「秩滿後歸閑養疾」，可能是寫實，但更可能只是唐人墓誌中常見的「套語」之一，正像「高潔不仕」等套語一樣，表示墓主因守選或其他原因沒有選上官做，不得不在家「養疾」，被「強迫歸隱」罷了。

像敬守德這樣「平凡」的唐代縣令，在唐人墓誌中屢見不鮮。實際上，墓誌中所見的唐代中層或下層州縣官（包括參軍、判司、錄事參軍、縣尉、主簿、縣丞和縣令），幾乎都像敬守德那樣，一生中只做了寥寥幾任官（通常不超過五任）。我們過去對這一類「平凡」的唐代官員所知很少，更對他們如此「斷斷續續做官」的仕宦模式，幾乎一無所知。幸賴近年來大量唐代墓誌的出土和出版，我們才得以重新認識這一批不見於兩《唐書》的州縣官。他們「歷官三政」、「出宰四邑」的經歷，和兩《唐書》中「歷官二十五」的張仲方等人相比，形成鮮明、有趣的對

---

121 《白居易集》卷71，頁1504。
122 《白居易集》卷70，頁1483。

照，也讓我們可以更清楚、更深入去窺探唐代州縣官的真貌。

今後，我們以墓誌去研究唐代的州縣官，除了要留意那些州與縣的等級之外，更須細究那些州縣官的年壽和他們一生中做了幾任官，如此才能看清他們的生平事跡。可惜的是，墓誌常常不提州縣官任某某官的年代，以致我們無法查考他們每一任官的任期長短和他們每次守選的確實年歲。少數記有任官年代的墓誌，則會是這方面的絕佳史料。

第三，敬守德爲了做官四處宦遊。他的墓誌上說，「其先平陽人也」，「其後因官南徙，今爲河東人矣」。他死在「河南之從善里」，死後葬在著名的洛陽邙山，看來他是以洛陽人自居。可是，他的父親是茂州石泉縣令(今四川北川縣西)。這是個十分偏荒的小縣。他從小恐怕就跟著他父親四處漂泊，經常遠離「河東」或洛陽故居。這是唐代官宦家庭典型的生活方式：官人通常攜家帶眷上任，甚至可能還帶了兄弟等親友。敬守德的第一個官位是在寧州羅川縣當縣尉，後來他出任幽州新平縣主簿、陽翟縣尉、絳州萬泉縣令和晉州洪洞縣令，都得離家做官，很可能也攜家帶眷。幸運的是，這幾個地方大抵不出關內、河東及河南道，離洛陽不算太遠，行程不到一個月。但唐人宦遊，有些單單爲了赴任，就有在路上走了三到六個月者，如李翱在元和初年，從洛陽赴廣州就任楊於陵節度使的掌書記[123]。宦遊是唐代官員最普遍的命運：高官如此，中低層州縣官也是如此，下面還將見到數例。他們只有在守選期間才能回到家鄉。

(2)崔羨(661-729，享年六十九，以望縣令終老)

崔羨的仕宦模式和上例敬守德的有許多相同之處。他一生也幾乎都

---

123 詳見李翱自己寫的旅行記〈來南錄〉，《全唐文》卷638，頁6443。更詳細的討論見拙書《唐代基層文官》，頁413-422。

在幾任州縣官當中浮沈，沒有做過任何高官，最終只是以一個望縣的縣令終老。

　　他的出身倒和敬守德很不一樣。據他的墓誌，他是「宿衛天朝，解褐宋州參軍事」[124]。這表示他是以蔭入仕，少年時先在宮中任衛官一類無品位的職位，經過數年的磨練，在大約二十多歲時參加吏部的銓選，才得到他的第一個官位「宋州參軍」。這是一種十分常見的釋褐官[125]。在著名的唐人小說〈李娃傳〉，那位沒有名字的小生考中進士和制科後，他的起家官也正是州府參軍，遠在今四川的成都府參軍。[126]

　　唐人做官不一定要考進士或明經等科舉。像崔羨這樣以蔭入仕也不失為好辦法。在唐前期這還是相當普遍的做法。此法到中晚唐仍然行用。晚唐一大才子李德裕就是以蔭入仕，而且後來還官至宰相等高官，主宰了文宗和武宗兩朝的政局，影響至為深遠。所以，從這個角度看，我們不能妄下結論說以蔭入仕就一定不如進士或明經。何色出身對唐人的仕途固然有一些影響，但更重要的恐怕還是個人的才華、努力和際遇。

　　以崔羨來說，他的才華等個人表現便顯然不如李德裕等人，所以最終只得以一個望縣令結束他平凡的一生，死後在兩《唐書》中也沒有傳。他的墓誌這樣敘述他宋州參軍以後的官歷：

> 以秦府故吏之子〔他的曾祖曾任「秦王府長史」〕，改汾州司法參軍，清白著稱，授岐王府功曹參軍事，尋轉記室參軍事。王出蕃，遂宰冀州武邑〔上縣〕縣令，俄而領益州新都〔次畿縣〕縣令，復臨鄭州滎陽〔上縣〕縣令，又統魏州冠氏〔望縣〕縣令。[127]

---

124 《唐代墓誌彙編》，開元302，頁1364。
125 詳見拙書《唐代基層文官》第四章〈參軍和判司〉。
126 《唐人小說》，汪辟疆編，頁105。
127 《唐代墓誌彙編》，開元302，頁1364。

這便是崔羨全部的官歷。他的墓誌也這樣概括他的一生功業：「二職參卿〔指他二次任參軍〕，再遊藩邸〔指他回朝任王府官〕，四臨劇縣〔指他四次任縣令〕」。他一生總共做了八種官。這比起一般平凡縣令一生任官往往不到五任稍好一些，但也好不了多少，比起上引白居易的「歷官二十任」和張仲方的「歷官二十五」則大為遜色，少了大約一半到三分之二。

崔羨享年六十九，「終於魏州冠氏縣之官舍」，可知他是死在他最後的冠氏縣令任上。唐代州縣官死於任所「官舍」，十分普遍，墓誌中的例子尤其多，可證他們大抵在任時都居住在官家提供的「官舍」，沒有再去租賃其他住所。

崔羨六十九歲還在任冠氏縣令，也說明了唐人的退休年齡可以很晚，相當有彈性。這也表示，他從大約二十多歲開始做官至今，已入仕大約四十五年了。可惜，他的墓誌沒有告訴我們他任這些官的詳細年代。我們不知道他每一任官的期限。然而，以唐人每任一官平均四年來計算。他任過八種官，則總共有大約三十二年在做官，其他時間（大約十三年）則在守選，等待做官。這點和上面第一例敬守德的仕宦模式非常相似。

跟敬守德一樣，崔羨一開始做官就得離開家鄉遠遊。墓誌上說他是「清河東武城人」。不過這恐怕只是他崔姓的郡望。他的父親任唐「周王府屬左領軍衛長史」。他自己少年時代又在宮中任宿衛。但那時是高宗和武則天長期停駐洛陽的時代。他父親任左領軍衛長史和他「宿衛天朝」的地點，恐怕都是在洛陽而非長安。他一家很可能是以洛陽人自居，所以他死後也就葬在洛陽的「河南縣界河陰之原」。

他第一個官職是宋州參軍。宋州治所在今河南商丘縣南。他後來任判司及縣令的四個地點，其中汾州即今山西汾陽，冀州武邑即今河北武邑，鄭州滎陽即今河南滎陽，位處河東、河北及河南道，也全都需要離

家遠遊。他任縣令離家最遠的地方,是益州新都(今四川新都)。

崔羨爲了做官,幾乎一生長年累月在外漂泊,走過不少地方,足跡遍及今河北、山西、河南與四川,最後也死在異鄉。他可能只有在守選時才能回到他的家鄉,但這是唐代州縣官很普遍的命運。他們做官宦遊旅程之遠,次數之頻繁,是中古時代的一大特色,遠非今天的公務員所能想像。

(3)鄭溫球(669-726,享年五十八,以緊縣令終老)

鄭溫球的墓誌沒有提他是以何色出身,通常這意味著他不是以進士、明經等入仕,而很可能是雜色入流,所以不值一提。但他的父親和祖上幾代都做過官。他可說是出生在一個典型的官宦之家。他一開始做官就是個縣官:「解褐虢州玉城縣丞」[128]。玉城是個上縣,即今河南靈寶縣東南。縣丞雖是一縣之次官,但除了赤畿望緊等主要大縣之外,像玉城這樣的上縣或中下縣縣丞,也經常可以用作起家官,墓誌中很常見到,可證赤畿望緊縣以外的縣丞地位,一般都不高,甚至可以用作解褐官,可算是基層文官。

接著,鄭溫球的墓誌這樣記載他的官歷:

> 時蠻方作梗,王師出誅,監軍御史元公欽君器能,相邀入幕。……轉蒲州汾陰〔當時屬望縣[129]〕尉。……秩滿調補寧州豐義〔緊縣〕縣令。

---

128 《唐代墓誌彙編》,開元258,頁1334。

129 按蒲州汾陰即後來的寶鼎縣,因「開元十年獲寶鼎,更名」。鄭溫球在此任縣尉時應當在開元十年之前,所以他的墓誌仍用舊名「汾陰」是正確的。這原本是個望縣,後因蒲州升格為河中府,它也隨之升為次畿縣。詳見《兩唐書地理志匯釋‧新唐書地理志》,頁85的解說。

換句話說,鄭溫球的第二個官職,是在某監軍元公的幕下做一個幕佐,幕職和細節不詳。然後,他轉任蒲州汾陰(今山西萬榮縣)縣尉,最後以寧州豐義(今甘肅鎮原縣東南)縣令終老。

值得注意的是,鄭溫球是先任縣丞,再轉為縣尉。在縣官的排位上,縣尉在縣丞之下。但唐人任縣官,並非按照這個排位順秩升遷,有可能像鄭溫球那樣,先任縣丞,後任縣尉,或甚至可能先任縣令,後任縣丞。一切端看他的屬縣為何等級而定。以鄭溫球來說,他任縣丞的虢州玉城只是個上縣,但他任縣尉的蒲州汾陰當時卻是個望縣,縣級地位比較高,所以他從一個上縣的縣丞,轉為一個望縣的縣尉,是一次升遷,並非降級。

鄭溫球享年五十八歲。這樣漫長的一生他卻只做了四任官:三任縣官,一任幕職,可說乏善可陳,所以他在兩《唐書》中都沒有傳。他所任的官比前面兩案例都來得少,看來他守選等待做官的時間,比他有官做的年歲,來得更長久,恐怕長期處於「歸隱」狀態,但這並不稀奇。像他這種官歷,在墓誌中十分常見,可說是很「標準」的一個唐代平凡縣官。

然而,即使像他這樣一個平凡的縣官,他還是不時為了做官而遠遊。墓誌上稱他為「滎陽鄭君」,這當然只是他的郡望。他死後埋葬在京兆府鄠縣(今陝西戶縣),很可能這才是他生前最常居住的一個地方,有家人親友在此。他為了做官,到過今山西和甘肅。

(4)孟晟(648?-720?,享年七十三,以緊縣令終老)

和上面幾例一樣,孟晟成長在唐代一個很典型的官宦家庭。他的曾祖父任慶州刺史,祖父曾任「城皋、廣武、北平、漁陽四郡太守」,都還算是高官。但到了他父親這一代,以鄭州密縣令終老,只是個畿縣令,家道似乎中落。

孟晟的墓誌比較簡略，也沒有告訴我們他是以何色出身，很可能是乏善可陳。他的官歷也非常簡略：

> 歷拜齊州〔上州〕錄事參軍，轉黃州麻城〔中縣〕縣令，青州千乘〔緊縣〕令。[130]

他「春秋七十三」，卻只做過這三任官，而且全部都是州縣官。看來他跟唐代許多平凡縣官一樣，一生中只有短暫的時間在做官，其他時間都在守選，等待做官。

他死後葬在洛陽邙山，生前似以洛陽爲居地。他的三個州縣官把他帶到齊州(今山東濟南市)、黃州麻城(今湖北麻城市東北)和青州千乘(今山東廣饒縣)。他走了不少遠路。

(5)**樊晉客**(650-720，享年七十四，以上縣令終老)

樊晉客出生在一個官宦之家。他的曾祖任洛州司戶參軍，是個基層文官；祖父任瀘州都督，算是高官；父親爲都水使者。他的墓誌沒有說他是以何色出身，只這樣記載他的官歷：

> 爰自褐衣拜岐州麟遊〔次畿〕縣尉，調補金州〔上州〕錄事參軍、申王府戶曹參軍。……拜宋州虞城〔上縣〕縣令。[131]

這就是他全部的仕歷：活了七十四歲，卻只做了四任官，可以想見他一生中有許多時候並沒有在做官，而是在守選待官。他這四任官，有三任

---

130 《唐代墓誌彙編》，開元111，頁1231。
131 《唐代墓誌彙編》，開元167，頁1272。

是州縣官，一任爲王府官，在唐代平凡縣令當中最爲普遍不過。

他死後葬在洛陽邙山，看來他是以洛陽人自居。他爲了做官，到過岐州麟遊(今陝西麟遊，唐九成宮所在地)、金州(今陝西安康市)和宋州虞城(今河南虞城縣北)，也算走了不少遠路。

(6)黎珪(656-723，享年六十八，以上縣令終老)

黎珪出身在一個官宦之家，不過他曾祖父任的是武將，在隋朝任驃騎將軍；他祖父也是武將，任賁中郎將；他父親任同州白水縣令，是個望縣令。

他的墓誌上沒有記載他以何色出身，看來是不值一提。他的官歷也非常簡略：

> 解褐任漢州德陽縣〔緊縣〕主簿、潤州丹徒〔望縣〕縣尉、婺州義烏〔緊縣〕縣丞。……又授潞州黎城〔上縣〕縣令。[132]

他一生六十八年，總共只當了四任官，而且全部都是縣官，從未任過京官。他大部分時間應當是在等待做官的「歸隱」狀態。

他死在洛陽「延福坊之私第」，也葬在洛陽邙山，看來洛陽是他生前最常居住的地方。雖然他一生只做了四任官，但他宦遊的經驗卻也非常豐富。他四任縣官所在地大都相距頗遠，需長途旅行。他先後遠赴漢州德陽縣(今四川德陽市)、潤州丹徒縣(今江蘇鎮江市)、婺州義烏縣(今浙江義烏市)，以及潞州黎城(今山西黎城縣西北)，可說走過了大半個中國。

---

132 《唐代墓誌彙編》，開元169，頁1273。

六、唐後期的望緊上縣令

(1)盧侶(726?-782?，享年五十七，以望縣令終老)

盧侶的五代祖是赫赫有名的盧思道，曾經在北齊任黃門侍郎，在北周任大司徒，在隋任武陽郡守。盧侶的高祖赤松，在唐朝任兵部尚書；曾祖承泰，曾任齊州長史；祖父齊卿，為「銀青光祿大夫、太子詹事、贈太子少保」，似乎是個掛名的閒職。從這些官歷看來，盧侶的祖上幾代是一代不如一代。他的父親成軌，則只做到大理評事這個八品基層文官，比祖上幾代更不如了。

盧侶就生長在這樣一個官宦之家。他的墓誌上說他「弱冠，鄉舉秀才，屬燕薊僭逆，淪陷虜塵，竟負其才，不列科第」。這是指他身逢安史之亂，沒有考上科第。所以，他的第一個官職，不是經吏部銓選的正規文官，而是個幕府幕職。這是中晚唐士人入仕的一條新門路。他的墓誌記載他的官歷和去世細節如下：

> 時昭義連率薛公有總角之舊，素相親重，奏授試光祿寺丞，攝衛州別駕。一郡之政，任公決焉。……尋除朝散大夫、磁州別駕。連率薨，公亦辭滿，遂東遊梁宋，嘯詠林泉。後拜魏州貴鄉令。時屬節將盜兵，干我國紀。公志懷忠鐺，屢抗危言，縣是忌之，且畏動眾，遂移攝莘縣令，旋構五縣歸順國家。統帥馬公褒異殊績，方欲上聞。未出賊封，蒼遑遇害，春秋五十七。[133]

總括來說，這裡記載了三件事，可再細考。

　　第一，「昭義連率薛公」即昭義節度使薛嵩。他是薛仁貴之孫，史朝義的降將，於寶應二年(763)因投降而被委任爲昭義節度使，直到他在大曆八年(773)去世爲止，長達十年[134]。盧侶和薛嵩從小就認識，有「總角之舊」，所以薛嵩很自然地辟他爲幕僚，且按照當時幕府請人的慣例，爲他奏授一個朝銜「試光祿寺丞」。但盧侶真正的工作是「攝衛州別駕」，負責管理昭義節度屬下衛州「一郡之政」。這種「攝官」通常由節度使委任，非朝廷的正式任命。

　　第二，盧侶不久又改任「磁州別駕」。磁州當時也屬昭義節度使管轄。盧侶這個「磁州別駕」，應當也是薛嵩委派的一個非正式的「攝」官，非中央任命。所以，薛嵩去世時，盧侶也就跟著失去工作，只得「東遊梁宋，嘯詠林泉」，過著一種退隱的生活。唐代幕主有自辟幕佐的權力，但幕主一旦去世或調職他處，幕佐就會失去工作，只得歸隱，等待新職[135]。

　　第三，盧侶後來「拜魏州貴鄉令」。「時屬節將盜兵，干我國紀」，指的是建中初年，魏博節度使田悅叛亂事。盧侶因而「移攝莘縣令」。「統帥馬公」即指朝廷委派的魏博招討使馬燧[136]。盧侶當時有「構五縣歸順國家」的「殊績」。馬公正欲「上聞」，但盧侶「未出賊封」，便「蒼遑遇害」。所以他應當是死於建中三年(782)左右。

　　盧侶生在一個亂世，沒有科第功名，一生也就只做過幾任州縣官，仕歷沒有甚麼精采處，所以在兩《唐書》中都沒有傳。

　　值得注意的是，盧侶這個唐後期的縣令，有一點和唐前期縣令最不

---

134 《舊唐書》卷11〈代宗紀〉，頁271及頁301。又見《唐方鎮年表》卷4，頁472-474；戴偉華，《唐方鎮文職僚佐考》，頁222。

135 關於幕府辟人的這種特徵，拙著《唐代基層文官》，頁311-317，舉了一些例證申論。

136 詳見《舊唐書》卷84〈馬燧傳〉，頁3693-3694。

同之處，就是他曾經「入幕」，在幕府下擔任過兩次「攝官」。入幕是
中晚唐士人相當普通的經驗。幕府官還有一點和正規官不同：他們無須
守選。所以盧侶攝過「衛州別駕」，不久又任「磁州別駕」，中間應當
無須守選等待。

薛嵩擔任昭義節度使長達十年。盧侶若在寶應二年隨他入幕，則他
任幕職很可能也長達十年，而且一直在同一個幕府任職。很可能也正因
爲這點，他宦遊遠行的經驗似乎比正規州縣官來得少。他任職過的衛州
(今河南衛輝市)、磁州(今河北磁縣南)、魏州貴鄉縣(今河北大名縣東
北)和魏州莘縣(今山東莘縣)，距離都很近，在今太行山以東一帶。

(2)王虔暢(801-866，享年六十六，以望縣令終老)

和許多唐代官員一樣，王虔暢生在一個官宦之家。他的父親官至壽
州刺史；祖父任縣丞；祖上幾代都做過官。他的墓誌沒有記載他是否有
科第功名，只記錄了他的官歷如下：

> 釋褐任泗州臨淮〔上縣〕尉……秩滿，選授滁州〔上州〕司法參
> 軍……太守謂之能官人，擢攝〔滁州〕永陽〔上縣〕令。……及
> 歸，隨牒不得調，以本官選集，爲縣于楚州鹽城〔上縣〕令。……
> 復選授滑州匡城〔望縣〕縣令。[137]

他於咸通七年(866)「歿于官」，享年六十六，一生只做過五任官，像
許多唐代平凡縣丞一樣，就只宦遊於幾個州縣之間，從未回朝。他也有
許多時候處於歸隱守選的狀態，沒有官做。

他釋褐任縣尉，然後任司法參軍，再升爲縣令，官歷很普通，平平

---

137 《唐代墓誌彙編》，咸通056，頁2421。

無奇。但值得一提的是，他曾經因「太守謂之能官人，擢攝〔滁州〕永陽令」。這位太守應當是一位節度使或觀察使(本身當然也兼任某州刺史)，才能委派王虔暢「攝永陽令」。這種州縣攝官，不由中央朝廷委任而由方鎮自辟，在中晚唐相當盛行(詳見下一節論「攝」縣令)。我們在上一例也見到盧侶曾經兩次在昭義節度使薛嵩的幕下任攝官(攝衛州和磁州別駕)。

王虔暢死後歸葬洛陽。他生前因做官而遠遊泗州臨淮(今江蘇盱眙縣西北淮水西岸)、滁州(今安徽滁州市)、滁州永陽(今安徽來安縣)、楚州鹽城(今江蘇鹽城市)和滑州匡城(今河南長垣縣西南)，宦遊經驗相當豐富。

(3)崔渙(731-808，享年七十三，以緊縣令終老)

崔渙的父親崔隱甫是個高官，官至刑部尚書、東都留守[138]。他的祖父是「絳州大平〔應作太平〕縣令」；曾祖太子洗馬。崔渙本人的官歷倒跟他祖父的一樣平平無奇，只是以一個緊縣令終老。他的墓誌沒有記載他的功名科第，只列舉了他的官歷：

> 釋褐授絳州龍門〔次畿縣〕縣尉，調補河南府河清〔畿縣〕縣尉，又補〔河南府〕長水〔畿縣〕縣丞，復授河中府河東〔次赤縣〕縣尉，進補邢州南和〔緊縣〕縣令。[139]

這便是他全部的仕歷：在他生前的七十多個年歲，只做了五任官，而且

---

138 崔隱甫也是個「良吏」。他的傳見《舊唐書》卷185下，頁4821；《新唐書》卷130，頁4497。

139 《唐代墓誌彙編》，開成018，頁2180。唐後期也有個宰相叫崔渙，但同名不同人。

全部都是縣官。他從最基層的縣尉起家，歷縣丞，最後升為縣令，都符合唐人任官按部就班的規律。但他一生做官只有五任，因此他守選沒有官做的年月，應當多過他有官做的時候。

值得注意的是，崔渙前面四個官都是在赤畿縣任縣尉或縣丞。我們知道，赤畿縣官是比較高尚的。這原本是美好的開始，可惜他後來卻從未能入朝，只能官至一個緊縣的縣令。或許這正應了他墓誌上所說的一句話：「才與不才在於我，遇與不遇繫於時。」看來他是有才而「不遇」。

墓誌上說他的「清河東武城人」。這當然只是他崔姓的郡望。清河崔氏是唐代的大族，但崔渙卻顯然是個「沒落的貴族」。他死於宋州寧陵縣，很可能是跟隨某位親人赴任而住在該縣。死後也「權窆」在那裡，至到三十年後，才在開成三年（838）歸葬洛陽。

他雖然只做了五任官，但這五任官都需要離開家鄉遠行，逃不掉唐代州縣官必須宦遊的命運。他因而到過絳州龍門縣（今山西河津市東南），河南府河清縣（今河南孟縣西南），河南府長水縣（今河南洛寧縣西長水鎮），河中府河東縣（今山西永濟市西南蒲州鎮），以及邢州南和縣（今河北南和縣）。若以每任官平均四年計算，他因此在外宦遊漂泊了大約二十年。不過，這五個地方大抵不出今天山西、河南及河北的範圍，離洛陽也都不算太遠。

（4）京兆王公（836-892，名不詳，待考。享年五十七，以緊縣令終老）

這位京兆王公，他的墓誌上沒有提及他的名諱。他也和許許多多唐代官員一樣，出生在一個官宦之家。他的父親任河南府密縣令；祖父諱仲周，進士及第，曾任刺史、國子祭酒；曾祖諱定，也是個進士，曾任考功郎中。由此看來，他祖父和曾祖父都有科名，且仕至高官。但他父親看來沒有功名，而且也只做到一個畿縣的縣令。他的墓誌敘及他的出身時，正好有好幾個缺字，以致我們無法確定他是否有科第功名，但他

的官歷卻附有比較詳細的年代記載，值得細考：

> 初任宿州臨渙〔緊縣〕縣主簿，三年佐理，闔境安寧。……相次
> 任澤州陵川〔中縣〕縣令。……咸通〔860-872〕中，任鄭州中
> 牟〔緊縣〕縣令。……至中和三年〔883〕，任鄭州原武〔緊縣〕
> 縣令。[140]

他一生就只做過這四任官，而且全部都是緊縣或中縣等級的縣官，從未
入朝，也從未任過赤畿縣的縣官，仕歷乏善可陳，正是「平凡縣令」的
最佳範例之一。

他生於836年。墓誌上說他在「咸通中，任鄭州中牟縣令」。按咸
通有十四年，假設「咸通中」指的是咸通七年(866)的話，那麼這時他
大約正好是三十歲左右，但出任的卻是他的第三個官。換句話說，他在
三十歲之前已經做了兩任官：宿州臨渙縣主簿和澤州陵川縣令。他早年
的仕途可說相當順暢，可惜後來卻沒有入朝或高昇。他的墓誌上說他任
宿州臨渙縣主簿，「三年佐理，闔境安寧」，可以應證唐人每任一官，
一般只有四年左右(或更少)。

如果他在咸通七年任鄭州中牟縣令，他應當在咸通十一(870)年左
右秩滿。但他卻一直要等到中和三年(883)才獲得他的下一任官鄭州原
武縣令。這中間他漫漫守選等待了大約十三年之久。唐人傳記和墓誌往
往不注明唐人任官的年月，使我們經常無法查考他們有官做或沒有官做
(守選)的年代，只能從各方面推測。這篇京兆王公墓誌，珍貴之處就是
它在這方面提供了比較豐富的資訊，使我們可以比較確定王公在做第四
任官之前，應當是守選等待了超過十年之久。十年固然算是很長的一段

---

140 《唐代墓誌彙編續集》，景福001，頁1157。

時間，但據我們從其他史料獲知，這卻是唐代一般州縣官員相當普通的
守選等待期。

這位王公，號稱「京兆」，但這恐怕只是他的郡望。他於景福元年
死在「滑州私第」。隨後他的遺體，連同比他早逝的夫人遺體，從「滑
州扶護至〔鄭州〕原武縣舊宅權厝」，至到景福四年才「合葬於〔鄭州〕
榮澤縣廣武鄉崇德里廣武原，祔先祖之塋，禮也。」

他從來沒有在滑州(今河南滑縣東)任官，但卻死在那裡，極可能是
因為(正如他的墓誌所說)他的夫人李氏是晚唐一位高官李福的「猶
女」。李福曾經在大中八年(854)到咸通二年(861)任滑州節度使[141]。岳
家很可能有產業在那裡，所以他在最後的第四任官之後，就連同妻子和
家人退隱在滑州。他在鄭州原武縣也有「舊宅」，很可能是當年他在該
縣當縣令時所購。不過，他的祖籍地看來是鄭州榮澤縣(今河南鄭州市
西北古榮鎮)，有「先祖之塋」在那裡。

這位京兆王公，生前所做的四任官，也把他帶到祖籍地以外的四個
地方：宿州臨渙縣(今安徽宿州市西北臨渙集)、澤州陵川縣(今山西陵
川縣)、鄭州中牟縣(今河南中牟縣東)和鄭州原武縣(今河南原陽縣西
南)。除了宿州比較遠之外，陵川、中牟和原武都離他的祖籍地榮澤很
近，大約不出一百公里範圍外。唐後期的某些州縣官，似乎沒有像唐前
期州縣官那樣，走得那麼遠。

(5)房從會(740-796，享年五十七，以上縣令終老)

房從會的家世相當顯赫。他的曾祖房融，是武則天朝的宰相，也是
詩人陳子昂的朋友，但在武后病逝，中宗上台後就被「配流欽州」[142]。

---

141 戴偉華，《唐方鎮文職僚佐考》，頁105。
142 《舊唐書》卷7，頁136。

他的祖父房璩，任兵部郎中。不過他父親的官業已沒落，只官至淄州鄒
平(上縣)縣尉。由於他出身在這樣一個官宦家庭，所以他年少時可以用
他祖父高官的門蔭，進入高尚的弘文館讀書，「補弘文生及第」[143]。我
們前面見過，高宗時代文武雙全的裴行儉，正是「幼以門蔭補弘文生」。
弘文生多為皇親國戚子孫，較容易進入仕途。

　　然而，他後來的仕途卻不達，只做過四任官：

> 解褐，授右清道率府兵曹。次授鄭州滎澤縣〔望縣〕主簿。秩滿，
> 選授陸渾〔畿縣〕縣尉。自陸渾授於〔洪州〕武寧〔上縣〕〔縣
> 令〕[144]，凡四任，三居州縣，皆以清幹稱。以貞元十二年二月
> 十一日遇疾歿於武寧官舍，享年五十七。[145]

他「補弘文生及第」，應當比較年輕，約二十多歲就能起家做官。他五
十七歲死於「武寧官舍」，可證他當時還在洪州武寧縣令的任上。然而，
從二十多歲到五十七歲，這漫長的三十多年，他卻只做了寥寥四任官，
可知他許多時候其實並沒有官做，長期在歸隱守選。他的墓誌上說他「凡
四任，三居州縣，以清幹稱」。這個「清幹」評語當然只是墓誌上常見
的讚語套詞，不宜太認真看待。不過他在陸渾任縣主簿，倒是個畿縣官，
職望高尚，可惜他後來的官運不濟，沒能入朝，也沒能繼續高升，晚年

---

143 關於弘文館和弘文生的特殊地位，見李錦繡，〈唐代的弘文、崇文館生〉，
　　《唐代制度史略論稿》，頁240-254；劉海峰，《唐代教育與選舉綜論》，
　　頁71-72。

144 按唐代有兩個武寧縣：一屬山南東道萬州，是個中下縣，見《新唐書》卷
　　40，頁1030；另一屬江南西道洪州，是個上縣，見《新唐書》卷41，頁1068。
　　房從會的墓誌前題〈唐故洪州武寧縣令房府君墓誌記〉，可證他是在洪州
　　武寧任縣令。

145 《唐代墓誌彙編續集》，貞元039，頁761。

還只是個上縣的縣令。

房從會死後葬於河南府伊陽(今河南嵩縣西南舊縣鎮),這看來是他的祖籍地或生前的長居地。然而,即使像他這樣一位平凡的縣令,他還是得爲了做官遠行。其中鄭州滎澤(今河南鄭州市西北古滎鎮北)和河南陸渾(今河南嵩縣東北)還在他家鄉附近,但洪州武寧(今江西武寧縣)則遠在一千公里以外了。

(6)李公度(784-852,享年六十九,以上縣令終老)

李公度出身在官宦家庭:曾祖父爲汾州長史,祖父官至石州刺史,父親密縣令。他的墓誌〈唐潁州潁上縣令李府君墓誌銘并序〉這樣敘述他的出身和官歷:

> 貞元初,皇親陪位,制賜出身,歷尉宋之楚丘,汝之郟城〔緊縣〕、襄城〔望縣〕,洛之陽翟〔畿縣〕,皆以調授焉,未嘗干進。罷即還於郟城別業,與諸弟姪家居食蔬相煦,不交外物。[146]

「皇親陪位,制賜出身」指他以宿衛宮廷獲得出身,然後他接連在宋州楚丘、汝州郟城和襄城,以及洛州陽翟(後來屬許州)做了四任縣尉,最後他是在潁州潁上縣令的任上,「終於官舍,壽六十九」。他一生只做了五任官,而且全部都是縣官,從未回朝,也沒有高升,到晚年六十九歲還是個平凡的上縣縣令。

值得注意的是,他墓誌上說他任這些縣官,「皆以調授焉,未嘗干

---

146 《唐代墓誌彙編》,大中073,頁2305。唐史上還有一人也叫李公度,曾以京兆府奉先縣丞兼監察御史的身分出為與吐蕃會盟的判官,當是同名不同人,見《舊唐書》卷196下〈吐蕃傳〉,頁5264。又見本書第六章論〈判官〉。

進」，頗有一種自傲和得意。「調授」是指他去吏部參加銓選經常調獲官，不是靠干謁權貴得官。不過，也正因為他每任一官後都要赴選，他有不少時候恐怕是在守選歸隱，等待做官。

李公度墓誌最珍貴的一點，也是唐人墓誌中比較難得一見的，便是它有一段話，提到了他在守選期間的生活：「罷即還於郟城別業，與諸弟姪家居食蔬相煦，不交外物。」這段動人的敘事不但可以證明唐人罷官之後需要守選等待，而且還透露了唐人罷官後的若干生活細節。

第一，罷官守選期間他未必回到他的舊里，而可以選擇在他從前某個做過官的地方（如汝州郟城）過一種退隱生活。他也可能在某個做過官的地方置有「別業」。第二，唐人做官經常有家屬親戚來相依，甚至在不做官守選期間都可能還有不少家口之累，例如李公度罷官後還是跟他「諸弟姪」住在一起。他這時沒有官俸收入，生活可能比較清苦，所以他們要「食蔬相煦」，頗有一種相依為命的味道，過一種簡樸的隱居生活，「不交外物」。

李公度死於潁上「官舍」後，便由他的孤子等人，「護喪歸于舊里」，安葬在「河南縣金谷鄉焦古里先塋之右」。看來他的「舊里」在洛陽。他做官所到過的五個地方：宋州楚丘（今山東曹縣東南）、汝州郟城（今河南郟縣）和襄城（今河南襄城縣）、洛州陽翟（今河南禹州市西北），以及潁州潁上（今安徽潁上縣），在唐代都屬河南道，離他的舊里還不算太遠。

七、唐前後期的中下縣令

前面我們見過，嶺南節度使盧鈞，在開成五年（840）十一月的一篇奏文中，曾經這樣形容嶺南地區的州縣官員：

臣當管二十五州，唯韶、廣兩州官寮，每年吏部選授，道途遙
遠，瘴癘交侵，選人若家事任持，身名真實，孰不自負，無由
肯來。更以俸入單微，每歲號為比遠。若非下司貧弱令史，即
是遠處無能之流，比及到官，皆有積債，十中無一肯識廉恥。
147

嶺南的縣，大多爲偏荒的中下縣。據盧鈞說，「道途遙遠，瘴癘交侵」，
少人肯去，以致肯去的「若非下司貧弱令史，即是遠處無能之流」。他
們爲了到嶺南做官，借錢舉債才能成行，所以「比及到官，皆有積債」，
到任後便可能會有貪汙等行爲，「十中無一肯識廉恥」。這是一段非常
負面的描寫，但盧鈞所言，是他的親身見聞，應當也含有幾分真實。我
們不妨當作一種參照。

　　至於墓誌中所見的唐代中下縣的縣令，是否都像盧鈞所說的那樣
呢？有幾點值得討論。

　　第一，現傳世的唐人墓誌中所能見到的縣令，絕大多數是赤、畿、
望、緊和上縣的縣令，很少是中下縣的縣令。那些中上等級的縣令，可
能因爲職望高，經濟條件好，死後又有歸葬兩京(特別是洛陽)的習俗，
所以在後世出土的墓誌中留下比較多的材料。因此，限於墓誌材料短
缺，我們對中下縣令所知其實相當有限。他們的墓誌，一般也都寫得比
中等或上等縣令的簡略，部分原因也正是他們的生平事跡和官歷，往往
不及中等或上等縣令的那樣豐富、多姿多彩，所以沒有多少事可以陳述。

　　第二，墓誌是一種「頌德」的文體，一般都會爲死者諱，所以盧鈞
所說「十中無一肯識廉恥」這種事，便絕對無法在墓誌中得到證實。這
是墓誌的「先天限制」。

---

147 《唐會要》卷75，頁1624。

然而，現傳世的唐代中下縣令墓誌，雖然只有寥寥數篇，卻也彌足珍貴，至少可以讓我們從另一個角度，窺見這些下層縣令的若干細節，或可補充或修正盧鈞奏文中所呈現的負面形象。下面擬選擇唐代前後期幾個中下縣令的墓誌，略考一二，以見其一斑。

（1）管均（590-666，享年六十九，以中縣令終老）

這位縣令的墓誌前題〈大唐故綿州萬安縣令管府君之墓誌〉，有墓誌蓋題〈管府君銘〉。通篇誌文極爲簡短，不到一百字，值得全引：

> 公諱均，城陽人也。乾封元年〔666〕正月十二日遘疾，薨於私第，春秋六十有九。以調露元年〔679〕十月十四日，息弘福寺僧嗣泰收骨起塔於終南山鷗鳴埠禪師林左。[148]

這篇墓誌有幾點特色，是唐代中下縣令墓誌中所常見的。

第一，它完全沒有提到管均的家世。我們不知道他是否像上引許多中等或上等縣令那樣，出生在一個官宦之家。但看來他父親、祖父和祖上幾代都不是做官的，否則他的墓誌不可能遺漏這些官歷。

第二，誌主似乎一生只做了一任官：即誌文前題的「綿州萬安縣令」。綿州萬安縣治所在今四川德陽市東北羅江鎮，在天寶元年改爲羅江縣。誌文仍用舊稱「綿州萬安」是符合時代的。據《新唐書・地理志》，這是個「中」縣[149]。

我們下面將見到，唐代中下縣令往往和這位管均在某些方面有點相似。第一是他們可能並非出生於一個官宦家庭。但即使生在一個官宦之

---

148 《唐代墓誌彙編》，調露011，頁659。
149 《新唐書》卷42，頁1089。

家，那麼他們的父親、祖父，甚至曾祖父，生前所任的官也只是縣尉、縣丞、縣令、參軍這些屬於中下層的州縣官，從未入朝或任高官。第二是他們一生中往往可能只做了一到二任官而已，比望緊上縣令的三到五任官還要少。當然，這只是大略情況，並非每個中下縣令都如此。例外的細節將在下面逐一舉證。

（2）張仁（616-677，享年六十二，以中縣令終老）

張仁一生所做過的官非常少，只有兩任，符合以上所說中下縣令的仕歷特徵。他的墓誌上說：

> 爰自弱齡，光茲筮仕，解褐任太倉丞，秩滿，遷辰州辰溪〔中縣〕縣令。……以儀鳳二年〔677〕八月十日春秋六十有二，卒於辰州辰溪縣官第。以調露元年〔679〕十月廿三日葬于高陽原。[150]

太倉是唐長安附近渭河邊上的一座巨大糧倉。《新唐書‧食貨志》說：「江船不入汴，汴船不入河，河船不入渭；江南之運積揚州，汴河之運積河陰，河船之運積渭口，渭船之運入太倉。歲轉粟百一十萬石，無升斗溺者。」[151] 張仁「弱齡」釋褐時就是在這個太倉任一個管理存糧的丞（八品官）。

我們不知他何時接任辰州辰溪縣令。他墓誌上說他「秩滿，遷辰州辰溪縣令」，看起來似乎他年輕時任太倉丞秩滿後即馬上遷辰州辰溪縣令。但事實上恐怕不是如此。他應當是到晚年才就任辰溪縣令，因為他

---

150 《唐代墓誌彙編》，調露017，頁663。
151 《新唐書》卷53，頁1368。

是「卒於辰州辰溪官第」的，可證他晚年才到辰溪縣。換句話說，他年輕時任太倉丞，年老時才補上辰溪縣令，中間有一大段長時間其實並沒有官做。辰州辰溪縣即今湖南辰溪縣，至今仍然是個少數民族地區。

墓誌上沒有說明張仁是以何色出身，但倒是記錄了他的曾祖官至「隋貝州清河縣令」；祖父「沙州錄事參軍」，全都屬於中下層的州縣官。他父親則「不希榮祿」，「恥從州縣之職」。但這恐怕是墓誌撰者比較好聽的「遁詞」。事實上很可能是他父親一直沒有辦法選上官做。看來，張仁生長在一個家道中落的州縣官家庭。他自己一生也就只任官二政，仕歷平淡無奇，是個平凡的下層縣令。

(3)**王師協**(生卒年不詳，享年六十七，679年和妻子合葬，以下縣令終老)

王師協的家世非常良好。他是北齊「太尉文憲公之六代孫」（文憲公即著名的王儉）；曾祖父任陳朝的侍中；祖父為陳朝的太子洗馬；父親唐朝房州司倉。他的出身也很不錯。據他的墓誌說，他「弱冠明經，射策高第，授江州江陰縣尉，時年廿三」[152]。如此好的家世，又是明經，而且在廿三歲這麼年輕就有官做，可說是非常良好的開端，原本應當是仕途無量的。可惜，他後來的官運不濟。

王師協的個案比較特別，算是例外，但也正好可以讓我們考察，何以一個像他那樣仕宦條件原本很不錯的人，最後卻只能以一個上縣令收場。他的墓誌這樣敘寫他任滿江州江陰縣尉之後的經歷：

> 秩滿，丁外憂。……服闋，轉邛州依政〔上縣〕主簿。合縣寮案，悉緣公坐，乃貶授廣州南海〔上縣〕縣尉，調補韶州樂昌〔下縣〕

---

152 《唐代墓誌彙編續集》，神功002，頁357。

縣令。

原來，他是因為被貶官而沉淪宦海，最後只能以一個上縣令終老。韶州樂昌縣即今廣東樂昌市。

不過值得安慰的是，王師協還有一個最高一轉的勳官銜「上柱國」。這是他在嶺南董「循、韶二州兵」，平定寇亂而得到的。

王師協這個案例，說明了唐代中下縣的縣令，雖然大多沒有功名科第，但也有例外的情況。比如這位王師協，家世好，有明經出身，卻因為貶官而淪為下縣的縣令。這跟詩人柳宗元，雖然家世好，又是進士出身，卻因參與王叔文黨，最後只能以最下層的下州(柳州)刺史終老一樣。

(4)韋行懿（680年遷葬，年壽不詳，下縣令）

韋行懿的墓誌非常簡略，完全沒有提到他的父親、祖父和祖上幾代以及他們的官歷。看來他不是出生在一個官宦之家。他自己的官歷在誌文中也沒有交代。我們只能從他墓誌的標題〈唐故藤州感義縣令韋府君墓誌文并序〉[153]，知道他曾經任過縣令，而且看來這是他唯一的一任官。

藤州感義即今廣西藤縣西北，屬偏遠的嶺南道，是個下縣，至今仍然是個少數民族地區。韋行懿死後曾經遷葬於洛陽，或許那才是他的故里。他跑到那麼遙遠的南方去做一個下縣的縣令，極可能是因為他的仕宦條件不佳，沒有選擇的餘地。

(5)李丕（725-787，享年六十三，以中縣令終老）

李丕的曾祖父任宣州司功參軍；祖父任汴州陳留縣丞；父親為許州鄢陵縣令。這些也全都是中下層的州縣官。

---

153 《唐代墓誌彙編》，開元316，頁1375。

李丕的墓誌沒有提到他是以何色出身,但如此記載他如何得到他的第一任官以及他後來的仕歷:

> 公洒然深心,抱義育德,士林咸器重之,乃昌言薦於元戎,遂徵辟為潞縣丞。後墨綬長豐......俄改任莫州司法參軍。[154]

潞縣屬幽州,即今北京市通縣東,是個中縣。從「昌言薦於元戎,遂辟為潞縣丞」這句話看來,李丕是受薦於某節度使(「元戎」),應當即幽州節度使,因而被「辟」為潞縣丞。「辟」是幕府自行聘人的典型用語。

幕府辟人,一般辟為自己幕府的僚佐,如巡官、推官、掌書記和判官等幕職。這也是我們最熟悉的幕府制度[155]。但學界比較不熟悉,而且至今還沒有人去詳細研究的,就是幕府不但可以辟自己幕府的僚佐,它甚至還可以辟人出任它屬下州縣的官員。唐代的州縣官,一般都由中央委派。但唐後期某些方鎮幕府,特別是河北三鎮,亦經常自辟州縣官員,頗奪中央之權力。李丕被「徵辟為潞縣丞」就是一個好例子,也是中晚唐士人進入仕途的辦法之一。

李丕墓誌中所說的「墨綬長豐」,指的是李丕被委任為莫州長豐縣令。他的墓誌前題「故莫州長豐縣令李君墓誌銘并序」可證。莫州長豐即今河北任丘市東北長豐鎮,是個中縣。這地方離李丕第一任官的所在地幽州潞縣不算太遠,大約只有二百公里。

「墨綬」通常指非正式、不經朝廷任命的授官。所以李丕「墨綬長豐」,即意味著他這個縣令官,很可能也是由幽州節度使所「辟」,並

---

154 《唐代墓誌彙編》,貞元015,頁1847。
155 詳見石雲濤,《唐代幕府制度研究》。

非由中央委派。

李丕最後任莫州司法參軍。莫州的治所在今河北唐興,離長豐只有大約五十公里。由此看來,李丕一生做了三任官,都屬州縣官,而且都在幽州節度使的管區內。比較奇怪的是,他的墓誌前面所題的官銜只是「莫州長豐縣令」,沒有提及他的最後一任官莫州司法參軍。

李丕的墓誌說他「卒於幽州潞縣」,也就是在他做第一任官的所屬縣。看來,他很可能因為從前在潞縣當過縣尉,而在那裡購置了產業。於是他晚年也就回到那裡終老。

(6)李蕚(?-809,年壽不詳,官至中縣令)

李蕚生在一個州縣官的家庭:他的曾祖父、祖父和父親都當過縣令,相當典型。我們不知道他是否有功名科第,但他的墓誌上說他「詣闕進獻,以功授澧州慈利縣令」[156]。這也是他一生所任的唯一一任官。澧州慈利縣是個中縣,即今湖南慈利縣。

他的墓誌上只說他「以元和四年六月廿二日終」,沒有說他享壽若干。他有可能是未及老年即去世。不過,正如前面所說,縣令為親民之官,需要比較豐富的人生歷練,一般不會授給年輕人。所以李蕚任慈利縣令,應當也在中年左右。由此看來,他到中年只做了一任官,仕途可說並不暢達。

他死後葬於河南府密縣(今河南新密市)。

限於材料短缺,我們對中下縣令所知實在遠不如其他等級的縣令那麼多。以上只能就六位中下縣令的墓誌略作討論,其中四個在唐前期,兩個在唐後期。綜合墓誌中所見,唐代中下縣令最大的特徵,就是他們任官次數非常之少,常常只有一二任,一生大部分時間恐怕都處在等待

---

156 《唐代墓誌彙編》,大和017,頁2108。

做官的狀態,比起望緊和上縣縣令的平均五任官還要少。一般而言,他們的仕途可以說並不暢達,官業並不得意。

其次,他們當中有些並非出自官宦家庭。即使出生在官宦之家的,他們的父親、祖父或曾祖父,所任的官也往往只是中下層的州縣官而已,並非朝中高官。這點有兩個含意。第一,這意味著這些州縣官家庭的地位一般上都不高。第二,這表示唐代州縣官的家庭,他們的下一代很可能也會繼承「祖業」,繼續做州縣官。

八、「攝」縣令和地方長官自辟的州縣官

現藏台北故宮博物院的一件唐代告身〈朱巨川告身〉,其開頭部分記錄了朱巨川(725-783)被任命的官職:

> 睦州錄事參軍朱巨川
> 右可試大理評事兼豪州鍾離縣令[157]

這官銜本身便頗不尋常。爲甚麼一個縣令又會掛一個「試大理評事」的官銜?這是其他一般縣令所沒有的。我們知道,幕府的基層幕佐如巡官、推官和掌書記等,常常會有「試大理評事」、「試校書郎」、「試大理司直」這樣的「試」銜[158]。但朱巨川並非幕佐,而是縣令。爲何他也有這樣的「試」銜?大理評事是唐京城大理寺中的一個八品官,「掌

---

157 詳見台北故宮博物院網站上的〈朱巨川告身〉彩色照片,網址:http://www.npm.gov.tw/exh92/treasure/chinese/selection-main-1.htm 此告身影印件,也收在《故宮法書全集》(台北:故宮博物院,1974),第2卷,頁23-33,以及《故宮書畫菁華特輯》(台北:故宮博物院,1996),頁24-25。
158 詳見拙書《唐代基層文官》,頁317-340論「幕佐的官銜」一節。

出使推覈」[159]。那麼朱巨川到底是在京城當大理評事,還是在豪(元和三年改爲「濠」)州鍾離(今安徽鳳陽縣)當縣令?爲甚麼一個縣令要帶這樣的京銜?「試」的含意又是甚麼?[160]

說穿了,朱巨川當時並不是唐代一般普通的正規縣令,不是中央朝廷任命的,而是一個被當地長官所「辟署」的縣令。這種縣令和相關的州縣官在中晚唐相當普遍,在墓誌中尤其常見。這裡略加討論,以釐清中晚唐地方行政的若干現象[161]。同時,朱巨川當年的任命文書今仍傳世,也爲我們的論述提供了一個生動、具體的案例。

朱巨川在兩《唐書》中無傳,但他的官歷顯赫,最後官至相當不錯的中書舍人高官,所以在他死後,他的朋友李紓給他寫過神道碑曰〈故中書舍人吳郡朱府君神道碑〉。碑文這樣記載他的出身和他的官歷:

> 年二十明經擢第。……御史大夫李季卿實舉賢能,授左衛率府兵曹參軍。戶部尚書劉晏精求文吏,改睦州錄事參軍。濠州獨孤及懸託文契,舉授鍾離〔上縣〕縣令兼大理評事。[162]

---

159 《舊唐書》卷44,頁1884。

160 大庭脩,《唐告身と日本古代の位階制》(伊勢:皇學館出版部,2003),對唐代告身的「古文書學」有極詳細的研究。書中頁103-110及頁293-297等處亦論及這件大曆三年的朱巨川告身,但對朱巨川的官銜及其「試」銜的含意,卻沒有討論。

161 學界過去對攝官的研究不多,比較重要的論述見陳志堅,《唐代州郡制度研究》,頁85-97論「州縣官中的差遣職」一節,以及石雲濤,《唐代幕府制度研究》,頁339-343論「兼攝州郡縣官」一節。李方,《唐西州行政體制考論》,頁123-170,則論及邊陸西州地區的特殊攝官情況。韓國學者鄭炳俊著有〈唐代藩鎮州縣官的任用〉,《東洋史學研究》(韓國),第54輯(1996),頁1-33以及〈唐代的南選和藩鎮任用州縣官〉,《金文經教授停年退任紀念東亞史論叢》(漢城:慧眼,1996),也跟這課題有關。

162 《全唐文》卷395,頁4019-4020。

這是一段特殊的官歷，有些地方涉及唐代刺史或使府辟人和使府複雜的幕府官銜制度，稍嫌「晦澀」，需要解讀。

據李紓寫的這篇神道碑，朱巨川死於「建中三年」（783），「遘疾終於上都勝業里私第，春秋五十有九」，則他當生於開元十三年（725）。他二十歲考中明經，當是天寶四載（745）。「御史大夫李季卿實舉賢能，授左衛率府兵曹參軍」這件事，發生在安史亂末的代宗廣德（763-764）中，當時李季卿正以御史大夫的身分為江淮宣撫使[163]。這時朱巨川已經三十九歲左右，才得到他的第一個官銜「左衛率府兵曹參軍」。他二十歲考中明經，到三十九歲才有官做，足足等待了十九年之久。

筆者懷疑，朱巨川這個「左衛率府兵曹參軍」恐怕跟他後來的「試大理評事」一樣，也只是個「試」銜而已。他其實並未到長安京城任此京官，很可能只是出任江淮宣撫使李季卿的一個幕佐，幕職不詳，但或許是巡官或推官等職。李季卿於是替他奏授了一個「試左衛率府兵曹參軍」的官銜。唐中葉以後使府僚佐有許多都帶有「左衛率府兵曹參軍」這樣的試銜，但墓誌和史書經常省略這個「試」字。果真如此，則朱巨川後來被劉晏賞識，接下來的兩任官又都在江淮，也就更合情合理。他是更後來才回到朝中任左補闕內供奉，最後官至中書舍人。

「戶部尚書劉晏精求文吏，改睦州錄事參軍」這一句，指的是唐代理財專家劉晏在大曆元年（766）「充東都京畿、河南、淮南、江南東西道、湖南、荊南、山南東道轉運、常平、鑄錢、鹽鐵等使」[164]事，權勢

---

163 見《舊唐書》卷104〈孔巢父傳〉，頁4095：「廣德中，李季卿為江淮宣撫使，薦巢父，授左衛兵曹參軍。」孔巢父這個「左衛兵曹參軍」應當也是個「試」銜，但史書省略了「試」字。他應當是以「試左衛兵曹參軍」的官銜在李季卿的江淮宣撫使府中任職。朱巨川應當也是如此，而且當時很可能跟孔巢父為同僚。

164 《舊唐書》卷11〈代宗紀〉，頁282。

很大，辟朱巨川爲「睦州錄事參軍」。睦州屬江南東道，就在劉晏的管
區內。這件事可以證明，唐代的鹽鐵轉運使，也跟節度使或觀察使一樣，
有「辟署」自己班底的權力。劉晏就是因爲「精求文吏」，所以才辟朱
巨川爲「睦州錄事參軍」。

濠州刺史獨孤及「舉授」朱巨川爲鍾離縣令，是在大曆四年（769）。
這時朱巨川已經擔任睦州錄事參軍約三、四年，其時年約四十五歲。值
得注意的是，獨孤及當時只是一個刺史，不是節度使（他從來也沒有任
過節度使），可是他卻和節度使一樣，可以「舉授」朱巨川爲他的鍾離
縣令。

這種「舉授」，也就是中晚唐詔敕中常提到的「奏州縣官」事。例
如，蕭宗〈申戒刺史考察縣令詔〉所說「比來刺史之任，皆先奏州縣官
屬」[165]，又如大和元年〈請定諸道奏補及致仕章服等例奏〉所謂「諸道
應奏州縣官銜、散、試官，及無出身人幕府遷授致仕官」[166]，指的便是
刺史或節度使等使府，自行辟署州縣官事。

任命州縣官，原本是朝廷的權力，但在中晚唐，卻有不少方鎭，甚
至像鹽鐵使如劉晏和刺史如獨孤及等人，都可以自行委任州縣官，再奏
請朝廷批准，並請朝廷授予這些州縣官一個朝銜（或稱京銜）。

於是，朱巨川便獲得「試大理評事兼濠州鍾離縣令」這樣一個特殊
的官銜。他的實際任務是在鍾離縣任縣令，不是在京城任大理評事。這
個京銜只是個秩階的所謂「虛銜」，所以前面有一個「試」字，以示分
別。不過，唐代史料經常省略這個「試」字。比如朱巨川的神道碑文，
便只說是「舉授鍾離縣令兼大理評事」，略去「試」字。現代讀者若不
明其中奧妙，很可能會誤以爲朱巨川任鍾離縣令，又同時在京城兼任大

165　《全唐文》卷43，頁474。
166　《全唐文》卷965，頁10027。

理評事。

　　這種由方鎮使府所辟的縣令，和朝廷任命的正規縣令不同，所以又常稱爲「攝某某縣令」，以示其「假攝」、「權充」等意，前文已經引用過一些例子。但朱巨川的告身上並未說他是「攝縣令」，這又應當怎麼解釋呢？

　　事實上，《通典》在論及採訪使和節度使自辟僚佐時，有一段話，頗富啓發性：

> 皆使自辟召，然後上聞。其未奉報者稱攝。其節度、防禦等使
> 僚佐辟奏之例，亦如之。[167]

換言之，在地方長官自辟僚佐的場合（不管是幕府官還是州縣官），「其未奉報者稱攝」。這可以解釋中晚唐這些由地方長官自辟的州縣官，爲甚麼有些稱「攝」某某縣的縣令，或「攝」某某縣的縣尉，但有些又不帶「攝」字眼，如朱巨川此例。原因在於朱巨川屬於已經「奉報」者。朝廷因此不但頒給他告身，還加給他「試大理評事」的試銜，他便不再稱爲「攝」縣令。[168]

　　關於唐代這種由地方長官辟署的州縣官，筆者已有一長文討論[169]，

---

167 《通典》卷32，頁890。

168 不過，《通典》這種說法恐怕也只是一般通則，並非嚴格遵行。在唐代某些石刻題名上，比如在著名的〈趙州刺史何公德政碑〉上，就有一些這類州縣官，明顯已經「奉報」（因為他們已擁有朝廷所頒的各種試銜），但他們的正式官銜上依然還是帶有一個「攝」字。見《八瓊室金石補正》（北京：文物出版社，1984年縮印本）卷63，頁29-31。

169 見拙文〈論唐代的州縣「攝」官〉，《唐史論叢》，第9輯，杜文玉主編（西安：三秦出版社，2007），頁66-86。又見鄭炳俊，〈唐代藩鎮의州縣官任用〉，《東洋史學研究》（韓國），第54輯（1996），頁1-33。

這裡不擬贅論。簡言之，唐後半期許多州縣的州縣官（包括縣令），經常由地方長官自辟的僚佐取代，不再由中央朝廷委任，而且這種「不正規」的做法非常通行，盛行的地區極廣。不單河北跋扈的三鎮和嶺南、黔中等南方邊區有這一類州縣官，甚至連河東潞澤、關內邠坊、涇原等地都有這些非正規的官員。這種地方長官自辟州縣官的制度，可以讓我們更深入了解唐後期地方行政的真貌，也反映了中央朝廷在中晚唐真正能控制的州縣，主要集中在東西兩京赤畿地區、以及汴河及大運河流域的江南地區。

九、唐後期縣令主要職務的側面觀察

貞元十九年（803）的冬天，韓愈被貶為陽山縣令。他到任後不久，有一位南海書生區冊「拏舟而來」探望他。區生走時，韓愈給他寫了一篇很有名的古文叫〈送區冊序〉，一開頭就很生動地寫到他當初抵達陽山縣時的情景。本章前面引過一次。這裡且引一段和唐後期縣令職掌最有關連的部分：

> 陽山，天下之窮處也。……始至言語不通，畫地為字，然後可告以出租賦，奉期約。[170]

這實在是一個很典型的縮影：寫出了唐代一個縣令，初抵一個異鄉當官的困苦、不適和他的首要急務。對他來說，當地人皆「鳥言」，「語言不通」，所以他只好「畫地為字」，然後才得以履行唐代縣令最重要的一件職務：「告以出租賦，奉期約」。

---

170 《韓昌黎文集校注》卷4，頁266。

陽山是「天下之窮處」。但即使在這樣一個「窮處」，即使像韓愈
這樣一個具有理想主義色彩的儒者官僚，他一到達那裡，第一件事竟然
還是要以「畫地爲字」的方式，告訴當地老百姓他們得「出租賦」，而
且還得按照「期約」來交稅。然而，這一切看來又是那麼理所當然，那
麼務實而有效率。由此可見，唐代縣令「當務之急」，他縣官生涯中最
重要的一件事，應當就是像韓愈那樣如期收「租賦」上繳州府，而不是
「掌導風化」、「撫字愛民」等等不著邊際的理想。

《唐六典》和兩《唐書》職官志都對唐代縣令的職掌有所描寫，詳
略不一，但從韓愈此文的觀點來看，這些官式的職掌描寫不免讓人覺得
它們太過於理想化，甚至有些僵化。且看《新唐書・百官志》的說法：

> 縣令掌導風化，察冤滯，聽獄訟。凡民田收授，縣令給之。每
> 歲季冬，行鄉飲酒禮。籍帳、傳驛、倉庫、盜賊、隄道，雖有
> 專官，皆通知。[171]

這裡反而沒有提到縣令須如期收稅的要事，不能不說是一大缺失。要
之，職官書中所列的這種職掌，大抵都是所謂「理想式」的，規範式的，
意即規定唐代縣令「應當」做的事，比如應當「導風化，察冤滯，聽獄
訟」等等，但在現實世界中，縣令的真正職掌可能不是如此，而是更複
雜，也更有彈性的。這種「理想式」的職掌描寫，未必能反映歷史真貌，
不宜太認真看待，只能聊供參考[172]。故本節從另一「側面」來觀察唐代

---

171 《新唐書》卷39下，頁1319。
172 《唐六典》卷30，頁753如此描寫縣令的職掌：「京畿及天下諸縣令之職，
皆掌導揚風化，撫字黎氓，敦四人之業，崇五土之利，養鰥寡，恤孤窮，
審察冤屈，躬親獄訟，務知百姓之疾苦。所管之戶，量其資產，類其強弱，
定為九等。其戶皆三年一定，以入籍帳。若五九、十九、四十九、五十九、

縣令的職務。

我們與其從這些「理想式」的職掌描寫去認識唐代縣令,不如從考課的角度看,應當更能看得透徹。例如,代宗的〈改元永泰元年赦文〉,涉及刺史和縣令的「課效」:

> 刺史縣令,與朕分憂。……有能招輯逃亡,平均賦稅,增多戶口,廣闢田疇,清節有聞,課效尤著者,宜委所在節度觀察具名聞奏,即令按覆,超資擢授。[173]

這裡所寫的刺史和縣令職務,便務實多了。所謂「招輯逃亡,平均賦稅,增多戶口」,其實全都跟收稅有關。這一點在李渤的一篇奏文中最能清楚見到:

（續）

七十九、八十九。三疾謂殘疾、廢疾、篤疾。及中、丁多少,貧富強弱,蟲霜旱潦,年收耗實,過貌形狀及差科簿,皆親自注定,務均齊焉。若應收授之田,皆起十月,里正勘造簿曆;十一月,縣令親自給授,十二月內畢。至於課役之先後,訴訟之曲直,必盡其情理。每歲季冬之月,行鄉飲酒之禮,六十已上坐堂上,五十已下立侍於堂下,使人知尊卑長幼之節。若籍帳、傳驛、倉庫、盜賊、河隄、道路,雖有專當官,皆縣令兼綜焉。」有學者認為,這是對縣令職責「相當具體的規定」,不是「理想式」的。然而,筆者認為,《唐六典》的這段規定,「具體」沒錯,但其實還是「理想式」的。換句話說,唐朝廷在這裡是希望一個「理想」的縣令,能達到這些具體的規定。可是,在現實生活中,縣令恐怕不是處處都遵從這種規定來辦事。許多時候他可能也達不到這種「理想」。所以,探討縣令（或其他官員）的職掌,我們固然要先看看典志上這些「理想式」的規定,但更重要的是,我們還要細察「實例」,從實際的個案去細觀縣令到底在做些甚麼事。這樣的觀察遠比純粹討論「僵化」的、「理想式」的法定條規,來得更生動有趣。「實例」往往也會和典志上的理想規定不符。這是筆者研究唐代職官,在方法上的一大原則。

173 《全唐文》卷49,頁543-544。

時皇甫鎛作相，剝下希旨。會澤潞節度使郗士美卒，〔李〕渤
充弔祭使，路次陝西，渤上疏曰：「臣出使經行，歷求利病。
竊知渭南縣長源鄉本有四百戶，今纔一百餘戶，閺鄉縣本有三
千戶，今纔有一千戶，其他州縣大約相似。訪尋積弊，始自均
攤逃戶。凡十家之內，大半逃亡，亦須五家攤稅。似投石井中，
非到底不止。攤逃之弊，苛虐如斯，此皆聚斂之臣剝下媚上，
唯思竭澤，不慮無魚。乞降詔書，絕攤逃之弊。其逃亡戶以其
家產錢數為定，徵有所欠，乞降特恩免之。計不數年，人必歸
於農矣。夫農者，國之本，本立然後可以議太平。若不由茲，
而云太平者，謬矣。」[174]

戶口增多，收稅自然增加；戶口逃亡，收稅減少，而且還有「攤逃」、
「攤稅」、「攤配」之弊。元稹任同州刺史時，他在一篇奏文〈論當州
朝邑等三縣代納夏陽韓城兩縣率錢狀〉中，便提到他管內幾個縣的這種
「攤配」做法：

右，准元和十三年敕。緣夏陽、韓城兩縣殘破，量減逃戶率稅，
每年攤配朝邑、澄城、郃陽三縣代納錢六百七十九貫九百二十
一文，斛斗三千一百五十二碩一斗三升三合，草九千九束，零
並不計。……[175]

《唐會要》亦載：

---

174 《舊唐書》卷171，頁4438。
175 《元稹集》卷39，頁438。

大和三年，興元府奏：「通州元管九縣，寶歷二年停廢。伏緣
本府租稅最重，開州獨稱殷羨。請割巴、渠州見管三縣內攤配。」
從之。[176]

此之所以在州刺史和縣令的考課中，戶口多寡是一項重要的評量標
準。例如，貞元四年的敕文：

戶口增加，刺史加階，縣令減選，優與處分。[177]

再如會昌六年更詳細的考課和賞罰規定：

自今已後，縣令非因災旱，交割之時，失走二百戶以上者，殿
一選。三百戶已上者，書下考，殿兩選。如增加二百戶以上者，
減一選。五百戶以上者，書上考，減兩選。可減者優與進改。[178]

「殿一選」是增加縣令的守選年歲一年，是一種懲罰。「減選」則是獎
勵。

唐代「課最居首」的縣令，甚至還可以得到皇帝所賜的慰勞制書，
例如景龍元年(707)中宗的〈褒盧正道〉：

皇帝問洛州滎陽縣令盧正道。卿才行早著，清白有聞。夙夜在
公，課最居首。使車昇獎，朕甚嘉之。今贈卿祿秩，以褒善政。

---

176 《唐會要》卷71，頁1501。
177 《唐會要》卷69，頁1442。
178 《唐會要》卷69，頁1445。

> 勉勗終始，無替嘉聲。[179]

這位盧正道，約於開元十四年（726）官至鄂州刺史[180]。李邕爲他寫過〈中大夫上柱國鄂州刺史盧府君神道碑〉，可惜碑文闕字太多，不可卒讀[181]。

綜上所考，唐後期縣令最重要的工作，莫過於收稅和相關的戶口管理[182]。因此，一個好的縣令，甚至大可運用柔性的撫民措施來達到收稅的終極目的，而不是採取高壓手段來對待老百姓。這正是潤州延陵縣令李封所用的好辦法：

> 李封爲延陵令，吏人有罪，不加杖罰，但令裹碧頭巾以辱之。
> 隨所犯輕重，以日數爲等級，日滿乃釋。吳人著此服出入，州
> 鄉以爲大恥，皆相勸勵，無敢僭違。賦稅常先諸縣。既去官，
> 竟不捶一人。[183]

延陵縣的賦稅之所以「常先諸縣」，正因爲「吏人有罪」，縣令「不加

---

179 《全唐文》卷17，頁204。此制書有刻石，見《金石萃編》卷68，頁13；拓本見《北京圖書館藏中國歷代石刻拓本匯編》，第20冊，頁57。中村裕一，《唐代王言研究》（東京：汲古書院，2003），頁73，也論及此制書，認爲《金石萃編》和《北京圖書館藏中國歷代石刻拓本匯編》把它題爲〈盧正道敕〉不妥，應當題爲〈賜盧正道慰勞制書〉爲是。

180 《唐刺史考全編》卷164，第4冊，頁2376。

181 見《全唐文》卷265，頁2686。

182 關於唐代的賦稅，論著繁多，不俱引。近年主要論著有李錦繡，《唐代財政史稿》；船越泰次，《兩稅法研究》（東京：汲古書院，1996）；陳明光，《唐代財政史新編》（北京：中國財政經濟出版社，1991年初版，1999年增訂版）；李志賢，《楊炎及其兩稅法研究》（北京：中國社會科學出版社，2002）。

183 《封氏聞見記校注》卷九，頁88。又收在《唐語林校證》卷1，頁60。

杖罰，但令裹碧頭巾以辱之」而已。這樣縣民反而更能守法，如期交稅，甚至比其他縣提早完稅。

唐代縣令不但得負責收稅，而且還得如期完成。上引韓愈〈送區冊序〉中所說的「奉期約」三字，其實大有深意，不可忽視。《舊唐書·盧坦傳》就有一個生動的案例：

> 〔盧坦〕後為壽安令。時河南尹徵賦限窮，而縣人訴以機織未就，坦請延十日，府不許。坦令戶人但織而輸，勿顧限也，違之不過罰令俸耳。既成而輸，坦亦坐罰，由是知名。[184]

縣民延遲交稅，縣令甚至還會遭到「罰俸」處分。從盧坦、韓愈和李封的這些事跡看來，賦稅始終是唐代縣令(特別是唐後期)最關心的一件事。這跟唐後期財政管理體制的變化有很大的關係。

除了收稅，唐代縣令的職務還有哪些？

如上所說，《唐六典》和兩《唐書》職官志都對縣令的職掌有所描述，但卻是一種「理想化」、「規範式」的寫法。其中「掌導風化」云云更有些不著邊際。但如果我們再從考課的角度來觀察唐代縣令的職掌，應當可以看得更真切，更具體。例如，大中六年(852)七月考功的一篇奏文說：

> 又准〈考課令〉：凡官人申考狀，不得過兩紙。刺史縣令，至於賦稅畢集[185]，判斷不滯，戶口無逃散，田畝守常額，差科均

---

184 《舊唐書》卷153，頁4092。
185 這一句在馬端臨的《文獻通考》卷39，頁374，引作「如賦稅畢集」，文意似更清楚。

平，廨宇修飾，館驛如法，道路開通，如此之類，皆是尋常職
分，不合計課。自今後，但云所勾當常行公事，並無敗闕，即
得准職分無失。[186]

這裡引用一條唐代的〈考課令〉[187]，提到唐代刺史縣令的「尋常職分」，
不外乎「賦稅畢集，判斷不滯，戶口無逃散，田畝守常額，差科均平，
廨宇修飾，館驛如法，道路開通」。今後的考課，只要這些「常行公事，
並無敗闕，即得准職分無失」。這是非常具體的考課辦法，也讓我們得
以見到唐代刺史和縣令平日所做究竟為何事。其中排在首位的，依然是
「賦稅」，第二是「判斷」，即審理法案。差科、廨宇、館驛和道路等
事則又次之。[188]

　　至於「導風化」等縣令所行的善舉，在唐史上亦非沒有。例如，馮
伉出任醴泉縣令時，便曾有如下舉動：

186 《唐會要》卷82，頁1787-1788；《冊府元龜：校訂本》卷636，頁7353。

187 唐代的「律」，有《唐律疏議》傳世，但唐代的「令」，卻沒有完整傳世。
　　仁井田陞輯有《唐令拾遺》（東京：東方文化學院東京研究所，1933）。中
　　文本見栗勁等編譯《唐令拾遺》（長春：長春出版社，1989），亦收這條〈考
　　課令〉，見此書頁244的考證。

188 唐代的考課已有學者詳細的研究，所以本章不擬再贅論縣令的考課。近年
　　最周全的研究是黃清連，〈唐代的文官考課制度〉，《中央研究院歷史語
　　言研究所集刊》，第55本第1分(1984)。又見鄧小南，《課級‧資格‧考察：
　　唐宋文官考核制度側談》（鄭州：大象出版社，1997）；李方，〈唐代考課
　　制度拾遺──敦煌吐魯番考課文書考釋〉，《98法門寺唐文化國際學術討
　　論會論文集》，韓金科編（西安：陝西人民出版社，2000），頁557-568；曾
　　一民.，《唐代考課制度研究》（台北：商務印書館，1978）。王勛成，《唐
　　代銓選與文學》，第三章也專論考課。又見劉馨珺，〈從生祠立碑談唐代
　　地方官的考課〉，《東亞傳統教育與法制研究：二、唐律諸問題》，高明
　　士編（台北：臺灣大學出版中心，2005），頁242-284。

縣中百姓多猾，為著《諭蒙》十四篇，大略指明忠孝仁義，勸
學務農，每鄉給一卷，俾其傳習。[189]

再如唐代著名史官韋述的父親韋景駿的事跡：

韋景駿，司農少卿弘機孫。中明經，神龍中，歷肥鄉令。縣北
瀕漳，連年泛溢，人苦之。舊防迫漕渠，雖峭岸，隨即壞決。
景駿相地勢，益南千步，因高築鄣，水至堤趾輒去，其北燥為
腴田。又維艦以梁其上，而廢長橋，功少費約，後遂為法。方
河北飢，身巡閭里，勸人通有無，教導撫循，縣民獨免流散。
及去，人立石著其功。後為貴鄉令，有母子相訟者，景駿曰：
「令少不天，常自痛。爾幸有親，而忘孝邪？教之不孚，令之
罪也。」因嗚咽流涕，付授《孝經》，使習大義。於是母子感
悟，請自新，遂為孝子。當時治有名者：景駿與清漳令馮元淑、
臨洺令楊茂謙三人。[190]

但此類「循吏」事跡畢竟屬於少數，也僅限於德行高的個別縣令，是一
種高標準和高理想，不是每個縣令都能做到。朝廷應當也不致以此來判
斷一個縣令是否治縣「成功」。

十、結論

唐代的縣有一千五百多個，可依距離京師遠近、戰略地位或其他原

---

189 《舊唐書》卷189下，頁4978。
190 《新唐書》卷197，頁5626。

因分爲十個等級：即赤(或「京」)、次赤(或「次京」)、畿、次畿、望、緊、上、中、中下、下。許多時候這種十分法也可以簡化爲七等：赤、畿、望、緊、上、中、下。唐代另有一種三等分法，僅將縣分爲上、中、下、下三種。那是單以戶口多少爲標準，和十等或七等分法不相同。

縣令是唐縣的長官。唐朝把縣分爲這麼多個等級，意味著唐代的縣令(以及其他縣官)，其實也可以大致分成這幾個等級，享有不同的地位。因此，唐代的縣令可說是個非常複雜的多元群體。不同等級縣的縣令，其「職望」、地位相去甚遠。過去的研究都很含糊地把所有縣令「一視同仁」，沒有考慮到縣和縣令的等級，以致研究結論常有以偏蓋全的弊病。本章把唐代的縣令分成三大類型：(一)赤畿縣令(有些也稱「京畿縣令」)；(二)望緊上縣縣令；以及(三)中下縣縣令，籍以做更深入的觀察。大略而言，唐朝廷對赤畿等重要大縣的縣令的委任，還是比較重視的，甚至有「郎官出宰京畿」的做法，但對偏遠中下縣，可能就鞭長莫及，照顧不周了。

在唐代，一個人在甚麼等級的縣任縣令，會影響到他的地位(甚至他將來的仕途)。但一個人的仕宦條件(他的科名、官歷和資歷等)，也將決定他可以在怎樣等級的縣任縣令。條件最好的人可以任赤畿縣令(仕宦前景最光明)，條件次之的任望緊上縣縣令(仕宦前景還不算太壞，將來要視個人努力而定)，條件最差的任中下縣縣令(仕宦前景最暗淡)。

唐後期的地方行政呈現一種錯綜複雜的現象。其州縣制度並非像《唐六典》、兩《唐書》職官書或《通典》等政書所描寫的那樣「井然有序」。學界過去似乎沒有注意到，中晚唐州縣有一大批所謂的「攝縣令」和其他州縣攝官的存在。他們不是由朝廷委派，而是由各地方長官自行辟署，好比幕府官一樣。這種攝官分布極廣。不單河北跋扈的三鎮和嶺南、黔中等南方邊區有，甚至連河東潞澤、關內鄜坊、涇原等地也都有這些非正規的官員。這種由地方長官自辟州縣官的制度，可以讓我

們更深入了解唐後期地方行政的真貌,也反映了中央朝廷在中晚唐真正能控制的州縣,主要集中在東西兩京赤畿地區、以及汴河及大運河流域的江南地區。

《唐六典》等職官書中所描寫的縣令職掌,大抵都是「理想式」的,規範式的,意即規定唐代縣令「應當」做些甚麼事,比如應當「導風化,察冤滯,聽獄訟」等等,但在現實生活中,縣令的真正職掌可能不止如此,而是更複雜,也更有彈性。本章從另一側面,從考課的角度看,認爲唐代縣令最主要的職務(特別是唐後期史料中所見),莫過於收稅和相關的戶口管理,其次爲審理法案、差科、管理廨宇、館驛和道路等事。至於「導風化」等善舉,恐怕只能說是一種治縣理想,只有極少數縣令能夠做到。

第五章
司錄、錄事參軍

江上宣城郡，孤舟遠到時。
雲林謝家宅，山水敬亭祠。
綱紀多閒日，觀遊得賦詩。
都門且盡醉，此別數年期。

韋應物〈送宣城路錄事〉[1]

這首詩是盛唐詩人韋應物(733?-793?)在永泰年間(765)寫的。當時他三十來歲，被訟去官，閒居洛陽。他一位姓路的朋友，正好要到宣城(今安徽宣州市)去就任那裡的錄事參軍(唐詩中常省稱爲「錄事」)[2]。

1　《韋應物集校注》，陶敏、王友勝校注(上海：上海古籍出版社，1998)，卷四，頁208。

2　「錄事參軍」和「錄事」實際上是兩種不同的官。簡單地說，錄事參軍是個地位頗高的中層文官，錄事則只不過是錄事參軍屬下的一個低層小官，在某些官署甚至是個流外官。唐詩中這樣的省稱，對不了解唐代官制的現代讀者可能會造成混淆，但唐人大概都知道，詩人寄酬的對象應當都是身分地位比較高的錄事參軍，而不會是低層的錄事，所以唐詩人的這種省稱其實又很自然，對唐人應當不致引起問題。在唐代京城和州官署，錄事參軍和錄事是所謂「錄事司」(此詞在吐魯番出土文書常見)中兩個主要成員：前者(錄事參軍)為上司，後者(錄事)為下屬；前者為「勾官」，後者為「檢官」。下文還將有更詳細的討論。

於是，韋應物就在洛陽歡送他。兩個人都喝醉了，「都門且盡醉」，因為這次分手，便會是「此別數年期」，不知何年何日才能再相見。韋應物這首詩，正像他的許多其他詩作一樣，寫得十分淡泊寧靜。他一開頭描寫了他想像中的宣城，位於江邊，有遠到的孤舟。宣城還有南齊詩人謝朓的故宅，有他曾經登高賦詩的敬亭山。山上更有祠堂。接著，韋應物寫出了唐代錄事參軍最典型的官務「綱紀」，也就是負責監督屬下，舉正糾違。但是，他又勸他的朋友，工作之餘不要忘了遊山玩水，在「綱紀多閒日」，「觀遊得賦詩」。

唐代真是個崇拜文學的時代。做官的人當初考進士，都得學會寫詩才行。進了官場，他的朋友到別處去做官，他更得寫一首詩來為他送行，才算盡了情誼。但韋應物這位姓路的朋友，即將出任的「錄事參軍」，又是一種怎樣的官呢？現代學者陶敏和王友勝，為韋應物的詩作注，只是引了《新唐書·百官志》中寥寥的一句話來解說，稍嫌不足，所以本章要細考韋應物這位朋友所做的這個官為何物。

唐代州一級的官員有好幾種。第一種是參軍，是最低一層的職位，常用作釋褐官。第二種是「判司」，即功曹參軍、倉曹參軍等六曹參軍。他們是一州事務的實際執行官員，類似縣的縣尉。此兩種基層官員在拙書《唐代基層文官》中已有專章討論，此不贅論。第三種是錄事參軍，地位高於諸曹參軍，經常「綱紀六曹」、「綱領諸曹」，等於是功、倉等六曹參軍之上的一個總管，是一種中層的官員，也正是本章要專論的對象。第四種是所謂的「上佐」，即別駕、長史和司馬。但中晚唐的州經常沒有上佐，或上佐成了閒員，以致錄事參軍實際上成了一個州最重要的行政官，在唐史料中常和縣的縣令並提，甚至省略合稱為「令錄」。州的長官是刺史。

唐代的州大約有三百多個。其中有幾個重要的州級行政單位，不叫州，而叫「府」。例如，長安地區的州原本叫「雍州」，但到了開元元

年(713)就因其京師地位而改稱爲「京兆府」。這種州級的「府」,在唐前期有三個:京兆府、河南府(原洛州,即東都洛陽)、太原府(原并州,即北都太原)。唐後期,因爲人口增加、戰略地位提昇等因素,又先後把五個州升格爲府:鳳翔府(原岐州)、成都府(原益州)、河中府(原蒲州)、江陵府(原荆州)、興元府(原梁州)。府的總數最後達到八個[3]。

除了京兆等府,唐代還有另一種比州略高一級的「府」,叫「都督府」[4]和「都護府」。都督府主要設在內地,如汴州都督府、越州都督府等等,負責統領鄰近數州的軍事[5]。都護府則設在邊區,如北庭都護府、安南都護府等等,負責管轄邊疆事務和外族或少數民族[6]。這些都督府和都護府,其官員編制和州類似,也都設有司錄參軍(即錄事參軍)的職位。

府和州的某些官員,性質相同,稱謂卻不同。例如,諸曹參軍在「州」

---

3 關於這些州升格為府的原因,最詳細的討論見翁俊雄,〈唐代的州縣等級制度〉,《北京師範學院學報》,1991年第1期,頁9-18。

4 關於唐代都督府的等級問題,歷來頗有爭論。最新的論爭見李青淼,〈唐代前期都督府探討〉,《中國歷史地理論叢》,2006年第4期,頁66-77,以及郭聲波,〈唐代前期都督府為州一級行政機構嗎?──對〈唐代前期都督府探討〉的商榷〉,《中國歷史地理論叢》,2006年第4期,頁78-84。

5 關於唐代都督府的專書研究,有艾沖,《唐代都督府研究》(西安:西安地圖出版社,2005);其他單篇論著甚多,不俱引,主要有蘇基朗,〈唐代前期的都督制度及其淵源〉,《唐宋法制史研究》(香港:中文大學出版社,1996),頁39-96;王壽南,〈唐代都督府之研究〉,《慶祝歐陽澤民先生七秩華誕》(台北:聯經出版公司,1988),頁57-82;桂齊遜,〈唐代都督、都護及軍鎮制度與節度體制創建之關係〉,《大陸雜誌》,第89卷第4期(1994),頁159-186;李方,《唐西州行政體制考論》,特別是第一章〈西州都督府(州)、縣司機構〉,頁1-65。又見山口正晃,〈都督制の成立〉,《東洋史研究》,60卷2號(2001),頁1-28。

6 唐代都護府研究的單篇論文甚多,不俱引。近年的專書研究有李大龍,《都護制度研究》(哈爾濱:黑龍江教育出版社,2003);王世麗,《安北與單于都護府:唐代北部邊疆民族問題研究》(昆明:雲南出版集團公司,2006)。

的場合，稱爲「功曹參軍」、「倉曹參軍」等；在京兆府、都督府和都
護府等「府」的場合，則又稱爲「司功參軍」、「司倉參軍」等。同樣
的，州的錄事參軍，到了府則都變成了「司錄參軍」。但爲免累贅，本
章一般使用「錄事參軍」一詞，除非須特別指明是府的司錄參軍。

關於錄事、司錄參軍的研究，最早的一篇論文是嚴耕望的〈唐代府
州上佐和錄事參軍〉[7]，後來又整合爲他的專書《唐史研究叢稿》中〈唐
代府州僚佐考〉的一部分。從篇名可知，嚴先生是把錄事參軍放在整個
府州僚佐的大架構下來討論的。這當然釐清了錄事參軍在整個府州官員
系統中的地位和上下從屬關係，但也因體例所限，未觸及和錄事參軍相
關的一些其他課題，比如中晚唐大量出現的「攝錄事參軍」這種「攝官」
現象等等。近年大量出土或出版的墓誌等石刻史料，也讓我們得以更深
入了解唐代一些錄事參軍的生平事跡和活動，可以對他們做一些比較具
體的個案研究。

除了嚴耕望的開創之作外，現代學者對錄事參軍雖有研究，但論著
不算太多。張榮芳有一篇論文有一部分涉及司錄參軍[8]。王永興的《唐
勾檢制研究》，有一部分涉及錄事參軍的「勾檢」職能[9]。李方的〈唐
西州勾官編年考證〉，涉及西州地區的錄事參軍和錄事，史料雖限於唐
前期，但在釐清錄事參軍的「勾官」職能方面，提供了許多具體的例證，
很有啓發性[10]。陳志堅的大作《唐代州郡制度研究》[11]，是近年來這領

---

7 嚴耕望，〈唐代府州上佐與錄事參軍〉，原刊《清華學報》，新8卷第1-2
   期合刊(1970)，頁284-305。這裡引用嚴先生的最後修訂本，收在《嚴耕望
   史學論文選集》(台北：聯經出版公司，1991)，頁521-547。

8 張榮芳，〈唐代京兆府僚佐之分析──司錄、判司與參軍〉，《東海學報》，
   第30卷(1989)，頁85-94，有一些地方涉及司錄參軍，雖僅限於京兆府，但
   亦可參看。

9 王永興，《唐勾檢制研究》(上海：上海古籍出版社，1991)。

10 李方，〈唐西州勾官編年考證──唐西州官吏編年考證(三)〉，《敦煌吐

域的一本力作，有不少前人所未言的新觀點。書中第二編第二章論〈州
郡的僚佐制度〉。單看標題，原本我們以為它會涉及州的錄事參軍，但
這一章的重點卻是州縣的差遣制和攝官，沒有論及錄事參軍。

　　曾賢熙在〈唐代御史職權行使的限制與地方監察業務初探〉中，把
司錄和錄事參軍視為一種地方監察官員。他認為，「在中央監察官員無
法兼顧全國大小官吏的同時，地方政府組織架構中之司錄參軍事、錄事
參軍事啟動部內自清機制，使地方政務能順利運作，內外相維，穩定了
大唐近三百年的江山。」[12]

　　胡寶華在《唐代監察制度研究》中有一章專論地方監察制度，也把
司錄、錄事參軍視為地方監察系統的一環，認為他們「在地方社會不僅
有權監察違反制度選補吏職的事件，還有權直接監察地方長官刺史的行
為，同時還負責監察中央公文在地方的實施過程」[13]。應當指出的是，
胡寶華似乎未見過曾賢熙的論文，而獨立得出這個論點。

　　本章擬在前人的這些研究基礎上，更進一步細論唐代司錄和錄事參
軍的幾個重要課題，特別是準備採用更多近世出土的墓誌和石刻史料，
做更深入、更詳細的探討。

一、從勾官到通判官和專知官

　　唐前期有所謂「四等」官之說：即長官、通判官、判官和主典。唐

（續）————
　　　魯番研究》，第3卷(1998)，頁129-161。
　11　陳志堅，《唐代州郡制度研究》(上海：上海古籍出版社，2005)。
　12　曾賢熙，〈唐代御史職權行使的限制與地方監察業務初探〉，《研究與動
　　　態》(彰化縣大葉大學通識教育中心出版)，第13期(2006年1月)，頁39-60。
　　　此文雖在2006年始正式發表，但早在2003年11月即在「第六屆唐代文化學
　　　術研討會」上宣讀。
　13　胡寶華，《唐代監察制度研究》(北京：商務印書館，2006)，頁125。

代每個州、府、縣和京城官署中的官員，都可分為這「四等」。這種劃分法見於《唐律疏議》卷五「同職犯公坐」條下：

> 諸同職犯公坐者，長官為一等，通判官為一等，判官為一等，主典為一等，各以所由為首；……檢、勾之官，同下從之罪。[14]

接著，其疏議部分有進一步的解說：

> 同職者，謂連署之官。「公坐」，謂無私曲。假如大理寺斷事有違，即大卿是長官，少卿及正是通判官，丞是判官，府史是主典，是為四等。各以所由為首者，若主典檢請有失，即主典為首，丞為第二從，少卿、二正為第三從，大卿為第四從，即主簿、錄事亦為第四從；若由丞判斷有失，以丞為首，少卿、二正為第二從，大卿為第三從，典為第四從，主簿、錄事當同第四從。[15]

按照《唐律疏議》的這個定義，唐代官員分為四等，若再加上檢、勾官，實際上可說分為五等。以州的場合而言，刺史便是「長官」、上佐(即別駕、長史和司馬)為「通判官」、六曹參軍為「判官」，州的令史等吏員為「主典」，錄事參軍為「勾官」，其僚佐錄事則為「檢官」。

　　順此一提，現代學者經常使用「檢勾官」或「勾檢官」一詞，好像這是同一種官。這種用法極易把兩種不同的官混淆了，有待澄清。實際

14　《唐律疏議》，劉俊文點校(北京：中華書局，1983)，卷5，頁110-113。
15　《唐律疏議》卷5，頁110。又參見劉俊文，《唐律疏議箋解》(北京：中華書局，1996)，卷五，頁400-401的解讀。

上，唐律對「檢官」和「勾官」曾有清楚的劃分。且看《唐律疏議》中的一段律文及其疏議：

> 檢、勾之官，同下從之罪。
> 【疏】議曰：檢者，謂發辰檢稽失，諸司錄事之類。勾者，署名勾訖，錄事參軍之類。[16]

劉俊文對此有一段箋解：

> 按檢勾官者，唐制，內外諸司皆置專官覆查文案，此專官一般分為兩級，下級負責勘檢文案有否稽遲違失，所謂「發辰檢稽失」是也，故稱為檢官，諸司錄事即是此類官。上級負責覆檢文案，並簽字通過，所謂「署名勾訖」是也，故稱為勾官，諸司主簿或錄事參軍即是此類官。亦有不置檢勾專官者，則由判官兼管發辰勾稽。[17]

換句話說，現代學者所謂的「勾檢官」或「檢勾官」，實際上包含了兩種官：「勾官」（即錄事參軍或主簿）和「檢官」（錄事）。勾官是檢官的上司。兩者的地位和官品也大不相同。錄事參軍從七品上（以上州為例），可說是中層文官，地位相當高，

但錄事的地位卻很低，上州的錄事也只不過是從九品上[18]。更微妙的是，有些比較重要官署（如門下省、御史臺）的錄事屬流內官，但有些

---

16 《唐律疏議》卷5，頁113。
17 劉俊文，《唐律疏議箋解》卷5，頁401。
18 《唐六典》卷30，頁745。

比較不重要的官署(如諸陵署、諸牧監等),它們的錄事卻又是流外官[19]。唐後期錄事參軍地位之高,經常是州刺史之下最關鍵的人物,也遠非低層的錄事可比(注意:錄事參軍和錄事僅有兩字之差,很容易把兩者混淆了)[20]。在敦煌吐魯番文書中,錄事參軍和錄事也有非常清楚的分別,是兩種不同的官員(錄事是錄事參軍的下屬),常由不同的兩人分任,職務也不相同(詳見下)。本章所論主要為錄事參軍,為免混淆,一律按唐律的規定,僅稱之為「勾官」,而非「檢勾官」或「勾檢官」。至於錄事,林煌達既然已有一專題論文,本章便不再贅論。

由於唐代律令對日本律令有過深遠的影響,日本學者礪波護對這個「四等」說有所申論。他指出:

> 日本律令接受繼承了隋唐律令制。在日本律令官制下的各官廳,全部都由「長官、次官〔即通判官〕、判官、主典」四等官構成。但在唐的律令官制中,除按「長官、通判官即次官、判官、主典」四級組織設定各自的責任外,還設有「檢勾官」點檢文書。……這即是說,州中以刺史為長官,以別駕、長史、司馬三者為通判官[21],以司功、司倉、司戶、司兵、司法、司

---

19 林煌達,〈唐代錄事〉,《中正歷史學刊》(嘉義:國立中正大學歷史研究所),第2期(1996.6),頁91-116,特別是頁92-93及頁113的附表,清楚顯示錄事具有流內和流外的「雙重性格」。

20 但唐詩中的「錄事」,卻經常是「錄事參軍」的省稱。例如杜甫的詩〈送韋諷上閬州錄事參軍〉(《杜詩詳注》卷13,頁1156),詩題清楚說韋諷要到閬州去任「錄事參軍」,但他在另兩首詩〈東津送韋諷攝閬州錄事〉(《杜詩詳注》卷11,頁924-925)和〈韋諷錄事宅觀曹將軍畫馬圖歌〉(《杜詩詳注》卷13,頁1154),卻又在詩題中把韋諷的官名省略為「錄事」。下文還將討論杜甫寫這三首詩的時間背景,以及韋諷的錄事參軍職務。

21 《唐六典》卷30,頁747,說別駕、長史、司馬等「通判列曹」,其「通判」當即和「通判官」中的「通判」同個意思。

士六參軍事為判官。錄事參軍事是檢勾官[22]，位於判官之上。
他們均為流內官。其下是主典即佐和史，他們不是官而是吏。
州之下是縣。縣以令為長官，丞為通判官，主簿為檢勾官[23]，
尉為判官。主典與州相同，由稱為「佐」、「史」的吏擔當。[24]

這是對唐代「四等官」和檢勾官的最佳解讀。據此可知，唐代的錄事參
軍原本是一種「勾官」，一種負責勾檢文書、籍帳的官員，和縣的主簿
相類。

礪波護說唐代的律令官制有「檢勾官」一種，而日本律令官制中則
無，因而提醒我們唐代有一大批「勾官」的存在。我們過去對唐「勾官」
幾乎一無所知，但王永興的大作《唐勾檢制研究》，卻為我們解開了許
多勾官的謎團，居功至偉。他的研究徵引了大量敦煌吐魯番文書和傳統
史料，證明勾官在唐代是「普遍存在」的。「上自中央，下到地方，勾
檢制普遍實行，而自成體系」。王永興又指出：「論述唐官制而不及勾
檢制，則所論述者是不完備的。」[25]

但這是唐前期的情況。到了唐後期，由於律令制的崩潰，四等官的

---

22 礪波護在此便似乎把「檢官」和「勾官」混合為一，沒有把兩者分清楚。
   按《唐律疏議》，錄事參軍只是「勾官」。檢官指的是「錄事」。

23 按《唐律疏議》，主簿只是「勾官」，不是「檢官」，所以不宜把主簿稱
   為「勾檢官」。另見上一條注。

24 礪波護，〈唐代的縣尉〉，原刊《史林》，第57卷(1974)，後收入氏著《唐
   代政治社會史研究》（京都：同朋舍，1986）。這裡引自黃正建中譯本，收
   在《日本學者研究中國史論著選譯》，劉俊文主編，第四冊（北京：中華書
   局，1992），頁559。

25 王永興，《唐勾檢制研究》，〈自序〉，頁2。此書雖已出版十多年，但可
   能印數少，流通不廣，知音者似乎不多，但它所探討的是唐史研究中一個
   極重要的問題，筆者覺得應當多加推介。又見吳麗娛，〈唐後期五代財務
   勾檢制探微〉，《唐研究》，第6卷(2000)，頁269-302。

體制開始崩解，唐代的行政體系也出現了一種全新的局面。李錦繡對此
有詳細的研究。她的結論很有啓發意義：

> 唐後期行政運作的構成體系基本上為長官、判官、專知官、各
> 色典吏，其中判官和專知官不一定並置。與前期四等官相較，
> 最突出的特點是通判官的消亡與躬親事務的各種專知官的出
> 現。[26]

嚴耕望的研究已指出，唐代的「通判官」上佐(即別駕、長史和司馬)，
在開元期間已慢慢變爲閒員，不常置[27]。這便是四等官制分解的一個過
程。「通判官」的消亡，他們的位置便由勾官錄事參軍取代。於是，唐
前期的勾官錄事參軍，到了唐後期，便逐漸變成了一種通判官，經常以
一種「專知官」的姿態出現，成了州刺史以下最關鍵的州官員，地位遠
在判官(即六曹參軍)之上。

　　因此，本章的主旨之一，是要探討司錄、錄事參軍，如何從唐前期
職務比較狹窄的「勾官」，逐步轉變爲唐後期的通判官、專知官，職權
愈來愈大。

二、京城和京外的錄事參軍

26　李錦繡，〈從「三官通押」談起——兼論唐代行政運作模式的變化〉，《中
　　國社會科學院歷史研究所學刊》，第二集(2004)，頁437。又見童光政，〈唐
　　宋「四等官」審判制度初探〉，《法學研究》，2001年第1期，頁96-103；
　　童光政，〈唐代的勾檢官制與行政效率法律化〉，《國家行政學院學報》，
　　2000年第4期。

27　李志生，〈關於唐代晚期府、州上佐(長史、司馬、別駕)的幾點意見〉，
　　《河北學刊》，1991年第4期，頁90-94，對嚴耕望的論點有一些不同的看
　　法。

　　王永興的力作《唐勾檢制研究》，為我們揭開了唐代勾檢制度和勾檢官的一些真貌，是近二十年來唐史研究一本開創性的著作。不過，王永興的重點在整個勾檢制度，所引用的材料主要為敦煌吐魯番出土文書，對錄事參軍這種勾官，倒是沒有深入的討論。這裡想以京內和京外的錄事參軍為例，補充一些細節。

　　錄事參軍不單是一種外官，隸屬州府，也是一種京官，因為京師的一些機構，例如十六衛、羽林軍、太子率府等，也有錄事參軍的設置。京城和京外錄事參軍的詳細分布，見下面表7。

表7　唐代錄事參軍的分布

	官　署
京　城	左右衛等十六衛
	左右羽林軍
	太子左右衛等率府
	親王府
京　外	京兆、河南等大府
	都督府
	都護府
	各州

　　不論是在京內或京外，唐前期的錄事參軍，就官品來說，都大體相同，大約是七品官。就職務而言，他們都是一種勾官。《唐六典》、《通典》和兩《唐書》職官志等典志，對京城和京外的錄事參軍，都有簡要的記載。《唐六典》便這樣描寫左右衛的錄事參軍：

　　錄事參軍掌印，及受諸曹、五府及外府百司所由之事以發付，

勾檢稽失。[28]

談到左右監門衛,《唐六典》說:

> 錄事參軍掌印發,勾檢稽失。諸司籍傍押於監門者,印署而遣之。[29]

談到左右千牛衛,《唐六典》又說:

> 錄事參軍掌印發,勾檢稽失。餘如左、右衛。[30]

至於州府的司錄、錄事參軍,《唐六典》說:

> 司錄、錄事參軍掌付事勾稽,省署抄目。糾正非違,監守符印。若列曹事有異同,得以聞奏。[31]

這些描述都大同小異,重點是:不論是在京城或京外,唐前期錄事參軍的主要職掌即「掌印」、「勾檢稽失」等等,是一種典型的「勾官」。

我們對京城的錄事參軍,所知十分有限,而且幾乎也只限於唐前期。例如,著名史學家劉知幾的兒子劉秩,曾經擔任過長安城內左監門衛的錄事參軍[32]。唐代注《文選》的知名學者李善,曾經出任過太子內

28　《唐六典》卷24,頁617-618。
29　《唐六典》卷25,頁640。
30　《唐六典》卷25,頁642。
31　《唐六典》卷30,頁748。
32　《新唐書》卷132,頁4524。

率府錄事參軍、崇賢館直學士[33]。盛唐詩人岑參，也曾經在右威衛充當過錄事參軍[34]。但這些全都是唐前期的例子。

至於唐後期京城的錄事參軍，由於史料闕如，我們幾乎一無所知。目前學界的認知是：在唐後期，像十六衛等官署，早已廢置。杜牧對此便曾經發出這樣的感歎：「自今觀之，設官言無謂者，其十六衛乎。」[35] 若以此看來，唐後期的十六衛、羽林軍等京城官署，似乎已經沒有錄事參軍的職位了。

但實際情況恐怕並不如此簡單。近世出土的石刻史料，為我們提供了比較確實的證據：唐後期的十六衛等機構，其實依然有人在擔任錄事參軍的職位。

例如，有一位趙君旨，年輕時好「禮學」，「遂取禮書陳於前，日夜諷誦不倦。業既就，來上國，應三禮科，果得高等，因授右監門衛錄事參軍」。他後來擔任過「國子監助教及丞」、陸渾、江陵二縣令、連州刺史、「國子監禮記博士，尋兼領立石經事」，於大和八年(834)去世，享年五十九。[36]

再如大中十二年去世的河南府倉曹參軍路復源，「字孟堅。早以蔭第入仕，授左春坊內直局丞。秩滿，遷右領衛錄事參軍」。他後來「遷京兆府富平縣主簿。秩滿，遷衛尉寺主簿，掌戎曹甲庫，以勞績遷河南

33　《舊唐書》卷189上，頁4946；《唐會要》卷36，頁766說：「〔顯慶〕六年正月二十七日，右內率府錄事參軍、崇賢館直學士李善上《注文選》六十卷，藏于秘府。」不過，李善可能並沒有真正擔任「右內率府錄事參軍」，而是以此官去出任「崇賢館直學士」，因為崇賢館、集賢院等唐代文館的各種職位都無品秩，照例以其他官充任。

34　杜確，〈岑嘉州詩序〉，收在《岑嘉州詩箋注》，頁1。

35　杜牧，《樊川文集》卷5，頁89。

36　《唐代墓誌彙編》，大和087，頁2158。

府倉曹參軍」。[37]

在乾符二年(875)去世的唐蔚州司馬崔璘，他的墓誌便告訴我們，他的次子崔銑，「通經上第，調授左監門衛錄事參軍」。為崔璘撰書墓誌的，也是當時的一個錄事參軍，結銜為「宣義郎行右司禦率府錄事參軍分司東都清河崔閱撰並書」。[38]

由此看來，京城諸衛、率府，在唐代後半期依然有錄事參軍的存在，有唐後半期的這些墓誌為證。除了上面引用過的三種外，類似墓誌還有一些，不俱引[39]。但這些墓誌對這些京城錄事參軍的記載還是太簡略，我們所知依然不多，因此無法做更詳細的論述。

相反的，京外州府的司錄、錄事參軍，遺留下來的材料就比較豐富，故本章將著重於探討這些州府的司錄、錄事參軍的各個面貌。我們不但要探索他們在唐前期原本的「勾官」角色，同時也將細察他們在唐中葉以後的種種演變，特別是他們「網紀六曹」的職權和他們地位的大幅提升。

三、不同等級州府的司錄、錄事參軍

嚴耕望研究過司錄、錄事參軍後的一大發現是：這種官「既網紀六曹，內察府佐，外督屬縣，兼秉財權，關係府州行政者至大。」這個結論大抵是不錯的，但能夠擁有如此大權的，應當屬於重要府州的司錄、錄事參軍，例如嚴耕望所引用的京兆府、河南府的司錄參軍，以及其他重要大州如汴州和亳州的錄事參軍。中葉以後，朝廷對這些重要府州錄

37　《唐代墓誌彙編》，大中145，頁2364-2365。
38　《唐代墓誌彙編》，乾符006，頁2474-2475。
39　詳見《唐代墓誌彙編》，廣德001、大曆058、大曆072、貞元125、大和015、大和064、大和087、大中154、咸通084等等。

事參軍的任用，也是重視的。

　　但唐代那些次要州的錄事參軍，是否也擁有如此大的權力，是否也受到朝廷如此重用呢？我們卻不能不無疑問。因為，我們在石刻史料中發現，唐代某些次要州的錄事參軍，其實可以用作釋褐官，作為一個官員的初任官。釋褐官一般而言並非重要官員，地位不高，權力不大，朝廷也不重用。

　　這顯示司錄、錄事參軍也跟縣尉、縣令等縣官一樣，其地位和重要性跟他們任官所屬的州縣等級有密切關係。唐代的州縣有等級之分。州分八等：府、輔、雄、望、緊、上、中、下；縣分十等：赤、次赤、畿、次畿、望、緊、上、中、中下、下[40]。重要州府和屬縣的州縣官，他們的地位都比下級州府和屬縣的州縣官來得高，並非一律同等。重要府州的錄事參軍，成了士人仕途上的要津，而次要小州的錄事參軍，可能不受重視，淪為下僚，所以可以用作釋褐官。

　　這種現象不但見於唐前期，也見於唐後期。

　　例如太宗朝的王岐（590-644），祖父任「齊直蕩正都督」，父親任「隋竟陵郡書佐」。他本人則「以明經擢第，釋褐施州錄事參軍，又授師州錄事參軍」[41]。施州（今湖北恩施）位於江南道黔中地區，是個下州[42]，今天依然是個偏遠地區，屬土家族自治區。師州更是位於河北道偏遠的一個蕃州，「貞觀三年以契丹、室韋部落置，僑治營州之廢陽師鎮」[43]，屬於營州都督府管轄，約今遼寧省彰武縣境。王岐本人在貞觀十八年「因使終於漁陽郡官舍，春秋五十五」。換句話說，他是死在師州錄事參軍的任上。但在去世之前，他因為出使臨近的漁陽郡，住在那裡的

40　翁俊雄，〈唐代的州縣等級制度〉，頁9。

41　《唐代墓誌彙編》，文明008，頁718-719。

42　《新唐書》卷41，頁1073。

43　《新唐書》卷43下，頁1127。

「官舍」，所以也就死在那兒。王岐在這兩個小州任錄事參軍，一生也就只做過這兩任官，仕道不顯，可說是個不「成功」的潦倒小官。由此看來，在這樣的小州任錄事參軍，同在京兆、河南等大府任司錄參軍，真有天壤之別。

再如，高宗朝有一位獨孤澄（608-663），祖父在隋朝任同州刺史和右衛將領，父親任「齊王府庫真」。他的墓誌沒有提到他是否有科第功名，但看來是沒有，出身顯然不佳。墓誌上說他「釋褐爲渝州錄事參軍」，「俄遷滄州景城縣令」。他一生也就只做過這兩任官，於龍朔三年（663）病逝，享年五十六[44]。

渝州（今四川重慶）位在劍南道，在唐代是個下州[45]。一個下州的錄事參軍，可以用作釋褐官授給這位出身不佳的獨孤澄，反映了下州的錄事參軍地位並不高。他後來的仕途也不佳，只官至「景城縣令」就病逝。景城也只是個上縣[46]，爲唐縣十等分級（赤、次赤、畿、次畿、望、緊、上、中、中下、下）中的第七等級，地位並不高[47]。

以上是唐前期的兩個例子。唐後期依然有人釋褐爲錄事參軍，且舉兩例。

第一個例子是任傪（763-830）。他出生在一個官宦之家，祖父和曾祖父都只官至縣令，父親則曾任綿州刺史。所以他選擇以門蔭而非科舉入仕：「弱冠以門蔭上仗，三衛出身，釋褐授歸州錄事參軍」[48]。歸州（今湖北秭歸）位於山南道，是個下州[49]。這位任傪一釋褐就可以在歸州當上

44　《唐代墓誌彙編》，龍朔068，頁380。
45　《新唐書》卷42，頁1091。
46　《新唐書》卷39，頁1020。
47　翁俊雄，〈唐代的州縣等級制度〉，頁9。
48　《唐代墓誌彙編》，大和036，頁2121。
49　《新唐書》卷40，頁1028。

錄事參軍,或可證唐代中下州的錄事參軍,並非重要官職,所以可以授給一個初次任官的人。

任傪後來的官歷也很有意義。據他的墓誌說,他任過歸州錄事參軍後:

> 安黃節度使伊公慎辟為從事,奏授太常寺協律郎,調授鄧州新野縣令,河南府伊陽縣丞,累授亳州錄事參軍。

依此看來,任傪後來做過好幾種其他官:安黃節度使伊慎的幕僚、鄧州新野縣令、河南府伊陽縣丞,最後又回到他剛釋褐時做過的錄事參軍,但這回卻是在另一個等級的州:亳州。據《新唐書‧地理志》,亳州(今安徽亳縣)位於河南道,是個望州,地位重要[50]。

任傪這樣的官歷,清楚顯示一個望州的錄事參軍,大大不同於一個下州的錄事參軍。下州的錄事參軍低微到甚至可以用作釋褐官,但望州的錄事參軍卻是任傪在官場上遷轉了至少三次以後才得到的,顯然並不輕授。

第二個例子是韋塤(793-841),宰相韋處厚的「從父之弟」(見其墓誌所記)。他十九歲便以明經出身,然後「釋褐金州錄事參軍」[51]。據《新唐書‧地理志》,金州(今陝西安康)屬山南道,是個上州[52]。然而,這個「上」卻是唐州八等分級(府、輔、雄、望、緊、上、中、下)中的「上」[53],屬第六等級,並非重要大州,所以它的錄事參軍可以授給一個初任官的年輕人。

---

50 《新唐書》卷38,頁990。
51 《唐代墓誌彙編》,會昌008,頁2216。
52 《新唐書》卷40,頁1033。
53 翁俊雄,〈唐代的州縣等級制度〉,頁9。

　　韋埧後來的官歷，也很有意義。據他的墓誌，他任滿金州錄事參軍後的仕歷如下：

> 秩滿從知于楚為評事，于洛為監察，于潭為侍御史[54]，皆以才敏亮直聞。中間為祕書郎，芸閣得人，亦契素尚。今昭州相國李公珏尹正東洛，奏君司錄河南事。[55]

這位韋埧也跟上面那位任佺一樣，剛釋褐就出任錄事參軍，做過幾任幕職和「祕書郎」之後，卻又回到錄事參軍的任上，但卻是在另一個等級的州府。依上引墓誌，韋埧之所以能夠出任河南府司錄參軍這樣的美職，是因為「昭州相國李公珏尹正東洛」，而「奏君司錄河南事」。李珏曾任文宗朝的宰相，是個大官。他出任河南尹在開成元年（836）四月[56]。這一年韋埧大約四十四歲，正好是唐代士人任錄事參軍這種中層文官的「標準」年齡。他後來還做過倉部員外郎和明州刺史等官，仕途看好，可惜英年早逝，死時才四十九歲。

　　應當留意的是，河南府即洛陽，是唐代後期的八大重要州府之一。韋埧剛釋褐就可以出任金州錄事參軍，但他後來卻需要連任幾個官職之後，而且得到李珏這樣的高官引薦，才得以出任河南府的司錄參軍。表面上看，金州錄事參軍和河南司錄參軍，都屬同一種官，似乎沒有甚麼不同，但兩者的地位，從韋埧的仕歷和其他史料看，卻是天差地別，絕不可相提並論。這可證唐代的錄事參軍，和縣尉、縣令等縣官一樣，其地位可高可低，端看州府的所在地和等級而定。而我們研究唐代錄事參

54　這裡是說他在「楚」、「洛」、「潭」等地的方鎮幕府做過幕職，並得到「大理評事」、「監察御史」和「殿中侍御史」等朝銜（試銜和檢校官）。

55　《唐代墓誌彙編》，會昌008，頁2216。

56　《舊唐書》卷173，頁4504。

軍、刺史、縣尉和縣令這一類的州縣官，也必須留意州縣的等級問題，才能把問題看得更真切。

　　唐代重要州府的錄事參軍，不輕授給剛釋褐的士人，我們還可以找到另一個佐證。在貞元十年去世的李汲（736-794），他的墓誌告訴我們：

> 廣德〔763-764〕初，國家廣延賢雋，待以不次之位，公乃買
> 符西上，獻策金門。郃詵得桂於東堂，漢主擢弘為上第，乃自
> 釋褐超遷楚州錄事參軍……[57]

廣德初，李汲才年約二十八歲，便得以釋褐爲楚州錄事參軍，但墓誌上清楚說明這是一次「超遷」，即超越常規的升遷。楚州（今江蘇淮安）位於淮南道，是個重要的緊州[58]。李汲一釋褐即「超遷」這個緊州的錄事參軍，可能有特殊的原因，可說是個例外，也可證這種重要大州的錄事參軍，地位都比較高，一般不輕授剛入仕的年輕人。

　　綜上所考，嚴耕望推論司錄、錄事參軍位處「府州行政之關鍵」，甚至演變成宋人所說「掌州院」的局面，固然都有史料根據，但這說法恐怕僅適用於唐代重要大府如京兆、河南等府，或重要大州如汴、亳等州，而不能概括所有大大小小的唐代府州。唐代那些偏遠州或戶口比較少的小州，其錄事參軍的地位可能並沒有像嚴耕望所說的那麼崇高。這些偏遠州或小州的錄事參軍，甚至可以用作釋褐官，如上文所考，授給初次任官的人。

　　這種情況，正如縣尉和縣令的地位是否高尚，要看他們任官之縣的等級而定一樣。京、畿、望和緊縣的縣令和縣尉，地位遠遠高於上、中

57　《唐代墓誌彙編》，貞元072，頁1888-1889。
58　《新唐書》卷41，頁1052。

和下縣的縣令和縣尉。這當中又以京、畿縣者爲士人競求的對象[59]。同
理,錄事參軍的地位,也要看他們所屬州的等級而定。唐代那些府、輔、
雄、望、緊等級的府州,其司錄、錄事參軍的地位,遠遠高於上、中、
下等級州的錄事參軍。

四、唐前期錄事參軍(政典和出土唐代文書中所見)

唐代前期的錄事參軍,沿襲了兩晉南北朝的舊制。《通典》追溯此
官的源流時說:

> 晉置。本爲公府官,非州郡職也。掌總錄眾曹文簿,舉彈善惡。[60]

換句話說,南北朝的錄事參軍,原本是軍府之官,不像隋唐那樣演變爲
「州郡職」,成了州縣官。但值得留意的是,隋唐仍然保留「參軍」或
「參軍事」這種帶有濃厚軍府意味的官名。「參軍」就是「參與軍事」
的意思。

此官的職務主要有二:一是「掌總錄眾曹文簿」,也就是勾檢文案;
二是「舉彈善惡」,也就是糾舉屬下州縣官。換一個說法,錄事參軍是
一種「勾官」,也是一種地方上的「監察」之官。這兩大職能可說是錄
事參軍最突出、最基本的兩大辨識「標誌」。

王永興在《唐勾檢制研究》,曾提及唐代錄事參軍的這種「勾檢職
能」和「監察職能」。但王永興也特別說明他的書限於題目,只能論及
錄事參軍的「勾官」職能。至於「監察系統」,則「不在本書論述的範

59　詳見本書第四章論〈縣令〉以及拙書《唐代基層文官》第三章〈縣尉〉。
60　《通典》卷33,頁912。

圍內」[61]。但本章論司錄、錄事參軍,則準備詳論他們的這兩大職能。

唐初的政典《唐六典》這樣描寫司錄、錄事參軍:

> 司錄、錄事參軍掌付事勾稽,省署抄目。糾正非違,監守符印。
> 若列曹事有異同,得以聞奏。[62]

《唐六典》的這段記載,其實可以跟《通典》的類似一段記述合起來看,
更有意義。《通典》雖成書於德宗貞元十七年(801),但早有學者指出,
它的史料經常停留在唐前期,頂多只到肅宗、代宗朝[63]。所以,《通典》
下面這段記載,實際上所寫的還是唐前期的司錄、錄事參軍:

> 大唐武德元年,復為錄事參軍。開元初,改京尹屬官曰司錄參
> 軍,掌付事句稽,省署鈔目,糾彈部內非違,監印、給紙筆之
> 事。[64]

細心比較,《唐六典》和《通典》的記載可說大同小異。大同的部分在
於兩者都觸及錄事參軍的兩大「標誌」:即其「勾官」職能和「監察」
職能。勾官職能即《唐六典》所說的「掌付事勾稽,省署抄目」,或《通
典》所說的「掌付事句稽,省署鈔目」。「監察」職能即《唐六典》所

---

61 王永興,《唐勾檢制研究》,頁28-29。

62 《唐六典》卷30,頁748。

63 例如,負責校點中華書局版《通典》的王文錦便說:「《通典》記述典章
制度歷史沿革的時限是:上自唐虞三代,下迄天寶之末,必要時也上溯軒
轅,下探肅代。」清代以來,有頗多學者研究《通典》編纂成書的過程。
比較新且深入的一篇研究見北川俊昭,〈『通典』編纂始末考:とくにそ
の上獻の時期をめぐって〉,《東洋史研究》,57卷1號(1998),頁125-148。

64 《通典》卷33,頁912。

說的「糾正非違」和《通典》所說的「糾彈部內非違」。

小異的是,《通典》特別提及錄事參軍負責「給紙筆之事」。這點《唐六典》未提,其實應當並非它遺漏了,而是《唐六典》後世的傳本有脫文,因爲《唐六典》在記述縣主簿時,曾經明確提到縣主簿負責「給紙筆、雜用之事」:

> 主簿掌付事勾稽,省署抄目,糾正非違,監守,給紙筆、雜用之事。[65]

我們知道,州的錄事參軍到了縣一級,便稱爲主簿,兩者的職掌是相同的。事實上,州錄事參軍在隋和唐初原本就稱爲「州主簿」,和「縣主簿」對應。到「武德初」,才「改州主簿曰錄事參軍事」[66]。《唐六典》記縣主簿有「給紙筆、雜用之事」,但記錄事參軍時卻無,應當不是它當初遺漏未書,而是後世傳抄脫漏所致,可據縣主簿此條和《通典》所記校補。

《唐六典》說錄事參軍「付事勾稽,省署抄目」,但沒有提供具體實例,頗不易理解。幸好,錄事參軍的這一種文案工作,在吐魯番出土文書中卻可以很清楚見到,因爲這一類出土文書都是當時官府實際行用的文書,上面經常保存了當年錄事參軍的名字,以及他們「付事」和「勾訖」的筆跡。

在敦煌吐魯番文書當中,又以吐魯番文書特別能夠反映錄事參軍的工作。敦煌文書中反而很少見到錄事參軍的活動。據盧向前的研究,吐魯番文書中所見的唐代牒式案卷,其處理程序有六個環節:即長官署

65　《唐六典》卷30,頁753。
66　《新唐書》卷49下,頁1312。

名、受付、四等官判案、執行、檢勾、抄目[67]。其中跟錄事參軍最有關連的是「受付」、「檢勾」和「抄目」這三節。

就吐魯番文書所見，《唐六典》所說的「付事勾稽，省署抄目」應當分解爲三個環節來理解。其中「付事勾稽」實際上可以再細分爲「付事」和「勾稽」兩個不同的環節。錄事司收到公文後，首先由錄事簽「收」，再由錄事參軍簽「付」，交給屬下的列曹參軍去行判辦理，此謂「付事」。等到公事辦好後，再首先由錄事簽「檢無稽失」，然後再由錄事參軍簽「勾訖」，此謂「勾稽」。「省署抄目」則是最後一道總結文案的環節。我們不妨用吐魯番出土文書來解說和印證這幾個環節的作業。

例如，在開元二十一年的《西州都督府勘給過所案卷》[68]中，就有下面幾行（爲方便辨識，人名部分都加上底線）：

19		開元廿一年正月廿一日			
20	功曹判倉曹九思		府		
21		正月廿二日	錄事	元肯	受
22		功曹攝錄事參軍		思	付

這是西州都督府辦理一個「安西鎮滿放兵士孟懷福」請過所的文書。首先由一個名叫九思的「功曹判倉曹」處理。他把牒文送交都督府的錄事司。錄事司的一名錄事元肯在開元二十一年正月廿二日「受」理了這文書。他的上司，一位叫「思」的「功曹攝錄事參軍」，便在同一天把文

67 盧向前，〈牒式及其處理程式的探討——唐公式文研究〉，《敦煌吐魯番文獻研究論集》，北京大學中國中古史研究中心編（北京：北京大學出版社，1983-），第3輯（1986），頁335-393。

68 收在《吐魯番出土文書》（圖版錄文本）（北京：文物出版社，1996），第四冊，頁281-287。

書交「付」給他屬下的戶曹參軍審理。我們從案卷的36到45行知道，戶曹參軍梁元璟和西州都督王斛斯都在文書上寫了判詞，批准了這項過所的申請。整個案件可說圓滿執行完畢，所以在案卷的46到49行，我們見到錄事司的一個「勾稽」過程：

```
46      正月廿二受，廿九日行判

47            錄事   元肯   檢無稽失

48            功曹攝錄事參軍     思   勾訖

49   給孟懷福坊州已來過所事
```

第46行顯示，這件公事在正月廿二日受理，在廿九日「行判」，也就是處理完畢，前後總共用了大約八天。從原文書的筆跡看來，第46行應當是錄事所寫。唐代公文的處理都有所謂的「程限」，必須在規定的期限內辦完，否則過了期限，即所謂的「稽程」，辦事的官員要受罰[69]。這一行便結算了這一件公文辦理的時間，應當是作爲稽核的一個參考。

第47行是錄事司下層僚佐錄事的一個簽署。他簽上自己的名字「元肯」，並且注明「檢無稽失」這幾個字，表示這件公事他已經檢查過所有公文和程序，沒有「稽失」。我們在前面見過，錄事實際上是一種「檢官」（不是「勾官」），是錄事參軍的下屬，層次比較低，所以先由他來檢查文書，然後才呈給他的上司錄事參軍複核。

第48行的「功曹攝錄事參軍」才是錄事司的首長。他才是真正的「勾官」，所以他簽上自己的單名「思」，再署上「勾訖」兩字，表示整個審核檢勾的程序完成了。值得注意的是，這位名叫「思」的官員，他實際上原本是個「功曹」，但他在這這裡卻是代行錄事參軍的職務，所以

69　王永興，《唐勾檢制研究》，頁3-4。

他的名銜是「功曹攝錄事參軍」。據李方的研究，以吐魯番出土文書所見，西州這時期只有三個「正式」的錄事參軍，其餘的都是「代攝」者[70]。西州攝錄事參軍的現象十分常見，此爲一例。

第49行是整件公事的一個總結性說明，等於是一個工作項目的「提要」，一個「目」。從其他吐魯番出土文書，我們知道這一行「目」，可能會按日或按月份跟其他種種公事的「目」彙整在一起，作爲一個官署當日或當月完成了多少件公事的一個記錄，一個「抄目」（或「抄目曆」）。例如《吐魯番出土文書》所收的〈唐西州某縣事目〉，便是這樣的一種「目」的彙整單子。且看其中一部分：

82　　爲州縣錄事、倉督、城主准式銓擬訖申事

83　　牒爲長行馬減料等別倉貯納訖申事

84　　爲水罰錢速催送州事

85　　[并]年終帳同到事

86　　當縣皮甲槍等修理未報仰速上事[71]

這件文書太長，故只引上面幾行。它也相當殘缺，但它所存的部分，每一行最後都可見到一個「事」字，如上引83至86行。筆者認爲，這個「事」字，正是這種「目」的一個最重要的辨識標誌，正如上引孟懷福申請過所案中第49行總結全案的「給孟懷福坊州已來過所事」一句，最後一個字也正是個「事」字。唐代官署把這些辦案完畢所寫的那一行「目」，分別抄錄彙整成一張單子，便是「抄目」或「抄目曆」。

《魏書》載：「肅宗世，朝政稍衰，人多竊冒軍功。〔盧〕同閱吏

70　李方，〈唐西州勾官編年考證〉，頁156。

71　《吐魯番出土文書》（圖版錄文本），第四冊，頁58。

部勳書，因加檢覆，覈得竊階者三百餘人。」於是這位高官上了一篇表，或可幫助我們理解古代這種「抄目」的形成及其使用目的：

> 竊見吏部勳簿，多皆改換。……頃來非但偷階冒名，改換勳簿而已，或一階再取，或易名受級，凡如此者，其人不少。良由吏部無簿，防塞失方。何者？吏部加階之後，簿不注記，緣此之故，易生僥倖。自今敍階之後，名簿具注加補日月，尚書印記，然後付曹。郎中別作抄目，印記一如尚書，郎中自掌，遞代相付。此制一行，差止姦罔。[72]

換言之，抄目可以說是一種備份的提要式記載，上面載有辦完某某事的記錄（比如盧同所說的「敍階」事），做成一個「名簿」，有注記，有日期，有印記，其目的是爲了防止他人塗改記錄。

唐代的這種「抄目」，應當類似《魏書》盧同表文中所描寫的這個「抄目」。其具體例證就是上引吐魯番文書的那個樣子。這種「抄目」，或許是由錄事司的主典官（府史）所抄錄成冊，再由錄事參軍來「省署」。所謂「省署」，就像上引《魏書》中所說，要在抄目上寫上注記、日期，做成另一個記錄冊，好比是一種備份。這不但可以做爲錄事司自己每日每月辦事的一個總帳冊，也可以用來防止姦人竄改記錄犯法。

《新唐書·百官志》有一段記載，述及唐宮廷中尚宮局中的小吏「司記」的工作，也可幫助我們了解「抄目」是由哪些人抄錄的：

> 司記二人，正六品；二十四司皆如之。掌宮內文簿入出，錄爲

72　《魏書》卷76，頁1286-1683。又見《北史》卷三十，頁1096。

抄目，審付行焉。牒狀無違，然後加印。[73]

這裡的「司記」是小吏，其「正六品」是流外官的「正六品」，和流內官的正六品大不相同，可知「錄為抄目」這種文書工作，一般都由小吏負責。故筆者推測，錄事參軍所省署的「抄目」，應當是由錄事司中的府史所抄寫的。

抄目的樣式，我們在上引的吐魯番文書中見到，其最主要的辨識標誌，便是它每一行末，照例有一個「事」字。這一點，可以在《日本令集解釋義》卷二中找到佐證：

〔職員令神祇官條集解〕釋云：唐令私記云：都省令史，受來牒而付本頭令史，付訖作鈔目，謂之「上鈔」，其樣如左也：

太常寺牒為請差巡陵使事

右壹通十九日付吏部令史王庭[74]

這是日本令中所保存的一條唐抄目形式，正可印證我們在吐魯番文書中所見者。

但《吐魯番出土文書》的編者，或許受到這張抄目最後一個「事」字的影響，而把這份文件稱為「事目」。然而，王永興研究過這文書後認為，「『事目』這一名稱不誤，但不夠準確」。他認為應當稱為「抄目曆」才是[75]。按「抄目」、「杪目」和「鈔目」三者都同義。筆者深為贊同王永興此說。

---

73 《新唐書》卷47，頁1226。

74 見仁井田陞，《唐令拾遺》（東京：東方文化學院，1933），頁557所引。

75 王永興，〈吐魯番出土唐西州某縣事目文書研究〉，《唐代前期西北軍事研究》，頁363，頁376-391。

　　《唐六典》說錄事參軍的工作之一是「省署秒目」，《通典》說是「省署鈔目」，意思相同，但若無實例，頗不易理解。吐魯番出土文書中的「抄目」和「抄目曆」，正好提供了非常具體的例證，可以幫助我們了解何謂「省署秒目」。正如王永興所解釋的，「省」是「對抄目的檢查」，「署」爲「勾官的署名」。例如，《吐魯番出土文書》載有一唐殘文書[76]：

```
1    安忽那 ┌──────
2    即日判達曹狐易奴，付□□□
3    曹狐易奴等 辭 爲 請 和糴物事
4    即 ┌─────        付□□□
5    ──────────────┐ 事 ┌──
```

第3和第5行都有一個抄目的重要辨識標誌「事」字，應當就是總結文案的「抄目」。第1行看來也是個「目」，很可能也有個「事」，但後端殘缺不明。據《吐魯番出土文書》的編者注，第2行「即日判達曹狐易奴」和第4行「即」字部分都是朱書。勾官用朱筆，可證這些都是勾官「省署」的筆跡，也就是上引《魏書》所說的「注記」。王永興說：「從朱書內容看，2行朱書是對3行文案處理後的記錄，它書於應辦文案之右側，是對這一文案處理情況檢查結果的說明。我認爲，這就是勾官『省署抄目』的結果。」[77]

　　因此，這件吐魯番文書應當可說對唐代錄事參軍如何「省署抄目」，

76　《吐魯番出土文書》（圖版錄文本），第四冊，頁373。
77　王永興，〈吐魯番出土唐西州某縣事目文書研究〉，《唐代前期西北軍事研究》，頁367。

做了最好的「圖解說明」了。

除了「付事」、「勾稽」、「省署抄目」外,《唐六典》和《通典》說錄事參軍還有一項工作,那就是「監印」。這項目也可以在敦煌吐魯番出土文書中找到佐證。以筆者所見,最好的證據在〈開元八年三月北庭都護府案為西州長行坊馬死事〉案卷中。且看同一案卷的兩個不同文案的處理結果:

(1)

1　　　　　　　　功曹攝錄事參軍　〔自判〕

2〔　〕道出印訖,史 李藝。驚。

3〔牒〕西州為死馬皮肉錢先已送訖事。

----

(2)

5　　　　　　　　三月十九受,即日行判。

6　　　　　　　　錄事 檢無稽失

7　　　　　　　　功曹攝錄事參軍 自判

8　五道出印訖,史 李藝。驚。

9　牒西州為西州長行馬壹匹致死事。[78]

以上第二件文書的第8行,據文書釋文者李錦繡說是「朱書」,,「是勾

78　此案卷的錄文,見李錦繡,〈唐開元中北庭長行坊文書考釋(上)〉,《吐魯番研究》,2004年第2期,頁17-18。按《吐魯番研究》為半年刊,由新疆吐魯番學學會和新疆吐魯番地區文物局主辦,但卻屬「新疆內部資料」,未對外發行,國外圖書館皆無法訂閱。我的同事,台灣清華大學歷史研究所的黃一農兄,在2006年夏天赴吐魯番開會時,為我攜回一整套完整的《吐魯番研究》期刊,讓我得以見到中國大陸最新的吐魯番研究資料,特此致謝。

官行印的記錄」。但第一件文書的第2行，李錦繡未說是「朱書」，可能是忽略了。其實它和第二文書第8行的格式及內容完全相同。筆者懷疑它很可能也是朱書，而且也是勾官的一個注記。「五道」是五道文書的意思（「五道」有時也可能是「五張紙」）。「五道出印訖」即前面五道文書已經用印完畢。我們從其他文書知道，「史李藝」是北庭都護府錄事司中的一個「史」。「鸞」即錄事參軍「飛鸞」。兩人的名字都數見於北庭文書中[79]。所以，這一行注記便是錄事司和錄事參軍監印和用印的一個記錄。

　　以上引用幾件吐魯番出土文書，對唐代前期錄事參軍如何「付事」、「勾稽」、「省署抄目」和「監印」，做了最基本的解說。底下讓我們再引大谷文書5839號[80]，對錄事參軍工作環節的一些細節與變化，做更進一步的說明：

1	付司。楚珪 示
2	廿七日
3	五月廿七日 錄事　使　　西州都
4	錄事參軍 沙安[81]　付　　督府之印
5	牒，檢案，連如前。謹牒。

79　詳見李錦繡上引文，頁17注4。

80　圖版見西域文化研究會編，《西域文化研究》第三冊《敦煌吐魯番社會經濟資料（下）》（東京：法藏館，1960），卷首圖2。最早的錄文和考釋見內藤乾吉，〈西域發現唐代官文書の研究〉，《西域文化研究》第三冊《敦煌吐魯番社會經濟資料（下）》，頁9-111；此文又收在內藤乾吉，《中國法制史考證》（東京：有斐閣，1963），頁223-345；又見李方，〈唐西州長官編年考證──西州官吏考證（一）〉，《敦煌吐魯番研究》第一卷(1995)，頁284-285。

81　此人常見於吐魯番文書。內藤乾吉和李方，把他的名字釋讀為「沙妻」。但《吐魯番出土文書》的編者、王仲犖和李錦繡等人釋讀為「沙安」。

6 　　　　　五月　　　日 史 李藝牒

7 　　　　　兵法兩司請紙，各准數

8 　　　　　分付取領。謗，沙安 白

9 　　　　　　　　廿七日

10 　　　　　依判。謗，希望 示

11 　　　　　　　　廿七日

12 　　　　　依判。謗，球之 示

13 　　　　　　　　廿七日

14 　　　　　依判。楚珪 示

15 　　　　　　　　廿七日

16 　　　　開元十六年五月廿七日

17 　　　　　　　史 李藝

18 錄事參軍沙安

19 　　　　　　　　史

20 　　　五月廿七日受，即日行判

21 　　　錄事 使

22 　　　錄事參軍 自判

23 案為兵曹法曹等司請黃紙准數分付事

　　以上第3和第4行是錄事司的「受付」。但錄事出使在外，所以「錄事」項目下沒有名字，只有個「使」字。錄事參軍為沙安，這名字常見於這一時期的吐魯番文書。他的署名下有一「付」字，此為他辦案的「付事」環節。在此值得留意的是，錄事司的這項「受付」部分下面，蓋有「西州都督府之印」。我們前面見過，《唐六典》說錄事參軍「監守符印」；《通典》也說他「監印」。據此看來，這枚「西州都督府之印」顯然掌握在錄事參軍（而非都督）之手。文書上這個印，很可能也是錄事

參軍蓋上去的。果真如此，則這件文書可以爲《唐六典》和《通典》所說的「監印」事，提供一個非常好的「圖解說明」。

第7和第8行是錄事參軍沙安的一個判詞，告訴我們此文案涉及「兵法兩司」（即兵曹和法曹）「請紙事」，而他判案的決定是「各准數」和「分付取領」。「諮」是判案的一個專用語，表示和上級商量、「諮」詢之意[82]。「白」是下屬判案的結束套語，和上一級判案所用的「示」相對。「白」帶有「謙卑」意味[83]。

不過，這兩行判詞在唐代所謂四等官判案的過程中，卻是個有趣的「變調」。我們前面見過，錄事參軍是個所謂的「勾官」，並非「判官」（即執行官）。若按照《唐律疏議》等律令的規定，這位錄事參軍沙安原本不應當在此判案。他的工作原本是「付事」，即把文案「付」給他下面的列曹參軍去行判。這些列曹參軍才是四等官中的所謂「判官」。

但爲何沙安在此判案？這真是一個有趣的案例。

最簡便的解釋是：正如《通典》所說，錄事參軍也管「給紙筆之事」。此案既然涉及兵、法兩曹「請紙事」，那麼由錄事參軍沙安來判案，似乎便屬非常合情合理的事了。除了這個案例之外，在吐魯番出土文書中，還有幾件「請紙」文案，也都是由錄事參軍來行判。例如，在黃文弼《吐魯番考古記》所收的〈西州虞候司及法曹司請料紙牒〉[84]，以及在上海博物館所藏的上博36643號〈健兒杜奉及錄事司請紙牒〉[85]，都是

---

82 王仲犖，〈吐魯番出土的幾件唐代過所〉，《蠟華山館叢稿》（北京：中華書局，1987），頁296及頁312等處，把此「諮」字解作「諮議參軍」，恐誤。

83 關於這些判案用語的詳細解說，詳見向群，〈敦煌吐魯番文書中所見唐官文書「行判」的幾個問題〉，《敦煌研究》，1995年第3期，頁137-146。

84 此文書最早收在黃文弼《吐魯番考古記》（北京：中國科學院，1954），圖32。頁52-53有黃文弼的錄文和考釋。

85 《上海博物館藏敦煌吐魯番文書》（上海：上海古籍出版社，1993），彩色圖版23；黑白圖版在頁257-259。

如此。

不過，我們在其他敦煌吐魯番出土文書中可以發現，錄事參軍不單在判「請紙」事，他也在判其他事情，比如處理長行坊死馬事。日本有鄰館藏〈開元八年三月北庭都護府案爲西州長行坊馬死事〉[86]，就有下面這麼一個檢勾：

5	三月十九受，即日行判
6	錄事參軍　檢無稽失
7	功曹攝錄事參軍　自判

第7行清楚顯示，這位「功曹攝錄事參軍」的注記不是一般常見的「勾訖」兩字，而是「自判」。很可能，此文案由他以「功曹攝錄事參軍」身份來行判。他「不便」勾稽自己所判之案，所以只寫上「自判」兩字，而無「勾訖」的字眼[87]。

這個案例顯示，西州都督府的錄事參軍，不但可以處理請紙事，在必要時也可以處理像長行馬致死之事。這些原本都屬判官的工作，但現在卻由錄事參軍這種勾官來做。同時，不但正式編制內的錄事參軍如沙安可以這樣做，而且甚至連「功曹攝錄事參軍」這樣非正式代攝的錄事參軍，也都可以判案。

回到大谷文書5839號，第10到13行是兩位西州都督府上佐的判詞、署名和日期。他們是四等官中的「通判官」，位在判官之上，長官之下。「依判」意即同意先前判官的判決（即錄事參軍沙安的判決）。「諮」是

86　見李錦繡，〈唐開元中北庭長行坊文書考釋（上）〉，《吐魯番研究》，2004年第2期，頁17-18。

87　參考盧向前，前引文，頁379。

向上級請示的套語。

第14行是一位長官「楚珪」的判詞。我們從其他文書知道，他正是西州都督府的都督，全名叫張楚珪。他的判詞只有「依判」兩字，表示他同意他下屬通判官和判官先前的判決。由於他是長官，所以他的判詞不再帶「諮」字這種向上級請示的套語。

第16到23行是整件文書總結的部分。第17行的位置，通常寫上判官的曹司和名字。如果此案由戶曹參軍行判，則這裡會寫上「戶曹參軍某某」，底下則是兩個「史」和他們的名字。但本案既然由錄事參軍行判，所以這裡又再次寫上「錄事參軍沙安」。第17行的「史」和第19行的「史」是錄事司屬下原本應當有的兩個史的編制。但沙安這個錄事司，看來只有一個名叫李藝的史（第17行）在執行任務。第19行的另一個史，因無人在任，所以下面是空白的。

第20行是統計這文案所花的時間：五月廿七日受理，當天就處理完畢。

第21和22行是「檢勾」的部分。值得注意的是，這兩行和我們在其他吐魯番文書上所見的樣式有些不同。這裡原本應當如〈開元二十一唐益謙、薛光泚、康大之請給過所案卷〉中所見那樣：

79　　　錄事 元肯 檢無稽失
80　　　倉曹攝錄事參軍 勤 勾訖[88]

但在上引大谷文書中，由於當時西州都督府的錄事出使在外，所以他沒有執行檢稽的工作。第21行就只注明「錄事使」，沒有「檢無稽失」的注記。第22行特別注明是「錄事參軍自判」，而不是常見的「錄事參軍

88　《吐魯番出土文書》（圖版錄文本）版，第4冊，頁274。

勾訖」，因為本案不是由列曹參軍行判，而是由錄事參軍「自判」。勾官應當「不便」勾稽他自己所判的文案，所以他在這裡所用的字眼是「自判」，而非習見的「勾訖」。

這種「錄事參軍自判」的注記，也見於開元十六年〈西州虞候司及法曹司請料紙牒〉[89]：

1	史
2	六月八日受，即日行判
3	錄事　使
4	錄事參軍　自判
5	案為虞候司請六月料紙事

按這兩個文案同為開元十六年，一在五月廿七日，一在六月八日，時間上非常接近，錄事參軍同為沙安，又同為請紙案，所以這兩件文書上有不少雷同的地方，特別是錄事出使在外未歸，以及「錄事參軍自判」這兩點。

綜上所考，吐魯番出土文書讓我們見到唐代的錄事參軍，如何在執行《唐六典》和《通典》所記載的幾個最主要職務：付事、勾稽、省署抄目、監印，以及給紙筆事。我們也得以見到他跟屬下的錄事和錄事司中的史，以及他跟上級通判官和長官，如何配搭合作，執行公務，在文書上批示勾署。如果沒有這些出土文書，我們便沒有如此具體、生動的「圖解說明」。

然而，吐魯番出土文書的意義還不只如此。它不僅提供「圖解說明」，它還和政典上的記載形成一種有趣的、複雜的、動態的對照。我

---

89 黃文弼，《吐魯番考古記》，頁52釋文，頁112圖32。

們常說，《唐六典》和《通典》記載的是一種「理想化」的狀況。比如，兩典都說都督府有一個錄事參軍，兩個錄事，意思是：在最「理想」的狀態，都督府應當有這樣的「理想」編制。但我們在吐魯番文書上所見的「實際」情況是：西州都督府經常沒有正式編制的錄事參軍，常由其他列曹參軍代攝職務。錄事也可能常出使在外未歸，並未執行公務。所以，《唐六典》和《通典》的記載可說是「理想」的、「靜態」的。實際的「動態」情況要比這些記載來得更爲複雜，更爲多變化。

再如，《唐律疏議》等律令，把唐代官員分爲四等官、勾官、檢官等等，並規定他們執行公務的程序，看起來非常有條不紊，但其實這也是一種「理想化」的狀況，實際施行起來未必如此理想。以吐魯番出土文書所見，錄事參軍不但是勾官，他在必要時也可以是判官，可以「自判」。總結而言，在探討唐代的典章制度時，我們固然要留意政典和職官書上所記載的「理想化」狀態，但我們更要細察出土文書、墓誌或其他史料所見的實際施行狀況，以及它跟政典記載不相同之處。這「不相同之處」才是制度真正施行時動態的、複雜的一面。

前面我們見過，《唐六典》和《通典》所載錄事參軍最主要的職務，特別是他「勾官」職能的部分，如「付事」、「勾稽」、「省署抄目」、「監印」和「給紙筆」等項，完全可以在吐魯番近世出土的文書中找到非常貼切的印證和「圖解說明」。這是吐魯番文書獨特的地方，也是其他史料所不及者。

但兩典還記載了錄事參軍另一種重要的「監察」職能，也就是「糾正非違」或「糾彈部內非違」，卻似乎未能在吐魯番文書中充分、清楚顯現。當然這是因爲這些吐魯番文書都屬日常行政上辦理文案的案卷。表面上，我們似乎只能見到錄事參軍如何在處理日常公務，如何在做一些文案工作，似乎好像不易從中看出錄事參軍「糾正非違」的監察功能。

然而，深一層看，這些吐魯番文書其實還是反映了錄事參軍「糾彈」

的「監察」職能。讓我們從另一個角度重新審視這批出土文書。

　　從公務執行的程序看，錄事參軍的確在扮演著一種舉足輕重的地位。首先，他和下屬錄事分別負起「受」和「付」的要務。他把一件公事交「付」給屬下的列曹參軍去辦理，這個舉動便意味著他位居列曹參軍之上，負責管轄這些列曹參軍的日常行政事務。這也就是其他唐代文獻所說「綱紀六曹」的意思。

　　「付事」之後，文案由列曹參軍以四等官中的「判官」身分判案，再由州上佐(司馬、長史、別駕)以「通判」的身分再判，然後由長官批「示」成案，最後又回到錄事司。這時，錄事必須先檢查整個文案，看看程限是否有稽違，文件是否完整等等，再署上「查無稽失」四個字。然後，錄事參軍才以勾官身分署上「勾訖」兩字，作最後的定案。

　　筆者認為，就在「付事」和「勾訖」的過程中，錄事參軍不但在扮演著「勾官」的角色，他同時也在行使他的「監察」職能。他把文案交付給下屬的六曹參軍去辦理，並且在最後對交辦的文案進行「勾訖」的動作，這不正好就是「監察」的一個環節嗎？

　　只不過，吐魯番出土文書中從來不曾使用「監察」這樣的字眼。然而，從錄事參軍「付事」到「勾訖」，他的確是在監視著他的下屬和他們辦案的整個過程。如果下屬有違法或不當行為，錄事參軍便是負起「糾舉」的官員。

　　如果說吐魯番文書未能明顯反映錄事參軍的「監督」職能，則唐代還有一種史料，倒是更明確記載了錄事參軍的「監察」功能。這便是唐代墓誌。吐魯番文書展現錄事參軍的「勾官」職能，而唐代墓誌則清楚記載錄事參軍的「監察」身分——這兩種史料正好可以互補有無。底下就讓我們來看看唐代墓誌如何呈現錄事參軍的「監察」角色。

五、唐前期錄事參軍（墓誌中所見）

　　和吐魯番文書大不相同的是，唐代墓誌幾乎沒有呈現錄事參軍作為
「勾官」的一面，反而比較凸顯他們的「監察」身分。當然，這是因為
這兩種史料性質不同的關係，也形成了有趣的對比。

　　例如，唐初的一篇墓誌〈大唐故儒林郎王君（令）墓誌銘〉便說：

> 祖秀，皇朝任鄧州錄事參軍。壤帶豫荊，地殷周楚，總六曹而
> 不紊，畫一法以司存。[90]

案墓誌誌主王令卒於總章二年（669）。他的祖父王秀當在唐初即已就任
鄧州錄事參軍，而且當時即「總六曹而不紊」。「總六曹」這種說法，
不但顯示唐初的錄事參軍，仍然繼續在行使南北朝以來錄事參軍的一大
職掌，而且也凸出了他位居六曹參軍之上「綱紀六曹」的監督角色。

　　順此一提，「綱紀六曹」是南北朝錄事參軍既有的職權，也是唐初
錄事參軍繼承下來的職務，下面還將論及。但現代學者有時似乎誤以為
這是唐後期錄事參軍才有的職權。例如，李方便說：「唐朝後期，錄事
參軍甚至可以綱紀六曹，與長官地位相侔。」[91]

　　另一篇墓誌〈唐故宋州錄事爾朱府君墓誌銘并序〉[92]，則記載了唐
初一位錄事參軍爾朱旻（621-673）的生平事跡，讓我們得以見識唐初任
此官者會是一個怎樣的人。據墓誌，爾朱旻的祖上非常顯赫。他的曾祖

90　《唐代墓誌彙編》，總章028，頁500。
91　李方，〈唐西州勾官編年考證〉，頁129。
92　《唐代墓誌彙編》，垂拱012，頁737。

爾朱敞，是「博陵王嫡子，隋金、徐二州總管諸軍事，金、徐二州刺史，邊城郡開國公」[93]。他的祖父「休最，隋壽縣開國公，又除親衛大都督，轉任豫章王府司馬，襲封邊城郡公」。他的父親「義琛，唐同州長史，太僕少卿，工部侍郎，大理正卿，定州刺史」。這些都是隋唐兩代的高官。

　　爾朱旻本人「考秩既終，式陪英選」，便「釋褐授……江王府兵曹參軍事」。他接著任「定州司戶參軍事」。這時他的父親也在任定州刺史[94]。「公以父子連任，持蒙改職」。「於是授公宋州錄事參軍事」。他的墓誌說他任此職時，

　　公探詳物理，糾舉怨連，高居一郡之雄，直處六曹之首。[95]

不久他即「以咸亨四年七月廿三日終於宋州寧陵縣，春秋五十有三」，可知他是在宋州錄事參軍任上去世的。爾朱旻一生就只做過這三任官，成就遠不如他父親或祖上幾代。但正如本書經常指出的，唐代許多州縣官一生中常常做官不到五任。爾朱此例也可說是個典型。

　　爾朱墓誌上說他「糾舉怨連，高居一郡之雄，直處六曹之首」這一句話，有兩點很可注意。一是說他的職務在「糾舉怨連」。這正是《唐六典》所說「糾正非違」，或《通典》所說「糾彈部內非違」之意，也就是錄事參軍最基本的職掌之一。另一則是說他位在六曹之上，負責監

93　爾朱敞在《隋書》卷55，頁1374有傳，但他的名字在《隋書》寫作「尒朱敞」。

94　爾朱義琛本人亦有墓誌傳世，曰〈大唐故銀青光祿大夫定州刺史上柱國爾朱府君墓誌〉，收在《唐代墓誌彙編》，上元036，頁618-619。郁賢皓，《唐刺史考全編》，頁1546，引此墓誌，考定爾朱義琛任定州刺史大約在「乾封時」。

95　《唐代墓誌彙編》，垂拱012，頁737。

督一州內六曹(即功曹、倉曹、戶曹、兵曹、法曹和士曹)參軍。

正如嚴耕望早已指出的,《唐六典》和《通典》述錄事參軍職掌時,皆忽略了「綱紀六曹」這一項[96]。實際上,唐代的錄事參軍,早在初唐即有這項職務,並非到了安史亂後的唐後期才來「綱紀六曹」。這類例證在兩《唐書》列傳中似乎找不到,但在唐代墓誌中卻很常見。除了上面引用過的幾個例子外,這裡且再引數例,以證錄事參軍在唐初即有「綱紀六曹」的重要地位。

譬如,武則天時代有一位「陝縣尉河東柳紹先」所撰的〈楊氏合葬殘碑〉,便提到「貞觀年」有一位「制授杭州錄事參軍,綱紀六曹」[97]。這可能是記載唐代錄事參軍「綱紀六曹」年代最早的一條史料。

長壽二年的〈大唐故中散大夫行茂州都督府司馬上柱國張府君墓誌銘并序〉,記載了張懷寂(632-693)一生的事跡。他出身將軍世家。他的墓誌特別提到他壯年時的第二個官職為「伊州錄事參軍,糾劾六曹」[98]。

景雲二年的〈大唐故文林郎田君墓誌銘并序〉,誌主田待(640-698)本身官歷不詳,但他的墓誌倒是特別提到他的父親田萬頃,「皇朝桂州都督府錄事參軍;游馥蘭室,從班桂林,綱紀六曹,輔佐千里」[99]。

開元二年的〈大唐故右衛中郎將兼右金吾將軍同安郡開國公鄭府君墓誌銘并序〉,記載了鄭玄果(623-685)頗為精采的的一生事跡。他年輕時,「起家文德皇后挽郎,解褐曹王府兵曹、趙王府法曹。……轉幽州錄事參軍,舊周則新平漆縣,綱紀則提目六曹」[100]。

---

96 嚴耕望,〈唐代府州上佐與錄事參軍〉,《嚴耕望史學論文選集》,頁536。
97 此碑碑文收在《全唐文》所附《唐文拾遺》卷17,頁10554;以及《唐代墓誌彙編》,景龍020,頁1093-1094。
98 《唐代墓誌彙編》,長壽030,頁854。
99 《唐代墓誌彙編》,景雲023,頁1133。
100 《唐代墓誌彙編》,開元011,頁1158。

最後，讓我們來看看安史之亂前夕一位錄事參軍李詥(711-754)的事跡。他的墓誌〈大唐故臨淮郡錄事參軍李君墓誌銘并序〉告訴我們：

> 年廿二，忠宣太子挽郎出身，天寶十三載調授臨淮郡錄事參軍事，文部尚書楊國忠以君儀貌魁偉，風神清肅，擢授此職，謂得人矣。靡鹽從事，載陳其力，提綱舉目，深盡其要，六曹欽其善政，一郡仰其能理。[101]

臨淮郡即泗州，在唐代屬於上州。李詥並非科舉出身，而是以「忠宣太子挽郎出身」。這是一種以蔭入仕的辦法：先任齋郎、挽郎後始步入仕途[102]。他於天寶十三載(754)獲授臨淮郡錄事參軍時，年約四十四歲，頗符合錄事參軍這種中層文官的任職年齡。誌文形容他「六曹欽其善政，一郡仰其能理」，雖然都是墓誌典型的溢美之詞，但也清楚顯示，他任臨淮郡錄事參軍時，的確是在監督六曹，負起一郡的要事。

從以上這幾個案例看來，唐人一提到錄事參軍，便馬上聯想到他「綱紀六曹」的職務，可知錄事參軍位居六曹之上，負有統轄之責。

唐前期錄事參軍的這種地位，在李白所寫的〈崇明寺佛頂尊勝陀羅尼幢頌并序〉中，也有所反映。崇明寺位於魯郡(即兗州，治所在今山東兗州)。道宗律師於天寶八載(749)去世，寺裡於是立了一座佛頂尊勝陀羅尼幢以示紀念，請李白寫一篇頌并序。李白在序文中告訴我們，魯郡的州縣官在這碑的碑陰上都題了名字：

101 《唐代墓誌彙編》，天寶259，頁1712。
102 關於唐代的齋郎和挽郎，較早的一篇論述是黃正建，〈唐代的齋郎與挽郎〉，《史學月刊》，1989年第1期。最近，劉琴麗以墓誌中常見的齋郎和挽郎，對此有更詳細的考論。見她的〈再論唐代的齋郎與挽郎〉，《江漢論壇》，2005年第9期，頁91-93。

其錄事參軍，六曹英寮，及十一縣官屬[103]，有宏才碩德，含香
繡衣者，皆列名碑陰，此不具載。[104]

雖然這段碑陰題名沒有傳世，但從李白的描寫看來，這位兗州錄事參軍
的名字，顯然排在首位，列在「六曹英寮，及十一縣官屬」之前，很符
合錄事參軍「綱紀六曹」的慣例。

　　除了「綱紀六曹」外，唐前期錄事參軍的主要職掌之一「糾舉非違」，
在兩《唐書》列傳等材料和石刻碑誌中都可以找到許多例證。曾賢熙、
胡寶華等現代學者也將錄事參軍的這種職務，視為唐代「地方監察」的
一個環節。

　　所謂「糾舉非違」，並非糾舉一般百姓的違法事，而是糾舉州縣官
員所犯的違法事。換句話說，唐代州府的司錄、錄事參軍，和京城御史
臺的御史一樣，是一種「管官的官」，主要負責監察州縣官的行為。此
之所以司錄、錄事參軍可以被視為是唐代監察制度的一部分。正如胡寶
華、曾賢熙等人所指出的，唐代京城的御史臺，只有寥寥數十位御史，
不可能監管全國州縣幾萬個地方官員。這方面的監察職務，便由司錄、
錄事參軍來承擔。

　　從這個角度看，《唐六典》所說的「糾正非違」，或《通典》所說
「糾彈部內非違」，實際上和前文所論的「綱紀六曹」有莫大的關係。
所謂「綱紀六曹」，其實也就是監督屬下六曹參軍行為的意思。這不就
跟糾正屬下州縣官的行為大同小異嗎？嚴耕望說《唐六典》和《通典》

---

103 據《舊唐書》卷38〈地理志〉，頁1446，兗州在「天寶領縣十一」，於此
　　正合。

104 《李白全集編年注釋》，頁1731。關於此佛教幢頌的詳細考釋和英譯，見
　　Paul W. Kroll, *Dharma Bell and Dhāranī Pillar: Li Po's Buddhist Inscriptions*
　　（Kyoto: Italian School of East Asian Studies, 2001）.

「皆未觸及」錄事參軍「綱紀六曹」的工作[105]，但兩典所說的糾正非違，其實也就包括了「綱紀六曹」的意思。或許正因爲含意相似，兩典都沒有特別再分別標舉「綱紀六曹」一項？

因此，「綱紀六曹」和「糾正非違」，實可看作是同一件事情的兩種不同說詞。其實質內容是：司錄、錄事參軍在行使他「管官的官」之職權，在監督他屬下州縣官的行爲，避免他們犯法，或糾舉他們的違法事。「綱紀」和「糾正」都隱含「監察」之意。

唐代文獻提到司錄、錄事參軍的職務，有時說是「綱紀六曹」，有時說是「糾舉非違」，實際上都在說同一件事，或許只是強調的重點有所不同罷了。前文所引唐代墓誌中好些「綱紀六曹」的案例，也可以看作是錄事參軍在行使「糾舉非違」的職務。兩種說法最重要的共同點是：這些錄事參軍都在「監察」下屬的所作所爲。

這種「監察」職務，在兩《唐書》或墓誌中，其實還可能有不同形式的描寫。例如，顯慶二年的〈大唐故崗州錄事參軍元府君墓誌銘并序〉就這樣形容這位錄事參軍元則(601-657)的工作：

> 又除崗州錄事參軍事。刺舉千里，肅理百寮。[106]

「刺舉千里，肅理百寮」便隱含「監督」、「綱紀」和「糾舉」屬官之意。

乾封年間的〈唐故箕州榆社縣令王君墓誌銘并序〉，便說這位誌主王和(589-667)：

---

105 《嚴耕望歷史論文選集》，頁536。
106 《唐代墓誌彙編》，顯慶034，頁250。

> 又除利州錄事參軍。揆務提綱，彈違舉直，具寮欽其稱首，屬
> 縣仰其標緻。[107]

利州位於山南道，治所在今四川廣元。這幾句話的大意，重點仍在「監
察」：「揆務提綱，彈違舉直」。他屬下的六曹「具寮欽其稱首」。他
所管的利州「屬縣」縣官們也「仰其標緻」。這可說是對唐前期一個錄
事參軍非常具體的描寫。

垂拱年間的〈大唐故文林郎李君墓誌銘并序〉，誌主李道瓛，生前
官歷乏善可陳，但墓誌提到他的父親時，則這麼說：

> 父石，皇朝任萊州錄事參軍。夙表楊庭，允居寮首，丹筆所
> 振……。[108]

「允居寮首」意即位居眾官僚之首(古籍中「寮」和「僚」常通用)，可
說是「綱紀六曹」的另一種說法。「丹筆所振」則隱示他的「監察」職
能。從敦煌文書可見，錄事參軍勾檢稽失時，一般所用也都是紅色的「丹
筆」。

天寶年間的〈大唐故定遠將軍守左司禦率府副率姚府君墓誌并
序〉，寫誌主姚知：

> 調選授河南府錄事。糾舉六曹，綱紀一縣……[109]

---

107 《唐代墓誌彙編》，乾封040，頁469。
108 《唐代墓誌彙編》，垂拱064，頁774。
109 《唐代墓誌彙編》，天寶131，頁1624。

整個敘事重點也是「監察」。「糾舉六曹」一詞，更彷彿是「綱紀六曹」和「糾舉非違」的一個「結合體」，可證這兩者在唐人心目中實爲一事。

　　書法家顏真卿爲他堂兄顏杲卿(692-756)所寫的墓誌〈攝常山郡太守衛尉卿兼御史中丞贈太子太保諡忠節京兆顏公神道碑銘〉，也提到顏杲卿壯年時：

　　　擢授魏郡錄事參軍，當官正色，舉劾無所迴避。[110]

魏郡即魏州，屬河北道，是個重要的雄州。顏杲卿在這裡任錄事參軍，是在安史亂前的天寶年間。顏真卿對他的職務描寫只有短短的一句話「舉劾無所迴避」，可知顏杲卿任此官時，最主要的任務便是「舉劾」、監察州縣的官僚。

　　另一篇天寶年間的墓誌〈唐故順義郡錄事參軍事飛騎尉上谷侯府君墓誌并序〉，誌主侯方，生年不詳，但卒於天寶四載(745)。墓誌說他「壯歲出身，知命登祿」，又形容他任順義郡(屬嶺南道)錄事參軍時：

　　　主勾郡曹。然外境無九棘之台，掌同監察之任……[111]

這是最明確提到錄事參軍「掌同監察之任」的一篇唐代史料。

　　綜上所述，唐前期錄事參軍的職能，主要有兩大項。一是充任「勾官」，負責勾稽文書、監守符印、給紙筆等事。二是充當「監察」之官，位在六曹參軍之上，同時也糾劾本州(包括屬縣)的官員。除此之外，唐前期的錄事參軍，還有一些《唐六典》不載的職務，例如入計和充綱。

110 《全唐文》卷341，頁3463。
111 《唐代墓誌彙編》，天寶089，頁1594。

　　唐初錄事參軍入計的案例，首見於《新唐書》高祖之子滕王元嬰傳：

> 久之，遷洪州都督。官屬妻美者，紿為妃召，逼私之。嘗為典
> 籤崔簡妻鄭嫚罵，以履抵元嬰面血流，乃免。元嬰慚，歷旬不
> 視事。後坐法削戶及親事帳內之半，謫置滁州。起授壽州刺史，
> 徙隆州，復不循法。錄事參軍事裴聿諫正其失，元嬰捽辱之。
> 聿入計具奏，帝遷聿六品上階。[112]

亦見於《新唐書·沈佺期傳》：

> 沈佺期字雲卿，相州內黃人。及進士第，由協律郎累除給事中，
> 考功受賕，劾未究，會張易之敗，遂長流驩州。稍遷台州錄事
> 參軍事。入計，得召見，拜起居郎兼脩文館直學士。[113]

　　至於唐初錄事參軍充綱，在洛陽出土的含嘉倉磚銘上，有高宗武則天時代一位「錄事劉爽」出任「正綱」的記載[114]。陳明光認為這個「錄事」當指「州的錄事參軍」[115]。筆者頗同意此說，因為正如上文所論，唐代「錄事」是個很低下的職位，在州的場合甚至是個流外官，似不可能擔當充綱的重任。磚銘此處的「錄事」當是「錄事參軍」的省稱。不過，應當留意的是，含嘉倉出土磚銘上所記充綱的官員，包括縣尉、縣丞等地方官，顯示充綱這一任務，正如唐後期一條史料所說，「舊例差

112 《新唐書》卷79，頁3560。
113 《新唐書》卷202，頁5749。
114 〈洛陽隋唐含嘉倉的發掘〉，《文物》，1972年第3期，頁52。
115 陳明光，《唐代財政史新編》（北京：中國財政經濟出版社，1999），頁53。

州縣官充綱」[116]，不單單只限於錄事參軍一職。

但唐初錄事參軍入計和充綱此兩項職務，看來都屬臨時差遣性質，史料中亦僅寥寥數例，似未構成他們的固定任務，這裡不細論。然而，安史亂後，唐代錄事參軍所扮演的角色便明顯變得愈來愈多，也愈來愈重要，下一節將再詳論。

六、唐後期的錄事參軍

敦煌吐魯番出土文書大抵皆屬唐前期，大約止於天寶末年。所以，這批出土文書對我們觀察和了解唐後期的錄事參軍，沒有幫助。唐後期我們可以用的史料，便剩下三大類：一是兩《唐書》職官志的記載；二是唐後期的墓誌和碑刻題名等石刻史料；三是兩《唐書》列傳部分、《唐會要》和《冊府元龜》中的材料，以及廳壁記和唐人所寫的一些詩文。

《舊唐書·職官志》對州府司錄、錄事參軍的記述只有短短的一句：

司錄、錄事參軍掌句稽，省署鈔目，監符印。[117]

按《舊唐書》成書於後晉開運二年(945)，其志書部分原本應當敘及唐中葉以後的事。但正如不少學者早已指出的，《舊唐書》的材料，特別是它的志書部分，經常停留在唐前期。這是因為它往往只是把舊有《國史》中的相關部分照抄過來而已。而唐《國史》都成書於安史亂前，亂後不再有編纂。《舊唐書》編纂時間很短，前後只有大約四年，所以它

---

116 《唐會要》卷84，頁1827，引開成四年十月的一條中書、門下奏。
117 《舊唐書》卷44，頁1911。

常只能照搬《國史》舊文,沒有再「加工」增添唐後半期的材料[118],以致上引記錄事參軍這一句,幾乎和前面我們所見《唐六典》和《通典》的記述相同,甚至還有所省減,略去了「付事」和「給紙筆」等項。它完全沒有理會唐後期錄事參軍所扮演的新角色。這對後世的研究者可說毫無幫助。我們要以其他材料來補強。

但《新唐書‧百官志》的記載更簡短。且看:

> 錄事參軍事,掌正違失,蒞符印。[119]

《新唐書》成書於北宋,原本應當比《舊唐書》更能顧及唐後半期的史事。然而,《新唐書》常常喜歡刪去《舊唐書》之舊文,又無新材料的補充。其志書部分對中晚唐典章制度的處理也是有欠理想的[120]。論者常謂《新唐書》「事增文省」。但以上引一句看來,它並沒有「事增」,文倒是比《唐六典》、《通典》和《舊唐書》都來得省略。它不但沒有告訴我們錄事參軍在唐後半葉的新角色、新職權,而且還把他前期的幾個重要職掌如「付事」、「勾稽」和「給紙筆」等項,統統給刪去了。

因此,要了解唐後期的錄事參軍,兩《唐書》的職官志可說用處不大。我們必須查檢其他史料,才能釐清唐後期錄事參軍的真貌。

例如,于邵所寫的〈京兆府司錄加秩記〉一文,便非常具有時代特

---

118 關於《舊唐書》的史源問題,最詳細的研究是Denis Twitchett, *The Writing of Official History under the T'ang Dynasty*(Cambridge: Cambridge University Press, 1992).

119 《新唐書》卷49下,頁1312。

120 例如,它的兵志部分,早在宋代就遭到當時學者如呂夏卿等人的非議。見唐長孺,《唐書兵志箋正》(北京:科學出版社,1957),序文頁1-2。唐長孺這本箋正,也對《新唐書‧兵志》做了極多的補正,可證當時撰作〈兵志〉之草率。

色，記述了當年京兆府司錄參軍「加秩」的事及其背景：

> 司錄之職，雅有前志，著乎屋壁舊矣。自乾元元年四月，皇帝
> 郊于上元，用柴禮，以報功也。施惠行慶，大庇于生人。厥有
> 條目。其一，在天下糾曹而加秩。以為此官郡府之樞轄，政之
> 小大，自我褒貶，若網之在綱，猶衣之有領。……副相李公，
> 兼領京兆，祇奉明詔，深難其選。自中及外，心必參之。趙郡
> 李侯春，自監察御史出行虞鄉令，到官九十日，表之而還。則
> 向來之言，無所關矣。上布此令，下乃宏是舉。……愚以李侯
> 同聲之故，見副舉善之方，謹而志之，敢以專達，如後之觀者，
> 將辨乎始事。覽此中記，非公誰歟？[121]

于邵是天寶十四載(755)的進士[122]。他此文的寫作年代不詳，但所記的
是乾元元年(758)肅宗剛改元，為「天下糾曹而加秩」的事。這時距離
他考中進士那年不久。他為此事給他一位任京兆府司錄的朋友「趙郡李
侯春」寫了一篇廳壁記一類的文字，就此官「加秩」事「謹而志之」。
所以這應當是于邵當年親身經歷的事，很有時代意義。「糾曹」即司錄、
錄事參軍的別稱。文中稱此官為「郡府之樞轄，政之小大，自我褒貶，
若網之在綱，猶衣之有領」。這是唐人對此官的典型觀感，也把此官在
州府行政上重要的「勾稽」和「監察」地位凸顯出來了。

　　于邵所記的司錄、錄事參軍「加秩」事，可以在肅宗的〈乾元元年
南郊赦文〉得到證實：

---

121 《全唐文》卷429，頁4367。
122 《登科記考補正》卷9，頁387。于邵後來官至禮部侍郎等高官。他的本傳
　　見《舊唐書》卷137，頁3765；《新唐書》卷二〇三，頁5783。

> 錄事參軍，職司糾舉。自今已後，宜升判司一政，以彰委任。
> 123

由此看來，錄事參軍是因爲「職司糾舉」的重任，所以肅宗皇帝才下令「宜升判司一政」。判司即六曹參軍。「一政」當爲于邵所說的「一秩」，或《通典》所說的「一品」（見下引）。我們前面見過，早在唐前期，錄事參軍即「綱紀六曹」，但他的官品只比六曹參軍高一階而已。《唐六典》記錄事參軍(以京兆府而言)爲正七品上，六曹參軍則正七品下，爲一階之差。現在肅宗下令「宜升判司一政」，則司錄、錄事參軍的官品當升爲正六品上。《唐會要》清楚告訴我們，加秩事發生的明確年月日：

> 乾元二年〔當爲「元年」之誤〕四月十四日敕文：「錄事參軍自
> 今已後，宜升判司一秩。」124

《通典》錄事參軍條下亦載此事，且有所補充：

> 乾元元年，加進一品，仍升一資。元年〔上元元年九月去年號，但
> 稱元年，即西元761〕建寅月又制，凡縣令判司與錄事異禮，尊其
> 任也。125

換句話說，司錄、錄事參軍「加秩」之後，隔了幾年，皇帝又下令「縣令判司與錄事異禮，尊其任也」。嚴耕望疏證此條，認爲從此以後，縣

---

123 《全唐文》卷45，頁496。
124 《唐會要》卷69，頁1439。
125 《通典》卷33，頁912。

令、判司要向錄事參軍行隔品致敬之禮[126]。安史亂後，錄事參軍的地位比唐前期提高許多，且在官品、受敬禮方面享有制度上的重大轉變。

關於錄事參軍此次「加進一品」事，《通典》此卷的校點者王永興有一疑問：「《舊唐書・職官志一》一七八六頁云「今錄永泰二年官品」。彼所錄上、中、下州錄事參軍之職事品，與《唐六典》卷三〇所記開元時上中下州錄事參軍之品級相同。據此，乾元元年錄事參軍似無進品之事。疑此「品」當作「階」。待考。」[127]

這是非常合理的懷疑。《通典》、《唐會要》和兩《唐書》職官志所記多為制度條文，常令人質疑這些條文到底曾否真正付諸實行過。筆者懷疑，《舊唐書・職官志》記「永泰二年官品」和開元官品相同，恐怕是因為永泰二年官品條文仍然在照抄開元舊文，並未修訂更新，也未留意到乾元元年曾有肅宗南郊赦文加秩事。但此「加秩」事應當確有其事，且真正實行過，因為于邵所寫的〈京兆府司錄加秩記〉為我們提供了最好的見證。如果「加秩」事只是制度空文，則于邵當不可能為他那位「同聲」朋友，寫那樣的文章「謹而志之」。

唐後期有幾篇廳壁記，也一再印證錄事參軍「綱紀六曹」等要務，並且常為我們提供進一步的細節，值得留意。

例如，皇甫湜在「元和八年〔813〕四月三日」寫的〈睦州錄事參軍廳壁記〉，一開頭就描寫六曹參軍和錄事參軍在州衙門不同的辦公署：

> 入州門東，六曹之聯事所署。都其任者，廳於門西。[128]

---

126 《嚴耕望史學論文選集》，頁532-533。
127 《通典》卷33，頁928，注37。
128 《全唐文》卷686，頁7028-7029。

「州門」指州衙門、州官廳(非州城門)[129]。六曹參軍有自己的「聯事」公署，位於州衙門之東面，而錄事參軍是「都其任者」，即「綱紀六曹」者，他另有自己的辦公地點，位於州官廳「門西」。這種官署的布置不但清楚顯示錄事參軍獨立於六曹之上，也非常具體展現了一種統屬關係。

劉寬夫的〈汴州糾曹廳壁記〉[130]寫於「大和三年」(829)，也是一篇見證式的文字。事緣他的朋友「瑯琊郡葛公元方」，任滿揚州天長縣令後，來到汴州任錄事參軍，於是劉寬夫便爲他的錄事參軍辦公廳寫了一篇廳壁記，以誌其事。「糾曹」爲錄事參軍的別稱之一，當以其「糾正非違」的職權得名。

汴州(今河南開封)是隋唐大運河上一個重要的交通樞鈕，也是個重要的「雄」州。韓愈年輕時曾經在這裡任董晉幕府的一個推官，寫過一篇〈送汴州監軍俱文珍序〉，形容汴州這方鎮「屯兵十萬，連地四州」[131]，極具戰略意義。劉寬夫的廳壁記也提到汴州的重要性：

> 大梁當天下之要，總舟車之繁，控河朔之咽喉，通淮湖之運漕。

如此雄州的錄事參軍，其職務顯然關係到一州的行政至巨。於是，廳壁記一開頭就敘及錄事參軍在州政的關鍵地位：

> 郡府之有錄事參軍，猶文昌之有左右轄，南臺之有大夫中丞

---

129 中古史料中的「州門」，常指「州衙門」(非「州城門」)；「縣門」則常指「縣衙門」(非「縣城門」)。關於這種用詞，最精深的討論見周一良的一篇讀史札記〈州、郡、縣〉，收在《周一良集》，第二卷，頁331-332。

130 《全唐文》卷740，頁7649。

131 《韓昌黎文集校注》文外集上卷，頁674。

也。糾正邪慝，提條舉目，俾六聯承式，屬邑知方，……舉綱維之未振。俾側者不敢挾其側，姦者不敢萌其姦，法令修明，典章不紊，此其任也。

「文昌之有左右轄」指中央尚書省有左右丞；「南臺之有大夫中丞也」指京城御史臺有御史大夫和御史中丞等「監察」官員。我們知道，尚書省的左右丞實際上也是一種「勾官」，是中央尚書六部二十四曹司的「勾官」[132]，位在二十曹司之上。侍御大夫和中丞則是「監察」官。兩者都負有「糾舉」的職能，但略有不同。劉寬夫在這裡把錄事參軍比擬成左右丞和御史大夫及中丞，可說非常貼切，也可以印證前文所論：錄事參軍扮演著兩大角色：他既是「勾官」，又是「監察」之官。

　　然而，汴州自貞元以來，正如劉寬夫接著所說，任錄事參軍者多不得人，「以脫禍為心，何有意於勾稽」：

　　貞元以來，戎帥自擅。咸令已出，無復國章。隄防不完，徽繯蕩失。調補斯任者，但疊跡斂手，以脫禍為心，何有意於勾稽，而敢思其職業者哉？

所以，劉寬夫的這篇糾曹廳壁記，一方面記述錄事參軍的幾項重任，如「糾正邪慝」和「勾稽」，另一方面也在勉勵他的朋友葛元方，要盡力負起這種種職責。

　　前面見過，劉寬夫把司錄、錄事參軍比擬為中央尚書省的左右丞，以及京城御史臺的御史大夫和御史中丞。這是非常貼切的一個比方。會昌二年，當時的尚書左丞孫簡在一篇奏文中，也把錄事參軍比譬為尚書

---

132 王永興，《唐勾檢制研究》，頁5。

省的左右丞，可謂深得其意：

> 今京兆河南司錄，及諸州府錄事參軍，皆操紀律，糾正諸曹，
> 與尚書省左右丞紀綱六聯略同。[133]

只是孫簡未把錄事參軍比作御史大夫和中丞。這可能是因為孫簡當時正好出任尚書左丞，他比較熟悉左右丞的職務也。

　　唐代傳世的幾篇錄事參軍廳壁記當中，最能詳細呈現錄事參軍各種面貌，寫得面面俱到，當數符載（759-817?）的〈江州錄事參軍廳壁記〉：

> 錄事參軍之於郡縣，紀綱也、車轄也。綱弛則目疏，轄抗則載
> 輸。政之成敗，亦繇是也。自漢魏以還，歷江左，郡有督郵、
> 主簿。後魏北齊後周隋文，州有錄事參軍。煬帝時罷州置郡，
> 有東西曹掾主簿。國朝省掾主簿，復為錄事參軍。其於句稽失，
> 糾愆謬，省抄目，守符印，一州之能否，六曹之榮悴，必繫乎
> 其人也。其人強，其務舉；其人困，其務削。循名考實，豈容
> 易哉。[134]

符載這篇廳壁記是一篇很精緻的小考證。他不但追溯此官的起源及其在

---

133 《唐會要》卷58，頁1174。

134 《全唐文》卷689，頁7051。按符載這篇廳壁記沒有誌期，但他曾經在貞元
　　十五年（799）左右，應辟江西李巽幕府。江州就在江西觀察使的管區內，所
　　以他這篇廳壁記很可能寫在這個時候。關於符載的生平，最精細的考訂見
　　潘呂棋昌，〈符載事蹟考述〉，《空大人文學報》，第2期（1993），頁93-119，
　　頗見功力，有多處糾正前人之誤。符載的姓，在石刻史料中又作「苻」，
　　故潘呂棋昌引用岑仲勉的意見，認為應當更正為「苻」才是。但這裡依唐
　　史學界慣例，仍稱他為「符載」。

漢魏晉南北朝和隋唐的種種名目轉變，而且還觸及錄事參軍的幾種職掌：「勾稽失，糾愆謬，省抄目，守符印」。這完全符合我們在《唐六典》等政書上以及敦煌吐魯番出土文書上所見。但這篇廳壁記最重要、最有價值的一點卻不是這些，而是它透露了此官在唐代士人心目中的位置：「一州之能否，六曹之榮悴，必繫乎其人也。」要不是符載給我們提供了這一種當時人的見證，我們很難從政書、職官書或敦煌吐魯番文書去探悉，唐後期的錄事參軍居然在州政上扮演如此關鍵的角色。

唐後半期的贈詩和贈序，也常可見到錄事參軍的身影，頗可讓我們窺見他們做官、交遊和日常生活的一面，以及他們的心靈層面。這是其他史料所不能做到的，值得細細玩賞。

例如，杜甫在安史亂後和一位叫韋諷的中層官員有交往，寫了相關的三首詩送給他。第一首〈東津送韋諷攝閬州錄事〉，寫於寶應二年（762）：

> 聞說江山好，憐君吏隱兼。
> 寵行舟遠泛，惜別酒頻添。
> 推薦非承乏，操持必去嫌。
> 他時如按縣，不得慢陶潛。[135]

杜甫這時身在綿州（治所在今四川綿陽縣東北）。詩題中的「東津」指綿州城東涪江的一個渡口。他在這裡送他的朋友韋諷到鄰近的閬州（治所在今四川閬中）去代攝錄事參軍。「寵行」即贈詩送別。「惜別酒頻添」透露他們當時正在江口某處頻頻喝酒。最後兩句是全詩最有新意的地方，提到錄事參軍不止有綱紀州內六曹的職權，他甚至還有「按縣」的

---

135 《杜詩詳注》卷11，頁924-925。

職務，也就是外出巡視屬縣，監督縣官。杜甫用了陶淵明辭官的典故：當年，淵明在彭澤縣當縣令，郡守派督郵（此官即後來的錄事參軍）到縣巡察，淵明不願「折腰」，因而辭官歸去。據此，唐人把當時的錄事參軍，視為像東晉的督郵一般。杜甫在此提醒他的朋友，將來任官「按縣」時要好好對待像陶淵明那樣清高的縣官，很生動地把錄事參軍的「按縣」職務寫出來了。

韋諷是一個怎樣的錄事參軍？杜甫在〈韋諷錄事宅觀曹將軍畫馬圖〉，呈現了唐代一個錄事參軍日常生活的一面。正如詩題所示，這首詩寫杜甫在韋諷家中觀賞「曹將軍畫馬圖」。曹將軍就是唐代鼎鼎有名的畫馬大家曹霸。詩中花了大半篇幅在寫這位曹將軍的畫馬事跡，形容他如何「得名三十載」，如何讓「人間又見真乘黃」（古代傳說中的神馬），又如何畫過玄宗皇帝的名駒「照夜白」（「曾貌先帝照夜白」），而得到皇帝的許多賞賜。

接著，杜甫告訴我們，他在韋諷錄事宅中觀賞的是曹霸的新作〈九馬圖〉。這件事本身便很有意義。曹霸是當時的名畫家。韋諷只是個錄事參軍，一個中層文官，卻能夠得到這樣一個名畫家的畫作，並且和杜甫一起欣賞，這一細節便反映了當時一個錄事參軍和文士、畫家交遊的情況，以及他的品味和經濟能力。杜甫在詩中以一種非常戲劇性的方式來呈現韋諷：

借問苦心愛者誰，後有韋諷前支遁。[136]

杜甫在這裡自問：從古至今苦心愛馬的人有誰？又自答：從前有支遁（東晉一位非常喜歡養馬的僧人），後來有韋諷這樣的錄事參軍。於是，唐

---

136 《杜詩詳注》卷13，頁1155。

代一位錄事參軍的日常生活形象，便躍然紙上了[137]。

杜甫在第三首詩〈送韋諷上閬州錄事參軍〉，呈現的則是韋諷負起官務的一面：

> 韋生富春秋，洞徹有清識。
> 操持紀綱地，喜見朱絲直。
> 當今豪奪吏，自此無顏色。[138]

「操持紀綱地」寫出了錄事參軍在州政上綱紀、監督屬僚的一面。杜甫寫這首詩送這位「富春秋」、有「清識」的錄事參軍「韋生」赴任，正是希望他能夠像「朱絲」那樣正直，好讓那些強奪民脂的官吏，從此再也「無顏色」，再也沒有顏面。

唐代錄事參軍這種「持紀綱」的角色，看來是唐人對此官最直接、最基本的一個聯想。我們前面見過，錄事參軍的別稱當中有「糾曹」一種，著重點正是他「持紀綱」的一面。中唐的一位「文壇盟主」權德輿[139]，便乾脆把錄事參軍稱為「紀綱掾」，而且他似乎特別喜歡用這種非正式的官稱，見於他的兩篇贈序和一篇墓誌。

---

137 關於這首詠畫詩中畫家和畫作的背景，見王伯敏，《李白杜甫論畫詩散記》（杭州：西泠印社，1983），頁83-86。

138 《杜詩詳注》卷13，頁1157。

139 學界過去對權德輿的研究不多，但近年頗有人留意他的思想和生平，例如嚴國榮《權德輿研究》（北京：中國社會科學出版社，2006）以及Anthony DeBlasi, "Striving for Completeness: Quan Deyu and the Evolution of the Tang Intellectual Mainstream," *Harvard Journal of Asiatic Studies*, 61.1 (1999): 5-36. Anthony DeBlasi, *Reform in the Balance: The Defense of Literary Culture in Mid-Tang China* (New York: State New York University Press, 2002). 亦有一章專論權德輿。

他在〈送台州崔錄事二十一丈赴官序〉中一開頭就這樣說：

> 夏四月，臨海紀綱掾崔稚璋受命選部，出車東門。是歲，重表
> 甥權德輿始至京師，寓居同里。[140]

臨海即台州。據權德輿說，這位「紀綱掾崔稚璋」在台州任錄事參軍，
「予獨知臨海之人，受賜不暇矣」。現在他要離去，「二三君子」便設
宴爲他餞行。權德輿寫了這篇贈序，以序與會諸人的贈詩。

同樣的，權德輿在〈送右龍武鄭錄事東遊序〉，形容他的一個少年
朋友鄭生，「三徙官至親軍紀綱掾」[141]。「親軍」即序題中的「右龍武」
軍。這是京城衛府中的錄事參軍職，和州府司錄、錄事參軍一樣，負有
勾稽和監督的職能，亦可稱爲「紀綱掾」。

權德輿在他寫的墓誌〈金紫光祿大夫司農卿邵州長史李公墓誌銘并
序〉，則這樣描寫誌主李鍇壯年的一段經歷：

> 後歷揚州、太原二紀綱掾。府之損益，皆所關決。[142]

這裡「紀綱掾」指揚州、太原兩府的司錄參軍。「府之損益，皆所關決」，
雖是墓誌常見的溢美之詞，但也符合我們在其他史料所見司錄、錄事參
軍於州政上的舉足輕重角色。唐代史料中，權德輿雖是唯一使用「紀綱
掾」這別稱的人[143]，但應當也反映了當時人對這種官職的一種「套板印

---

140 《全唐文》卷492，頁5020。
141 《全唐文》卷492，頁5020。
142 《全唐文》卷502，頁5111。
143 《白孔六帖》（《欽定四庫全書》本，台北：商務印書館影印，1983-86），
　　卷77，頁22，也用了一個類似的詞，稱錄事參軍為「紀綱掾」。

象」：一提到錄事參軍，便馬上聯想到他「紀綱」的一面。

唐後期的司錄、錄事參軍，和唐前期的有相同亦有不相同之處。相同的部分在於唐後期的錄事參軍，仍然和唐前期的一樣，負起「綱紀」六曹等「監督」職能，以及「勾稽」等「勾官」角色。這幾點在上引的廳壁記、奏文、贈詩和贈序中清楚可見。至於不相同之處，除了前面提到的「加秩」一事外，就是唐後期的錄事參軍承擔了愈來愈多的職務，諸如監管私鹽、義倉、州府錢物斛斗文案、闕官料錢、兩稅、館驛給券、病坊、屠牛等雜事[144]。下面分論這幾點。

（一）錄事參軍和私鹽

以錄事參軍監管私鹽，約為憲宗元和年間討平淮西之亂時。《新唐書·食貨志》記此事曰：

> 憲宗之討淮西也，度支使皇甫鏄加劍南東西兩川、山南西道鹽估以供軍。貞元中，盜鬻兩池鹽一石者死，至元和中，減死流天德五城，鏄奏論死如初。一斗以上杖背，沒其車驢，能捕斗鹽者賞千錢；節度觀察使以判官、州以司錄、錄事參軍察私鹽，漏一石以上罰課料。[145]

當時為了征討淮西，度支使皇甫鏄甚至下令以劍南、山西等道的鹽估來供軍用，同時令觀察使的判官以及州府的「司錄、錄事參軍察私鹽」。不過，皇甫鏄在唐史上素有「剝下以媚上」、「勾剝嚴急」等苛斂惡名

---

144 夏炎，〈試論唐代的州縣關係〉，《中國史研究》，2005年第4期，頁87-88，提到州的錄事參軍也「負責縣級官員考課」。但這方面的史料太少，也不是太清楚，故錄此存疑。

145 《新唐書》卷54，頁1379-1380。

[146]。他後來以管財賦、「聚斂之臣」的身分當上宰相,「群情驚駭」,更是憲宗朝很引起爭議的一件事[147]。所以,他下令「司錄、錄事參軍察私鹽」,應當放在這個大背景下來看。這恐怕是他「剝下以媚上」的一部分內容,是他當權時的一種臨時措施。穆宗上台後,皇甫鎛即失勢,被貶到遙遠的崖州(今海南島)當個司戶參軍。他倒台後,錄事參軍是否仍在「察私鹽」直到唐亡,由於史料闕如,我們不能不無疑問。

不過,皇甫鎛令錄事參軍察私鹽,不管是否在他垮台後依然長期執行,仍可反映中晚唐州政上的一些特色。據嚴耕望所論,唐中葉以後,州上佐(別駕、長史和司馬)已逐漸變成閒職,由錄事參軍取而代之,所以皇甫鎛令錄事參軍察私鹽,也還算是件合情合理之事。

換一個角度看,以錄事參軍察私鹽,也可說是讓他們去執行其原本的「監督」角色,「糾舉」販賣私鹽這種「非違」事。

如上所考,以錄事參軍「察私鹽」的史證並不多,似僅見於皇甫鎛當權的元和時代,但中晚唐史料中,卻常可見到錄事參軍參與管理義倉之事,其中一些細節頗耐人尋味,值得深入探討。

(二)錄事參軍和常平義倉

錄事參軍和常平義倉拉上關係,最早見於德宗朝陸贄的一篇奏文〈請以稅茶錢置義倉以備水旱〉,擬以一種新辦法來設立義倉。他稱之為「愚計」,且「不害經費,可垂永圖」。其具體內容和做法如下:

> 近者有司奏請稅茶,歲約得五十萬貫,元敕令貯戶部,用救百

---

146 見《舊唐書》卷135,頁3738-3742本傳;《舊唐書》卷158,頁4162武儒衡傳;《舊唐書》卷171,頁4438李渤傳等處。

147 《舊唐書》卷15,頁464。

> 姓凶饑。今以蓄糧，適副前旨。望令轉運使總計諸道戶口多少，
> 每年所得稅茶錢，使均融分配，各令當道巡院主掌，每至穀麥
> 熟時，即與觀察使計會，散就管內州縣和糴，便於當處置倉收
> 納。每州令錄事參軍專知，仍定觀察判官一人與和糴巡院官同
> 勾當。亦以義倉為名，除賑給百姓已外，一切不得貸便支用。[148]

陸贄此奏所提的這些建議，要放在唐代義倉發展演變的脈絡下來看，才
能見出其「原創」意義。其中至少有兩點值得細論。

第一，唐代的義倉，從貞觀到天寶末年，基本上是由官方規定農
民在秋熟時交納若干百分比的收成穀物來設立。這等於是納稅的一種。
但陸贄在此卻提出了一種前所未有的嶄新辦法：用每年官方所得的「稅
茶錢」來作倉本設義倉，免去了農民的交納。陸贄這樣建議，是因為在
他那個時代，義倉經歷了安史之亂後，已蕩然無存，需重新設倉，而且
要以一種新的方式來立倉。

第二，跟本章最有關係的是，陸贄建議每州的義倉，「令錄事參軍
專知」。放在唐代義倉發展史上看，這也是「創新」之舉，因為之前玄
宗朝的義倉，據我們所知，是由州「上佐專知」的。例如玄宗的〈南郊
推恩制〉便說：

---

148 《陸贄集》卷22，頁765。關於唐代義倉（唐後期又常稱為「常平義倉」），
　　最早的研究見周一良，〈隋唐時代的義倉〉，原刊《食貨》2卷6期，後收
　　入《周一良集》（全五冊；瀋陽：遼寧教育出版社，1998），第5冊，頁29-49。
　　近年重要的論著有張弓，《唐朝倉廩制度初探》（北京：中華書局，1986）；
　　陳明光，《唐代財政史新編》，頁272-280論「賑濟支出與常平義倉制度」
　　一節；船越泰次，〈唐代後期的常平義倉〉，原載《星博士退官記念中國
　　史論集》（1978），後收入氏著《唐代兩稅法研究》（東京：汲古書院，1996），
　　頁309-336。

> 諸郡義倉，本防水旱。如聞多有費損，妄作破除。自今已後，
> 每郡差一上佐專知。除賑給百姓之外，更不得輒將雜用。[149]

玄宗此制和陸贄的奏文，都透露了義倉設置的宗旨：「本防水旱」，作「賑災」之用，但在執行上，義倉經常會遭到長官或地方權貴挪作他用徇私，以致「多有費損」，所以玄宗此制和陸贄的奏文，都不約而同特別強調一點：義倉除了「賑給百姓」，充作賑災用途外，「更不得輒將雜用」或「不得貸便支用」。

因此，好好管理義倉的重任，在玄宗朝便落在州「上佐」的肩上。到了德宗朝，陸贄則建議由「錄事參軍專知」。這種專知官的轉換，頗可多提供一個實例，以佐證嚴耕望所論：唐中葉以後，上佐成了閒職，由錄事參軍取代。

陸贄的創新構想最終有沒有付諸實行？據研究唐代倉廩制度的張弓說：「由於國計日蹙」，陸贄「這個計劃未能實現」[150]。但張弓沒有引用任何史料證明「這個計劃未能實現」，也沒有進一步細論此事。

不管陸贄的構想有沒有實行，我們知道的是，在後來的穆宗到宣宗等朝，大約從長慶到大中年間的大約半個世紀，唐朝的確又在實行義倉制度，而且這時期州府義倉的管理要員，正是司錄、錄事參軍。

例如，長慶四年(824)三月的一道制書便很有時代意義：

> 其年三月，制曰：「義倉之制，其來日久。近歲所在盜用沒入，致使小有水旱，生人坐委溝壑。永言其弊，職此之由。宜令諸州錄事參軍，專主勾當。苟為長吏迫制，即許驛表上聞。考滿

---

149 《全唐文》卷25，頁287。

150 張弓，《唐朝倉廩制度初探》，頁135。

之日，戶部差官交割。如無欠負，與減一選。如欠少者，量加
一選。欠數過多，戶部奏聞，節級科處。」[151]

這制書透露至少三項細節。第一，唐代的義倉始終有被人濫用、「盜用」
的弊病，以致「小有水旱，生人坐委溝壑」，起不了賑災功用。所以在
穆宗長慶四年，便有此制書，「宜令諸州錄事參軍，專主勾當」義倉。
這跟陸贄建議義倉由「錄事參軍專知」是吻合的。

　　第二，爲了好好管理義倉，錄事參軍也因此被授以相當大的權力：
「苟爲長吏迫制，即許驛表上聞」。「長吏」指錄事參軍上頭地位較高
的長官。如果他們「迫制」錄事參軍挪用義倉，則錄事參軍可以「驛表
上聞」，可以繞過長吏，直接上報朝廷。

　　第三，爲了激勵錄事參軍管好義倉，朝廷還訂了一套獎勵辦法：考
滿時，義倉存糧交接，如果沒有短少，錄事參軍可以獲得「減選」的回
報。否則，他會被「加一選」。如果「欠數過多」，他還會被「節級科
處」。「選」指唐代官員守選的年數。「減選」即減少守選的年數，可
以早點赴選，選下一任官。「加一選」即增加一年的守選，等於是一種
懲罰[152]。

　　二十多年後，到了宣宗大中六年(852)，戶部又有一奏文：

大中六年四月，戶部奏：「請道州府收管常平義倉斛斗，今後
如有災荒水旱外，請委所在長吏，差清強官勘審。如實，便任

---

151 《舊唐書》卷49〈食貨志下〉，頁2127。此制又見於《唐會要》卷88，頁
　　1917；《全唐文》卷64，頁689。但看來《全唐文》是照抄《舊唐書》或《唐
　　會要》的舊文。
152 關於唐代官員守選的種種規定，最詳細的論述見王勛成，《唐代銓選與文
　　學》，第四章。

> 開倉。先從貧下不濟戶給貸訖，具數分析申奏，并報戶部，不
> 得妄有給與富豪人戶。其斛斗仍仰本州錄事參軍至當年秋熟專
> 勾當，據數追收。如州府妄有給使，其錄事參軍、本判官，請
> 重加殿罰。長吏具名申奏。」敕旨：「宜依。」[153]

此奏文可以跟上引長慶四年制書合起來看。它不但證實錄事參軍管理義
倉，而且還提供了錄事參軍參與其事的一些細節。首先，義倉必須嚴格
管理，須勘審確有「災荒水旱」之實時才能「開倉」。這「勘審」工作
看來也是由錄事參軍負責。

　　開倉救濟的對象是「貧下不濟戶」，而且要申報戶部，且「不得妄
有給與富豪人戶」。這跟設義倉的宗旨是相符的。錄事參軍須嚴防「富
豪人戶」和「長吏」勾接，盜用義倉米糧。

　　即使開倉賑災，「貧下不濟戶」所獲的「斛斗」（即義倉糧食）仍然
是要歸還的，因為下文清楚說明「其斛斗仍仰本州錄事參軍至當年秋熟
專勾當，據數追收」。「據數追收」四字，顯示這是一種「賑貸」形式
的救濟，並非免費贈糧，等到「當年秋熟」時便須歸還倉糧，否則長久
下去，義倉恐怕將無存糧，不能維持下去。

　　最後，如州府「妄有給使」，即濫用義倉糧食，錄事參軍和他屬下
的「本判官」會被「重加殿罰」。「本判官」當指唐代四等官制中的「判
官」，即負責判案的列曹參軍。

　　至於錄事參軍如何開倉，如何分派倉糧，在大中六年的一敕文有所
透露：

---

153 《唐會要》卷88，頁1918。《全唐文》附《唐文拾遺》收同一奏文，抄自
　　《唐會要》。

四月丁酉，敕：「常平義倉斛斗，每年檢勘，實水旱災處，錄
事參軍先勘人戶多少，支給先貧下戶，富戶不在支給之限。」
154

據此，我們知道，發生水災旱災時，錄事參軍須「先勘人戶多少」，然
後只能把倉糧「支給先貧下戶，富戶不在支給之限」。

陸贄奏文和長慶、大中年間的這幾篇史料，讓我們清楚見識到唐代
後期義倉運作的一些細節，以及錄事參軍的一些職掌。綜上所考，錄事
參軍在管理義倉上，主要還是在扮演一種「監督」和「勾稽」的工作，
主要在防範義倉被「長吏」或「權貴」盜用。這跟他原本以勾官身分去
「糾舉非違」是相符的。

(三)錄事參軍和州府錢物斛斗文案

錄事參軍管州府的錢物、斛斗和文案等事，施行時間似乎相當晚，
首見於大中二年(848)戶部侍郎判戶部魏扶的一篇奏文：

大中二年十一月，兵部侍郎判戶部魏扶奏下州〔「下州」兩字疑
應作「天下州府」〕應管當司諸色錢物斛斗等：「前件錢物斛斗，
散在天下州府，緣當司無巡院覺察，多被官吏專擅破除，歲久
之後，即推在所腹內。徒煩勘詰，終無可徵。今後諸州府錢物
斛斗文案，委司錄、〔錄〕事參軍專判，仍與長史通判。每至
交替，各具申奏，並無懸欠。至考滿日，遞相交割，請准常平
義倉斛斗例，與減選，仍每月量支紙筆錢。若盜使官錢，及將
借貸與人，並請准元敕，以贓論。如徵收欠折及違限省條，並

---

154 《舊唐書》卷18下〈宣宗紀〉，頁630。

請量加懲殿。如缺司錄,即請令選諸強幹官員專知,不得令假攝官權判。」從之。[155]

這篇奏文有幾個細節頗可留意。第一,它提到錢物斛斗等,散在「天下州府」,但在那些沒有鹽鐵巡院管轄的地方,則「多被官史專擅破除」。因此,魏扶奏請由州府的司錄、錄事參軍「專判」。由此看來,錄事參軍可以扮演鹽鐵巡院官那樣的角色[156]。第二,它提到前引長慶四年「常平義倉斛斗例」的獎懲辦法。這是二十多年前的一項規定,可證這些年來,錄事參軍的確在管理義倉,而且「減選」、「殿選」等辦法應當一直都在實行。第三,它特別提到,在那些沒有司錄的州府,這件事得由「強幹官員專知」,「不得令假攝官權判」,可知中晚唐的州府,頗有不少「假攝官」的存在(見下一節)。

《唐會要》所收的這篇魏扶奏文後有「從之」兩字,此事也記錄在《舊唐書》的宣宗紀[157],看來魏扶奏請的建議的確曾經付諸實行。

晚唐司錄、錄事參軍管州府錢物等職掌,也見於宣宗的〈大中改元南郊赦文〉:

河東、振武、易定、京西北等道官吏料錢,過聞寡薄,省司注

---

155 《唐會要》卷58,頁1189-1190,保存最完整的奏文。《全唐文》卷757,頁7860與《唐會要》相同,當系照抄。《舊唐書》卷18下,頁621,僅摘錄一小段奏文。

156 按唐代鹽鐵使府的巡院官,常由所謂的「出使郎官和御史」擔任,他們的職務之一就是負責監督鹽鐵使府巡院轄區內的州縣官。見高橋繼男,〈唐代後半期的巡院地方行政監察事務〉,原載《星博士退官紀念中國史論集》(1978),中譯本見《日本中青年學者論中國史・六朝隋唐卷》,劉俊文主編(上海:上海古籍出版社,1995),頁276-295。

157 《舊唐書》卷18下〈宣宗紀〉,頁621。

擬，罔不固辭承乏之由。其新收闕官料錢，戶部不用收管，便
令本府少尹與司錄參軍勾當，并舊給課料數額，添給見錢。在
官無少尹，即仰觀察判官與錄事參軍同勾當，使司輒不敢妄有
借貸支用。[158]

這是讓司錄參軍管理某些府的「闕官料錢」，其目的在防止錢物被人「借
貸支用」。

除此之外，晚唐錄事參軍還得為屬下州縣官提前徵收兩稅事受罰。
例如，僖宗的〈南郊赦文〉說：

且徵兩稅，自有常期，苟或先自催驅，必致齊人凋弊，蓋緣機
織未畢，序錢未終，便須零賣縑繒，賤糶斛斗，致使豪首迫蹙，
富戶吞侵，須更申明，俾其通濟。諸州府如有不依旨限，先期
徵稅者，長吏聽奏進止，縣令、錄事參軍並停見任，書下考，
不在矜恕之限。[159]

唐中葉以後的皇帝赦文，經常提醒州縣不得提早徵收兩稅事，但都沒有
提及錄事參軍。上引僖宗的〈南郊赦文〉，是第一次提到州縣如果提前
徵收兩稅，則其縣令、錄事參軍會被懲罰：「停見任，書下考」。這說
明僖宗時代的錄事參軍，責任又更重了。

(四)錄事參軍和館驛給券、病坊、禁屠牛等雜事

唐後期錄事參軍地位之提高，主要表現在職務的增多。除了前面討

158 《全唐文》卷82，頁857。
159 《全唐文》卷89，頁932。

論過的幾種職務外，唐後期史料中還可見到錄事參軍負責館驛給券，負責州府的病坊，甚至還得負責禁止屠牛的瑣事。

元和四年(809)，徐州節度使王紹，違例傳送已故徐州監軍使孟昇的喪柩途經東都洛陽的都亭驛還京。元稹當時正在東都任監察御史，寫過一篇〈論轉牒狀〉，彈劾王紹此舉不當。他在狀中引用了元和二年的一敕，讓我們得以見到錄事參軍在館驛給券上的責任：

> 又准元和二年四月十五日敕節文：「諸道差使赴上都奏事，及押領進奉官并部領諸軍防秋軍資錢物官，及邊軍合於度支請受軍資糧料等官，並在給券，餘並不得給，如違，本道專知判官、錄事參軍，並准興元元年〔784〕十二月十七日敕處分……」[160]

按唐代的館驛，僅供公務使用，且須有「給券」才能停留住宿。據元稹所引的這條敕文，給券「如違」，則「專知判官、錄事參軍」要受到處分。看來，錄事參軍在館驛給券方面負有某些「勾稽」的責任，所以發生違法事時，他會被牽連受罰。

至於如何受處分？可惜元稹狀文中所提到的「興元元年十二月十七日敕」今已不傳，內容無從得知。不過，《唐會要》收有另一敕文，誌期元和四年，倒是對館驛給券違法事的處分，有明確的規定：

> 元和四年正月敕：「準元和三年諸道濫給券道敕文·總一百二十七道已上者，州府長官宜奪一季俸祿，其本州官、曹官及錄

---

160 《元稹集》卷38，頁431。關於此狀寫作的年代和背景，見卞孝萱，《元稹年譜》，頁120。

事參軍，付吏部用闕，去任殿一選。」[161]

錄事參軍可能受到處分「殿一選」，即增加他的守選年限一年，使他要多等待一年才能參加銓選，選下一任官。

由於錄事參軍的基本職責是「勾稽」和「糾違」，他在中晚唐也就會隨時被召去處理一些應運而生的事項，比如病坊的管理。

唐代的病坊，原本由佛寺主持[162]。但在武宗會昌年間的滅佛法難之後，僧尼還俗，病坊無人管理。宰相李德裕於是寫了一篇奏文：

> 會昌五年十一月，李德裕奏云：「恤貧寬疾，著于《周典》，無告常餼，存于《王制》，國朝立悲田養病，置使專知。開元五年，宋璟奏悲田乃關釋教，此是僧、尼職掌，不合定使專知，玄宗不許。至二十二年，斷京城乞兒，悉令病坊收管，官以本錢收利給之。今緣諸道僧尼盡已還俗，悲田坊無人主領，恐貧病無告，必大致困窮。臣等商量，悲田出於釋教，並望改為養病坊。其兩京及諸州，各於錄事、耆壽中，揀一人有名行謹信為鄉里所稱者，專令勾當。其兩京望給寺田十頃，大州鎮望給

---

161 《唐會要》卷61，頁1250。
162 關於唐代的病坊，見萬承雍，〈唐代乞丐與病坊探討〉，《人文雜誌》，1992年第6期，頁87-91；杜正乾，〈唐病坊表徵〉，《敦煌研究》，2001年第1期，頁123-127；馮金忠，〈唐代病坊芻議〉，《西域研究》，2004年第3期，頁1-8；張志云，〈唐代悲田養病坊初探〉，《青海社會科學》，2005年第2期，頁106-108。日文論著有善峰憲雄，〈唐朝代の悲田養病坊〉，《龍谷大學論集》，第389期(1969)；道端良秀，〈中國佛教社會事業の一問題——養病坊について〉，《印度學佛教學研究》，18卷2號(1970)；最新的日文論著見古瀨奈津子，〈唐代悲田養病坊の變遷とその成立背景〉，《佛教史學研究》，45卷1號(2002)，頁31-54。

田七頃，其他諸州望委觀察使量貧病多少給田五頃，以充粥
食。如州鎮有羨餘官錢，量予置本收利，最為穩便。」敕：「悲
田養病坊，緣僧尼還俗，無人主持，恐殘疾無以取給，兩京量
給寺田拯濟，諸州府七頃至十頃。各于本置〔《舊唐書・武宗紀》
作「本管」〕選耆壽一人勾當，以充粥料。」[163]

李德裕奏文中最可注意的是，他建議兩京及各州的病坊，「各於錄事、
耆壽中，揀一人有名行謹信為鄉里所稱者，專令勾當」。他同時提到了
州的「錄事」（此當是錄事參軍的省稱）和地方上的「耆壽」。但在皇帝
的批敕中，卻只說此事由「耆壽一人勾當」，似乎不包含錄事參軍。不
過，筆者懷疑，《唐會要》此處的批敕可能有脫文，脫落了「錄事」等
字，因為病坊的管理是一件複雜的事，又涉及寺田和本利錢的經營，似
非「耆壽」一人可以當之，應當也有錄事參軍的參與才是。錄事參軍的
「勾稽」本色，正好也可以運用在寺田和本利錢的管理上。這應當也是
李德裕當初建議由「錄事」和「耆壽」共同負責的本意。

　　無論如何，到了唐末，懿宗有一〈疾愈推恩敕〉，明確規定了錄事
參軍在病坊管理上的「糾勘」角色：

　　　　應州縣病坊貧兒，多處賜米十石，或數少處，即七石、五石、
　　　　三石。其病坊據原敕各有本利錢，委所在刺史、錄事參軍、縣

---

163 《唐會要》卷49，頁1010-1011。此奏文也收在《冊府元龜：校訂本》卷三
　　一四，頁3553。但《冊府元龜》的編成年代，不但晚於《唐會要》，而且
　　《冊府》此處的文字，比《唐會要》簡略，且有錯字，如上引文最重要的
　　一句「各於錄事、耆壽中」，在《冊府》作「各於子錄事耆壽中」，多一
　　「子」字，文意不通，顯為衍文。所以這裡引用《唐會要》。在《李德裕
　　文集校箋》卷12，頁221-222，亦有這段奏文，但文字更為簡略，且無皇帝
　　批敕，不從。

令糾勘，兼差有道行僧人專勾當，三年一替。[164]

據此，在懿宗時代或更早，已有一「原敕」，病坊各有「本利錢」，錄事參軍的職責在於「糾勘」。其時病坊也已恢復由「僧人專勾當」，不再由「耆壽」打理。

和「糾勘」病坊類似的另一種錄事參軍職務，便是負責監督禁止屠牛的事。宣宗大中二年的制書，第一次明確提到「州府長官并錄事參軍等嚴加捉搦」天下諸州的屠牛事：

> 大中二年二月制：「爰念農耕，是資牛力，絕其屠宰，須峻科條。天下諸州屠牛，訪聞近日，都不遵守。自今以後，切宜禁斷，委所在州府長官并錄事參軍等嚴加捉搦[165]。如有牛主自殺牛并盜竊殺者，宜准乾元元年二月五日敕，先決六十，然後准法科罪。其本界官吏不鈐轄，即委所在長吏，節級重加科責，庶令止絕。」[166]

不過，錄事參軍這種「捉搦」屠牛事的工作，看來是臨時或因時務需要而編派的，因為錄事參軍原本就負責「糾舉非違」。在「糾舉」的大範圍內，他便可能會被派去監管州內的各種雜務。這裡所論的館驛給券、管病坊和禁屠牛等事，應當都屬於此類雜項。

---

164 《全唐文》卷84，頁883。
165 韓愈所寫的〈唐故河南令張君〔署〕墓誌銘〉中，曾敘及張署任虔州刺史時，州民濫殺耕牛的事：「民俗相朋黨，不訴殺牛，牛以大耗。」但張署到任後，「一切禁督立絕」。見《韓昌黎文集校注》卷7，頁461。
166 《唐會要》卷41，頁858。

七、墓誌中所見的兩個唐後期司錄參軍

　　貞元二十一年(805)，韓愈的朋友張署(754-813?)出任京兆尹李鄘的司錄參軍。大約在元和八年(813)，張署去世，韓愈給他寫了一篇墓誌叫〈唐故河南令張君墓誌銘〉，裡頭有一段話很形象地寫活了張署任京兆府司錄時的威嚴：

> 拜京兆府司錄，諸曹白事，不敢平面視。共食公堂，抑首促促就哺歠，揖起趨去，無敢闌語。縣令丞尉畏如嚴京兆〔指當時的京兆尹李鄘〕，事以辦治。[167]

這一段描寫很可以用來說明司錄「綱紀六曹」和「外督屬縣」的權勢。張署任司錄時，他屬下的「諸曹」向他「白事」時，都「不敢平面視」，正因爲他負責管轄諸曹。這些諸曹和他「共食公堂」時[168]，也都低著頭匆匆吃完就打揖離去，不敢說一句閒話。同時，京兆府屬下的縣令、縣丞和縣尉，也都敬畏張署如京兆尹一樣，正因爲張署的司錄職務包含「外督屬縣」。

　　韓愈這篇墓誌，也讓我們得以看到唐後期的司錄參軍會是一個怎樣的官員，特別是他的出身和官歷。張署「以進士舉博學宏詞，爲校書郎」起家。唐代能夠考中進士，再中博學宏詞者，可說是精英中的精英。張署的校書郎是非常典型的初任美職。他後來做過京兆武功縣尉，這是個

---

167 《韓昌黎文集校注》卷7，頁460。

168 唐代京外官署都有公廚，中午時分各署官員可以「共食公堂」。詳見拜根興，〈試論唐代的廊下食和公廚〉，《唐的歷史與社會》，朱雷編(武漢：武漢大學出版社，1997)，頁342-353。

赤縣尉，也是校書郎任後的另一種美官[169]。他接著升任監察御史，正是進入中層文官的最清要官職之一(見本書第一章)。所以盡管他有一段時候因「爲幸臣所讒」，被貶到一個南方小縣去做縣令，後來卻能當上京師京兆府的司錄。這一年他大約五十二歲。不過，張署後來的仕途卻不很順暢。他做過虔州(今江西贛州)和澧州(今湖南澧縣)刺史，但這是兩個次要的小州，澧州更爲偏荒。最後他改任河南縣令，但他的上司河南尹卻正好又是「君平生所不好者」。於是他就「以病辭免」，不久去世。

張署任京兆府司錄時固然有他「威風」的一面，但他這個司錄官職應當放在他的整個官歷脈絡下來看，才能看得比較真切。畢竟，司錄、錄事參軍都只是一種中層文官。這點從他之後僅能出任虔州(今江西贛州)和澧州(今湖南澧縣)這兩個次要小州的刺史，最可看出。他最後甚至又回去任縣令這種官。若以張署早年優秀的出身和官歷來作對比，他晚年的仕歷可說並不顯達。所以韓愈在銘文的部分這樣感嘆，表達了他深切的哀傷：「誰之不如，而不公卿！」(才能比誰差呢？卻做不到公卿的官職！)

李翱的〈故河南府司錄參軍盧君墓誌銘〉，寫盧士瓊的一生事跡。此墓誌最常爲人引用的部分，涉及盧士瓊出任河南府司錄時一些有趣的故事：

> 及為司錄，始就官。承符吏請曰：「前例某等一十五人合錢
> 二千，僱人與司錄養馬，敢請命。」因出狀。君訶曰：「汝試
> 我耶？」使拽之，將加杖。承符吏眾進叩曰：「前司錄皆然，
> 故敢請。」君告曰：「司錄豈不自有手力錢耶，用此贓何為？」

---

169 拙書《唐代基層文官》第一章和第三章曾經討論校書郎和赤縣尉何以為唐
　　人士人心目中的美職。

因叱出之。

　　召主饌吏約之曰：「司錄、判官、文學、參軍，皆同官環處以食，精麤宜當一，不合別二，無踵舊犯。吾不恕。」及月終，廚吏率其餘而分之。文學、參軍得司錄居三之一。君曉之曰：「俸錢、職田、手力數既別官品矣。此餐錢之餘，不當計位高下。」從此後自司錄至參軍平分之。

　　舊事，掾曹之下，各請家僮一人食錢，助本司府吏廚附食。司錄家僮或三人或四人，就公堂餘食，侵撓廚吏，弊日益長。君使家僮二人食錢於司錄府吏廚附食，家僮終不入官廚。

　　召諸縣府望吏告曰：「某居此歲久[170]，官吏清濁侵病人者，每聞之。司錄職當舉非法，往各白汝長，宜慎守廉靖，以澠池令為戒。」[171]

雖然這部分常為人引用，但卻都未詳考，筆者擬略為補充。這裡其實總共記載了四件事，在在反映這位司錄為官廉潔，為人寬厚，為職忠守，是一位好司錄。第一，他不願屬下吏員出錢僱人替他養馬。第二，他要主饌吏做到他和同僚「判官、文學、參軍」等人所食，「精麤宜當一，不合別二」。同時，每個月的食本錢生利所得的餐錢如有餘剩，他要和同僚大家均分，不願比別人多得[172]。第三，他要自己的家僮到「府吏廚」

---

170 據墓誌，盧士瓊曾經在洛陽做過兩任東都留守的推官，又曾任河南府戶曹參軍，所以他可以說「某居此歲久」。

171 《全唐文》卷639，頁6455-6456。

172 唐代官署公廚中午所提供的「會食」，系以各署食本錢所生的利息支付。關於「食本」更詳細的討論，見陳明光，《唐財政史新編》（北京：中國財政經濟出版社，1991年初版，1999年增訂版），頁115-120。最新的論著見羅彤華，〈唐代食利本錢初探〉，《第五屆唐代文化學術研討會論文集》，中國唐代學會、國立中正大學中文系、歷史系主編（高雄：麗文文化，2001）。

就食，而不是像舊例那樣到公廚就食，「侵撓廚吏」。第四，他行使「外督屬縣」的職能，把各「縣府望吏」召來，告戒他們司錄的工作「當舉非法」，要他們守「廉靖」，並要他們轉告長官，「以澠池令爲戒」。

以唐代墓誌文體敘寫如此細膩的行政細節，李翱此文可說別創一格。它把盧士瓊在河南府任司錄威嚴、正直的一面全都寫活了，也透露了他在州政上的關鍵地位。但我們應當留意的是，司錄、錄事參軍在唐代整個官僚系統中，畢竟還只是個中層文官。盧士瓊死時「年六十九」，依然只是個司錄，未攀升到仕宦的高層。從這點來說，他的仕途和韓愈筆下的張署一樣，其實並不算成功或顯達。

八、令錄：縣令和錄事參軍

唐後期的錄事參軍，的確比唐前期負起愈來愈多的職任，他在州政上的地位也愈來愈關鍵。這種地位的提升，不但反映在安史亂後不久的「加秩」事上（見上引肅宗〈乾元元年南郊赦文〉），而且也充分表現在中晚唐才出現的一個新趨勢，即錄事參軍經常和縣令被人相提並論，甚至後來還出現一個新的名詞：「令錄」。

「令錄」即縣令和錄事參軍的結合簡稱。縣令爲一縣的長官，和他相對應的州長官原本應當是刺史，但錄事參軍和縣令並提，以及「令錄」一詞的出現，顯示中晚唐人心目中，錄事參軍彷彿變成了一州最重要的

（續）——————————————

    盧士瓊此舉讓我們想起柳宗元在〈唐故秘書少監陳京行狀〉中所說：「始御府有食本錢，月權其贏以爲膳。有餘，則學士與校理官頒分之。學士常受三倍，由公而殺其二。」見《柳宗元集》卷八，頁194。這是指陳京以集賢學士判集賢院事任長官時，集賢院內的情況：從前吃不完的利錢，由學士與校理官去分。學士分到的，常爲校理官的三倍。陳京來了之後，「殺其二」，即減去兩倍。換句話說，陳京和盧士瓊一樣，比較照顧職位比較低的官員，大家均分剩餘的餐錢，所以他們都是仁慈的長官。

官員，類似縣令之為一縣中的長官。

例如，早在肅宗的〈冊太上皇尊號赦文〉中，便把錄事參軍和縣令並提：

> 其刺史、上佐、錄事參軍、縣令，委中書門下速於諸色人中精加訪擇補擬。[173]

肅宗的乾元元年敕，又提到這件事：

> 乾元元年三月五日敕：「縣令、錄事參軍，自今已後，選司所擬，宜准故事，過中書門下，更審詳擇。仍永為常式。」[174]

代宗的〈遣劉晏宣慰諸道詔〉，則把租庸使、刺史、縣令和錄事參軍並提：

> 官吏之政，在邦必聞，知無不為，公道斯在。其租庸使及刺史、縣令、錄事參軍，有精於政理，及賦役均平，州縣之間，稱為良吏者，具名聞奏，別有甄異。[175]

這是朝廷心目中地方行政上最重要的幾種官。代宗的〈諭諸道州考察所屬官敕〉，重申了這幾種官的重要性：

---

173 《全唐文》卷45，頁495。
174 《唐會要》卷69，頁1441。
175 《全唐文》卷46，頁511。

弛張刑政，興化阜俗，使吏無貪汙之跡，下無愁恨之聲，不惟
良二千石，亦在郡主簿〔即錄事參軍〕、縣大夫〔即縣令〕。……
又別駕秩位頗崇，若郡守廢闕，掌同其任，舊例補署，或匪其
才，既不稱職，則多傷害。自今後，別駕、縣令、錄事參軍有
犯贓私，並暗弱老耄疾患不稱其職，戶口流散者，並委觀察節
度等使與本州刺史計會訪察，聞奏與替。其犯贓私者，並禁身
推問，具狀聞奏。其疾患者，準式解所職。老耄暗弱及無贓私
才不稱職者，量資考改與員外官。餘官準前後敕處分。其刺史
不能覺察，觀察節度使具刺史名品聞奏。如觀察節度管內不能
勾當，郎官、御史出入訪察聞奏。[176]

這是說州縣的治理，不能只靠刺史（「不惟良二千石」），也需要錄事參
軍和縣令的協助（「亦在郡主簿、縣大夫」。「郡主簿」即錄事參軍的
別稱，對應縣的勾官縣主簿），把刺史、錄事參軍及縣令三者的關係說
得很清楚。接著，敕文也提到州別駕的地位。這些官員如果「有犯贓私，
並暗弱老耄疾患不稱其職」，則「觀察節度等使與本州刺史」須「計會
訪察，聞奏與替」云云。

代宗的〈南郊赦文〉甚至規定，御史宜於令錄中「簡擇」：

所選御史，亦宜於錄事參軍、縣令中簡擇，仍須資歷稍深者。[177]

由於刺史、錄事參軍和縣令的地位重要，德宗上台後不久，有一敕規定
「流外出身人」，「今後勿授刺史、縣令、錄事參軍。諸軍諸使亦不得

---

176 《全唐文》卷48，頁532。
177 《全唐文》卷49，頁542。

奏請」：

> 大曆十四年〔779〕七月十九日敕：「流外出身人，今後勿授
> 刺史、縣令、錄事參軍。諸軍諸使亦不得奏請，仍委所由檢
> 勘。……」[178]

流外出身人出身低微[179]，皆無功名科第，所以有這樣的禁令。德宗朝對
令錄的考課和任官資歷也有所規定：

> 建中元年〔780〕六月，中書門下省奏：「錄事參軍、縣令，
> 三考無上考，兩任共經五考以上無三上考，及不帶清白陟狀
> 者，並請不重注令錄。」敕旨依奏。[180]

錄事參軍和縣令如果要再次出任這兩種官，需要有良好的考績才行，否
則「不重注令錄」。據筆者所知，這是唐代文獻首次出現「令錄」這一
簡稱新名詞。

興元二年（785），陸贄爲德宗所撰的〈貞元改元大赦制〉，已經不
再提上引代宗〈諭諸道州考察所屬官敕〉所言及的州「別駕」，似可佐
證嚴耕望所說，別駕、長史和司馬等州上佐，逐漸變爲閒員。陸贄在文
中只提錄事參軍和縣令的薦任：

---

178 《唐會要》卷58，頁1178。
179 關於流外出身者和他們任官所受到的種種限制，見本書〈導言〉中的討論。
180 《唐會要》卷69，頁1441。關於唐代的考課，「三考」和「上考」等詞的
　　含意，見黃清連，〈唐代的文官考課制度〉，《中央研究院歷史語言研究
　　所集刊》，第55本第1分（1984），頁139-198，又收在黃清連主編，《制度
　　與國家》（臺灣學者中國史研究論叢2）（北京：中國大百科全書出版社，
　　2005），頁206-267。

為官擇人，其在精覈。宜令清資常參官，每年於吏部選人中，各舉所知一人，堪任縣令、錄事參軍者，所司依資敘注擬，便於甲歷之內，具標舉主名銜，仍牒報御史臺。如到任後，政尤異者，有贓犯事跡著明者，所司錄舉官姓名聞奏，以為褒貶。181

「清資常參官」是唐代官員中比較清要的群體。制文規定由他們來薦舉「堪任縣令、錄事參軍者」，可證朝廷對此兩種地方官的重視。薦舉者也會因為他們所薦官員的表現優劣而受到「褒」或「貶」。

這種薦舉令錄的規定和賞罰，亦見於文宗的〈南郊赦文〉：

自今後，宜令諸州刺史及本道觀察使，各舉管內堪任縣令、錄事參軍者，仍須資考相近，并據闕申奏。所舉官如才職不稱，刺史書下考。如至贓犯闕，刺史停見任。觀察使據事輕重，臨時處分。如政事修舉，課第殊尤，亦當明賞。182

文宗是一位關心令錄選任的皇帝。《舊唐書·崔郾傳》記載了他和臣子的一段問對：

文宗勤於政道，每苦選曹訛弊，延英謂宰臣曰：「吏部殊不選才，安得摭實無濫，可釐革否？」李石對曰：「令錄可以商量，他官且宜循舊。」上曰：「循舊如配官耳，賢不肖安能甄別？」帝召三銓謂之曰：「卿等比選令錄，如何注擬？」〔崔〕郾對

---

181 《陸贄集》卷2，頁44-45。
182 《全唐文》卷75，頁792。

曰：「資敘相當，問其為治之術，視可否而擬之。」帝曰：「依資合得，而才劣者何授？」對曰：「與邊遠慢官。」帝曰：「如以不肖之才治邊民，則疾苦可知也。凡朝廷求理，遠近皆須得人。苟非其才，人受其弊矣。」[183]

崔郾當時正「判吏部東銓事」，所以和文宗有這一段對話。

宣宗的〈大中改元南郊赦文〉，在規定錄事參軍和縣令的注擬條件時，也是令錄兩官並提：

長吏舉薦縣令、錄事參軍，雖有近敕，如涉請託，是啟倖門。其諸州府縣令、錄事參軍，吏部所注之官。雖與替，亦須具所替人罪犯及不勝任事狀聞奏。所舉之人，須前任曾有殊考。不然，課績尤異，分明有據者，方得論請。此外中書門下，不得與進擬。[184]

這裡強調令錄須有「殊考」或「課績尤異」，「方得論請」。宣宗的另一敕文〈敕州縣條奏利弊詔〉，則要求令錄條奏地方行政上的種種措施的「利弊」，以便改進：

應天下州縣，或土風各異，或物產不同，或制置乖宜，或章條舛謬，或云施之歲久，或緣礙於敕文，有利於人而可舉行者，有害於物而可革去者，並委所在縣令、錄事參軍，備論列於刺史，具以上聞。委中書門下據事件下觀察使，詳言列奏，當與

---

183 《舊唐書》卷155，頁4119-4120。
184 《全唐文》卷82，頁857。

改更。……如或在官因循不舉，後來者無以申明利害，較然違慢可見，當重加懲罰，仍更不得授縣令、錄事參軍。刺史委中書門下具名奏聞，別議殿責。[185]

如果不列舉條奏，令錄還會因而受到「重加懲罰」。

唐末幾位皇帝的詔敕，不但依然把令錄並提，而且繼續對這兩類地方官的任期、注擬等事，有過種種規定。例如，懿宗咸通四年（863）有一敕令：

中外官宜准建中元年敕，授官後三日舉一人自代。州牧令錄上佐官，在任須終三考。[186]

昭宗在改元天復（901）時，頒〈改元天復赦文〉說：

自兵興以來，吏道全消，辦己者或眾，恤人者幾希……宜求撫字之仁。應兩京畿赤縣，委中書門下切加選擇，務在得人。諸州府縣令錄宜三選，不得輕有注受，切須當以人材。[187]

唐末代皇帝哀帝，也曾頒〈注擬專委三銓詔〉，特別關注州縣令錄的注擬：

應天下州府令錄，並委吏部三銓注擬。中書門下自天祐二年

---

185 《全唐文》卷80，頁839。
186 《舊唐書》卷19上，頁654。
187 《全唐文》卷92，頁962。

〔905〕四月十九日後，並不除授。……[188]

　　錄事參軍和縣令並舉，成爲一州行政上最關鍵的官員。所以，德宗貞元初，當齊映、劉滋任宰相執政時，戴叔倫曾經有過這樣的進言：

> 齊映、劉滋執政，叔倫勸以「屯難未靖，安之者莫先於兵，兵所藉者食，故金穀之司不輕易人。天下州縣有上、中、下、緊、望、雄、輔者，有司銓擬，皆便所私，此非為官擇人、為人求治之術。其尤切者，縣令、錄事參軍事，此二者，宜出中書、門下，無計資序限，遠近高卑，一以殿最升降，則人知勸。」映等重其言。[189]

戴叔倫在這裡首先提到當時的禍亂還沒有平定，軍隊很重要，軍隊靠的是糧食，管錢糧的職權不可以輕易交給別人。在這方面，最重要的正是縣令和錄事參軍。所以他建議，這兩種官員，「宜出中書、門下」，不可草率任命。

　　有些地方牧守，亦常重視錄事參軍的選任。例如，劉晏任京兆尹時，「委府事於司錄張群、杜亞」[190]。大曆初年，他在江南任鹽鐵使時，「精求文吏」，也就委任朱巨川爲他管區內睦州的錄事參軍[191]。

　　綜上所考，錄事參軍在州政上扮演著關鍵的任務。然而，他到底還不是一州的首長，我們不宜過度強調他在州府地位的高超。

　　在唐代的官僚系統上，錄事參軍應當還只是一個中層的文官，因為

---

188 《全唐文》卷93，頁969。
189 《新唐書》卷143，頁1491。
190 《舊唐書》卷123，頁3511。
191 李紓，〈故中書舍人吳郡朱府君神道碑〉，《全唐文》卷395，頁4019-4020。

從眾多唐人的官歷看來，此官往往僅是一個人仕途上的一個中間點，猶未達高層。例如前面提到的朱巨川，他在出任過劉晏的睦州錄事參軍後，接著便只是到豪州鍾離縣擔任豪州刺史獨孤及的縣令而已[192]。錄事參軍升任縣令，是十分正常且常見的遷轉。前一節我們曾以韓愈的〈唐故河南令張君墓誌銘〉，考察京兆府司錄此官在張署整個仕途上的位置，也曾論及李翱筆下的盧士瓊，死時猶是司錄，仕途並不顯。這裡我們不妨再以李復的官歷，略為說明錄事參軍在唐代官僚體制中的位置，以免高估了此官：

> 〔李〕復，字初陽，以父蔭累官至江陵府司錄。精曉吏道，衛伯玉厚遇之，府中之事，多以咨委。性苛刻，為伯玉所信，奏為江陵縣令，遷少尹，歷饒州、蘇州刺史，皆著政聲。[193]

李復為李唐宗室，他以父蔭官至江陵府司錄。江陵府即荊州，為唐後期的八大州府之一。此時，約廣德、大曆年間，衛伯玉任荊南節度使，治所在江陵府，所以「府中之事」，多委於李復這個司錄參軍。但李復任過司錄參軍後，接著任「江陵縣令」（江陵為荊州屬下的八個縣之一）。我們在第四章見過，縣令並不是甚麼高官，僅是中層文官而已。然後，李復遷江陵府的「少尹」，再升為饒州和蘇州刺史。換句話說，李復任司錄參軍和江陵縣令，在他整個官歷上，都只能說是中層的文官。一直要到他官至江陵少尹、饒州和蘇州刺史，他才算步入仕途的高層。

---

192 李紓，〈故中書舍人吳郡朱府君神道碑〉，《全唐文》卷395，頁4019-4020，以及台北故宮博物院所藏的〈朱巨川告身〉（故宮網上有彩色照片）。又見拙文〈論唐代的州縣「攝」官〉，《唐史論叢》，第9輯，杜文玉主編（西安：三秦出版社，2007），頁66-86。

193 《舊唐書》卷112，頁3337。

九、唐中葉以後的「攝」錄事參軍

本書第四章論唐代的縣令,曾經論及中晚唐的州縣,有大批「攝」州縣官的存在,如著名的〈趙州刺史何公德政碑〉,其碑陰上所列的那些「攝某某縣縣令」、「攝某某縣主簿」等等。州縣官原本應當由中央委派,但這些「攝」官卻不是由朝廷委任,而是由當地的節度使(或鹽鐵使或甚至由刺史及當地豪強)自行「辟署」,好比幕府的僚佐一樣。他們不算正式的州縣官,所以他們的官銜前面經常帶有一個「攝」字,以示「假攝」之意。

那麼,中晚唐的州府,是否也有這種「攝」錄事參軍的存在?答案是肯定的。唐史學界過去對這種「攝」錄事參軍,可說一無研究。這裡且讓我們來看看他們的真面貌。

例如,元稹在《報三陽文》中,便清楚告訴我們,當年他在通州任司馬時,他屬下的錄事參軍,便是個「攝」官。他特別派遣這位「攝」錄事參軍前去祭拜三陽神:

> 維元和十三年〔818〕九月十五日,文林郎、守通州司馬權知州務元稹,謹遣攝錄事參軍元淑則,以清酒庶羞之奠,以報于三陽神之靈。[194]

談到祭神拜佛,晚唐劍南道資州有一位攝事參軍,便寫了一篇非常有趣的〈造觀音像記〉:

---

194 《元稹集》卷59,頁622。

> 弟子攝資州錄事參軍鄧暗，自去年三月九日到官，遵守教條，
> 匡持眾務，自以耿直為事，翻遭猾吏加誣，至五月廿九日，□
> 命停務。暗仰祈陰騭，下燭無群，因發願，奉為相公及當州使
> 君造二大聖。金采睟容，煥乎圓備，果蒙如訊，□監深冤。至
> 其年十月十七日，蒙相公迴垂仁鑒，俾復本官。若非聖力所加，
> 安得無移舊貫。今者因齋慶讚，□表丹心，爰□十聖，以彰靈
> 應。時咸通十四年〔873〕歲癸巳六月八日記。[195]

這位攝錄事參軍鄧暗，到資州赴任後，遭到當地「猾吏加誣」，失去職
位，於是他發願，「奉為相公及當州使君造二大聖」。此舉果然「靈應」。
他獲得復職，於是又造了一座觀音造像碑還願，並在碑上寫下這段題記
緣起，為我們留下一段難得生動的歷史。

　　值得注意的是，這位資州攝錄事參軍鄧暗，他的停職和復職，都由
「相公」（當指當地的劍南西川節度使）一人決定，可證這種攝官既然是
由當地牧守自辟，其命運、任期等，也就自然全操在「相公」手中，自
己難以掌控，有事只好求助於觀音菩薩了。

　　在〈趙州刺史何公德政碑〉的碑陰，也有一位「攝」錄事參軍：

攝錄事參軍賞緋魚袋郭傑[196]

郭傑在碑陰上的排序，位在司功、司戶等六曹參軍之上，很符合錄事參
軍「網紀六曹」的行政統屬。值得注意的是，這位攝錄事參軍，曾經得

---

195 《全唐文》附《唐文續拾》卷6，頁11242。
196 《八瓊室金石補正》卷63，頁30。關於此德政碑，更詳細的討論見拙文〈論
　　唐代的州縣「攝」官〉，頁69-74。

到皇帝的「賞緋魚袋」。「緋」指緋衣，爲五品以上文官的服色。「魚袋」指銀魚袋，和緋衣相配搭。錄事參軍的官品，最高也不過是正七品上（以京兆、河南等大府的司錄爲例），還未到衣緋的階段。但這位郭傑因爲被趙州刺史（兼成德節度使）自辟爲趙州的攝錄事參軍，成德節度使便代他向皇帝奏請得到「賞緋魚袋」這種榮譽。

　　方鎮使府爲屬僚奏請章服的習俗，在中晚唐頗常見。大中三年中書門下的一篇奏文，對此有詳細的說明：

> 三年五月，中書門下奏：「增秩賜金紫，雖有故事，如觀察使奏刺史善狀，並須指事而言，不得虛爲文飾。……準令，入仕，十六考職事官，散官皆至五品，始許著緋。三十考職事官四品，散官三品，然後許衣紫。除臺省清要，牧守常典，自今已後，請約官品爲例。判官上檢校五品者，雖欠階考，量許奏緋。副使行軍俱官至侍御史已上者，縱階考未至，亦許奏緋。如已檢校四品官兼中丞，先賜緋，經三周年已上者，兼許奏紫。……」依奏。[197]

郭傑官未達五品，卻獲「賞緋魚袋」，便屬這種「縱階考未至，亦許奏緋」的好例子。從這個案可看出，中晚唐的方鎮使府，不但可以辟署自己幕府的僚佐，同時還可以自辟其屬下州縣的官員爲「攝官」（不須由中央委派），更可以爲他們奏請章服。

　　拙文〈論唐代的州縣「攝」官〉，已詳細探討了中晚唐這種州縣攝官的起源、實行狀況及其盛行地區。這一類州縣攝官當然包含了錄事參軍在內，所以這裡不擬贅論，只想補充幾個特別涉及「攝」錄事參軍的

---

197 《唐會要》卷31，頁667-668。

細節。

為甚麼中晚唐的州縣，頻頻出現由當地牧守自辟的地方攝官？原因有幾種。

最常見的一個原因是地區偏遠。例如，嶺南、黔中等地，便因為偏荒，士人多不願前去，其州縣官便不得不由當地牧守自辟當地人出任。唐初敦煌吐魯番地區有許多州縣攝官，也屬此類(詳見下節)。但李德裕在〈潞磁等四州縣令錄事參軍狀〉中，卻出人意表地提到另一個原因「地貧俸薄」：

> 右，緣地貧俸薄，無人情願，多是假攝，破害疲甿。望委吏部
> 於今年選人中，揀幹濟曾有績效人，稍優一兩任注擬。其俸料
> 待勘數到，續請商量聞奏。[198]

這是會昌四年(844)李德裕所寫的一篇狀。「潞磁等四州」指昭義節度屬下的潞、磁、刑、洺四州，位於太行山地區。會昌三年，昭義節度使劉從諫去世，他的侄子劉稹自稱留後叛變。李德裕當時任宰相，親自指揮平定了這場叛亂，劉稹被殺[199]。正因為這場叛亂，昭義有好幾年沒有節度使，一直到大中三年(849)，薛元賞才接任節度[200]。會昌四年李德裕寫這篇狀時，昭義屬下的潞磁等四州，顯然處在戰亂後「破害」的狀態，「無人情願」前去這樣「地貧俸薄」的州縣，以致這些州縣的縣令

---

198 《李德裕文集校箋》卷16，頁310-311。

199 傅璇琮，《李德裕年譜》(濟南：齊魯書社，1984)，頁468-557，對昭義之亂的前後史事有所疏證。更全面的研究見王國堯，〈李德裕與澤潞之役——兼論唐朝於9世紀中所處的政治困局〉，《唐研究》，第12卷(2006)，頁487-522。

200 戴偉華，《唐方鎮文職僚佐考》，頁230-232。

和錄事參軍,「多是假攝」,所以李德裕不得不奏請朝廷採取特別的補救措施。

州縣攝官出現的第二個原因是方鎮跋扈,不聽命朝廷,自行委任州縣攝官。《舊唐書·憲宗紀》元和十五年春正月下有一小段記錄:

> 庚辰,鎮冀觀察使王承宗奏鎮冀深趙等州,每州請置錄事參軍一員,判司三員,每縣請置令一員,從之。[201]

初看之下,這似乎只是王承宗請求朝廷在他屬下州縣設置錄事參軍、判司(即六曹參軍)以及縣令。但深一層觀察,這段記載其實要放在中晚唐方鎮跋扈,自行委派州縣攝官的角度下,才能充分理解。王承宗原本在他的鎮冀深趙等州,自行辟署攝錄事參軍等官,但現在,他為了表示聽命於朝廷,所以才奏請由中央在他的管州內設置錄事參軍等官。《舊唐書·王承宗傳》對此有比較詳細的背景交代:

> 是歲,李師道平,承宗奉法逾謹,請當管四州,每州置錄事參軍一員、判司三員,每縣令一員、主簿一員,吏補授皆聽朝旨。[202]

可知他之前並不「聽朝旨」,自辟州縣攝官,包括極重要的錄事參軍和縣令。但在元和十四年,他的「盟友」平盧節度使李師道叛唐被平定消滅之後,他心生畏懼,於是隔一年便「奉法逾謹」,自請中央委派這些州縣官,接受朝命。

同樣的,元和年間魏博有一奏文,也應當放在州縣攝官的脈絡下來

---

201 《舊唐書》卷15,頁471。

202 《舊唐書》卷142,頁3882-3883。

理解：

> 〔元和〕七年十二月，魏博奏：「管內州縣官二百五十三員，
> 內一百六十三員見差假攝，九十員請有司注擬。」從之。[203]

魏博的州縣官竟高達約三分之二是「假攝」的，其餘約三分之一才請中央「有司注擬」。魏博屬下管魏、博、貝、衛、澶、相六州。這六州重要的州官職位錄事參軍，很可能便由魏博節度使自行委人差攝。

晚唐詩人李商隱，曾經在南方桂州（今廣西桂林）出任桂管觀察使鄭亞的幕佐，並且曾經代鄭亞（滎陽公）寫過許多官文書。現收在李商隱文集中的〈為滎陽公桂州署防禦等官牒：曹謹〉一篇，便是當年桂管觀察向朝廷奏請讓一位曹謹出任攝昭州錄事參軍的牒文，讓我們得以見到中晚唐委任攝州錄事參軍的一個過程：

> 牒奉處分，郡督郵縣主簿，古之任重，今也材難。得其人，則四鄙無侵刻之虞；失其人，則一府壞紀綱之要。昭邱舊郡，平樂屬城，雖州將在焉，而縣尹耄矣！苟忘管轄，何寄準繩？前件官，實富公才，嘗參侯服，削大刃而只思亸髀，茂長材而惟憶風霜。辯瀉口河，志堅心石。委之稽勾，必慰疲羸。夫專于雷同，則無以貴吾道；苟務從派別，則無以致人和。允執厥中，唯理所在。無惄潔操，以負求才。事須差攝昭州錄事參軍。[204]

攝錄事參軍等州縣攝官，雖由地方牧守自辟，但仍需獲得朝廷的批准。

---

203 《唐會要》卷75，頁1615。

204 《李商隱文編年校注》，頁1409。

上文便是李商隱代筆的一篇請准牒文。文中特別提到州錄事參軍的幾種
重要職能，諸如「得其人則四鄰無侵刻之虞，失其人則一府壞紀綱之
要」，「委之稽勾，必慰疲羸」等語，也都凸顯了錄事參軍在一州行政
上的重要性。昭州的治所在今廣西平樂縣，在唐代是個下州，人口稀少，
當屬那種「無人情願」去的窮州，所以它的錄事參軍，無法由朝廷委任，
於是便由桂管觀察使自行派人去差攝。牒文最後一句的「事須」一詞，
是唐代公文書的規範用詞，在敦煌、吐魯番出土文書中常可見到，即「必
須」之意[205]。

　　李商隱文集中還有另一篇類似牒文，題為〈為滎陽公桂州署防禦等
官牒：韋重〉，則是替桂管觀察屬下的柳州奏請一位攝錄事參軍：

> 右件官，頃佐一門，實揚二職。襲韋賢之經術，有崔琰之鬚眉。
> 久為旅人，不遇知己。今龍城屬部，象縣分封，雖求瘼頒條，
> 允歸于通守。而提綱舉轄，必藉于外臺。子其正色當官，潔身
> 照物，逢柔莫茹，有蠹必攻。羅含擅譽于琳琅，猶聞謙受；梁
> 竦徒勞於州縣，未曰通材。勿恥上官，以渝清節。事須差攝柳
> 州錄事參軍。[206]

柳州的治所在今廣西柳州，在唐代和昭州一樣，屬於下州，人口稀少。
牒文中所提到的「龍城」和「象縣」，為柳州屬縣。

　　州縣攝官雖然不是正規的制度，但中晚唐的朝廷卻因為種種原因，
諸如地方偏遠，「地貧俸薄」，或方鎮跋扈等等，經常訴諸這種辦法，
來解決它的州縣官問題。唐朝廷甚至對地方牧守自辟州縣攝官，訂有詳

---

205 王啟濤，《吐魯番出土文書詞語考釋》（成都：巴蜀書社，2005），頁464。
206 《李商隱文編年校注》，頁1407。

細的「奏請」辦法，例如咸通十二年(871)中書門下的一道奏文：

> 准今年六月十二日敕，釐革諸道及在京諸司奏官并請章服事
> 者。其諸道泰州縣官司錄、縣令、錄事參軍，或見任公事，敗
> 闕不理，切要替換，及前任實有勞效，并見有闕員，即任各舉
> 所知。每道奏請，仍不得過兩人。其河東、潞府、邠寧、涇原、
> 靈武、鹽夏、振武、天德、鄜坊、滄德、易定、三川等道觀察
> 防禦等使及嶺南五管，每道每年除令、錄外，許量奏簿、尉及
> 中下州判司及縣丞共三人。[207]福州不在泰州縣官限。其黔中所
> 奏州縣官及大將管內官，即任準舊例處分。……其幽、鎮、魏
> 三道望且準承前舊例處分。[208]

中晚唐州縣攝官數量之多，分布之廣，是相當驚人的。就州縣官當中的
錄事參軍而言，唐朝廷便允許「河東、潞府、邠寧、涇原、靈武、鹽夏、
振武、天德、鄜坊、滄德、易定、三川等道觀察防禦等使及嶺南五管」
的州，每年都可以奏請「令錄」(即縣令和錄事參軍)。除此之外，還可
量奏「簿、尉及中下州判司及縣丞共三人」。福州另有處置辦法。至於
黔中和跋扈的河北三鎮幽、鎮、魏，它們則是「準承前舊例處分」的。

　　據此看來，中晚唐朝廷真正能夠派遣司錄、錄事參軍的地區，和它
能夠委派縣令的地區一樣(見本書第四章)，恐怕主要只剩下長安、洛陽
兩京赤畿地區，以及汴河、大運河流域的江南地區了。這些也正是唐朝
廷最具戰略或經濟價值的地區。

---

207 關於福州的特別情況，以及這篇奏文的詳細討論，見拙文〈論唐代的州縣
　　「攝」官〉，頁66-86。

208 《舊唐書》卷19上〈懿宗紀〉，頁678。

十、結論

　　錄事參軍是唐代州一級的中層文官，任此官的年齡大約是四、五十歲左右。在唐前期，此官的主要職務有兩個，一是「勾稽」文書，所以有「勾官」的稱號；二是「監督」屬下的六曹參軍和屬縣縣官，所以有「綱紀六曹」的說法。此外，他們還處理省署抄目、掌印、給紙筆等事。州的錄事參軍，其作用相當於縣的主簿，以及其他京城官署的主簿。兩者的職務約略相同。

　　但在唐中葉以後，錄事參軍的職權愈來愈大，不但繼續出任勾官和綱紀六曹的重任，而且還負責監管私鹽、義倉、州府錢物斛斗文案、闕官料錢、兩稅、館驛給券、病坊、屠牛等雜事。同時，由於唐後期州的上佐(別駕、長史和司馬)變成閒員，錄事參軍往往成了一州行政最關鍵的要員，經常和縣的長官縣令一起被人相提並論，合稱爲「令錄」。

　　唐代的州府大約有三百多個，但並非每一州府的錄事參軍都同等重要。正如縣令、縣尉等縣官的地位，要看他們任職屬職縣的等級而定，錄事參軍的地位也取決於他任職所在州府的等級。大州府如長安、河南、汴州的司錄、錄事參軍最爲劇要，是士人競求的對象，任官者也大都是出身條件或仕宦條件非常優秀的士人，而且他們必須先任其他基層官，遷轉幾次以後才能攀升至此。但唐代中小州和偏荒地區的州，其錄事參軍的地位便不是很高，甚至可以用作士人的初任釋褐官。

　　吐魯番出土文書，可以清楚讓我們見到唐代的錄事參軍如何扮演他的「勾官」角色。這些出土文書至今還保存了他們當年勾稽文書所留下的一些批示和署名，十分珍貴。近世出土的唐代墓誌，則讓我們見到錄事參軍的「監督」的角色，並且可以補正史之不足，讓我們見到不少仕途不佳的士人當年任錄事參軍的一些事蹟，以及中晚唐盛行的「攝」錄

事參軍現象，顯示唐皇朝在後期真正能夠控制的州府，僅限那些位於長安、洛陽兩京赤畿地區，以及汴河、大運河流域等江南地區的。

　　雖然說司錄、錄事參軍是唐代州府行政的關鍵人物，但此官的重要性亦不宜過份高估。這畢竟只是個中層文官。所以，即便是在重要州府（如河南府）任過司錄參軍者（如張署和盧士瓊等人），當年威風顯赫一時，但如果他們的官位僅停留在此，沒有繼續往高層攀升，那麼他們的仕途應當還是不夠顯達，甚至可以說是「不成功」的。

第六章
判 官

> 輪臺東門送君去，去時雪滿天山路。
> 山迴路轉不見君，雪上空留馬行處。
>
> 　　岑參〈白雪歌送武判官歸京〉[1]

　　岑參(719-770)[2] 這首詩是他在北庭都護府(今新疆吉木薩爾縣北)任節度判官時寫的，送給另一個判官武某人。唐詩中這種寄送某某判官的詩作非常之多，粗略統計，多達約二百五十首，從唐初張九齡的〈送廣州周判官〉一直到唐末貫休的〈和李判官見新榜爲兄下第〉，但當中寫得最好、最有名的，恐怕還是岑參這首〈白雪歌送武判官歸京〉。此詩亦收在《唐詩三百首》。

　　但判官是一種怎樣的官？今人常對判官望文生義，常以爲這是審理案件的法官[3]。下文將細考其非。這裡可以先點破的是，判官是一種中

1　劉開揚，《岑參詩集編年箋註》，頁335。
2　岑參生年據王勛成的新考訂，見其〈岑參入仕年月及其生年考〉，《文學遺產》，2003年第4期。過去學界普遍認爲岑參生於開元三年(715)或四年(716)。王勛成推翻此舊說。
3　例如，哈佛大學的Stephen Owen，便把判官理解爲法官("Judge")，把岑參的這首〈白雪歌送武判官歸京〉英譯爲 "Song of the White Snow: Sending Off Judge Wu on His Return to the Capital." 見他的 *The Great Age of Chinese*

層文官，主要是一種「執行任務的官員」，非專門的司法人員，任此官者多爲三十五到四十五歲的人。岑參在北庭任判官時即大約三十六、七歲左右，詩則寫於天寶十四載(755)他三十七歲那年。上引四句爲詩的結尾，寫岑參看著他的同僚武判官騎著馬，踏著一片白雪離去，或許想到自己不知何時才能「歸京」，於是不免有些感傷和寂寞。但結尾兩句寫得非常含蓄，意境幽遠，只說「山迴路轉」再也見不到你了，僅有雪地上「空留」著你的馬走過的足印。這種寂寞心情想是一個微近中年，爲生活遠赴邊塞任判官的盛唐詩人所常有的吧。

判官不但常見於唐詩，也習見於唐代史籍、墓誌、筆記小說和《全唐文》等書，而且此官的分布極廣。不但像岑參所任職的北庭等方鎮會有判官，甚至京城中某些官署或非方鎮使職，可能都有判官，例如內作坊判官、禮儀使判官和神策軍判官等等。在方鎮幕府體制，判官屬中層文官，排位在掌書記之上，行軍司馬之下。非方鎮判官的地位，也約略如此，底下再詳考。

但近人對此官的研究很少。嚴耕望的〈唐代方鎮使府之文職僚佐〉[4]，最早論及判官，但只限於方鎮判官，未及京城或非方鎮者。戴偉華在《唐代使府與文學研究》中論方鎮幕佐時，只有一小段話涉及判官[5]。石雲濤的《唐代幕府制度研究》[6]，亦曾約略論及判官，但可考者仍多。趙雨樂的〈內諸司機構的衙化現象：從判官和押衙說起〉，僅論及宮廷內

(續)——————

    Poetry: The High T'ang (New Haven: Yale University Press, 1981), pp. 175-176.

4　嚴耕望，〈唐代方鎮使府之文職僚佐〉，《新亞學報》，第7卷第2期(1966)，頁56-62。

5　戴偉華，《唐代使府與文學研究》(桂林：廣西師範大學出版社，1998)，頁41。

6　石雲濤，《唐代幕府制度研究》(北京：中國社會科學出版社，2003)，頁93-94。

諸司使的判官[7]。故本章擬在前人基礎上，詳考這個官職，主要論其五大類型、名目、地位和職掌等[8]，而且擬包含所有使職所帶的判官，不管是在方鎮或非方鎮，並旁及「本判官」等相關課題[9]。

一、唐代「判」的含意

現代中文裡的「判」字，含有強烈的「審判」、「判決」等法律涵義，以致現代讀者初次見到唐代的「判官」，望文生義，很可能以為這是一種司法之官，專門負責審理訴訟或刑案等。果如此，則恐怕會構成極大的誤會和誤讀，所以本節擬先詳考唐代「判」字的含意，以破解這種誤會。

實際上，唐代的判官絕非司法或執法之官。粗略地說，這只是一種「執行官」。唐代的「判」字，即「執行」、「負責處理」某公事的意思，但此意到了現代中文幾乎已喪失殆盡。當然，判官所執行之事，可能包括訴訟、刑案等法律案件，但正如下面擬詳考的，他不是專門的司法或執法人員，而是職務相當廣泛的一種執行官。他的實際任務，要看他所屬的使府而定。例如關內鹽池判官，所管當即鹽池事。又如長春宮

7　此文原發表在《法門寺唐文化國際學術討論會論文集》（西安：陝西人民出版社，1998），頁471-477，現收入趙雨樂，《從宮廷到戰場──中國中古與近世諸考察》（香港：中華書局，2007），頁145-160。

8　筆者在《唐代基層文官》第五章〈巡官、推官和掌書記〉，詳考唐代幕職的辟署和禮聘，以及幕佐的官銜等問題。這些也都適用於方鎮判官，所以這裡不擬重複贅論辟署和禮聘等事，底下只準備簡單交代並補充若干前此未論及的細節。

9　中晚唐敦煌的僧官制度中亦有「判官」，但這種判官屬於佛教社會組織的範圍，和唐代官制無關，此不論。詳見竺沙雅章，〈敦煌佛教教團的研究〉，《增訂版中國佛教社會史研究》（京都：朋友書店，2002）。

判官，所管當即長春宮事(長春宮位於長安附近的同州，爲唐代的行宮之一)[10]。至於節度判官，職掌則比較多樣化，可能執行節度使交付之任何事。在這方面，判官和推官及巡官有些相似。三者都是執行任務的官員[11]，只不過巡官地位最低，推官其次，判官在三者當中排位最高，一般也比較年長，官場經驗比較豐富，多已任過巡官或其他基層官職。

我們可以從唐人種種「判」字的用例，去推知「判」的基本意思，絕非現代「法庭審判」之法律含意，而是「執行」、「掌判」之意。且舉四類例子以證之。

第一，在唐代官制專用術語中，有所謂「判某曹」、「判某院」之事。比如，《舊唐書・韓滉傳》說：「公潔強直，明於吏道，判南曹凡五年，詳究簿書，無遺纖隱。」[12]南曹即吏部員外郎所掌的其中一個部門，負責檢查選人的官歷文書，所以韓滉「判南曹」五年，他所做的事，便是「詳究」這些選人呈上的「簿書」，驗其真僞，「無遺纖隱」。此「判」即「執行」某任務之意，也即「掌判」之「判」。這種用例在兩《唐書》中屢見不鮮，如皇甫鎛，「判南曹，凡三年，頗鈐制奸吏」[13]，也是這個意思。

《新唐書・百官志》尚書省兵部條下說：「郎中一人判帳及武官階品、衛府衆寡、校考、給告身之事；一人判簿及軍戎調遣之名數，朝集、祿賜、假告之常。」[14]《舊唐書・陳希烈傳》：「累遷至祕書少監，代

10　《元和郡縣圖志》卷2，頁36。由於此宮位於同州，同州刺史經常兼任長春宮使。

11　關於巡官和推官的職務，詳見拙書《唐代基層文官》第五章〈巡官、推官和掌書記〉。

12　《舊唐書》卷129，頁3599。關於吏部員外郎判南曹事，又見本書第三章〈員外郎和郎中〉中的討論。

13　《舊唐書》卷135，頁3738。

14　《新唐書》卷46，頁1196-1197。

張九齡專判集賢院事。」[15]《舊唐書‧韋綬傳》:「長慶元年三月,轉禮部尚書,判集賢院事。」[16]這些「判」,都是「掌判」、「執行」之意,毫無現代中文的「審判」之意。

其次,在近世出土的敦煌、吐魯番文書中,常見有「某某日受,某某日行判(或某某日判)」的批語。例如,在開元二十一年正月福州唐益謙請過所文書中,即有辦事人員所寫的一行批語:「正月十三日受,十四日行判。」據研究此類文書的王永興說,這句話的意思是,這件申請過所的文書在十三日收到,十四日就處理完畢了,只用了一天的時間。又如,在唐下西州柳中縣殘文書為勘達匪驛驛丁差行事中,也有一行批語:「十一月二十七日受,十二月十一日行判。」其「行判」的意思也就是「處理完畢」[17],可知唐代的「判」即「執行」、「處理」、「掌判」之意,並沒有現代中文裡強烈的法律意涵。

第三,敦煌吐魯番文書中傳世的幾種判集,所處理的公務都不是法律訴訟案,而是日常公務。例如〈河西巡撫使判集〉,所「判」的是「當時緊要的軍政事務」和「遺留下來的歷史事件」[18]。同樣的,〈岐州郿縣縣尉判集〉(伯二九七九號)所涉及的,主要是「勾徵」、差科、防丁和稅錢等經濟問題。[19]

---

15 《舊唐書》卷97,頁3059。

16 《舊唐書》卷162,頁4245。

17 詳見王永興,《唐勾檢制研究》(上海:上海古籍出版社,1991),頁55-59。又見向群,〈敦煌吐魯番文書中所見唐官文書「行判」的幾個問題〉,《敦煌研究》,1995年第3期,以及向群,〈唐判研究〉,《華學》,第2輯(1996)。

18 安家瑤,〈唐永泰元年—大曆元年河西巡撫使判集(伯二九四二)研究〉,《敦煌吐魯番文獻研究論集》,北京大學中古史研究中心編(北京:中華書局,1982),頁254。

19 薄小瑩、馬小紅,〈唐開元廿四年岐州郿縣縣尉判集(敦煌文書伯二九七九號)研究——兼論唐代勾徵制〉,收在上引《敦煌吐魯番文獻研究論集》,頁615-649。日文研究見市原亨吉,〈唐代の「判」について〉,《東方學

　　第四，唐代有一種特殊的公文體叫「判文」，多以四六駢文寫成，是辦事人員處理某件公事後所寫的一小段結語。唐代的銓選，有所謂「身、言、書、判」這回事，是挑選低層官員(如縣尉、主簿等)的四大條件。「身」指身體樣貌，「言」指言談舉止，「書」指書法，「判」即撰寫判文的能力[20]。從所有參與銓選的官員都需考「判」這點來看，可知這類「判文」涉及的，必然是一般例行的公事，而非專門的訴訟或罪案。這類「判文」要考的，是一般官員處理例常公事的判斷能力，「取其文理優長」[21]，而非專門審理法律案件的才幹。例常公事中當然也有訴訟、罪案等，但更多時候是指戶口登記、賦稅、婚嫁、喪葬等民間雜事。在上引〈岐州郿縣縣尉判集〉中，就收了多達十道判文，多涉及差科、賦稅等問題，可讓我們見識唐代這種判文的真貌。且引其中一道，以見一斑：

　　　　百姓彫殘，強人侵食。今發丁防，其弊公私。昨以借便衣資，
　　　　長官不許。中得眾人引訴，再三方可。如宋智闔門，盡為老吏，
　　　　吞削田地，其數甚多，昨乃兼一戶人，共一氈裝，助其貧防，
　　　　不著百錢，乃投此狀來，且欲沮議，既善言不率，亦法語不恭，
　　　　怒氣高於縣官，指麾似於長吏。忝為職守，誰復許然。宋智帖

(續)———
　　　報》，第33冊(1963)，頁119-198；大野仁，〈唐代の判文〉，《中國法制
　　　史——基本資料の研究》，滋賀秀三編(東京：東京大學出版會，1993)，
　　　頁263-280。
20　關於唐代的銓選過程和條件，最好的論著是王勛成，《唐代的銓選與文學》，
　　　特別是第五章論銓選和身、言、書、判等。
21　《通典》卷15，頁360。從「取其文理優長」一項，亦可知吏部銓選試判的
　　　重點在考選人處理例常公事時，文章和思路是否清暢，不是要考他們推勾
　　　獄訟的能力。

獄留問，氈裝別求人助。[22]

在白居易的文集中，也保存了一百篇當年白居易練習寫判文的習作，是唐代傳世判文中最好的模範作品之一（另一著名作品是唐代張鷟的《龍筋鳳髓判》[23]）。白居易百篇判文所涉及的公事，只有一小部分牽涉到罪案，例如某人「丁冒名事發，法司准法科罪，節度使奏丁在官有美政，請免罪真授，以勸能者。法司以亂法，不許」[24]。但絕大部分判文涉及的並非罪案或法律案件，而是一般的民生事，如某人「過華嶽廟，不禱而過，或非其違眾」[25]，便足以構成一件需要處理的公事。又如某人隱居，「徵辟不起，子孫請以所辟官用蔭，所司不許」[26]，也成了一件需要書寫判文的公事[27]。

綜上所論，唐代「判」的含意遠比現代中文的意思寬廣，可指「執行」、「處理」、「掌判」等意，非僅「法庭審判」而已。唐代的判官，應當放在這個比較寬大的意義框架下來理解。他是一種執行事務的中層官員，可能「掌判」各種各樣的事情，包括民間訴訟、稅務糾紛和刑事罪案等等，但他卻不是專門的司法人員。

判官不是法務人員，還有一個很好的例證。那就是中唐盧言在《盧氏雜說》〈兩省〉條中所說的一段話：

22　《敦煌吐魯番文獻研究論集》，頁618。
23　此書現有田濤、郭成偉的校注本（北京：中國政法大學出版社，1996）。
24　《白居易集》卷66，頁1379。
25　《白居易集》卷66，頁1382。
26　《白居易集》卷66，頁1382。
27　吳承學，〈唐代判文文體及其源流〉，《文學遺產》，1999年第6期，主要研究唐人文集中的判文和擬判文（有別於敦煌吐魯番文書中的判文），其頁24說判文「既用於司法，也用於處理公務甚至日常生活瑣事」。

> 諫議無事不入，每遇入省，有廚食四孔炙。中書舍人時謂宰相
> 判官。[28]

盧言生卒年不詳，兩《唐書》中無傳，但他曾任大理卿、左司郎中和戶
部郎中等官，和白居易及李德裕約同個時代[29]。他這個「中書舍人時謂
宰相判官」的說法，應當是他當時官場上的「共識」。所謂「宰相判官」，
當指中書舍人常替宰相「行使」某些任務，特別是知制誥一項，足見「判
官」為執行事務官員，非司法官。除非特別受委處理重大罪案，否則唐
代宰相一般也並沒有推獄審案的職務[30]。

二、判官的起源和演變

在先秦兩漢到魏晉南北朝的史料，完全找不到「判官」此詞。它最
早出現於正史，是在《隋書·劉炫傳》：

> 煬帝即位，牛弘引〔劉〕炫修律令。高祖之世，以刀筆吏類多
> 小人，年久長姦，勢使然也。又以風俗陵遲，婦人無節。於是
> 立格，州縣佐史，三年而代之，九品妻無得再醮。炫著論以為
> 不可，弘竟從之。諸郡置學官，及流外給廩，皆發自於炫。弘
> 嘗從容問炫曰：「案《周禮》，士多而府史少，今令史百倍於
> 前，判官減則不濟，其故何也？」炫對曰：「古人委任責成，
> 歲終考其殿最，案不重校，文不繁悉，府史之任，掌要目而已。

今之文簿，恒慮覆治，鍛鍊若其不密，萬里追證百年舊案，故
諺云『老吏抱案死』。古今不同，若此之相懸也，事繁政弊，
職此之由。」[31]

又見於《隋書・食貨志》：

開皇八年五月，高熲奏諸州無課調處，及課州管戶數少者，官
人祿力，乘前已來，恒出隨近之州。但判官本為牧人，役力理
出所部。請於所管戶內，計戶徵稅。帝從之。[32]

但從上下文看，以上兩例中的「判官」，都不是官職的專稱(隋朝也沒
有這樣的官名)，而是通稱，泛指「執行事務的官員」而已。

判官最初出現在史書，就是以這種泛稱的形式。此詞後來才慢慢在
中宗、武則天時代演變成專稱的官名，指那些在某方鎮或某使府擔任「判
官」的人。這種專稱官名前通常帶有一個職名或所屬的單位組織，含義
更為清楚，如「鹽鐵判官」、「節度判官」、「觀察判官」、「東都留
守判官」等等。

嚴耕望曾經把泛稱的判官稱為「廣義判官」，並把專稱的判官稱為
「狹義判官」[33]。本章擬深入探討的是「鹽鐵判官」等專稱判官，亦即
嚴耕望等學者所說的「狹義判官」。但為免混淆，讓我們先來看看早期
「廣義判官」的幾個例子。

其實，廣義的判官並不多見，在唐史料中只有寥寥不到十個用例。

31　《隋書》卷75，頁1721。《北史》卷82，頁2765略同。

32　《隋書》卷24，頁685。

33　見嚴耕望，〈唐代方鎮使府之文職僚佐〉，頁57；又見戴偉華，《唐代使
　　府與文學研究》，頁49，引李商隱所寫的兩篇公文，有所補充。

狹義判官則十分常見，特別是在則天朝以後，散見於各種文獻。早期廣
義的判官主要有以下三例。

在唐史料中，最早的一例見於高宗的〈申理冤屈制〉：

> 百姓雖事披論，官司不能正斷，及於三司陳訴，不為究尋，向
> 省告言，又卻付州縣。至有財物相侵，婚田交爭，或為判官受
> 囑。有理者不申，或以按主取錢。合得者被奪，或積嫌累載。……
> 凡如此事，固非一緒。經歷臺省，往來州縣，動淹年歲，曾無
> 與奪。……見在京訴訟人，宜令朝散大夫守御史中丞崔謐、朝
> 散大夫守給事中劉景先、朝請郎守中書舍人裴敬彝等，於南牙
> 門下外省共理冤屈。[34]

這道制書的要旨是冤屈訴訟案經常拖得太久，得不到「申理」，於是高
宗下令崔謐、劉景先和裴敬彝三個高官，「於南牙門下外省共理冤屈」。
但前頭所說「至有財物相侵，婚田交爭，或爲判官受囑」中的「判官」，
含意雖不很清楚，卻顯然不是司法人員，而是州縣某種執行公務的官
員，是一種廣義的判官，很可能跟下引《唐會要》中所提到的「邊遠判
官」類似。

其次，《唐會要》載有一開元十七年（729）三月敕文：

> 邊遠判官，多有老弱。宜令吏部每年於選人內，簡擇強幹堪邊
> 任者，隨闕補授。秩滿，量減三兩選與留，仍加優獎。[35]

34　《全唐文》卷11，頁137。

35　《唐會要》卷75，頁1612；又見《全唐文》卷30，頁336。

這裡所說的「判官」應當是廣義，泛指「執行事務的官員」，而且看來是指「州縣官」。它的用法及含義和上引《隋書》的兩個用例非常相似，指地方官員，而非方鎮狹義的判官，因為下面說到「宜令吏部每年於選人內，簡擇強幹堪邊任者，隨闕補授」。我們知道，方鎮使府的判官照例都是由府主自己辟署的，非經吏部銓選。所以這裡說「邊遠判官」宜請吏部在選人中「簡擇」，足見這樣的「判官」應當只是泛指州縣官員，很可能即指唐代所謂「四等」官（長官、通判官、判官和主典）中的「判官」一類，意即某官署、某州縣中真正執行任務的官員（詳見底下論「本判官」一節）。

第三個例子在《舊唐書・來俊臣傳》，提到酷吏來俊臣手下的一個「判官」王德壽及其所作所為：

> 如意元年〔692〕，地官尚書狄仁傑、益州長史任令暉、冬官尚書李遊道、秋官尚書袁智宏、司賓卿崔神基、文昌左丞盧獻等六人，並為其羅告。俊臣既以族人家為功，茍引之承反，乃奏請降敕，一問即承，同首例得減死。及脅仁傑等反，仁傑歎曰：「大周革命，萬物惟新，唐朝舊臣，甘從誅戮。反是實。」俊臣乃少寬之。其判之王德壽謂仁傑曰：「尚書事已爾，得減死。德壽今業已受驅策，欲求少階級，憑尚書牽楊執柔，可乎？」仁傑曰：「若之何？」德壽曰：「尚書昔在春官時，執柔任某司員外，引之可也。」仁傑曰：「皇天后土，遣狄仁傑行此事！」以頭觸柱，血流被面，德壽懼而止焉。[36]

這也是關於「廣義判官」比較早的一條材料。此時來俊臣任的是御史中

36　《舊唐書》卷186上，頁4838-4839。

丞，並非使職，所以他屬下這個「判官」並非後來方鎮使府下那些帶有專職的判官，而只是他手下一個「執行任務的官員」罷了。《資治通鑑》亦載此事。胡三省注云：「判官，俊臣之屬官也。」[37]可謂深得其意。

我們從其他材料可以知道，王德壽這時的正式官職，其實是「司刑評事」[38]。司刑評事即大理評事，為則天光宅年剛上臺時改稱，從八品，掌出使推劾等事。王德壽只是在充當來俊臣的打手，是幫他執行殺人任務的「判官」，可知他這個「判官」為一泛稱，為「執行官」、「屬官」的意思，和官僚體系中專稱的「判官」不同[39]。他後來更以「攝監察御史」的名義，連同來俊臣手下的其他酷吏如劉光業等人，被派到劍南、嶺南等地，殺了「七百人」[40]。

在《太平廣記》中所引用的唐代筆記，也有幾個早期廣義判官的例子，如「征遼判官」徐慶的故事：

> 唐高宗時，徐慶為征遼判官。有一典，不得姓名。慶在軍，忽夢己化為羊，為典所殺。覺後悖懼流汗。至曉，此典詣慶。慶問：「夜來有所夢否？」典云：「夢公為羊，手加屠割，意甚不願，為官所使制不自由。」慶自此不食羊肉矣。[41]

---

37 《資治通鑑》卷205，頁6479。

38 《舊唐書》卷186上〈萬國俊傳〉，頁4846。《舊唐書》卷76〈高宗則天武皇后傳〉，頁3482也提到他，亦稱他為「司刑評事」。

39 參看陳登武，〈從唐臨《冥報記》看唐代地獄審判〉，《第六屆唐代文化學術研討會論文集》，頁13，對此「判官王德壽」的解讀。此文後收在陳登武，《從人間世到幽冥界：唐代的法制、社會與國家》（台北：五南，2006）。

40 此事史書記載頗詳，見《舊唐書》卷50〈刑法志〉，頁2143。又見《舊唐書》卷76，頁3482；《通典》卷170，頁4427。不過《資治通鑑》卷205，頁6491則說「德壽殺五百人」。

41 《太平廣記》卷143，頁1023，引《廣古今五行記》。此書今已佚失，無傳本。

此故事當爲虛構，「征遼判官」當爲負責征遼任務的執行官員。除此之外，《太平廣記》引《朝野僉載》一條材料，也提到太宗時「生人判冥事」的一個「判官」：

> 唐太宗極康豫，太史令李淳風見上，流淚無言。上問之，對曰：「陛下夕當晏駕。」太宗曰：「人生有命，亦何憂也。」留淳風宿。太宗至夜半，上奄然入定。見一人云：「陛下暫合來，還即去也。」帝問：「君是何人？」對曰：「臣是生人判冥事。」太宗入見，判官問六月四日事，即令還。向見者又迎送引導出。淳風即觀玄象，不許哭泣，須臾乃寤。至曙，求昨所見者，令所司與一官，遂注蜀道一丞。上怪問之，選司奏，奉進止與此官。上亦不記。旁人悉聞，方知官皆由天也。[42]

不過《廣記》此處所引的「判官」，在今本《朝野僉載》中作「冥官」[43]。這種地獄判官當即一種執行官，爲泛稱，不是專稱官名。[44]

42　《太平廣記》卷一四六，頁1050-1051。

43　《朝野僉載》卷六，頁149。

44　人間有判官，地獄也有判官，而且地獄判官恐怕還遠比人間判官更深入民心。閻羅王身邊有個判官專管生死簿，或許是許多現代讀者都很熟悉的事。這主要受傳統小說、戲曲等民間文學的影響。宋元明清作品中地獄判官尤其常見。最早出現地獄判官的唐代作品則是唐臨(601?-660?)的《冥報記》(成書於653年，今有方詩銘輯校本，北京：中華書局，1992)，詳見陳登武，〈從唐臨《冥報記》看唐代的地獄審判〉，《第六屆唐代文化學術研討會論文集》；又見戶崎哲彥，〈唐臨事跡考──兩《唐書‧唐臨傳》補正〉，《唐研究》，第8卷(2002)。不過，應當指出的是，《冥報記》等唐代作品中所見的地獄判官，其職務也和人間判官一樣多樣化，不單只是「法庭審判」而已，還涉及其他雜務，如掌管人間生死，或掌判冥府各官曹行政事務。例如，《冥報記》中所收〈柳智感〉條，寫一個縣令柳智感，白天在人間的縣府視事，晚上則到冥間「判冥事」。但這「冥事」並非全是法庭

但從中宗朝開始，判官開始從原先泛指州縣官、地方官、屬官、執行官等義，慢慢轉變成專稱官名，並且帶有各種很明確的所司職稱，如「海運判官」等等。近世出土的〈大唐故吉州刺史隴西李府君〔昊〕墓誌銘并序〉提供最好的例子：

> 萬歲登封年〔696〕，以門子宿衛……。尋拜婺州武義縣主簿，充海運判官……。授太原府交城縣尉、支度判官。……授懷州司士，會寧郡長史、充朔方推覆判官。……無何，拜靈武郡長史兼本道防禦使兼採訪判官。[45]

這是「狹義判官」的最早例子，最先爲嚴耕望所引用。據他的考證，李昊的生卒年爲685-757，享年七十三，「其爲海運判官不得早於中宗世」[46]。他所擔任過的「海運判官」、「支度判官」、「推覆判官」和「防禦使兼採訪〔使〕判官」，都是很明確的專稱官名，和開元以後直到唐末史料中大量湧現的「狹義判官」沒有兩樣。

三、「本判官」和「四等」官及勾官

除了上文所說的狹義和廣義判官之外，唐後期史料中還經常出現「本判官」一詞，最常見於詔令中，例如文宗的〈南郊赦文〉：

（續）————————

審判，而是地府六個曹司的例常「案務」。按地府有六曹，顯然模仿人間縣府的功、倉、戶、兵、法、士六曹（或州府的六曹司），而且各有地獄「判官」一人，共五人，「連感爲六」，可知柳智感負責地府六曹司某一曹的「冥事」，可惜不詳何曹，所以也不宜假定他判的是法務審獄事。

45　《唐代墓誌彙編》，乾元003，頁1735-1736；又見於《全唐文新編》第22冊，頁15293；《全唐文補遺》第6冊，頁447。

46　〈唐代方鎮使府之文職僚佐〉，頁58。

刺史職在分憂，得以專達，事有違法，觀察使寧不糾繩。如聞
遠地多未遵守，州司常務，巨細取裁，至使官吏移攝，將士解
補，占留支用，刑獄斷結，動須稟奉，不得自專。雖有政能，
無所施設，選置長吏，將何責成？宜委御史臺及出使郎官、御
史嚴加察訪，觀察奏聽進止。<u>本判官</u>不能匡正，及刺史不守朝
章，並量加貶降。若所管州郡，控接蕃夷，軍戎之閒，事資節
制，須得使司共為條理，即不在此限。[47]

又如宣宗的〈大中改元南郊赦文〉：

應天下百姓所出土貨，幸是官中每年收市之物，即所在州府具
色目，先下文貼指揮。令據官中收市價輸納，不得一一徵納見
錢，切不得令所由妄納耗剩。如違，<u>本判官</u>、錄事參軍重加貶
責，鹽鐵度支院官不加檢舉，亦準此處分。[48]

再如《唐會要》卷六六「大理寺」下：

貞元四年十月，大理卿于頎奏：「諸處推事不盡，須重勘覆，
或有誣告等，每失程期。稽滯既多，冤濫難息。諸司及諸館驛，
多以大理為閒司，文牒遞報，頗至稽滯失望。今後各令別置文
例，切約所由，稍涉稽遲，許本寺差官累路勘覆。如所稽遲處
分，州縣<u>本判官</u>，請書下考。諸司使本推官，奪一季俸料。」

47　《全唐文》卷75，頁793。又見於卷72，頁752，文宗〈諭刺史詔〉，但文
　　字有脫漏。

48　《全唐文》卷82，頁858。文中還多次提到「本判官」。

敕旨依奏。[49]

這三條材料所說的「本判官」，顯然都有特別的含義，既不是狹義的判官，也不是廣義的判官（雖然意思有些接近），其真正含意是甚麼，頗不易理解。筆者認爲，這種「本判官」要放在唐代「四等」官的制度下才能理解清楚。

所謂「四等」官，即長官、通判官、判官和主典。唐代每個州、府、縣和京城官署中的官員，都可分爲這「四等」。本書第五章論〈司錄、錄事參軍〉已經討論過四等官問題，但此問題也牽涉到判官，這裡不妨再次略加申論。

《唐律疏議》卷五「同職犯公坐」條下載：

> 諸同職犯公坐者，長官為一等，通判官為一等，判官為一等，主典為一等，各以所由為首；……檢、勾之官，同下從之罪。[50]

接著，其疏議部分有進一步的解說：

> 同職者，謂連署之官。「公坐」，謂無私曲。假如大理寺斷事有違，即大卿是長官，少卿及正是通判官，丞是判官，府史是主典，是為四等。各以所由為首者，若主典檢請有失，即主典為首，丞為第二從，少卿、二正為第三從，大卿為第四從，即主簿、錄事亦為第四從；若由丞判斷有失，以丞為首，少卿、二正為第二從，大卿為第三從，典為第四從，主簿、錄事當同

49　《唐會要》卷66，頁1357。
50　《唐律疏議》卷5，頁110-113。

第四從。[51]

按照《唐律疏議》的這個定義，唐代官員分爲四等，但實際上還有檢勾官，實爲五等。日本學者礪波護對這個「四等」說有所申論。他指出：

> 日本律令接受繼承了隋唐律令制。在日本律令官制下的各官廳，全部都由「長官、次官〔即通判官〕、判官、主典」四等官構成。但在唐的律令官制中，除按「長官、通判官即次官、判官、主典」四級組織設定各自的責任外，還設有「檢勾官」點檢文書。……這即是說，州中以刺史爲長官，以別駕、長史、司馬三者爲通判官[52]，以司功、司倉、司戶、司兵、司法、司士六參軍事爲判官。錄事參軍事是檢勾官，位於判官之上。他們均爲流內官。其下是主典即佐和史，他們不是官而是吏。州之下是縣。縣以令爲長官，丞爲通判官，主簿爲檢勾官，尉爲判官。主典與州相同，由稱爲「佐」、「史」的吏擔當。[53]

上引文宗赦文等三條材料中的「本判官」，當即此「四等官」中的「判官」這一類。所以，「本判官」有很明確的含義：在州的場合，它是指

51　《唐律疏議》卷5，頁110。又參見劉俊文，《唐律疏議箋解》，頁400-401的解讀。

52　《唐六典》卷30，頁747，說別駕、長史、司馬等「通判列曹」，其「通判」當即和「通判官」中的「通判」同個意思。

53　礪波護，〈唐代の縣尉〉，《史林》，第57卷(1974)。後收入氏著《唐代政治社會史研究》(京都：同朋舍，1986)。這裡引自黃正建中譯本，收在《日本學者研究中國史論著選譯》，劉俊文主編，第四冊(北京：中華書局，1992)，頁559。

司功等參軍事(簡稱「州參軍」，又稱為「判司」)[54]。在京兆府和都督府的場合，它是指功曹參軍等六曹參軍。在縣的場合，「本判官」指縣尉。到了京城大理寺等官署，「本判官」即指大理寺丞，餘此類推[55]。

以此解說重讀前引三條材料中的「本判官」，問題當可迎刃而解。由於前兩條材料涉及的是刺史等州級官員，其「本判官」當指州中真正負責事務的六個參軍，甚至可以具體到專指專判某一曹的某一參軍。第三條所說的「州縣本判官」，則應當分別指州的列曹參軍和縣的縣尉。

換言之，「本判官」的含意，因場合不同而會有不同的指涉。但它最基本的意思，還是某州某縣某官署「真正執行任務的官員」。我們知道，州的列曹參軍和縣的縣尉正是負責行使州縣各曹司實務的官員。

杜佑在《通典》中有一句話，頗發人深省。他說：「參諸府軍事，若今節度判官也。」[56] 這對我們理解「本判官」的含義很有幫助。所謂「參諸府軍事」，即州和府那些列曹參軍，他們約相等於當時的「節度判官」。杜佑是中唐理財高官，又是唐代典章制度的專家，編過《通典》。他這個說法應當是他當時人的普遍看法。我們知道，州府參軍常統稱為「判司」，但據杜佑說，他們「若今節度判官」。如果從這個意義上看，那麼下文所引《新唐書・食貨志》百官月俸材料中所提到的「都督府判

54　關於州府參軍、判司等，見拙書《唐代基層文官》第五章〈參軍和判司〉。
55　關於唐代四等官的其他研究，見李方，〈唐前期地方長官與判官在公文運作中的作用及相關問題〉，《唐研究》，第7卷(2001)，以敦煌吐魯番文書為例，詳細研究了西州長官和判官(即州列曹參軍)如何處理公文和公務。此文又收在李方，《唐西州行政體制考論》(哈爾濱：黑龍江教育出版社，2002)。此書也論及唐縣的運作，但李方的解讀不同於日本學者礪波護那篇著名論文〈唐代的縣尉〉中的論點。
56　《通典》卷40，頁1108。《全唐文》卷477，頁4874，把杜佑這篇「議」收入，改題〈省官議〉。

官」一詞 [57]，或許也不能說是「錯誤」，雖然州府這些列曹參軍一般上還是以統稱「判司」為準。「判司」和「判官」僅一字之差，意思有點接近。嚴格來說，兩者的官制意義當然不同，但兩處「判」的含意倒還是相同的。

上引宣宗〈大中改元南郊赦文〉，在「本判官」之後緊跟著又提到「錄事參軍」：「如違，本判官、錄事參軍重加貶責，鹽鐵度支院官不加檢舉，亦準此處分。」[58] 這更加可以證明，「本判官」應當和唐律的「四等官」聯繫起來，才能理解，因為唐律四等官經常是和「檢官」及「勾官」並提的，而此赦文中的「錄事參軍」正好是個「勾官」。

在唐史料中，「本判官」和「勾官」並提，最好的一個例子在《唐會要》所收的一道奏疏：

〔大和〕四年〔830〕九月，御史奏：「諸司諸使及諸州府縣并監院等，公事申牒臣當臺。各令遵守時限。并臣當司行牒勘事，多緣準敕推勘刑獄，或是遠方人事有冤抑，凡於關繫，盡須勘逐。事節不精，即慮滯屈。比來行牒，有累月不申，兼頻牒不報者，遂使刑獄淹恤，懼涉慢官。其間或有須且禁申，動經時月者，若無條約，弊恐轉深。臣等今勘責，各得遠近程限，及往復日數。限外經十日不報者，其本判官、勾官等，各罰三十直；如兩度不報者，其本判官、勾官，各罰五十直；如三度不報者，其本判官、勾官，各罰一百直。如涉情故違敕限者，

57　《新唐書》卷五五，頁1403。

58　「鹽鐵度支院官」指唐代的鹽鐵、度支使設在各要地的巡院官員，擁有廣泛的監察地方州縣官的權力和職責，詳見高橋繼南，〈唐代後半期的巡院地方行政監察職務〉，張韶岩、馬雷中譯，收在《日本中青年學者論中國史：六朝隋唐卷》（上海：上海古籍出版社，1995），頁276-295。

　　本判官、勾官，牒考功書下考。如經過所由，輒有停滯，其所
　　由官等節級別舉處分。其間如事須轉行文牒，諸處追尋，亦須
　　具事由先報。」旨依奏。[59]

這道奏疏好幾處把「本判官」和「勾官」並提，可證「本判官」應當即
唐律「四等官」中所謂的「判官」，如此才能把材料讀通。如上所引，
唐律中提到「四等官」之後，跟著便提到「勾官」在犯「公坐」時應當
如何處分的問題，可知「勾官」不屬「四等官」，但他在「公坐」時也
會被牽連。同樣的，在上引大和四年奏，各司若有「不報」情事，其「勾
官」也會和「判官」一樣被罰。這是因爲勾官所管的，正是文牒「申報」
和文書處理是否在一定「程限」內完成等事[60]。勾官和四等官中的判官
一樣，因不同場合而有不同的指涉：在州一級，「勾官」指司錄參軍，
在府指錄事參軍[61]，在縣指主簿（和錄事），在京師尚書省，則指「左右
丞、左右司郎中和員外郎、都事」。[62]

四、狹義判官的五大類型和名目

　　筆者在《唐代基層文官》第五章〈巡官、推官和掌書記〉中曾論及，
唐代中葉以後，舉凡使職都可能帶有巡官和推官。這個論點同樣也適用
於判官（但並非每個使職都帶有掌書記）。嚴耕望亦認爲，「幾凡立使名

59　《唐會要》卷60，頁1230-1231。
60　詳見王永興，《唐勾檢制研究》。
61　司錄參軍和錄事參軍實際上是同一種官，只是其官名在不同機構有不同的
　　稱謂。此即《通典》卷33，頁910所說：「在府爲曹，在州爲司。府曰功曹、
　　倉曹，州曰司功、司倉。」
62　王永興，《唐勾檢制研究》，頁31。又見本書第五章〈司錄、錄事參軍〉。

皆有判官」[63]。

　　唐代的使職可分固定和臨時的兩種。第一種固定常設的，有屬於方鎮使府系統的節度使、觀察使、經略使等等，以及屬於非方鎮系統的鹽鐵轉運使、度支使、戶部使、神策軍使、觀軍容使、長春宮使等等。第二種臨時設置，因事而設，事畢即罷，或僅設於某特定時代，如早期的勸農使、監牧使、花鳥使（替玄宗採擇天下美女，「內之後宮」的使者[64]）等等。

　　據今人的研究，整個唐朝的使職，大大小小加起來總共約有三百五十個之多[65]，但其中不少是臨時編制的，好些也屬於宮廷中的內諸司使，很多可能連史書上都不載，僅見於墓誌，所以使職的總數難以有精確的統計。而這些使職，全都可能帶有巡官、推官和判官，作爲使職的主要執事幹部。比如，京城的軍器使便帶有巡官、推官和判官。他們的正式職稱便是軍器使巡官、軍器使推官和軍器使判官，餘此類推。

　　由此看來，判官實際上是個非常複雜的官僚群體，分布極廣，不只限於方鎮使府而已。不過，方鎮使府下的判官是史料中最常見的，一般也多由士人擔任。他們當中，不少是進士、明經出身，甚至可能考中博學宏詞、書判拔萃等科名[66]。鹽鐵、轉運、度支和戶部使屬於財經系統，

63　嚴耕望，〈唐代方鎮使府僚佐考〉，頁59。

64　《新唐書》卷202，頁5758。「花鳥使」一詞又見於《唐語林校證》卷5，頁487：「天寶中，天下無事。選六宮風流豔態者，名『花鳥使』，主飲宴。」意義稍有不同。

65　寧志新，〈唐朝使職若干問題研究〉，《歷史研究》，1999年第2期，頁57。又見何汝泉，〈唐代使職的產生〉，《西南師範大學學報》，1987年第1期。

66　這一部分的判官，蒐集最齊全的是戴偉華，《唐方鎮文職僚佐考》。此書也收方鎮的其他文職僚佐如巡官、推官、掌書記、參謀等，按各方鎮和時代先後排列，多達三千多人次，附有材料出處和人物考略，爲查檢所有唐代方鎮幕職人名最佳的專書。

在唐後半期權勢很大。他們的判官多數是有進士等科名的士人,然而也有不少是無科名,但精於吏幹的伎術官。至於軍器使、內諸司使下的判官,我們所知較少,材料多見於墓誌,一般不由士人出任,看來幾乎都是伎術型官僚。

由於唐代的使職多達三百多個,而舉凡使職又都可能帶有判官,這意味著唐代的判官名目,可能也多達三百多個。有心人將來或許可以在史書、墓誌和其他材料中爬梳,把這三百多個判官的名目找齊,當有益於唐史學界。但本書不是在做史料的整理,所以這裡不擬從事這方面的徹底爬梳,且將筆者在兩《唐書》、《全唐文》和墓誌中常見到的判官名目,依其職能約略分五類列舉如下,以見其名目之繁多,以及判官這官僚群體之複雜和多樣化。這些全屬狹義判官。

第一類最常見到的判官,是遍布於全國各大小方鎮幕府者,例如節度判官、觀察判官、採訪使判官、經略判官(容州、管州等今廣西地區)、營田判官、防禦判官、東都留守判官、北都留守判官(東都洛陽和北都太原的留守都屬於一種幕府制度)[67]等等。

第二類是財經系統的判官,例如鹽鐵判官、河北海運判官、兩淮水運判官、轉運判官、青苗使判官、巡院判官和關內鹽池判官等等。

第三類是皇朝特使判官。皇朝特使一般是爲了某一目的臨時設置的。例如,皇帝駕崩後,會有山陵使負責營建陵墓事,以及禮儀使負責相關禮節事。派軍遠征則可能有糧料使。其他常見的特使包括派往回紇、吐蕃等地的和蕃使、冊立使、盟會使、宣慰使等等。這些特使全都帶有判官,作爲使者身邊最重要的助手和幹部。

---

67 石雲濤,《唐代幕府制度研究》,頁233-237。又見程存潔,《唐代城市史研究初篇》(北京:中華書局,2002),第二章〈唐代東都最高行政長官東都留守的演變〉。

　　第四類是京城諸使判官，例如京城有左右街功德使、觀軍容使、理匭使等等。他們全都屬於使職，性質和常見的節度使、觀察使非常相似，且都帶有判官。這一類京城使職及其判官常為人忽略。

　　最後，第五類是宮廷諸內司使的判官。唐代的宮廷有各種各樣專門的組織，例如教坊、宣徽院、瓊林庫等等，以維持整個宮殿的日常生活運作。所有這些單位，大抵屬於諸內司使管轄的範圍，而這些諸內司使，也跟其他使職一樣，帶有判官。此類判官多屬伎術官型，身分比前四類低下，有些可能由宦官出任。嚴格說來，他們和前四類判官在許多方面不相同，但既然他們也叫判官，本章也把他們一併討論，以便釐清所有唐代判官的面貌。下文將分五節詳細考察這五種不同類型判官的面貌。但在此之前，讓我們先澄清《新唐書》中的一些材料。

　　《新唐書・食貨志》在列舉會昌年後的百官俸錢時，有下面三條涉及判官的材料，頗值得留意和討論：

> （一）別敕判官，觀察、團練判官、掌書記，上州長史、司馬，
> 　　　五萬。
> （二）……節度推官、支使，防禦判官，上州錄事參軍事，畿縣、
> 　　　上縣令，四萬。
> （三）……大都督府判官，赤縣丞，三萬五千。[68]

第一，這顯示不同類的判官會有不同的俸錢，亦可證判官絕非單純一類，而是個非常多元化的群體。第二，此材料沒有列最常見的節度判官，看來是遺漏或史料脫漏。至於第三條中的「大都督府判官」，應當是「大都督府判司」（即各曹參軍）之誤，因為都督府向無判官之職，此條可不

理[69]。這樣看來，會昌年間的各種類判官，月俸不是四萬，就是五萬，其中以別敕判官和觀察、團練判官最高，爲五萬文，而以防禦判官較低，爲四萬文。這可說是相當不錯的俸錢：四萬文正是京城一個清貴員外郎的俸錢，五萬文則等於是更高一級郎中的月俸(詳見本書附錄一)。

但甚麼是「別敕判官」？「別敕」此詞在南北朝、隋唐一直到明清的史料中都很常見，有兩種用法。一是作名詞使用，指一種「特別的敕令」，例如《舊唐書·阿史那社尒傳》：

> 九年，率眾內屬，拜左騎衛大將軍。歲餘，令尚衡陽長公主，授駙馬都尉，典屯兵於苑內。十四年，授行軍總管，以平高昌。諸人咸即受賞，社尒以未奉詔旨，秋毫無所取。及降別敕，然後受之。及所取，唯老弱故弊而已。軍還，太宗美其廉慎。[70]

這裡以「未奉詔旨」和「及降別敕」對舉，可知「別敕」是一種特別的詔敕，是一道皇帝的命令。再如《資治通鑑·唐紀》玄宗開元二年條下：

> 五月，己丑，以歲饑，悉罷員外、試、檢校官，自今非有戰功及別敕，毋得注擬。(胡注：此三項官，今後非有戰功及別敕特行錄用，吏、兵部毋得注擬。)[71]

69　「都督府判官」此詞，在兩《唐書》和《全唐文》中僅見於《新唐書·食貨志》此處，是唯一的用例。「判官」和「判司」不但形近，而且意思也很接近(都指一種執行任務的官員)，所以容易生誤。《資治通鑑》卷22五，頁7246，胡三省注，節引《新唐書》此處材料，亦誤為「都督府判官」，可知此誤或在宋元間即已形成。關於「判司」，詳見拙書《唐代基層文官》第四章〈參軍和判司〉中的詳細討論。

70　《舊唐書》卷109，頁3289。

71　《資治通鑑》卷211，頁6699。

意思也正相同，指皇帝「特別的詔敕」。胡三省注「別敕」為「別敕特行錄用」，深合其意。唐代史料中的「斜封別敕官」也是這個意思，如《新唐書・選舉志》所說：

> 未幾，〔宋〕璟、〔姚〕元之等罷，殿中侍御史崔涖、太子中允薛昭希太平公主意，上言：「罷斜封官，人失其所，而怨積於下，必有非常之變。」乃下詔盡復斜封別敕官。[72]

「別敕」除了作名詞用，還可以當動詞來使用，例如《新唐書・刑法志》：

> 〔代宗〕即位五年，府縣寺獄無重囚。故時，別敕決人捶無數。寶應元年，詔曰：「凡制敕與一頓杖者，其數止四十；至到與一頓及重杖一頓、痛杖一頓者，皆止六十。」[73]

再如《舊唐書・職官志》吏部尚書考功郎中條下：

> 每年別敕定京官位望高者二人，其一人校京官考，一人校外官考。[74]

以上兩例中「別敕」的意思，都指一種皇帝的特別詔敕，但都作動詞使

72　《新唐書》卷45，頁1176。
73　《新唐書》卷56，頁1416-1417。
74　《舊唐書》卷43，頁1822。此條又見於《唐六典》卷2，頁42。洪邁，《容齋隨筆》附《容齋四筆》卷7，頁689有長文〈考課之法廢〉，討論此唐制及其在宋代的演變。

用。唐代的官名和官制用語，經常都是可以當作動詞和名詞兩用的。[75]

所以，「別敕判官」當指特別由皇帝敕授的判官。這類判官應當不包括那些已經固定常設者，如方鎮使府之節度判官和觀察判官等等，而是指那些臨時因事遣派者，或因某任務特別設置者。例如，唐朝廷經常委派某某和蕃使、冊立使、弔慰使到回紇等地。這些使職都是臨時性質的，很可能都是「別敕」，所以這類使職所帶的判官，也連帶成了「別敕判官」。《唐六典》卷二尚書吏部條下說：

> 凡別敕差使事務繁劇要重者，給判官二人，每判官並使及副使各給典二人；非繁劇者，判官一人、典二人，使及副使各給典一人。[76]

這裡明確提到「別敕」的「使」、「副使」以及他們因事務繁劇配給判官和典的細節，可以為「別敕判官」的含意，提供一個參考例證。

五、重要詩人任判官

判官既然是唐代（特別是後半期）很常見的一種中層文官，我們不難發現，唐代文學史上的重要或知名詩人當中，有十二位曾經擔任過判官，依時代先後，計有：王維、岑參、元結、張繼、劉長卿、孟郊[77]、

---

75 例如「從事」一詞，泛指幕府僚佐如巡官、推官、判官等，但往往用作動詞，如《舊唐書》卷187下〈庚敬休傳〉，頁4913，說庚敬休年輕時「從事宣州」，即指他曾經在宣州幕做過幕佐。

76 《唐六典》卷2，頁35。

77 按韓愈，〈貞曜先生墓誌銘〉，《韓昌黎文集校注》卷六，頁446說：「……故相鄭公〔餘慶〕尹河南，奏為水陸運從事，試協律郎。」《新唐書》卷176，頁5265則明確說此「從事」為「判官」：「鄭餘慶為東都留守，署水

劉禹錫、杜牧、李商隱、皮日休、羅隱和韋莊。其中王維和岑參是在安史亂前的唐前期任判官，其餘的則都在安史亂後的唐後期。這裡筆者想比較深入地查考王維、岑參、元結和劉禹錫四人任判官的經歷，看看他們充當判官的始末，當有助於我們了解判官在唐人仕歷中的地位及其仕宦前景（劉長卿任轉運判官，案例比較特殊，且留待下面「財經系判官」一節才來細考）。

詩人王維（694-761）[78]在開元二十五年（737），曾任涼州崔希逸幕節度判官。他的詩〈雙黃鵠歌送別〉、〈涼州郊外遊望〉和〈涼州賽神〉的題下都有自注：「時為節度判官，在涼州作。」[79]這一年他四十四歲，已出任過太樂丞、濟州司倉參軍、左拾遺和監察御史等官，可知判官一般不會是一個人的釋褐初任官，而常是遷轉第三任以後官，是個典型的中層文官，任官年齡多介於三十五到四十五歲之間。王維任節度判官只有一年，第二年就因為他的府主崔希逸去世而罷職，回到長安，官職不詳，「疑仍官監察御史」[80]。府主去世（或他遷），幕佐便失去工作，這也是唐代幕府制度的一大特色。王維後來遷轉至庫部員外郎、庫部郎中，又擢升為中書舍人和尚書右丞等高官，仕途相當不錯。

邊塞詩人岑參則在天寶十三載（754）出任安西北庭節度使封常清的

（續）————————————

　　陸轉運判官。」從事乃幕佐的通稱。又見華忱之，〈孟郊年譜〉，收在《孟郊詩集校注》（北京：人民文學出版社，1995），頁571。不過，孟郊四十六歲才中進士，任水陸轉運判官時已年約五十六歲，沒有甚麼作為。

78　學術界普遍認為王維生於武后長安元年（701），死於上元二年（761）。但最近蘭州大學中文系的王勛成教授推翻舊說，提出新解。他從唐代進士需「守選」三年才能授官的規定，重新考定王維應當生於武后延載元年（694），死於上元二年（761），享年六十八歲。這裡依王教授所考，見其〈王維進士及第之年及生年新考〉，《華中師範大學學報》，2001年第1期。

79　《王維集校注》卷2，頁139-141。

80　陳鐵民，〈王維年譜〉，收在《王維集校注》，頁1343。

節度判官[81]。這也不是他的第一個官職。這一年他三十六歲，已出任過
右內率府兵曹參軍和高仙芝幕府的掌書記等職，可證判官是個中層官，
其排位一般都在掌書記之上。岑參在北庭（今新疆吉木薩爾縣以北）待了
約兩年。他的名詩〈白雪歌送武判官歸京〉[82]便作於此時。歷來注此詩
者皆謂「武判官名不詳」，但從唐代官制上看，這位武判官顯然和岑參
一樣，是個在節度幕府執行事務的中層官員，年紀約在四十歲上下。

寶應元年（762）岑參四十四歲時，又再度出任判官，這次任的是關
西節度使李懷讓幕府的節度判官，駐守在長安以東的華州、潼關一帶。
他這時所帶的朝、憲銜爲太子中允和殿中侍御史，也都很配合他的判官
地位，亦符合幕府官制。一年後，他入朝任祠部、考功員外郎，轉屯田
郎中、庫部郎中，最後官至嘉州（今四川樂山）刺史[83]，官歷相當多彩、
顯要。岑參曾在幕府待過很多年，又曾兩度任節度判官，難怪他的詩集
中有不少寄贈其他幕府判官的詩作，多達二十二首，如〈陝州月城樓送
辛判官入奏〉、〈送裴判官自賊中再歸河陽幕府〉、〈送梁判官歸女几
舊廬〉等等。這些判官都和岑參一樣，在幕府中執行各種幕務，但卻都
不是專門的司法官員。

更可留意的是，以上王維和岑參兩人，都是考中進士的才子，任其
他基層官多年後才來出任判官，可證判官的入仕條件要求相當高，須進
士或同等資歷。在唐代，考中進士是件相當不容易之事，中者都是士人
當中的精英。每年上千人的進士考試，往往只考取約二十五到三十人，
淘汰率非常高，連大詩人杜甫都沒能考上進士。但考上如此艱難的進
士，又還需經歷三兩個基層官，才能爬升到判官的位置，則此官在唐代

---

81 劉開揚，〈岑參年譜〉，《岑參詩集編年箋註》，頁14-15。
82 《岑參詩集編年箋註》，頁335。
83 岑參的官歷據劉開揚，〈岑參年譜〉，收在《岑參詩集編年箋註》。

官場上和一個人履歷上的地位可想而知。判官不算高官，只能說是中層，但它卻是一個通往高層文官的重要樞紐之一。其他重要樞紐即本書前面幾章所論及的三種御史（特別是監察御史）、拾遺、補闕和郎官（特別是員外郎）。唐代文學史上的主要詩人和其他士人，都是通過這些樞紐才能晉升爲高官的。

判官這種特別的樞紐地位，在詩人元結(719-772)的身上最能看得清楚。他是鮮卑後裔，本姓拓跋[84]。他的先祖追隨北魏孝文帝從平城(今山西大同)遷都洛陽，徹底推行漢化政策時，才改了個漢族的姓「元」。元結是北魏王族常山王元遵的第十二代孫，在天寶十三載(754)考中進士。但不久安史之亂爆發，他沒有官做(實際上，唐代新進士都得守選約三年才能授官)[85]，「只得率領全家全族」，「日行幾十里」，「逃難到大江之南」[86]。

約五年之後，到了乾元二年(759)，元結才得到他的第一個官職：山南東道節度參謀(朝、憲銜是右金吾兵曹參軍、攝監察御史)。這是個很特別的初任官。我們知道，節度參謀並非釋褐官，它在幕府官制的排位，一般在推官之上，和掌書記不相上下。大詩人杜甫當年到成都嚴武的幕府，擔任的就是這個節度參謀，但杜甫當時已年約五十歲，而且已經出任過京師率府兵曹參軍和拾遺等官之後，才能當上參謀。可是元結一起家就當參謀，很不尋常。但歷來爲元結立傳作譜的學者，如孫望的《元次山年譜》[87]，卻從來沒有解讀元結這個釋褐官職的意義。這裡且

---

84 我們過去很少留意到元結的鮮卑血統，但在族群意識高漲的今天，元結的身分也轉變成唐代「文學史上一位傑出的少數民族作家」，見喬象鍾、陳鐵民主編《唐代文學史》上冊(北京：人民文學出版社，1995)，頁564。

85 詳見王勛成，《唐代銓選與文學》，第二章。

86 孫望，〈元結評傳〉，《蝸叟雜稿》(上海：上海古籍出版社，1982)，頁112。

87 《元次山年譜》(上海：古典文學出版社，1957)。

試進一解。

筆者認為,元結初次任官,就能得到這個很特殊的節度參謀,是因為他在避難地區,擁有地方勢力,可能跟他的鮮卑「全家全族」有關,並且能夠召募到一大批「義軍」來保衛地方,對抗史思明叛軍的南侵。他出任山南東道的節度參謀,主要職務便是率領義軍,「全十五城」。一個考中進士的鮮卑詩人,率領一支義軍替唐皇朝保衛疆土,元結的這段官歷和經歷的確很不尋常,很耐人尋味。

正因為元結手下有一支軍隊,他很快便得到他的第二個幕職「節度判官」,也屬特殊案例。他這時的判官職務,依然的率領義軍,正像他在〈寄源休〉這首詩中所說,乃「境外為偏帥」。這件事的始末,在元結老友顏真卿為他所寫的墓誌〈唐故容州都督兼御史中丞本管經略使元君表墓碑銘并序〉中有詳細的記載:

> 屬荊南有專殺者,呂諲為節度使。諲辭以無兵。上曰:「元結有兵在泌陽。」乃拜君水部員外郎兼殿中侍御史,充諲節度判官。君起家十月,超拜至此,時論榮之。[88]

泌陽即唐州(今河南泌陽),唐屬山南東道[89]。這是上元元年(760)的事,離他初任節度參謀,還不到一年。據顏真卿所寫的墓誌,元結此時只不過「起家十月」,便「超拜至此,時論榮之」。最值得我們注意的,便是「君起家十月,超拜至此,時論榮之」這句話。

因為判官屬中層文官,一般人都要先任其他官,且有多年官場經驗

88 　《全唐文》卷344,頁3494。
89 　《新唐書》卷40〈地理志〉,頁1031。按今河南省有一泌陽(位於洛陽東北,黃河北岸),極易和泌陽混淆。

才能攀升到此（參考上引王維和岑參的例子）。但元結出來做官才短短的「十月」，竟然就當上了節度判官，所以顏真卿形容他是「超拜至此，時論榮之」。這點亦可證判官是個相當「榮耀」的幕職。

此外，應當注意的是，元結在充任呂諲的節度判官之前，他已經「有兵在泌陽」。他任判官之後，職務主要還是帶兵（不是去推獄審案）。他在〈寄源休〉這首詩前的小序中曾詳細交代了他此時的活動：

> 辛丑〔761〕中，元結與族弟源休皆為尚書郎，在荊南府幕，
> 休以曾任湖南，久理長沙，結以曾遊江州，將兵鎮九江，自春
> 及秋，不得相見，故抒所懷以寄之。[90]

可知他任判官的工作，是「將兵鎮九江」（今江西九江），從「春及秋」，已有一段時日。

當然，此詩最重要的部分，是寫他帶兵的種種經歷和心情：

> 天下未偃兵，儒生預戎事。
> 功勞安可問，且有忝官累。
> 昔常以荒浪，不敢學為吏。
> 況當在兵家，言之豈容易。
> 忽然向三歲，境外為偏帥。
> 時多尚矯詐，進退多欺貳。
> 縱有一直方，則上似姦智。
> 誰為明信者，能辨此勞畏？

---

90 嚴文郁，《元結詩解》（西安：陝西人民出版社），頁158。又收在《全唐詩》卷241，頁2405。文字略有不同。

其中「儒生預戎事」一句,指他自己這個進士出身的「儒生」參預「戎事」。「境外爲偏帥」則指他把軍隊帶到原本駐地(泌陽)的「境外」九江去。「偏帥」乃和「正帥」(節度使)相對,因爲他這時只是節度使下的一個判官,是一個將佐[91]。

　　元結的判官任務是帶領軍隊鎮守九江,防備安史叛軍的南侵。這樣的使命初看之下似乎很奇怪,但正如本章所要強調的,判官只是個「執行官」,他可以執行府主交代的任何事,所以元結當判官時跑去帶兵,便一點也不稀奇了,亦可證判官絕非只管推獄審案的司法官員。

　　第二年寶應元年(762)元結依然還任判官,很可能還留在九江。從此以後,他便步步高升。不久,荊南節度使呂諲死後,元結曾代他知節度觀察使事一段時候,「經八月,境內晏然」[92]。元結後來做過道州刺史。最後,在大曆四年(769)他五十一歲時,也就是在他起家約九年後,他便官至「使持節都督容州諸軍事,兼容州刺史,充本管經略守捉使,賜紫金魚袋」,等於是一個大權在握的方鎮。「紫金魚袋」是唐代最高一級的章服,可以穿紫袍,佩金魚袋。元結做官短短九年,便達到這事業的高峰,可說「神速」。以一個進士出身的鮮卑詩人身分,他的官歷很罕見,可謂文武雙全[93]。他任節度判官時「超拜至此,時論榮之」和他帶兵鎮守九江,更爲我們考察判官的實質名望和任務等事,提供極鮮明生動的實例。

　　以上王維、岑參和元結三人,任的都是比較常見的節度判官,屬方

91　此依矗文郁的解讀,見其《元結詩解》,頁159。

92　孫望,《元次山年譜》,頁68。

93　現有的元結評傳和年譜,都沒有對元結這罕有的官歷作任何深入的解讀和發揮,只把他當作一個「關心人民疾苦」的詩人看待,甚失其真。筆者希望將來能有機會另撰一文〈元結的官歷〉,詳論他這不尋常的官歷和他允文允武的精彩經歷。

鎮系統。中唐詩人劉禹錫(772-842),也充當過判官,但他任的卻是比
較少見的崇陵使判官,不屬方鎮系統,而屬京師皇朝特使的判官。與此
同時,他也曾擔任過度支、鹽鐵判官,屬財經系統。現有的幾種劉禹錫
評傳和年譜,對他出任這些判官,並沒有任何解讀和發揮[94],所以這裡
很值得我們再深入研究。

考劉禹錫任這些判官,是在貞元二十一年(805)正月德宗去世後不
久。他在自傳文章〈子劉子自傳〉中這樣說:

> 貞元二十一年春,德宗新棄天下,東宮即位。時有寒儁王叔文,
> 以善奕棋得通籍博望。因閒隙得言及時事,上〔指順宗〕大奇
> 之。如是者積久,眾未知之。至是起蘇州掾,超拜起居舍人,
> 充翰林學士,遂陰薦丞相杜公〔杜佑〕為度支、鹽鐵等使。翌
> 日,叔文以本官及內職兼充副使。未幾,特遷戶部侍郎,賜紫,
> 貴振一時。愚前已為杜丞相奏署崇陵使判官,居月餘日,至是
> 改屯田員外郎判度支、鹽鐵等案。[95]

這一段材料透露的訊息非常豐富,值得細考的史事不少。比如,我們知
道,王叔文其實是以翰林待詔的身分,服侍太子李誦下棋十八年,才贏
得他的「大愛幸」和信任,在李誦上台為皇帝後便迅速奪得大權,推行
所謂的「永貞革新」[96]。劉禹錫屬王叔文黨,他在這裡稱王叔文為「寒

---

94 例如,卞孝萱的《劉禹錫評傳》(南京:南京大學出版社,1996)以及他早
　　年和吳汝煜合作的《劉禹錫》(上海:上海古籍出版社,1980),都沒有討
　　論劉禹錫任這些判官的經歷。

95 《劉禹錫集》卷39,頁591。

96 王叔文(以及王伾)的翰林待詔身分,過去學界毫無注意和討論。筆者在〈唐
　　代待詔考釋〉,《中國文化研究所學報》(香港中文大學),新第12期(2003)
　　中有深入的研究,把二王和李白等人放在唐代的翰林待詔制度下來考察,

雋」，是個很精確的用詞，也很能證實王叔文的待詔出身，地位並不高，和進士、明經等出身的士人不相同。劉禹錫在這裡並沒有刻意替王叔文作甚麼「掩飾」。他的「寒雋」說法反而更令人信服。可惜歷來研究王叔文和所謂「永貞革新」[97]的學者，似乎沒有注意到其黨人之一這段平實而應當不含甚麼「偏見」的描寫。

其次，劉禹錫說王叔文「至是起蘇州掾，超拜起居舍人，充翰林學士，遂陰薦丞相杜公〔杜佑〕為度支、鹽鐵等使」，也為我們證實了王叔文當年初攬大權時種種「越權」和「超拜」自己（以及其同黨王伾）官職的做法，也就是韓愈在〈永貞行〉中所嘲諷的怪象：

> 夜作詔書朝拜官，超資越秩曾無難。[98]

這是指王叔文趁順宗中風病重，無法行使皇權，故串通黨人和宦官李忠

可看出這些待詔的真正面貌、身分和地位。

97　「永貞革新」是個複雜課題，這裡無法細論。詳見上引拙文〈唐代待詔考釋〉。簡言之，研究唐代文學的學者，一般頗「同情」二王，且有「永貞革新」的提法，可能因為二王和唐代兩位大詩人柳宗元及劉禹錫的關係密切。這方面的論述極多，例如傅璇琮，〈唐永貞年間翰林學士考論〉，《中國文化研究》（北京），2001年秋之卷，頁93-100。近年專書研究則有胡可先，《中唐政治與文學——以永貞革新為研究中心》（合肥：安徽大學出版社，2000）。唐史學界方面，雖然也常有「永貞革新」的說法，但亦有一些反對聲音，如黃永年，〈所謂「永貞革新」〉，《唐代史事考釋》（台北：聯經出版公司，1998），頁373-400。據黃永年的研究，「永貞革新」為「近二三十年來某些教科書上出現的新辭語」（頁373）。胡戟等編，《二十世紀唐研究》（北京：中國社會科學出版社，2001），頁63則說，永貞事件「1949年以前很少有人注意，70年代又被作為『評法批儒』的材料，大肆歪曲，使研究走上了邪路」。又參見此書頁63-65對此課題所作的詳細學術史回顧。但不論是文學界或史學界，都未深究二王的待詔背景以及唐代的待詔制度。

98　《韓昌黎詩繫年集釋》卷3，頁333。

言等人,「夜作詔書朝拜官」,胡亂授官給自己和同黨的做法。在順宗上台不到兩個月,他本人就從「蘇州掾」(即蘇州司功參軍,此爲王叔文任翰林待詔所帶的階官)快速升爲「起居舍人,充翰林學士」。從低下的翰林待詔能夠「超拜」爲清貴的翰林學士,王叔文和王伾是唐史上唯有的兩例,是一種不正常的亂象,所以筆者曾形容二王爲「披著翰林學士外衣的待詔」[99]。可惜現代學者沒有體認到翰林待詔和翰林學士的巨大分別,常以爲二王是「翰林學士」,沒有深考他們的待詔背景[100]。贊同王叔文的現代學者,也都說韓愈在〈永貞行〉和《順宗實錄》的描寫有「偏見」,但又提不出偏見的證據。可是劉禹錫在這裡不正好說他的同黨王叔文「超拜」嗎?不正和韓愈的說法一樣嗎?「超拜」即韓愈所說的「超資越秩」,是一種超越正規程序的授官。韓愈只是點破事實,並無「偏見」。

筆者在這裡不厭其煩地論及王叔文事件,並非離題,而是爲了要給劉禹錫這段話提供一個正確、詳細的背景。這樣我們才能充分了解下面他說「遂陰薦丞相杜公爲度支、鹽鐵等使」,是怎麼一回事,否則這句話的意義就難以體會。我們也難於明白劉禹錫在這複雜政局中所扮演的判官角色。

要之,順宗剛上台即患風疾,不能言語,實際上完全無法掌政,授官等朝政大權都由二王獨攬,是個很不正常的時代。幸好,順宗在位只有短短五個月,就病重不得不讓位給憲宗,王叔文黨終於被逐被貶,始

---

99 見拙文〈唐代待詔考釋〉,頁88。

100 翰林待詔一般是出身低微,沒有科名的工藝匠人。比如王叔文棋藝精,便任翰林棋待詔;王伾書法好,便任翰林書待詔。翰林學士一般是考中進士或明經的士人,如白居易、元稹等人。學界過去不理解翰林待詔和翰林學士的分別,以致誤以爲二王是真正的翰林學士,所以看不清二王的真貌。毛蕾的《唐代翰林學士》有附論一章專論翰林待詔,也是第一本把翰林學士和翰林待詔區分開來的現代著作。更深入的討論見拙文〈唐代待詔考釋〉。

結束這些亂象。

例如，王叔文「陰薦丞相杜公爲度支、鹽鐵等使」便是亂象之一。「陰薦」兩字已隱約透露此事的「神秘」，不合當時的制度，因爲唐代的鹽政、兩稅和漕運等國家稅收等大事，過去一向是由度支使和鹽鐵使兩個使職負責。度支使管全國西半部的井鹽(如兩川地區)和池鹽(如安邑、解縣池鹽，即今山西運城鹽池)以及稅收，鹽鐵使(也常和轉運使結合，故常稱爲「鹽鐵轉運使」)則負責全國東半部的海鹽(兩淮、江南)和兩稅等稅務[101]。現在，王叔文「陰薦丞相杜公爲度支、鹽鐵等使」，便等於把這兩個極重要的使職，二合爲一，使之權勢更大，是個打破當時制度的做法[102]。《舊唐書·食貨志》即特別指出這點：「〔貞元〕二十一年，鹽鐵、度支合爲一使，以杜佑兼領。」[103]

杜佑原位居宰相，德高望重，這一年已七十一歲，不屬王叔文黨。王叔文這樣做，並非推崇杜佑，而是想利用他。據劉禹錫的說法：「翌日，叔文以本官及內職兼充副使。未幾，特遷戶部侍郎，賜紫，貴振一時。」王叔文充副使，表面上似乎寧願當杜佑的副手，但我們從其他史料知道，王叔文實際上是以退爲進，怕「驟使重職，人心不服」，所以才「先令佑主其名」。他自己才是掌握全國財賦的大頭目：

> 初，叔文既專內外之政，與其黨謀曰：「判度支則國賦在手，可以厚結諸用事人，取兵士心，以固其權。」驟使重職，人心

---

101 王怡辰，〈唐代後期鹽務組織及其崩壞〉，《晚唐的社會和文化》，淡江大學中文系編(台北：臺灣學生書局，1990)，對此有詳細清楚的討論。

102 在《順宗實錄》和〈子劉子自傳〉，曾出現「度支、鹽鐵使」這兩個官名多次，但在各種版本中都印成「度支鹽鐵使」。點校者似乎不了解官制，以爲這是單單一種使職。這其實是指兩個使職，所以本書把標點改爲「度支、鹽鐵使」，以示分別。

103 《舊唐書》卷48，頁2109。

> 不服。籍杜佑雅有會計之名，位重而務自全，易可制；故先令
> 佑主其名，而除之為副以專之。[104]

這便是王叔文利用杜佑的內幕。劉禹錫說王叔文「翌日」便「以本官及
內職兼充副使」，可謂「用心良苦」。《舊唐書・順宗紀》亦證實此事：
「以翰林學士王叔文為度支、鹽鐵轉運使副〔疑為「副使」之顛倒〕，
杜佑雖領使名，其實叔文專總。」[105] 但唐代的度支、鹽鐵副使並不常
見。據王怡辰的研究，這種副使「並不是鹽鐵官僚系統的常設官員」[106]。
王叔文任副使即唐史上極少數副使案例之一，可算是他「別出心思」的
一種安排。不過，回到本章的論述範圍，我們感興趣的是，劉禹錫此時
究竟扮演怎樣的「判官」角色？

劉禹錫早年即在杜佑的淮南節度使幕府任掌書記，追隨杜佑已有好
幾年的時間，自然和他形成幕佐和府主那種典型的人身依附關係[107]。兩
人後來都回到朝中。德宗去世後，杜佑即被委任為「攝冢宰兼山陵使」[108]，也
就是「崇陵使」，負責營建德宗的陵墓崇陵。過了「月餘日」，杜佑又
被王叔文「陰薦」為度支、鹽鐵等使。由於劉禹錫一直在跟隨杜佑，所
以他這時也就順理成章地被杜佑辟為他這些使職的判官，等於間接拜王
叔文所賜。因此他在自傳中說：「愚前已為杜丞相奏署崇陵使判官，居
月餘日，至是改屯田員外郎，判度支、鹽鐵等案。」

順此一提，劉禹錫對判官的興趣很濃厚。早在他被杜佑辟為崇陵使

---

104 《順宗實錄》卷2，頁703。
105 《舊唐書》卷14，頁406。
106 王怡辰，〈唐代後期鹽務組織及其崩壞〉，頁282。
107 在今傳世的劉禹錫文集中，還保存了十幾篇劉禹錫代杜佑所寫的表、狀等
　　公文書，如〈為淮南杜相公論新羅請廣利方狀〉。見《劉禹錫集》卷17，
　　頁199。
108 《順宗實錄》卷1，頁696。

判官之前，他竟毛遂自薦想充當儀仗使武元衡的判官：

> 順宗即位，以病不親政事。王叔文等使其黨以權利誘〔武〕元
> 衡，元衡拒之。時奉德宗山陵，元衡為儀仗使。監察御史劉禹
> 錫，叔文之黨也，求充儀仗判官，元衡不與，其黨滋不悅。[109]

這是貞元二十一年正月德宗剛去世不久的事。劉禹錫當時任監察御史，職位已很清要，但他竟對判官如此感興趣，不惜去求非王叔文黨的武元衡，想任他的判官，則判官在唐代士人心目中的地位如何，可想而知。

劉禹錫在出任度支和鹽鐵判官時，仍兼崇陵使判官[110]。按德宗死於正月，到那年十月才葬於崇陵，可知杜佑任崇陵使應當至少持續到十月。他並且還因出任此使職，獲得「優勞」。德宗〈崇陵優勞德音〉說：「山陵使杜佑若子若孫，與一人五品正員官。」[111] 不過劉禹錫任崇陵使判官則只到那年九月為止，因為他坐王叔文黨於九月被貶到連州（後改朗州司馬）。這一年他三十四歲。以唐代判官年齡一般介於三十五到四十五歲來說，劉禹錫可算年輕有為，可惜他和柳宗元一樣，受王叔文案牽連，有過一段十年外貶不得意的時光。不過，他晚年官至蘇州刺史等高官，又獲賜紫金魚袋，仕歷可算相當顯赫，遠勝柳宗元。

綜上所考，劉禹錫在貞元二十一年實際上同時擔任三種使職的判官：崇陵使判官、度支判官和鹽鐵判官，和他的府主杜佑一樣同時兼任三職。這當然是個比較特殊的案例，但從這個案例，我們可以看到，唐

---

109 《舊唐書》卷158，頁4159。
110 《舊唐書》卷160，頁4210：「轉屯田員外郎，判度支、鹽鐵案，兼崇陵使判官。」又見卞孝萱，〈劉禹錫年表〉，《劉禹錫評傳》，頁364。
111 《全唐文》卷55，頁602。唐代五品正員官已屬高官。杜佑所得此「優勞」可說相當不錯。

代判官任職範圍之廣：他可以同時任三種判官，且可以同時是皇朝特使的判官，又是財經系統的判官。如此同時任三判官，劉禹錫當年應當是風光一時的，難怪他在晚年寫〈子劉子自傳〉時要特別記上一筆。

至於劉禹錫說他「改屯田員外郎判度支、鹽鐵等案」，當指他以屯田員外郎的朝銜身分去出任度支、鹽鐵判官。這個「屯田員外郎」應當不是實職，他並沒有到尚書省的屯田司去值班（否則他這時的職務未免太多了），而是個檢校銜，是判官最常帶的一種朝銜。這種檢校郎官銜在方鎮判官當中十分常見，但京城判官一樣也可帶此銜（詳見下面「判官的官銜」一節）。

六、方鎮判官

上一節我們考察了四位唐代詩人任判官的經歷，呈現了判官的某些面貌和特質。在下文，筆者想更進一步，作個案研究，以涵蓋所有五大類型判官：方鎮判官、財經系判官、皇朝特使判官、京城諸使判官和宮廷內諸司使判官。

這五大類型判官，各有不同的出身背景、地位和名望，但也有不少共同的地方。更有人跨越類型，既出任過財經系的判官，又充當過方鎮使府判官，後來甚至擔任皇朝特使判官。他們的經歷是如此多樣、豐富，以致我們難以把他們官歷經驗簡化，也不宜簡化。最好的辦法，莫如深入研究這五大類型判官的幾個有趣個案，就他們的出身、官歷、官銜和後來的仕途等事項作一些考察和討論，希望如此更能具體彰顯唐代判官的各方面形象和面貌，也可讓讀者對他們留下更深刻的印象。本節先論兩個方鎮判官的案例。

（一）董晉（724-799）

我們對董晉的生平和官歷所知頗詳，主要靠韓愈所寫的那篇〈董晉行狀〉[112]。董晉是韓愈的第一個上司，也是第一個賞識他的人，在韓愈潦倒於洛陽時，辟他為汴州幕推官，所以韓愈一生對董晉和他的兒子董溪，都有一種感恩圖報之情，有一種典型的幕佐依附於府主的親密私交關係。韓愈這篇《董晉行狀》便是兩《唐書·董晉傳》最主要的史料來源。

董晉的官歷在唐人當中非常突出。奇妙的是，這麼一個傑出、精彩的人物，卻不是進士出身，而是以比較普通的明經起家：韓愈說他「少以明經上第」[113]。唐人一般重進士，輕明經。但以董晉為例，明經出身者的仕宦前途也可以很輝煌，不可看低。董晉一生的仕歷顯赫，最後官至宰相和汴州節度使。

董晉考中明經後，一起家就顯得不凡。他最先在肅宗的原州行在，上書言事，結果獲得以秘書省校書郎的身分去充任翰林學士。這一年約為至德元年（756），他三十三歲，可謂年輕。唐代的翰林學士，一般是以中層的員外郎、郎中出任，由校書郎這個九品基層官擔任的，唐史上只有過寥寥二人（另一人是柳伉）[114]。從此，董晉在官場上步步高昇。據韓愈〈董晉行狀〉，他後來的仕途順達，他所獲得的賜章服也十分榮耀。他甚至曾經兩次任判官：

---

112 《韓昌黎文集校注》卷8，頁576-584。此行狀原標題很長，這裡簡化為〈董晉行狀〉。

113 《韓昌黎文集校注》卷8，頁577。不過，董晉考中明經的年月不詳，仍待考，見孟二冬，《登科記考補正》卷27，頁1305。

114 丁居晦，〈重修承旨學士壁記〉，收在《翰學三書》，傅璇琮、施純德編（瀋陽：遼寧教育出版社，2003），頁30。

> 三年出入左右，天子以為謹願，賜緋魚袋，累升為衛尉寺丞。
> 出翰林，以疾辭，拜汾州司馬[115]，崔圓為揚州，詔以公為圓節
> 度判官，攝殿中侍御史。以軍事如京師朝，天子識之，拜殿中
> 侍御史內供奉；由殿中為侍御史，入尚書省為主客員外郎。由
> 主客為祠部郎中。先皇帝〔指代宗〕時，兵部侍郎李涵如回紇
> 立可敦，詔公兼侍御史，賜紫金魚袋，為涵判官。[116]

這一段話可考的細節很豐富，特別是關於翰林學士和判官所帶的複雜官
銜。翰林學士和判官一樣，是一種沒有品秩的「職」。所以董晉最初是
以校書郎去「充任」，「三年出入左右」，他獲「賜緋魚袋」，而且「累
升為衛尉寺丞」。值得注意的是，這個「衛尉寺丞」和他之前的校書郎，
都不是實職，而是翰林學士在任期內所遷轉的所謂「本官」，正如白居
易在任翰林學士期間，從左拾遺升為京兆府戶曹參軍一樣，兩者都只是
秩品位的本官，非實職。[117]

　　董晉出了翰林院後，任汾州司馬。這是個州級官員，屬中層，和長
史、別駕等州官通稱為「上佐」（見本書第五章）。接著，他就任揚州淮
南節度使崔圓的節度判官。按崔圓任淮南節度使在上元二年（761）至大
曆三年（768）[118]。董晉任其判官就在這段時期內。可以留意的是，揚府

---

115 此處「出翰林，以疾辭，拜汾州司馬」，應當理解為他離開翰林院是「以
　　疾辭」，然後「拜汾州司馬」。《舊唐書》卷145〈董晉傳〉，頁3934說：
　　「至德初，肅宗自靈武幸彭原，晉上書謁見，授校書郎、翰林待制，再轉
　　衛尉丞，出為汾州司馬。」可作佐證。

116 《韓昌黎文集校注》卷8，頁577。

117 詳見傅璇琮，〈從白居易研究中的一個誤點談起〉，《文學評論》，2002
　　年第2期，頁130-137。

118 見吳廷燮，《唐方鎮年表》，淮南節度條下。又見戴偉華，《唐方鎮文職
　　僚佐考》，頁351。

判官是他的第一個幕職。他從來沒有任過巡官、推官和掌書記等基層幕佐，一入幕府就從判官做起，可說不凡，亦可見他此時的官場資歷頗高。這時他年約三十八到四十四歲之間，也很符合判官的一般年齡（三十五到四十五之間）。

董晉任崔圓判官的確實時間雖不詳，但應當是在上元二年以後那幾年，很可能在大曆年之前，因爲他任判官不久就回朝任殿中侍御史、侍御史、主客員外郎和祠部郎中等官，然後在大曆四年（769）五月出任兵部侍郎李涵的判官，出使回紇，送僕固懷恩的女兒（先冊爲崇徽公主）出嫁給回紇可汗爲「可敦」（妻子）。[119]

換言之，董晉年輕時曾經兩次任判官。一次是崔圓的節度判官，屬方鎮使府判官，一次是李涵出使回紇的判官，屬皇朝特使判官類，可證唐代判官的職務很廣，端視他所追隨的使府而定，可以從方鎮從事一直到出使回紇送公主出嫁，但他基本上仍然是一種「執行任務的官員」，非司法審判人員。董晉的兩次判官經歷又爲我們考察唐代判官「判」的含意，多一例證。

董晉兩任判官時所帶的朝憲銜也很值得討論。他任崔圓判官時，「攝殿中侍御史」，這是方鎮判官很常帶的一種憲銜。他任李涵判官時，則帶「侍御史」，也顯示皇朝特使判官，即使只是短期任判官，也都會像使府判官一樣，多帶一個憲銜。侍御史比殿中侍御史高一級，這很能反

---

119 李涵出使回紇的確實年月，見《舊唐書》卷11〈代宗紀〉，頁293。《舊唐書・李涵傳》遺漏了他出使回紇事，可能因為此事已記在董晉傳中。可以一提的是，李涵為李唐宗室，年輕時本身也曾任判官，為「關內鹽池判官」，足見唐代許多高官，年輕時都做過判官這種很常見的中層職位。李涵第一次出使回紇歸來後數年，就出任浙西觀察使等高官。德宗建中三年六月（見《舊唐書》卷12，頁333），他第二次出使迴紇，任弔祭使，跑了不少遠路。他為官務遠行的經歷非常豐富，但這卻也是唐代官員很典型的經驗，詳見筆者未來的新書《唐人的官歷和遠行》。

映董晉此時比較高的資歷。韓愈把董晉的這些憲銜,都如實記錄在他的行狀中,也揭示這些憲銜對唐人是有實質意義的(實際上也是為了秩品位,計算俸祿,亦可作自稱或他稱的官銜使用)。現代學者常說這些是「虛銜」,反而有低估之意,不很妥當。

最後,董晉任李涵判官時,竟獲「賜紫金魚袋」,也是非常特殊的榮耀,可圈可點。穿紫服,佩金魚袋是唐代官員最高一級的章服和魚袋,一般是三品或以上官員才能享有的榮譽。董晉任李涵判官,竟也能獲「賜紫金魚袋」,可證判官的份量相當不輕。他這一年才四十六歲,已經可以衣紫,顯示他在仕途中的「奮鬥」很有些成績。

唐史上以判官獲賜紫金魚袋者並不多見。據筆者所見,另一知名例子為天寶六載,高仙芝為安西節度使時,奏封常清「為慶王府錄事參軍,充節度判官,賜紫金魚袋」[120]。還有一例見於一方晚唐墓誌〈劉鈞墓誌銘〉,撰碑者自署「盧龍節度判官兼掌書記朝散大夫檢校尚書兵部郎中兼御史大夫賜紫金魚袋鄭隼撰」。[121]

兩《唐書》列傳和墓誌中常有賜章服的記載。學界過去對此類記載的重視相當不足,可能因為對章服、魚袋制度了解不深所致。但在考察唐人官歷時,這其實是唐人官場成就的一大指標,實不應忽略。

以董晉為例,他就不止一次而是兩次獲賜章服。第一次是在他約三十三歲,任翰林學士,「三年出入左右,天子以為謹願,賜緋魚袋」。韓愈在他的行狀中大書特書此事,可知這不但是一種榮譽,也是唐人任官的一大成績,因為穿緋色官服,佩銀魚袋原是唐代五品官員的事。董晉只當了三年的翰林學士,官位還不到五品(他的校書郎為九品,獲升的衛尉丞則為從六品上),就獲「賜緋魚袋」,可知他所得榮耀之高,

---

120 《舊唐書》卷104,頁3208。
121 《唐代墓誌彙編續集》,文德001,頁1151。

成就不小。相比之下，白居易要到將近五十歲，經歷過好幾個官之後，任忠州刺史時才能衣所謂的「假刺史緋」，到五十歲升爲散階五品的朝散大夫，才能正式衣緋[122]。在這兩次喜慶場合，白居易都曾經特別寫詩以誌其事。唐代官員到了五品衣緋，到了三品衣紫，當然是件值得慶賀的事，但未及品位而提早獲得皇帝「賜緋魚袋」和「賜紫金魚袋」，如董晉任翰林學士和判官此例，看來更是無比的光榮，是我們考察他官歷時不應當忽略的。

（二）徐申（737-806）

　　徐申在《舊唐書》中無傳。他《新唐書》的本傳則很簡略，而且省略掉他所有早年官歷。《新唐書》的寫法（「擢進士第，累遷洪州長史」[123]）極易誤導讀者。考徐申在永泰元年（765）二十九歲中進士[124]，他「累遷洪州長史」（當時，洪州刺史「嗣曹王皋討李希烈，檄申以長史行刺史事」）則是建中四年（783）的事[125]，這當中相隔長達整整十八年。可是，《新唐書》用了「累遷」兩字，便把徐申中進士以後那十八年的所有官歷全部草草一筆勾消了事，可謂十分輕率。這是《新唐書》處理唐人官歷時最典型的做法，讀者得小心，否則很容易被它所誤。

　　但徐申在正史上無端端消失的這十八年官歷[126]，卻正是我們最感興趣的，因爲當中涉及他早年任秘書省正字、巡官、掌書記和判官等官職。幸好，李翱爲他所寫的〈徐公行狀〉，詳細記錄了他的所有官歷（也是

---

122 詳見本書第三章〈員外郎和郎中〉第六節「郎官和刺史」。

123 《新唐書》卷143，頁4694。

124 參孟二冬，《登科記考補正》卷10，頁416。

125 見《舊唐書》卷12〈德宗紀〉，頁336。

126 這裡所說的「正史」是指中國二十四部正式受到歷代皇朝承認的史書。在這定義下，只有新舊《唐書》才是「正史」，連《資治通鑑》都不算正史。

目前最好的一篇徐申傳)[127]，清楚告訴我們他考中進士後的仕歷：

> 永泰元年，寄籍京兆府，舉進士，祕書省正字。初辟巡官於江
> 西，又掌書記於嶺南行營。哥舒氏之亂平，奏授大理寺評事，
> 轉〔大理〕司直兼監察御史，賜緋魚袋，又充節度判官於朔方，
> 改太子司議郎兼殿中侍御史。選授洪州都督府長史，時刺史嗣
> 曹王舉江西兵討李希烈，故以長史行刺史事。[128]

權德輿所寫的《徐公墓誌銘》也證實這些官歷，但以駢文書寫，寫法略
簡而晦，不及行狀來得清楚：

> 永泰初，當著作賈常侍至操柄儀曹，搴士林之菁華，舉進士上
> 第，調補祕書正字。四征翹車，相屬於途，望公舉趾以為重。
> 九江而西，服嶺而南，與朔塞被邊之地，聯為命介。歷大理評
> 事、〔大理〕司直、監察御史、太子司議郎、殿中侍御史，錫
> 以章綬。冀國路公之誅哥舒晃也，公以從事，主謀居多。嗣曹
> 王之守鍾陵而誅李希烈也，公以長史行刺史事。[129]

但它也補充了幾個細節，比如永泰元年知貢舉者為賈至（「著作賈常侍
至操柄儀曹」；「儀曹」即禮部，主持進士考試），又如說「冀國路公

---

127 行狀是在傳主死後，由其門生故吏所撰寫，然後呈尚書省考功司，並轉送
　　史館，作為史臣撰寫國史列傳的依據，所以行狀是比正史列傳更為原始的
　　文獻。詳見Denis Twitchett, *The Writing of Official History under the T'ang*
　　(Cambridge: Cambridge University Press, 1992), pp. 65-77.
128 《全唐文》卷639，頁6458。此行狀原標題甚長，這裡省稱為〈徐公行狀〉。
129 《全唐文》卷502，頁5108。此墓誌原標題甚長，這裡簡略為〈徐公墓誌銘〉。

〔指嶺南節度使路嗣恭〕之誅哥舒晃〔嶺南節度叛將，殺節度使呂崇賁〕也，公以從事，主謀居多」，可惜沒有告訴我們徐申任的是掌書記。不過，結合李翱所寫的行狀和權德輿所寫的墓誌，我們可以重建徐申年輕時的履歷表，如表8。

這是中晚唐士人一張很典型的履歷表。徐申中進士後，便從最基層的正字幹起。正如杜佑《通典》所說，正字和校書郎一樣，是「起家之良選」[130]，這是一個美好的開始。過後，他便被辟為江西巡官，這是幕府正職中最低的一個，但很尊貴，可知他的「仕宦條件」很不錯，才會被江西幕的路嗣恭看上。約一年後，他又隨路嗣恭到嶺南去任掌書記，可證幕佐和幕主常有一種很強烈的人身依附關係。徐申在四十五歲任朔方節度使崔寧幕府的判官之前，已經做過巡官和掌書記，這也很符合幕府升遷的規律：一般人都是先任巡官、後任推官、掌書記才能升為判官。徐申跳過推官一級，升遷算快的了。

幕職沒有品秩，所以徐申任幕職時帶有朝、憲銜。這些朝、憲銜亦有所謂的「升遷」，而且都很符合規律：徐申即從較低層的大理評事升為大理司直，然後在任判官時再升為太子司議郎。他的憲銜從監察御史升為殿中侍御史，也很符合幕府官制的規定。

最後，徐申的履歷中有一點很值得注意和討論。那就是他除了剛出道時在京城秘書省擔任過正字京官數年之外，從此一生都在外頭任外官，從巡官、掌書記、判官，仕至洪州長史、韶州刺史、景州刺史、邕管經略使到最後廣州節度使這個高官。唐人任官，一般都需要回朝任監察御史、拾遺、補闕或郎官，由此升至侍郎、尚書等高官，也就是封演

---

130 《通典》卷26，頁736。

表8 徐申青中年履歷

年 代	事 跡	任幕職時所帶朝憲銜
永泰元年(765) 29歲	中進士	
約大曆三年至七年 (768-772) 約32到35歲	秘書省正字	
大曆七年(772) 36歲	任江西團練觀察使路嗣恭幕府巡官	(可能任期太短，還來不及奏授朝銜或憲銜)
大曆八年至十年 (773-775) 37到38歲	路嗣恭轉嶺南節度使，隨之任其掌書記	奏授大理寺評事，轉大理司直兼監察御史，賜緋魚袋
大曆十一年到十三年 (776-778)	不詳，極可能仍追隨路嗣恭[131]	
大曆十四年至約建中四年(779-783) 43到47歲	朔方節度使崔寧幕府判官	改太子司議郎兼殿中侍御史
建中四年(783) 47歲	洪州長史	

131 路嗣恭原為江西觀察使。大曆八年九月，嶺南節度使、廣州刺史呂崇賁為部將哥舒晃所殺。於是在那年十月，朝廷便「以江西觀察使路嗣恭為廣州刺史，充嶺南節度使，封翼國公」，以討伐哥舒晃(《舊唐書》卷11，頁303)。大曆十年冬十月，「路嗣恭攻破廣州，擒哥舒晃，斬首以獻」(《舊唐書》卷11，頁308)。由於路嗣恭是以江西觀察使的身分暫充嶺南節度，他在平定哥舒晃之亂，便回到江西，一直到大曆十三年十二月，朝廷才「以江西觀察使路嗣恭為兵部尚書」(《舊唐書》卷11，頁314)。因此，從大曆七年到十三年，徐申很可能都在追隨路嗣恭，往返於江西、廣州之間，直到路嗣恭入朝為兵部尚書，他失去幕職，才投靠朔方節度使崔寧。按路嗣恭曾於永泰元年以「靈州大都督府長史，充關內副元帥，兼知朔方節度等使」(《舊唐書》卷11，頁281)。因此徐申到朔方節度任幕職，極可能得到路嗣恭的人脈協助。這也是府主和幕佐強烈身依附關係的一個例證。

所描繪的那幅著名的「八雋」升官圖[132]。然而，封演所說的升遷全屬京官系統。但中晚唐方鎮遍設全國各地約五十處，爲士人製造許多新的升遷管道。徐申就沒有依「八雋」升官圖的路徑行走。他在外官系統，也一樣可以攀升到節度使的高官。

七、財經系判官

如前所說，唐代的判官主要分布在各大小方鎮，多屬節度使、觀察使府下的判官。相對而言，財經系統的判官就比較少見。所謂「財經系統」，主要指中晚唐的「三司」，即鹽鐵使（後來常和轉運使二合爲一，稱作「鹽鐵轉運使」）、度支使和戶部使，主管全國鹽專賣、兩稅轉運、茶稅等全國稅收，權力很大，爲中晚唐皇朝的重要經濟命脈[133]。這三司使屬下都有巡官、推官和判官等幕佐（但未見有掌書記的記載）。由於三司只是三個使職，數量遠遠低於全國大約五十個方鎮，所以唐史料中關於這三司的幕佐資料也比較稀少。

例如，我們在唐史料中檢索，只能找到寥寥六個鹽鐵判官。一個是《舊唐書・韋溫傳》中的「鹽鐵判官姚勖」[134]，另三個見於《新唐書・

---

132 見《唐語林校證》卷8，頁717。

133 這方面的論述極多，不俱引，主要有李錦繡，《唐代財政史稿》，第四冊，第一及第二章；又見吳麗娛，〈論唐代財政三司的形成發展及其與中央集權制的關係〉，《中華文史論叢》，1986年第4期；何汝泉，〈唐代度支鹽鐵二使關係試析〉，《中國唐史學會論文集》（西安：三秦出版社，1993）。其他論述（特別是日文論文）見胡戟等編，《二十世紀唐研究》，頁391-396李錦繡所寫的詳細學術史回顧。

134 《舊唐書》卷168，頁4379。不過，《新唐書》卷169，頁5159和《資治通鑑》卷246，頁7939，又都說他只是「鹽鐵推官」。推官比判官低一級。然而，姚勖這時「知河陰院」，也就是負責鹽鐵使設在河陰（在洛陽以北）的巡院事，看來他的官位應當比較高才對，故筆者認爲《舊唐書》的「判官」

宰相世系表》：(一)李仲塾，「鹽鐵判官、兼監察御史」；(二)李弱翁，「鹽鐵判官、兼監察御史」；(三)「張郾，湖南鹽鐵判官」[135]。李仲塾和李弱翁都兼帶監察御史，顯示財經系判官也和方鎮判官一樣，都可能帶有憲銜。最後兩個是《唐會要》卷五九提到的「鹽鐵判官守尚書刑部郎中李石」[136]，以及唐詩名篇〈楓橋夜泊〉的作者張繼[137]。

(續)

　　較為正確。推官為基層職位，似乎不可能去「知河陰院」。詳見拙文，〈論唐代的檢校郎官〉，《唐史論叢》，第10輯，杜文玉主編(西安：三秦出版社，2008)，頁106-119。周勛初《冊府元龜：校訂本》(南京：鳳凰出版社，2006)，卷104，頁1140，亦記姚勖「自行殿中授職鹽鐵判官」，可添一新證。然而《冊府》此處把姚勖的名字誤為「姚最」，恐是形近致誤。周勛初的校訂本尚未校出。《冊府》此條蒙陳明光教授提示，特此致謝。

135　《新唐書》卷72上，頁2583；卷72下，頁2688。

136　《唐會要》卷59，頁1217。感謝陳明光教授提醒我這一條資料。

137　元代辛文房的《唐才子傳》，最明確說張繼「為鹽鐵判官」。但辛文房此書編成於元代，去唐頗遠，且錯誤頗多，不甚可靠。傅璇琮，〈張繼考〉，《唐代詩人叢考》(北京：中華書局，1981)，頁20，考張繼在大曆初年「可能是」和他的一個朋友鄒先「同樣擔任租庸判官、轉運判官之類的官職」。周義敢校箋《唐才子傳》張繼此條材料，則認為張繼當時是否任鹽鐵判官，「尚待考核」。見《唐才子傳校箋》，傅璇琮主編(北京：中華書局，1987-1995)，第1冊，頁508。然而，《新唐書》卷60〈藝文四〉，頁1610，著錄《張繼詩一卷》下注：「檢校祠部員外郎，分掌財賦於洪州。」這可證張繼即使不是鹽鐵判官，也是個財經系官判，而且帶有此類判官常有的「檢校祠部員外郎」朝銜。他這時屬劉晏幕府。高仲武《中興閒氣集》卷上記載，劉晏曾經給張繼寫過一封信，談到他對另一幕賓詩人戴叔倫的「一見傾心」，見《唐人選唐詩十種》(上海：上海古籍出版社，1978排印本)，頁306。考劉晏此時正「充東都京畿、河南、淮南、江南東西道、湖南、荊南、山南東道轉運、常平、鑄錢、鹽鐵等使」(《舊唐書》卷11〈代宗紀〉，頁282)，但最重要的業務為江淮鹽政。或許這是辛文房說張繼為「鹽鐵判官」的依據。關於張繼生平若干事跡的考訂，又見王輝斌，〈張繼生平訂正〉，《淮南師範學院學報》，2002年第4期，頁37-38。值得一提的是，劉晏的鹽鐵轉運使府這時候網羅了好幾位知名的詩人為幕佐，除了張繼之外，還包括劉長卿、戴叔倫、包佶等人。關於這群大曆詩人的生平與詩作，見蔣寅，《大曆詩人研究》(北京：中華書局，1995)。

在《全唐文》中檢索，則可發現杜牧所寫的〈顧湘除涇原營田判官、夏侯覺除鹽鐵巡官等制〉[138]，可證鹽鐵使帶有巡官，但《全唐文》中的鹽鐵判官則僅見於顧雲所寫的一封信〈上鹽鐵路綱判官啓〉[139]。至於在《全唐詩》，則有盧綸一首詩〈送鹽鐵裴判官入蜀〉[140]，爲唐詩中明確提到鹽鐵判官的唯一案例。《全唐詩》中有不少寄贈某某判官的詩，可惜這些詩都沒有特別注明這些判官屬於何類，但他們當中應當有些屬於財經系統判官。

關於以上這幾位鹽鐵判官，史料中沒有他們更多的傳記材料(姚勗的事跡還有一二見於史書，其餘的僅知道名字或僅知姓)。我們也就無法作更深入的個案研究。幸好，墓誌材料中還有一篇晚唐古文家孫樵所寫的〈唐故倉部郎中康公墓誌銘并序〉，內含一個鹽鐵和轉運判官康鐐頗詳細的生平事跡，底下再細考。

順此一提，《舊唐書・齊抗傳》有一段記載說：「鹽鐵轉運使元琇以抗有才用，奏授倉部郎中，條理江淮鹽務。」[141] 雖然這裡的「條理江淮鹽務」並未明確說他是判官，但這位齊抗所獲奏授的「倉部郎中」，卻相當高級，一般上只有判官才能帶有這種檢校郎官銜(詳見下文「判官的官銜」一節)。由此看來，齊抗極可能是個鹽鐵判官。

值得注意的是，唐代的鹽鐵使和轉運使常合稱爲「鹽鐵轉運使」，而且經常由同一個人擔任。所以鹽鐵轉運使下的判官，可能稱爲鹽鐵判官，也可能稱爲轉運判官。這方面最好的例子是白居易和元稹的共同好友李建(他們三人當年一起在秘書省任校書郎)。白居易在爲李建所寫的墓誌〈有唐善人墓碑〉中，便說李建擔任過的「職」中有「轉運判官」

---

138 《全唐文》卷749，頁7765。此任命書也收在《樊川文集》卷19，頁292。

139 《全唐文》卷815，頁8584。

140 《全唐詩》卷276，頁3125。

141 《舊唐書》卷136，頁3756。

一項[142]，可是元稹有一首詩贈他，詩題卻是〈貶江陵途中，寄樂天、杓直。杓直以員外郎判鹽鐵，樂天以拾遺在翰林〉[143]。「杓直」即李建的字。元稹說他「以員外郎判鹽鐵」，是個很精確的描寫，表示李建判鹽鐵時帶有一個檢校郎官銜。這是中晚唐判官所帶的最典型朝銜，然而白居易所寫的墓誌卻又說他是「轉運判官」。由此看來，在唐人的用語中，鹽鐵判官和轉運判官可能並沒有太大的分別，可交換通用，就像鹽鐵使兼領轉運使，故亦可稱轉運使一樣。

史料中的轉運判官可找到約十個，其中幾個是唐代知名人士，有科名，出身良好，有極佳的「仕宦優勢」，後來都仕至高官。例如盧坦：「王緯觀察浙西，兼鹽鐵使，請坦為轉運判官。」[144]再如韋武：「會戶部元侍郎琇董司漕運，懼不克濟，奏授公倉部員外郎，充水陸轉運判官。」[145]從字面上來看，轉運判官管的即運輸事，如第二例韋武傳中所說的「漕運」，但他很可能也管鹽政，如第一例，盧坦任「兼鹽鐵使」王緯的「轉運判官」，看來他也應當管鹽鐵事。

「度支使」屬下的判官，很容易和「支度使」的判官混淆，這裡不妨細考一二。度支使掌國家財賦收入，特別是中晚唐全國西半邊的鹽稅等；支度使則設於邊軍，即《舊唐書‧職官志》所說：「凡天下邊軍，有支度使，以計軍資糧仗之用。」[146]支度使常由邊地節度使兼任，且

---

142 〈有唐善人墓碑〉，《白居易集》卷41，頁904。

143 《元稹集編年箋注(詩歌卷)》，頁271。此詩作於元和五年(810)。有趣的是，李建的兒子李訥，在大中年間做到華州刺史和鹽鐵轉運使，成了康鐐(見下)的頂頭上司。

144 李翱，〈故東川節度使盧公傳〉，《全唐文》卷640，頁6462。

145 呂溫，〈唐故銀青光祿大夫京兆尹⋯⋯京兆韋公神道碑銘并序〉，《全唐文》附《唐文拾遺》卷27，頁11672。

146 《舊唐書》卷43，頁1827。關於這兩種使職的不同，見下孝萱，〈唐代的度支使與支度使〉，《中國社會經濟史研究》，1983年第1期，頁59-65；

常和營田使並提，早在開元年間即出現，例如《舊唐書‧韋湊傳》：「〔開元〕十年，拜太原尹兼節度、支度、營田大使。其年卒官，年六十五。」[147] 再如《舊唐書‧封常清傳》，敘其管支度、營田等事：「〔高〕仙芝……爲安西節度使，便奏〔封〕常清爲慶王府錄事參軍，充節度判官，賜紫金魚袋。尋加朝散大夫，專知四鎮倉庫、屯田、甲仗、支度、營田事。」[148]

「度支」和「支度」如此相似，以致史料中不乏顛倒錯用之例。兩《唐書》列傳中就有三個「度支判官」，但恐怕都是「支度判官」之誤。這三例是(一)《舊唐書‧劉崇望及其兄崇龜傳》：「廣明元年春，鄭從讜罷相，鎮太原，奏崇龜爲度支判官。」[149] (二)《舊唐書‧呂諲傳》：「隴右、河西節度使哥舒翰奏充度支判官。」[150] (三)《新唐書‧賈耽傳》：「河東節度使王思禮署爲度支判官。」[151] 但細讀上下文並以其他史料對校，這三例中的「度支」顯然都是「支度」的顛倒。

在第一例中，鄭從讜鎮太原，是爲了防範「沙陀逼太原」。他當時「充河東節度、管內觀察處置兼行營招討供軍等使」[152]，極可能兼有支度、營田等使，而不可能是度支使，且《舊唐書‧劉崇望傳》在敘述其

(續)

以及齊勇鋒，〈度支使和支度使〉，《歷史研究》，1983年第5期。唐代幕府中還有「支使」一職，是一種基層僚佐，也極易和度支使或支度使混淆。詩人杜牧的弟弟杜顗就曾在淮南幕府任「支使」。他爲杜顗所寫的墓誌便叫〈唐故淮南支使試大理評事兼監察御史杜君墓誌銘〉，《樊川文集》卷9，頁139。

147 《舊唐書》卷101，頁3147。
148 《舊唐書》卷104，頁3208。
149 《舊唐書》卷179，頁4664。
150 《舊唐書》卷185下，頁4823。
151 《新唐書》卷166，頁5083。
152 《舊唐書》卷19下，頁706。

兄事跡時又說：「時兄崇龜為節度判官，昆仲同居幕府，尋轉掌書記。」[153]由此看來，劉崇龜不可能是個「度支判官」。

第二例的地點在隴右、河西，也是邊軍作戰的情況，不可能是「度支判官」，且《新唐書・呂諲傳》此處明確說：「哥舒翰節度河西，表〔呂諲〕支度判官。」[154]最清楚不過，正可用以校正《舊唐書》之誤。

至於第三例，王思禮是個高麗蕃將武人，曾任太原尹、河東節度使[155]，極可能像其他邊區節度使那樣，兼支度、營田等使。史料中未見他任過度支使，所以賈耽充當他的判官，也不可能是「度支判官」，而應當是「支度判官」，管邊軍的資糧等事。這正是賈耽年輕時的專長[156]。

墓誌材料中應當有度支使判官，筆者仍在搜尋中。不過，前文論「詩人判官」，劉禹錫即曾在杜佑手下任度支、鹽鐵判官，可證度支使下的確有判官一職。更好的另一例證，見於《舊唐書・憲宗紀》元和三年（808）條下：

> 十月……丁卯，度支使下判案官，以四員為定。[157]

此「判案官」應當即判官，而且多達「四員」，比一般節度使的一二員判官，人數多約一倍。不過，度支使是三司之一，負責唐代整個西半部的國賦，其屬下有四個判官，亦很合理。

度支使有判官，最明確的材料見於《新唐書・宰相世系表》，有一

---

153 《舊唐書》卷179，頁4666。
154 《新唐書》卷140，頁4648。
155 見《舊唐書》卷110〈王思禮傳〉。
156 鄭餘慶，〈左僕射賈耽神道碑〉，《全唐文》卷478，頁4887；權德輿，〈唐故金紫光祿大夫檢校司空兼尚書左僕射同中書門下平章事上柱國魏國公贈太傅賈公墓誌銘并序〉，《全唐文》卷505，頁5137。
157 《舊唐書》卷14，頁426-427。

位宰相的後裔郭鍛,曾任「度支荊襄水陸運判官」[158]。另一例見於《舊唐書·陳少遊傳》:

> 〔建中〕四年〔783〕十月,駕幸奉天,度支、汴東兩稅使包佶在揚州,尚未知也。佶判官崔沇遽報少遊,佶時所總賦稅錢帛約八百萬貫錢在焉,少遊意以為賊據京師,未即收復,遂脅取其財物。[159]

包佶當時任「度支、汴東兩稅使」駐在揚州,崔沇為他的判官,可知崔沇應當是個度支判官。

至於戶部判官,目前在史料中只能找到一人,但還有點問題,須進一步解說。此人是《舊唐書》卷一六二《張正甫附孫禕傳》中的張禕:

> 禕字冠章,釋褐汴州從事、戶部判官,入為藍田尉、集賢校理。趙隱鎮浙西,劉鄴鎮淮南,皆辟為賓佐。[160]

但依照本書所建構的唐代士人常任官模式來看,張禕年輕時的這段官歷記載可能有點問題。戶部判官和方鎮判官、鹽鐵判官一樣,原本應當是個中層職位。但在上引文,張禕「釋褐汴州從事」,表示他一起家就在汴州幕府當幕佐(「從事」是幕佐的統稱,確實幕職不詳)。這是中晚唐許多士人典型的入仕方式,沒有問題。但他下一個官竟然是「戶部判官」,卻有些奇怪,因為這樣一來,他似乎一下子從一個基層幕職跳到

---

158 《新唐書》卷74上,頁3127。
159 《舊唐書》卷126,頁3565。
160 《舊唐書》卷162,頁4253。再次感謝陳明光教授給我指出這條材料。

一個中層官，不合常規。更奇的是，他後來又突然降回到一個基層官：「入爲藍田尉、集賢校理」[161]。如果他之前的確曾任「戶部判官」，那他是不可能再去「入爲藍田尉、集賢校理」，因爲這也不合常規。所以，筆者頗懷疑這裡所記的「戶部判官」，很可能是「戶部推官」或「戶部巡官」之筆誤。否則，我們很難解釋他這種跳躍式的不尋常官歷。史書上這種錯誤很常見。前面我們見過，姚勗官歷就分別被不同史書分別記爲「鹽鐵推官」和「鹽鐵判官」。

唐代三司當中，戶部使比較不重要。現代學者對鹽鐵和度支使的研究最多，戶部使最少。這方面的材料也最短缺。不過，戶部有判官，應當不成問題。詩人元稹有一篇任命書〈趙真長戶部郎中兼侍御史等〉，很能透露一點端倪：

〔趙〕真長可行某官，依前充職；應可某官，充戶部巡官，勾當河南、淮南等道兩稅，餘如故。[162]

這裡提到一位名叫「應」的官員(其姓不詳)，以「某官」去「充戶部巡官，勾當河南、淮南等道兩稅」，可知戶部巡官所管爲兩稅之事。以唐代幕府制推論，既然戶部有巡官，則它應當還有推官和判官。

詩人杜牧也寫過一篇類似的任命書〈趙元方除戶部和糴巡官、陳洙除長安縣尉、王巖除右金吾使判官等制〉[163]，明確提到趙元方除的是「戶

---

161 這是說他以「藍田縣尉」的官位去充任唐藏書樓集賢院的「校書」。集賢校理這職位類似校書郎，爲唐代士人常任的基層官。這種官歷的例子也很常見，詳見拙書《唐代基層文官》第三章第七節「以縣尉作階官充館職」，頁206-219。

162 《元稹集》卷48，頁518。

163 《樊川文集》卷19，頁292。

部和糶巡官」。和糶正是戶部使的職務之一，所以有巡官負責。其上應
當還有判官。

除此之外，白居易有詩〈戲贈戶部李巡官〉：

> 好語民曹李判官，少貪公事且謀歡。
> 男兒未死爭能料，莫作忠州刺史看。[164]

詩題稱「戶部李巡官」，但詩中又說是「李判官」，不知何者爲正確，
可知史料中「巡官」、「推官」和「判官」三者經常被人混淆。如果依
詩中「李判官」，則白居易這首詩將成爲唐代戶部使有判官的少數史證
之一。無論如何，戶部使既然有巡官，則應當也有推官和判官。希望今
後我們將能在新出土的墓誌中發現戶部判官。

除了以上所論的鹽鐵判官、轉運判官、度支判官和戶部判官四大種
財經判官外，唐代史料中還可見到安邑、解縣鹽池判官、榷鹽判官、租
庸判官、海運判官、水陸運判官等等，但這方面的材料不多，僅有零星
的寥寥數例，頗瑣碎，這裡就不贅論，可將他們全視爲唐代財經系統的
判官。

可以補充的是，這些名目林林總總的判官，有些可能只是鹽鐵、轉
運等各大類財經判官的「異名」而已。例如，租庸判官、海運判官和水
陸運判官，許多時候可能只是轉運判官的不同名目，因強調職務的某一
面，而把負責運送租庸的轉運判官稱爲「租庸判官」，因工作地點臨海
或掌管海上運輸而有「海運判官」的稱謂。關於這種種「巧立名目」的
現象，《舊唐書‧食貨志》的序言有一段精彩、貼切的解說，稱之爲「隨
事立名」：

---

164 《白居易集》卷17，頁373。《全唐詩》卷440，頁4912同。

> 其後掌財賦者,世有人焉。開元已前,事歸尚書省,開元已後,
> 權移他官,由是有轉運使、租庸使、鹽鐵使、度支鹽鐵轉運使、
> 常平鑄錢鹽鐵使、租庸青苗使、水陸運鹽鐵租庸使、兩稅使,
> 隨事立名,沿革不一。[165]

唐後半期這種「隨事立名」的作風,不但用於各種使職名,也施於這些使職所帶的各級僚佐,包括判官、推官和巡官等。他們最重要也最共同的一點,就是他們都是「掌財賦者」,是唐朝後半期命脈的一大支柱。現代讀史者若明瞭並抓住此共同點,當可不必爲這些使職和判官的種種不同名目而感到「眼花繚亂」。

綜上所考,戶部使判官應當是存在的,只是此種判官的案例在兩《唐書》和《全唐文》中尚未見,但很有可能在近世出土墓誌中找到。至於度支使、鹽鐵使和轉運使判官,史料中已有數例,其存在不成疑問。爲了更全面探討財經系判官,下面擬詳考兩位曾任鹽鐵和轉運判官的唐代官員,作更深入的個案研究。

(一)劉長卿(726?-790?)

劉長卿在兩《唐書》中都無傳,僅《新唐書・藝文志》在著錄他的《劉長卿集十卷》時,附了一段小注,提到他的科名與仕歷[166]。傅璇琮、蔣寅和卞孝萱等人則對他有過詳細的考證[167]。唐代文學研究者也從劉長

---

165 《舊唐書》卷48,頁2085-2086。此段文字中各使職名的標點全依北京中華書局校點本,實際上不無可商榷之處,但這亦反映這些使職「隨事立名」,無一定稱謂和寫法,以致增加標點的困難。

166 《新唐書》卷60,頁1604。傅璇琮已指出《新唐書》中華書局版此處標點有嚴重錯誤(以致劉長卿變成了「鄂岳觀察使」),見其〈劉長卿事跡考辨〉,《唐代詩人叢考》,頁242。

167 傅璇琮,〈劉長卿事跡考辨〉;蔣寅,〈劉長卿生平再考證〉,《大曆詩

卿詩作中挖掘出不少他的事跡[168]。不過,各家的說法差異極大。蔣寅即說:「唐代詩人中,因生平事跡流傳較少並致記載舛誤,考證多歧的,首推劉長卿。」[169] 因此本章不擬再涉及「考證多歧」的劉長卿生平,只想就他青壯年時期幾個和本章最有關係的事跡,作一些深入的考察。

劉長卿一生中有幾個重要事跡,爭議的其實都在年代,如他考中進士和他官歷的年代,事跡本身卻無疑問,足以爲我們查考唐代一個財經系判官提供許多豐富的細節。第一,他出身在一個詩書門第的官宦家庭,他祖父劉慶官至考功郎中。這是非常清貴的郎官(見本書第三章),可惜我們對他父親一無所知。第二,他約三十二歲時考中進士,以縣尉起家。這種入仕途徑很常見,他也可說是個典型的士人,但他後來出任轉運判官卻有些特殊,底下再論。第三,他的交遊極廣,而且所交的不少是觀察使等高官,或後來升任爲財經系的高官,如劉晏、元載和包佶等人。這對他後來的仕歷有很大的影響,底下再細考。第四,和本章最有關連的,便是他曾在大約四十歲時,出任劉晏的轉運使判官,到四十五歲時,又擢升爲更高一層的轉運留後,前後任財經系官員長達約十年。

這裡我們最關注的,是劉長卿任轉運判官和轉運留後那一段官歷。唐代文學研究者對他這段經歷毫無解讀或討論,僅一筆提及帶過[170],且

(續)————

人研究》,下編第一章;卞孝萱、喬長阜,〈劉長卿〉,《中國歷代著名文學家評傳》(全6冊;濟南:山東教育出版社,1997),第2冊。

168 劉長卿的詩集現有兩個校注本:一是楊世明的《劉長卿集編年校注》(北京:人民文學出版社,1999),但楊世明的〈前言〉寫於1987年,似乎全書在那時已完成;另一是儲仲君的《劉長卿詩編年箋注》(北京:中華書局,1996)。諸家關於劉長卿生平的考證當中,以傅璇琮最有始創之功,而儲仲君的最晚出,也較精當、詳細、可信。

169 蔣寅,《大曆詩人研究》,下編,頁431。

170 楊世明的〈劉長卿年譜〉(附於他的《劉長卿集編年校注》之後)更特別,甚至完全不提劉長卿任轉運判官和轉運留後的仕歷,只說他「秋入淮南幕」、「在淮南幕」等等,用語含糊,不知何故?

有時把轉運判官和轉運留後這兩種高低等級截然不同的官職混淆在一起。實際上，劉長卿的財經官歷可以為我們提供非常豐富的訊息，由此我們可以得知中唐一個士人是如何得到判官這種職位，而出任財經系判官和官員又意味著甚麼。

要言之，劉長卿不是普通的判官（如一般的方鎮判官），而是財經系判官，專管錢財稅賦轉運之事。他後來任轉運留後期間所發生的所謂被鄂岳觀察使吳仲孺「陷害」事，導致他被貶官，脫離財經系統，又跟錢財糾紛有關，且涉及的數額龐大，所以我們從唐代財經史的角度來考察劉長卿任轉運判官和轉運留後，當更有意義，也更能看清他的角色。

先看劉長卿怎樣進入官場。據儲仲君，劉長卿是在至德二載（757）中進士及第，由「崔渙銓選入仕，釋褐蘇州長洲縣尉」。中進士後以縣尉起家，是唐人相當典型的經歷。但據王勛成的研究，唐人中進士須守選三年才能授官，那麼劉長卿如何可以在同一年中進士又同一年得官？原來，至德二載是安史亂後的第三年，是個亂世，官員的銓選都搞亂了。肅宗在前一年十一月，「詔宰相崔渙巡撫江南，補授官吏」[171]。劉長卿極可能因而才得到他的第一個官位長洲縣尉，不須守選。

不過，劉長卿任縣尉不到一年，又去充當海鹽縣令，情況就十分特殊。縣令為一縣之長，從縣尉起家，至少還得經過縣丞等官位，才有可能攀升到縣令。但劉長卿自己有一首詩〈至德三年春正月，時謬蒙差攝海鹽令，聞王師收二京，因書事寄上浙西節度李侍郎中丞行營五十韻〉[172]，十分完美地為我們解答了這個「謎」。詩題清楚告訴我們，他在至德三年春就任海鹽縣令，是「謬蒙」浙西節度李侍郎中丞「差攝」的。「差攝」是個專門術語，主要用於各方鎮觀察使、節度使自行委任地方州縣官的

---

171 《舊唐書》卷10，頁244。
172 《劉長卿詩編年箋注》，頁150。

場合[173]。因此劉長卿任海鹽令，並非他任縣尉秩滿後經吏部銓選，而是「謬蒙」浙西節度李侍郎中丞(即李希言)的「差攝」，是一種特殊的任官方式，拜亂世所賜。

劉長卿詩集中許多詩作，都透露了他的交遊圈極廣，認識的高官朋友真不少，人脈極佳，顯然成了他在官場活動的一大「仕宦優勢」。例如，他之所以能夠出任劉晏的轉運判官，完全是因為他早已結識劉晏。他的詩作〈奉餞郎中四兄罷餘杭太守，承恩加侍御史，充行軍司馬赴汝南行營〉[174] 就是寫給劉晏的(劉排行第四，「郎中四兄」即指他)，寫作時間也很明確，作於至德二載(757)劉晏「罷餘杭太守」時，可知劉長卿和劉晏是舊識。

所以，大曆元年(766)劉晏出任江淮鹽鐵轉運使，權傾半邊天的時候，辟署劉長卿為他的轉運判官，也就完全有跡可尋，毫不出奇了(正像杜佑辟劉禹錫為崇陵使判官一樣)。財經系判官和方鎮判官有一點相同，不由吏部銓選，而是由府主自行辟署的。這種辟署完全要靠人脈和朋友關係[175]。否則，劉長卿根本無法從正常的吏部銓選去求得此官。他後來出任轉運留後，也是因為他和劉晏有私人關係。劉晏這些年一直是唐室最重要的理財專家，長期擔任鹽鐵轉運等使要職，前後長達約十八

---

173 唐代的州縣官原本應當由朝廷委派，但在安史亂後，因亂世或其他原因，有些地方長官如觀察使、節度使，甚至刺史，紛紛自行委任自己的下屬為州縣官。這種州縣官一般稱為「攝」州縣官。詳見拙文〈論唐代的州縣「攝」官〉，《唐史論叢》，第9輯，杜文玉主編(西安：三秦出版社，2007)，頁66-86。李商隱和崔致遠文集中所收的表、啟中常見此詞。更詳細的討論見筆者未來的專書《唐朝官制》。

174 《劉長卿詩編年箋注》，頁133。

175 現代學者對辟署制度研究甚詳，見石雲濤，《唐代幕府制度研究》，第六章。又見筆者《唐代基層文官》第五章〈巡官、推官和掌書記〉第二節「幕佐的辟署和禮聘」。

年，直到建中元年(780)被德宗賜死爲止[176]。

研究唐代財經史的學者早注意到，像劉晏、第五琦和杜佑等理財專家的出現，標誌著中晚唐一種新型專業官員的興起[177]。他們掌管國家財賦，權力變得很大，且經常長期專任財經職，和傳統士人的任官方式有些不同。他們學有專精，又都是科舉或以蔭出身的士人，非翰林待詔等工藝人或伎術官，顯現士人任專業官員的新局面、新氣象。

劉長卿在這時期出任轉運判官，也正可放在這角度來看。士人的出路又多了一個，除了方鎮之外，還可在財經系求職，且以辟署方式爲之，變得更靈活。財經系官職因其專業性質，往往又更爲長期、穩定(這點和史官有些相似)，不受一般「通才型」官員任期只有短短約四年的限制。劉長卿就在轉運判官和轉運留後任上待了差不多整整十年，而且都只在江南、岳陽地區活動，有一種「盤據一方」的意味，不像一般官員(如白居易等人)，經常要爲頻繁的任官遷轉而四處奔波。

這應當是劉長卿一生中最風光的一段時候，幹得有聲有色。高仲武的《中興間氣集》即說他「有吏幹」[178]。判官的俸錢不錯，高達每月五萬文，和京師尚書省的郎中一樣。轉運留後爲一方專員，待遇應當更高，且能親自主管地方財賦。劉長卿在大曆九年(774)左右被迫離開轉運留

---

176 詳見齊濤、馬新，《劉晏、楊炎評傳》(南京：南京大學出版社，1998)。劉晏和楊炎的鬥爭，是導致他被賜死的原因之一。

177 日本和西方學者特別注意此點。例如，筆者的業師Denis Twitchett教授早在1950-60年代就有三篇論文論及此事："The Salt Commissioners after the Rebellion of An Lu-shan," *Asia Major* 4（1954）；"Provincial Autonomy and Central Finance in Late T'ang," *Asia Major* 11（1965）以及 "Merchant, Trade and Government in Late T'ang," *Asia Major* 14（1968）. 又見他的專書 *Financial Administration under the T'ang Dynasty*（2nd revised ed.; Cambridge: Cambridge University Press, 1970）.

178 《劉長卿詩編年箋注》，頁599。

後職，正是因為他和鄂岳觀察使吳仲孺起「紛競」，涉及所管財賦事[179]。不過，他停職後，仍能在義興(今江蘇宜興)經營他的碧澗別墅，且寫了多首詩為證，如〈碧澗別墅喜皇甫侍御相訪〉和〈初到碧澗召明契上人〉[180]，過著一種「野橋經雨斷，澗水向田分」的抒情田園生活，可知他在任財經官職時，一定累積了不少財富，可惜今人替他寫評傳和年譜，似乎都沒有注意到這幾點，未有發明。從他這個案來看，出任財經系判官或其他同系職位，且能長期任職，甚至得以累積財富，風光一時，正是中晚唐士人的一大新出路，有一種新的氣象。下面且再以康鐐的個案，作進一步的論證。

(二)康鐐(? - 872)

康鐐在兩《唐書》中都無傳，不過他的墓誌〈唐故倉部郎中康公墓誌銘并序〉是由晚唐古文家、韓愈的三傳弟子孫樵所寫，保存在孫樵的文集中，因而得以傳世[181]。從這篇墓誌，我們可以知道晚唐一個出身極

---

179 此事在當時應當很轟動，因為隔了超過二十年，到貞元十二年(796)時，刑部員外郎裴澥還特別引用此事，跟德宗理論，作為另一個案子的例證：「大曆中，鄂岳觀察使吳仲孺與轉運使判官劉長卿紛競，仲孺奏長卿犯贓二十萬貫，時止差監察御史苗伾就推。」(見《舊唐書》卷137，頁3761)。劉長卿因此事被停職。有些史料說他是被「誣奏」、「陷害」，恐怕還有待商榷。

180 《劉長卿詩編年箋注》，頁397-399，又見同書頁585儲仲君所作〈劉長卿年表〉。

181 此墓誌文最早見於孫樵的文集《孫可之文集》，收在《宋蜀刻本唐人集叢刊》(上海：上海古籍出版社，1994年影印宋本；商務版《四部叢刊》亦影印此宋本)，卷八，頁2-4。在此宋刻本孫集卷八，墓誌標題上僅曰「康公」，無名，誌文中也沒有提康公的名字，僅曰「公諱某，字某」，但在此宋刻本孫集的目錄，此墓誌又題曰〈康鐐郎中墓銘〉，清楚說康公名鐐。《全唐文》卷795，頁8339-8340亦收此文，但題曰〈唐故倉部郎中康公墓誌銘并序〉，不用宋本的目錄篇名〈康鐐郎中墓銘〉，故康鐐名字後世不顯。

優秀的士人，如何在財經系擔任各種基層和中層文職，長期爲唐皇室管理國家財賦，展現唐代士人比較少爲人所知的另一面。無疑的，康鐐可說是中晚唐新興的「理財士人」的一個代表。

我們對唐代高層的理財專家，如劉晏、第五琦和杜佑等一系列鹽鐵轉運使和度支使，知道得頗多，因爲他們都有傳收在兩《唐書》，且他們的事跡散見在他人的傳記或中晚唐的各種史料中。現代學者對這些高層的理財專家，研究也不少。但我們對唐代中層和基層的理財專才，例如各種度支、鹽鐵巡官、推官和判官等，所知就非常有限，因爲他們在兩《唐書》中都沒有傳，且今人對這些中、下層官員幾乎一無研究。因此，本節所探討的一個轉運判官（劉長卿）和一個鹽鐵判官（康鐐）的案例，或可填補一些研究的空白，讓我們對這些判官增多一點了解。

康鐐最後只官至倉部郎中，是一個清貴的郎官，但郎官一般上只算是中層文官（見本書第三章），不算是高官。這可能是他的傳沒有收入兩《唐書》的一大原因。然而，他的出身、科名和官歷都很精彩，很值得細察，而且唐史料中再也找不到像他那樣長期在財經系統中任中層和基層文職的士人了。他是個很難得的個案。

和劉長卿一樣，康鐐曾在會昌元年（841）考中進士，出身極良好，是個典型的士人。更難得的是，他考中進士那年冬天，又考中博學宏詞。這是一種高難度的史部科目選考試，考中者都是唐代士人精英當中的精

（續）———————————

岑仲勉，〈郎官石柱題名新著錄〉，《金石論叢》，頁119，以及《郎官石柱題名新考訂》，頁379，都作「康僚」，並指勞格《唐尚書省郎官石柱題名考》「誤鐐」。然而，勞格應當是見過宋刻本而有「康鐐」一說。其書卷17，頁794清楚指出：「考〔孫〕集目錄稱康鐐郎中」，和今所見宋刻本正合。康公的名字可能在不同時期有不同的寫法，可作「僚」、「鐐」，甚至有作「寮（加王字邊）」者。但本章既然引用孫樵所寫的這篇康公墓誌，應依最早的宋刻本孫集作「康鐐」爲宜。

英[182]。難怪，他考中博學宏詞，便「授秘書省正字」。這是在皇家宮廷圖書館校正典籍的優差。杜佑《通典》說正字的「官資輕重與校書郎同」，而校書郎又是唐代「文士起家之良選」[183]，足見康鐐的釋褐官非常難得。一般進士出身者都未必能獲授正字。康鐐得此美職，可能是因爲他中進士後又考取了博學宏詞。

接著，康鐐便像中晚唐許多傑出的士人那樣，被某節度使或觀察使看上，受辟禮聘到幕府做事。他是在會昌三年(843)被桂管觀察使元晦辟爲支使[184]，這是一種類似掌書記的文職。約三年後，在會昌五年(845)，他又回到京城秘書省任校書郎。又過了約三四年後，在大中二年(848)他調授「京兆府參軍」。這時他大約是四十歲上下(孫樵所寫的墓誌只記他去世之年，沒有記他享年若干，因此我們不知道他生於何年。這裡假設他和許多唐人一樣，在大約三十歲考中進士)。

康鐐所授的「京兆府參軍」，應當是個某曹的參軍，類似白居易任翰林學士時所帶的「京兆府戶曹參軍」，不是職位較低的無職名「參軍」，因爲州府的參軍一般是釋褐官，而他此時已經任過正字、支使和校書郎等，升爲京兆府某曹參軍(即所謂「判司」)正符合他的官歷[185]。京兆府實際上屬於州的行政體系，因位於京師要地，所以稱「府」不稱「州」(洛陽、太原等大州亦稱爲「府」)，可知康鐐所任的這個京兆府某曹參軍，又比一般某州的某曹參軍高一等。

就在康鐐充當京兆府某曹參軍的那年冬天，他便成了「進士試官」，

182 關於博學宏詞等科目選考試，見王勛成，《唐代銓選與文學》，第八章。

183 《通典》卷26，頁736。關於正字和校書郎的詳細考釋，見拙書《唐代基層文官》第一章〈校書郎〉和第二章〈正字〉。

184 參見戴偉華，《唐方鎮文職僚佐考》，頁582。

185 關於「參軍」和「某曹參軍」(即判司)的分別以及這兩種官的種種，見拙書《唐代基層文官》第四章〈參軍和判司〉。

負責京兆府州府一級的進士選拔試。既然他曾經做過京兆府的「進士試官」，看來他應當是京兆府的「功曹參軍」（可證墓誌所謂「京兆府參軍」是一種省略的寫法），因為考試、貢舉等事都屬功曹。古文家孫樵就是在那時為康鏐所錄取，所以孫樵在墓誌中說自己「受恩康公門」，和唐代所有士子一樣，把考官視為老師看待。這極可能正是康鏐的墓誌在他死後由孫樵來撰寫的一大原因。

任京兆某曹參軍後隔一年，在大中三年(849)，康鏐便開始進入唐代的財經系統任職。他最先是當戶部巡官，「明年改鹽鐵推官」、接著又任「度支巡官」、「轉運推官」，然後在咸通元年(860)升到「轉運判官」。由此看來，康鏐曾經在財經系從最基層的巡官幹起，經推官，一直做到中層的判官，前後大約十一年，時間不可說不長。他這段時間先後在鹽鐵轉運使裴休和李訥手下做事[186]。

康鏐在咸通二年(861)遷海州刺史，表面上看來似乎脫離了財經系統，但海州即今江蘇省連雲港市西南海州鎮，是個十分靠海的地方。筆者懷疑，他任海州刺史恐怕和當地的海鹽生產大有關係。無論如何，隔了約六年後，他的墓誌說：

> 咸通八年(867)詔拜大理少卿，明年遷尚書倉部郎中，充西川宣論制置鹽鐵法使兼西川供軍使，賜紫金魚袋。公馳驛至西川，不浹旬而鹽無二價，蜀虻至今賴之。會西川節度使劉公以疾薨，戍兵日至，軍儲不給，糇無常價，而度支有定估，遂乘

---

186 按李訥即上引白居易和元稹共同好友李建的兒子。李訥曾任鹽鐵轉運使，諸書皆不載，似僅見於孫樵所寫的此〈康公墓誌銘〉。嚴耕望，《唐僕尚丞郎表》卷14考鹽鐵轉運使，引此墓誌，列李訥為「大中十三年或咸通元年」的鹽鐵轉運使(頁807)。

　　傳詣闕，且請與度支計事。[187]

可見康鐐的一大專長是鹽政。在他約五十多歲時，他甚至遠赴西川(今
四川成都地區)「充西川宣諭制置鹽鐵法使兼西川供軍使」，而且表現
非常傑出，「不浹旬而鹽無二價，蜀畎至今賴之」。他赴西川時帶有「尚
書倉部郎中」的檢校郎官銜(誌文中省略「檢校」兩字)[188]，是當時典型
的官場規矩；他所獲「賜紫金魚袋」則是最高一級的章服榮譽。後來他
才回朝出任真正的倉部郎中，不久因事外貶爲「澧州刺史，明年移鄭州
長史」。他最後便「薨於鄭州官舍」。

　　康鐐這個案例最特出的一點是，他是進士，又考中博學宏詞，可是
他在青壯年最主要的事業，卻是長期在管鹽政，長年和稅務錢財打交
道，是一種新型的專業士人，有別於一般傳統士人(如韓愈、李翱、權
德輿等人)之偏向於任通才型官員。像康鐐這種專業士人的出現，意味
著唐代的國家財政，從中晚唐開始越來越依賴鹽、茶等專賣稅收，在在
需要更多像他那樣受過高深教育，有才學，又有吏幹的中、低層鹽鐵轉
運巡官、推官和判官。

　　這些財經系官員，可能因爲其專業性質，一般任官的期限都比普通
官員來得長，遷轉也多在同一系統內。劉長卿和康鐐在財經系統便待了
十年或以上。這類中、低層的財經官員，因爲總人數不算多(和普通官
員相比)，且在兩《唐書》中又無傳，他們在唐史料中難得一見，通常
也就僅見於墓誌(如康鐐此例)，但卻是很值得我們繼續關注和研究的一
批人。他們可以讓我們見到中晚唐士人在鹽鐵、轉運等專業領域中的另

---

187 《孫可之文集》卷8，葉三。
188 關於這種檢校郎官及檢校兩字的省略用法，見拙文〈論唐代的檢校郎官〉，
　　特別是頁111-116。

一種面貌和表現。

八、皇朝特使判官

　　唐代最重要或最習見的使職,如節度使、鹽鐵使、轉運使、甌院使和功德使等等,到了中晚唐都成了固定常設的。不過,中晚唐仍然有不少使職是臨時性質的,「隨事立名」,事畢即罷,以致唐代使職的數目相當龐大:何汝泉考出一百六十八個,于志新又補考了一百七十個,總數達到三百三十八個[189]。

　　但細審他們兩位所考出的使職名單,我們可以發現,其中超過百分之九十是臨時性質、不常設、或不常見,如先鋒使、市馬使、造茶使等等。固定常設的使職,筆者上文已把他們分為方鎮使職、財經使職、皇朝特使、京城使職和內諸司使五類。至於那些屬於臨時性質、不常見,或看來不甚重要的使職,如瓜果使、探花使等等,筆者都將之歸納為「皇朝特使」一類。何汝泉和寧志新名單上那些難以分類的使職,如春衣使、悲田使等,也都可歸入「皇朝特使」類[190]。

　　「皇朝特使」此詞所要強調的是「特使」兩字,重點是這些使職都是皇朝「特別派出的使者」。他們大多數是臨時的,事畢即罷。最常見者有征討敵軍或反叛方鎮時所派出的糧料使(負責軍食),出使回紇、吐蕃等地的冊立使、弔慰使和盟會使,派往災區的宣撫使,以及負責營建

---

189 何汝泉,〈唐代使職的產生〉,《西南師範大學學報》,1987年第1期;寧志新,〈唐朝使職若干問題研究〉,《歷史研究》,1999年第2期,頁57。
190 使職分類是個複雜的問題,也難以有十全十美的分類法。寧志新文中把三百多種使職以職能分為五類:財經系統、軍事系統、行政監察系統、宮廷服務系統和禮法雜類系統。但筆者覺得此分類法不適用於本書,故筆者另行分類。

皇帝陵墓的山陵使、禮儀使等等。但有些「皇朝特使」也可以是常設的，如派往管理各馬牧監的監牧使，以其不屬於另四類而歸入此類。

要言之，皇朝特使包含各式各樣的人物：當中有士人高官，有軍人武官，甚至還有閹豎宦官，其身分、地位和重要性都不盡相同。我們知道，他們有些肯定帶有判官（如山陵使、禮儀使等）；有些是否帶有判官則不得而知（特別是那些稀見的使職，如送誥身使、加恩使等）。這類特使的判官，其地位應當和他頂頭上司特使的性質、身分和重要性有著密切關係，兩者必須連帶起來考察才能見其真。下文將以糧料使的判官和吐蕃盟會使的判官為例，做比較深入的個案研究。

（一）糧料使判官：崔元受、韋岵、薛巽和王湘

糧料使在中晚唐史料中頗常見，負責戰爭期間軍食的供應。例如，《舊唐書・崔縱傳》：

> 六遷大理卿、兼御史中丞、汴西水陸運兩稅鹽鐵等使。田悅連敗，走魏州，嬰城自守，諸道兵圍之，屢乏食，詔〔崔〕縱兼魏州四節度糧料使，軍儲稍給。[191]

再如《舊唐書・盧群傳》：

> 盧群字載初，范陽人。少好讀書。初學於太安山，淮南節度使陳少遊聞其名，辟為從事。建中末，薦於朝廷，會李希烈反叛，詔諸將討之，以群為監察御史、江西行營糧料使。[192]

---

191 《舊唐書》卷108，頁3281。
192 《舊唐書》卷140，頁3833。

可證糧料使一般都由士人擔任。唐代理財專家第五琦也曾充當過糧料使，協助郭子儀平定安史之亂[193]。不過，糧料使的判官卻相當稀見，可能因為這只是個中層職位，史書不載。其中少見的一例出現在《舊唐書・崔元略傳》：

> 元略弟元受、元式、元儒。元受登進士第，高陵尉，直史館。元和初，于皋謨為河北行營糧料使。元受與韋岵、薛巽、王湘等皆為皋謨判官，分督供饋。既罷兵，或以皋謨隱沒贓罪，除名賜死。元受從坐，皆逐嶺表，竟坎壈不達而卒。[194]

這是一條非常難得的史料，可詳考的細節不少。最重要的一點，當然是它清楚告訴我們，糧料使帶有判官，而且還不只一個，竟多達四人，甚至有姓名等資料：崔元受、韋岵、薛巽和王湘。

崔元受「登進士第，高陵尉，直史館」，屬士人出身，又考中進士，資歷相當高。至於他的同僚韋岵和王湘，兩《唐書》中皆無傳，所以我們對這兩人別無所知，但他們既然能夠和崔元受這個進士出身的士人一起擔任糧料使的判官，則兩人本身的出身等條件應當也和崔元受相類似，看來可能也是有科名等資歷的士人。

另一判官薛巽(776-820)，他在兩《唐書》中亦無傳，但我們卻很幸運地發現了他的墓誌〈唐故鄂州員外司戶薛君墓誌銘〉，在近世出土[195]。這方墓誌十分有史料價值，不但可以讓我們詳考一個糧料使判官頗為曲折的生平事跡，而且還可以讓我們對糧料使于皋謨「隱沒贓罪，除

---

193 《舊唐書》卷123，頁3518。
194 《舊唐書》卷163，頁4263。
195 此墓誌的拓片影印本，收在《隋唐五代墓誌匯編》河南卷第一冊，錄文則見於周紹良編，《唐代墓誌彙編續集》，元和077，頁854-855。

名賜死」之事的整個背景，增添許多了解。這些都是史書所不能提供的。

薛巽等四人出任糧料使判官是在元和四年（809），當時是因為成德節度使王士真去世，他的兒子王承宗自稱留後，反抗朝廷的命令。於是皇廷在這年十月，令宦官神策軍中尉吐突承璀率軍征討。隨軍的糧料使其實有兩人：于皋謨和董溪，但有些史料只書當中一人的名字。例如，上引《舊唐書‧崔元略傳》說薛巽等人的上司是于皋謨，不提董溪，但薛巽的墓誌卻又單單只提董溪一人的名字，不提于皋謨。不過，晚唐名士權德輿曾經上疏論這兩人「盜用官錢」之事，所以《舊唐書‧權德輿傳》有一大段記載：

> 運糧使董溪、于皋謨盜用官錢，詔流嶺南，行至湖外，密令中使皆殺之。他日，德輿上疏曰：「竊以董溪等，當陛下憂山東用兵時，領糧料供軍重務，聖心委付，不比尋常，敢負恩私，恣其贓犯，使之萬死，不足塞責。弘寬大之典，流竄太輕，陛下合改正罪名，兼責臣等疏略。但詔令已下，四方聞知，不書明刑，有此處分，竊觀眾情，有所未喻……。[196]

這裡倒是董、于並提，又稱他們為「運糧使」，當是「糧料使」的另一別稱。《資治通鑑》也清楚說：「前行營糧料使于皋謨、董溪坐贓數千緡，敕貸其死。」[197] 可證當年糧料使確有兩人，似不分正副。

考于皋謨在兩《唐書》中無傳，但他人的傳中記載了他「盜用官錢」，以致在流放途中被皇帝所派的中使賜死或殺害。董溪則大有來頭。他是

196 《舊唐書》卷148，頁4004；《新唐書》卷165，頁5078略同，亦作「運糧使」。
197 《資治通鑑》卷238，頁7683。

德宗朝名相及汴州節度使董晉的兒子（上文也論及董晉年輕時任判官事）。韓愈年輕時曾受知於董晉。他第一個官職就是在董晉的汴州幕任推官，所以韓愈終身對董家有感激之情，不但為董晉寫過一篇很長很有名的行狀，而且在他兒子董溪因「盜用官錢」事致死後，還給董溪寫過他的墓誌〈唐故朝散大夫商州刺史除名徙封州董府君墓誌銘〉[198]。隔不久，董溪的長女嫁給韓愈的朋友陸暢。韓愈在〈送陸暢歸江南〉一詩中，更借題發揮，再次表達了他對董晉當年提攜的感恩之情：

> 我實門下士，力薄蚋與蚊。
> 受恩不即報，永負湘中墳。[199]

所謂「湘中墳」，即指董溪涉嫌盜取軍資，被流嶺南，於湘行途中被皇帝所派中使所殺之事。不過，評注韓愈詩文的學者早已注意到，韓愈對董家有感恩之情，所以他在撰寫董溪墓誌時，不免有為死者「諱」之嫌，有意為他辯護：「糧料吏有忿爭相牽告者，事及於公，因徵下御史獄。公不與吏辨，一皆引伏，受垢除名，徙封州。」[200] 此事的真相如何，當以上引權德輿的說法比較可信。

　　以上細說于、董兩位糧料使涉嫌盜用軍資事，主要因為這件當時的大案，嚴重影響到他們手下判官的前途和命運。我們對崔元受、韋岵和王湘三位判官別無所知，可不論，但薛巽在這整個事件中的經歷，以及他後來的下場，在他的墓誌中倒有詳細的記載，值得細讀。

　　先看薛巽的出身和經歷。他的父親和祖上幾代都做過官；他的一個

---

198 《韓昌黎文集校注》卷6，頁441-446。

199 《韓昌黎詩繫年集釋》卷7，頁828。

200 〈唐故朝散大夫商州刺史除名徙封州董府君墓誌銘〉，《韓昌黎文集校注》
　　卷6，頁443。

祖先薛真藏甚至做到工部尙書的高官。他成長於一個官宦家庭。但他的墓誌倒沒有記載他是否有進士等科名，只說他「年少持謨畫大府，大府亦多其材，被以劇務」。這就是說他走的是幕府這條路。「元和五年」他三十五歲時，被糧料使董溪看上，「留參幕府，倚以出納」[201]。三十五歲正是任判官的一般年齡，亦可證薛巽年輕時在其他幕府待了好些年，應當有過不少幕佐經驗。

我們在前面見過不少例子，在在可證唐代的判官是個相當不錯的中層職位，任此官者常是出身良好的士人，甚至有進士、博學宏詞等科名（如康鐬）。但有趣的是，薛巽的墓誌卻說：「君在府庭，判官素卑也。」這顯然是刻意「貶低」他的角色，或許爲了「開脫」他在整個盜用軍糧案中的責任。且看他的墓誌怎樣記載這件事的始末：

> 兵亂，觸糧料府。府使與其佐懼逼，迸去。軍食萬計，委棄不顧。君在府庭，判官素卑也。盜入，見君獨管事，不畏如常，動其兇衷，得伏勇義。兵靜使歸，府穀絲毫不見動搖，當時名聲美振北道。兵罷，澤潞長史以爲賢佐也，邀署從事。方上前功，功當大任，會糧料使以罪坐法，因得詿獄南州連山縣尉，北移朗州泊鄂州，咸司戶參軍。更大敕，許釋，且復故初，不克，以元和十五年〔820〕後正月三日，享年卅五，積疾而終。[202]

這可說是盜取軍糧案的另一「版本」。文中不但沒有提盜用軍糧事，反而寫薛巽在兵亂時，叛軍「觸糧料府。府使與其佐懼逼，迸去。軍食萬

---

201 征討王承宗事始於元和四年十月，但真正的戰事卻發生在五年。薛巽墓誌此處所說的「元和五年」，當指他真正赴幕充判官的時間。

202 《唐代墓誌彙編續集》，元和077，頁855。

計，委棄不顧」，而他卻英勇保全「府穀」事：「兵靜使歸，府穀絲毫不見動搖」。不過，他稍後還是因「糧料使以罪坐法」，被貶為連山縣尉（韓愈和劉禹錫等人當年也被貶官此處，即今廣東連縣）[203] 和朗州及鄂州司戶參軍，最後病逝。

于皋謨和董溪兩糧料使盜取軍糧案，其始末真相似還可以繼續追蹤。此事亦涉及權德輿和韓愈等人的不同說詞，研究唐代文學史和思想史的學者，或許也會對此案感興趣。不過這已超越本章的範圍，就此打住。

我們更感興趣的是，薛巽作為一個皇朝特使判官所扮演的角色和他曲折的命運。董溪出任糧料使時，是以「度支郎中、攝御史中丞」去充任的[204]。郎中當然是很清貴的郎官，且已達五品（見本書第三章）。據其墓誌的誌題，他的散官階是「朝散大夫」。這正是個剛好可以衣緋的五品階。他以這樣的高官身分去充當糧料使，辟薛巽這個出身官宦家庭，又已有官場經驗的三十五歲士人為判官，兩人的這種身段、形象和配搭，在當時可說是很典型的。薛巽看來沒有涉及盜軍糧案，但他卻因「連坐」被貶到遙遠的南方，又流離到朗州和鄂州，度過漫長的十年後病逝。他這個判官的命運，和他的上司董溪息息相關：因他而榮，也因他而辱。

（二）盟會使判官：李武和李公度

早在長慶三年（823），唐代兩個盟會使判官的名字（李武和李公度）就被刻在著名的〈唐蕃會盟碑〉上，流傳至今。

深入考察為甚麼他們的名字會被刻在此碑上，我們也就可以明白當

---

203 筆者在1991年冬曾訪此縣，當時仍然是個偏遠的少數民族地區。

204 〈唐故朝散大夫商州刺史除名徙封州董府君墓誌銘〉，《韓昌黎文集校注》卷6，頁443。

年唐朝和吐蕃(即今西藏)的關係,知道唐室是如何跟吐蕃會盟,以及一個盟會使如何帶著副使和兩個判官,走了迢迢的八千里路,到邏些城(今西藏拉薩)去和吐蕃立盟。

吐蕃是唐朝後半期西方邊界最強大的勁鄰,和唐的關係時好時壞。長慶元年(821)穆宗上臺不久,吐蕃又「遣使請盟」。「盟」的實質內容是雙方和平共處,互不侵犯。《舊唐書・吐蕃傳》如此記載此事:

> 長慶元年……九月,吐蕃遣使請盟,上許之。……乃命大理卿、兼御史大夫劉元鼎充西蕃盟會使,以兵部郎中、兼御史中丞劉師老為副,尚舍奉御、兼監察御史李武、京兆府奉先縣丞兼監察御史李公度為判官。十月十日,與吐蕃使盟,宰臣及右僕射、六曹尚書、中執法、太常、司農卿、京兆尹、金吾大將軍皆預焉。[205]

會盟的第一個步驟是委任一位盟會使、副使和他們的判官。非常幸運地,白居易的文集中還保存了一篇他當年寫的任命書:

> 太子詹事劉元鼎可大理卿兼御史大夫,充西番盟會使
> 右司郎中劉師老可守本官,充盟會副使
> 通事舍人太僕丞李武可守本官兼監察御史,充盟會判
> 官
> 三人同制[206]

---

205 《舊唐書》卷196下,頁5263-5264。
206 《白居易集》卷49,頁1028。但《白居易集》的標點和排印方式未依制書的格式,此不從。這裡參考台北故宮博物院所藏〈朱巨川告身〉最前面的兩行委任狀寫法,將「三人同制」的部分改為制書的形式,僅加新式標點。

考長慶元年白居易正好在知制誥，負責撰寫這類公文書。此篇是當時文獻，極有史料價值，清楚說明劉元鼎當年是從太子詹事改爲「大理卿兼御史大夫，充西番盟會使」。他的「兼御史大夫」及其判官李武的「兼監察御史」，都是一種憲銜，非御史臺實職。唐代使職和使府僚佐照例都帶有這些御史官銜。副使劉師古和判官李武當時的「本官」，都和上引《舊唐書》及〈唐蕃會盟碑〉上所見者不符合，可能是他們後來遷官所改。按〈唐蕃會盟碑〉立於長慶三年，離吐蕃「遣使會盟」和最初委任盟會使，已有大約兩年。

比較奇怪的是，白居易這篇任命書只提到三人，沒有提另一判官李公度，但李公度的名字見於《舊唐書・吐蕃傳》，又見於〈唐蕃會盟碑〉，他曾任盟會使判官應無疑問。或許他是在長慶二年劉元鼎出使吐蕃時才加入的。

唐和吐蕃當時爲了會盟，一共舉行了兩次「登壇主盟」的儀式。關於這兩次會盟的確實地點，兩《唐書》和《資治通鑑》都語焉不詳。最明確、可信的記載見於〈唐蕃會盟碑〉背面的藏文碑刻：第一次於長慶元年，在長安西郊的一座佛寺興唐寺，「雙方登壇，唐廷主盟」；第二次隔一年，在吐蕃邏些城的「東哲堆園」，「雙方登壇，吐蕃主盟」[207]。這樣分兩個地點舉行兩次會盟儀式，似乎要強調雙方都在行使其主權。

所以，爲了代表唐朝參加在邏些城舉行的第二次會盟儀式，盟會使劉元鼎便在第一次會盟後，率領副使和他的判官前去。他出使回來後寫了一篇很生動的〈使吐蕃經見記略〉，記敘他沿途所見的山川、風土和民情，極富時代意義。開頭有一處說：

---

207 王堯編著，《吐蕃金石錄》（北京：文物出版社，1982），頁43。

> 蘭州……戶皆唐人，見使者摩蓋，夾道觀。[208]

不難想見，當年整個出使隊伍擁著使者「摩蓋」而來，場面應當十分壯觀。他的判官也因他而榮，沿途受到「夾道觀」，沾光不少。

劉元鼎出使吐蕃後隔一年，即長慶三年，〈唐蕃會盟碑〉便分別豎立在邏些城和長安城。可惜，長安此碑今已不存。邏些城則仍保存此碑，位於今拉薩大昭寺前，爲今人西藏旅遊的必到「景點」之一[209]。當年那兩位盟會使判官的名字，便刻在此碑唐方官員題名部分，有漢藏文對照，上爲藏文，下爲漢文。據王堯《吐蕃金石錄》的錄文，李武的名字仍可辨識，李公度的名字則漢藏文皆「漫漶過甚」，以《舊唐書·吐蕃傳》補出[210]。

李武和李公度在兩《唐書》中都無傳。我們對李武別無所知。他的名字和整套官銜就只見於《舊唐書·吐蕃傳》和〈唐蕃會盟碑〉。但我們對李公度倒還略知一二。據兩《唐書·高沐傳》，李公度曾任平盧節度使李師道的幕府僚佐。義成節度使劉悟於元和十四年(819)消滅李師道後，又辟李公度爲從事(可能任判官)。他在任劉元鼎的盟會使判官之前，是在京兆府奉先縣任縣丞。

---

208 《全唐文》卷716，頁7360。

209 關於此碑的研究，最重要的有 Li Fang-kuei, "The Inscription of the Sino-Tibetan Treaty of 821-822," *T'oung pao* 44.1-3（1956）: 1-99; H. E. Richardson, "The Sino-Tibetan Treaty Inscription of A.D. 821-823 at Lhasa," *Journal of the Royal Asiatic Society* 2（1978）: 150-168. 王堯編著，《吐蕃金石錄》，頁1-60，有此碑的圖版、錄文和考釋，並吸收了以前的研究成果。又見 Fang Kuei Li and W. South Coblin, *A Study of the Old Tibetan Inscriptions*（Taipei: Academia Sinica, 1987）; Yihong Pan, "The Sino-Tibetan Treaties in the Tang Dynasty," *T'oung Pao* 78（1992）: 116-161, 則論及唐和吐蕃之前所訂的六次盟約，並在此脈絡下來探討此碑。

210 《吐蕃金石錄》，頁57。

　　奉先縣即今陝西蒲城。睿宗的橋陵和玄宗的泰陵都在該縣。開元十七年（729），玄宗第一次前來謁他父親的橋陵，所以特別把奉先提升到和赤縣（即京縣）同等的地位：「皇帝望陵涕泣，左右並哀感，進奉先縣同赤縣。」[211] 李公度能夠在這樣緊要的京縣任縣丞，他的資歷應當很不錯。劉元鼎辟他爲判官，表示兩人先前就已認識，或經由友人推薦。我們不知道李公度是否有進士或明經等科名，但從他出任過奉先縣丞以及他和劉元鼎的關係來看，他應當屬於士人階層（和劉元鼎一樣），是個讀書人。盟會使判官是他的第四任官，繼李師道幕佐、劉悟從事和奉先縣丞之後。第四任官的一般年齡當在四十歲上下。

　　奉命爲皇朝特使判官出使吐蕃，從長安出發，需長途遠行約八千公里才能到達邏些城。劉元鼎一團此行，前後就花了約九個月才回到長安。在中古唐代，這是個難得的旅行經驗。

　　李公度在大中二年至八年（848-854）官至義武節度使。[212]

　　但李公度不是唐代唯一出使吐蕃的特使判官。唐代還有多位士人充當過此種判官。而且，出任這類判官也不無風險，甚至有生命危險。例如，韓愈的從兄韓弇，進士出身，原先在朔方節度使幕中任掌書記，貞元三年（787）任盟會使渾瑊的判官，在平涼會盟時，便連同監軍宋朝鳳等人，被吐蕃的「亂兵所殺」，死時才不過三十五歲[213]。當年盟會副使崔漢衡的「判官鄭叔矩、路泌」等六十餘人也都被俘虜「陷蕃」[214]。他

---

211 《舊唐書》，卷25〈禮儀志〉，頁973。又見《舊唐書》，卷38〈地理志〉，頁1398：開元「十七年，制官員同赤縣」。《唐會要》卷70，頁1459「新升赤縣」條：「奉先縣，開元十七年十一月十日升，以奉陵寢，以張愿為縣令。」

212 戴偉華，《唐方鎮文職僚佐考》，頁241。

213 韓弇也是中晚唐思想家李翱的岳父。李翱的〈故朔方節度掌書記殿中侍御史昌黎韓君夫人京兆韋氏墓誌銘〉，提到韓弇的進士出身、官歷和他的死。

214 《舊唐書》卷196下，頁5252。

們在吐蕃度過漫長的年歲，有的甚至死於異鄉。二十餘年後，在元和五年(810)五月，吐蕃「遣使論思耶熱來朝」，才歸還「鄭叔矩、路泌之樞及叔矩男文延等一十三人」[215]。

九、京城諸使判官

唐代方鎮有節度使、觀察使等常設使職，京師長安也有一些常設的使職，例如理匭使、左右街功德使、觀軍容使等等。這些使職應當都帶有判官等一系列僚佐，可惜這方面的材料不多，有些細節尚不清楚，難以深考。然而就現有史料所見，京城諸使的判官可能有兩個極端：他們有些跟方鎮判官、財經系判官和皇朝特使判官一樣，由出身良好的士人擔任，如理匭使判官，但也有一些判官只是低層的胥吏，如功德使判官。這裡且以理匭使和功德使以及他們的判官來做考察。

（一）理匭使判官

唐代的中書省有一匭使院，設有一匭，專供人申冤投狀之用。唐前期的匭使院設有知匭使一人，常以諫議大夫、拾遺和補闕兼任[216]。但史料短缺，我們對唐前期的知匭使別無所知。唐後期的匭使院則設理匭使一人，常由御史中丞、諫議大夫等高官充任。例如，唐後期的理財專家班宏，就曾在「大曆三年，遷起居舍人，尋兼理匭使，四遷至給事中」[217]。敬宗朝的高士李渤，在長慶三年拜諫議大夫之後，也曾充理匭使[218]。此

---

215 《舊唐書》卷196下，頁5261。
216 關於唐代前期的匭使院材料，見《唐六典》卷9，頁282。
217 《舊唐書》卷123，頁3518。
218 《舊唐書》卷171，頁4441。

外，李中敏在宣宗大和年間，亦曾「拜諫議大夫，充理匭使」[219]。從這三個例子可知，理匭使一般是由高官士人擔任。

但兩《唐書》中完全沒有理匭使判官的記載。我們之所以知道理匭使帶有判官，很湊巧都得自杜牧所撰的兩文。一是他寫的任命書〈蕭孜除著作佐郎，裴祐之陝府巡官，崔滔櫟陽縣尉、集賢校書等制〉：

> 敕。……匭使判官、將仕郎守國子監太學博士蕭孜等，或以秀異得舉，文學決科，或以行實立身，遭逢知己，皆後生可畏之士，為當時有才之人。東觀著述，殿閣典校，參畫幕府，開導獻納，清秩美職，二者兼之。不由階級，安至堂奧，勉於脩慎，以候超升。可依前件。[220]

此制委任三人三個不同的官職。敕文中有「皆後生可畏之士」，可推知此三人應當都屬青壯年，年齡大約不超過四十歲。其中原先擔任「匭使判官、將仕郎守國子監太學博士」的蕭孜，獲除「著作佐郎」。蕭孜在兩《唐書》中無傳，在徐松《登科記考》中亦無名，我們對他別無所知。不過他有文散階「將仕郎」，又曾任「匭使判官」和「國子監太學博士」（此即他任匭使判官所帶的朝銜），看來他應當是出身良好的士人，極可能有進士等科名。他新授的「著作佐郎」是秘書省著作局中一個頗清貴的中層職位，是個很不錯的六品官。

杜牧的第二文即他為弟弟杜顗所寫的墓誌〈唐故淮南支使試大理評事兼監察御史杜君墓誌銘〉，裡面提到杜顗任「匭使判官」的前後事跡：

---

219 《舊唐書》卷171，頁4451。
220 《樊川文集》卷19，頁289。

年二十五，舉進士，二十六一舉登上第。時賈相國餗為禮部之
二年，朝士以進士干賈公不獲，有傑強毀嘲者，賈公曰：「我
秪以杜某敵數百輩足矣。」始命試秘書正字、甌使判官。李丞
相德裕出為鎮海軍節度使，辟君試協律郎，為巡官。[221]

杜顗二十六歲就中進士，非常傑出，然後他被宰相賈餗「命試秘書正字、甌使判官」，即是以「試秘書正字」的試銜去充任「甌使判官」，可知京城判官和方鎮判官一樣，可能帶有試銜或朝銜。這是杜顗的第一個官職。我們知道，在方鎮體系，判官位居巡官、推官和掌書記之上，是個中層的職位。但杜顗一起家做官就當上「甌使判官」，似乎有些不尋常。看來他這個「甌使判官」的地位，應當不等於方鎮的節度判官。或許甌使院沒設巡官、推官等職，所以杜顗年紀輕輕一釋褐就任「甌使判官」。然而，他後來被鎮海軍節度使李德裕辟為幕佐時，任的卻是「試協律郎，為巡官」，似乎反而從先前的判官「降級」為巡官。由此看來，甌使判官的地位還在節度巡官之下。

杜顗這個案例，說明唐代的判官不但可分為五大類，而且五大類判官的地位也未必相同。以筆者所見，方鎮和財經系判官的地位最高，皇朝特使判官也約略如此，一般都由有科名的士人或相當資歷的官員擔任，而且需要遷轉幾次後始能任此類判官，是一種典型的中層職位。但京城諸使的判官，如杜顗的這個甌使判官，顯然便不如方鎮和財經系判官，地位較低，可以由一個剛釋褐的士人來擔任，似乎只是個基層職位。

實際上，京城諸使也是個很多元化的群體，包含林林總總的不同使職。理甌使還屬地位比較高的一種，畢竟任此使職者多為御史大夫或諫議大夫等高官。至於地位比較低下的，或可舉兩街功德使為例。此使職

常由宦官兼任，且他的判官甚至不是士人，而是低層的「胥吏」。

（二）功德使判官

功德使不見於唐前期，僅見於唐後期史料，例如《舊唐書‧憲宗紀》元和二年（807）條下：

> 二月辛酉，詔僧尼道士全隸左右街功德使，自是祠部司封不復關奏。[222]

近四十年後，在《舊唐書‧武宗紀》會昌三年（843）條下亦載：

> 其迴紇及摩尼寺莊宅、錢物等，並委功德使與御史臺及京兆府各差官點檢收抽，不得容諸色人影占。如犯者並處極法，錢物納官。摩尼寺僧委中書門下條疏聞奏。[223]

由此可知功德使管的是「僧尼道士」和「迴紇及摩尼寺」等宗教事務。但值得留意的是，出任功德使的，卻不是高官士人，而常由神策軍使、觀軍容使等宦官兼任[224]。例如，在代宗朝，宦官「魚朝恩署牙將李琮為

---

222 《舊唐書》卷14，頁420。

223 《舊唐書》卷18上，頁594。

224 關於長安功德使，最早的論著是塚本善隆，〈唐中期以來の長安の功德使〉，《東方學報》，第4冊（1933），頁368-406。比較新的研究見室永芳三，〈唐長安の左右街功德使と左右街功德巡院〉，《長崎大學教育學部社會科學論叢》，30號（1981），頁1-9。又見劉淑芬，〈中古的宦官與佛教〉，《鄭欽仁教授榮退紀念論文集》，鄭欽仁教授榮退紀念論文集編輯委員會編（台北：稻鄉，1999），頁45-69，特別是頁62-69論功德使部分。

兩街功德使，琮暴橫，於銀臺門毀辱京兆尹崔昭」[225]。憲宗朝的宦官吐突承璀，「授內常侍，知內省事，左監門將軍。俄授左軍中尉、功德使」[226]。文宗朝的宦官仇士良，做過「左神策軍中尉兼左街功德使」[227]。唐末僖宗光啓元年，左右神策十軍使宦官田令孜，曾出任「左街功德使」[228]。到僖宗文德元年，宦官楊復恭一人同時兼任「左右神策十軍觀軍容使、左金吾衛上將軍、左右街功德使」[229]。

從以上這種種例子看來，功德使跟宦官和神策軍的關係太密切了。不過正因為這種關係，功德使所帶的判官不會由士人去出任，而是由低層的「胥吏」充當。最生動的例子莫過於《舊唐書‧鄭餘慶傳》所說：

> 時有玄法寺僧法湊為寺眾所訴，萬年縣尉盧伯達斷還俗，後又復為僧，伯達上表論之。詔中丞宇文邈、刑部侍郎張彧、大理卿鄭雲逵等三司與功德使判官諸葛述同按鞫。時議述胥吏，不合與憲臣等同入省按事，餘慶上疏論列，當時翕然稱重。[230]

當時的人把諸葛述視為「胥吏」，「不合與憲臣等同入省按事」，很鮮明地揭露了這位功德使判官的身分和地位。

綜上所論，唐代京城有種種使職，職能和地位不盡相同，他們所帶的判官也因而會有不同的身分和地位。上論理匭使和功德使及其判官，正好可以代表兩個極端，兩種截然不同的案例。總的來說，京城諸使判

---

225 《舊唐書》卷157，頁4145。《新唐書》卷143，頁4695略同。

226 《舊唐書》卷184，頁4768。

227 《新唐書》卷207，頁5872。

228 《舊唐書》卷19下，頁721。

229 《舊唐書》卷19下，頁729。

230 《舊唐書》卷158，頁4163。

官的地位,特別是由宦官出任使職的判官,一般似不如方鎮、財經和皇朝特使判官,當中甚至有低下至「胥吏」者。

十、內諸司使判官

從各種材料看,內諸司使判官明顯的不同於上文所論過的方鎮判官、財經系判官、皇朝特使判官和京城諸使判官。最主要的不同點是,前四類使職,大抵都是由士人或文武高官充任(除了某些由宦官擔任的使職之外,如神策軍使和功德使),所以他們的判官大多數也是士人,有進士或明經等科名,或官歷比較高者。但內諸司使卻是在內宮中為皇帝提供各種宮廷服務的使職,地位比較低下,且多由宦官出任(這點他們和神策軍使、功德使相似)[231]。因此,他們的判官一般也是身分卑微的宦官、雜藝人之流的人物,非士人。底下且舉兩例以見一斑。

(一)教坊使判官

關於這一類內諸司使的判官,最精彩的一個例子見於《唐語林》:

> 玄宗宴蕃客。唐崇勾當音聲,先述國家盛德,次序朝廷歡娛,又贊揚四方慕義,言甚明辨。上極歡。崇因長入人〔指服侍玄宗左右的人〕許小客求教坊判官,久之未敢奏。一日,過崇曰:

---

231 關於內諸司使,學界近年的研究頗多,不俱引,主要論著有唐長孺,〈唐代的內諸司使〉,收在他的論文集《山居存稿》(北京:中華書局,1989);趙雨樂,《唐宋變革期軍政制度史研究——三班官制的演變》(台北:文史哲出版社,1993);杜文玉,〈唐代內諸司使考略〉,《陝西師範大學學報》,1999年第3期。其他中日文論著見《二十世紀唐研究》,頁97-98的學術史回顧。

「今日崖公〔指玄宗〕甚蜆斗〔歡樂之意〕[232]，欲為弟奏請，
沈吟未敢。」崇謂小客有所欲，乃贈絹兩束。後數日，上憑小
客肩，行永巷中。小客曰：「臣請奏事。」上乃推去之，問曰：
「何事？」對曰：「臣所奏，坊中事耳。」小客方言唐崇，上
遽曰：「欲得教坊判官也？」小客蹈舞曰：「真聖明，未奏即
知。」上曰：「前宴蕃客日，崇辭氣分明，我固賞之，判官何
慮不得？汝出報，令明日玄武門來。」小客歸以語崇，崇蹈舞
懽躍。上密敕北軍曰：「唐崇來，可馳馬踐殺之。」明日，不
果殺。乃敕教坊使范安及曰：「唐崇何等，敢干請小客奏事？
可決杖，遞出五百里外。小客更不須令來。」[233]

這條材料非常生動地揭示教坊使判官的身分、地位及其任用方式。唐崇
只不過是個「勾當音聲」的人，一個身分低下的音聲人。他想當教坊使
的判官，求助於玄宗身邊一個弄臣式的人物許小客（他的名字反映了他
的出身）。妙的是，玄宗認為「唐崇何等，敢干請小客奏事？可決杖，
遞出五百里外。小客更不須令來。」看來，唐崇和許小客毫無地位可言。
皇帝也不把他們放在眼中。高興時，可以是「上極歡」，但不高興時，
又可以不動聲色地令北軍「馳馬踐殺之」，可謂殘酷。

　　文中提到的教坊使范安及，在兩《唐書》中無傳，但他的一些事跡
可見於史籍。《舊唐書‧食貨志》便提到他：

232　《唐語林校證》卷1，頁53此條下有一解說：「呼天子為『崖公』，以歡為
　　『蜆斗』，以每日在至尊左右為『長入』。」

233　《唐語林校證》卷1，頁53。據周勛初，此條疑是唐代《教坊記》的逸文。
　　唐代的教坊專典俳優雜技。《教坊記》則是唐代一個著作郎崔令欽所著，
　　專述教坊故事。此書今只得一卷，有許多版本。筆者所用者，收在《中國
　　古典戲曲論著集成》（全10冊；北京：中國戲劇出版社，1959），第1冊，附
　　有校注。

〔開元〕十五年正月，令將作大匠范安及檢行鄭州河口斗門。
先是，洛陽人劉宗器上言，請塞汜水舊汴河口，於下流滎澤界
開梁公堰，置斗門，以通淮、汴，擢拜左衛率府冑曹。至是，
新漕塞，行舟不通，貶宗器焉。安及遂發河南府、懷、鄭、汴、
滑三萬人疏決開舊河口，旬日而畢。[234]

《舊唐書·玄宗紀》開元十八年六月條下亦載：

己丑，令范安及、韓朝宗就滻、洛水源疏決，置門以節水勢。[235]

《舊唐書·玄宗紀》開元二十年六月條下也說：

其月，遣范安及於長安廣花萼樓，築夾城至芙蓉園。[236]

據此，范安及是玄宗朝有名的將作大匠，看來特別專長於水利和土木建
設。但他任教坊使卻是在開元初教坊剛創立之時。唐代崔令欽的《教坊
記·序》，在記述教坊的起源時提到他：

翌日，詔曰：「太常禮司，不宜典俳優雜伎。」乃置教坊，分
為左右而隸焉。左驍衛將軍范安及為之使。[237]

這是開元二年(714)的事，看來范安及是教坊剛創置時的第一個教坊

---

234 《舊唐書》卷49，頁2114。
235 《舊唐書》卷8，頁195。
236 《舊唐書》卷8，頁198。
237 《教坊記》，頁21。

使。他的身分是驍衛將軍，屬武將。此職有時由宦官出任，但照例不由士人擔任。范安是否爲宦官則不得而知。唐代方鎮和財經等使職都有自辟判官僚佐的權力，然而范安及雖貴爲教坊使，卻連辟署判官的權力也沒有，一切由皇帝來決定。從這些方面看，內諸司使的地位似乎低於其他四類使職。而像唐崇這樣的「音聲」人也想任教坊判官，則此類內諸司使判官看來頗卑微，不同於另四類判官。

（二）瓊林庫作坊判官：李日榮

這個案例可反映內諸司使判官的另一種面貌。李日榮在兩《唐書》中無傳，但他的墓誌在近世出土，讓我們得知他的某些生平事跡和官歷，史料價值很高。

不過，這方墓誌非常特殊，和一般常見的唐代墓誌很不一樣。第一，它沒有撰碑者或書碑者的名字，似乎是李日榮家人自己撰寫的。第二，碑的內容也不同於一般唐墓誌。它實際上是把李日榮告身的敕文部分刻在碑上當作主要內容了事。此碑的墓誌蓋上曰〈大唐故李府君墓誌銘〉，是一方墓誌沒錯，但它其實也可說是一方「告身碑」，把死者的告身敕文刻在墓誌上當作他的傳略傳世，對研究唐代告身制度的學者尤其具有意義。從這告身敕文，我們可以重建李日榮的生平官歷。全篇碑文如下：

> 敕鳳翔隴右經原四鎮北庭兼管內諸軍兵馬副元帥給監使
> 　　　李日榮
> 貞元二年〔786〕玖月玖日□副元帥司徒兼中書令上柱國
> 　　　西平郡王〔李〕晟
> 賜錄李日榮
> 右可將仕郎、內侍省掖庭局宮教博士員外置同正員
> 敕錄宗、守寧等，立身謹信，效職恭恪，每聞周慎，益念在公。

疇其夙夜之勞，俾榮宮局之務。可依前。

貞元廿年〔804〕十一月十九日授瓊林庫作坊判官。元和四年
〔809〕閏三月十三日終於輔興里之私第。□十一月十八日長
安縣丞平鄉小陽村，禮也。曾諱希，祖諱念，長子懷珍，次子
懷寶。夫人孟氏。[238]

此碑文開頭是以李日榮當年的授官告身爲底本，故筆者稍微改變原墓誌
書寫方式和周紹良錄文的排列和標點方式，大體改爲告身的形式。不
過，整個敘述行文有些紊亂，有的文意不清楚，可能有脫文，也可能這
件敕書還同時委任其他人，即所謂「三人同制」、「六人同制」式的告
身。例如，「敕錄宗、守寧等」一句，顯然含有另兩個同時獲授官職的
人的名字（告身此處常省略姓氏）。文中「敕」和「可依前」等語，都是
唐代告身上常見的用語。此墓誌前半部以死者的告身爲底本，在唐墓誌
中非常別致，別樹一幟。

　　筆者推測，這很可能是死者家人，在死者去世後，因某種原因，
沒有找人撰寫一篇符合標準體例的碑文，於是便把死者的告身拿來抄錄
在墓誌的前半，後半則補充了他任「瓊林庫作坊判官」的官歷，他去世
的年月，下葬地點，以及遺孤妻子等資料。以這樣的方式來「製作」墓
誌，固然可說別創一格，但亦可說有些「草率」。這或也反映李日榮的
家庭出身和背景。

　　據碑文，李日榮原先是在「鳳翔隴右經原〔即「涇原」〕四鎮北庭
兼管內諸軍兵馬副元帥」李晟手下任「給監使」。李晟是德宗朝的名將，

---

238 《唐代墓誌彙編續集》，頁813-814。拓片縮印本見《隋唐五代墓誌匯編》
　　陝西卷第2冊。

這時在擔任鳳翔節度使。李日榮墓誌上他的這些官銜和他的「西平郡王」封爵，都符合史書上的記載。《舊唐書‧李晟傳》便說：「詔以晟兼鳳翔尹、鳳翔隴右節度使，仍充隴右涇原節度，兼管內諸軍及四鎮、北庭行營兵馬副元帥，改封西平郡王。」[239]

李日榮任李晟的「給監使」，應當只是李晟手下的一個僚佐。這個「給監使」不是本章所說的「使職」，而是一種低層的差遣職名[240]。貞元二年，他得到副元帥李晟的推薦，改任「將仕郎、內侍省掖庭局宮教博士員外置同正員」。將仕郎是唐代最低一級的文散官。「內侍省掖庭局宮教博士」則為九品官，工作是「教習宮人書算眾藝」[241]，是一般士人不會去擔任的官職，例由伎術官出任。「宮教博士」雖然和校書郎等士人釋褐美職一樣為九品官，但月俸卻只得「三千文」(以會昌年為例)，遠不及校書郎的「一萬六千文」[242]，其地位、待遇都很低下。「員外置」是一種員外官，但「同正員」又表示李日榮可以享有正員官的某些權益[243]。

我們感興趣的是，隔了大約十八年後，在貞元廿年李日榮晉升為「瓊林庫作坊判官」，五年後於元和四年去世。由此看來，他後半生在唐宮廷中服務了超過二十年，是個很資深的伎術官。長期在某一官署服務，

---

239 《舊唐書》卷133，頁3671。

240 唐代史料中所見的「某某使」，好些未必是嚴格意義的使職，須小心鑑別。有些「某某使」可能只是皇室派遣宦官出外擔任某差事時臨時取的雅稱，如「給告身使」，恐怕只是某一官署把新授的告身送去給某官，史料即稱他為「給告身使」。幕府僚佐的某些工作，可能也可以帶有一個「使」名，如李日榮的「給監使」，但他既然只是李晟的僚佐，便不可能是皇室的使職。

241 《舊唐書》卷44，頁1871。

242 《新唐書》卷45，頁1405。

243 見本書第一章論「內供奉和裏行」一節。

也正是伎術官的一大特色。相比之下，一般士人所任的縣尉、監察御史
和郎中等官，都需經常遷轉，每任通常只有四年，無法長期連任。

但甚麼是瓊林庫？它可說是唐代皇帝的「私房」財庫。《舊唐書‧
陸贄傳》對此有一段生動的敘述：

> 初，德宗倉皇出幸，府藏委棄，凝沍之際，士眾多寒，服御之
> 外，無尺縑丈帛；及賊泚解圍，諸藩貢奉繼至，乃於奉天行在
> 貯貢物於廊下，仍題曰「瓊林」、「大盈」二庫名。贄諫曰：
>> 「瓊林」、「大盈」，自古悉無其制，傳諸耆舊之
>> 說，皆云創自開元。貴臣貪權，飾巧求媚，乃言：「郡
>> 邑貢賦所用，盍各區分：賦稅當委於有司，以給經用；
>> 貢獻宜歸於天子，以奉私求。」玄宗悅之，新是二庫，
>> 蕩心侈欲，萌柢於茲，迫乎失邦，終以餌寇。[244]

瓊林庫有瓊林庫使，如《唐會要》所記：

> 〔元和〕七年七月，瓊林庫使奏：「巧兒舊挾名敕外，別定一
> 千三百四十六人，請宣下州府為定額，特免差役。」時給事中
> 薛存誠以為此皆奸人竄名，以避征徭，不可以許。[245]

李日榮任瓊林庫作坊判官時，所管當即皇帝的私房財庫事。「作坊」是
瓊林庫屬下的手工藝坊。唐代宮殿中此類作坊不少。《舊唐書‧肅宗紀》
乾元二年安史之亂艱難期間，肅宗便下了一道命令說：「自今以後，朕

---

244 《舊唐書》卷139，頁3793。
245 《唐會要》卷54，頁1102。此事又見於兩《唐書》中的薛存誠傳。

常膳及服御等物,並從節減,諸作坊、造坊並停。」[246]

　　作坊的工匠大抵都是卑微的工藝人或官奴婢,有些甚至是戰俘。《舊唐書・李復傳》說:

> 先時西原叛亂,前後經略使征討反者,獲其人皆沒為官奴婢,配作坊重役,復乃令訪其親屬,悉歸還之。[247]

所以,初唐著名的大手筆之一蘇珽,便曾上疏建議廢除作坊:

> 伏見內置作坊,諸工伎得入宮闈之內、禁衛之所,或言語內出,或事狀外通,小人無知,因為詐偽,有點盛德。臣望悉出宮內造作付所司。[248]

但作坊是唐代宮廷內重要的服務組織,不可能罷廢,所以到中晚唐依然存在。李日榮便在這樣的宮廷作坊當一個判官。像他此類比較低下的內諸司使判官,兩《唐書》中自然無傳。我們僥幸能夠得到並讀到他的墓誌,才得以證實唐代此種判官的存在。

十一、判官的官銜

　　元結在〈寄源休〉這首詩前的小序中,有一句話說:

---

246 《舊唐書》卷10,頁255。
247 《舊唐書》卷112,頁3337。
248 《新唐書》卷102,頁3981。關於蘇珽的生平及其文學事業,見郁賢皓,〈蘇珽事跡考〉和〈蘇珽年譜〉,兩文都收在他的論文集《唐風館雜稿》(瀋陽:遼寧大學出版社,1999)。

辛丑〔761〕中，元結與族弟源休皆為尚書郎，在荊南府幕。[249]

如果我們不了解唐代判官的官銜制度，這句話便相當費解。「尚書郎」即郎官的別稱，可以指員外郎或郎中(見本書第三章)。元結這裡說他和「族弟源休皆爲尚書郎」，但我們不禁要問：郎官不是應當在京城的尚書省服務的嗎？爲甚麼他們身爲「尚書郎」，卻又跑到「荊南府幕」去做事？

嚴維寫給劉長卿一首詩〈贈別劉長卿，時赴河南嚴中丞幕府〉中的開頭一句，如果不了解判官的官銜，也會同樣費解：

早見登郎署，同時跡下僚。
幾年江路永，今去國門遙。[250]

「登郎署」即充當郎官的意思，但我們知道，劉長卿曾任轉運判官和轉運留後(見上文)，卻從來沒有當過真正的郎官，爲甚麼嚴維這裡又說「早見登郎署」呢？嚴維還有一首詩〈酬劉員外見寄〉[251]，更直呼劉長卿爲「劉員外」，那又是爲甚麼呢？

韓愈的古文名篇〈故幽州節度判官贈給事中清河張君墓誌銘〉[252]，寫幽州節度判官張徹的英勇、忠義事跡，感人至深。但細讀碑文，可以發現幽州節度使府的其他人，處處稱這位張判官爲「張御史」，如「張御史長者」、「張御史忠義」等等。御史不是應當在京城御史臺供職的

---

249 嚴文郁，《元結詩解》(西安：陝西人民出版社)，頁158。又收在《全唐詩》卷241，頁2405。文字略有不同。

250 《全唐詩》卷263，頁2922；又收在《劉長卿詩編年箋注》，頁434。

251 《劉長卿詩編年箋注》，頁416。

252 《韓昌黎文集校注》，頁545-548。

嗎？爲甚麼張徹在幽州充當一個判官，卻被人尊稱爲「御史」？

原來，郎官和御史是唐代判官最常帶的所謂「朝銜」和「憲銜」。判官本身並無品秩，因此任判官者照例都會帶有一個京官或御史臺官的頭銜，無實職，只是用以秩品階，寄俸祿，並作爲他們任官的一種資歷憑證。這種朝、憲銜雖然無實職，但卻可以用來自稱或他稱，所以元結在荊南幕府做事，卻可以說自己是「尙書郎」，因爲他帶有一個「檢校水部員外郎」的朝銜。嚴維可以直呼劉長卿爲「劉員外」，因爲劉長卿這時帶有「檢校祠部員外郎」。張徹可以被尊稱爲「張御史」，因爲他有「監察御史」的憲銜。

韓愈在張徹的墓誌一開頭便寫道：「張君名徹，字某，以進士累官至范陽府監察御史。」這句話恐怕也須放在判官的官制下才能充分理解。否則，范陽府（范陽即幽州）是個幕府，怎麼會有監察御史這樣的京官職呢？韓愈這裡的意思是，張徹在范陽府做事，他所帶的憲銜累遷至監察御史。

現代學者一般說這些朝、憲銜是「虛銜」，但元結卻在〈寄源休〉的詩前小序中稱自己爲「尙書郎，在荊南府幕」，反而不提他的實職判官，可證唐人亦甚看重這類檢校「虛銜」，在某些場合寧可稱自己爲「尙書郎」，也不說自己是判官。畢竟，郎官和御史都是比較清望的官位（見本書第一和第三章）。

唐代判官的這種朝、憲銜十分常見，今人須仔細分辨，否則很容易把許許多多中晚唐判官的官歷弄錯，誤以爲他們曾經在京城尙書省或御史臺當過郎官或御史。拙書《唐代基層文官》第五章〈巡官、推官和掌書記〉的第四節「幕佐的官銜」，已詳細討論過這種朝、憲銜是如何頒授、取得，以及它們的實質意義。前面我們也見過幾個判官獲授朝、憲銜的例子，如董晉、元結、徐申等人。這裡不必贅述，可簡單交代，並補充幾個特別和判官相關的細節。

　　判官的整套官銜，最常見於石刻題名、墓誌和制誥。例如著名的〈諸葛武侯祠堂碑〉，其碑陰就有兩個判官的整套官銜，讓我們以此兩例作一些解讀：

　　（一）觀察判官朝散大夫檢校尚書戶部郎中兼侍御史驍騎尉張
　　　　　正壹
　　（二）支度判官檢校尚書禮部員外郎兼侍御史上護軍賜緋魚袋
　　　　　崔備[253]

判官一般所帶的朝銜都是郎官，這和他們的中層文官地位相配（除了唐末五代亂世，基層幕職如巡官、推官和掌書記不會帶這種中層的郎官銜）。第一例張正壹的朝銜正是「檢校尚書戶部郎中」，比第二例崔備的朝銜「檢校尚書禮部員外郎」略高一級（郎中比員外郎高一階），所以張正壹的排位，在《諸葛武侯祠堂碑》上，便在崔備之前。

　　至於張正壹的「朝散大夫」銜，則是五品散階，表示他可以衣緋了。崔備似乎沒有散階，或未達五品，所以他獲得皇帝「賜緋魚袋」，表示他也可以衣緋佩銀魚袋。這種「賜緋魚袋」的賞賜可以刻在石刻題名上，作為一個人整套官銜的一部分，可證它是一種頗高的榮譽。

　　張正壹的「驍騎尉」和崔備的「上護軍」則都是勳官銜。勳官通常作獎勵用，在唐代官制上簡明易懂，一般不構成問題。

　　除此之外，張、崔兩個判官還有憲銜，都是「侍御史」。這是御史臺三種御史當中最高的一級，位在監察御史和殿中侍御史之上（見本書第一章）。這表示兩人的資歷頗深。他們可能是從監察御史、殿中侍御史逐步升上，也可能是有功績，直接獲授侍御史，未經監察御史或殿中

---

253 《八瓊室金石補正》卷68，頁469。

侍御史的階段。

應當指出的是，憲銜前面照例有一個「兼」(或「攝」字)[254]。此「兼」並非現代所說「兼任」的意思，而是憲銜的一個標誌，或可說是憲銜的「前綴詞」。

朝銜的「前綴詞」則是「檢校」或「試」。如果是郎官，則標以「檢校」，如上引兩個例子。如果是較低的官銜如校書郎、大理評事等，則標以「試」。判官通常都帶郎官銜，所以常是「檢校」。「試」銜通常授予基層的巡官、推官和掌書記。不過，也有資歷較淺的判官，獲授「試司議郎」、「試大理司直」的例子(見下文)。

判官由使職自辟，不經吏部銓選，所以他們的判官銜和朝、憲銜都是由他們的上司使府向皇帝上奏、上表請求，再由皇帝批准授予。李商隱的文集中還保存了不少此類文書，那都是他在幕府任職時，代各節度使撰寫，呈給皇帝的。史書上常見的「奏授」，「奏為」、「表授」、「表為」等詞，便是這個意思，表示這種授官的程序。例如下面數例：

(一)《舊唐書·韋雍傳》：「張弘靖鎮幽州日，奏授觀察判官，攝監察御史。」[255]

(二)《舊唐書·馬炫傳》：「田神功鎮汴州，奏授節度判官、檢校兵部郎中。」[256]

(三)《舊唐書·張建封傳》：「建封素與馬燧友善，大曆十年，燧為河陽三城鎮遏使，辟為判官，奏授監察御史，賜緋魚袋。」[257]

---

254 詳見本書第一章第四節論「攝」御史和「兼」御史。
255 《舊唐書》卷193，頁5150。
256 《舊唐書》卷134，頁3702。
257 《舊唐書》卷140，頁3829。

（四）《舊唐書・王徽傳》：「會徐商罷相鎮江陵，以徽舊僚，
　　　欲加奏辟而不敢言。徽探知其旨，即席言曰：『僕在進士
　　　中，荷公重顧，公佩印臨戎，下官安得不從？』商喜甚，
　　　奏授殿中侍御史，賜緋，荊南節度判官。」[258]

「奏授」所得，可以是憲銜，如第一、第三和第四例；可以是檢校朝銜，
如第二例；也可以是賞賜，或朝、憲銜的結合，如第三、第四例。

　　唐代判官的官制，和幕佐官制一樣，有兩大特色最值得留意。第一
是唐史料提到他們的朝、憲銜時，經常會省略「檢校」、「試」、「兼」
等「前綴詞」，例如以上四例，幾乎都包含省略的寫法。不明就理的讀
史者可能會誤以為這些是實職，以為這些判官曾經回到朝中任郎官或御
史，而把中晚唐許多仕人的官歷弄錯了。

　　第二大特色是，判官的朝、憲銜雖無實職，但卻可以有「升遷」。
比如說，一個士人最初在某幕府做事時，他的幕職是參謀，朝銜是「試
大理評事」，憲銜是「兼監察御史」。過了幾年，他升為判官，朝銜可
能跟著改為「試大理司直」，憲銜也轉為「兼殿中侍御史」。這就是所
謂幕職有遷轉，朝、憲銜亦有遷升。《舊唐書・陳少遊傳》所敘的陳少
遊官歷正是如此：

　　　至德中，河東節度王思禮奏為參謀，累授大理司直、監察、殿
　　　中侍御史、節度判官。寶應元年，入為金部員外郎。尋授侍御
　　　史、迴紇糧料使，改檢校職方員外郎。充使檢校郎官，自少遊
　　　始也。明年，僕固懷恩奏為河北副元帥判官、兵部郎中、兼侍
　　　御史。遷晉州刺史，改同州刺史，未視事，又歷晉、鄭二州刺

258 《舊唐書》卷178，頁4640。

史。[259]

不理解中晚唐幕府官制者，可能會覺得這段敘述非常紊亂。爲了清楚起見，我們不妨把陳少遊的這段仕歷列表如下：

表9 陳少遊至德到永泰年官歷

官　職	朝　銜	憲　銜
河東節度參謀	（不詳）	（不詳）
河東節度判官	大理司直 （省略「試」字）	監察、殿中侍御史 （省略「兼」字）
入朝爲金部員外郎	（京官不帶朝銜）	（京官不帶憲銜）
回紇糧料使	檢校職方員外郎 （未省略「檢校」）	侍御史 （省略「兼」字）
僕固懷恩河北副元帥判官	兵部郎中 （省略「檢校」兩字）	兼侍御史 （未省略「兼」字）
遷晉州刺史，改同州刺史，未視事，又歷晉、鄭二州刺史。	（刺史不帶朝銜）	（刺史不帶憲銜）

陳少遊這個案例，可以證實唐代史料有時會省略「試」、「檢校」和「兼」等官制用語，有時卻又不省略（上表已一一標示）：省略與否，似乎要看行文語氣需要而定。這種省略在兩《唐書》和非正式公文體的唐代詩文中最常見。唐詩中有許多〈寄某某校書郎〉或〈寄某某員外〉的詩作，但這些所謂的「校書郎」恐怕都是「試校書郎」[260]，所謂「員

---

259 《舊唐書》卷126，頁3563。

260 關於「試校書郎」、「試正字」、「試大理評事」等「試」銜的運用和妙用，見拙書《唐代基層文官》第一章、第二章和第五章各有關章節。

外」多為「檢校員外」之意。制誥和墓誌為莊重文類，一般不會省略這些字眼，但也有不少例外。

此外，此例也揭示了唐代官制的實際運作：中晚唐士人可以在幕府、京官和州縣外官三個系統中遷轉。陳少遊從參謀升為判官，便是幕府典型的升遷（判官的排位在參謀之上）。他後來入朝任京官金部員外郎，從員外郎（不是郎中）做起，也符合規律。跟著他便出為糧料使和刺史。

至於他的朝銜，從「試大理司直」改為「檢校職方員外郎」是一種升遷（大理司直是京城大理寺中的一個六品官，判官亦常帶此朝銜，如杜鴻漸、元載、裴胄、班宏、竇參等中晚唐名人都是顯例）。從「檢校職方員外郎」再升為「檢校兵部郎中」也是晉升（郎中比員外郎高一階）。他的憲銜從監察御史、殿中侍御史再升到侍御史，都很符合御史臺官的升官秩序。

讓我們再看《舊唐書‧趙曄傳》的一例，並和上例作比較：

> 乾元初，三司議罪，貶晉江尉。數年，改錄事參軍。徵拜左補闕，未至。福建觀察使李承昭奏為判官，授試大理司直、兼監察御史。試司議郎、兼殿中侍御史。入為膳部、比部二員外，膳部、倉部二郎中，祕書少監。[261]

這段文字的一大特色是它完全保留了「試」、「兼」等字，未有省略。比如它說趙曄「授試大理司直，兼監察御史」，即特別以「試」和「兼」兩字表示這些是朝、憲銜，無實職。相比之下，上引陳少遊傳說他「累

---

261 《舊唐書》卷187下，頁4907。

授大理司直、監察、殿中侍御史」，可證是分別省略了「試」和「兼」字。

趙曄（《新唐書》卷一五一作「趙驊」）爲開元中進士，出身官宦之家，和顏真卿、蕭穎士等人友善。按李承昭在上元二年(761)到大曆七年(772)間出任福建觀察使[262]。趙曄充當他的判官，應當是在這段長達十一年的時期，所以他的朝、憲銜有所升遷。朝銜從「試大理司直」改爲「試司議郎」（司議郎是太子東宮中的一個六品官），憲銜則從「兼監察御史」轉爲「兼殿中侍御史」，都很合規律。不過在福建這段時期，他的幕職始終沒有升遷：他一直擔任判官。他後來才入朝任京官：從「膳部、比部二員外」，再升爲「膳部、倉部二郎中，祕書少監」。祕書少監是唐代皇室藏書樓祕書省的第二把交椅，僅在長官祕書監之下。

像《舊唐書》陳少遊傳和趙曄傳中這種複雜的官歷敍述，在兩《唐書》、唐墓誌和其他唐史料中隨處可見，對不了解唐代官制者可能構成極大的「閱讀障礙」。但如果我們理解了「試」、「檢校」和「兼」等字所代表的涵義，以及這些字眼省略或不省略的「妙微運用」，則這些「閱讀障礙」應當都可以一一清除。以上略舉兩例說明，或可讓讀史者舉一反三。

十二、結論

唐代的判官是一種「執行任務的官員」，但今人常望文生義，以爲這是審理法律案件的法官。本章先從唐代的「判」字用例著手，力證唐代的「判」爲「掌判」、「執行」、「處理」等意，沒有現代中文強烈

---

262 見戴偉華，《唐方鎮文職僚佐考》，初版頁467，修訂版頁334，皆未列趙曄曾爲李承昭判官，似遺漏。

的「審判」、「判決」之意。

正因爲「判官」的意思僅是「執行任務的官員」，唐代史料中所見的判官，特別是唐後期，幾乎全部都要加上各種任職單位或上司的名稱，才能顯示這些判官的真正身分和職務，例如最常見的節度判官、觀察判官、鹽鐵判官、轉運判官、糧料使判官、盟會使判官、理匭使判官、功德使判官、教坊判官、瓊林庫作坊判官等等都是。有了這些專稱，判官的職掌才變得明確，如鹽鐵判官當管鹽鐵轉運事，糧料使判官當管軍糧供應事，餘此類推。這也可以證明他們不可能是審案的法官。

此外，本章也探討了過去無人觸及的「本判官」和「四等」官及勾官的問題，釐清了好些唐後期史料中所見的「本判官」的真正含意。

判官可分爲五大類：方鎮判官、財經系判官、皇朝特使判官、京城諸使判官和內諸司使判官。學界過去只注意方鎮判官，對其他類的判官幾乎一無研究。本章就這五類判官作了深入的個案研究，以彰顯他們的共同點和不同點。

簡略而語，方鎮判官、財經系判官和皇朝特使判官的共同點最多，地位也最高，多由有科名的士人或官歷較深的官員出任。他們都屬中層文官，年齡約介於三十五到四十五歲之間。任過判官後，他們便晉升到更高的官位，好些可以官至刺史、節度使，甚至宰相的高位。可以說，判官是唐代官員從中層遷轉到高官的一個重要樞紐，一如員外郎和郎中等官。

這當中，財經系判官最值得留意，過去學界的研究也最缺乏。本章把他們放在唐後期的財經史大背景下來考察，看看這一批專業理財士人的興起，又如何構成一種入仕的新氣象、新格局。

京城諸使判官比較複雜。他們的地位一般似不如前三類。有的京城使職如理匭使，例由士人高官充任，所以他們的判官也就比較有身分和地位，多爲士人，甚至由考中進士者擔任。但有些京城使職如功德使，

例由宦官充當，他們所帶的判官便有卑微至「胥吏」者。

內諸司使判官和前四類最不相同，地位最低下。內諸司使負責宮廷的日常生活所需，許多由宦官擔任。他們的判官不會是士人，而多是長期在宮殿內服務的專門伎術官，有些可能也是宦官。例如，史料中有一個要樂的「音聲人」，竟也想充當教坊判官。

由於判官本身沒有品秩，他照例帶有朝銜（一般是「檢校」郎官銜，但也有帶較低「試」銜者），或憲銜（兼監察御史、殿中侍御史或侍御史），或兩者兼有。這種朝、憲銜雖無實職，但卻有所謂的「升遷」，而且可以用來自稱或他稱，構成中晚唐官制的一大特色，在唐後期史料中隨處可見。不明此制度者幾乎無法把材料讀通。

朝、憲銜有時可以變得非常複雜。唐史料在提及這些官銜時，經常會省略掉「檢校」、「兼」、「試」等標誌朝、憲銜的字眼，以致現代讀史者一不小心，可能會把中晚唐許多官員的仕歷弄錯了，以為他們曾經回到京城尚書省當過郎官，或到御史臺當過御史。本章舉了好些例子，詳細說明如何可以避免掉入這種讀史「陷阱」。

第七章

總　結

　　本書在〈導言〉一章，探討過唐代士人的常任官模式和他們任官的一些大規律。接著，在第一到第六章，分章詳論了他們在中年(約三四十歲左右)經常出任的幾種官職：監察御史、殿中侍御史、侍御史、拾遺、補闕、員外郎、郎中(以上屬京官)、縣令(縣官)、司錄或錄事參軍(州官)，以及判官(幕府官)。

　　這個模式顯示，唐代士人做官，除了極少數例外(如于休烈等人)，不可能一生都在擔任京官。他們在仕宦期間，必須經常在京官、州縣官和唐後期的幕府官之間遷轉。這是他們任官的一大規律。過去有一些職官研究，不是偏向京官或州縣官，就是整個忽略了幕府官，都無法讓人看清唐代士人任官的典型模式。本書把這三大職官系統結合起來考察，涵蓋面最寬廣，而且也留意唐前後期的差別。

　　過去的研究一般假定，唐代做官的都是士人；只有讀書人才能做官。這恐怕也是唐史學界長久以來最大的誤解。本書在〈導言〉一章，首先分析唐代四百多種文武職事官的種類，指出這四百多種官，有許多是唐代士人從來不會去出任(像武官、幕府武職等)，沒有能力擔任或不屑於就任的(如許多伎術官，像醫官、天文官、監牧官等等)。去除這些以後，唐代士人能夠或適合擔任的，不到一百種，而最常擔任的，則不到五十種。這些官也是我們在史傳和碑刻中最常見到的。

　　這意味著，士人並非唐代唯一可以做官的群體。唐代可以做官的階層，至少還有兩大類：一是武人，二是各種伎術、伎藝人。這裡所說的「官」，指的是九品三十階正式的流內官或相等地位的幕府官，並非不入流的「流外官」或胥吏。

　　武人不讀書，只要有武功本事，一樣可以在唐代各武職部門做官，比如在各衛府任大將軍和中郎將等，或在幕府任兵馬使、押衙等。各衛府的大將軍爲正三品的高官，中郎將約爲四品官。唐代幕府武職和文職一樣，沒有品秩，但兵馬使是中高層的武職，地位約在文職的判官之上。押衙地位則和判官約略相同。

　　同樣的，有伎術、伎藝本領的非士人（非讀書人），如果有天文曆算的專長，養馬醫人的本事，或釀酒卜算的本領，大可以出任天文官（如司天監，從三品；或靈臺郎，正八品下）、監牧官（如上牧監，從五品上）、醫官（如太醫令，從七品下）、釀酒官（如良醞令，正八品上）和算命官（如太卜令，正八品上）等等。這些伎術官都不是一般士人所能勝任或願意去擔任的，但這些官卻跟士人所任的監察御史等清流「士職」一樣，都是九品三十階的流內官。

　　唐代的職官研究（其他朝代也如此），常把所有官職僅僅劃分爲文武職事兩種之事。武官部分比較單純，比較不構成問題。但唐代的文職事官卻是個很龐雜的群體。筆者認爲至少應當再細分爲兩種：一種是士人常任的「士職」（即本書所論的監察御史、縣令、判官等官），另一種則是士人不屑就任也常無法勝任的伎術官，也就是「濁官」。

　　過去唐史學界沒有如此劃分，似乎都在假設士人也在擔任那些數量眾多的伎術官。這是很大的誤解。從王績、王維等人的特殊案例（見〈導言〉），我們知道唐代士人並不願出任伎術官，並且把伎術官視爲末流，有損士人身分。我們在史傳和碑刻中，更找不到士人普遍出任伎術官的例證。本書雖然限於題材和範圍，只能專論士人所任的士職，無法論及

伎術官,但應當指出唐代的文職事官系統其實包含了兩大不同類型的官員,不應混淆,否則我們無法釐清唐代官僚體系中的許多問題[1]。

換句話說,在我們討論唐代士人做官問題時,我們應當同時意識到,還有另兩大類型的群體也同時在做官:一是武人,二是伎藝人。武人和伎藝人傳統上是被忽視的群體,尤其受到士人階層的輕視。最好的例證是,在兩《唐書》列傳部分有傳的官員,百分之九十以上是士人。武官和伎術官員,即使做到正三品的大將軍,或從三品的司天監,如唐後期的李素,他們也都在兩《唐書》中無傳[2]。他們的傳僅見於墓誌。在兩《唐書》中有傳的武官和伎術官,都是一些特殊傑出的人,比如初唐的大將軍李勣和將作監閻立本等人[3]。他們在唐史上扮演非常重大的角色,可視爲特殊案例。

這意味著,兩《唐書》列傳中的資料,不能充分代表整個唐代官僚層,只凸顯官僚層中的精英部分:士人。如果要研究整個唐代官僚層,我們絕不能以兩《唐書》的列傳爲準,而必須找尋其他材料,比如墓誌。可惜的是,墓誌或其他史料中關於武官和伎術官的資料雖然有一些,但仍然遠遠不及士人的材料那麼豐富。這也是本書並無意研究整個唐代官僚層,而只涉及唐代士人和他們常任官模式的一大原因。

---

1 筆者希望將來能另撰一專文,詳論唐代官員的類型(typology)及其含意。唐代的伎術官目前幾乎無人研究,是唐代職官研究中的一大片空白,有待填補。毛水清,《唐代樂人》(北京:東方出版社,2006),有一部分涉及唐代的樂官和宮廷樂工。筆者(或筆者的研究生)將來準備展開這方面的研究。

2 關於李素和他兒子李景亮的生平事跡,見榮新江,〈一個入仕唐朝的波斯景教家族〉,《中古中國與外來文明》(北京:三聯書店,2001),頁238-257以及筆者的〈唐代的翰林待詔和司天臺——關於《李素墓誌》和《卑失氏墓誌》的再考察〉,《唐研究》,第9卷(2003),頁315-342。

3 筆者準備在將來研究唐代官員的類型時,再來探討兩《唐書》中的傳,何以絕大多數涉及士人,只有一小部分涉及武官和伎術官。

　　更進一步觀察，我們甚至可以發現唐代士人絕非唐代官員階層的大多數。唐史學界目前在這方面仍無研究，因此我們仍沒有統計數字可以引用。但若以唐代政府架構中有大約四百多種文武職事官來估計，而士人只擔任其中大約一百種文職事官，則我們或可初步推論，唐代政府機構中有至少一半以上的官員（指流內官），並非士人，而是武官和伎術官。

　　士人雖然在唐代官員層中並非絕大多數，但他們卻不可否認是官員階層中最重要，最有權勢，也最受到尊重的群體。這主要表現在下面兩點。

　　第一，唐政府中最高決策性的官職（如六部尚書和侍郎），最清要、清望的官（如郎官、御史、拾遺、補闕、校書郎、正字，甚至重要州縣的官員等）都保留給士人，特別是出身良好，考中進士或明經的士人。伎術官有固定的官職，有一定的升遷管道，一般都局限在伎術官系統中[4]。除了少數特殊案例，他們不能出任保留給士人的士職。

　　第二，兩《唐書》的列傳和傳世的墓誌，幾乎完全給士人群體「霸佔」著，可見他們權勢之大。相比之下，伎術官和武官才是真正「沉默的多數」，缺乏發聲的管道，在史料中寂寂無聞。但這也意味著，研究士人的官歷和任官模式，材料相當豐富，遠比研究武官和伎術官來得容易。

　　以兩《唐唐》列傳和墓誌中所見，唐代士人的任官模式是有規律的，是可以預測的（predictable）。唐代一個成功的、理想的士人常任官模式，本書〈導言〉一章已有詳細討論。這裡且製一表，簡略表示（見表10）。

　　所謂「成功」官員，可以用張說、白居易、李德裕等人為代表。他們一生任官都高達二十多種。唐代士人一生任官如果只得三、五種，或在十種以下，可算是仕途潦倒或不暢者。唐代墓誌中更常見到許多士

4　《唐會要》卷67，頁1399。

人，一生從來不曾入朝任京官，只是在幾任州縣官之間浮沉。這些也可說是不「成功」的官員。

　　筆者希望，本書已經把唐代士人的常任官模式解說清楚，並且充分探討了這模式中最常見的幾種中層文官，以及這幾種官在唐代政府架構和士人官歷中的意義和位置。希望細讀過本書及其姊妹篇《唐代基層文官》的讀者，今後在史傳和碑刻中遇到唐代士人（甚至唐代武官和伎術官）的長串官歷和官銜時，也能像筆者一樣讀得津津有味。

表10　唐代士人理想的常任官模式

	京　官	州　縣　官	幕府官（唐後期）
基層	校書郎、正字。	州參軍、列曹參軍、縣尉（或主簿、縣丞等縣官）。	巡官、推官、掌書記。
中層	監察御史、殿中侍御史、侍御史、拾遺、補闕、員外郎、郎中。	縣令、司錄或錄事參軍（或相同等級州縣官）。	判官（或節度參謀等同等級幕職）。
高層	御史中丞、御史大夫、中書舍人、給事中、侍郎、尚書、僕射。	州長史、州別駕、刺史、都督、都護。	觀察使、節度使、鹽鐵使、轉運使等等。

　　至於唐代士人這種常任官模式和大規律是如何形成的呢？這是吏部有意的安排嗎？士人常任官模式及其規律對唐朝社會的影響又是如何？[5]

　　這些當然都是很大的問題，有待將來的進一步研究，或可留待筆者

5　這一連串大問題，實際上是本書其中一位匿名審稿人在審稿意見書中提出的，對筆者的未來研究很有啟發意義，特此致謝，並略作回應。

的下一本專書《唐代高層文官》才來一併探討。但在此總結部分，筆者擬提出幾點初步構思和「猜想」，拋磚引玉，供大家思考。

筆者認為，唐代士人這種常任官模式，無疑是傳統士人那種「清高」理想的產物，特別受到南北朝「清官」觀念的影響（見〈導言〉一章）。在這種觀念下，士人都看不起醫官、天文官、釀酒官等伎術官，也無法或不願就任武官（特別是中低層武官）。這些是和「清官」相對的「濁官」。在唐代科舉制度下，士人讀書考取進士、明經等功名後，未來最理想官職，在京官方面，便自然而然是校書郎、正字、各級御史、各級諫官、郎官、侍郎、尚書等美職；在地方官方面，則是京畿等重要州縣（而非偏荒州縣）的州縣官，或唐後期重要方鎮使府（包括鹽鐵、轉運使府）中的幕府官。

更有意義的是，中古士人的這種常任官模式，其實並不單單只限於隋唐五代。宋元明清的士人，在仕宦途中最終追求的，實際上也就是唐人的這一類「士職」。他們也跟唐代士人一樣，不喜任伎術官或武官，許多時候恐怕也無能力勝任。

中國歷代的伎術官，如天文官、醫官、占卜官等等，都有本身的專業訓練傳統，大抵為代代相傳的行業，不是父子相承，就是師徒相授。這些伎術官，自有其入仕資歷要求、入仕途徑和升遷管道，和士人的仕宦狀況很不相同。

可惜的是，學界幾乎沒有在研究伎術官，以致對這一大類官員幾乎一無所知，存在不少誤解。其中最大的誤解是，以為伎術官既然屬於文官系統，所以學界都在假設士人也在做這一類的伎術官。事實上，隋唐以來的伎術官，出任者絕大部分是「非士人」，而不是士人。這些「非士人」並不需要像士人一樣去考取進士、明經等。他們即使去參加科舉考試，所考者也無非是伎術性質的專門術科，如唐代的明算、明法、明道等類。今後學術界應當對歷朝的伎術官進行更深入的研究，才能釐清

他們和士人仕宦的種種差別。

至於說唐代士人做官要做這些清高士職，是唐代吏部的刻意安排嗎？筆者認為，這應當說是唐代吏部在順應時代風尚、潮流，把那些清高士職都保存給士人。主持吏部的一系列中高層官員，如尚書、侍郎、員外郎和郎中，本身就是士人，所以他們自然而然在照顧和維護士人的既得利益。其中有兩點很值得留意。

第一，唐朝廷常在阻止那些「非士人」去出任士職。本書〈導言〉一章引用過神功元年（697）的一道詔令[6]，便規定「從流外和視品官出身者」，不得任一系列的清流士職，如校書郎、正字、參軍、判司、赤畿主簿和縣尉等等，以免「汙染」了這些「清流」。所謂「從流外和視品官出身者」，其中絕大部分就是非士人。這是為了保障士人既得利益的最好例證。

其次，唐代吏部也在阻止士人去出任「非士職」。本書〈導言〉便論及，詩人王績太愛喝酒，竟不惜去下求一個「濁官」太樂丞。所司最初以此官「非士職」，不肯授此官給他。但最後因王績苦苦哀求才破例，網開一面。同樣地，薛據自恃才名高，竟請吏部授他「萬年縣錄事」，而「吏曹不敢注」，因為萬年縣錄事是保留給非士人的濁官，不是士人應當去做的士職。後來眾流外官群起抗議，薛據最後還是沒有獲授此濁官。

士人任士職等清流官，非士人任伎術官等濁官，武人任武官，這樣以個人出身、家庭背景為主的分流任官辦法，在階級分明的傳統中國社會，可說是相當自然的發展，反映了整個社會階級分層、風尚和潮流。在官制史上，這樣的分流任官法行之有年，至少從隋唐到明清大抵上都是如此。它能夠施行長達一千多年，可證這辦法在執行上是可行的，但

---

6 見《唐會要》卷75，頁1610。本書〈導言〉注40引。

它也對傳統社會造成很負面的、無聲的衝擊。

其中最嚴重的衝擊，便是導致中國醫學與科技的研發，長期停滯，從隋唐以後一直到明清，幾乎沒有甚麼重大的創新與突破。由於隋唐（以及宋元明清）社會上最優秀的人材，社會中的精英士人，都只願意擔任清流一類的士職，不屑於出任伎術官，這對中國科技在中古和近世的發展顯然是非常不利的。結果伎術領域所能吸引到的，只是社會上的次等人材和工匠一類的平庸之才。他們從師徒相傳的傳統出身，固然可以勝任伎術層面的工作，但恐怕卻沒有多少創造能力（creativity），來達致科技上的創新和突破，以致中國科技與醫學的發展，無法像西方文藝復新時代以後那樣突飛猛進。

研究中國科技史的英國史家李約瑟（Joseph Needham, 1900-1995）曾經提出一個著名的大問，即所謂「李約瑟大哉問」（Needham's Grand Question）：何以中國的科技，在古代取得非凡的初期成就後，卻在近世長期停滯，沒有突破，以致在明清時代被西方追上且超越？[7]

李約瑟主要是從儒家和道家思想中去尋求答案。這當然不失為探索問題的一個方法。不過，筆者認為，隋唐以來社會上最優秀的士人任官，全以清流士職為理想，視伎術官為「濁官」，不願介入其中，恐怕也是中國科技長期停滯不前的主因之一。

有趣的是，五四以後，「賽先生」終於抬頭挺胸了。到了21世紀，不論是在台灣、中國大陸或其他海外華人地區，科技變成了主流。現代

7　關於此「大哉問」的論述極多，不俱引。比較簡便的綜論和回顧見H. Floris Cohen, "Joseph Needham's Grand Question, and How to Make It Productive For Our Understanding of the Scientific Revolution," In A. Arrault and C. Jami, eds., *Science and Technology in East Asia, vol. 9: The Legacy of Joseph Needham* (2001), pp. 21-31.

最傑出的士子,不再像隋唐精英士人那樣「崇拜」文學或士職[8],反倒「膜拜」科學、醫學和其他最尖端的「伎術」,棄文學和人文理想如廢履。這跟隋唐士人視科技爲末流,有異曲同工之妙,發人深省。

---

8 龔鵬程有一長文〈論唐代的文學崇拜與文學社會〉,《晚唐的社會與文化》,淡江大學中文系編(台北:臺灣學生書局,1989),頁1-97,詳論唐代何以是個崇拜文學的社會。

附錄　唐代中層文官每月俸料錢一覽表　　單位：文

官職		職事官品	貞觀初（627-）依散官品發	乾封元年（666）	開元二十四年（736）	大曆十二年（773）	貞元四年（788）	會昌年間（841-6）
				依職事官品發		依職事官開劇發		
京官	監察御史	正八上	比如，同為監察御史，卻會因散官品不同而獲得不同俸料。	1,850	2,550	15,000	30,000	30,000
	殿中侍御史	從七上		2,100	4,050	20,000	35,000	40,000
	侍御史	從六下		2,400	5,300	25,000	40,000	40,000
	拾遺	從八上		1,850	2,550	10,000	30,000	30,000
	補闕	從七上		2,100	4,050	15,000	35,000	35,000
	各司員外郎	從六上		2,400	5,300	18,000	40,000	40,000
	各司郎中	從五上		3,600	9,200	25,000	50,000	50,000
州縣官	畿縣令	正六上	視各州府縣大小和公廨本錢數額而定			25,000	25,000	40,000
	府司錄	從七上				45,000	45,000	45,000
	上州錄參	從七上				40,000	未列	40,000
幕府官	判官	無品秩	唐初為不固定官職			50,000	未列	50,000
和其他較高及較低層官職的比較								
京官	侍郎	正四下	同上	4,200	11,567	45,000	80,000	80,000
	校書郎	正九上		1,500	1,900	6,000	16,000	16,000
州縣官	上州刺史	從三	視各州府縣大小和公廨本錢數額而定			80,000	未列	80,000
	上州別駕	從四下				55,000	未列	55,000
	上州司馬	從五下				50,000	未列	50,000
	上州判司	從七下				30,000	未列	30,000
	畿縣尉	正九下				20,000	20,000	25,000
幕府官	節度使	無品秩	唐初未固定設這些官職			100,000	未列	300,000
	節度推官	無品秩				30,000	未列	40,000
	掌書記	無品秩				未列	未列	50,000
材料出處		唐六典	通典 19.493	新唐書 55.1396	通典 35.966-967	唐會要 91 冊府元龜 506		新唐書 55.1402

後 記

　　今早，終於把這本「嘔心瀝血」的書稿《唐代中層文官》，寄給我的出版社了。接下來，就會是漫長的等待。這種學術書，還得經過至少兩位同行唐史專家的審查，然後修改，再修改……。若一年後書能出版上市，就算很快的了。

　　書稿厚達七百多頁，重達兩公斤，印成書約達六百頁，是一般學術專書的兩倍份量，篇幅比我上一本書《唐代基層文官》的481頁還要多。如果能夠分為兩本書來出版，每本大約三百頁，其實對我的「研究績效」更有利，更可以加分，因為那樣我便可以跟我清大歷史所的新任李所長說：「你看，我寫了兩本書，不是一本耶。」可惜，這本書講唐代中層文官，所有章節都環環相扣，結構嚴密，無法如此分割，當然應當印成一本為是。

　　從郵局走路回家，我可以感覺到，我終於把背上那個負了好幾年的yoke給卸下了。

　　Yoke就是架在牛脖子上的那個「軛」。這個英文字對我有特別意義，因為我最早是在英國文藝復興時代大詩人彌爾頓（John Milton）那首名詩 "On His Blindness" 中驚識這個字的：

"Doth God exact day-labour, light denied?"
I fondly ask. But Patience, to prevent

That murmur, soon replies: "God doth not need

Either man's work or his own gifts: who best

Bear his mild yoke, they serve him best."

　　彌爾頓中年失明，晚年卻能完成他那史詩般的長篇偉構《失樂園》（*Paradise Lost*）。他寫的這首詩，單看詩題，好像在講別人的失明，其實是在寫他自己。詩人失明了不免要問：上帝要我勞作(指他的創作)，為甚麼又不給我光呢？不過，他又化身為「忍耐」(Patience)自答：上帝不需要人類的勞作，那些能好好負起自己「輕微之軛」的人，就是對上帝最好的服侍。詩人對自己的失明，沒有怨恨，只有坦然的接受，還把失明這樣嚴重的事，輕描淡寫說成是「輕微之軛」(mild yoke)。

　　彌爾頓的 yoke 用了一個聖經的典故。耶穌在《新約·馬太福音》(11:30) 說：“For my yoke is easy, and my burden is light.”(因為我的軛是容易負的，我的擔子是輕的)。

　　傍晚，坐在書桌前，望著窗外快下沉的深秋夕陽，我不須像以往那樣忙於修改書稿。我想起了彌爾頓，想到我們在人世間所負起的種種的「軛」。

　　我剛卸下一個「軛」。下一個，又會是甚麼呢？

賴瑞和

2007年10月23日

又記

　　上面這些文字，是去秋剛寄出書稿時寫的，曾經貼在我的部落格（http://www.wretch.cc/blog/sflai53）。經過將近半年的書稿審查和書稿修訂，又經過好幾個月的編輯作業，這本書終於快要出版了。在此我想特別感謝兩位匿名審稿人所提的各種寶貴意見，使得本書能夠避免一些

錯誤，並且在某些論點上能修改得更為充實。

在這時刻寫這篇後記，面對窗外新竹十八尖山的翠綠山頭，我有一種「山氣日夕佳」的感覺。

我的下一個「軛」，當然就是《唐代高層文官》。那又將是個大型研究工程，恐怕得耗上好幾年。我的十歲小女兒維維安，有一次悄悄告訴別人說：「我爸爸可能不會寫《唐代高層文官》了，因為他說他要多花點時間來陪媽媽和我。」

童言無忌，姑且記在這裡，以待來日應驗。

2008年7月29日

參考書目

一、傳統文獻

《入唐求法巡禮行記》，〔日〕圓仁(794-864)撰，顧承甫、何泉達點校（上海：上海古籍出版社，1986）。

《入唐求法巡禮行記の研究》，〔日〕圓仁撰，小野勝年(1905-1988)校注，全 4 冊(東京：法藏館重印本，1989)。

《入唐求法巡禮行記校註》，〔日〕圓仁撰，小野勝年校注；白化文、李鼎霞、許德楠修訂校注（石家莊：花山文藝出版社，1992）。

《上海博物館藏敦煌吐魯番文獻》，上海古籍出版社、上海博物館編（上海：上海古籍出版社，1993）。

《大唐新語》，〔唐〕劉肅(約活躍於 807 年)撰，許德楠、李鼎霞點校（北京：中華書局，1984）。

《元和姓纂》，〔唐〕林寶撰(序文作於 812)，郁賢皓等人校注（北京：中華書局，1994）。

《元和郡縣圖志》，〔唐〕李吉甫(758-814)撰，賀次君點校（北京：中華書局，1983）。

《元稹集》，〔唐〕元稹(779-831)撰，冀勤點校（北京：中華書局，1982）。

《元稹集編年箋注：詩歌卷》，〔唐〕元稹撰，楊軍箋注(西安：三秦出版社，2002)。

《太平御覽》，〔宋〕李昉(約活躍於 978 年)等編(四部叢刊三編本；台北：臺灣商務印書館據日本藏南宋蜀刻本影印)。

《太平廣記》，〔宋〕李昉等編(北京：中華書局，1960 年校點本)。

《文苑英華》，〔宋〕李昉等編(北京：中華書局，1961 年影印本)。

《文獻通考》，〔元〕馬端臨(1254-1323)撰(北京：中華書局，1986 年影印本)。

《日本寧樂美術館藏吐魯番文書》，陳國燦、劉永增編著(北京：文物出版社，1997)。

《日知錄》，〔清〕顧炎武(1613-1682)著(台北：文史哲出版社，1984 年排印本)。

《王子安集註》，〔唐〕王勃(650-676?)撰，〔清〕蔣清翊註(上海：上海古籍出版社，1995 年校點本)。

《王梵志詩校注》，〔唐〕王梵志(約活躍於 607-620)撰，項楚校注(上海：上海古籍出版社，1991)。

《王維集校注》，〔唐〕王維撰(694-761)，陳鐵民校注(北京：中華書局，1997)。

《王績詩文集校注》，〔唐〕王績(590–644)撰，金榮華校注(台北：新文豐，1998)。

《冊府元龜：校訂本》，〔宋〕王欽若(962-1025)等編，周勛初等校訂，全 12 冊(南京：鳳凰出版社，2006)。

《冊府元龜》，〔宋〕王欽若(962-1025)等編(北京：中華書局，1960 年影印明崇禎十五年(1642)刻本)。

《北夢瑣言》，〔五代〕孫光憲(896?-968)撰，賈二強點校(北京：中華書局，2002)。

《玉谿生詩集箋注》，〔唐〕李商隱(812-858)撰，〔清〕馮浩箋注(北京：中華書局，1979 年標點本)。

《白孔六帖》，《欽定四庫全書》本(台北：商務印書館影印，1983-1986)。

《白居易集》，〔唐〕白居易(772-846)撰，顧學頡校點(北京：中華書局，1979)。

《白居易集箋校》，〔唐〕白居易撰，朱金城箋校(上海：上海古籍出版社，1988)。

《白居易詩集校注》，〔唐〕白居易撰，謝思煒校注(北京：中華書局，2006)。

《全唐文》，〔清〕董誥(1740-1818)等編(北京：中華書局，1983 年影印清嘉慶十九年(1814)內府原刻本)。

《全唐文新編》，周紹良(1917-2005)主編，全 22 冊(長春：吉林文史出版社，2000)。

《全唐文補編》，陳尚君輯校，全 3 冊(北京：中華書局，2005)。

《全唐詩》，〔清〕彭定求(1645-1719)等編(北京：中華書局，1979 年繁體排印本)。

《全唐詩補編》，陳尚君輯校，全 3 冊(北京：中華書局，1992)。

《吐魯番出土文書》圖版錄文本，唐長孺(1911-1994)主編，全 4 冊(北京：文物出版社，1992-1996)。

《吐魯番出土文書》錄文本，唐長孺主編，全 10 冊(北京：文物出版社，1981-1990)。

《因話錄》，〔唐〕趙璘(834 年進士)撰(上海：上海古籍出版社，1979 年新一版排印本)。

《曲江集》，〔唐〕張九齡(678-740)撰，劉斯翰校注(廣州：廣東人民出版社，1986)。

《宋史》，〔元〕脫脫(1314-1355)等撰(北京：中華書局，1977 校點本)。

《宋本冊府元龜》，〔宋〕王欽若等編(北京：中華書局，1989 年影印宋
　　殘本)。

《岑參詩集編年箋註》，〔唐〕岑參(719-770)撰，劉開揚箋註(成都：
　　巴蜀書社，1995)。

《岑嘉州詩箋注》，〔唐〕岑參撰，廖立箋注(北京：中華書局，2004)。

《李白全集編年注釋》，〔唐〕李白(705-766)撰，安旗主編(成都：巴
　　蜀書社，2000 年新一版)。

《李商隱文編年校注》，〔唐〕李商隱(812-858)撰，劉學鍇、余恕誠校
　　注(北京：中華書局，2002)。

《李商隱詩歌集解》，〔唐〕李商隱撰，劉學鍇、余恕誠校注(北京：中
　　華書局，1988)。

《李群玉詩集》，〔唐〕李群玉(約 813-861)撰(台北：商務印書館景印
　　文淵閣《四庫全書》本，1983-1986)。

《李德裕文集校箋》，〔唐〕李德裕(787-850)撰，傅璇琮、周建國校箋
　　(石家莊：河北教育出版社，2000)。

《杜詩詳注》，〔唐〕杜甫(712-770)撰，〔清〕仇兆鰲(1638-1713 以後)
　　詳注(北京：中華書局，1979 年校點本)。

《沈佺期宋之問集校注》，〔唐〕沈佺期(約 656-約 716)、宋之問(約
　　656-712)撰，陶敏、易淑瓊校注(北京：中華書局，2001)。

《酉陽雜俎》，〔唐〕段成式(803?-863)撰，方南生點校(北京：中華書
　　局，1981)。

《兩京新記輯校》，〔唐〕韋述(活躍於 717-757)撰，辛德勇輯校(西安：
　　三秦出版社，2006)。

《兩唐書地理志匯釋》，吳松弟編著(合肥：安徽教育出版社，2002)。

《孟浩然詩集》，〔唐〕孟浩然(689-740)撰(上海：上海古籍出版社，
　　1982 年影印北京圖書館藏宋蜀本)。

《孟浩然詩集箋注》，〔唐〕孟浩然撰，佟培基箋注(上海：上海古籍出版社，2000)。

《明皇雜錄》，〔唐〕鄭處誨(834 年進士)撰，田廷柱點校(北京：中華書局，1994)。

《東觀奏記》，〔唐〕裴庭裕撰(活躍於 841-891)，田廷柱點校(北京：中華書局，1994)。

《法藏敦煌西域文獻》，上海古籍出版社、法國國家圖書館編(上海：上海古籍出版社，1994-)〔到 2007 年已出版 34 冊〕。

《直齋書錄解題》，〔宋〕陳振孫(約 1190-1249 年後)撰(清乾隆三十八年(1773)武英殿叢書本)。

《俄藏敦煌文獻》，俄羅斯科學院東方研究所聖彼得堡分所、俄羅斯科學出版社東方文學部、上海古籍出版社編(上海：上海古籍出版社，1992-)〔到 2007 年已出版 17 冊〕。

《南部新書》，〔宋〕錢易(活躍於 1008)撰，黃壽成點校(北京：中華書局，2002)。

《封氏聞見記校注》，〔唐〕封演(活躍於 755-800)撰，趙貞信校注(原 1933 年哈佛燕京社引得特刊之七；北京：中華書局，2005 年新排印本)。

《柳宗元集》，〔唐〕柳宗元(773-819)撰(北京：中華書局，1979 年校點本)。

《英藏敦煌文獻：漢文佛經以外部份》，中國社會科學院歷史研究所等編，共 10 冊(成都：四川人民出版社，1990-1994)。

《韋應物集校注》，〔唐〕韋應物(733?-793?)撰，陶敏、王友勝校注(上海：上海古籍出版社，1998)。

《唐人小說》，汪辟疆(1887-1966)校錄(1930 年初版；香港：中華書局，1985 年重印)。

《唐大詔令集》，〔宋〕宋敏求(1019-1079)編(北京：商務印書館，1959
　　年排印本)。

《唐才子傳校箋》，〔元〕辛文房(活躍於 1304-1324)撰，傅璇琮等人校
　　箋，全 5 冊(北京：中華書局，1987-1995)。

《唐六典》，〔唐〕張說等奉敕撰(於 739 年完成)，陳仲夫點校(北京：
　　中華書局，1992)。

《唐方鎮年表》，〔清〕吳廷燮(1865-1947)撰(北京：中華書局，1980
　　年校點本)。

《唐令拾遺》，〔日〕仁井田陞(1904-1966)編(東京：東方文化學院東
　　京研究所，1933)。

《唐令拾遺》，〔日〕仁井田陞編，栗勁等編譯(長春：長春出版社，1989)。

《唐令拾遺補》，〔日〕仁井田陞編，池田溫等編集(東京：東京大學出
　　版會，1997)。

《唐兩京城坊考》，〔清〕徐松(1781-1848)撰，方嚴點校(北京：中華
　　書局，1985)。

《唐尚書省郎官石柱題名考》，〔清〕勞格(1820-1864)、趙鉞(1778-1849)
　　撰，徐敏霞、王桂珍點校(北京：中華書局，1992)。

《唐律疏議》，〔唐〕長孫無忌(約 660-659)等人撰，劉俊文點校(北京：
　　中華書局，1983)。

《唐御史臺精舍題名考》，〔清〕勞格、趙鉞撰(北京：中華書局，1997
　　年校點本)。

《唐會要》，〔五代〕王溥(922-982)編(上海：上海古籍出版社，1991
　　年點校本)。

《唐詩紀事校箋》，〔宋〕計有功(死於約 1161 年)撰，王仲鏞校箋(成
　　都：巴蜀書社，1989)。

《唐摭言校注》，〔五代〕王定保(870-940)撰，姜漢椿校注(上海：上海社會科學院出版社，2003)。

《唐語林校證》，〔宋〕王讜(約 1086-1107)撰，周勛初校證(北京：中華書局，1987)。

《夏侯陽算經》(原為〔唐〕《韓延算經》)，收在《算經十書》，錢寶琮點校(北京：中華書局，1963)。

《孫可之文集》，〔唐〕孫樵(?-872；841 年進士)撰，《宋蜀刻本唐人集叢刊》(上海：上海古籍出版社，1994 年影印宋原刻本。民國初年的商務印書館《四部叢刊》，亦影印此宋本)。

《容齋隨筆》，〔宋〕洪邁(1123-1202)撰(上海：上海古籍出版社，1978 年校點本)。

《郡齋讀書志》，〔宋〕晁公武(約 1105-1180)撰(上海：商務印書館《四部叢刊》影印宋淳祐袁州本，1933)。

《高適詩集編年箋註》，〔唐〕高適(702?-765)撰，劉開揚箋註(北京：中華書局，1981)。

《教坊記》，〔唐〕崔令欽(活躍於 713-742)撰，收在《中國古典戲曲論著集成》全 10 冊(北京：中國戲劇出版社，1959)，第一冊。

《通典》，〔唐〕杜佑(735-812)撰，王文錦等點校(北京：中華書局，1989)。

《陸贄集》，〔唐〕陸贄(754-805)撰，王素點校(北京：中華書局，2006)。

《陶淵明集》，〔晉〕陶淵明(365-427)撰，逯欽立校注(北京：中華書局，1979)。

《敦煌唐詩殘卷輯考》，徐凌纂輯(北京：中華書局，2000)。

《斯坦因第三次中亞考古所獲漢文文獻：非佛經部分》，沙知、吳芳思編(上海：上海辭書出版社，2005)。

《朝野僉載》，〔唐〕張鷟(活躍於 690-715)撰，趙守儼點校(北京：中華書局，1979)。

《登科記考》，〔清〕徐松(1781-1848)撰，趙守儼點校(北京：中華書局，1984)。

《登科記考補正》，〔清〕徐松(1781-1848)撰，孟二冬補正(北京：燕山出版社，2003)。

《隋唐以來官印集存》，〔清〕羅振玉(1866-1940)集(上虞：羅氏景印，1916)。

《隋書》，〔唐〕魏徵(580-643)、令狐德棻(583-666)撰(北京：中華書局，1973 年校點本)。

《雲麓漫鈔》，〔宋〕趙彥衛(約 1140-1240)撰，傅根清點校(北京：中華書局，1996)。

《新唐書》，〔宋〕歐陽修(1007-1072)、宋祁(998-1061)撰(北京：中華書局，1975 年點校本)。

《新唐書宰相世系表集校》，趙超集校(北京：中華書局，1998)。

《楊炯集》，〔唐〕楊炯(650-693 年後)撰，徐明霞點校(北京：中華書局，1980)。

《資治通鑑》，〔宋〕司馬光(1019-1086)撰(北京：中華書局，1956 年校點本)。

《劉長卿集編年校注》，〔唐〕劉長卿(726?-790)撰，楊世明校注(北京：人民文學出版社，1999)。

《劉長卿詩編年箋注》，〔唐〕劉長卿撰，儲仲君箋注(北京：中華書局，1996)。

《劉禹錫全集編年校注》，〔唐〕劉禹錫(772-842)撰，陶敏、陶紅雨校注(長沙：岳麓書社，2003)。

《劉禹錫集》，〔唐〕劉禹錫撰(北京：中華書局，1990 年點校本)。

《增訂唐兩京城坊考》，〔清〕徐松(1781-1848)撰，李健超增訂(西安：三秦出版社，1996；2006 年修訂版)。

《樊川文集》，〔唐〕杜牧(803-853)撰，陳允吉校點(上海：上海古籍
　　出版社，1978)。

《樊川詩集注》，〔唐〕杜牧撰，〔清〕馮浩注(上海：上海古籍出版社，
　　1978年校點本)。

《歷代名畫記》，〔唐〕張彥遠撰(815?-875?)，周曉薇校點(瀋陽：遼寧
　　教育出版社，2001)。

《盧照鄰集校注》，〔唐〕盧照鄰(630?-681?)撰，李雲逸校注(北京：中
　　華書局，1998)。

《翰學三書》，傅璇琮、施純德編(瀋陽：遼寧教育出版社，2003)。

《韓昌黎文集校注》，〔唐〕韓愈(768-824)撰，馬其昶校注(上海：上
　　海古籍出版社，1987)。

《韓昌黎詩繫年集釋》，〔唐〕韓愈撰，錢仲聯集釋(上海：上海古籍出
　　版社，1984)。

《韓愈全集校注》，〔唐〕韓愈撰，屈守元、常思春校注(成都：巴蜀書
　　社，1996)。

《舊唐書》，〔五代〕題劉昫(887-946)等撰(北京：中華書局，1975年
　　點校本)。

《羅隱集》，〔唐〕羅隱(833-909)撰，雍文華校輯(北京：中華書局，1983)。

《讀杜心解》，〔清〕浦起龍(1679-1762)撰(北京：中華書局，1961年
　　排印本)。

二、石刻史料

《八瓊室金石補正》，〔清〕陸增祥(1816-1882)編撰(北京：文物出版
　　社，1984年縮印1925年希古樓原刻本)。

《千唐誌齋藏誌》，河南省文物研究所編(北京：文物出版社，1984)。

《中國歷代石刻史料匯編全文檢索版》，北京書同文數字化技術公司製
　　作(北京：萬方數據電子出版社，2004)。

《北京圖書館藏中國歷代石刻拓本匯編》，北京圖書館金石組編，全 100
　　冊(鄭州：中州古籍出版社，1989)。

《四川歷代石刻》，高文、高成剛編(成都：四川大學出版社，1999)。

《全唐文補遺》，吳剛主編(西安：三秦出版社，1994-)(2006 年已出至
　　第八輯)。

《全唐文補遺‧千唐誌齋新藏專輯》，王慶衛等人編(西安：三秦出版社，
　　2005)。

《吐蕃金石錄》，王堯編著(北京：文物出版社，1982)。

《房山石經題匯編》，北京圖書館金石組編(北京：書目文獻出版社，
　　1987)。

《金石萃編》，〔清〕王昶(1725-1806)編撰，《石刻史料新編》本(台
　　北：新文豐，1977 年影印清原刻本)。

《唐代墓誌彙編》，周紹良主編(上海：上海古籍出版社，1992)。

《唐代墓誌彙編續集》，周紹良、趙超主編(上海：上海古籍出版社，2002)。

《唐代墓誌銘彙編附考》，毛漢光主編，第一至十八集(台北：中央研究
　　院歷史語言研究所，1984-1994)。

《敦煌莫高窟供養人題記》，敦煌研究院編(北京：文物出版社，1986)。

《隋唐五代石刻文獻全編》，北京國家圖書館善本金石組編(北京：北京
　　圖書館出版社，2003)。

《隋唐五代石刻文獻全編》，國家圖書館善本金石組編(北京：北京圖書
　　館，2003)。

《隋唐五代墓誌匯編》，吳樹平等編(天津：天津古籍出版社，1991-1992)。

《新編補正房山石經題記彙編》，陳燕珠編(永和：覺苑文教基金會，
　　1995)。

三、中文論著

《兩京新記》讀書班,〈隋唐長安史地叢考〉,《唐研究》,第 9 卷(2003),
　　頁 235-260。

丁之方,〈唐代的貶官制度〉,《史林》,1990 年第 2 期。

丸山裕美子,〈唐宋節假制度的變遷——兼論「令」和「格敕」〉,《中
　　國社會歷史評論》,張國剛主編,第 3 卷(2001)。

勾利軍,〈白居易任東都分司官考述〉,《中州學刊》,2002 年第 2
　　期,頁 109-111。

———,〈唐代東都分司官任職原因分析〉,《河南師範大學學報》,
　　2003 年第 5 期,頁 110-113。

———,〈唐代東都分司官居所試析〉,《史學月刊》,2003 年第 9
　　期,頁 37-40。

———,〈唐代東都御史臺研究〉,《華南師範大學學報》,2006 年第
　　2 期,頁 87-92。

———,〈唐宋分司機構與社會變遷〉,《河南師範大學學報》,2006
　　年第 2 期,頁 13-14。

———,〈唐前期東都職官的稱謂變化與東都機構的發展脈絡〉,《河
　　南師範大學學報》,2004 年第 6 期,頁 85-87。

———,〈略論唐代的東都尚書省〉,《河南大學學報》,2007 年第 4
　　期,頁 124-129。

———,〈試論唐代東都分司制度的特點〉,《新鄉師範高等專科學校
　　學報》,2006 年第 6 期,頁 37-38。

———,《唐代東都分司官研究》(上海:上海古籍出版社,2007)。

卞孝萱，〈唐代的度支使與支度使〉，《中國社會經濟史研究》，1983
　　　年第 1 期，頁 59-65。

―――，《元稹年譜》（濟南：齊魯書社，1980）。

―――，《劉禹錫評傳》（南京：南京大學出版社，1996）。

卞孝萱、吳汝煜，《劉禹錫》（上海：上海古籍出版社，1980）。

卞孝萱、張清華、閣琦合著，《韓愈評傳》（南京：南京大學出版社，
　　　1998）。

卞孝萱、喬長阜，〈劉長卿〉，《中國歷代著名文學家評傳》，全 6 冊
　　　（濟南：山東教育出版社，1997），第二冊。

戶崎哲彥，〈唐臨事蹟考――兩《唐書‧唐臨傳》補正〉，《唐研究》，
　　　第 8 卷（2002）。

方本新，〈簡論唐代的知制誥〉，《蕪湖師專學報》，1993 年第 3 期。

毛水清，《唐代樂人》（北京：東方出版社，2006）。

毛漢光，〈科舉前後（公元 600 年±300）清要官形態之比較研究〉，《中
　　　央研究院國際漢學會議論文集：歷史考古組》（台北：中央研
　　　究院，1981），上冊，頁 379-403。

―――，〈唐代統治階層下降變動之研究〉，《國家科學委員會研究彙
　　　刊：人文及社會科學》，3 卷 1 期（1993）。

―――，〈唐代統治階層父子間官職類別之變動〉，《國立中正大學學
　　　報》，4 卷 1 期（1993 年 10 月）。

―――，〈唐代給事中之分析〉，《第二屆國際唐代學術會議論文集》
　　　（台北：文津出版社，1993）。

―――，〈唐代蔭任研究〉，《中央研究院歷史語言研究所集刊》，第
　　　55 本第 3 分（1983）。

―――，〈魏博二百年史論〉，《中央研究院歷史語言研究所集刊》，
　　　第 50 本第 2 分（1979）。

———，《中國中古社會史論》（台北：聯經出版公司，1988）。

———，《中國中古政治史論》（台北：聯經出版公司，1990）。

毛　蕾，《唐代翰林學士》（北京：社會科學文獻出版社，2000）。

王力平，《中古杜氏家族的變遷》（北京：商務印書館，2006）。

王才強、顏思敏，《唐長安的數碼重建 A Digital Reconstruction of Tang
　　　　Chang'an》（北京：中國建築工業出版社，2006）〔中英雙語書，
　　　　附中英雙語 DVD〕。

王世麗，《安北與單于都護府：唐代北部邊疆民族問題研究》（昆明：
　　　　雲南出版集團公司，2006）。

王永興，〈吐魯番出土唐西州某縣事目文書研究〉，《唐代前期西北軍
　　　　事研究》，頁 363，頁 376-391。

王永興，〈關於唐代後期方鎮官制新史料考釋〉，《陳門問學叢稿》，
　　　　頁 394-411，

———，《唐勾檢制研究》（上海：上海古籍出版社，1993）。

———，《唐代前期西北軍事研究》（北京：中國社會科學出版社，1994）。

———，《唐代後期軍事史略論稿》（北京：北京大學出版社，2006）。

———，《陳門問學叢稿》（南昌：江西人民出版社，1993）。

王仲殊，〈試論唐長安城與日本平城京及平安京何故皆以東半城（左京）
　　　　爲更繁榮〉，《考古》，2002 年第 11 期，頁 69-84。

王仲犖，〈吐魯番出土的幾件唐代過所〉，《𪩘華山館叢稿》（北京：
　　　　中華書局，1987）。

王吉林，〈晚唐洛陽的分司生涯〉，《晚唐的社會與文化》，淡江大學
　　　　中文系編（台北：臺灣學生書局，1989），頁 239-249。

———，《唐代宰相與政治》（台北：文津出版社，1999）。

王伯敏，《李白杜甫論畫詩散記》（杭州：西泠印社，1983），頁 83-86。

王利華，《中古華北飲食文化的變遷》（北京：中國社會科學出版社，
　　2000）。

王叔岷，《斠讎學》（台北：中央研究院歷史語言研究所專刊之三十七，
　　1959；修訂本，1995）。

王怡辰，〈唐代後期鹽務組織及其崩壞〉，《晚唐的社會和文化》，淡
　　江大學中文系編(台北：臺灣學生書局，1990)。

王東洋，〈六朝隋唐時期考功郎隸屬及其職掌之變化〉，《史學集刊》，
　　2007年第3期，頁77-81。

王重民，《敦煌遺書論文集》（北京：中華書局，1984）。

王珠文，〈關於唐代官吏俸料錢的幾點意見〉，《晉陽學刊》，1985
　　年第4期。

王　素，〈唐代的御史臺獄〉，《魏晉南北朝隋唐史資料》，第11輯
　　（1991）。

王國堯，〈李德裕與澤潞之役——兼論唐朝於 9 世紀中所處的政治困
　　局〉，《唐研究》，第12卷(2006)，頁487-522。

王啓濤，《中古及近代法制文書語言研究——以敦煌文書為中心》（成
　　都：巴蜀書社，2003）。

───，《吐魯番出土文書研究》（成都：巴蜀書社，2005）。

───，《吐魯番出土文書詞語考釋》（成都：巴蜀書社，2005）。

王雪玲，〈從濫賜鐵券看唐朝政權的衰微〉，《陝西師範大學學報》，
　　2003年第3期，頁87-91。

王勛成，〈王維進士及第之年及生年新考〉，《華中師範大學學報》，
　　2001年第1期。

───，〈岑參入仕年月和生平考〉，《文學遺產》，2003年第4期。

───，《唐代銓選與文學》（北京：中華書局，2001）。

王壽南，〈唐代文官任用制度之研究〉，《唐代政治史論集》（台北：
　　商務印書館，1977；增訂版，2004）。

──，〈唐代御史制度〉，收在許倬雲等著，《中國歷史論文集》（台
　　北：商務印書館，1986）。

──，〈唐代都督府之研究〉，《慶祝歐陽澤民先生七秩華誕》（台
　　北：聯經出版公司，1988），頁 57-82。

──，〈論唐代的縣令〉，《國立政治大學學報》，第 25 期（1972），
　　頁 177-194。

──，《唐代人物與政治》（台北：文津出版社，1999）。

──，《唐代藩鎮與中央關係之研究》（台北：嘉新水泥，1969）。

──，《隋唐史》（台北：三民書局，1986）。

王夢鷗，〈讀沈既濟《枕中記》補考〉，《中國文哲研究集刊》，創刊
　　號（1991），頁 1-10。

──，《唐人小說研究二集》（台北：藝文印書館，1973）。

王德權，〈中晚唐使府僚佐昇遷之研究〉，《國立中正大學學報》，5
　　卷 1 期（1994），頁 267-302。

──，〈唐代律令中的「散官」與「散位」──從官人的待遇談起〉，
　　《中國歷史學會史學集刊》，第 21 集（1989），頁 33-90。

──，〈試論唐代散官制度的成立過程〉，《唐代文化研討會論文集》
　　（台北：文史哲出版社，1991）。

──，〈試論唐代散官的成立過程〉，《中國歷史學會史學集刊》，
　　第 21 集（1989），頁 843-906。

王輝斌，〈張繼生平訂正〉，《淮南師範學院學報》，2002 年第 4 期，
　　頁 37-38。

王穎樓，《隋唐官制》（成都：四川大學出版社，1995）。

王　靜，〈唐大明宮的構造形式與中央決策部門職能的變遷〉,《文史》,
　　　2002 年第 4 輯，頁 107-111。

王賽時，《唐代飲食》（濟南：齊魯書社，2003）。

王繼林、鄭柄林，〈敦煌漢文吐蕃史料綜述——兼論吐蕃控制河西時期
　　　的職官與統治政策〉,《中國藏學》，1994 年第 3 期。

史云貴、于海平，〈外朝化與平民化：中國古代郎官考述〉,《史學月
　　　刊》，2004 年第 1 期，頁 24-31。

史　睿，《唐代前期銓選制度的演進》,《歷史研究》，2007 年第 2
　　　期，頁 32-42。

甘懷真，〈中國中古士族與國家的關係〉,《新史學》，2 卷 3 期（1991），
　　　頁 99-116。

———，〈政治制度史研究的省思——以六朝隋唐爲例〉,《中華民國
　　　史專題論文集・第四屆討論會》（台北：國史館，1998），第一
　　　冊。

———，〈唐代官人的宦遊生活——以經濟生活爲中心〉,《第二屆唐
　　　代文化研討會論文集》（台北：臺灣學生書局，1995）。

田廷柱，《隋唐士族》（西安：三秦出版社，1990）。

石雲濤，《中古文史探微》（北京：文化藝術出版社，2007）。

———，《唐代幕府制度研究》（北京：中國社會科學出版社，2003）。

任士英，〈唐代流外官的管理制度〉,《中國史研究》，1995 年第 1
　　　期。

———，〈唐代流外官研究〉（上篇載《唐史論叢》，第 5 輯，西安：
　　　三秦出版社，1990；下篇載《唐史論叢》，第 6 輯，西安：陝
　　　西人民出版社，1995）。

———，〈唐玄宗時期東宮體制非實體化考述〉,《中國史研究》，2004
　　　年第 3 期。

———，《唐代玄宗肅宗之際的中樞政局》（北京：社會科學文獻出版社，2003）。

任育才，〈世界最早的現代大學之建置〉，《中國中古史研究》〔台北：蘭臺出版社〕，第 1 期(2002 年 9 月)。

———，〈科舉甄才－唐代的秀才舉人與進士〉，《食貨月刊》復刊第7 卷 4 期(1977 年 7 月)。

———，〈唐代官學教育的變革〉，《興大歷史學報》，第 8 期(1998年 6 月)，

———，〈唐代官學體系的形成〉，《國立中興大學文學院文史學報》，第 27 期(1997)。

———，〈唐代科舉制度述論〉，《興大文史學報》第 7 期(1977 年 6月)。

———，〈唐代國子監學官與地方官間之遷轉與影響〉，《中華民國史專題第五屆討論會·國史上中央與地方之關係》（台北：國史館，2000），頁 319-340。

———，〈唐代監察制度之研究〉，《唐史研究論集》（台北：鼎文出版社，1975）。

———，〈唐代銓選制度略論〉，《興大文史學報》第 4 期(1974 年 5月)。

———，〈唐高祖「興學」辨疑〉，《宋旭軒教授八十榮壽論文集》（第二冊）（台北：宋旭軒論文集編委會，2000）。

任育才，《唐型官學體系之研究》（台北：五南圖書公司，2007）。

全漢昇，〈唐代物價的變動〉，《中央研究院歷史語言研究所集刊》，第 11 本(1943)。

———，《唐宋帝國與運河》（上海：商務印書館，1944 年初版；台北：中央研究院歷史語言研究所，1995 年重排本）。

向　群，〈唐判研究〉，《華學》，第 2 輯(1996)。

———，〈敦煌吐魯番文書中所見唐官文書「行判」的幾個問題〉，《敦煌研究》，1995 年第 3 期，頁 137-146。

安家瑤，〈唐永泰元年—大曆元年河西巡撫使判集(伯二九四二)研究〉，《敦煌吐魯番文獻研究論集》，北京大學中古史研究中心編(北京：中華書局，1982)。

朱金城，《白居易年譜》(上海：上海古籍出版社，1982)。

朱振宏，〈唐代羈縻府州研究〉，《中正歷史學刊》，第 3 輯(2000)，頁 201-244。

朱　溢，〈論晚唐五代的試官〉，《國學研究》，第 19 卷(2007)，頁 57-85。

朱　雷，《敦煌吐魯番文書論叢》(蘭州：甘肅人民出版社，2002)。

池田溫，〈論韓琬《御史臺記》〉，《唐研究論文集》(北京：中國社會科學出版社，1999)，頁 336-364。

艾永明，《清朝文官制度》(北京：商務印書館，2003)。

艾　沖，《唐代都督府研究》(西安：西安地圖出版社，2005)。

何永成，《唐代神策軍研究——兼論神策軍與中晚唐政局》(台北：商務印書館，1990)。

何汝泉，〈唐代使職的產生〉，《西南師範大學學報》，1987 年第 1 期。

———，〈唐代度支、鹽鐵二使關係試析〉，《中國唐史學會論文集》(1993 年)(西安：三秦出版社，1993)，頁 156-169。

———，〈唐代轉運使的設置與裴耀卿〉，《西南師範大學學報》，1986 年第 1 期，頁 72-79。

———，《唐代轉運使初探》(重慶：西南師範大學出版社，1987)。

何錫光，〈兩《唐書》中與「內供奉」有關的官職名稱的錯誤標點〉，《中國史研究》，2003 年第 1 期。

佐竹靖彥，《佐竹靖彥史學論集》（北京：中華書局，2006）。

吳玉貴，〈《舊唐書》斠補——以《太平御覽》引《唐書》爲中心〉，《中國社會科學院歷史研究所學刊》，第 2 集（2004 年 4 月）。

———，《中國風俗通史：隋唐五代卷》（上海：上海文藝出版社，2001）。

吳企明，《唐音質疑錄》（上海：上海古籍出版社，1986）。

吳在慶，《唐代文士的生活心態與文學》（合肥：黃山書社，2006）。

吳宗國，《唐代科舉制度研究》（瀋陽：遼寧大學出版社，1992）。

吳宗國編，《盛唐政治制度研究》（上海：上海辭書出版社，2003）。

吳承學，〈唐代判文文體及其源流〉，《文學遺產》，1999 年第 6 期。

吳浩，〈《唐尚書省郎官石柱題名考》增補〉，《國學研究》，卷 12（2003），頁 155-184。

吳晶、黃世中，《古來才命兩相妨：李商隱傳》（北京：東方出版社，2000）。

吳調公，《李商隱研究》（上海：上海古籍出版社，1982）。

吳麗娛，〈唐後期五代財務勾檢制探微〉，《唐研究》，第 6 卷（2000）。

———，〈略論表狀箋啓書儀文集與晚唐五代政治〉，《中國社會科學院歷史研究所學刊》，第 2 集（2004 年 4 月）。

———，〈試析劉晏理財的宮廷背景〉，《中國史研究》，2000 年第 1 期。

———，〈試論唐後期中央長官的上事之儀——以尚書僕射的上事爲中心〉，《中國社會科學院歷史研究所學刊》，第 3 集（2004 年 10 月）。

———，〈論唐代財政三司的形成發展及其與中央集權制的關係〉，《中華文史論叢》，1986 年第 4 期。

———，《唐禮摭遺：中古書儀研究》（北京：商務印書館，2002）。

呂慎華，〈唐代任官籍貫迴避制度初步研究〉，《中興史學》，第 5 卷（1999）。

宋德熹，〈唐代前期吏部考功員外郎的身分背景〉，《興大歷史學報》，第 17 輯（2006 年 6 月），頁 41-66。

———，〈唐代後半期門閥與官宦之關係〉，《晚唐的社會與文化》，淡江大學中文系編（台北：臺灣學生書局，1991），頁 113-161。

岑仲勉，〈《兩京新記》卷三殘卷復原〉，《岑仲勉史學論文集》，頁 709-752。

———，〈翰林學士壁記注補〉，《中央研究院歷史語言研究所集刊》，第 15 本（1948）；又收入氏著，《郎官石柱題名新考訂：外三種》，頁 196-392。

———，《岑仲勉史學論文集》（北京：中華書局，1990）。

———，《金石論叢》（上海：上海古籍出版社，1981）。

———，《郎官石柱題名新考訂：外三種》（北京：中華書局，2004）。

———，《隋唐史》（1957 年初版；北京：中華書局，1982 重印）。

李大龍，《都護制度研究》（哈爾濱：黑龍江教育出版社，2003）。

李　方，〈唐代考課制度拾遺——敦煌吐魯番考課文書考釋〉，《98 法門寺唐文化國際學術討論會論文集》，韓金科編（西安：陝西人民出版社，2000），頁 557-568。

———，〈唐西州勾官編年考證——唐西州官吏編年考證（三）〉，《敦煌吐魯番研究》，第 3 卷（1998），頁 129-161。

———，〈唐西州戶曹參軍編年考證〉，《敦煌學輯刊》，1997 年第 2 期。

———，〈唐西州功曹參軍編年考證〉，《周紹良先生欣開九秩慶壽文集》（北京：中華書局，1997）。

———，〈唐西州長官編年考證——西州官吏考證（一）〉，《敦煌吐魯番研究》第 1 卷(1995)，頁 284-285。

———，〈唐西州倉曹參軍編年考證〉，《首都師範大學學報》，2000年第 4 期。

———，〈試論唐西州高昌縣的等級〉，《西域研究》，2006 年第 3 期，頁 30-40。

———，《唐西州行政體制考論》(哈爾濱：黑龍江教育出版社，2002)。

李玉生，《唐令與中華法系研究》(南京：南京師範大學出版社，2005)。

李志茗，《晚清四大幕府》(上海：上海人民出版社，2002)。

李志賢，《楊炎及其兩稅法研究》(北京：中國社會科學出版社，2002)。

李昌憲，〈宋代文官帖職制度〉，《文史》，第 30 輯(1988)。

李金坤，〈唐代科舉考試與《文選》〉，《文選與文選學——第五屆文選學國際學術研討會論文集》，中國文選研究會編(北京：學苑出版社，2003)，頁 155-168。

李青淼，〈唐代前期都督府探討〉，《中國歷史地理論叢》，2006 年第 4 期，頁 66-77。

李星明，《唐代墓室壁畫研究》(西安：陝西人民美術出版社，2005)。

李斌城等著，《隋唐五代社會生活史》(北京：中國社會科學出版社，1998)。

李福長，《唐代學士與文人政治》(濟南：齊魯書社，2005)。

李德輝，《唐代文館制度及其與政治和文學之關係》(上海：上海古籍出版社，2006)。

———，《唐代交通與文學》(長沙：湖南人民出版社，2003)。

李燕捷，〈唐代給祿的依據〉，《歷史教學》，1994 年第 8 期。

———，〈唐代祿制與內外官之輕重〉，《河北學刊》，1994 年第 5 期。

李錦繡，〈唐代「散試官」考〉，《唐代制度史略論稿》，頁 198-210。

———，〈唐代的弘文、崇文館生〉，《唐代制度史略論稿》，頁 240-254。

———，〈唐代直官制初探〉，《國學研究》，第 3 卷(1995)。又收在氏著《唐代制度史略論稿》。

———，〈唐代視品官制初探〉，《中國史研究》，1998 年第 3 期。又收在氏著《唐代制度史略論稿》。

———，〈唐開元中北庭長行坊文書考釋(上)〉，《吐魯番研究》，2004 年第 2 期，頁 17-18。

———，〈從「三官通押」談起：兼論唐代行政運作模式的變化〉，《中國社會科學院歷史研究所學刊》，第 2 集(2004 年 4 月)，頁 427-440。

———，《唐代制度史略論稿》(北京：中國政法大學出版社，1998)。

———，《唐代財政史稿》上卷 3 冊、下卷 2 冊(北京：北京大學出版社，1995-2001。修訂版全 5 冊；北京：中國社會科學出版社，2007)。

———，《敦煌吐魯番文書與唐史研究》(福州：福建人民出版社，2006)。

李鴻賓，《隋唐五代諸問題研究》(北京：中央民族大學出版社，2006)。

李獻奇，〈唐張說墓誌考釋〉，《文物》，2000 年第 10 期，頁 91-96。

杜文玉，〈唐代內諸司使考略〉，《陝西師範大學學報》，1999 年第 3 期。

杜文玉，〈晚唐五代都指揮使考〉，《學術界》，1995 年第 1 期。

———，〈論唐代員外官與試官〉，《陝西師範大學學報》，1993 年第 3 期。

———，《五代十國制度研究》(北京：人民出版社，2006)。

杜正乾，〈唐病坊表徵〉，《敦煌研究》，2001 年第 1 期，頁 123-127。

杜曉勤，《初唐詩歌的文化闡釋》(北京：東方出版社，1997)。

谷霽光，《府兵制度考釋》（上海：上海人民出版社，1962）。

辛德勇，〈大明宮西夾城與翰林院學士院諸問題〉，《陝西師範大學學報》，1987 年第 4 期（後收入氏著《隋唐兩京叢考》）。

———，《隋唐兩京叢考》（西安：三秦出版社，1991）。

卓遵宏，《唐代進士與政治》（台北：國立編譯館，1987）。

周一良，《周一良集》，全 5 卷（冊）（瀋陽：遼寧教育出版社，1998）。

———，《新唐書宰相世系表引得》（哈佛燕京學社引得 18；北平：哈佛燕京學社，1934）。

周其忠，〈唐代官印初探〉，《中國歷代璽印藝術》，王人聰、游學華編（香港：香港中文大學文物館，2000）。

周相錄，《元稹年譜新編》（上海：上海古籍出版社，2004）。

周紹良，《唐傳奇箋證》（北京：人民文學出版社，2000）。

周勛初，《高適年譜》（上海：上海古籍出版社，1980）。

孟憲實，〈吐魯番新發現的《唐龍朔二年西州高昌縣思恩寺僧籍》〉，《文物》，2007 年第 2 期，頁 50-55。

孟憲實，〈宇文融括戶與財政使職〉，《唐研究》，第 7 卷（2001）。

尚小明，《學人遊幕與清代學術》（北京：社會科學文獻出版社，1999）。

林煌達，〈唐代錄事〉，《中正歷史學刊》〔嘉義：國立中正大學歷史研究所〕，第 2 期（1996），頁 91-116。

林曉潔，〈唐代西州官吏日常生活的時與空〉，《西域研究》，2008 年第 1 期，頁 61-83。

祁德貴，〈論唐代給事中的主要職掌〉，《中國史研究》，1995 年第 1 期。

邱添生，《唐宋變革期的政經與社會》（台北：文津出版社，1999）。

金宗燮，〈五代中央對地方的政策研究——以對州縣政策為主〉，《中國社會歷史評論》，第 4 輯（2002），頁 545-553。

金維諾，〈《步輦圖》與《凌煙閣功臣圖》〉，《文物》，1962 年第
　　10 期，頁 13-16。

金瀅坤，〈中晚唐五代的科舉與清望官的關係〉，《中國史研究》，2003
　　年第 1 期，頁 81-87。

───，〈吐蕃沙州都督考〉，《敦煌研究》，1999 年第 3 期。

───，〈吐蕃統治敦煌的財政職官體系──兼論吐蕃對敦煌農業的經
　　營〉，《敦煌研究》，1999 年第 2 期。

───，〈唐五代童子科與兒童教育〉，《中國中古史論集》，張國剛
　　編(天津：天津古籍出版社，2003)，頁 278-303。

───，「吐蕃統治敦煌的軍政建制」，蘭州西北師範大學敦煌學研究
　　所碩士論文，1998。

芮傳明，〈薩寶的再認識〉，《史林》，2000 年第 3 期。

姜伯勤，〈薩寶府制度論略〉，《華學》(廣州中山大學)，第 3 輯(1998)。

姚　平，《唐代婦女的生命歷程》(上海：上海古籍出版社，2004)。

拜根興，〈試論唐代的廊下食和公廚〉，《唐代的歷史與社會》，朱雷
　　編(武漢：武漢大學出版社，1997)，頁 342-353。

柳洪亮，《新出吐魯番文書及其研究》(新疆：新疆人民出版社，1997)。

紀作亮，《張籍研究》(合肥：黃山書社，1986)。

胡可先，〈《郎官石柱題名考》金部郎官補正〉，《淮陰師範學院學報》，
　　2000 年第 1 期，頁 52-72。

───，〈《郎官石柱題名考》補正(司封郎中、員外郎部分)〉，《漳
　　州師院學報》，1998 年第 1 期，頁 70-76。

───，〈《郎官石柱題名考》補正(左司郎中、員外郎部分)〉，《文
　　教資料》，1997 年第 3 期，頁 80-100。

───，《中唐政治與文學──以永貞革新爲研究中心》(合肥：安徽
　　大學出版社，2000)。

———，《杜牧研究叢稿》(北京：人民文學出版社，1993)。

胡玉蘭，〈唐代著作郎官述論〉，《西安電子科技大學學報》，2006
　　　　年第 3 期，頁 105-111。

胡留元、馮卓慧，〈唐《御史臺精舍碑》初探〉，《人文雜誌》，1983
　　　　年第 2 期。

胡戟等編，《二十世紀唐研究》(北京：中國社會科學出版社，2001)。

胡滄澤，〈唐代監察體制的變革〉，《福建師範大學學報》，2001 年第
　　　　3 期。

———，〈漢唐監察制度的變革〉，《唐史論叢》，第 9 輯，杜文玉編
　　　　(西安：三秦出版社，2007)，頁 57-65。

———，《唐代御史制度研究》(台北：文津出版社，1993)。

胡寶華，《唐代監察制度研究》(北京：商務印書館，2005)。

郁賢皓，《唐刺史考全編》，全 6 冊(合肥：安徽大學出版社，2000)。

———，《唐風館雜稿》(瀋陽：遼寧大學出版社，1999)。

郁賢皓、胡可先，《唐九卿考》(北京：中國社會科學出版社，2003)。

凍國棟，〈中晚唐至五代時期的俸祿制度〉，《中國俸祿制度史》，黃
　　　　惠賢、陳鋒編(武漢：武漢大學出版社，1996)，頁 210-240。

———，〈唐代之郎吏〉，《《全唐文》職官叢考》，陳國燦、劉健明
　　　　編(武漢：武漢大學出版社，1997)，頁 446-447。

———，〈隋至唐前期的俸祿制度〉，《中國俸祿制度史》，黃惠賢、
　　　　陳鋒編(武漢：武漢大學出版社，1996)，頁 160-209。

———，《中國中古經濟與社會史論稿》(武漢：湖北教育出版社，2005)。

唐長孺，〈讀王梵志詩偶見〉，《中國文化與中國哲學》，深圳大學國
　　　　學研究所主編(北京：東方出版社，1986)，頁 515-521。

———，《山居存稿》(北京：中華書局，1989)。

———，《唐長孺社會文化史論叢》(武昌：武漢大學出版社，2001)。

———，《唐書兵志箋正》（北京：科學出版社，1957）。

———，《魏晉南北朝隋唐史三論》（武漢：武漢大學出版社，1992）。

夏承燾，〈韋莊年譜〉，《韋莊詞校注》，劉金城校注（北京：中國社會科學出版社，1981），頁 58-61。

夏　炎，〈唐代刺史的軍事職掌與州級軍事職能〉，《南開學報》，2006年第 4 期，頁 58-65。

———，〈從刺史的地位看唐代內外官的輕重〉，《唐史論叢》，第 9 輯，杜文玉編（西安：三秦出版社，2007），頁 87-104。

———，〈試論唐代的州縣關係〉，《中國史研究》，2005 年第 4 期，頁 79-92。

———，〈論唐代版授高年中的州級官員〉，《史學集刊》，2005 年第 2 期，頁 103-111。

孫昌武，《柳宗元評傳》（南京：南京大學出版社，1998）。

———，《柳宗元傳論》（北京：人民文學出版社，1979）。

孫國棟，《唐代中央重要文官遷轉途徑研究》（香港：龍門書店，1978）。

———，《唐宋史論叢》（香港：商務印書館，2000 增訂版。原 1980年香港龍門書店初版）。

孫　望，《元次山年譜》（上海：古典文學出版社，1957）。

———，《蝸叟雜稿》（上海：上海古籍出版社，1982）。

孫慰祖，〈隋唐官印體制的形成及其主要表現〉，《中國古璽印學國際研討會論文集》，王人聰、游學華編（香港：香港中文大學文物館，2000）。

孫　機，〈兩唐書輿（車）服志校釋稿〉，《中國古輿服論叢》（增訂本；北京：文物出版社，2001）。

徐文茂，〈陳子昂年譜〉，《陳子昂論考》（上海：上海古籍出版社，2002），頁 95。

徐有富，《唐代婦女生活與詩》(北京：中華書局，2005)。

桂齊遜，〈唐代都督、都護及軍鎮制度與節度體制創建之關係〉，《大
　　　陸雜誌》，第 89 卷第 4 期(1994)，頁 159-186。

祝尚書，〈裴行儉掌典選之年考〉，《中華文史論叢》，1984 年第 1
　　　輯，頁 132。

翁同文，〈中國坐椅習俗以及椅子名稱的起源與普及〉，《中國科學技
　　　術史論叢》，宋德熹編(台北：稻鄉出版社，2004)，頁 215-276。

翁俊雄，〈唐代的州縣等級制度〉，《北京師範學院學報》，1991 年第
　　　1 期，頁 9-18。

───，《唐代人口與區域經濟》(台北：新文豐，1995)。

袁　剛，〈唐代的翰林學士〉，《文史》，第 33 輯(1990)。

馬立志，〈從三至五品官帶勳者蔭子孫看唐前期勳官制度的演變──讀
　　　《唐天寶年代國忌、諸令式等表》之後〉，《魏晉南北朝隋唐
　　　史資料》，第 23 輯(2007)。

馬同勛，〈外郎小考〉，《〈全唐文〉職官叢考》，陳國燦、劉健明編
　　　(武漢：武漢大學出版社，1997)，頁 381。

馬俊民、王世平，《唐代馬政》(西安：西北大學出版社，1995)。

馬　強，〈唐宋士大夫與西南、嶺南地區的移風易俗〉，《西南師範大
　　　學學報》，2006 年第 2 期，頁 39-44。

高明士，〈唐代的官學行政〉，《大陸雜誌》，第 37 卷 11、12 期合刊，
　　　1968 年 12 月。

───，〈唐代教育法制與禮律的關係〉，《唐研究》，第 4 卷(1998)。

───，〈唐代學制之淵源及其演變〉，《國立台灣大學歷史學系學報》，
　　　第 4 期(1977 年 5 月)。

───，〈唐朝的文和武〉，《臺大文史哲學報》，第 48 期(1998 年 6
　　　月)，頁 3-22。

———，〈隋文帝「不悅學」、「不知樂」質疑——有關隋代立國政策的辨正〉，《國立台灣大學歷史學系學報》，第 14 期(1988 年 7 月)。

———，〈隋唐的科舉〉，《故宮文物》，8 卷 4 期(1990 年 7 月)。

———，〈隋唐的學官——以國子監為例〉，《國立台灣大學歷史學系學報》，第 15 期(1990 年 12 月)。

———，〈隋唐教育和法制史研究的回顧〉，《中華民國史專題論文集：第四屆討論會》(台北：國史館，1997)。

———，〈傳統中國教育的發展與特質—兼論與通識教育的關係〉，《國立台灣大學文史哲學報》，第 43 期(1995 年 12 月)。

———，〈新舊唐書百官(職官)志所載官制異同的檢討：以學制為中心〉，《國立臺灣大學歷史學系學報》，第 7 期(1980)，頁 143-162。

———，《中國中古的教育與學禮》(台北：臺灣大學出版中心，2005)。

———，《東亞教育圈形成史論》(上海：上海古籍出版社，2003)。

———，《隋唐貢舉制度》(台北：文津出版社，1999)。

高　原，〈唐代官祿制度考略〉，《晉陽學刊》，1993 年第 4 期。

國立政治大學中文系編，《第三屆中國唐代文化學術研討會論文集》(台北：國立政治大學中文系，1997)。

宿　白，《唐宋時期的雕版印刷》(北京：文物出版社，1999)。

張　弓，《唐朝倉廩制度初探》(北京：中華書局，1986)。

張玉興，〈唐代縣主簿初探〉，《史學月刊》，2005 年第 3 期，頁 40-46。

張兆凱，《漢—唐門蔭制度研究》(長沙：岳麓書社，1995)。

張志云，〈唐代悲田養病坊初探〉，《青海社會科學》，2005 年第 2 期，頁 106-108。

張　沛，《唐折衝府匯考》(西安：三秦出版社，2003)。

張固也，〈有關唐初校書的一則墓誌的分析〉，《文獻》，1998 年第 3 期，頁 275-280。

張東光,〈唐代的內供奉官〉,《社會科學輯刊》,2005 年第 1 期,頁
　　　105-111。

———,〈唐代的檢校官〉,《晉陽學刊》,2006 年第 2 期,頁 74-78。

———,〈唐代御史臺的裏行官〉,《遼寧大學學報》,2005 年第 2
　　　期,頁 86-90。

———,〈唐宋的知制誥〉,《文史知識》,1993 年第 1 期。

———,〈唐宋時期的中樞秘書官〉,《歷史研究》,1995 年第 4 期,
　　　頁 135-150。

張采田,《玉谿生年譜會箋》(上海:古籍出版社,1983 年排印本)。

張國剛,〈唐代兵制的演變與中古社會變遷〉,《中國社會科學》,2006
　　　年第 4 期,頁 178-189。

———,《唐代官制》(西安:三秦出版社,1987)。

———,《唐代政治制度研究論集》(台北:文津出版社,1994)。

———,《唐代藩鎮研究》(長沙:湖南教育出版社,1987)。

張榮芳,〈唐代京兆府僚佐之分析——司錄、判司與參軍〉,《東海學
　　　報》,第 30 卷(1989),頁 85-94。

———,〈唐代京兆府領京畿縣令之分析〉,載黃約瑟、劉健明編《隋
　　　唐史論集》(香港:香港大學亞洲研究中心,1993),頁 118-160。

———,《唐代京兆尹研究》(台北:臺灣學生書局,1987)。

———,《唐代的史館與史官》(台北:中國學術著作獎助委員會,1984)。

張廣達,〈論唐代的吏〉,《北京大學學報》,1989 年第 2 期。

張澤咸,〈唐代的門蔭〉,《文史》,第 27 輯(1986)。

———,《唐代階級結構研究》(鄭州:中州古籍出版社,1996)。

張錫厚,〈王績年譜〉,《王績研究》(台北:新文豐,1995)。

張曉松,《中國少數民族職官制度》(北京:徵國社會科學出版社,2006)。

曹　汎,〈劉象考〉,《文史》,第 30 輯(1988)。

曹慕樊，〈杜公《韋諷錄事宅觀曹將軍畫馬歌》及東坡《韓幹十四馬》之比較觀〉，《草堂》，1982 年第 2 期，頁 22-25。

曹錦炎，〈隋唐官印的認識和研究〉，《中國古璽印學國際研討會論文集》，王人聰、游學華編(香港：香港中文大學文物館，2000)。

梁　繼，〈唐梁升卿書《張說墓誌》考略〉，《鞍山師範學院學報》，2007 年第 5 期，頁 66-69。

梁　驥，〈唐《張說墓誌》考略〉，《中國書畫》，2005 年第 12 期，頁 43-45。

梅家玲，〈唐代贈序初探〉，《國立編譯館館刊》，13 卷 1 期(1984)，頁 194-214。

梅　蕾，〈簡論隋唐童蒙教育文獻的特點與源流〉，《歷史文獻與文化研究》，第一輯，董恩林編(武漢：崇文書局，2002)，頁 38-56。

莫礪鋒，《杜甫評傳》(南京：南京大學出版社，1998)。

莊　申，〈唐代的罵人語〉，《第二屆國際唐代學術會議論文集》(台北：文津出版社，1993)。

郭潤濤，《官府幕友與書生——紹興師爺研究》(北京：社會科學文獻出版社，1996)。

郭　鋒，〈唐代流外官試探〉，《敦煌學輯刊》，1986 年第 2 期。

———，〈補唐末沙州節度判官掌書記張球事一則〉，《敦煌吐魯番研究》，第 2 卷(1997)。

———，《唐代士族個案研究：以吳郡、清河、范陽、敦煌張氏為中心》(廈門：廈門大學出版社，1999)。

郭聲波，〈唐代前期都督府為州一級行政機構嗎？——對〈唐代前期都督府探討〉的商榷〉，《中國歷史地理論叢》，2006 年第 4 期，頁 78-84。

———，〈唐宋集群羈縻州之典型——雅屬羈縻州〉，《中國史研究》，
　　　2001 年第 3 期，頁 85-96。

陳仲安、王素，《漢唐職官制度研究》（北京：中華書局，1993）。

陳志堅，〈唐代散試官問題再探〉，《北大史學》，第 8 卷（2001）。

———，《唐代州郡制度研究》（上海：上海古籍出版社，2005）。

陳明，《儒學的歷史文化功能：以中古士族現象爲個案》（北京：中國
　　　社會科學出版社，2005）。

陳明光，〈鄭畋宦績考論〉，《唐研究》，第 3 卷（1997）。

———，《唐代財政史新編》（北京：中國財政經濟出版社，1991 年初
　　　版，1999 年增訂版）。

陳　垣，《元典章校補釋例》又名《校勘學釋例》（北平：國立中央研
　　　究院歷史語言研究所，1934）。

陳衍德、楊漢，《唐代鹽政》（西安：三秦出版社，1990）。

陳　飛，《唐代試策考述》（北京：中華書局，2003）。

陳弱水，〈中晚唐五代福建士人階層興起的幾點觀察〉，《中國社會歷
　　　史評論》，張國剛主編，第 3 卷（2001）。

———，〈從《唐晅》看唐代士族生活與心態的幾個方面〉，《新史學》，
　　　10 卷 2 期（1999），頁 1-27。

———，《唐代的婦女文化與家庭生活》（台北：允晨文化，2007）。

陳祖言，《張說年譜》（香港：中文大學出版社，1984）。

陳國燦，《敦煌學史事新證》（蘭州：甘肅教育出版社，2002）。

———，《斯坦因所獲吐魯番文書研究》（武漢：武漢大學出版社，1994）。

陳國燦、劉健明編，《〈全唐文〉職官叢考》（武漢：武漢大學出版社，
　　　1997）。

陳寅恪，《元白詩箋證稿》（1950 年初版；上海：上海古籍出版社，1997
　　　年重排印本）。

———，《唐代政治史述論稿》（1944 年初版；上海：上海古籍出版社，1997 年重排印本）。

———，《陳寅恪集‧金明館叢稿二編》（北京：三聯書店，2001）。

陳登武，《從人間世到幽冥界：唐代的法制、社會與國家》（台北：五南，2006）。

陳貽焮，《杜甫評傳》，上中下 3 冊（上海：上海古籍出版社，1982-1988）。

陳蘇鎮，〈北周隋唐的散官和勳官〉，《北京大學學報》，1991 年第 2 期，頁 29-36。

陳鐵民，〈王維年譜〉，《王維集校注》，陳鐵民校注（北京：中華書局，1997）。

———，〈蕭穎士繫年考證〉，《文史》，37 輯（1993），頁 187-212。

陸　揚，〈從西川和浙西事件看元和政治格局的形成〉，《唐研究》，第 8 卷（2002）。

傅安良，〈唐代的縣與縣令〉。中國文化大學碩士論文。王吉林指導。1993 年 12 月。

傅　玫，〈唐代的勳官〉，《中國史論集》，南開大學歷史系編（天津：天津古籍出版社，1992）。

傅紹良，〈唐代詩人的拾遺、補闕經歷與詩歌創作〉，《陝西師範大學學報》，2005 年第 4 期，頁 56-61。

———，〈唐代諫官任職資格中的文學因素〉，《人文雜誌》，2003 年第 6 期。

———，《唐代諫議制度與文人》（北京：中國社會科學出版社，2003）。

傅樂成，《漢唐史論集》（台北：聯經出版公司，1977）。

傅璇琮，〈李德裕年表〉，《李德裕文集校箋》（與周建國校箋）。石家莊：河北教育出版社，2000）。

———，〈從白居易研究中的一個誤點談起〉，《文學評論》，2002年第 2 期，頁 130-137。

———，《李德裕年譜》（濟南：齊魯書社，1984）。

———，《唐代科舉與文學》（西安：陝西人民出版社，1986 年初版，2003 年修訂版）。

———，《唐宋文史論叢及其他》（鄭州：大象出版社，2004）。

傅璇琮、吳在慶，〈杜甫與嚴武關係考辨〉，《文史哲》，2004 年第 1 期，頁 105-110。

喬象鍾、陳鐵民、吳賡舜、董乃斌主編，《唐代文學史》上下冊（北京：人民文學出版社，1995）。

彭炳金，〈唐代賜官制度述論〉，《人文雜誌》，1999 年 1 期，頁 104-108。

彭慶生，〈陳子昂年譜〉，《陳子昂詩注》（成都：四川人民出版社，1981）。

曾一民，〈唐魯國孔公戣治廣州之政績〉，《隋唐史論集》，黃約瑟、劉健明編（香港：香港大學亞洲研究中心，1993），頁 93-105。

———，《唐代考課制度研究》（台北：商務印書館，1978）。

曾賢熙，〈唐代御史大夫中丞試探〉，《第五屆唐代文化學術研討會論文集》，中國唐代學會、國立中正大學中文系、歷史系主編。高雄：麗文文化，2001）。

———，〈唐代御史與相關使職探討〉，《宋旭軒教授八十榮壽論文集》（台北：宋旭軒論文集編委會，2000）。

———，〈唐代御史職權行使的限制與地方監察業務初探〉，《研究與動態》（彰化縣大葉大學通識教育中心出版），第 13 期（2006年 1 月），頁 39-60。

曾謇（曾資生），《中國政治制度史》（重慶：南方印書館，1943；1992年上海市上海書店的影印本，收在《民國叢書》第四編）。

游學華，〈唐代長安城建築規模與設計規劃初探〉，《香港中文大學中國文化研究所學報》，第 17 卷(1986)，頁 111-144。

程千帆、徐有富，《校讎廣義：校讎編》（濟南：齊魯書社，1998）。

程存潔，《唐代城市史研究初篇》（北京：中華書局，2002）。

程章燦，《石學論叢》（台北：大安出版社，1999）。

程喜霖，《唐代過所研究》（北京：中華書局，2000）。

程遂營，〈唐宋開封的氣候和自然災害〉，《中國歷史地理論叢》，2002年第 1 期。

童光政，〈唐代的勾檢官制與行政效率法律化〉，《國家行政學院學報》，2000 年第 4 期。

———，〈唐宋「四等官」審判制度初探〉，《法學研究》，2001 年第 1 期，頁 96-103。

馮　至，《杜甫傳》（北京：人民文學出版社，1952 年初版，1980 年重印）。

馮金忠，〈唐代病坊芻議〉，《西域研究》，2004 年第 3 期，頁 1-8。

馮培紅，〈20 世紀敦煌吐魯番官制研究概況〉，《中國史研究動態》，2001 年第 11 期。

———，〈晚唐五代宋初沙州上佐考論〉，《敦煌學國際研討會論文集》，國家圖書館善本特藏部敦煌吐魯番學資料研究中心編，北京：北京圖書館出版社，2005）。

———，〈敦煌文獻中的職官史料與唐五代藩鎮官制研究〉，《敦煌研究》，2001 年第 3 期。

馮培紅，〈論唐五代藩鎮幕職的帶職現象——以檢校、兼、試官為中心〉，收在《唐代宗教文化與制度》，高田時雄編（京都：京都大學人文科學研究所，2007），頁 133-210。

黃云鶴，《唐宋下層士人研究》（石家莊：河北人民出版社，2006）。

黃文弼，《吐魯番考古記》(北京：中國科學院，1954)。

黃正建，〈唐六尚長官考〉，《魏晉南北朝隋唐史資料》，第 21 輯(2004)，
　　頁 223-245。

———，〈唐代「士大夫」的特色及其變化——以兩《唐書》用詞為中
　　心〉，《中國史研究》，2005 年第 3 期，頁 119-124。

———，〈唐代的齋郎與挽郎〉，《史學月刊》，1989 年第 1 期。

———，〈唐代散官初論〉，《中華文史論叢》，1989 年第 2 期。

———，〈韓愈日常生活研究〉，《唐研究》，第 4 卷(1998)。

———，《唐代衣食住行研究》(北京：首都師範大學出版社，1998)。

———，《敦煌占卜文書與唐五代占卜研究》(北京：學苑出版社，2001)。

黃正建編，《中晚唐社會與政治研究》(北京：中國社會科學出版社，
　　2006)。

黃永年，《唐代史事考釋》(台北：聯經出版公司，1998)。

黃坤堯，《經典釋文動詞異讀新探》(台北：臺灣學生書局，1992)。

黃修明，〈唐代縣令考論〉，《四川師範學院學報》，1997 年第 4 期，
　　頁 13-20。

———，〈論唐代縣政官員〉，《大陸雜誌》，卷 101 第 3 期(2000)，
　　頁 97-108。

黃清連，〈杜牧論藩鎮與軍事〉，《結網編》，黃清連編(台北：東大
　　圖書公司，1998)。

———，〈忠武軍：唐代藩鎮個案研究〉，《中央研究院歷史語言研究
　　所集刊》，第 64 本第 1 分(1993)。

———，〈唐代的文官考課制度〉，《中央研究院歷史語言研究所集刊》，
　　第 55 本第 1 分(1984)。又收在黃清連主編，《制度與國家》(臺
　　灣學者中國史研究論叢 2)(北京：中國大百科全書出版社，
　　2005)，頁 206-267。

———，〈唐代散官試論〉，《中央研究院歷史語言研究所集刊》，第58本第1分(1987)。

黃清連主編，《制度與國家》(臺灣學者中國史研究論叢2)(北京：中國大百科全書出版社，2005)。

楊伯峻，《論語譯注》(北京：中華書局，1980)。

楊承祖，〈李華江南服官考〉，《王叔岷先生八十壽慶論文集》，台北：大安出版社，1993)。

———，〈李華繫年考證〉，《東海學報》，第33期(1992)。

———，《元結研究》(台北：國立編譯館，2002)。

———，《張九齡年譜》(台北：國立臺灣大學文學院，1964)。

楊　柳，《李商隱評傳》(南京：江蘇人民出版社，1981)。

楊柳、駱祥發，《駱賓王評傳》(北京：北京出版社，1987)。

楊聯陞，《國史探微》(台北：聯經出版公司，1983)。

楊鴻年，《隋唐兩京考》(武漢：武漢大學出版社，2005)。

———，《隋唐兩京坊里譜》(上海：上海古籍出版社，1999)。

———，《隋唐宮廷建築考》(西安：陝西人民出版社，1992)。

萬　曼，《唐集敘錄》(北京：中華書局，1980)。

葉國良，〈石刻資料與官制研究〉，《王叔岷先生學術成就與薪傳論文集》(台北：國立臺灣大學中國文學系，2001)。

———，〈官員的假期〉，《國文天地》，12卷4期(1996年8月)，頁22-27。

———，〈唐宋哀祭文的發展〉，《臺大中文學報》，第18期(2003年)。

———，《石學續探》(台北：大安出版社，1999)。

———，《石學蠡探》(台北：大安出版社，1989)。

葉　煒，〈試論隋與唐前期中央文官機構文書胥吏的組織系統〉，《唐研究》，第5卷(1999)。

———，〈論南北朝隋唐之際「流外」性質的變遷〉，《中國史研究》，2004 年第 3 期。

葛承雍，〈唐代乞丐與病坊探討〉，《人文雜誌》，1992 年第 6 期，頁87-91。

———，《唐韻胡音與外來文明》（北京：中華書局，2006）。

賈志強，〈唐代地方長吏的交接替代〉，《鄭州大學學報》，2007 年第3 期，頁 92-97。

路　遠，〈《唐尚書省郎官石柱》之初刻與改刻〉，《唐研究》，第 12卷（2006），頁 397-415。

雷家驥，〈唐樞密使的創置與早期職掌〉，《國立中正大學學報》，4卷 1 期（1993 年 10 月），頁 57-108。

———，《隋唐中央權力結構及演進》（台北：東大圖書公司，1995）。

雷紹鋒，〈「知制誥」者可稱舍人〉，《〈全唐文〉職官叢考》，陳國燦、劉健明編（武漢：武漢大學出版社，1997），頁 249-251。

雷　聞，〈吐魯番新出土唐開元《禮部式》殘卷考釋〉，《文物》，2007年第 2 期，頁 56-61。

寧志新，〈唐朝使職若干問題研究〉，《歷史研究》，1999 年第 2 期。

———，《隨唐使職制度研究（農牧工商編）》（北京：中華書局，2005）。

寧　欣，《唐代選官研究》（台北：文津出版社，1995）。

廖幼華，《歷史地理學的應用：嶺南地區早期發展之探討》（台北：文津出版社，2004）。

廖伯源，〈漢官休假雜考〉，《中央研究院歷史語言研究所集刊》，第65 本第 2 分（1994）。

榮新江，〈序〉，收在蒙曼，《唐代前期北衙禁軍制度研究》（北京：中央民族大學出版社，2005）。

榮新江，《中古中國與外來文明》（北京：三聯書店，2001）。

———，《海外敦煌吐魯番文獻知見錄》(南昌：江西人民出版社，1996)。

———，《敦煌學十八講》(北京：北京大學出版社，2001)。

———，《歸義軍史研究：唐宋時代敦煌歷史考索》(上海：上海古籍出版社，1996)。

榮新江、李孝聰編，《中外關係史：新史料與新問題》(北京：科學出版社，2004)。

榮新江、李肖、孟憲實，〈新獲吐魯番出土文獻概說〉，《文物》，2007年第 2 期，頁 41-49。

榮新江、張志清編，《從撒馬爾干到長安：粟特人在中國的文化遺跡》(北京：北京圖書館，2004)。

榮新江編，《唐代宗教信仰與社會》(上海：上海辭書出版社，2003)。

趙冬梅，〈唐五代供奉官考〉，《中國史研究》，2000 年第 1 期，頁 59-67。

———，〈試論勳賞與文武分途背景下的宋代武官制度〉，《國學研究》，第 10 卷，2002 年，頁 73-105。

趙雨樂，〈唐代翰林學士院與南北司之爭〉，《唐都學刊》，2001 年第 1 期。

———，《唐宋變革期軍政制度史研究——三班官制的演變》(台北：文史哲出版社，1993)。

———，《從宮廷到戰場——中國中古與近世諸考察》(香港：中華書局，2007)。

趙建建，〈唐代拾遺之選任〉，《甘肅社科縱橫》，2006 年 10 月貼在國學網。

———，〈唐代拾遺的使職工作〉，《首都師範大學學報》，2006 年增刊，頁 12-17。

趙望秦，〈略論唐代官制中的「守、行、兼」制度〉，《唐史論叢》，
　　　第 8 輯，杜文玉主編(西安：三秦出版社，2006)。

趙　超，《古代石刻》(北京：文物出版社，2001)。

齊勇鋒，〈度支使和支度使〉，《歷史研究》，1983 年第 5 期。

齊濤、馬新，《劉晏、楊炎評傳》(南京：南京大學出版社，1998)。

劉子健，〈比《三字經》更早的南宋啓蒙書〉，《兩宋史研究彙編》(台
　　　北：聯經出版公司，1987)。

劉文剛，《孟浩然年譜》(北京：人民文學出版社，1995)。

劉后濱，〈論唐代縣令的選授〉，《中國歷史博物館館刊》，1997 年第
　　　2 期，頁 51-58。

———，《唐代中書門下体制研究》(濟南：齊魯書社，2004)。

劉安志，〈唐五代押牙(衙)考略〉，《魏晉南北朝隋唐史資料》，1998
　　　年第 16 輯。

劉俊文，《唐律疏議箋解》(北京：中華書局，1996)。

劉海峰，〈再析唐代官員俸料錢的財政來源〉，《中國社會經濟史研究》，
　　　1987 年第 4 期。

———，〈唐代官吏俸料錢的來源問題〉，《晉陽學刊》，1984 年第 5
　　　期。

———，〈唐代俸料錢與內外官輕重的變化〉，《廈門大學學報》，1985
　　　年第 2 期。

———，〈唐代福建進士考辨〉，《集美大學教育學報》，2001 年 1
　　　期。

———，〈論唐代官員俸料錢的變動〉，《中國社會經濟史研究》，1985
　　　年第 2 期。

———，《唐代教育與選舉制度綜論》(台北：文津出版社，1991)。

劉健明，〈韓愈對永貞改革的評價〉，《唐代文化研討會論文集》（台北：文史哲出版社，1991）。

———，〈論唐代的翰林院〉，《食貨》（台北），第 15 卷第 7-8 期合刊（1986）。

劉國盈，《韓愈評傳》（北京：北京師範學院出版社，1991）。

劉淑芬，〈中古的宦官與佛教〉，《鄭欽仁教授榮退紀念論文集》，鄭欽仁教授榮退紀念論文集編輯委員會編(台北：稻鄉，1999)，頁 45-69。

劉琴麗，〈再論唐代的齋郎與挽郎〉，《江漢論壇》，2005 年第 9 期，頁 91-93。

———，《唐代武官選任制度初探》(北京：社會科學文獻出版社，2006)。

劉開揚，〈岑參年譜〉，《岑參詩集編年箋註》(成都：巴蜀書社，1995)。

劉詩平，〈唐代前後期內外官地位的變化〉，《唐研究》，第 2 卷(1996)。

劉燕儷，〈水上交通管理〉，《唐律與國家社會研究》，高明士編(台北：五南，1999)。

劉馨珺，〈從生祠立碑談唐代地方官的考課〉，《東亞傳統教育與法制研究：二、唐律諸問題》，高明士編(台北：臺灣大學出版中心，2005)，頁 242-284。

樓勁、李華，〈唐仕途結構述要〉，《蘭州大學學報》，1997 年第 2 期，頁 117-127。

潘呂棋昌，〈苻載事蹟考述〉，《空大人文學報》，第 2 期(1993)，頁 93-119。

———，《蕭穎士研究》(台北：文史哲出版社，1983)。

潘美月，〈唐五代時期四川地區的刻書事業〉，《王叔岷先生八十壽慶論文集》(台北：大安出版社，1993)。

潘　鏞，〈唐肅宗時的率貸及賣官爵考釋〉，《唐史研究會論文集》，
　　　中國唐史研究會編(西安：陝西人民出版，1983)，頁 41-44。

─────，《隋唐時期的運河和漕運》(西安：三秦出版社，1987)。

蔣　寅，〈詩人包佶行年考略〉，《唐代文學研究》，第 1 輯(太原：
　　　山西人民出版社，1988)。

─────，〈劉長卿生平再考證〉，《大曆詩人研究》(北京：中華書局，
　　　1995)。

蔡鴻生，《唐代九姓胡與突厥文化》(北京：中華書局，1998)。

鄭偉章，〈唐集賢院考〉，《文史》，第 19 輯(1983)。

鄭顯文，《唐代律令制研究》(北京：北京大學出版社，2004)。

鄧小南，《祖宗之法：北宋前期政治述略》(北京：三聯書店，2006)。

─────，《課級‧資格‧考察：唐宋文官考核制度側談》(鄭州：大象
　　　出版社，1997)。

鄧文寬，〈敦煌吐魯番曆日略論〉，《敦煌吐魯番學耕耘錄》(台北：
　　　新文豐，1996)。

鄧仕樑，〈唐代傳奇的駢文成分〉，《古典文學》，第 8 集(台北：臺
　　　灣學生書局，1986)。

鄧紹基，《杜詩別解》(北京：中華書局，1987)。

黎　虎，《漢唐外交制度史》(蘭州：蘭州大學出版社，1998)。

盧向前，〈牒式及其處理程式的探討──唐公式文研究〉，《敦煌吐魯
　　　番文獻研究論集》，北京大學中國中古史研究中心編，第 3 輯
　　　(北京：北京大學出版社，1986)，頁 335-393。

─────，《唐代西州土地關係述論》(上海：上海古籍出版社，2001)。

─────，《敦煌吐魯番文書論稿》(南昌：江西人民出版社，1992)。

盧建榮，〈中晚唐藩鎮文職幕僚職位的探討──以徐州節度區為例〉，
　　　《第二屆國際唐代學術會議論文集》(台北：文津出版社，1993)。

———，〈唐代後期(西元七五六至八九三年)戶部侍郎人物的任官分析〉，《中央研究院歷史語言研究所集刊》，第 54 本第 2 分（1983）。

———，〈墓誌史料與日常生活史〉，《古今論衡》，第 3 期（1999），頁 19-32。

———，《北魏唐宋死亡文化史》（台北：麥田出版，2006）。

賴亮郡，〈唐代衛官試論〉，《唐代身分法制研究》，高明士主編（台北：五南，2003）。

賴瑞和，〈唐代文學研究與唐代官制——以基層文官為例〉，《第一屆馬來西亞傳統漢學研究會論文集》（馬來西亞新山市：南方學院出版社，2005），頁 123-139。

———，〈唐代的翰林待詔和司天臺：關於《李素墓誌》和《卑失氏墓誌》的再考察〉，《唐研究》，第 9 卷（2003），頁 315-342。

———，〈唐代待詔考釋〉，《中國文化研究所學報》（香港中文大學中國文化研究所），新第 12 期（2003），頁 69-105。

———，〈唐代校書郎考釋〉，《中央研究院歷史語言研究所集刊》，第 74 本第 3 分（2003），頁 527-583。

———，〈追憶杜希德教授〉，《漢學研究通訊》，26 卷 4 期（2007 年 11 月）。

———，〈論王維的〈相思〉及相關問題〉，《學術論文集》第 7 輯《馬來亞大學中文系創系四十周年紀念專號》（吉隆坡馬來亞大學中文系出版，2005 年 8 月），頁 121-149。

———，〈論唐代的州縣「攝」官〉，《唐史論叢》，杜文玉編，第 9 輯（西安：三秦出版社，2007），頁 66-86。

———，〈論唐代的侍御史知雜〉，《中華文史論叢》，總第 82 輯（2006 年第 2 輯），頁 83-95。

———，〈論唐代的檢校官制〉，《漢學研究》，24 卷 1 期（2006 年 6 月），頁 175-208。

———，〈論唐代的檢校郎官〉，《唐史論叢》，第 10 輯，杜文玉編（西安：三秦出版社，2008），頁 106-119。

———，《唐代基層文官》（台北：聯經出版公司，2004，實際出版時間 2005 年 1 月初；北京：中華書局，2008 年簡體字版）。

錢　穆，《漢劉向歆父子年譜》（1927 初版；台北：商務印書館，1980年重印）。

閆文儒著、閆萬鈞校補，《唐代貢舉制度》（西安：陝西人民出版社，1989）。

閻守誠，〈唐代官吏的俸料錢〉，《晉陽學刊》，1982 年第 2 期。

———，〈論唐玄宗對食封制度的改革〉，《北京師院學報》，1983年第 3 期，頁 6-53。

閻步克，《士大夫政治演生史稿》（北京：北京大學出版社，1996）。

———，《品位與職位：秦漢魏晉南北朝官階制度研究》（北京：中華書局，2002）。

———，《察舉制度變遷史稿》（瀋陽：遼寧大學出版社，1991）。

———，《樂師與史官：傳統政治文化與政治制度論集》（北京：三聯書店，2001）。

閻琦、周敏，《韓昌黎文學傳論》（西安：三秦出版社，2003）。

戴偉華，〈《唐方鎮文職僚佐考》訂補〉，《唐代文學研究叢稿》（台北：臺灣學生書局，1999）。

———，《唐方鎮文職僚佐考》（天津：天津古籍出版社，1994；修訂版，桂林：廣西師範大學出版社，2007）。

———，《唐代使府與文學研究》（桂林：廣西師範大學出版社，1998）。

———，《唐代幕府與文學》（北京：現代出版社，1990）。

繆全吉，《清代幕府人事制度》（台北：中國人事行政月刊社，1971）。

繆　鉞，《杜牧年譜》（北京：人民文學出版社，1980）。

───，《杜牧傳》（北京：人民文學出版社，1977）。

薛作雲，《唐代地方行政制度研究》，（台北：商務印書館，1974）。

謝元魯，《唐代中央政權決策研究》（台北：文津出版社，1992）。

謝保成，《隋唐五代史學》（廈門：廈門大學出版社，1995）。

韓　昇，《正倉院》（上海：上海人民出版社，2007）。

韓　香，《隋唐長安與中亞文明》（北京：中國社會科學出版社，2006）。

韓理洲，《陳子昂研究》（上海：上海古籍出版社，1988）。

───，《陳子昂評傳》（西安：西北大學出版社，1987）。

蹇長春，《白居易評傳》（南京：南京大學出版社，2002）。

藍　勇，〈唐代氣候變化與唐代歷史興衰〉，《中國歷史地理論叢》，
　　　　2001 年第 1 期。

簿小瑩、馬小紅，〈唐開元廿四年岐州郿縣縣尉判集（敦煌文書伯二九
　　　　七九號）研究──兼論唐代勾徵制〉，《敦煌吐魯番文獻研究
　　　　論集》，北京大學中古史研究中心編（北京：中華書局，1982）。

羅永生，《三省制新探》（北京：中華書局，2005）。

羅彤華，〈唐代州縣公廨本錢數之分析──兼論前期外官俸錢之分配〉，
　　　　《新史學》，10 卷 1 期（1999 年 3 月）。

───，〈唐代官本放貸初探──州縣公廨本錢之研究〉，《第四屆唐
　　　　代文化學術研討會論文集》，臺灣成功大學中國文學系主編（台
　　　　南：成功大學教務處出版組，1999）。

───，〈唐代食利本錢初探〉，《第五屆唐代文化學術研討會論文集》，
　　　　中國唐代學會、國立中正大學中文系、歷史系主編（高雄：麗
　　　　文文化，2001）。

───，《唐代民間借貸之研究》（台北：商務印書館，2005）。

羅爭鳴，〈杜光庭獲贈師號、紫衣及封爵、俗職階品考〉，《宗教學研究》，2003 年第 3 期，頁 109-111。

羅聯添，《唐代文學論集》（台北：臺灣學生書局，1989）。

———，《韓愈研究》（台北：臺灣學生書局，1977）。

———，《韓愈傳》（台北：國家出版社，1998）。

羅　豐，〈薩寶：一個唐朝唯一外來官職的再考索〉，《唐研究》，第 4 卷(1998)。

譚其驤，〈唐代羈縻州述論〉，《長水集續編》（北京：人民出版社，1995）。

嚴文郁，《元結詩解》（西安：陝西人民出版社）。

嚴耕望，〈唐代方鎮使府之文職僚佐〉，《新亞學報》，7 卷 2 期(1966)。後收入氏著《唐史研究叢稿》。

———，〈唐代方鎮使府軍將考〉，《慶祝李濟先生七十歲論文集》（台北：清華學報社，1965）。亦收在氏著《唐史研究叢稿》。

———，〈唐代府州上佐與錄事參軍〉，《清華學報》，新 8 卷第 1-2 期合刊(1970)，頁 284-305。後收入氏著《唐史研究叢稿》。

———，《治史答問》（台北：商務印書館，1985）。

———，《治史經驗談》（台北：商務印書館，1981）。

———，《唐代交通圖考》，全 6 卷(冊)（台北：中央研究院歷史語言研究所，1985-2003）。

———，《唐史研究叢稿》（香港：新亞研究所，1969）。

———，《唐僕尚丞郎表》（台北：中央研究院歷史語言研究所專刊之三十六，1956）。

———，《嚴耕望史學論文選集》（台北：聯經出版公司，1991）。

嚴國榮，《權德輿研究》（北京：中國社會科學出版社，2006）。

嚴寅春，〈楊凝朝正考──兼談柳宗元〈送楊凝郎中使還汴宋詩後序〉的繫年〉，《山西師大學報》，2005 年第 1 期，頁 79-80。

嚴耀中，〈唐代中後期內侍省官員身分質疑〉，《史林》，2004 年第 5 期，頁 77-81。

───，〈論唐前期的軍府學官〉，《中國史研究》，1994 年第 1 期。

蘇基朗，〈唐代前期的都督制度及其淵源〉，《唐宋法制史研究》（香港：中文大學出版社，1996），頁 39-96。

顧建國，〈唐代「寓直」制漫議〉，《淮陰師範學院學報》，2002 年第 3 期。

───，《張九齡年譜》（北京：中國社會科學出版社，2005）。

───，《張九齡研究》（北京：中華書局，2007）。

龔延明編，《中國歷代職官別名大辭典》（上海：上海辭書出版社，2006）。

───編，《宋代官制辭典》（北京：中華書局，1997）。

龔鵬程，〈論唐代的文學崇拜與文學社會〉，《晚唐的社會與文化》，淡江大學中文系編（台北：臺灣學生書局，1989），頁 1-97。

四、日、韓文論著

下定雅弘，〈白居易の中書制誥：その舊體と新體の分類について〉，《帝塚山學院大學研究論集：文學部 28 集》（1993），頁 33-59。

上田早苗，〈貴族官僚制度的形成──清官的由來及其特徵〉，《中國中世史研究》，1970，宋金文、馬雷中譯本，收在《日本中青年學者論中國史：六朝隋唐史》，劉俊文主編（上海：上海古籍出版社，1995），頁 1-26。

丸橋充拓，《唐代北邊財政の研究》（東京：岩波書店，2006）。

大津透，《日唐律令制の財政構造》（東京：岩波書店，2006）。

大庭脩，《唐告身と日本古代の位階制》（伊勢：皇學館出版部，2003）。

大野仁，〈唐代の判文〉，《中國法制史——基本資料の研究》，滋賀
　　　秀三編（東京：東京大學出版會，1993），頁 263-280。

大澤正昭，〈唐末五代「土豪」論〉，《上智史學》，第 37 卷（1992），
　　　頁 136-161。

———，〈唐末‧五代の在地有力者について〉，《柳田節子先生古稀
　　　記念：中國の傳統社會と家族》（東京：汲古書院，1993），頁
　　　129-149。

山口正晃，〈都督制の成立〉，《東洋史研究》，60 卷 2 號（2001），頁
　　　1-28。

山根清志，〈唐朝前半期における食實封制について〉，《歷史學研究》，
　　　505 號（1982），頁 35-52。

中村圭爾，〈清官と濁官〉，《六朝貴族制研究》（東京：風間書房，
　　　1987），頁 331-358。

中村裕一，《唐代公文書研究》（東京：汲古書院，1996）。

———，《唐代制敕研究》（東京：汲古書院，1991）。

———，《唐代官文書研究》（京都：中文出版社，1991）。

———，《唐令逸文の研究》（東京：汲古書院。2005）。

———，《隋唐王言の研究》（東京：汲古書院，2003）。

內藤乾吉，〈西域發現唐代官文書の研究〉，《西域文化研究》第三冊《敦
　　　煌吐魯番社會經濟資料（下）》（東京：法藏館，1960），頁 9-111。

———，《中國法制史考證》（東京：有斐閣，1963）。

戶崎哲彥，《桂林唐代石刻の研究》（東京：白帝社，2005）。

日野開三郎，《支那中世の軍閥》（東京：三省堂，1942）。

北川俊昭，〈『通典』編纂始末考：とくにその上獻の時期をめぐって〉，
　　　《東洋史研究》，57 卷 1 號（1998），頁 125-148。

古瀬奈津子，〈唐代悲田養病坊の變遷とその成立背景〉，《佛教史學研究》，45 卷 1 號(2002)，頁 31-54。

市原亨吉，〈唐代の「判」について〉，《東方學報》，第 33 冊(1963)，頁 119-198。

平田茂樹，《科舉と官僚制》(東京：山川，1997)。

辻正博，〈唐代貶官考〉，《東方學報》(京都)，63 卷(1991)，頁 265-390。

吉岡真，〈八世紀前半における唐朝官僚機構の人的構成〉，《史學研究》，第 153 期(1981)，頁 19-43。

池田溫，《中國古代籍帳研究：概觀、錄文》(東京：東京大學東洋文化研究所，1979)。

———，《律令官制の形成》(東京：岩波書店，1970)。

池田溫著，孫曉林等譯，《唐研究論文選集》(北京：中國社會科學出版社，1999)。

西村元佑，〈唐前期勳官相對價值の增長と絕對價值〉，《愛知大學文學部紀要》，8(1979)。

佐竹靖彥，《唐宋變革の地域的研究》(東京：同朋舍，1990)。

周雲喬，〈白居易の制誥の新體と舊體について〉，《中國文學報》，48 冊(1994)，頁 35-62。

妹尾達彥，〈中唐の社會と大明宮〉，《中唐文學の視角》，松木肇、川合康三編(東京：創文社，1998)，頁 339-356。

———，〈韋述的《兩京新記》與八世紀前葉的長安〉，《唐研究》，第 9 卷(2003)，頁 9-52。

———，〈唐代長安の街西〉，《史流》，25(1984)，頁 1-31。

———，〈唐代後期的長安與傳奇小說〉，宋金文譯，收在《日本中青年學者論中國史‧六朝隋唐卷》，劉俊文主編(上海：上海古籍出版社，1995)，頁 509-553。

———，〈唐長安城の官人居住地〉，《東洋史研究》，55 卷 2 期（1996），頁 35-74。

———，〈韓愈與長安——9 世紀的轉型〉，《唐史論叢》，第 9 輯，杜文玉編（西安：三秦出版社，2007），頁 1-28。

———，《長安の都市計画》（東京：講談社，2001）。

岡村繁，《岡村繁全集》第二卷《文選之研究》，陸曉光譯（上海：上海古籍出版社，2002）。

松本保宣，《唐王朝の宮城と御前會議：唐代聽政制度の展開》（京都：晃洋書房，2006）。

松浦典弘，〈唐代の文官人事——吏部による選授權限の變遷を中心に〉，《史林》，80 卷 2 號（1997），頁 249-279。

———，〈唐代後半期の人事における幕職官の位置〉，《古代文化》，第 50 卷第 11 期（1998），頁 32-43。

竺沙雅章，〈敦煌佛教教團の研究〉，《增訂版中國佛教社會史研究》（京都：朋友書店，2002）。

金錫佑，〈唐代百姓勳官考論〉，《東方論壇》，2004 年第 6 期，頁 89-97。

金鐸敏，〈隋煬帝的廢止勳官和唐代的濫授勳官〉，《韓國歷史學報》，146（1996）。

長部悅弘，〈唐代州刺史研究：京官との關連〉，《奈良史學》，9 號（1991），頁 27-51。

室永芳三，〈唐長安の左右街功德使と左右街功德巡院〉，《長崎大學教育學部社會科學論叢》，30 號（1981），頁 1-9。

宮崎市定，《九品官人法の研究》（京都：同朋社，1977）。

島谷弘昭，〈唐代の選限について〉，《吉田寅先生古稀記念アヅア史論集》（東京：吉田寅先生古稀記念論文集編集委員會，1997），頁 83-96。

———，〈唐代の薦舉について〉，《立正史學》，74（1993）。

———，〈裴光庭の「循資格」について〉，《立正史學》，47（1980），頁 47-62。

氣賀澤保規編，《新版唐代墓誌所在總合目錄》（東京：汲古書院，1997年初版，2004 年新版）。

能野岳，〈唐代の分司官について：分司郎官の分析を中心に〉，《史朋》，35 號（2003），頁 29-51。

荒川正晴，〈北朝隋・唐代における「薩寶」の性格をめぐつて〉，《東洋史苑》，第 50-51 卷（1998）。

高橋徹，〈李德裕試論——その進士觀を中心に〉，《柳田節子先生古稀記念：中國の傳統社會と家族》（東京：汲古書院，1993），頁 3-19。

———，〈南北朝の將軍號と唐代武散官〉，《山形大學史學論集》，15 號（1995），頁 49-72。

———，〈衛官と勳官の一察〉，《苟沫集》，8（1993）。

高橋繼男，〈唐代後半期的巡院地方行政監察事務〉，原載《星博士退官紀念中國史論集》（1978），中譯本見《日本中青年學者論中國史・六朝隋唐卷》，劉俊文主編（上海：上海古籍出版社，1995），頁 276-295。

梅原郁，《宋代官僚制度研究》（東京：同朋舍，1985）。

———，〈宋初的寄祿官及其周圍〉，原載《東方學報》（京都）第 48 冊（1975），中譯本見《日本學者研究中國史論著選譯》，第五冊（北京：中華書局，1993）。

清木場東，《帝賜の構造：唐代財政史研究支出編》（福岡：中國書店，1997）。

———，《唐代財政史研究：運輸編》（福岡：九州大學出版會，1996）。

船越泰次，《唐代兩稅法研究》（東京：汲古書院，1996）。

速水大，〈唐代の勳官納資に関する一考察〉，《明大アジア史論集》，第 10 號(2005)，頁 93-105。

———，〈唐代勳官制度研究の現狀と課題〉，《駿臺史學》，121 號(2004)，頁 21-46。

森部豐，〈「唐魏博節度使何弘敬墓誌銘」試釋〉，《吉田寅先生古稀記念アヅア史論集》（東京：吉田寅先生古稀記念論文集編集委員會，1997），頁 125-148。

渡邊孝，〈中唐期における「門閥」貴族官僚の動向：中央樞要官職の人的構成を中心に〉，《柳田節子先生古稀記念：中國の傳統社會と家族》（東京：汲古書院，1993），頁 21-50。

———，〈中晚唐における官人の幕職官入仕とその背景〉，《中唐文學の視角》，松木肇、川合康三編（東京：創文社，1998），頁 357-392。

———，〈唐・五代における銜前の稱について〉，《東洋史論》，第 6 卷(1988)。

———，〈唐・五代藩鎮における押衙について〉上下，《社會文化史學》，第 28 卷(1991)；第 30 卷(1993)。

———，〈唐代藩鎮における下級幕職官について〉，《中國史學》，第 11 卷(2001)。

———，〈唐後半期の財務三司下における「判案郎官」について〉，《史境》，51 號(2005)，頁 43-64。

———，〈唐後半期の藩鎮辟召制におけるの再檢討——淮南・浙西藩鎮における幕職官の人的構成などを手がかりに〉，《東洋史

研究》，60 卷 1 期（2001），頁 30-68。英譯本見 Watanabe Takashi, "A Re-examination of the Recruiting System in 'Military Provinces' in the Late Tang – Focusing on the Composition of the Ancillary Personnel in Huainan and Zhexi," trans. Jessey J. C. Choo,《東洋史研究》，第 64 卷 1 期（2005），頁 180-252。

———，〈唐藩鎮十將考〉，《東方學》，87 輯（1994）。

———，〈唐後半期における財務領使下幕職官とその位相〉，《人文研究》（神奈川大學人文學會），157 號（2005），頁 123-169。

———，〈滎陽鄭氏襄城公房一支と成德軍藩鎮——河朔三鎮の幕職官をぐる一考察〉，《吉田寅先生古稀記念アヅア史論集》（東京：吉田寅先生古稀記念論文集編集委員會，1997），頁 149-176。

———，〈魏博と成德〉，《東洋史研究》，54 卷 2 期（1995），頁 96-139。

善峰憲雄，〈唐朝代の悲田養病坊〉，《龍谷大學論集》，第 389 期（1969）。

越智重明，〈南朝の清官と濁官〉，《史淵》，98（1967），頁 15-46。

塚本善隆，〈唐中期以來の長安の功德使〉，《東方學報》，第 4 冊（1933），頁 368-406。

愛宕元，〈唐代における官蔭入仕について〉，《東洋史研究》，35 卷 2 期（1976）。中譯本見《日本中青年學者論中國史・六朝隋唐卷》，劉俊文主編（上海：上海古籍出版社，1995），頁 244-275。

———，〈唐代の鄉貢進士と鄉貢明經〉，《東方學報》，第 45 卷（1973），頁 169-194。

———，《唐代地域社會史研究》（京都：同朋舍，1997）。

道端良秀，〈中國佛教社會事業の一問題——養病坊について〉，《印度學佛教學研究》，18 卷 2 號（1970）。

福井信昭，〈唐代の進奏院〉，《東方學》，第 105 卷（2003），頁 47-62。

鄭炳俊，〈唐代の觀察處置使について──藩鎮體制の一考察〉，《史
　　林》，77 卷 5 號（1994），頁 40-70。

────，〈唐代的南選和藩鎮任用州縣官〉，《金文經教授停年退任紀
　　念東亞史論叢》（漢城：慧眼，1996）。

────，〈唐代藩鎮의 州縣官任用〉，《東洋史學研究》（韓國），第 54
　　輯（1996），頁 1-33。

────，〈唐後半期の地方行政體系について──特に州の直達・直下
　　を中心として〉，《東洋史研究》，51 卷 3 期（1992），頁 379-412。

築山治三郎，《唐代政治制度の研究》（大阪：創元社，1967）。

礪波護，〈唐代の縣尉〉，原刊《史林》，第 57 卷（1974），後收入氏
　　著《唐代政治社會史研究》（京都：同朋舍，1986）。黃正建中
　　譯本，收在《日本學者研究中國史論著選譯》，劉俊文主編，
　　第四冊（北京：中華書局，1992）。

────，《唐代政治社會史研究》（京都：同朋舍，1986）。

五、西文論著

Barrett, Timothy H. *Li Ao: Buddhist, Taoist, or Neo-Confucian?* (Oxford:
　　Oxford University Press, 1992).

Bielenstein, Hans. *The Bureaucracy of Han Times* (Cambridge: Cambridge
　　University Press, 1980).

Bol, Peter K. *"This Culture of Ours": Intellectual Transitions in T'ang and
　　Sung China* (Stanford: Stanford University Press, 1992).

Ch'en, Jo-shui 陳弱水. *Liu Tsung-yuan and Intellectual Change in T'ang
　　China* (Cambridge: Cambridge University Press, 1992).

Chen, Huaiyu 陳懷宇. *The Revival of Buddhist Monasticism in Medieval China* (New York: Peter Lang, 2007).

Chiu-Duke, Josephine 丘慧芬. *To Rebuild the Empire: Lu Chih's Confucian Pragmatist Approach to the Mid-T'ang Predicament* (Albany, N.Y.: State University of New York Press, 2000).

Clark, Hugh R. *Community, Trade, and Networks: Southern Fujian Province from the Third to the Thirteenth Century* (Cambridge: Cambridge University Press, 1991).

Cohen, H. Floris. "Joseph Needham's Grand Question, and How to Make It Productive For Our Understanding of the Scientific Revolution," In A. Arrault and C. Jami, eds., *Science and Technology in East Asia,* vol. 9: *The Legacy of Joseph Needham* (2001), pp. 21-31.

Creel, H. G. "The Beginning of Bureaucracy in China: The Origin of the Hsien," *Journal of Asian Studies* 23(1964):155-84.

———. "The Role of the Horse in Chinese History," *American Historical Review* 70.3 (1965): 647-72.

DeBlasi, Anthony. "Striving for Completeness: Quan Deyu and the Evolution of the Tang Intellectual Mainstream," *Harvard Journal of Asiatic Studies* 61.1 (1999): 5-36.

———. *Reform in the Balance: The Defense of Literary Culture in Mid-Tang China* (New York: State New York University Press, 2002).

Dien, Albert E. "The Stirrup and Its Effect on Chinese Military History," *Ars Orientalis* 16 (1986): 33-56.

Drège, Jean-Pierre. *Les bibliothèques en Chine au temps des manuscripts* (Paris: École française d'Èxtreme-Orient, 1991).

Drompp, Michael R. *Tang China and the Collapse of the Uighur Empire: A Documentary History* (Leiden: Brill, 2005).

Dudbridge, Glen. *Books, Tales and Vernacular Culture: Selected Papers on China* (Leiden: Brill, 2005).

————. *Lost Books of Medieval China*, The Panizzi Lectures 1999 (London: The British Library, 2000).

————. *Religious Experience and Lay Society in T'ang China* (Cambridge: Cambridge University Press, 1995).

Eckfeld, Tonia. *Imperial Tombs in Tang China, 618-907: The Politics of Paradise* (London: RoutledgeCurzon, 2005).

Hartman, Charles. *Han Yü and the T'ang Search for Unity* (Princeton: Princeton University Press, 1986).

Heng, Chye Kiang 王才強. *Cities of Aristocrats and Bureaucrats: The Development of Cityscapes in Medieval China* (Honolulu: University of Hawaii Press, 1999).

Herbert, Penelope Ann. "Degree Examinations in Tang China," *T'ang Studies* 10-11 (1992-1993): 1-40.

————. "Perceptions of Provincial Officialdom in Early T'ang China," *Asia Major* 2.1 (1989): 25-57.

Herbert, Penelope Ann. "The T'ang System of Bureaucratic Titles and Grades," *T'ang Studies* 5 (1987): 25-31.

————. *Examine the Honest, Appraise the Able: Contemporary Assessments of Civil Service Selection in Early Tang China* (Canberra: Faculty of Asian Studies, Australian National University, 1988).

————. *Under the Brilliant Emperor: Imperial Authority in T'ang China as Seen in the Writings of Chang Chiu-ling* (Canberra: Faculty of

Asian Studies in Association with Australian National University Press, 1978).

Ho, Richard M. W 何文匯. *Ch'en Tzu-ang: Innovator of T'ang Poetry* (Hong Kong: The Chinese University Press, 1993).

Johnson, David. "The Last Years of a Great Clan: The Li Family of Chao chün in Late T'ang and Early Sung," *Harvard Journal of Asiatic Studies* 37.1 (1977): 5-102.

Kieschnick, John. *The Impact of Buddhism on Chinese Material Culture* (Princeton: Princeton University Press, 2003).

Kroll, Paul W. "Basic Data on Reign-Dates and Local Government," *T'ang Studies* 5 (1987): 95-104.

———. "On the Date of Chang Yüeh's Death," *Chinese Literature: Essays, Articles, Reviews* 2 (1980): 264-265.

———. "The Dancing Horses of T'ang," *T'oung Pao* 67(1981): 240-269.

———. *Dharma Bell and Dhāranī Pillar: Li Po's Buddhist Inscriptions* (Kyoto: Italian School of East Asian Studies, 2001).

Li, Fang Kuei and Coblin, W. South. *A Study of the Old Tibetan Inscriptions* (Taipei: Academia Sinica, 1987).

Li, Fang-kuei. "The Inscription of the Sino-Tibetan Treaty of 821-822," *T'oung Pao* 44.1-3 (1956): 1-99.

McMullen, David L. "Bureaucrats and Cosmology: The Ritual Code of T'ang China," *Rituals of Royalty*, eds. David Cannadine and Simon Price (Cambridge: Cambridge University Press, 1987).

———. "The Cult of Ch'i T'ai-kung and T'ang Attitudes to the Military," *T'ang Studies* 7 (1989): 59-103.

————. *State and Scholars in T'ang China* (Cambridge: Cambridge University Press, 1988).

McNair, Amy. *The Upright Brush: Yan Zhenqing's Calligraphy and Song Literati Politics* (Honolulu: University of Hawaii Press, 1998).

Moore, Oliver. *Rituals of Recruitment in Tang China* (Leiden: Brill, 2004).

Owen, Stephen. *The Great Age of Chinese Poetry: The High T'ang* (New Haven: Yale University Press, 1981).

Pan, Yihong. "The Sino-Tibetan Treaties in the Tang Dynasty," *T'oung Pao* 78 (1992):116-161.

Peterson, Charles A. "Corruption Unmasked: Yuan Chen's Investigations in Szechwan," *Asia Major* 18 (1973): 34-78.

Pulleyblank, E. G. "The Shun-tsung Shih-lu," *Bulletin of the School of Oriental and African Studies* 19 (1957): 336-344.

Richardson, H. E. "The Sino-Tibetan Treaty Inscription of A.D. 821-823 at Lhasa," *Journal of the Royal Asiatic Society* 2 (1978): 150-168.

Rotours, Robert des. *Le traité des examens* (Paris: Ernest Leroux, 1932)（此 為《新唐書・選舉志》的法文譯注本）.

————. *Traité des fonctionnaires et traité de l'armée* (Leiden: E. J. Brill, 1947-48)（此為《新唐書・百官志》和《新唐書・兵志》的法 文譯注本）.

Schafer, Edward H. *The Golden Peaches of Samarkand* (Berkeley: University of California Press, 1963).

————. *The Vermilion Bird: T'ang Images of the South* (Berkeley: University of California Press, 1967).

Solomon, Bernard S. trans. *The Veritable Record of the T'ang Emperor Shun-tsung* (Cambridge, Mass.: Harvard University Press, 1955).

Twitchett, Denis C. "Merchant, Trade and Government in Late T'ang," *Asia Major* 14 (1968): 63-95.

———. "Provincial Autonomy and Central Finance in Late T'ang," *Asia Major* 11 (1965): 211-232.

———. "The Salt Commissioners after the Rebellion of An Lu-shan," *Asia Major* 4 (1954): 60-89.

———. "Varied Patterns of Provincial Autonomy in the T'ang Dynasty," *Essays on T'ang Society*, ed. by John Perry and Baldwell Smith (Leiden: Brill, 1976), pp. 90-109.

———. *The Birth of Chinese Meritocracy: Bureaucrats and Examinations in T'ang China* (London: China Society Occasional Papers 18, 1976).

———. *The Writing of Official History under the T'ang* (Cambridge: Cambridge University Press, 1992).

———. *Financial Administration under the T'ang Dynasty* (Cambridge: Cambridge University Press, 1963. 2nd revised edition, 1970).

———. *Printing and Publishing in Medieval China* (New York: Frederick C. Beil, 1983).

Wright, Arthur and Twitchett, Denis, ed. *Perspectives on the T'ang* (New Haven: Yale University Press, 1973).

Xiong, Victor Cunrui 熊存瑞. *Sui-Tang Chang'an: A Study in Urban History of Medieval China* (Ann Arbor: Center for Chinese Studies, University of Michigan, 2000).

索引

十七畫

英文部分

唐代中層文官

2023年4月二版　　　　　　　　　　　　　　定價：新臺幣950元

著　　者	賴　瑞　和
叢書主編	沙　淑　芬
校　　對	林　易　澄
封面設計	蔡　婕　岑

出　版　者	聯經出版事業股份有限公司	副總編輯	陳　逸　華
地　　　址	新北市汐止區大同路一段369號1樓	總　編　輯	涂　豐　恩
叢書主編電話	(02)86925588轉5310	總　經　理	陳　芝　宇
台北聯經書房	台北市新生南路三段94號	社　　長	羅　國　俊
電　　　話	(02)23620308	發　行　人	林　載　爵
郵政劃撥帳戶	第0100559-3號		
郵　撥　電　話	(02)23620308		
印　刷　者	世和印製企業有限公司		
總　經　銷	聯合發行股份有限公司		
發　行　所	新北市新店區寶橋路235巷6弄6號2F		
電　　　話	(02)29178022		

行政院新聞局出版事業登記證局版臺業字第0130號

本書如有缺頁，破損，倒裝請寄回台北聯經書房更換。　　ISBN　978-957-08-6855-5 (精裝)
聯經網址 http://www.linkingbooks.com.tw
電子信箱 e-mail:linking@udngroup.com

國家圖書館出版品預行編目資料

唐代中層文官 / 賴瑞和著 . 二版 . 新北市 . 聯經 .
2023.04 . 648面 . 14.8×21公分 .
參考書目：86面含索引
ISBN　978-957-08-6855-5（精裝）
[2023年4月三版]

1.CST：文官制度　2. CST：唐代

573.4141　　　　　　　　　　　　112003704